4 RÉVOLUTIONS DU MANAGEMENT PAR LA QUALITÉ TOTALE

SHOJI SHIBA • ALAN GRAHAM • DAVID WALDEN

4 RÉVOLUTIONS DU MANAGEMENT PAR LA QUALITÉ TOTALE

Manuel d'apprentissage
et de mise en œuvre du système TQM

DUNOD

L'édition originale de cet ouvrage a été publiée aux États-Unis par Productivity/The Center for Quality Management, sous le titre *A New American TQM. Four Practical Revolutions in Management.*

PRODUCTIVITY

ISBN 2 10 003034 5

Préface

Voici un ouvrage de management qui peut aider les dirigeants et responsables de nos entreprises à bien comprendre, au-delà des controverses, la nature et les ressorts profonds du TQM. Il leur permettra aussi d'apprécier sa capacité à dynamiser une entreprise ou une administration. En France, à l'Institut Qualité et Management, nous avons choisi de parler de Management par la Qualité Totale ou de Qualité Totale. L'expérience de ces dernières années nous a montré que certains managers ne se sentaient pas concernés *a priori*, tant notre culture nous conduit souvent à n'appliquer la notion de qualité qu'aux caractéristiques techniques d'un objet matériel. La qualité ainsi « réduite » relèverait de la seule compétence d'experts et de techniciens. La sévérité croissante des prescriptions qu'elle entraîne ne pourrait qu'alourdir les charges de nos entreprises.

La perspective est ici différente et ne reconnaît qu'un juge de la qualité : le client, « dont les besoins évolutifs définissent les critères de la réussite de l'entreprise ». La qualité ne résulte plus du simple respect de spécifications techniques mais caractérise une réponse pleinement satisfaisante aux exigences, explicites ou latentes, des clients. Des clients qui ne sont pas seulement ceux qui achètent nos produits, mais aussi tous ceux qui les utilisent. Les produits eux-mêmes ne définissent plus seulement des objets matériels mais aussi des services, associés ou non à des objets matériels. Les exigences de qualité étendues au fonctionnement même de l'entreprise permettent des gains d'efficacité, souvent considérables, par une meilleure utilisation des ressources. Observons d'ailleurs qu'il ne s'agit pas, comme le pensent certains, de proposer de la « surqualité », évidemment génératrice de surcoûts, mais de viser la qualité nécessaire et suffisante... ce qui ouvre des perspectives de simplification des produits et de réduction de leur prix de revient.

Ce livre peut être considéré comme une bible où chaque dirigeant, chaque manager pourra découvrir les clés, mais non les recettes, du succès pour son entreprise. Il y trouvera exposés les concepts fondamentaux du Management par la Qualité Totale et le récit de sa mise en œuvre dans diverses situations et dans des entreprises bien réelles. Sa lecture attentive ne le dispensera pas d'une nécessaire réappropriation ni même d'une réexpression dans la « langue » ou la culture de son entreprise. Les étapes de sa mise en œuvre dépendront aussi de la situation de l'entreprise et des priorités que lui dicte son marché.

Pour les auteurs, le TQM introduit quatre révolutions dans la pensée managériale :

- *la priorité accordée au client*, seule raison d'être de l'entreprise et seul maître de sa prospérité à long terme ;
- *l'amélioration continue*, conduite de façon méthodique à partir de faits vérifiés et mesurés : c'est la méthode expérimentale des scientifiques appliquée au management par la mise en œuvre itérative du cycle PDCA (*Plan, Do, Check, Act*) de Shewhardt et Deming ; l'amélioration continue est le complément indispensable de l'innovation dont elle amplifie les effets et réduit les coûts ;
- *la participation totale du personnel* individuellement et en groupe, en faisant appel à tous les talents et à toutes les synergies ;
- *l'insertion de l'entreprise dans un réseau social* qui lui est nécessaire comme espace de respiration et d'épanouissement et au progrès duquel elle peut et doit contribuer.

Cet ouvrage met encore l'accent sur des éléments essentiels du TQM :

- la maîtrise et l'amélioration constante des processus comme seule méthode efficace et économique d'obtenir des résultats et de les garantir dans la durée. Cela vaut d'abord pour les grands processus qui traversent les fonctions principales de l'entreprise aux interfaces desquelles s'observent les principaux gaspillages et les principales pertes d'efficacité ;
- le travail en équipe sur lequel les auteurs ne s'étendent pas très longuement parce que cela va peut-être naturellement de soi. Le travail en équipe permet de mieux affronter la complexité croissante des réalités industrielles, qu'il s'agisse d'équipes interservices ou de celles constituées à l'intérieur d'un même service. Il permet d'éviter une division excessive du travail, de stimuler la créativité, de faciliter les apprentissages et aussi de mieux préserver de l'expérience dans l'entreprise ;
- l'établissement de relations client-fournisseur comme cadre de prise en considération et de mesure de la satisfaction des exigences et attentes des clients. Ce type de relations présente les mêmes avantages dès lors qu'on les utilise en interne ;
- la double fonction du travail : exécution des tâches quotidiennes et amélioration. L'amélioration concerne chacun, opérateur, cadre ou dirigeant au plan de son activité, et pas seulement les équipes d'amélioration. L'encadrement doit en outre faciliter et stimuler la contribution de tous ;
- le rôle de formation des cadres à qui il revient d'initier leurs collaborateurs au TQM. Le TQM est en effet une démarche de management dont tout cadre doit devenir un expert à son niveau ; l'initiation de ses collaborateurs ira naturellement de pair avec la déclinaison à leur intention des éléments de mise en œuvre de la politique et de la stratégie de l'entreprise.

Outre qu'enseigner est la meilleure façon d'apprendre, il ne saurait s'agir de diffuser un cours préfabriqué, mais de dispenser une formation « sur mesure » qui réponde aux besoins particuliers de l'entreprise et du service. La contribution de consultants, très utile, ne doit pas déresponsabiliser l'encadrement dans ses fonctions essentielles.

Une démarche de TQM décidée, initiée et pilotée par le management de l'entreprise ne saurait justifier une hiérarchie parallèle ni d'ailleurs s'en accommoder.

Les auteurs insistent encore sur l'idée qu'on ne fait pas de la qualité seul : une entreprise est tributaire de son environnement, de ses fournisseurs, de l'administration, du système d'éducation... Elle est solidaire ou dépendante d'autres entreprises dont elle peut mettre à profit l'expérience ou qu'elle peut aider.

Les auteurs, en présentant les quatre révolutions de la pensée managériale du TQM comme un système d'apprentissage pour développer les capacités du personnel et améliorer le fonctionnement de l'entreprise, n'oublient pas de recommander de les appliquer à l'amélioration du TQM lui-même pour qu'il réponde toujours mieux aux besoins des entreprises et de la société. Ils insistent enfin sur la durée. La transformation profonde de l'entreprise, de sa culture, de son fonctionnement ne peut être que progressive : elle exige de persévérer dans la démarche au-delà des premiers résultats... et des premières difficultés.

Jean-René FOURTOU
Président Directeur Général de Rhône-Poulenc,
Président du Mouvement Français pour la Qualité,
Président de l'Institut Qualité et Management

Permettre aux entreprises de consolider leurs avantages concurrentiels en favorisant et développant en France une culture de management fondée sur les principes de la qualité totale, telle est la vocation de
l'Institut Qualité et Management,
créé en 1992 par Jean-René Fourtou,
président du Mouvement français pour la qualité.

Institut Qualité et Management
5, esplanade Charles-de-Gaulle, 92733 Nanterre Cedex
Téléphone : (1) 47 24 40 31 - Télécopie : 47 25 32 21

MOUVEMENT FRANÇAIS POUR LA QUALITÉ

INSTITUT QUALITE ET MANAGEMENT

European Foundation for Quality Management

Remerciements

Frédéric Lucas, de l'Institut Qualité et Management, a largement contribué à la mise au point du texte français. Qu'il soit ici remercié de sa patience et de ses efforts qui ont permis à ce travail d'aboutir.

Table des matières

Deuxième révolution AMÉLIORATION CONTINUE 57

Avant-propos

Le Management par la Qualité Totale (TQM)[1] est un système évolutif de pratiques, d'outils et de méthodes de formation pour la conduite des entreprises. Son but est de satisfaire le consommateur dans un monde en rapide évolution. Le Management par la Qualité Totale améliore les performances de l'entreprise en particulier par l'élimination des défauts sur les produits, par la conception de produits plus attrayants, la réduction des délais et des coûts et l'amélioration du service.

À PROPOS DU TITRE

Nous avons intitulé ce livre *4 Révolutions du management par la qualité totale*. Les « révolutions du management » qui ont servi au titre sont de Kaoru Ishikawa[2], à bien des égards le père du TQM japonais, qui en travaillant au TQM avait l'ambition de « donner une nouvelle vie à l'industrie et d'effectuer une révolution de la pensée en matière de management »[3]. Ce livre ne traite pas moins de « quatre révolutions » et est organisé autour d'elles. L'approche consiste à envisager le TQM

1. NdT : Nous avons pris le parti de conserver les acronymes anglo-saxons (ici, TQM pour *Total Quality Management*), soit pour des expressions utilisées internationalement par les Mouvements pour la Qualité et dont l'usage est déjà largement répandu dans les entreprises, soit pour des organismes étrangers (JUSE pour *Japanese Union of Scientists and Engineers*, MIT pour *Massachusetts Institute of Technology*, etc.).
2. Kaoru Ishikawa, *La Gestion de la qualité : outils et applications pratiques*, Dunod, Paris, 1984, NP 1996.
3. *What is Total Quality Control ? The Japanese way* (Englewood Cliffs, NJ : Prentice-Hall, 1985), Chapitre 6.

comme un système ou plus précisément comme un ensemble de techniques de management. Des innovations techniques résultent souvent de la combinaison de plusieurs techniques préexistantes. C'est d'autant plus intéressant lorsqu'elles n'ont d'effet révolutionnaire qu'une fois réunies[1].

Nous croyons que les entreprises ne peuvent réussir à long terme sans systèmes et pratiques mis au service de l'attention portée au client, de l'amélioration continue, de la participation totale, et de l'insertion dans un réseau social. Ces quatre révolutions sont nécessaires : l'absence d'une d'elles constitue une évidente faiblesse stratégique majeure. Nous avons formulé les quatre révolutions en nous appuyant sur les expériences du professeur Shiba au Japon, validées par l'observation des entreprises américaines lauréates des prix Baldrige et Deming, et par l'expérience (réussie, jusqu'ici) des entreprises membres du Centre pour le Management de la Qualité (CQM = *Center for Quality Management*), qui ont appliqué le TQM en partant de ce point de vue. Les matériaux de ce livre sont à la base de ces applications.

COMMENT ET POURQUOI CE LIVRE A-T-IL ÉTÉ ÉCRIT ?

Ce livre est né d'une idée de Shoji Shiba, professeur à l'université Tsukuba et actuellement professeur adjoint au MIT (*Massachusetts Institute of Technology*). L'une de ses sources est le cours professé par Shiba au MIT deux fois par an de 1990 à 1993, à l'intention des étudiants de l'École Sloan de Management et dans le cadre du programme à l'intention des responsables de production. Le programme du MIT propose des cours et des stages débouchant sur deux maîtrises : l'une en management, dispensée par l'École Sloan du MIT, l'autre en ingénierie, dispensée par l'École d'Ingénierie du MIT. L'objet de ce programme est de former les étudiants à des fonctions de responsables de production.

Ce livre a pour autre source un cours proposé par Shoji Shiba et le Centre pour le Management de la Qualité (CQM), organisation d'entreprises formée dans le but de mettre en commun des expériences et des moyens pour l'application du TQM. Ce cours de six jours, qui a débuté à l'automne 1990, a permis aux dirigeants des entreprises membres du CQM de disposer d'une vision générale du TQM et des stratégies nécessaires à son application. Les matériaux de ce livre ont été rassemblés lors

1. Ce schéma général a été formulé par Graham, avec des exemples pris dans le développement des logiciels et la conception des avions « Software Design : Breaking the Bottleneck,» *IEEE Spectrum*, Mars 1982, 43-50).

de la seconde édition du cours, pour laquelle des participants des entreprises du CQM avaient préparé des études de cas appropriées et aidé Shoji Shiba à organiser le cours et à le donner.

Partout dans ce livre, il est fait état d'exemples provenant du Japon, spécialement choisis dans des entreprises lauréates du prix Deming ou auprès de la JUSE (Union des Scientifiques et Ingénieurs japonais). D'autres exemples concernent des lauréats du prix américain Baldrige et des membres du CQM. Les auteurs se sont servis d'exemples émanant de ces sources, simplement parce qu'ils étaient disponibles. En outre, Shoji Shiba a fait appel à sa vaste expérience, acquise en apportant aux pays occidentaux les pratiques du TQM, et ce livre est émaillé de nombreuses anecdotes de sa part. Dans sa description du TQM, le livre n'adopte pas le point de vue d'une institution ou d'une personne en particulier. Il synthétise plutôt des pratiques utilisées à travers le monde et couronnées de succès.

Nous traiterons de questions de direction générale rencontrées dans les entreprises utilisant le TQM, et non des spécificités propres au directeur de l'assurance-qualité, au responsable de la qualité de conception, ou à l'ingénieur-fiabilité. C'est un axiome du TQM que l'amélioration par la qualité totale débute par le sommet et exige l'implication des dirigeants. Pour cette raison, notre attention s'est portée en priorité sur les responsabilités des dirigeants, et nous ne ferons qu'effleurer les caractéristiques bien connues de l'assurance-qualité et de la maîtrise de la qualité.

De nombreux livres ont été écrits sur les concepts du TQM ; il en existe peu qui en décrivent la pratique en détail. Ici, nous insisterons sur la pratique des méthodes du TQM, en citant des anecdotes et des exemples tirés d'expériences réelles, vécues par ceux qui les utilisent. Le livre a pour objet de commenter et d'expliquer les concepts du TQM. Il peut aussi servir de base à un cours destiné aux cadres et de matériel de lecture pour ceux qui étudient ce sujet.

Dans de nombreux cas, nous nous sommes placés « un demi-pas en avant » – nous ne nous sommes pas limités à l'état actuel des choses, mais nous avons toujours mis l'accent sur des concepts et pratiques directement liés à l'état actuel. Lors du choix des sujets, réfléchir un demi-pas en avant signifiait mettre l'accent sur des pratiques adoptées dans des entreprises dernier cri, mais dont l'usage n'est pas encore chose courante à travers le monde. Au chapitre 1, nous examinerons plus avant cette dynamique évolutionniste. Par exemple, il est un outil, la méthode KJ d'analyse de données, largement utilisé au Japon mais rarement enseigné et peu compris aux États-Unis.

En rapport avec le « demi-pas en avant », les lecteurs trouveront que les chapitres sur la stratégie d'introduction progressive (chapitre 13) et l'insertion dans un réseau social (chapitre 16) sont moins centrés sur le « comment » que les autres chapitres. Dans ces domaines, les expériences citées relèvent encore de la formation ; néanmoins, il était important d'en faire état ici.

UN CADRE POUR APPRENDRE

Notre modèle d'apprentissage et d'acquisition de compétences comprend trois parties[1] :

1. Information + commentaire → connaissance.
Quand on parle de ce qu'on a lu, les mots sont directement issus de la source d'information. C'est la connaissance. Si le sujet contient des faits à l'état pur, cette manière d'apprendre peut être très utile.

2. Connaissance + retour d'information → compréhension.
La connaissance devient compréhension quand on parle du sujet avec quelqu'un qui le comprend déjà, en s'efforçant d'utiliser de façons différentes la connaissance acquise. À son tour, la personne connaissant déjà le sujet peut corriger une éventuelle incompréhension de ceux qui apprennent, leur permettant ainsi d'en approfondir la maîtrise.

3. Compréhension + utilisation et plan d'action → savoir-faire.
Les idées doivent être utilisées et mises en pratique avant de devenir des compétences. Rares sont les disciplines où l'on peut dans un cadre réel avec de vrais enjeux, passer sans transition du discours sur ce qu'il faut faire à une compétence de niveau professionnel. En pratique, le développement de compétences utiles dans des situations réelles exige à la fois une motivation – une raison puissante d'utiliser de nouvelles compétences au lieu de ne prendre aucun risque – et l'engagement de les utiliser, qui prend souvent la forme d'un plan d'action. Une fois le savoir-faire acquis, on peut en faire bénéficier le client et en tirer un profit.

Ceux de nos lecteurs appartenant à l'entreprise ont une mission claire : acquérir l'information, travailler à sa compréhension dans un contexte de formation, et l'utiliser dans leur métier pour des problèmes réels, dans la mise en œuvre de plans d'action réels, sous la conduite effective de l'encadrement. L'exécution de cette mission peut faire appel à une méthode efficace, dite « en cascade ». En premier, les dirigeants acquièrent de nouvelles compétences ; puis ils les enseignent à leurs subordonnés, lesquels les utilisent et les enseignent à leur tour au-dessous d'eux, etc. La société Xerox appelle ce processus LUTI[2].

1. Nous avons déduit ce modèle de l'enseignement de Matthew J. Culligan, C. Suzanne Deakins et Arthur H. Young, *Back to Basics Management*, New York, Facts an File, Inc., 1983.
2. LUTI : *Learn, Use, Teach, Inspect*.

Dans une entreprise, comme à l'université, lire n'est que le premier pas. Les résultats viennent du savoir-faire, et pour l'acquérir, il faut s'engager à : (1) une application sérieuse, (2) un apprentissage mutuel, (3) une ouverture d'esprit envers ce que l'on apprend.

S'engager à une application sérieuse

En matière de TQM, l'étude des méthodes et des exemples de ce livre ne suffit pas, à elle seule, pour parvenir à la compétence. Elle doit s'accompagner d'une successsion organisée d'applications à des processus réels. Supposons par exemple qu'un responsable « sente » un problème et ait une certaine idée de ce qu'il faut faire. À moins d'un langage commun lui permettant de s'entretenir de cette amélioration avec ses collaborateurs, et d'une expérience commune dans le suivi d'un processus d'amélioration, il lui sera difficile de résoudre ce problème ou même de faire saisir son importance. C'est pour cela que nous allons traiter dans ce livre, non seulement de concepts, mais aussi de leur application.

Un apprentissage offensif

Une grande partie de la matière de cet ouvrage concerne le développement des compétences. L'une de celles qu'on néglige souvent dans le processus de formation se rapporte à la saisie et à la structuration de l'information. On ne peut pratiquer efficacement le TQM sur la base des seules connaissances acquises. Il faut aussi les avoir comprises et pratiquées. Cela commence par une écoute et un apprentissage offensifs. On trouvera un exemple d'écoute offensive à la section consacrée au diagnostic des actions d'amélioration effectué par l'encadrement. Quand une amélioration lui est présentée, un cadre pratiquant cette forme d'écoute ne manquera pas de poser une question ou de formuler une observation pénétrante, à tout moment de la présentation. Une écoute simplement passive ne fait pas partie d'un apprentissage offensif.

Un autre exemple est celui de la prise de notes. Dans un cours bien conçu, le matériel d'enseignement reproduit fidèlement les exposés et exercices. Mais la réalité ne se présente pas de façon aussi rigoureuse ni d'ailleurs une large part des informations nouvelles. La matière de ce livre peut ne pas être toujours conforme à l'exposé qu'on en fait, à la fois parce que le langage écrit diffère du langage parlé et que les exposés sont constamment revus et améliorés.

Par conséquent, nous demandons aux participants aux cours de développer leur compétence par la prise de notes abondantes, mot pour mot, en prenant en dictée tout ce qu'ils entendent. Cette activité aiguisera l'attention qu'ils portent à l'information, préservera les connaissances qu'ils auront acquises, et montrera l'intérêt et le souci qu'ils accordent aux présentateurs. En outre, en se pliant à la discipline d'une prise de notes efficace, les participants acquerront un utile savoir-faire.

Aller de l'avant

Après avoir passé en revue cette liste d'engagements avec les étudiants du MIT, nous leur avons présenté une courte cérémonie, celle du *yo-one*. Le mécanisme en est simple. Une fois une tâche accomplie, tout le monde se tient en cercle, afin que tous puissent se voir. Le responsable commence par dire *yo-oh* (en deux syllabes). Les autres personnes se joignent à lui, et le groupe prononce alors le mot *one* d'une voix forte, puis tous battent des mains, une fois, ensemble. Le rythme de cette mélopée est approximativement le suivant : « un, deux, TROIS ». Un groupe n'a besoin que de deux répétitions pour apprendre cette cérémonie.

La cérémonie du *yo-one* signifie achèvement et accord. On l'utilise de façon typique quand une phase du travail d'équipe est terminée. *Yo* n'a pas de signification particulière. *One* signifie simplement « un ». Cette mélopée clôt une activité. L'instant qui précède immédiatement la cérémonie, quand chacun se demande « suis-je prêt pour le *yo-one* », est explicitement conçu pour permettre d'exprimer d'ultimes doutes. Si personne ne parle et si le groupe passe à la cérémonie du *yo-one*, tout le monde s'observe clairement, dit *yo-one* et bat des mains. Ainsi, il n'y a pas de doute. Chaque personne s'est engagée sans ambiguïté à faire son travail ou à se rallier à la décision finale. Si quelqu'un tente de changer de position ou de l'amender, le groupe peut lui rappeler avec fermeté son *yo-one*, engagement pris publiquement et qu'il risque d'enfreindre. En prime, des bravos à la fin d'un dur labeur sont stimulants et attestent d'une tâche réussie. Ils font que les gens se sentent bien.

Les termes particuliers employés dans la mélopée peuvent différer suivant la culture de l'entreprise ou du pays. Un groupe d'étudiants chinois l'avait traduit par une expression signifiant « Ne reculons pas ! », et cela marchait aussi très bien. Ce qui importe, c'est que la cérémonie ait toujours lieu et soit mutuellement comprise par le groupe. L'apprentissage de la cérémonie du *yo-one* est la première tâche de la classe en tant que groupe. Elle est une micromanifestation de l'engagement à progresser dans une mise en œuvre effective.

L'engagement à un apprentissage mutuel

Dans la classe traditionnelle, le maître parle, les étudiants écoutent et rentrent chez eux pour faire leurs devoirs. Cela diffère grandement de la façon dont se déroule l'apprentissage « sur le tas ». Dans les classes, les étudiants apprennent principalement du maître, en s'aidant du matériel pédagogique mis à leur disposition. Une grande partie de la formation dispensée dans les entreprises se déroule encore de cette manière. Mais le mode d'apprentissage le plus courant dans le cadre professionnel, le seul qu'encouragent les pratiques du TQM, est l'apprentissage en groupe ; les informations y sont pratiquement les mêmes pour tous. Ce livre insiste donc sur le travail en groupe, qu'il ait lieu en classe ou « sur le tas ». Dans la méthode décrite ici, la lecture est la seule activité que chacun effectue seul du début à la fin.

S'engager à ouvrir son esprit à l'apprentissage

Trois attitudes au moins bloquent l'ouverture d'esprit à l'apprentissage, et nous invitons les étudiants à s'engager à les abandonner.

Je le sais déjà (IAKI)[1]

Savoir une chose est tout à fait différent suivant qu'on a simplement reçu une information ou qu'on en possède une réelle compétence. IAKI ne doit pas devenir une excuse pour se fermer à l'information et renoncer à acquérir une compétence.

Ceci n'a pas été inventé ici (NIH)[2]

Il est facile de rejeter des idées ou des pratiques, simplement parce qu'elles sont nouvelles ou nous viennent de l'étranger. Certaines pratiques du TQM nous sont étrangères, en ce sens qu'elles sont largement pratiquées au Japon et rarement en Occident. Elles nous paraissent

---

1. IAKI : *I Already Know It.*
2. NIH : *Not Invented Here.*

étrangères parce qu'elles diffèrent de nos modes habituels d'analyse et de résolution de problèmes ou parce que les exemples donnés proviennent d'industries, de fonctions ou de situations autres que celles qui nous occupent. Nombreuses sont les personnes qui proclament que la situation de leur entreprise est unique, mais il est rare qu'une telle affirmation soit vraie. Ceux qui étudient le TQM doivent s'engager à éviter le NIH ou à y renoncer s'ils ont déjà adopté cette attitude.

Prouvez-le moi (PITM) [3]

À l'école, les étudiants ne votent pas pour savoir si la rédaction ou l'orthographe doivent faire partie du programme de français, bien qu'il y ait des étudiants pour interroger le professeur sur l'utilité de ces disciplines. Personne ne peut nous garantir que tout ce qu'on apprend nous sera indispensable dans l'avenir, et il est sûr que nous n'aurons jamais à utiliser certaines de ces connaissances. Mais une grande partie de ce qu'on apprend dans le programme de français s'avère précieux et applicable ultérieurement.

Il en est de même des pratiques du TQM. Avant qu'elles ne deviennent des compétences, il est difficile de voir comment on va les appliquer. Les étudiants du TQM doivent donc renoncer à ce que le PITM fasse obstacle à l'apprentissage du sujet enseigné ou à son entière compréhension. Dans le domaine de l'éducation, on nous demande souvent d'« écouter d'une oreille critique ». Mais ce conseil est de peu d'utilité. Il est préférable d'écouter *avec sympathie* et de *réfléchir* ensuite de façon critique. Si, dès le début, on écoute de façon critique, il se peut qu'on prête une telle attention aux imperfections éventuelles que la totale compréhension de ce qui est dit nous échappe. Pour comprendre une leçon, on doit supposer temporairement que ce qui est dit est exact. C'est seulement alors qu'on se trouve en position de formuler des opinions différentes sur le sujet qui nous est enseigné.

Suivre le processus

Une école de pensée académique encourage les maîtres à dispenser un minimum de conseils aux étudiants, afin qu'ils puissent mettre en pra-

3. PITM : *Prove It To Me.*

tique leur capacité à découvrir les choses par eux-mêmes. Cette idée s'est plus ou moins incrustée dans la culture occidentale. On s'attend donc communément à ce que les gens, de leur propre initiative, introduisent des variantes ou prennent des raccourcis dans leur apprentissage. Cette formule peut accélérer le passage de la connaissance à la compréhension. À l'étape suivante, celle du passage de la compréhension à l'acquisition du savoir-faire, elle offre, toutefois, moins d'utilité. L'encouragement donné à l'introduction de variantes individuelles en début d'apprentissage ralentit considérablement les progrès, et peut engendrer de mauvaises habitudes dont il faudra se défaire.

En matière de maîtrise de la qualité dans l'organisation industrielle ou le marketing, on dit généralement qu'il faut *normaliser les tâches répétitives et éviter les défauts répétitifs, de manière à se concentrer sur les activités créatives.* Pour les pratiques du TQM, ceci signifie qu'au début, on doit se conformer rigoureusement aux procédures ; il ne faut introduire de variantes qu'une fois les pratiques devenues familières. En essayant de prendre des raccourcis trop tôt, on peut saper le processus d'apprentissage et en compromettre les résultats positifs.

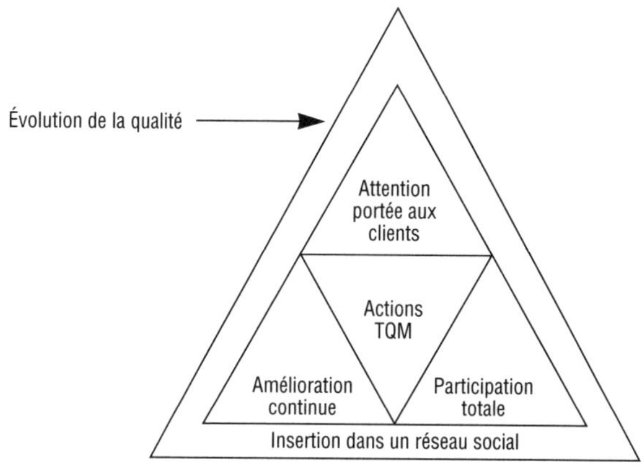

PARTIE INTRODUCTIVE

L'ÉVOLUTION DE LA QUALITÉ

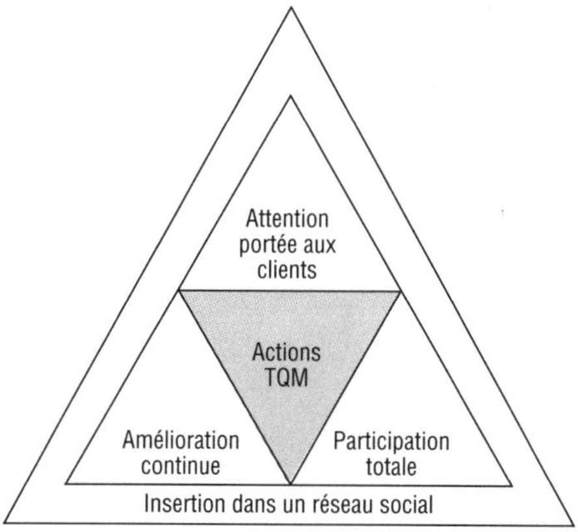

1
L'évolution du concept de qualité

Qu'est-ce que la qualité ? Voici une question à multiples facettes, difficile à aborder dans l'abstrait. Il est plus aisé d'en comprendre la signification en examinant son évolution dans de grandes entreprises. Aux États-Unis et en Europe, la maîtrise de la Qualité sous une forme ou sous une autre fait partie de la production depuis plus d'une centaine d'années, et l'utilisation de différents concepts de la qualité n'a cessé d'apparaître et de disparaître[1]. En revanche, au Japon, la maîtrise de la Qualité ne fut guère significative avant la fin de la Seconde Guerre mondiale. Au Japon comme aux États-Unis, l'éventail des pratiques en matière de qualité va désormais de l'absence complète à des comportements d'avant-garde en progression rapide et constante.

Au début de ce processus de changement, la qualité n'est en aucune manière observée ni mesurée. Des biens sont produits et livrés. Si les consommateurs veulent les renvoyer, ils le font. Point final ! Cette situation a caractérisé les entreprises japonaises au début des années 1950, lorsque *made in Japan* signifiait produits de mauvaise qualité, peu fiables. L'évolution de cette expression jusqu'à ce qu'elle serve à désigner des biens d'excellente qualité, voilà toute l'histoire de l'adoption du TQM par ce pays. Les différentes étapes de l'évolution de la qualité peuvent être clairement observées dans les principales entreprises japonaises.

1. David A. Garvin dresse un historique minutieux de la qualité aux États-Unis dans le Chapitre 1 de *Managing Quality* (New York :Free Press, 1988).

Dans ce chapitre, nous allons retracer l'évolution du TQM en expliquant certains de ses concepts de base. Nous commencerons par les quatre *stades* de qualité, et leurs points faibles. Ces concepts caractérisent quatre périodes de l'histoire du TQM japonais :

1. la conformité à des règles,
2. l'adaptation à l'utilisation,
3. la maîtrise du coût,
4. la satisfaction des exigences latentes.

LE PREMIER CONCEPT QUALITÉ : LA CONFORMITÉ À DES RÈGLES

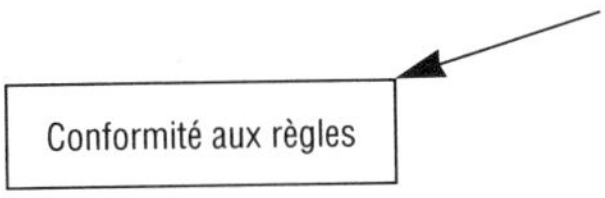

La conformité aux règles permet d'évaluer si un produit fabriqué tel qu'il est décrit dans le manuel, est conforme aux règles énoncées. En d'autres termes, la conformité aux règles définit la qualité comme étant la propriété d'un produit qui correspond aux spécifications de ses concepteurs. Déterminer si un produit est conforme aux règles est principalement une question de contrôle. Pour y parvenir, les cadres et les ingénieurs définissent toutes les tâches de production, les enregistrent comme des pratiques normalisées dans des manuels, et fixent les procédures de contrôle pour faire respecter ces pratiques. Pour évaluer la conformité aux règles, les entreprises recourent parfois à la notion de Maîtrise Statistique de la Qualité (SQC = *Statistical Quality Control*), que le spécialiste américain de la qualité, W. E. Deming, introduisit au Japon au début des années 1950.

Envisagée sous un angle contemporain et non dans une perspective historique, la conformité aux règles, si on l'emploie seule comme définition de la qualité, présente deux points faibles.

Le premier est l'idée selon laquelle on peut parvenir à la qualité par le contrôle. On assure la qualité en contrôlant le produit du processus de production et en éliminant les articles défectueux ou de qualité médiocre. En réalité, ce processus conduit souvent à des relations conflictuelles entre ceux qui fabriquent les produits et ceux qui les contrôlent. Le professeur Shiba cite le cas d'un directeur d'usine lui décrivant avec fierté l'excellence de son système de contrôle, en mettant l'accent sur la séparation complète de la fonction de contrôle par rapport au reste de l'établissement ; ces contrôleurs étaient en fait des employés du gouvernement, non des employés de l'usine. Quand le professeur Shiba s'entretint avec les ouvriers, il apprit qu'ils voyaient dans les contrôleurs des ennemis.

Le second point faible est que la conformité à des règles néglige les besoins du marché. La création de normes de production et d'un contrôle adaptés à ces normes oriente l'attention des gens vers le produit, non vers les besoins des clients. Elle les incite à vérifier si le produit répond aux exigences du concepteur et non s'il satisfait les besoins du client. L'action exercée pour corriger cette faiblesse a porté les entreprises japonaises au stade suivant de qualité, au début des années 1960.

LE DEUXIEME CONCEPT QUALITÉ : L'ADAPTATION À L'UTILISATION

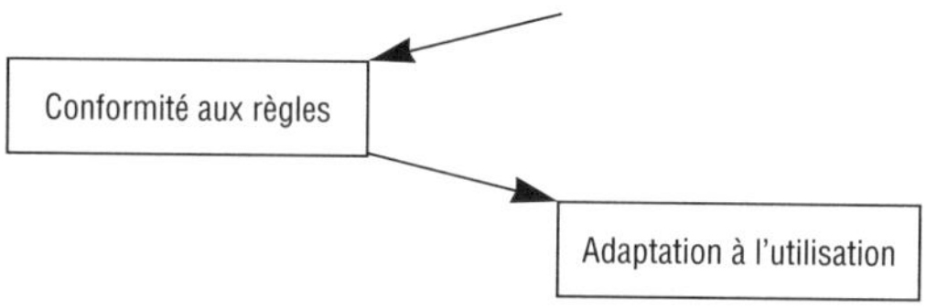

L'adaptation à l'utilisation est le moyen d'assurer la satisfaction des besoins du marché. Le produit peut-il être utilisé comme les clients le désirent ? Par exemple, une entreprise d'outillage fabrique des tournevis adaptés à des vis d'une dimension déterminée. Mais la plupart des gens ne souhaitent-ils pas en fait disposer d'un outil qui s'adapte à toutes les tailles de vis... et ne veulent-ils pas en outre pouvoir s'en servir pour ouvrir une boîte de peinture ? Il n'est pas facile de prévoir les diverses utilisations du marché, ainsi que le montre l'étonnant exemple suivant, pris au Japon.

Une grande firme d'électro-ménager avait réalisé une nouvelle machine à laver. Celle-ci avait suscité de nombreuses doléances chez des consommateurs résidant à la campagne. Les ingénieurs envoyés sur place par l'entreprise afin de contrôler les machines découvrirent que des fermiers s'en servaient pour laver les pommes de terre. Bien qu'une telle utilisation ne fut pas interdite par le manuel, les machines n'avaient pas été conçues pour une charge aussi lourde et tombaient souvent en panne. Quand le fabricant comprit l'usage que les consommateurs faisaient de ces machines, celles-ci furent redessinées pour supporter le lavage des pommes de terre, et on en revint à une fiabilité normale. L'adaptation à l'utilisation va à la rencontre des besoins ou des désirs réels du consommateur, et ne correspond pas simplement aux normes fixées par le producteur.

Comme pour la conformité aux règles, l'adaptation à l'utilisation est obtenue par le contrôle. Il s'ensuit des conflits entre contrôleurs et ouvriers. De plus, si l'entreprise exige des produits qui garantissent un fonctionnement conforme aux spécifications du concepteur et des produits dont l'adaptation à l'utilisation soit excellente, les contrôleurs devront éliminer absolument tous les produits qui s'écartent des normes.

Tout processus de production présente une certaine variabilité de produit à produit. Les automobiles sortant d'une ligne d'assemblage n'ont pas toutes exactement la même puissance. Certaines bouteilles de soda ont des capsules trop petites, ne pouvant s'adapter exactement au goulot. D'autres bouteilles ont des capsules qui fuient, parce qu'elles sont trop grandes. Les cas se situant à chaque extrémité par rapport à la norme devront être isolés et retouchés ou mis au rebut.

La figure 1.1 illustre ce principe. La courbe du haut montre la variation statistique de la caractéristique d'un produit, telles la puissance du moteur, la dimension de la capsule, ou la quantité de glace dans le cornet d'un distributeur de crèmes glacées. Les produits dont les caractéristiques se situent au-delà des tolérances acceptables doivent être éliminés. C'est une approche coûteuse. Comme le montre la courbe du bas, si l'on désire une qualité plus élevée, on doit resserrer les limites de contrôle, de telle sorte qu'un nombre encore plus grand d'articles seront éliminés. Cette approche est encore plus coûteuse.

Figure 1.1. Variation statistique des caractéristiques du produit

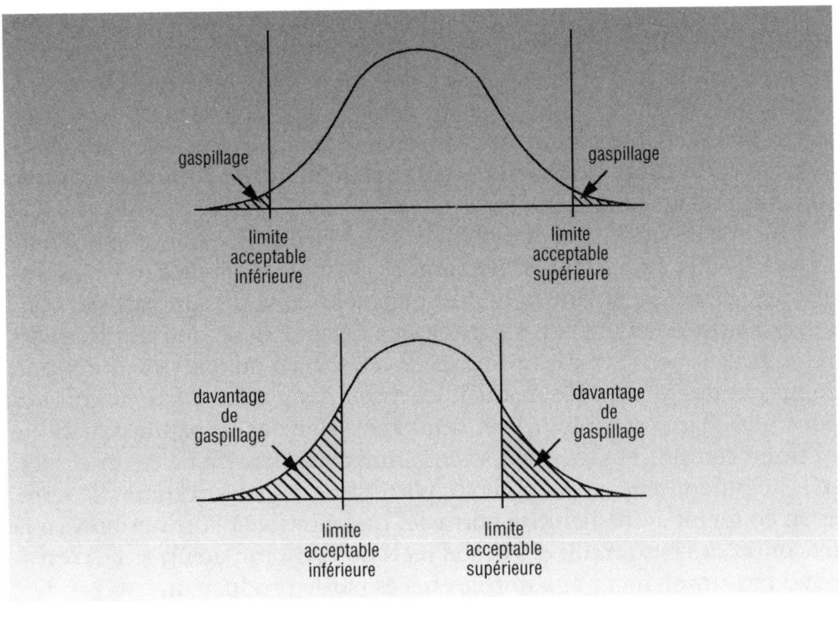

L'adaptation à l'utilisation présente une autre faiblesse : son peu d'avantage au plan de la compétitivité. Si une entreprise a clairement compris ce qu'est l'adaptation à l'utilisation (satisfaire les besoins des utilisateurs), elle peut acquérir une position de monopole, ce qui lui permet d'appliquer des prix suffisamment élevés pour compenser le coût d'une qualité plus élevée obtenue par contrôle. Des concurrents offrant des produits également bons pour des prix meilleur marché surgissent alors rapidement, détruisant la position de monopole acquise par l'entreprise et sa capacité à compenser les surcoûts de contrôle. Par exemple, de 1960 à 1970, une grande entreprise japonaise de matériel photographique monopolisa ce marché et appliqua des prix élevés. Mais par la suite, la concurrence devint féroce au Japon pour ce type de produits. Les ventes de cette entreprise chutèrent, et celles des autres marques augmentèrent. L'entreprise en question perdit une grande partie de sa part de marché au Japon.

Au début des années 1970, de grandes entreprises japonaises sont passées au stade suivant de qualité non plus en obtenant cette qualité par des contrôles coûteux mais en l'assurant dès le stade de la production.

LE TROISIÈME CONCEPT QUALITÉ : LA MAÎTRISE DU COÛT

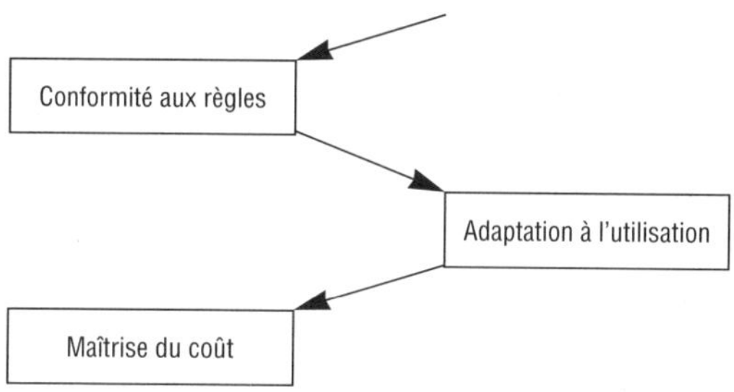

La maîtrise du coût signifie qualité élevée et faible coût. Ces deux exigences sont universelles pour pratiquement tous les consommateurs, tous les produits, tous les services. Pour parvenir à la réduction du coût tout en

Figure 1.2. Une variabilité réduite diminue le gaspillage

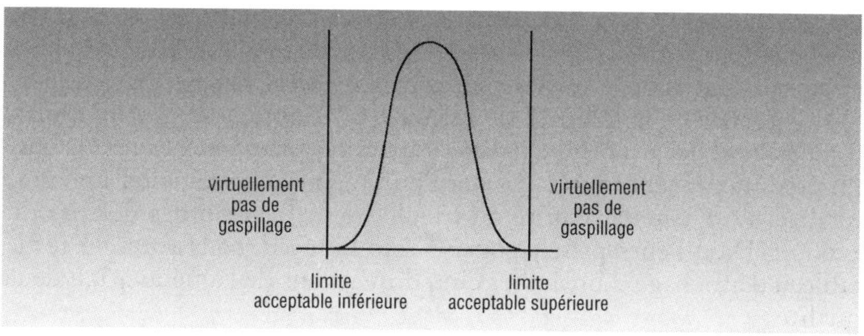

maintenant une qualité élevée (aucun produit ne se situant en dehors des limites), il faut réduire la variabilité du processus de production, de telle sorte que toutes les unités produites soient déjà à l'intérieur des limites de contrôle et que l'on n'ait à se débarrasser d'aucune d'entre elles. (voir figure 1.2).

Nous cherchons à obtenir une qualité de 100 % sans aucune élimination. Ceci exige de l'information en retour et une correction à chaque étape et non à la fin du processus de production. Pour atteindre ce niveau de qualité, il faut changer complètement le système de production. L'opérateur devra s'attacher non plus à contrôler les produits mais à maîtriser le processus de production (voir figure 1.3).

Figure 1.3. Information en retour à chaque étape de la production

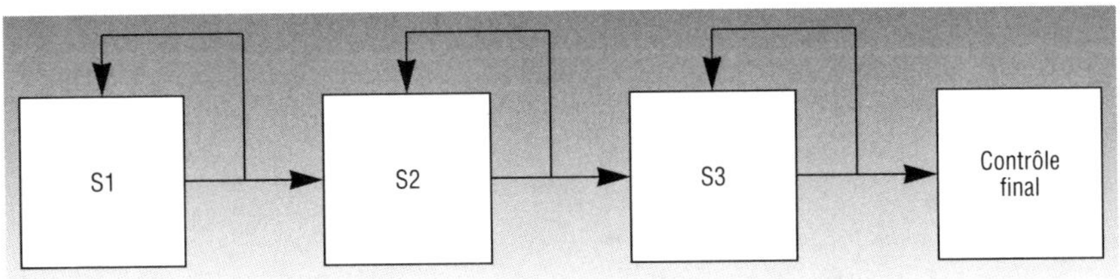

Les méthodes modernes permettant de réaliser ce changement sont les suivantes.

- L'utilisation de la Maîtrise Statistique de la Qualité (SQC).
- La surveillance du processus en plus de la production.
- La délivrance d'une information en retour à chaque étape, grâce à laquelle chaque opérateur vérifie le travail du poste précédent afin que les erreurs soient immédiatement corrigées.
- La participation des opérateurs à la conception et à l'amélioration du processus de production, afin de le rendre en permanence plus fiable.

Les ouvriers sont pleinement habilités à créer cette sorte de changement continu grâce à des instruments et des pratiques normalisés, largement enseignés, comme les sept étapes de la maîtrise de la qualité et les sept outils de la maîtrise de la qualité, décrits p. 37.

L'exigence de la maîtrise du coût a créé la notion de qualité multidimensionnelle. À l'origine (vers 1950), elle correspondait aux défauts du produit par cent unités. Aujourd'hui, même au niveau de l'atelier, la qualité n'est jamais réduite à la seule identification des défauts du produit. Dans l'entreprise japonaise Toto Limited, nous avons vu sur le tableau d'affichage d'un atelier cinq dimensions de l'amélioration de la qualité :

– Q, Qualité.
– C, Coût.
– L, Livraison.
– S, Sécurité.
– M, Moral.

Chez Motorola, on prend en considération deux facteurs déterminants de la satisfaction du consommateur :

1. Le temps de cycle (par exemple, le temps compris entre le début et la fin du développement du produit, le délai de livraison, ou le délai de fabrication du produit).
2. Le taux de défauts du processus normalisé (erreurs par millions d'occasions d'en commettre, par exemple dans le traitement des déclarations de sinistres en matière d'assurance, la prise de commande du client, la fabrication des semi-conducteurs...).

Pour plusieurs entreprises (Motorola, Xerox USMG, Yaesu Book Center, Florida Power & Light), la satisfaction du client, mesurée directement par enquête, constitue l'aspect le plus important de la qualité. Certaines entreprises, telle 3M, font de l'innovation en matière de produits une qualité à améliorer ou maintenir, avec des objectifs explicites.

Il subsiste, toutefois, un point faible. Des entreprises ayant atteint le niveau de qualité dans la maîtrise du coût fournissent des produits fonctionnels, hautement fiables, et à faible coût. Mais leurs concurrents peuvent créer des produits également fiables et peu chers. Des pays nouvellement industrialisés peuvent copier leurs techniques de conformité aux règles et d'adaptation à l'utilisation, mais de faibles coûts de main-d'œuvre leur permettent d'abaisser leurs prix de revient. Le Japon a été confronté à ce phénomène dans les années 80. La Corée, Hong-Kong, et Taïwan avaient adopté les méthodes japonaises, mais leurs coûts de main-d'œuvre ne représentaient que la moitié ou les deux tiers des coûts japonais.

Le remède que trouvèrent les grandes entreprises japonaises commença à se généraliser au début des années 80. Il consista à créer des produits innovants surpassant les produits de leurs concurrents. Ceci eut pour effet de porter la qualité du produit au stade suivant.

LE QUATRIÈME CONCEPT QUALITÉ : LA SATISFACTION DES EXIGENCES LATENTES

La satisfaction des exigences latentes est la satisfaction des besoins des clients avant même qu'ils en soient conscients. Si une entreprise peut découvrir une exigence latente sur le marché, elle peut bénéficier d'un monopole pendant un certain temps, et demander un prix plus élevé, ce qui peut lui valoir un grand profit.

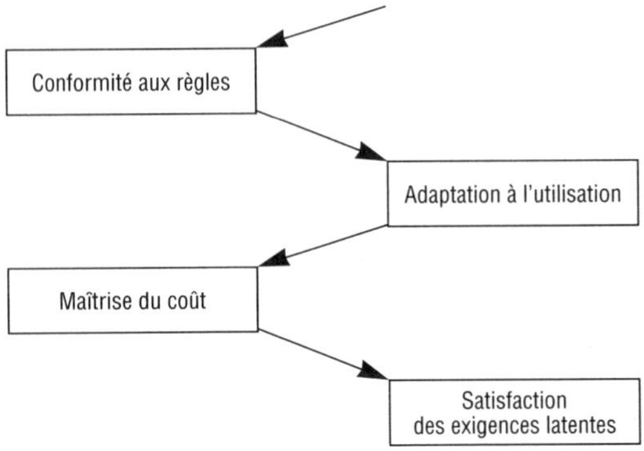

L'un des exemples les plus fameux d'exigence latente est celui de l'appareil photographique Polaroid Land. En 1944, alors qu'il était en vacances à Santa Fe, au Nouveau-Mexique, Edwin Land prit une photo de sa fille. Elle lui demanda pour quelle raison il lui fallait attendre avant de voir le cliché. Au cours d'une promenade solitaire dans les environs de Santa Fe, Land résolut l'énigme implicite que recélait cette question, en imaginant la plupart des exigences auxquelles devaient satisfaire l'appareil, le film, et le composé chimique, pour permettre d'obtenir ce qu'on appelle aujourd'hui une photographie instantanée.

Un exemple plus récent d'exigence latente est celui du baladeur Sony. Il s'agit d'un produit dont nous ignorions le besoin, mais, à peine a-t-il été disponible, que nos enfants ne pouvaient plus marcher ni monter en voiture sans en porter un, et le baladeur a rendu nettement plus agréable le temps passé à faire du jogging, ou la queue au supermarché.

Les montres offrent un exemple réunissant les quatre stades de concept qualité.

- Si une montre est assemblée avec des pièces manquantes, elle ne répond pas aux normes.
- Pour être adaptée à l'utilisation, la montre doit être précise. Les chronomètres de haute précision des XVIIIe et XIXe siècles étaient faits de pièces coûteuses et étaient rigoureusement testés. Leur coût était élevé mais ils satisfaisaient aux exigences du second concept de qualité. La montre suisse mécanique classique du XXe siècle s'inscrit dans cette tradition.
- Les montres électroniques sont à la fois précises et bon marché. Un grand nombre d'entreprises dans beaucoup de pays en fabriquent. Aujourd'hui, on peut en avoir une pour moins de 10 dollars, plus précise que les plus belles montres mécaniques de la période pré-électronique, mais la concurrence est très dure.

- La mode et la personnalisation ont été introduites sur le marché de la montre bas de gamme par l'entreprise suisse Swatch. La satisfaction de ces exigences latentes lui a permis d'appliquer des prix plus élevés et de réaliser de plus grands profits qu'avec des articles de base.

Il peut subsister des points faibles, même dans des entreprises qui satisfont systématiquement les exigences latentes de leurs clients. Ces points faibles ne proviennent ni des processus mis en œuvre par l'entreprise ni de la conception des produits, mais de la rapidité et de la pertinence des améliorations et des évolutions. Un grand nombre d'entreprises disparaissent, simplement parce qu'elles n'ont pas été capables de s'améliorer aussi vite que leurs concurrents. Les instruments et les pratiques permettant de traiter ces points faibles seront examinés plus loin.

LE COÛT CONTRE LE PRIX

Précédemment, nous avons décrit l'évolution de la qualité au Japon. Les différences dans le développement de la qualité au Japon et aux États-Unis tiennent dans la différence d'attitude envers la qualité et le prix des produits.

Le récit suivant, que nous devons à Alex d'Arbeloff, directeur général de Teradyne, illustre l'approche japonaise du prix et précise la distinction entre adaptation à l'utilisation et maîtrise du coût.

Les entreprises japonaises se soucient du coût, non du prix

Malgré l'introduction de caractéristiques nouvelles dans les produits et l'existence d'intermédiaires, les entreprises japonaises visent 10 % de réduction du coût chaque année. Elles invitent leurs fournisseurs à réduire leurs coûts de 10 % par an, et à demander à leurs propres fournisseurs d'en faire autant. Leur mot d'ordre est CD10 (coût diminué de 10 %). À tous les niveaux de l'entreprise, on travaille à cet objectif.

Les thèmes de nombreux cercles de qualité ont pour but une réduction du coût de 10 %. Les équipes interfonctionnelles d'ingénieurs et de cadres coopèrent à la réduction des coûts. Les cadres supérieurs travaillent avec les fournisseurs de matières premières et de pièces, les contrôlent et investissent chez eux pour obtenir des réductions de coût. Cette façon de gérer un établissement diffère des méthodes utilisées aux États-Unis.

Les Japonais partent du principe que le marché fixe les prix, et qu'il leur faut inclure dans ce prix les nouvelles caractéristiques. Il s'agit d'une grande révolution du mode de penser. Aux États-Unis, par exemple, on pense en revanche qu'il est possible d'augmenter les prix quand on ajoute de nouvelles caractéristiques.

Au Japon, les entreprises estiment qu'il leur faut à la fois ajouter de nouvelles caractéristiques et diminuer le coût. Le pouvoir monopolistique permet d'augmenter les prix. Mais en six mois, une entreprise peut produire un meilleur produit à un prix moindre. Les exigences latentes durent au maximum un an. Le prix est fixé par le marché, les concurrents, ou la demande du client. Si l'on ne maîtrise pas ses prix, la seule chose qu'on puisse maîtriser, ce sont ses propres coûts.

En Occident, des ingénieurs considèrent la méthode japonaise comme incorrecte. Ils adhèrent au concept de l'adaptation à l'utilisation. Les ingénieurs japonais partent du principe que le marché fixe le prix, et travaillent constamment à réduire les coûts.

La maîtrise du coût fonctionne mieux au Japon

Des différences culturelles peuvent rendre compte d'approches différentes. Aux États-Unis et en Europe, par exemple, on est habitué à payer plus cher pour des caractéristiques supplémentaires. Ce n'est pas le cas au Japon. En outre, au Japon, les gens d'un même niveau hiérarchique dans les départements ou filiales d'une même société tendent à jouir du même pouvoir de décision en matière de prix d'achat quelle que soit la taille de la société. Aux États-Unis, l'autonomie en la matière tend à être proportionnelle à la taille de l'entreprise.

2
L'évolution des méthodes Qualité

Avec l'évolution du monde, les forces de l'environnement social et économique commandent de plus en plus l'évolution des concepts Qualité et les instruments et pratiques utilisés pour leur application. À travers le monde, les hommes ont compris intuitivement les quatre adaptations et tenté de les mettre en œuvre. La photographie instantanée Polaroid d'Edwin Land avait répondu à une exigence latente. Sa vision englobait à la fois le concept et les moyens de son application. Au Japon, on s'est efforcé de systématiser et diffuser le processus d'amélioration de la qualité.

Le concept qualité dominant dans les grandes entreprises japonaises a changé, en gros, tous les dix ans. Dans les années 1950, la conformité à des règles répondait le mieux aux besoins d'une production de masse. Les années 1960, 1970 et 1980 furent dominées respectivement par l'adaptation à l'utilisation, la maîtrise du coût, et la satisfaction aux exigences latentes (voir figure 2.1).

Des instruments et des pratiques normalisés ont été développés, déployés et validés pour chacune des adaptations et des étapes du concept qualité. Ces instruments et ces pratiques ont été modifiés chaque fois que les entreprises et leurs clients réagissaient aux changements de l'économie générale. Nous pouvons nous attendre à voir apparaître de nouveaux changements au fur et à mesure que la concurrence se développe suivant de nouvelles dimensions et que les besoins de l'environnement social trouvent une nouvelle expression.

Figure 2.1. Changement des concepts Qualité dominants dans les grandes entreprises japonaises

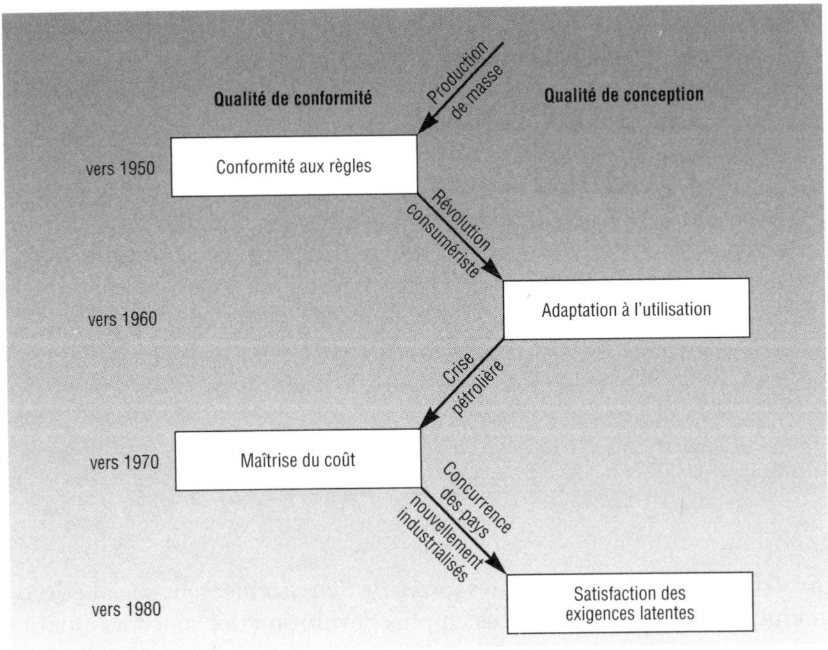

Regardons maintenant de plus près comment et pour quelles raisons les quatre adaptations ont évolué au Japon, et examinons les méthodes développées pour chacune d'elles.

LA SATISFACTION DES QUATRE EXIGENCES

À la suite des dévastations de la Seconde Guerre mondiale, le principal but de l'industrie japonaise était d'augmenter la production de façon à rétablir l'infrastructure économique du pays et le niveau de vie individuel. Dans les années 1950, la recherche de la qualité était considérée comme un obstacle à la production de masse. Quelques entreprises japonaises d'avant-garde appliquèrent à la production les outils de la Maîtrise Statistique de la Qualité (SQC).

Au début des années 1960, le Japon n'avait plus le besoin urgent de remplacer des biens essentiels. Les industriels entreprirent de se faire concurrence non au plan de l'accroissement des volumes de production mais au plan de la variété des produits fabriqués. Entre 1960 et 1965, des biens d'équipement, jusque-là d'acquisition difficile, tels que les postes de télévision, les machines à laver, les appareils photographiques et les aspirateurs, devinrent des équipements normaux dans les foyers japonais. Ce que l'on a appelé la révolution consumériste fit surgir le concept de marché, différent de celui de la simple production.

Les crises pétrolières déclenchées au cours des années 1970 par les embargos de l'OPEP et les hausses de prix secouèrent la société japonaise. Le Japon n'a pas de ressources pétrolières propres ; la quasi-totalité du pétrole utilisé pour sa consommation intérieure est importée. Les agissements de l'OPEP stimulèrent les progrès d'un Japon handicapé par son incapacité à se procurer des devises étrangères pour payer ses importations pétrolières.

À l'occasion d'une visite effectuée en 1990 auprès d'entreprises japonaises ayant adopté le TQM, les auteurs demandèrent aux dirigeants la raison pour laquelle leur entreprise avait adopté ce nouveau mode de management. La réponse fut toujours la même : les crises pétrolières. Le besoin d'exporter créa celui de rivaliser avec les produits étrangers sur leur propre marché, ce qui était pratiquement impossible sans produits capables de satisfaire les exigences réelles des clients mieux que ceux de leurs concurrents. L'adaptation à l'ensemble des exigences du client devint le concept Qualité dominant des principales firmes japonaises.

Cependant, dans les années 1980, les succès japonais des années 1970 finirent par susciter une résistance sur deux fronts. Le premier était celui de la valeur du yen, qui avait augmenté par rapport à la plupart des autres monnaies, en raison des importants excédents commerciaux du Japon avec le reste du monde. Cela signifiait que les produits fabriqués au Japon devenaient plus chers sur les marché mondiaux, uniquement en raison des mouvements des taux de change. La compétitivité des produits japonais s'en trouvait réduite.

Le second était né de l'expansion à travers toute l'Asie des techniques de production et des méthodes de management japonaises : Corée, Taïwan, Singapour, et Hong-Kong, les « quatre tigres » asiatiques. Avec des techniques de production comparables et une main-d'œuvre moins coûteuse, ces concurrents extrêmes-orientaux commencèrent à représenter une sérieuse menace.

Tandis que le concept Qualité évoluait, trois « grands bonds » ou changements révolutionnaires se produisirent dans la façon dont les gens pensaient la qualité :

- de la conformité à des règles à l'adaptation à l'utilisation : passage au concept du marché ;
- de l'adaptation à l'utilisation à la maîtrise du coût : passage au concept suivant lequel le prix est fixé par le marché ;
- de la maîtrise du coût à la satisfaction des exigences latentes : passage au concept de l'évolution continue des besoins du marché puis à celui du raccourcissement continu des cycles de développement du produit.

ÉVOLUTION DE LA MÉTHODOLOGIE

Avec l'évolution du concept Qualité, les pratiques et les instruments de la qualité évoluaient aussi. C'est ce que nous appelons l'évolution de la méthodologie (voir figure 2.2).

Figure 2.2. L'évolution de la méthodologie

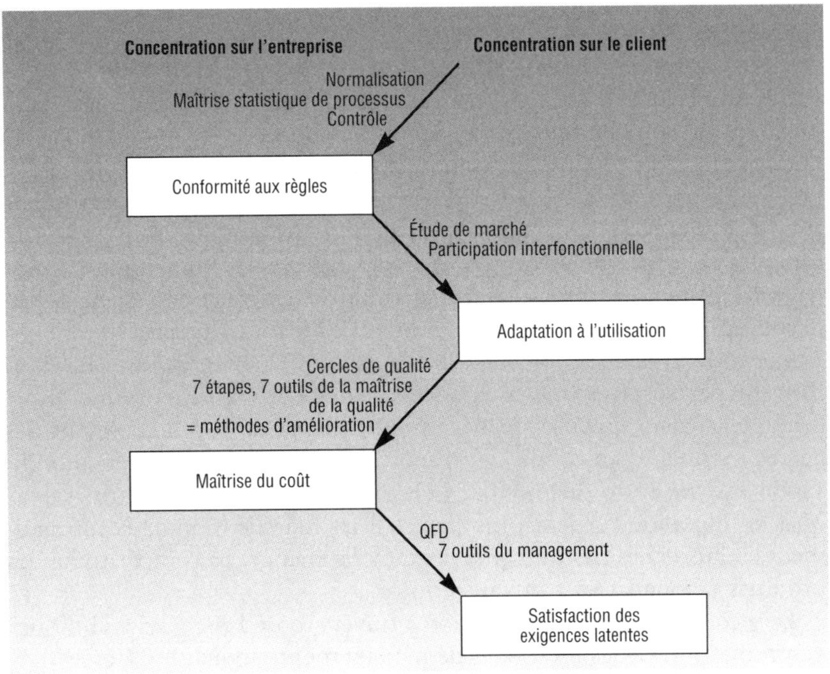

Conformité à des règles → Adaptation à l'utilisation

La normalisation, la maîtrise statistique de processus et le contrôle ont été les principaux outils utilisés pour réaliser la conformité à des règles. Avec la révolution consumériste et l'adaptation à l'utilisation, apparut un nouvel outil : l'étude de marché, destinée à découvrir ce que le client désirait et à mettre en place une participation interfonctionnelle pour le lui livrer.

Adaptation à l'utilisation → Maîtrise du coût

Au niveau suivant de qualité – la maîtrise du coût – l'accent a été mis sur la réduction des coûts qui devait accompagner l'augmentation de la qualité (et par conséquent, sur le besoin d'une production à faible variabilité). Ceci a rendu nécessaires la maîtrise et l'amélioration de chaque processus de production, la participation active des opérateurs, et le développement d'outils et de pratiques adaptés à un mouvement de masse.

Les cercles de qualité sont décrits au chapitre 9. Les 7 outils et le processus d'amélioration en 7 étapes servant à leur utilisation sont énumérés au tableau 2.1 et décrits au chapitre 5[1].

Tableau 2.1. Les outils et les étapes de la maîtrise de la qualité

Les 7 outils de la maîtrise de la qualité	*Les 7 étapes de la maîtrise de la qualité*
1. Feuilles de contrôle	**1.** Choix du thème
2. Diagramme de Pareto	**2.** Collecte et analyse des données
3. Diagramme cause-effet	**3.** Analyse des causes
4. Graphes/stratification	**4.** Plan et application de la solution
5. Cartes de contrôle	**5.** Évaluation des effets
6. Histogrammes	**6.** Normalisation de la solution
7. Diagramme de dispersion	**7.** Réflexion sur le processus et sur le problème suivant
Certaines entreprises incluent la stratification ou les organigrammes de processus parmi les 7 outils de la maîtrise de la Qualité au lieu de la feuille de contrôle.	

Maîtrise du coût → Satisfaction des exigences latentes

Au niveau suivant des méthodes de la qualité a été ajoutée la valeur de la conception, les produits étant développés pour satisfaire des besoins latents. Les moyens normalisés pour satisfaire à cette nouvelle conception de la qualité sont le Déploiement de la Fonction Qualité (QFD) et les 7 outils de management et de planification, énumérés au tableau 2.2 et décrits au chapitre 7. Ces outils aident les entreprises à identifier les besoins latents et à les traduire dans la conception de produits et de processus de production.

Le terme d'outils de management est parfois trompeur, car ceux-ci servent aussi bien aux ingénieurs qu'aux autres catégories de personnel. De fait, l'application la plus importante et la plus normalisée de ces outils est peut-être le QFD, spécifiquement conçu pour forger une compréhension commune entre gens du marketing, techniciens et cadres.

Tableau 2.2. Les sept outils de management et de planification

1. Diagramme d'affinités (méthode KJ)	**5.** Diagramme en flèche
2. Diagramme des relations	**6.** PDPC
3. Diagramme en arbre	**7.** Analyse matricielle des données
4. Diagramme matriciel	

1. Les étapes des cercles de qualité sont décrites dans l'ouvrage de Hitoshi Kume, *Statistical Methods for Quality Improvement*, AOTS Press, Tokyo, 1985.

ÉVOLUTION DU DÉCLOISONNEMENT DE L'ENTREPRISE

Durant la première moitié de ce siècle, au fur et à mesure du développement de l'industrialisation, les entreprises ont évolué, passant de l'échoppe de l'artisan – tout le personnel étant alors contenu dans une seule pièce – à des organisations fortement compartimentées. Ces entreprises étaient capables de produire quelques produits standards avec une grande efficacité. Dans la seconde moitié du siècle, toutefois, la compartimentation n'a pas permis aux entreprises de faire face à l'évolution de la conception de la qualité. Un processus de décloisonnement a alors commencé.

Au Japon, le décloisonnement des différentes parties des entreprises et de leur environnement a été la conséquence d'innovations successives en matière de TQM. Comme le suggère la figure 2.3, le schéma de décloisonnement a alterné entre un décloisonnement vertical (les parties basses étant mieux connectées aux parties hautes) et un décloisonnement horizontal (meilleure connexion des différentes fonctions, telles que le marketing, les clients, ou le développement).

Figure 2.3. Décloisonnement horizontal et vertical dû aux innovations successives en matière de TQM

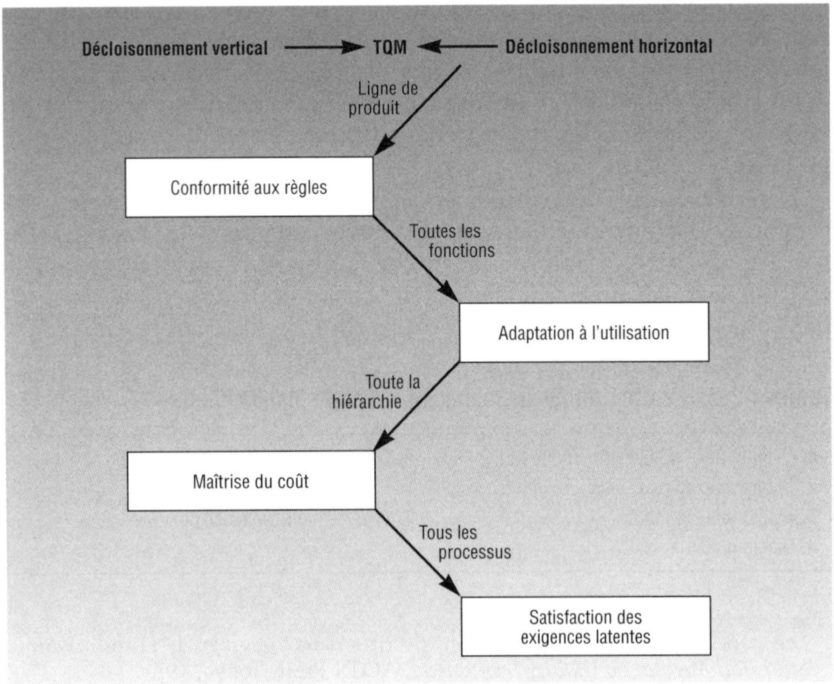

L'adaptation à des normes et l'adaptation du coût déterminent à quel niveau de la hiérarchie de l'entreprise doivent intervenir les améliorations de la qualité.

Avec l'adaptation à des normes est venu le décloisonnement entre la filière d'industrialisation qui définit traditionnellement des spécifications pour la production et le département d'assurance Qualité chargé de veiller au respect de ces spécifications. Toutefois, les activités d'amélioration (par l'encadrement et les techniciens) restaient strictement séparées du travail quotidien des opérateurs de production.

Avec la maîtrise du coût est apparue l'obligation de se concentrer sur les objectifs de coût et de faire passer l'information relative aux actions d'amélioration à la fois vers le haut et le bas de la hiérarchie. Les cercles de qualité n'ont pas seulement amélioré la façon dont les opérateurs de production effectuaient leur travail quotidien, mais ils ont révélé aux cadres et techniciens des moyens de réduire les coûts, grâce à des modifications des processus et des interventions sur la conception du produit. Ainsi, la production et le travail d'amélioration ont été intégrés à tous les niveaux de l'organisation.

L'adaptation à l'utilisation et la satisfaction aux exigences latentes agissent sur la façon dont l'amélioration de la qualité se développe transversalement à l'organisation, c'est-à-dire le décloisonnement horizontal.

L'adaptation à l'utilisation nécessite un décloisonnement de toutes les fonctions, de telle sorte que l'entreprise puisse fournir la qualité exigée par le client. Les fonctions sont devenues interdépendantes. Il fallait prendre en considération les données de l'étude de marché, concevoir et planifier un produit sur la base de ces données, fabriquer le produit conçu, le vendre et le livrer au client, et répéter ce cycle. En fait, le mot « total » dans TQM signifiait à l'origine l'implication de tous les départements de l'entreprise (voir figure 2.4). Les entreprises cherchaient à « totaliser » toutes leurs divisions afin d'unifier les efforts visant à satisfaire les clients.

La satisfaction des exigences latentes exige la contribution de tous les processus. Cette exigence est double. Elle concerne d'abord la continuité à établir entre les processus extérieurs à l'entreprise (par exemple le processus d'étude de marché mis en œuvre pour prévoir l'évolution des besoins des clients) et les processus du fonctionnement interne de l'entreprise. Elle concerne aussi le transfert de l'expérience acquise au niveau des processus d'un secteur de l'entreprise aux processus des autres secteurs de façon que tous aillent de manière plus efficace au devant des attentes du client.

La réalisation de l'adaptation aux exigences latentes « totalise » ou étend systématiquement les pratiques de la qualité à l'ensemble du système de relations avec le client. L'information sur les modes de vie du client et les moyens mis en œuvre pour les améliorer sont diffusés à toute l'entreprise.

Figure 2.4. Intégration totale des fonctions de l'entreprise

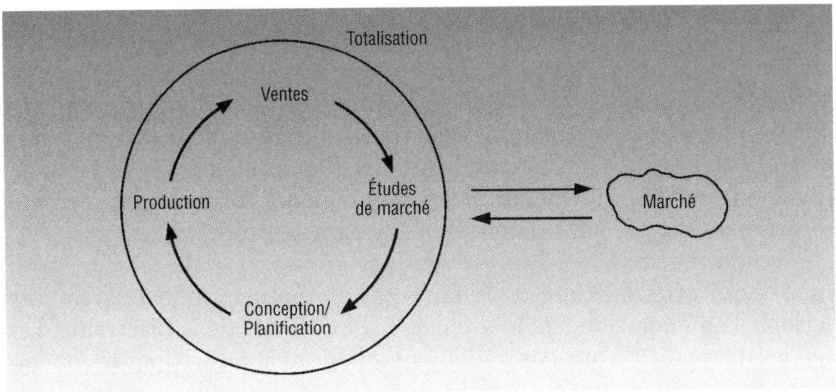

QUALITÉ DE CONCEPTION CONTRE QUALITÉ DE CONFORMITÉ

Plusieurs autres aspects de l'évolution de la qualité doivent être notés. Les diverses adaptations, ou « niveaux », du concept Qualité (normes, utilisation, coût, et exigences latentes), passent de la qualité de la conformité à celle de la conception (voir Figure 2-5).

Figure 2.5. Qualité de conformité à des normes, Qualité de conception, et méthodes de soutien

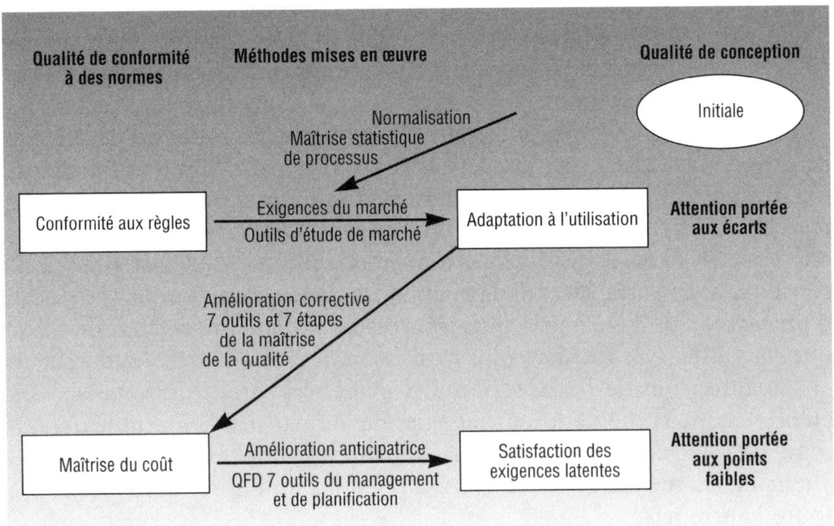

La qualité de conformité à des règles correspond au degré auquel un produit ou un service se conforme à une norme, qu'il s'agisse d'une norme interne, afférente au produit – comme celles des années 1950 – ou d'une norme fixée par les exigences du client, comme celles des années 1970. La normalisation et certains outils de la maîtrise statistique de processus permettent l'adaptation élémentaire aux normes, et les 7 étapes et 7 outils de la maîtrise de la qualité permettent d'obtenir la conformité aux exigences évolutives du client (comme une qualité plus élevée et un coût plus bas).

La qualité de conception suppose l'extension du champ d'application des normes, le recours aux études de marché pour définir les conditions de l'adaptation à l'utilisation, et le recours au QFD et aux 7 outils pour la mise en œuvre d'une politique volontariste d'amélioration. Ceci permet de remettre en question la conception des produits ou services et leur processus d'élaboration pour mieux répondre aux exigences latentes.

DES ÉCARTS AUX POINTS FAIBLES PUIS AUX OPPORTUNITÉS

Comme le montre la figure 2.5, il s'est produit une autre évolution. D'une attention portée aux écarts – caractéristique de la conformité à des normes et de l'adaptation à l'utilisation – on est passé à une attention aux points faibles – caractéristique de la maîtrise du coût – puis à une attention aux opportunités – caractéristique de la satisfaction des exigences latentes. L'attention portée aux écarts est statique : elle permet de s'assurer que l'entreprise satisfait aux normes existantes et aux exigences d'utilisation. Les entreprises n'ayant recours qu'à cette seule démarche n'ont jamais été en mesure de traiter les demandes du client à un coût de plus en plus bas, ni de satisfaire ses exigences latentes.

L'attention portée aux points faibles entraîne des niveaux de qualité dynamiques. Elle procure les mécanismes nécessaires pour traiter les points faibles de façon continue : au fur et à mesure des améliorations apportées, l'élimination du point faible suivant est recherchée. Les 7 étapes de l'amélioration corrective visent à découvrir et à éliminer les points faibles les plus importants.

L'attention aux opportunités conduit à prendre l'initiative de nouvelles définitions de la qualité prenant en compte les besoins du consommateur nouvellement mis en évidence. Une grande différence entre l'approche corrective et cette approche anticipatrice est le passage d'une attention aux points faibles (comme lorsque l'on réduit le coût d'un produit existant) à une attention aux opportunités (comme lorsque l'on développe un nouveau produit).

Le tableau 2.3 résume les caractéristiques principales et les points faibles des quatre adaptations.

Tableau 2.3. Évolution des caractéristiques des quatre adaptations

	Années 1950	*Années 1960*	*Années 1970*	*Années 1980*
Concept Qualité	Conformité à des règles	Adaptation à l'utilisation	Maîtrise du coût	Satisfaction des exigences latentes
« Totalisation » concernant	Produits d'une même ligne	Fonctions	Hiérarchie	Environnement du client
Points faibles	Pas de réponses aux besoins du marché	Contrôle Qualité intrinsèque coûteux	Imitable	Peut créer une demande artificielle non nécessaire

LES ENTREPRISES TQM DOIVENT SE PRÉOCCUPER DES QUATRE EXIGENCES

Dans ce chapitre et le chapitre précédent, nous avons décrit l'évolution du concept Qualité, en réponse à la pression de l'environnement social, grâce aux quatre adaptations. Cependant, une entreprise ne peut évoluer aujourd'hui en passant successivement par ces quatre adaptations. Cela lui prendrait tant de temps qu'elle perdrait sa compétitivité face aux pressions exercées par ses concurrents déjà rompus à leur pratique.

Les entreprises peuvent ne pas appliquer les quatre adaptations pour chaque produit, et décider de se concentrer seulement sur certaines d'entre elles. De façon générale cependant, les entreprises doivent aujourd'hui se préoccuper des quatre exigences et probablement les satisfaire simultanément.

Elles doivent aussi ne pas commettre l'erreur de penser que les dernières adaptations sont meilleures ou plus importantes que les premières, et qu'elles méritent, par conséquent, une plus grande attention. Il arrive, par exemple, que des personnes chargées du développement du produit se fixent sur la satisfaction des exigences latentes. Dans le développement du produit, les entreprises doivent toujours se soucier de satisfaire la conformité aux règles et ont probablement besoin aussi de l'adaptation à l'utilisation et de la maîtrise du coût. Elles n'ont à prendre en compte que peu d'exigences latentes.

LES ADAPTATIONS FUTURES

Étant donné que le monde évolue rapidement, il est très probable que le concept Qualité continue à évoluer et à se répandre. Voici des hypothèses que l'on peut faire sur le sens que prendra le mouvement pour la qualité.

Adaptation à la culture de l'entreprise

De plus en plus, les entreprises se fondent sur leur culture propre pour prendre les décisions touchant leurs produits et la promotion de leur image. Par exemple, NEC se perçoit comme une entreprise informatique et de communication. Nous pourrions appeler ceci *l'adaptation à la culture d'entreprise*. Comme le montre la figure 2.6, l'adaptation à la culture d'entreprise concerne l'ensemble des activités depuis le travail de l'opérateur de base jusqu'à la définition de la place d'un produit dans la stratégie de l'entreprise en passant par les travaux d'équipe pour à la fois améliorer la qualité et réduire les coûts.

Figure 2.6. L'orientation du TQM

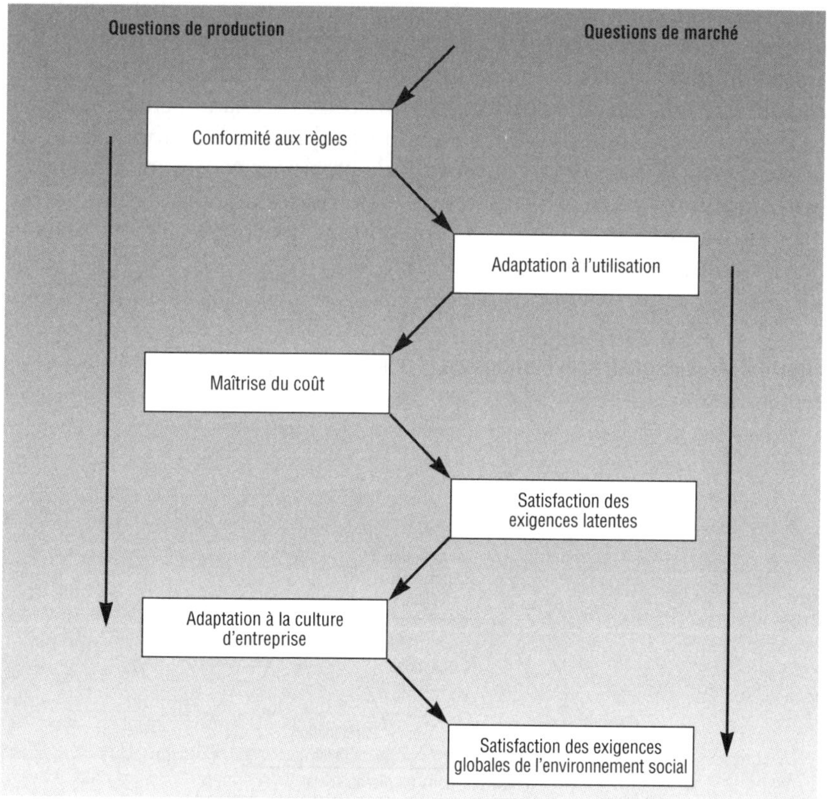

Satisfaction des exigences globales de l'environnement

Une pression croissante est également exercée sur les entreprises pour qu'elles améliorent les conditions et le cadre de travail de leur personnel et l'adaptation de leurs produits et de leurs processus de production à leur environnement – ce qu'on pourrait appeler *l'environnement social* et *l'environnement global*. Il s'agit d'une action centrée sur le marché qui ajoute aux exigences latentes la satisfaction des besoins de l'environnement du client.

LES QUATRE RÉVOLUTIONS DE LA PENSÉE MANAGÉRIALE

Nous définissons le management par la qualité totale comme un système évolutif, développé avec succès dans l'industrie, destiné à l'amélioration continue des produits et des services, dans le but d'accroître la satisfaction du client dans un monde en rapide évolution.

Les concepts du TQM ont été développés au fil des années par un grand nombre d'entreprises qui cherchaient à améliorer la qualité de leurs produits et de leurs services. Ce n'est pas une philosophie abstraite. Il n'y a pas non plus une seule bonne méthode d'application du TQM. Celle-ci doit être adaptée à la culture et à l'histoire de chaque entreprise.

Bien que chacune doive trouver son propre mode d'application, il existe quatre domaines de concepts et de pratiques communs aux entreprises qui réussissent. Ils diffèrent des pratiques de nombreuses entreprises qui ignorent le TQM. Ils représentent quatre révolutions dans la pensée managériale (voir figure 2.7).

Figure 2.7. Les quatre révolutions de la pensée managériale

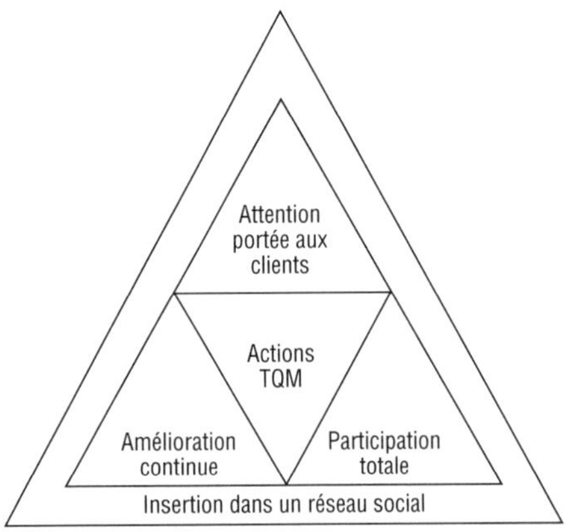

1. Les entreprises TQM *se concentrent sur les clients et la satisfaction de leurs besoins*. Par conséquent, elles doivent pouvoir réagir rapidement à l'évolution des besoins du client et concentrer leurs ressources limitées sur les activités permettant de satisfaire ces besoins.
2. Les entreprises TQM cherchent *l'amélioration continue des processus* conduisant à des produits et services de meilleure qualité. L'amélioration continue inclut le recours à une approche scientifique (analyse des faits, actions fondées sur des faits, vérification concrète des faits). Celle-ci leur permet de réaliser des améliorations progressives pour conquérir rapidement des marchés et acquérir une expérience réelle. Le processus d'amélioration est répété constamment pour atteindre des niveaux de qualité toujours plus élevés.
3. Les entreprises TQM recherchent la *participation totale de leur personnel*. Toutes les capacités de l'ensemble des membres de l'entreprise doivent être utilisées, si celle-ci entend réaliser l'amélioration continue et rechercher la satisfaction du client.
4. Les entreprises TQM doivent contribuer au développement des connaissances du réseau social (partager leur savoir avec d'autres entreprises) pour éviter d'avoir à réinventer des méthodes, pouvoir appliquer plus rapidement les pratiques, et créer une culture Qualité au sein de laquelle elles puissent développer leur activité.

LES QUATRE NIVEAUX DE LA PRATIQUE

Les quatre révolutions de la pensée stratégique impliquent la nécessité de pratiquer le TQM à quatre niveaux : celui de l'individu, celui du groupe de travail, celui de l'organisation, et le niveau régional ou secteur d'activité (voir figure 2.8). Jusqu'à un certain point, ces quatre niveaux de pratique sont parallèles aux quatre révolutions de la pensée.

Le niveau individuel de la pratique du TQM est nécessaire pour faire évoluer l'objet du travail de chaque opérateur. De la simple exécution d'une tâche assignée, celui-ci doit tendre à la satisfaction du client. Il faut donc aussi lui donner les outils nécessaires à l'accomplissement de cette tâche. Cela conduit à l'idée que chacun dans l'entreprise entretient des relations client/fournisseur. Si les opérateurs ont à satisfaire le client (ou le processus suivant), leurs compétences doivent évoluer pour qu'ils soient en mesure d'ajouter à leur travail quotidien des activités d'amélioration. Un système est nécessaire pour réaliser ces changements.

Au niveau du groupe de travail, on désire aussi qu'au travail quotidien s'ajoute un travail d'amélioration (ce qui exige de se concentrer sur le processus). On obtient ce résultat en encourageant l'apprentissage mutuel et l'esprit d'équipe, à l'aide d'un système établissant clairement que l'exécution du travail quotidien et les efforts d'amélioration font partie de la même tâche, et en consacrant du temps à l'amélioration.

Au niveau organisationnel, on veut intégrer des améliorations à caractère innovateur aux objectifs de l'entreprise, et mobiliser entièrement celle-ci pour la poursuite systématique de ses objectifs.

Au niveau d'une branche industrielle, d'une région, du pays, l'engagement en faveur du TQM visera la promotion d'une culture Qualité plus ouverte pour soutenir les efforts des entreprises engagées dans le TQM. Ce soutien peut être obtenu grâce à un « maillage en réseau » informel, la collaboration en vue de gains mutuels et le transfert de pratiques ayant réussi à d'autres entreprises et d'autres entités intéressées par la qualité.

Figure 2.8. Les quatre niveaux de la pratique du TQM

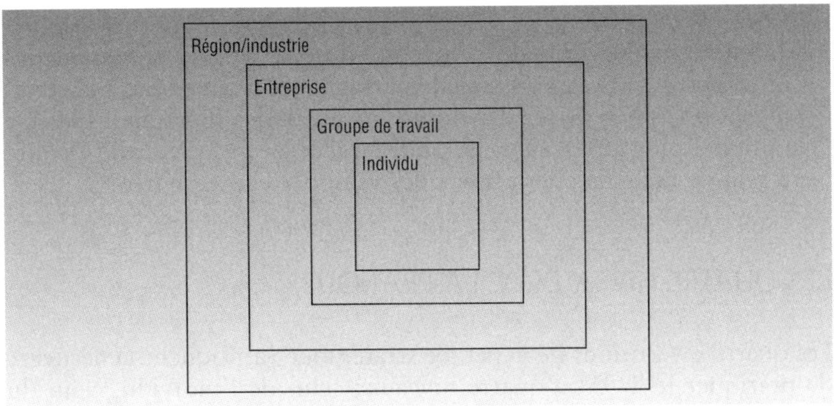

Le Centre de Management de la Qualité (CQM) a été créé pour permettre ce partage d'expériences et de ressources, et nous encourager à persévérer. Au Japon, les pratiques réussies sont intégrées dans les matériaux de formation de la JUSE et de la JSA, utilisés par un grand nombre d'entreprises. Les journaux et séminaires des associations nationales de la qualité servent aussi le même but. Les prix nationaux de la qualité, tel le prix Baldrige aux États-Unis, stimulent la sensibilité nationale à la qualité. Le prix japonais Deming fait partie d'un vaste système de sensibilisation à la qualité.

PREMIÈRE RÉVOLUTION

PRIORITÉ AU CLIENT

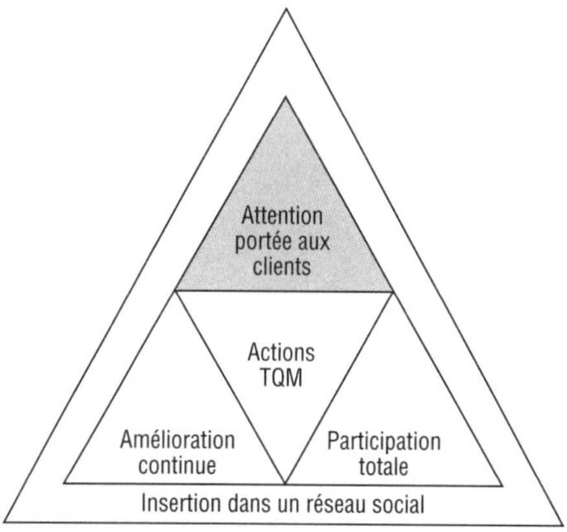

3 Changement dans la conception du travail

LE *MARKET-IN*

Le TQM nous apprend que la compréhension et la satisfaction des attentes des clients sont pour une entreprise les meilleurs moyens et les seuls durables pour la conduire au succès.

À cette fin, le TQM met l'accent sur un concept appelé *market-in*[1] fixant l'attention sur la satisfaction du client, dont il fait le but ultime du travail, contrairement à l'ancien concept appelé *product-out*, fixant l'attention sur le produit.

Suivant la conception traditionnelle du travail, une tâche est accomplie – et elle l'est correctement – si le produit est fabriqué conformément au manuel de fabrication et correspond aux spécifications ou aux normes de ce manuel. Cette manière de voir est appelée *product-out*, car l'attention est portée sur les efforts dépensés par l'entreprise pour produire ce qu'elle estime être un bon produit (voir figure 3.1).

La conception *product-out* est souvent mise en œuvre de façon à laisser entendre que les clients sont idiots, qu'ils ne savent pas vraiment ce qu'ils veulent. Souvent les entreprises qui ont adopté cette conception vont rejeter la réclamation d'un client à propos d'un produit au motif : « vous en faites un usage incorrect » ou « il n'est pas conçu pour faire cela ». De même, les ouvriers croient fréquemment que leur

1. *market-in* = littéralement « marché-dedans » : « faire pénétrer le marché » dans l'entreprise. *product-out* = littéralement « produit-dehors » : « pousser le produit hors de l'entreprise ». (NdT.)

Figure 3.1. Le concept *product-out*

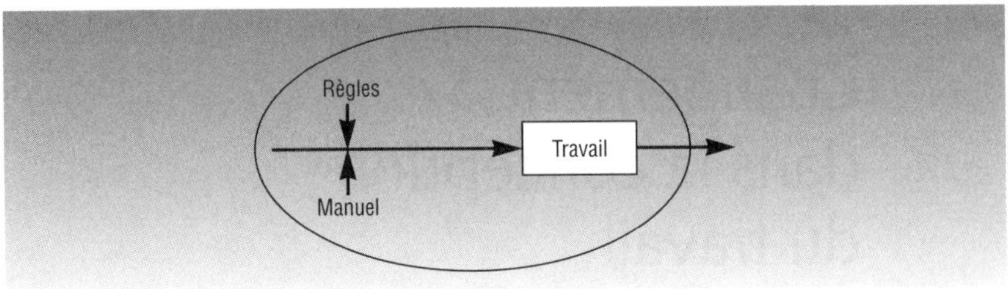

tâche consiste à faire simplement ce qui est spécifié dans la description, les normes du produit ou le manuel de production, et rien d'autre. Il arrive que les cadres aient la même attitude, estimant que « ce n'est pas leur affaire ».

Mais pourquoi travaille-t-on ? Le travail est le moyen d'atteindre un objectif: satisfaire le client. Dans la conception *market-in*, le produit est observé du point de vue du marché, et le travail n'est réellement achevé que lorsque le client est satisfait (voir figure 3.2). Suivant cette manière de voir, « le client est roi » (ou reine), expression que les Japonais traduisent par « le client est dieu ».

Figure 3.2. La conception *market-in*

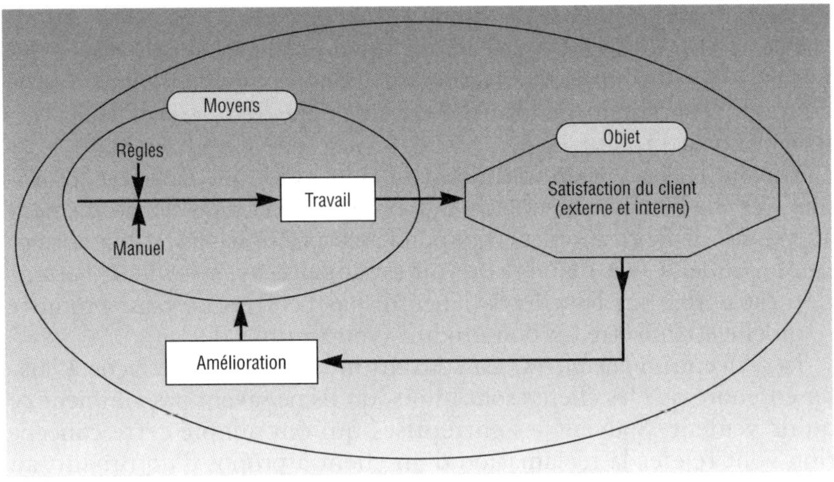

Dans la conception *market-in*, chaque employé a ses clients. L'entreprise a des clients externes, bien entendu, et ils doivent être satisfaits. Mais toute personne de l'entreprise, aussi éloignée soit-elle des clients externes, a aussi ses clients. Le slogan du TQM aujourd'hui bien connu, « le processus suivant est ton client » signifie que chaque étape du produit ou du service doit satisfaire l'ensemble des processus suivants. Il s'ensuit que les clients internes (les processus suivants) ont la même importance que les clients externes.

Quiconque utilise le produit de votre travail est votre client. En fait, chacun peut avoir de nombreux clients (et être soi-même client de nombreux autres). La conception *market-in* oblige à se concentrer sur la satisfaction du client : la personne avec laquelle vous êtes en train de parler est votre client. Vous devez donc vous efforcer de le satisfaire.

L'idéal du TQM est de voir la conception *market-in* pénétrer partout dans l'entreprise et atteindre tous les membres du personnel à tous les niveaux. Bien entendu, les exigences du client évoluent. Pour améliorer le produit à travers le temps – ses spécifications, la façon dont il « marche », et celle dont il est produit – on a donc besoin d'informations en retour, en provenance du client et des processus. Les Japonais appellent *kaizen*[1] ce processus d'amélioration.

La conception *market-in* incorpore l'idée d'un processus d'amélioration permettant d'ajuster le travail et le produit fabriqué en fonction de l'évolution des besoins du client.

Pourquoi cette conception est-elle nécessaire ? La conception opposée – dite *product-out* – adhère à la théorie taylorienne de la division du travail. Certains individus appliquent des processus normalisés, tandis que d'autres travaillent à l'amélioration[2]. La conception *market-in* s'efforce d'éliminer ce principe de séparation du travail. À la place, elle attribue au travail une double fonction. Elle consiste pour chacun à mettre en œuvre un processus normalisé (le travail quotidien) et aussi à l'améliorer. La difficulté de la théorie taylorienne de la division du travail est que dans le monde actuel qui évolue rapidement à un rythme soutenu, elle ne permet plus de réagir suffisamment vite pour satisfaire les besoins des clients. Évolution rapide est ici l'expression clé. Elle s'applique aux exigences du client, à la technologie, aux revendications du personnel, à la communauté environnante, au système monétaire et à la situation géopolitique internationale. Une telle évolution est fréquemment imprévisible. Comme l'illustre la figure 3.3, on peut se représenter le TQM comme un type de management permettant de faire face à des changements rapides.

Corning propose l'analogie suivante à cette nécessité pour l'entreprise de s'adapter à des changements de plus en plus importants et rapides. Pendant des siècles, on a cru impossible de courir le *mile* en quatre minutes. Dans les années 1950, Roger Bannister l'a couru pour la première fois en un temps inférieur. Aujourd'hui, ce temps est

1. Masaaki Imai, *Kaizen, la clé de la compétitivité japonaise,* Éd. Eyrolles, 1992.
2. Juran J.M., « The Taylor System and Quality ». *Quality Progress*, 6 : 42, mai 1972.

Figure 3.3. Le TQM est le management pour faire face à des changements rapides

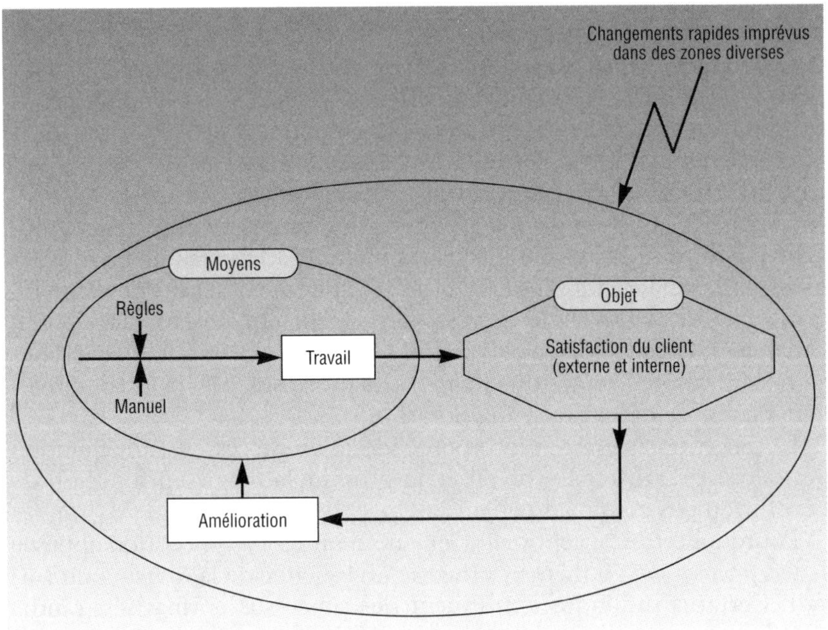

l'exigence de base pour n'importe quel coureur du *mile* en compétition. La situation de l'entreprise est similaire. Les entreprises qui furent les premières en qualité totale ont élevé le niveau de compétitivité. Aujourd'hui, toute entreprise incapable d'adopter une pratique de qualité totale perd, tôt ou tard, sa compétitivité.

Bill Smith, de Motorola, résume ainsi un point de vue voisin : « Vous devez être le meilleur de la classe, en termes de personnel, de produits, de marketing, de technologie et de service. Autrement, vous ne serez pas compétitif. Meilleur de la classe, cela signifie que vous faites aussi bien que L.L. Bean pour la prise de commandes, que la Federal Reserve Bank pour le traitement des transactions, et ainsi de suite. De plus, une fois que la qualité du produit est élevée, le client la tient pour acquise et d'autres facteurs (par exemple, la facturation, la prise de commandes) deviennent plus importants à ses yeux. »

Ces témoignages donnent une idée des raisons pour lesquelles un grand nombre d'entreprises adoptent le TQM. Dans un monde au rythme d'évolution rapide, elles sont soumises à de nombreuses pressions menaçant leur survie – menace d'insolvabilité, moral médiocre de leur personnel, coûts accrus, part de marché ou chiffre d'affaires en diminution (les deux dernières sont des formes de pression exercées par le marché).

Celui qui pratique le *market-in* sait que le client ne s'intéresse pas à l'organisation interne de l'entreprise. Ce qui l'intéresse, ce sont la qualité du produit, le coût et les modalités de mise à disposition (QCD = *Quality, Cost, Delivery*, suivant la terminologie du TQM). Ceci exige un effort interfonctionnel – aucun département, aucune fonction ne peuvent, par eux-mêmes, garantir la qualité, le coût et la mise à disposition. Ceci implique deux structures organisationnelles croisées, l'une, hiérarchique, pour effectuer le travail quotidien, l'autre, interfonctionnelle, pour assurer la satisfaction du client. Il faut une organisation interfonctionnelle pour orienter les efforts de tout ce qui compose l'entreprise – divisions, départements, et personnel – vers une action continue pour saisir les questions essentielles (qu'il s'agisse du client ou des problèmes internes), améliorer et s'adapter aux évolutions de l'environnement.

Les structures du management traditionnel ne sont généralement pas adaptées au travail nécessaire à la satisfaction du client. Les entreprises américaines ont un management des fonctions, mais n'ont pas de management interfonctionnel. Elles se concentrent sur les résultats, non sur les causes premières, ce qui veut dire qu'elles se concentrent sur des variables dépendantes, non sur les variables indépendantes. Elles portent leur attention au développement de politiques et de règles « parfaites », au lieu de voir en elles une partie du processus d'amélioration continue. Elles « dirigent » leurs ouvriers au lieu de les impliquer dans le processus d'amélioration.

Le TQM est un mouvement de masse. Ce n'est pas l'action d'une élite au sein de l'entreprise. L'effet de levier du TQM vient de ce qu'il obtient de chacun qu'il joue avec adresse son rôle propre dans l'entreprise, qu'il amène chacun à se concentrer sur ce qu'il peut faire pour satisfaire le client. C'est le rôle du cadre de pratiquer et d'enseigner le *market-in*.

Comme on le voit dans les entreprises pratiquant le TQM, on peut parfois se demander ce qui rend si efficace cette insistance sur la qualité. Derrière le succès du TQM, on trouve deux axes de convergence majeurs.

En premier lieu, le meilleur moyen de satisfaire le client est de lui livrer un produit de haute qualité à faible prix, au moment où il le désire. Pour atteindre ces buts, il faut comprendre le produit que veut réellement le client, le concevoir et le fabriquer de telle façon qu'il fonctionne bien (en supprimant tous ses défauts), et le fournir rapidement (sans que le temps de cycle soit excessif). Tout ceci a pour effet, non seulement de satisfaire le client, mais aussi d'économiser l'argent de l'entreprise en réduisant le gaspillage des ressources. L'accent mis sur la qualité définie à partir du client vise un double but : satisfaire le client, et permettre à l'entreprise de fonctionner aussi efficacement que possible.

En second lieu, les désirs des clients sont nombreux et variés. Certains se fixent exclusivement sur le coût, d'autres sont motivés par une passion personnelle, d'autres veulent éviter de prendre une décision d'achat discutable, d'autres encore prennent plaisir à imposer leur loi au fournisseur. Cependant, les clients ont en majorité un souci d'un autre ordre : 70 à 80 % d'entre eux veulent un produit de haute qualité au moindre prix. Le personnel de l'entreprise a lui aussi des désirs nombreux et variés. Certains cherchent avant tout à gagner de l'argent, d'autres veulent accomplir un devoir social, d'autres travailler en utilisant la technique la plus évoluée, d'autres encore ne désirent que leur promotion personnelle. La plupart, toutefois, s'efforcent principalement d'obtenir l'excellence dans leur travail. *La qualité est peut-être le seul domaine où il existe une convergence aussi grande entre les buts du client et ceux du personnel. En permettant d'obtenir cette convergence, l'accent mis sur la qualité renforce encore ces deux exigences.*

LES CLIENTS

Les entreprises américaines sont nombreuses à offrir des exemples d'approche *market-in* de la qualité. L'objectif de Corning est de « satisfaire complètement les exigences du client, à temps, 100 % du temps ». Corning poursuit en expliquant que, suivant son point de vue, toute activité d'entreprise met en présence un client et un fournisseur, que les exigences du client doivent être définies, comprises, reçues et acceptées par le fournisseur, et que les exigences acceptées doivent être satisfaites de façon complète.

Xerox Corporation adhère aussi au concept *market-in*. Suivant Xerox : « La qualité est le principe de base de Xerox. Qualité signifie procurer à nos clients externes et internes des produits et services innovants qui satisfassent pleinement leurs exigences.» Xerox poursuit : « C'est le client qui décide en dernière analyse si nous avons ou non un emploi. L'attitude du client sera le facteur critique de notre réussite. Tout le monde doit se dire que notre première obligation va à notre client.» L'approche de Motorola, quant à elle, est simple : « Satisfaction totale du client ».

Suivant le concept *market-in*, pour chaque pièce fabriquée, on cherche à satisfaire le client. Pour y parvenir, on doit d'abord déterminer qui est notre client.

Un client est la personne – ou le groupe – qui reçoit livraison du travail que l'on fait. Il peut s'agir d'un produit ou d'un service. Le client qui reçoit notre production peut être externe ou interne. Un client externe est quelqu'un qui ne travaille pas pour l'entreprise, mais qui reçoit d'elle des produits ou des services. Notons qu'il ne s'agit pas seulement du client immédiat de l'entreprise : ce peut être aussi quiconque se trouve dans le courant de clientèle alimenté par ses produits. Un client interne est une personne travaillant pour l'entreprise et dont le travail dépend de celui d'autres personnes travaillant aussi pour celle-ci. Dans l'exercice de toute activité professionnelle, chacun a des clients : c'est pour un client que la secrétaire tape une lettre, que le comptable rédige un rapport financier, que l'ingénieur trace une épure, que l'employé établit un compte rendu de visite. *Il ne doit pas y avoir d'activité professionnelle sans client.*

Le concept *market-in* contient l'idée d'un processus d'amélioration pour assurer la satisfaction durable du client. Les entreprises TQM ont souvent un processus explicite ou des règles de conduite pour leurs relations avec les clients (externes ou internes).

Par exemple, dans le *Guide de poche de la maîtrise de la Qualité Totale* de *Hewlett-Packard*, figurent les étapes suivantes :

1. Qui sont mes clients ?
2. Quels sont leurs besoins ?
3. Quel est mon produit ou mon service ?
4. Quelles sont les mesures ou les attentes de mes clients ?
5. Quel est mon processus pour satisfaire leurs besoins ?
6. Mon produit ou mon service satisfait-il leurs besoins et leurs attentes ?
7. Quelles sont les actions nécessaires pour améliorer ce processus ?

Chez *Motorola*, les étapes sont les suivantes :

1. Identifiez le travail que vous faites (c'est-à-dire le produit).
2. Identifiez la personne pour laquelle vous le faites (c'est-à-dire le client).
3. De quoi avez-vous besoin pour faire ce travail et de qui (c'est-à-dire les fournisseurs) l'attendez-vous ?
4. Tracez une carte (ou un diagramme) du processus.
5. Organisez la prévention des erreurs dans le déroulement des processus et éliminez les retards (y compris les temps sans valeur ajoutée).
6. Mettez en place des indicateurs de mesure de la qualité et des délais et définissez des objectifs d'amélioration.

Ce sont là des étapes normales pour définir et mettre en œuvre les améliorations. On enseigne que la première chose à faire pour identifier un problème est de voir ce que les clients veulent et n'obtiennent pas. Les responsables des efforts d'amélioration exigent par conséquent cette analyse. *Market-in* n'est pas seulement un slogan mais imprègne les façons d'agir. Les dirigeants planifient les étapes de son institutionnalisation.

DEUXIÈME RÉVOLUTION

AMÉLIORATION CONTINUE

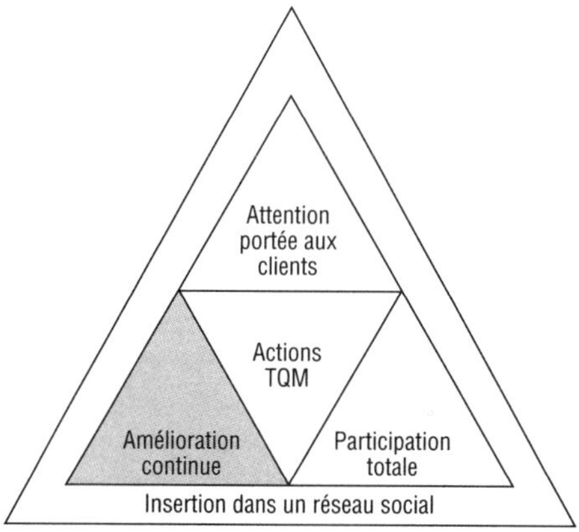

4
L'amélioration, en tant que processus de résolution de problèmes

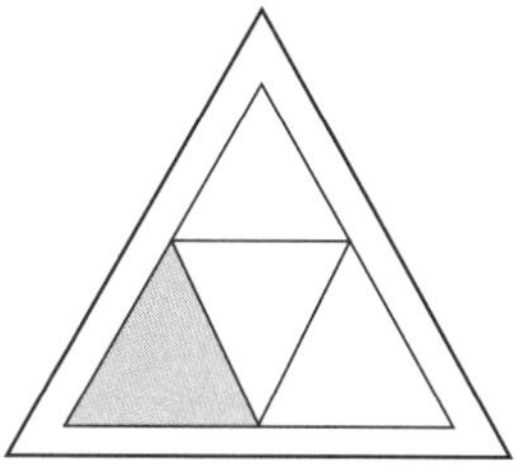

Au Chapitre 3, nous avons abordé les notions de *market-in*, d'amélioration continue de la qualité, et de satisfaction du client au travers d'un processus d'amélioration. Dans une démarche TQM, puisque produits et services sont le résultat d'un processus, la manière efficace d'améliorer leur qualité consiste à améliorer le processus de leur élaboration. Mettre l'accent sur le processus a pour corollaire de ne pas mettre l'accent sur les résultats. Les résultats sont la variable dépendante. Ils émanent du processus suivi, quel qu'il soit. Le processus conduit aux résultats.

Cette façon de mettre l'accent sur le processus et non sur les résultats diffère de façon significative des méthodes en honneur dans la plupart des entreprises qui, n'appliquant pas le TQM, mettent l'accent sur les objectifs. Le TQM enseigne que les objectifs ne peuvent à eux seuls produire des résultats durables. L'intérêt des objectifs est qu'ils aident à décider quel processus mettre en œuvre pour produire les résultats désirés. C'est alors le processus (et la façon dont on le conduit) qui détermine les résultats.

LE MANAGEMENT PAR LES PROCESSUS

Le TQM appelle cet accent mis sur les processus *le management par les processus*. Cela consiste à prendre conscience que les résultats sont issus d'un processus, à définir un processus qui conduise aux résultats désirés, à l'appliquer de façon à comprendre après coup pourquoi son application a produit ces résultats, et à enregistrer l'information correspondante afin d'améliorer le processus lors de la prochaine utilisation (voir figure 4.1).

Figure 4.1. Le management par les processus

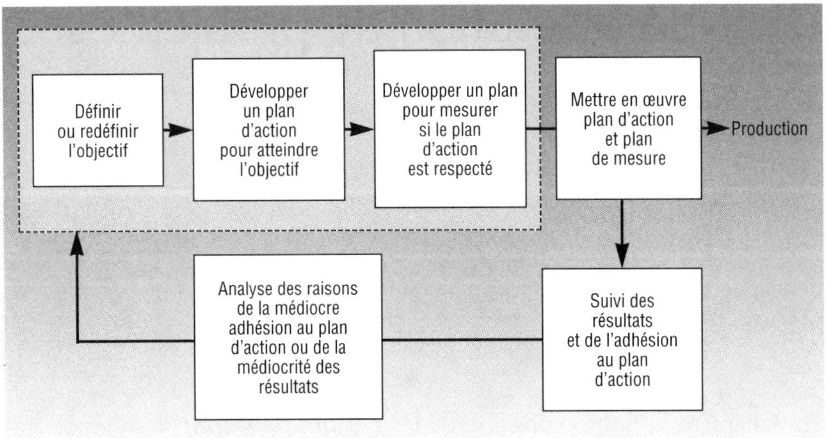

Le management par les processus fonctionne de la manière suivante. On fixe d'abord un objectif et l'on conçoit un plan d'action pour l'atteindre, avec l'affectation du personnel nécessaire à son exécution. On développe ensuite un système de mesure permettant de savoir si l'on respecte le plan et si l'on atteint les résultats désirés. Puis on entreprend la tâche, et on vérifie que le plan est respecté et que les résultats sont obtenus. Muni de ces informations, on analyse les raisons pour lesquelles on n'a pu respecter le plan d'action ou pour lesquelles celui-ci n'a pas fonctionné, et on se sert de cette analyse pour revoir l'objectif, le plan d'action et le plan de mesure. On met l'accent sur les changements à apporter au processus et aux facteurs nécessaires à l'obtention des résultats désirés. Les résultats sont importants pour éclairer le fonctionnement du processus.

Mettre l'accent sur les processus implique que toute activité peut être améliorée pour autant qu'on en planifie méthodiquement l'amélioration, qu'on en analyse la pratique courante, qu'on étudie et mette en œuvre des solutions d'amélioration, qu'on examine le résultat et ses causes, et qu'on répète la démarche. Le TQM applique cette approche scientifique pour améliorer à la fois le processus d'anticipation des besoins des clients par l'entreprise, et les compétences des individus et des groupes.

Tout au long de cet ouvrage, nous donnerons des exemples de ce processus pour expliquer la façon de rendre plus efficaces les activités d'apprentissage et d'amélioration, de simplifier la communication, de réduire la variabilité de résultats dispersés, de développer l'intuition et la créativité, et d'améliorer la capacité de prévoir l'avenir. On peut voir dans le TQM lui-même un processus destiné à aider l'entreprise à apprendre et à s'améliorer – à substituer des choses maîtrisables ou maîtrisées à des choses non maîtrisables.

Le thème du management par les processus, et plus généralement la concentration sur les processus, se retrouvent tout au long du TQM. Les cadres ont besoin d'une telle perspective pour comprendre et améliorer leur travail quotidien. Et, comme le suggère ce chapitre, ils doivent être capables de voir dans le processus d'amélioration un processus destiné à servir de guide et de soutien pour engager leurs subordonnés dans une activité d'amélioration. La fonction du cadre est de traiter l'amélioration comme un processus de résolution de problèmes, comme cela est décrit dans la suite de ce chapitre.

LE MODÈLE EN WV DE L'AMÉLIORATION CONTINUE

Le TQM utilise l'expression « amélioration continue » pour signifier qu'il s'agit de concevoir l'amélioration comme un processus de résolution de problèmes. L'amélioration continue est basée sur deux idées principales : l'amélioration méthodique (ou menée de façon scientifique) et l'amélioration par itération.

Amélioration continue	=	**Amélioration méthodique**	+	**Amélioration par itération**

Pour illustrer le principales questions de l'amélioration continue, on fera appel dans cette section au modèle en WV.

L'amélioration méthodique

Les améliorations sont obtenues par l'utilisation d'une approche scientifique et des outils correspondants, et grâce à une structure favorable à l'effort individuel et d'équipe. L'approche scientifique conduit à envisager la variété des solutions possibles jusqu'à identifier la meilleure d'entre elles – et pas seulement la plus évidente –, en s'en tenant aux faits. L'organisation des travaux d'équipe facilite la participation de tous les membres, en incitant les plus réservés d'entre eux à s'exprimer.

La première démarche d'amélioration à l'aide de ces méthodes doit être répétée pour s'engager dans un processus d'amélioration continue. Shiba a modifié le modèle en W de Kawakita[1] pour l'appliquer au TQM, obtenant ce qu'il appelle le modèle en WV. Nous y ferons appel pour expliquer les concepts afférents à l'amélioration conçue comme processus de résolution de problèmes. Le modèle en WV n'est pas un mode opératoire pour la réalisation d'améliorations concrètes – il est trop abstrait pour cela. Il s'agit plutôt d'une aide pour comprendre et mémoriser trois stades habituels de l'amélioration et du maintien de la qualité. Il porte aussi en lui l'idée d'un aller-et-retour systématique entre la pensée abstraite et des données empiriques, tout au long du processus de résolution de problèmes. Comme tous les modèles, il s'agit d'une abstraction et d'une idéalisation, utiles pour comprendre où l'on en est, et où l'on doit aller.

Le modèle en WV décrit la forme globale de la résolution de problèmes comme une alternance entre la pensée (réflexion, projet, analyse) et l'expérience (obtention d'informations sur le monde réel grâce à des entretiens, des enquêtes ou des valeurs chiffrées). Le passage dans le temps entre ces deux niveaux a la forme d'un W, puis d'un V. D'où l'appellation WV.

Par exemple, comme on le voit sur la figure 4.2, on perçoit l'existence d'un problème et l'on collecte des données permettant de le localiser.

Figure 4.2. Utilisation du modèle en WV pour la résolution de problème

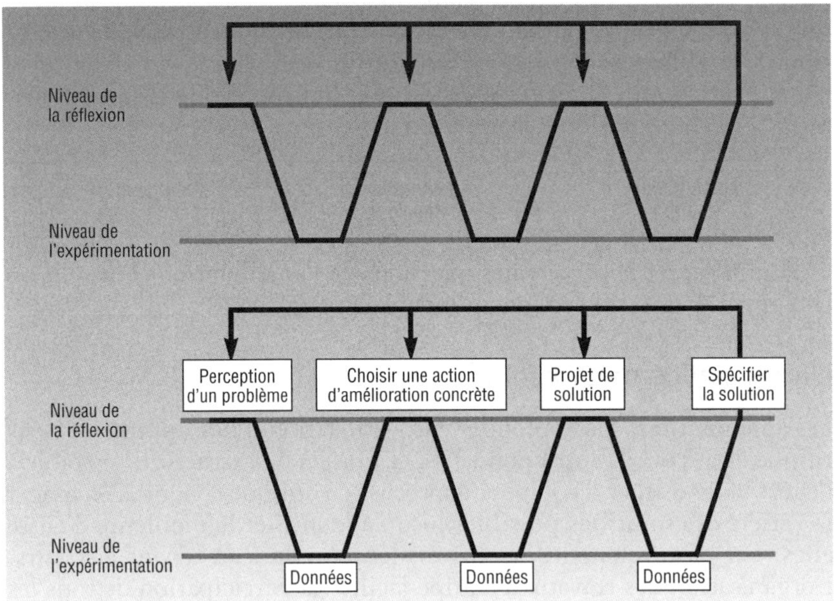

1. J. Kawakita, *The Original KJ Method*, Kawakita Research Institute, Tokyo, 442, 1991.

On choisit une action précise d'amélioration puis on collecte des données sur l'object précis du dysfonctionnement. On établit un projet de solution et l'on collecte des données pour s'assurer qu'elle est bonne. Puis on fait de la solution la nouvelle règle de fonctionnement.

Le modèle en WV nous rappelle de ne pas passer directement de la « perception du problème » à la « solution à normaliser ». Par exemple, il faut éviter de sauter d'une « baisse du chiffre d'affaires » à la « réorganisation de l'entreprise ».

Les trois types d'amélioration

Pour illustrer l'interaction entre la réflexion et l'expérimentation, le modèle en WV présente trois types de résolution de problèmes (voir figure 4.3).

Figure 4.3. Les trois types de résolution de problèmes

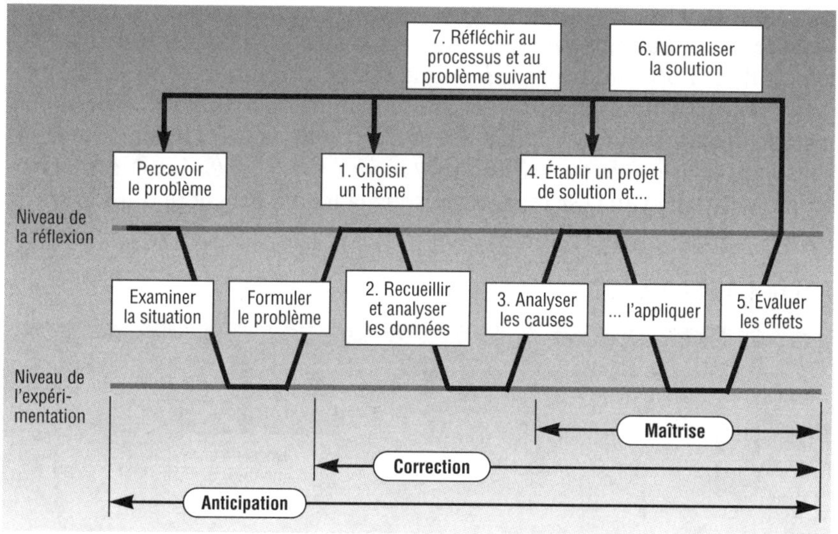

Les trois types d'amélioration – maîtrise des processus, amélioration corrective, et amélioration anticipatrice – sont décrits ci-après. Le management par la qualité a débuté par la maîtrise des processus dans les années 1930 aux États-Unis et dans les années 1950 au Japon. L'amélioration corrective a été ajoutée dans les années 1960 et 1970. Elle a été suivie dans les années 1980 par l'amélioration anticipatrice.

Maîtrise des processus. Supposons qu'on dispose d'un processus normalisé efficace pour remplir une fonction de production ou effectuer une activité quelconque. On doit suivre la procédure qui le décrit pour s'assurer qu'il fonctionne correctement et pour remédier aux écarts éventuels. Supposons qu'un ouvrier ait à sa disposition une carte de contrôle, comme celle que l'on voit ci-dessous. Sur la figure, les résultats du processus sont pointés de gauche à droite en fonction du temps. Le graphique en résultant met en évidence les résultats situés hors des limites d'acceptabilité fixées.

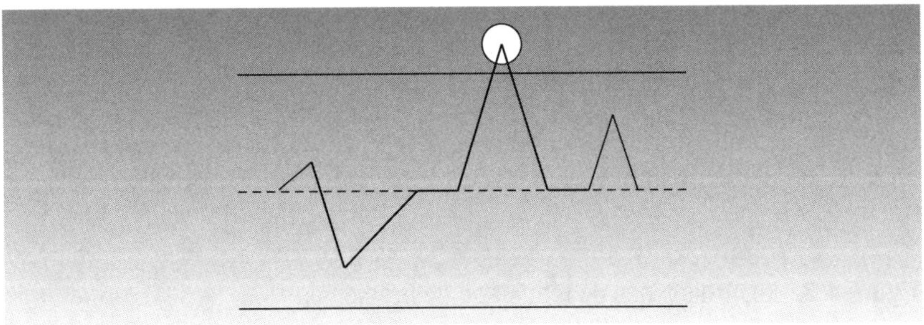

Si le processus produit des résultats situés hors de ses limites d'acceptabilité, l'opérateur procède à une action corrective comme l'une de celles prédéterminées et décrites dans le manuel de maintenance pour corriger le défaut dans le processus. Ce cycle, connu dans le langage du TQM sous l'appellation de cycle SDCA (*Standard, Do, Check, Act*: Normaliser, Faire, Vérifier, Agir) est représenté sous la forme grossière d'un V sur la figure 4.4.

Figure 4.4. Le cycle SDCA

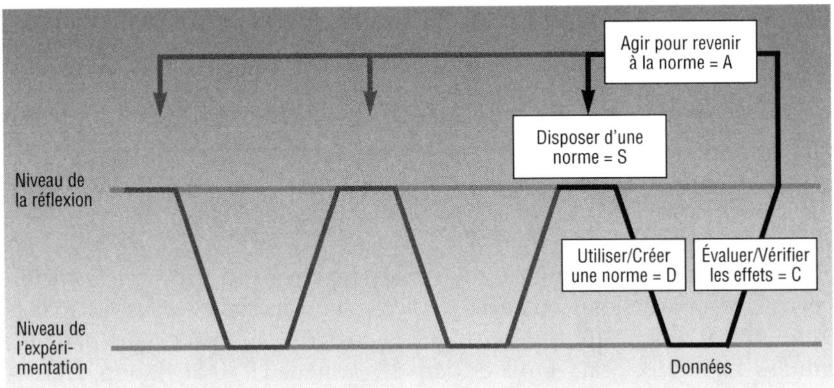

Par exemple, on a un processus de règlement de facture normalisé (S = Normalisé). On l'utilise (D = Faire) pour décider des factures bonnes à être réglées et de la date de leur règlement. On recueille des données et on évalue les résultats (C = Vérifier) pour s'assurer qu'on maximise sa situation en trésorerie, sans retard exposant à des pénalités. Et l'on réagit (A = Agir) pour revenir au processus normalisé si on s'en est écarté et que les règlements interviennent trop tôt ou trop tard.

La méthode consiste donc à disposer d'un processus normalisé, à l'utiliser pour vérifier si le produit satisfait à la spécification, puis à réagir si nécessaire pour ramener le processus à la norme. Elle est présentée comme un cycle, car on continue à l'appliquer aussi longtemps que dure la production. Ce cycle, visant à maîtriser ou rétablir le bon fonctionnement d'un processus, est connu sous l'appellation de maîtrise de processus. Le système de suivi de la maîtrise de processus fait appel au contrôle et à certains des 7 outils de la maîtrise de la qualité. La maîtrise des processus elle-même est décrite de façon plus complète ci-après .

Amélioration corrective. L'étape suivante du modèle en WV concerne l'amélioration d'un processus imparfait. Supposons un processus qui fonctionne mal – de nombreux points se situant en-dehors des limites d'acceptabilité. Supposons qu'en dépit des corrections apportées par l'opérateur au processus, conformément au manuel, celui-ci continue à produire de façon répétée des résultats situés hors des limites d'acceptabilité. Il est évident que quelque chose ne va pas dans le processus.

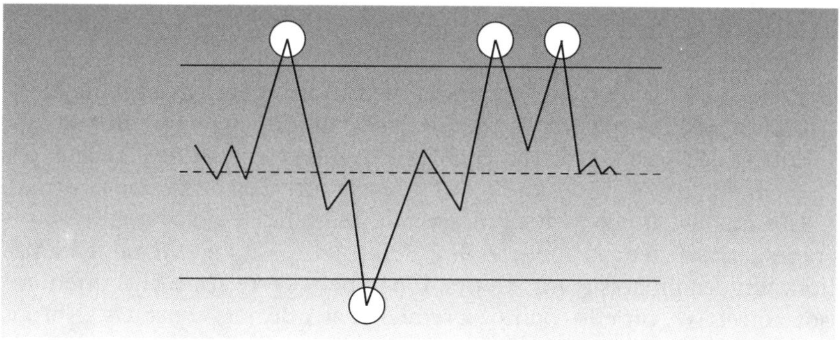

Dans ce cas, l'opérateur doit réagir aux problèmes particuliers et mettre en œuvre, pour réaliser l'amélioration, un processus de résolution de problèmes – d'où le titre de cette section. Pour cette situation, le TQM propose une méthodologie normalisée.

La figure 4.5 présente les étapes de la méthodologie.

1. Choisir un thème (une amélioration concrète, comme « diminuer les défauts du produit X » constatés à la livraison).

Figure 4.5. Les 7 étapes de l'amélioration

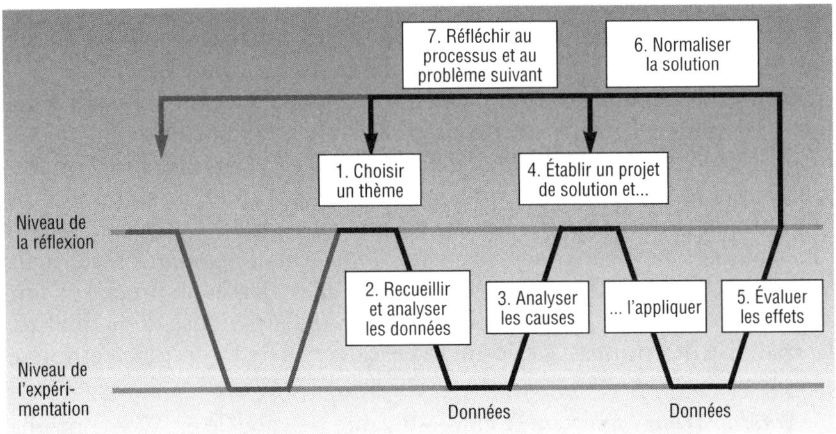

2. Recueillir et analyser les données (pour découvrir les types de défauts se produisant le plus souvent.
3. Analyser les causes (pour découvrir la cause première du type de défaut le plus fréquent).
4. Préparer et appliquer la solution (pour prévenir la réapparition de la cause première).
5. Évaluer les effets (pour vérifier les nouvelles données et s'assurer que la solution a bien fonctionné).
6. Normaliser la solution (pour remplacer de façon permanente l'ancien processus par le processus amélioré).
7. Réfléchir au processus et au problème suivant (pour envisager la façon dont le processus de résolution de problème aurait pu être mieux exécuté et décider du prochain problème à étudier à partir de l'étape 2, par exemple, le type de défaut le plus fréquent arrivé en deuxième position).

Ces étapes, appelées les 7 étapes de la maîtrise de la qualité ou 7 étapes, constituent la méthodologie normalisée du TQM pour l'amélioration des processus imparfaits. On appelle cette approche amélioration corrective, car elle conduit à remédier aux défauts constatés. Notons que pour une amélioration réussie, les dernières étapes deviennent le cycle SDCA pour le maintien de l'amélioration. Les 7 outils de la maîtrise de la qualité et des outils statistiques plus élaborés tels que l'analyse multidimensionnelle et le projet d'expérience, sont également fréquemment utilisés pour la résolution de problèmes de correction de défauts. Le chapitre 5 décrit en détail ce type de résolution de problèmes.

Amélioration anticipatrice. Dans de nombreuses situations, on n'a pas au départ une idée claire de l'amélioration concrète désirée. On a plutôt besoin, avant d'engager une action d'amélioration, de choisir une orientation pour l'entreprise. Par exemple, on peut avoir besoin de se faire une opinion sur ce que le client désire, sur le produit à développer, ou sur le processus ayant le plus besoin d'être amélioré. Cette situation relève de la partie finale du modèle en WV, appelée *amélioration anticipatrice*, représentée sur la figure 4.6.

Figure 4.6. Les étapes de l'amélioration anticipatrice

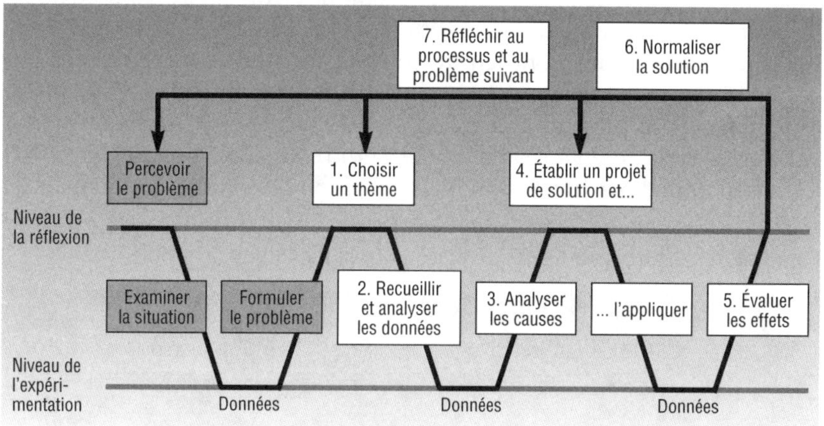

Au début, on a vaguement conscience qu'il y a un problème, on le ressent. Puis on explore largement la situation pour comprendre ce qui se passe (les attentes des clients, ce que l'on est capable de fabriquer, les processus qu'il est nécessaire de corriger). Une fois la situation largement explorée, on est en mesure de formuler le problème, et dans de nombreux cas, de parcourir les 7 étapes. Les 7 outils de management et de planification et le QFD (*Quality Function Deployment* = Déploiement de la Fonction Qualité) (décrit au chapitre 7) sont utiles pour l'amélioration anticipatrice, spécialement dans les étapes initiales.

Une action basée sur des faits

À chaque étape du modèle en WV, lorsqu'on évolue entre la formulation des problèmes ou des solutions et le recueil des données, on se déplace entre les lignes haute et basse du modèle en WV, correspondant respectivement au niveau de la pensée et à celui de la pratique. Dans la phase anticipatrice, on se fait une impression ou une représentation du problème, on est au niveau de la pensée. Puis, en recueillant certaines données (par exemple, en observant la façon dont le processus ou la machine fonctionnent réellement) — on est au niveau de la pratique. On continue à se déplacer vers l'arrière et vers l'avant : on formule un thème (réflexion), on recueille des données sur lesquelles on fonde l'analyse (expérimentation) de la cause première, on prépare une solution (réflexion), on recueille des données pour confirmer que la solution fonctionne (expérimentation), et on normalise les bonnes solutions (réflexion).

Cet aller et retour entre réflexion et expérimentation illustre l'important principe du TQM qui est de fonder les actes sur des faits. *À aucun moment, on ne prend pour base de la prise de décision la spéculation ou l'opinion.*

Comme le montre la figure 4.7, chacun des trois stades du modèle en WV utilise un type de données différent. Les *données 1*, celles de l'amélioration anticipatrice, sont le plus souvent qualitatives – ce ne sont pas des nombres, mais des mots. Leur objet peut ne pas être clair, les données sont floues et se présentent sous différentes formes, et l'on ne sait pas à l'avance le type de données qu'on obtiendra. Nous verrons au chapitre 6 le conseil donné par Jiro Kawakita sur la façon de collecter les données 1.

Figure 4.7. Les trois sortes de données pour la résolution de problèmes

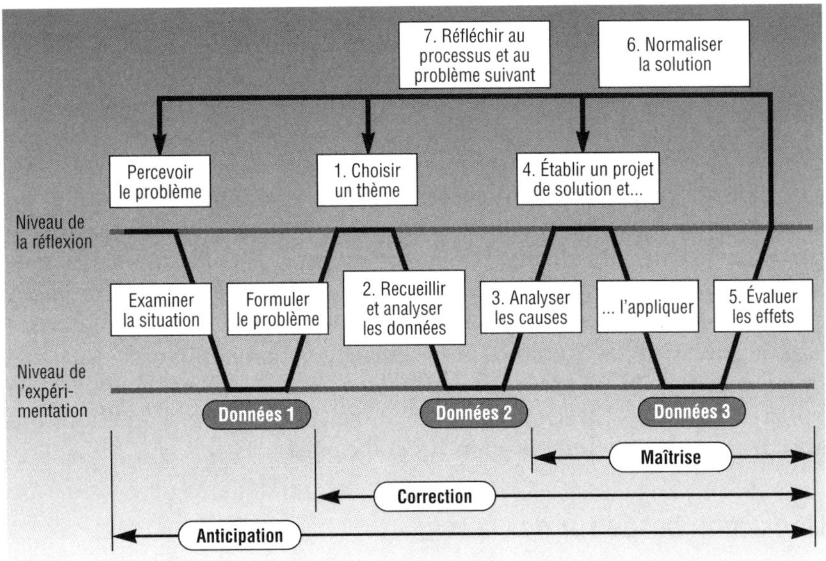

Les *données 2*, celles de l'amélioration corrective, peuvent être à la fois des nombres et des mots, mais on essaye d'éliminer les mots en définissant un objet (un thème) quantifiable. On doit dans ce cas définir les données qui permettront de résoudre le problème.

Les données 3, celles de la maîtrise de processus, sont typiquement des données comptables et de maîtrise de la qualité formulées suivant des règles précises ; ce sont principalement des nombres ; elles sont conçues pour être utilisées à des fins particulières.

Porter l'attention sur quelques points essentiels

Le modèle en WV insiste sur un autre aspect important de l'amélioration méthodique : la concentration sur quelques points essentiels dont l'amélioration produira le maximum d'effet. À chaque stade du modèle en WV et à chaque itération, on a à choisir entre un grand nombre de problèmes et d'améliorations. En se concentrant sur les quelques points essentiels à améliorer, on maximise l'impact des actions entreprises. Il existe de nombreuses occasions d'améliorer les choses, mais les ressources nécessaires sont limitées. En outre, l'expérience montre que seul un petit nombre des actions entreprises a un effet significatif. Par conséquent, il ne faut travailler qu'aux seules améliorations à la fois essentielles pour l'avenir de l'entreprise (par exemple, celles qui améliorent la satisfaction du client) et qui ont le plus fort rendement.

Le TQM utilise la satisfaction présente et future du client comme critère des décisions clés concernant les produits, les pratiques et les systèmes de l'entreprise – en mettant en lumière les quelques activités qui auront le plus grand effet sur la réussite des actions engagées.

Amélioration itérative

L'idée implicite du modèle en WV est celle de l'amélioration itérative : celle-ci consiste à parcourir indéfiniment le cycle, soit pour aborder le problème suivant, soit pour l'amélioration continue d'un processus déjà amélioré. C'est le cycle PDCA (de l'anglais *Plan, Do, Check, Act* : Préparer, Faire, Vérifier, Réagir) du TQM (voir figure 4.8). Le PDCA est une contribution apportée par W.E. Deming à la maîtrise de la qualité japonaise, Deming lui-même l'ayant appris de W.A. Shewhart[1].

– *Plan* : Déterminer de façon analytique et quantitative les principaux problèmes du processus existant ou des activités existantes et définir un projet d'amélioration.

– *Do* : Appliquer le projet.

– *Check* : Confirmer de façon quantitative et analytique que la solution projetée marche et améliore le fonctionnement.

– *Act* : Modifier le processus antérieur en conséquence : corriger la procédure et l'appliquer.

1. W.A. Shewart était membre du département d'Assurance Qualité des laboratoires Bell Telephone. En 1931, il mit le mouvement de la qualité sur un pied scientifique quand il publia *Economic Control of Quality of Manufactured Product* (New York, Van Nostrand Reinhold, 1931 ; réédité par Milwaukee, ASQC, 1980). Kozo Koura a décrit excellemment l'histoire du développement du cycle PDCA dans « From Deming Cycle to Management Cycle », *Quality*, JSQC 20, n° 1, 1990.

Figure 4.8. Le cycle PDCA

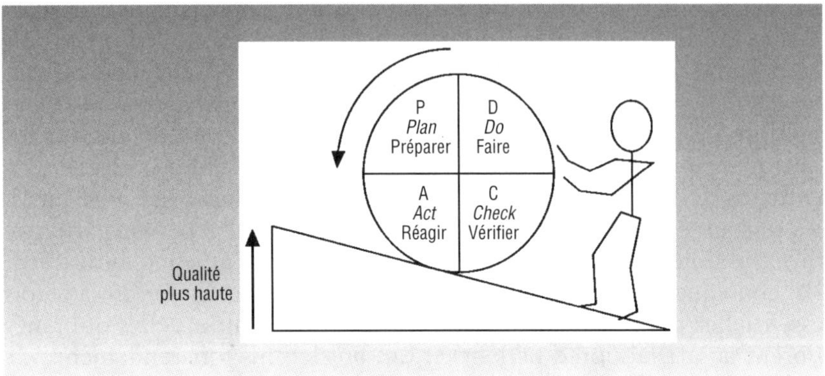

Le PDCA symbolise le principe d'itération dans la résolution des problèmes : réaliser progressivement des améliorations et répéter le cycle d'amélioration de nombreuses fois.

Si on pilote un bateau avec l'intention d'en intercepter un autre, on recalcule périodiquement sa route vers la cible. Chaque fois, on effectue le meilleur calcul possible.

Ce qu'on ne fait pas, c'est se conformer, sans opérer de correction, au calcul de la route initiale jusqu'à ce qu'il nous indique que la cible est atteinte. On réalise qu'en dépit de l'attention apportée au calcul initial de la route vers la cible, celle-ci peut se déplacer de façon imprévue, et que les courants et les vents peuvent au cours de la navigation, écarter de sa route le bateau qu'on pilote. On se conforme au principe consistant à rechercher un fréquent retour d'information sur sa position propre et celle de la cible par rapport à la sienne.

Dans l'entreprise, on a tendance à penser qu'il est possible, pour répondre aux besoins, de mettre en œuvre le bon projet ou la bonne procédure sans essais ni retour d'information.

Le principe d'itération du PDCA nous procure un système pour réaliser des améliorations pas à pas, en travaillant du mieux que l'on peut, avec des cycles d'amélioration relativement courts. De cette façon, on peut essayer une amélioration et obtenir un réel retour d'information quant à l'orientation et à l'écart des résultats par rapport aux objectifs. Il est important de fournir rapidement des produits ou des services améliorés au marché ou au processus suivant, afin d'obtenir ce retour d'information de l'utilisateur. De plus, le PDCA est un système d'amélioration continue pour atteindre un objectif ou obtenir un fonctionnement toujours plus performant.

On représente toujours le PDCA sous forme d'un cycle de manière à indiquer la nature continue de l'amélioration. Tous les types d'amélioration et de maintien de l'amélioration exigent une itération.

Le PDCA est une méthode permettant d'affronter des problèmes d'importance variable, y compris ceux pouvant se situer hors du champ d'application des 7 étapes. Comme nous le verrons plus en détail au chapitre 15, le TQM propose les diverses méthodes nécessaires aux améliorations continues pas à pas comme aux améliorations par percée ou innovation. Nous les appellons PDCA1 et PDCA2 (voir figure 4.9).

Figure 4.9. Le cycle PDCA pour des améliorations continues pas à pas et des améliorations par percée ou innovation

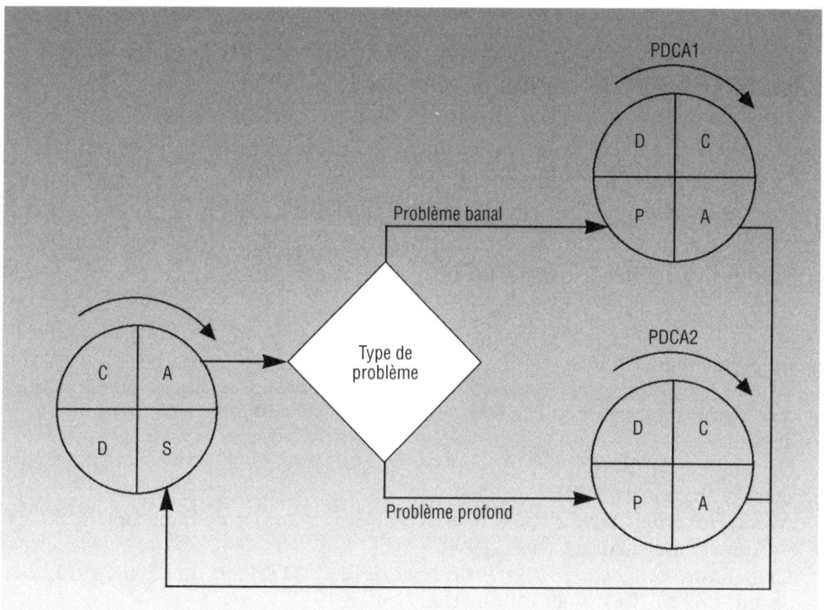

LA MAÎTRISE DES PROCESSUS

Cette section contient une brève esquisse de certains principes de la maîtrise de processus. On n'y trouvera rien d'original, en ce sens que toutes les idées exposées ici ont été exprimées par Shewhart, Deming,

Ishikawa, et autres praticiens de la maîtrise statistique de processus. Une littérature abondante existe sur le sujet[1].

Toutefois, peu nombreux sont les dirigeants – en particulier s'ils ne viennent pas des départements de fabrication de l'entreprise – à être familiarisés avec les concepts de base de la maîtrise de processus. S'ils en connaissent l'existence, ils n'imaginent pas qu'elle puisse s'appliquer à d'autres domaines qu'à la fabrication. En fait, la maîtrise de processus ne s'applique pas seulement aux processus de fabrication. Elle peut aussi s'appliquer à l'enregistrement des commandes, aux cours de formation, la facturation, le recrutement, la prévision de la trésorerie au jour le jour, la clôture mensuelle des comptes, les demandes d'intervention des services d'entretien, la prévision des besoins en capacité des moyens de télécommunications, la préparation de la documentation produits, ou au budget de l'entreprise. En fait, la maîtrise de processus peut s'appliquer à tout processus répétitif et mesurable. En d'autres termes, elle peut être appliquée à un grand nombre de tâches diverses. Quelle que soit la longueur du cycle ou la complexité de la tâche, la maîtrise de processus peut leur être appliquée.

Une compréhension des principes de base de la maîtrise de processus contribuera à mieux faire comprendre le PDCA, ainsi que les principes du TQM suivant lesquels la systématisation et l'amélioration itérative valent pour tous les genres d'activité. De plus, cela aidera les cadres à comprendre que la créativité repose sur l'application rigoureuse de méthodes dont la réputation d'efficacité n'est plus à faire.

1. Liste de textes classiques consacrés à la maîtrise des processus. Les ouvrages marqués d'une astérisque sont essentiellement des manuels d'enseignement. Les autres sont des guides.
D. Amsden, H. Butler, R Amsden, *SPC simplified for Services*, White Plains, NY ; Quality Resources, 1991.
AT&T, *Achieving Customer Satisfaction*, AT&T doc. n° 500-443, Indianapolis : AT&T Customer Information Center, 1990.
Idem, *Statistical Quality Control Handbook*, 2e éd., AT&T doc. n° 700-744, Indianapolis : AT&T Customer Information Center, 1958.
A. Donnelle, M. Dellinger, *Analyzing Business Process Data : The Looking Glass*, AT&T doc n∞ 500-445, Indianapolis : AT&T Customer Information Center, 1990.
E.L. Grant, R.S. Leavenworth, *Statistical Quality Control*, 5e éd., New York : McGraw-Hill, 1980.
* K. Ishikawa, *Introduction to Quality Control*, Tokyo : 3A Corporation, 1990.
* D. C. Montgomery, *Introduction to Statistical Quality Control*, New York : John Willey & Sons, 1985.
* H.M. Wadsworth, K.S. Stephens, A.B. Godfrey, *Modern Methods for Quality Control and Improvement*, New York : John Wiley & Sons, 1986.
D. J. Wheeler, D. S. Chambers, *Understanding Statistical Process Control*, Knoxville, TN : Statistical Process Controls, Inc. 1986.

La place nous manque dans ce livre pour développer les principes de base de la maîtrise de processus et leur donner une assise intuitive. Nous allons nous efforcer néanmoins de les énoncer aussi clairement que possible[1].

Voici plusieurs principes de base que tout cadre devrait comprendre.

– Les besoins du client déterminent la production souhaitée.
– Le processus utilisé détermine la production réelle.
– La production réelle présente inévitablement une variabilité.
– Le contrôle est une médiocre méthode de maîtrise.
– Satisfaire à la spécification de la production souhaitée, réduire la variabilité de la production réelle en recherchant et en éliminant les sources de variation du processus.

Ces principes sont décrits ci-dessous de façon plus détaillée.

Les besoins du client déterminent la production souhaitée

Le but des processus de l'entreprise doit être de satisfaire le client, qu'il soit externe ou interne. Il s'ensuit que les besoins du client doivent déterminer la production souhaitée des processus. On a besoin d'informations sur ce qui intéresse les clients, et de mesures quantitatives pertinentes pour suivre ce qui les intéresse. Aux chapitres 7 et 8, nous examinerons longuement la façon d'écouter, d'interpréter et de quantifier la « voix du client ». Cette voix du client détermine les limites de spécification haute et basse (USL et LSL : *Upper Specification Limits* et *Lower Specification Limits*) pour les résultats obtenus (voir figure 4.10). Les résultats situés en dehors de ces limites caractérisent des produits qui doivent être mis au rebut ou retouchés[2]. Remarquons sur la figure que la voix du client est extérieure au processus et qu'elle est en fait, indépendante de lui.

1. Les cadres qui douteraient de la validité de ces principes devraient s'inscrire immédiatement à l'un des nombreux séminaires de trois jours sur la maîtrise statistique des processus, visionner les enregistrements de la bibliothèque Deming (les n°s 7, 8 et 9 en particulier), s'arranger pour participer à la simulation d'une fabrication juste-à-temps (Coopers & Lybrand propose « le jeu de la roue JIT », et d'autres organismes possèdent des jeux similaires), avoir une longue discussion avec l'équipe Qualité de l'entreprise, ou lire un ouvrage consacré à ce sujet. Les livres recommandés pour la clarté de leur compréhension sont AT&T, *Achieving Customer Satisfaction* ; Donnell et Dellinger, *Analyzing Business Process Data* ; et Wheeler et Chambers, *Understanding Statistical Process Control*.
2. Le concept de « voix du processus » et les éléments de la figure 4.10 ont été présentés par James Bakken (ancien de Ford Motor Co.) à la conférence annuelle du Centre pour le Management de la Qualité, à Cambridge, MA, en avril 1992 ; l'ouvrage *Achieving Customer Satisfaction* d'AT&T contient aussi une excellente discussion sur la façon de découvrir ce qui intéresse le client et de décider des mesures appropriées.

Figure 4.10. Un modèle de maîtrise de processus

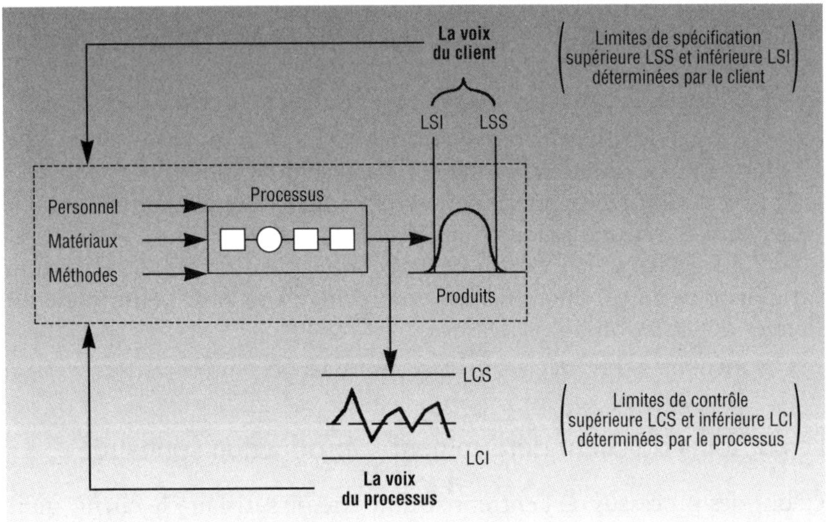

Le processus utilisé détermine la production réelle

Comme le montre la figure 4.10, les résultats réels produits, indiqués par la distribution, viennent du processus et de ses entrées et non de la voix du client ou des limites de spécification. Si l'on a un processus dont les produits se situent à l'intérieur de certaines limites, leur présence à l'intérieur de ces limites ne dépend pas du désir du client. Supposons, par exemple, un département de gestion de trésorerie qui ne puisse maintenir les soldes de trésorerie entre des limites inférieures à plus ou moins trois millions de dollars par semaine. Si le système ne peut atteindre une plus grande précision, le simple désir qu'il s'améliore ne lui permettra pas de le faire.

La production réelle présente inévitablement une variabilité

Tout processus est affecté d'une certaine variabilité de ses résultats. Cette variabilité présente deux caractéristiques que l'on peut tirer des statistiques de la production : une tendance centrale (valeur moyenne) et une variabilité naturelle (la distribution des réponses entre les valeurs extrêmes observées). Par exemple, dans l'exemple du système de gestion de la trésorerie, le solde réel en fin de semaine variera en plus ou en moins par rapport à l'objectif fixé pour la semaine. Certaines de ces variations seront acceptables (celles qui tombent dans les limites de spécification), et certains résultats varieront plus largement au point de tomber en dehors des spécifications.

Historiquement, on a recours à deux méthodes pour obtenir des résultats compris dans les limites de spécification : le contrôle et la réduction de variance[1].

Le contrôle est une médiocre méthode de maîtrise.

Pour certains processus, on peut éviter de livrer des produits défectueux en contrôlant la production pour éliminer ou retoucher les produits hors spécifications. De même, si les montants budgétaires d'un département ne sont pas justifiés de manière acceptable, le budget peut être recalculé. Bien entendu, ceci provoque des gaspillages ou des frais supplémentaires, et peut-être des retards. Pour d'autres processus, comme dans l'exemple de la gestion de trésorerie mentionné au dernier paragraphe, un contrôle confirmera que des résultats sont bien situés hors spécifications, mais n'empêchera pas leur apparition. C'est que le contrôle est une méthode inefficace si on veut l'utiliser pour maîtriser un processus.

Shewhart, Deming et leurs successeurs enseignent qu'en mettant l'accent sur le respect des spécifications, il est improbable de les respecter de façon fiable. Aussi longtemps qu'on utilisera le contrôle comme méthode pour satisfaire aux spécifications, on continuera à obtenir des gaspillages et des frais supplémentaires, des produits défectueux échapperont au contrôle, des résultats jusque-là acceptables cesseront de l'être sans avertissement, et en général, les performances seront précaires.

Pour satisfaire aux spécifications de production désirées, il faut réduire la variabilité de la production réelle en recherchant et éliminant les sources de variation existant dans le processus. La seconde méthode permettant d'obtenir des résultats compris dans les limites des spécifications, est de réduire la variabilité du processus jusqu'à ce que la moyenne et pratiquement toutes les valeurs mesurées soient ramenées à l'intérieur de ces limites. Après contrôle des résultats, le processus ou son mode opératoire sont modifiés de façon à réduire la variabilité des résultats. On peut encore avoir à écarter des résultats médiocres jusqu'à ce que la variabilité soit devenue si faible qu'aucun produit ne sorte plus des limites des spécifications.

Shewhart, Deming et leurs successeurs enseignent que la meilleure approche pour respecter les spécifications, consiste à mettre l'accent sur la réduction de la variabilité. Une variabilité faible est un signe d'efficacité. Le simple respect des spécifications peut n'être que le résul-

1. Ceci est tiré de l'excellent exposé de cette question effectué par Wheeler et Chamber dans leur livre *Understanding Statistical Process Control*.

tat du hasard. Avec une variabilité suffisamment faible, aucun produit défectueux n'échappe au contrôle, le système est stable et préviendra de l'imminence d'un défaut. Toutefois, comme disait Shewhart, une variabilité réduite ne peut être obtenue que par une étude minutieuse des sources de variation du processus et une action visant à réduire ou éliminer les sources de la variation superflue ou excessive.

Un processus peut présenter deux types de variabilité : une variabilité stable et cohérente dans le temps (variabilité maîtrisée, due à ce que Deming appelle des causes communes) et une variabilité qui évolue dans le temps (variabilité non maîtrisée, due à ce que Deming appelle des causes spéciales c'est-à-dire accidentelles). La variabilité maîtrisée est inhérente au processus : c'est une variabilité naturelle imposée par les limites physiques du processus. La variabilité maîtrisée est statistiquement la même d'un jour à l'autre. La variabilité non maîtrisée résulte généralement du fait que le processus n'est pas sérieusement suivi. Chaque fois qu'il fonctionne, il le fait différemment. Ceci peut être dû à une formation insuffisante de l'opérateur, à un manque de documentation, au manque de fiabilité d'un fournisseur, ou à de nombreux autres facteurs variant dans le temps. La variabilité non maîtrisée produit généralement des effets beaucoup plus importants que la variabilité maîtrisée.

La variabilité maîtrisée étant inhérente au processus, elle ne peut être réduite, si ce n'est par un changement apporté au processus. Exiger des ouvriers qu'ils fassent mieux leur travail ne réduira pas la variabilité maîtrisée inhérente au processus. Exiger que les spécifications soient satisfaites n'aura pas non plus d'effet sur cette variabilité naturelle d'un processus. De nombreux cadres ne le réalisent pas. Ils pensent qu'en fixant des objectifs, ils peuvent influencer les résultats. Le point de savoir si les résultats d'un processus se situent à l'intérieur des limites de spécification dépend de la variabilité naturelle du processus, non de la spécification. Ceci ne veut pas dire qu'il soit inutile de fixer des objectifs. Il est au contraire utile d'en fixer, car sans objectif, on ne sait pas quel processus mettre en œuvre pour produire le résultat désiré. Toutefois, le résultat sera celui que le processus est capable de produire, non le résultat correspondant à l'objectif.

En revanche, on peut éliminer la variabilité non maîtrisée, en maîtrisant les entrées, et en respectant rigoureusement la procédure. La variabilité non maîtrisée forte masque fréquemment une variabilité maîtrisée plus faible, de telle sorte qu'il n'est pas possible de mettre en évidence et d'éliminer les sources de variabilité maîtrisée, tant que les sources de la variabilité non maîtrisée n'ont pas été éliminées. Deming soutient qu'à défaut d'avoir identifié les causes de variabilité, les changements apportés au processus en rendront le fonctionnement probablement pire qu'auparavant. Il considère cela comme une manipulation. Réagir à une médiocre performance par une réorganisation, sans en avoir compris les causes est une forme de manipulation de la gestion fréquemment pratiquée. Par conséquent, le scénario à suivre pour réduire la variabilité d'un processus consiste, en premier lieu, à maîtriser le processus en en éliminant la variabilité non maîtrisée, puis à rechercher les causes de variabilité maîtrisée et à modifier le processus pour les faire disparaître, en diminuant ainsi la variabilité jusqu'à faire entrer pratiquement les résultats à l'intérieur des limites spécifiées.

La carte de contrôle et d'autres outils de la maîtrise statistique de processus permettent de pointer les résultats dans le temps et de montrer clairement si le processus n'est pas maîtrisé (s'il a une variation non maîtrisée) ou s'il est maîtrisé (s'il n'a pas de variation non maîtrisée). Par exemple, une carte de contrôle pointant la différence entre une prévision de recettes et des recettes réelles montrera si l'on a un processus efficace (maîtrisé) de prévision et d'obtention de recettes. Ces outils montrent aussi si un processus maîtrisé est capable de produire les résultats désirés.

Chez Ford Motor Company, on aime à dire que la maîtrise statistique des processus exprime la « voix du processus ». Elle permet de savoir ce que le processus veut nous dire (voir figure 4.10). Une fois sa voix entendue, on doit être capable de le modifier de telle façon qu'il satisfasse les spécifications du client, révélées grâce à la « voix du client ».

LA MAÎTRISE ET L'AMÉLIORATION DES PROCESSUS

Le cycle de base de la maîtrise de processus est souvent appelé cycle SDCA. Ce cycle comporte une norme (S, de Standard), qu'on utilise pour mettre en œuvre le processus (D, de Do, faire). Puis, les résultats du processus sont vérifiés (C, de Check, vérifier), et une action appropriée est engagée (A, de Act, Réagir). Si les résultats se situent à l'intérieur des limites de spécification, l'action appropriée consistera à continuer à appliquer la norme et à répéter le cycle. S'ils tendent à sortir des limites de spécification ou s'ils se trouvent effectivement hors des limites des spécifications (ne satisfaisant donc pas les besoins des clients), des actions correctives normalisées doivent être exercées.

Cependant, on peut décider de temps à autre que les spécifications ne sont pas suffisamment contraignantes et qu'il faut améliorer le processus (réduire la variabilité) afin de respecter des limites de spécification plus étroites. Lorsque c'est le cas, on doit utiliser une forme de PDCA, la méthode de l'amélioration corrective (voir chapitre 5), afin de découvrir la source de la plus grosse variation naturelle et d'améliorer le processus en l'éliminant. Cette interaction entre le cycle SDCA de maîtrise de processus et le cycle de l'amélioration corrective a été précédemment décrite. Elle est représentée plus précisément sur la figure 4.11.

Figure 4.11. Interaction entre le cycle SDCA et le cycle d'amélioration corrective

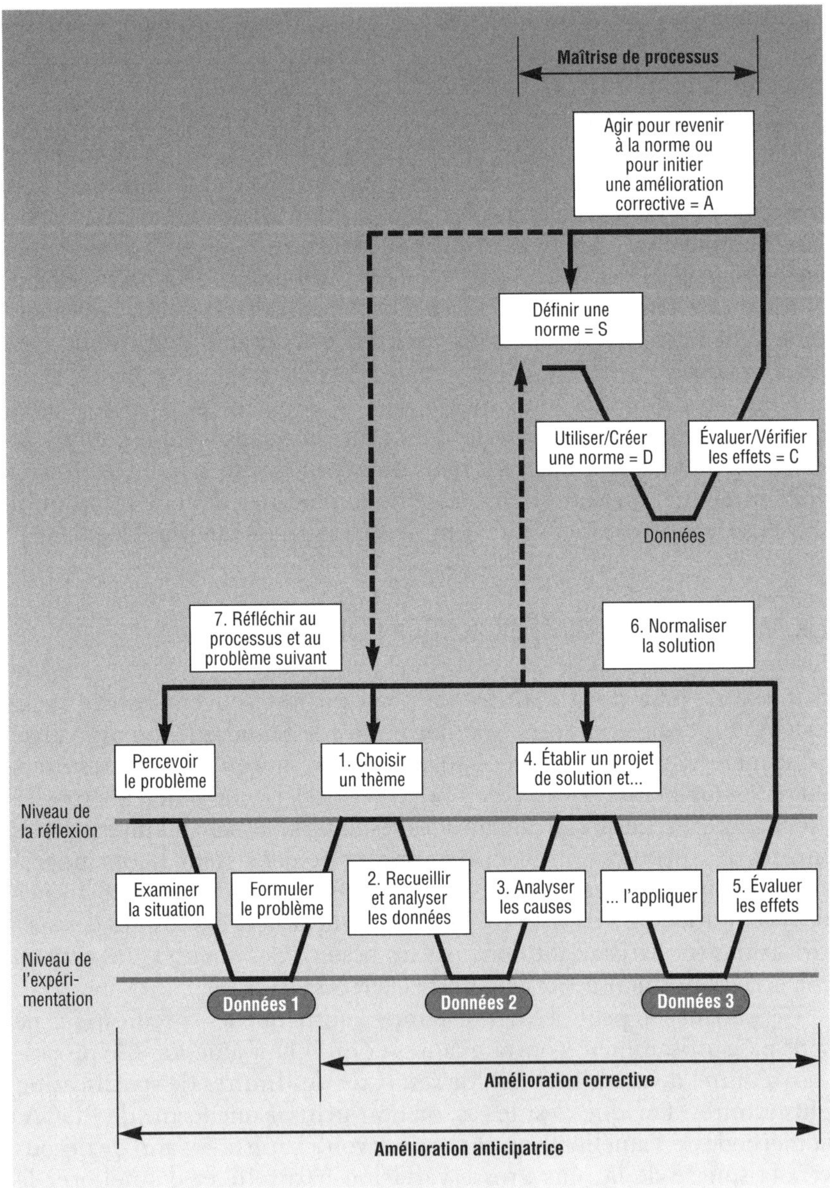

Un scénario d'interaction entre les deux cycles pourrait ressembler à ceci :

– SDCA Mettre en œuvre pendant un temps le processus existant. Calculer la variabilité naturelle, en mettant en lumière la variabilité non maîtrisée.
– PDCA Découvrir et éliminer les sources de variabilité non maîtrisée.
– SDCA Continuer à mettre en œuvre le processus nouveau ou désormais soigneusement suivi. Éliminer la cause de toute situation de perte de maîtrise qui pourrait se présenter.
– PDCA Utiliser les 7 étapes pour découvrir et réduire la plus importante cause de variabilité maîtrisée.
– SDCA Continuer à mettre en œuvre le nouveau processus. Éliminer la cause de toute situation de perte de maîtrise qui pourrait se présenter.

Cette alternance de cycles SDCA et PDCA peut aussi être représentée graphiquement (voir figure 4.12).

Figure 4.12. Alternance des cycles SDCA et PDCA

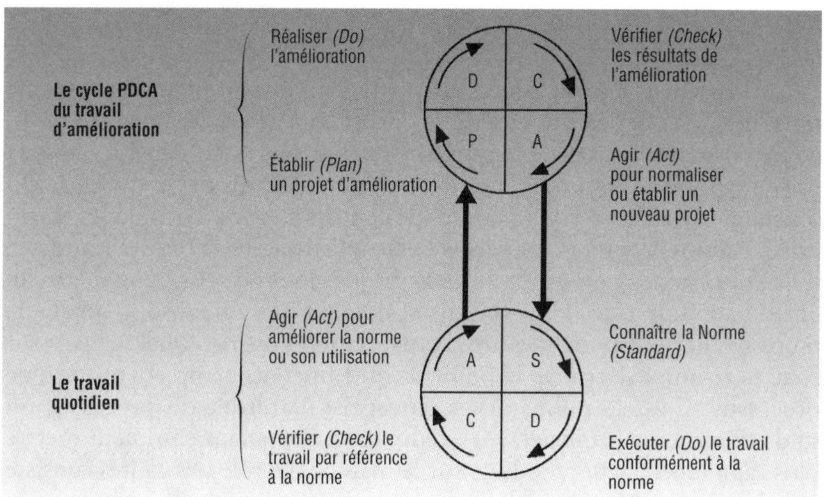

PROCESSUS OU CRÉATIVITÉ

Quand on introduit dans une entreprise le TQM et sa façon de mettre l'accent sur le management par processus, les réactions typiques sont : « Cet accent mis sur le processus ne va-t-il pas étouffer l'innovation et la créativité ? » ou bien : « L'innovation est notre avantage concurrentiel, et le processus l'étouffera ». Au contraire, en mettant l'accent sur le processus on accroît l'efficacité, comme nous le verrons grâce aux nombreux exemples présentés dans la suite de l'ouvrage.

La figure 4.13 indique comment l'efficacité peut dépendre de l'accent mis sur le processus.

Figure 4.13. Équilibre optimal entre trop peu et trop de processus

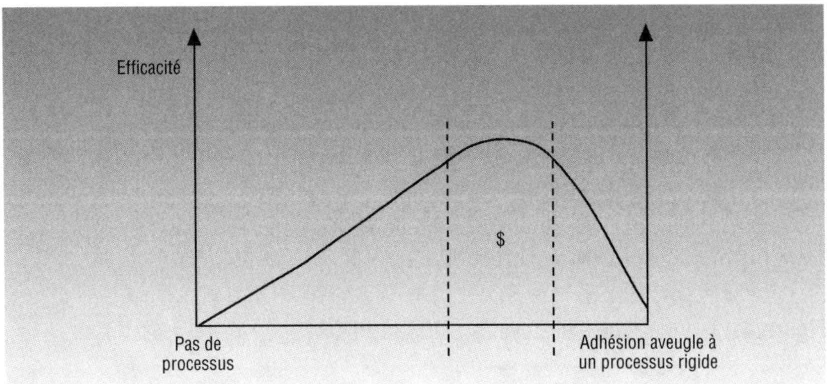

En l'absence de tout processus, l'efficacité est limitée. Les gens ne travaillent pas facilement ensemble, n'apprennent pas les uns des autres, ne tirent pas de leçons de leur expérience passée, et en général, l'entreprise n'applique aucun effet de levier aux capacités des individus. On constatera aussi un certain nombre de conflits stériles. Lorsque les entreprises commencent à gérer par processus, l'efficacité s'accroît. Toutefois, il existe sûrement un point au-delà duquel le processus cesse d'être un outil d'amélioration des résultats, et devient une fin en soi. Lorsque le processus devient une fin en soi, l'organisation s'ossifie. Quelque part sur l'axe horizontal se trouve le point d'équilibre entre trop et trop peu de processus. C'est le point où les entreprises tireront du processus un solde financier substantiel, par exemple, en apprenant comment mettre plus rapidement leurs produits sur le marché. Le rôle des cadres consiste à utiliser les processus judicieusement et à enseigner cette judicieuse utilisation afin d'obtenir l'efficacité maximale. Pour la plupart des entreprises, il n'y a pas de risque à poursuivre pendant quelques années encore dans la voie de « plus de processus ».

La figure 4.14 due à Ishikawa montre la conception japonaise de la relation entre processus d'amélioration et innovation[1]. Aux États-Unis,

1. Ishikawa. *Introduction to Quality Control*. 70.

Figure 4.14. Le processus d'amélioration et l'innovation

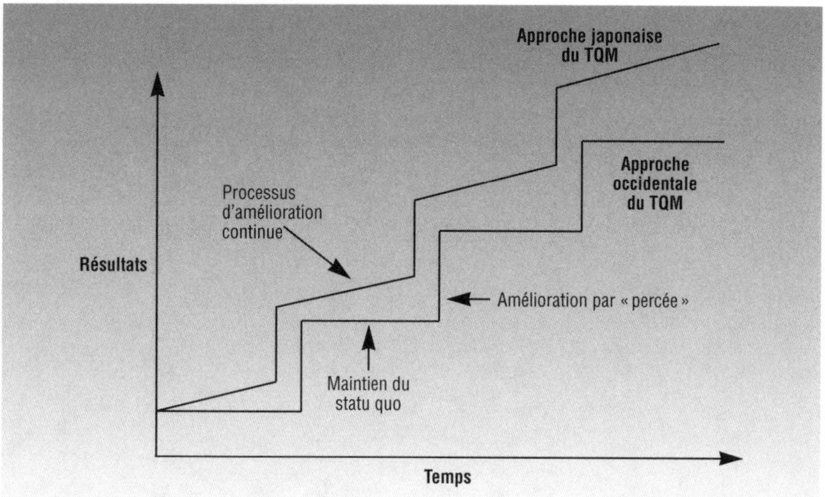

les entreprises sont généralement passées par des phases de percées innovatrices occasionnelles, avec dans l'intervalle, des périodes de statu quo. Au Japon, les entreprises ont aussi des percées occasionnelles, mais dans l'intervalle, elles pratiquent des améliorations continues. La figure 4.14 montre que, si les deux approches partent du même niveau à gauche, avec le temps, l'approche japonaise se traduit par un avantage significatif. Les deux approches incluant des percées, la source de l'avantage des Japonais est bien l'amélioration continue[1]. L'approche américaine est perdante, car elle n'incorpore pas l'amélioration continue. Récemment, les entreprises japonaises ont utilisé les superprofits que leur a procurés l'amélioration continue pour investir dans des méthodes systématiques de développement d'innovation et de percée[2]. Les entreprises qui ne corrigent pas le déséquilibre entre innovation et amélioration continue seront de plus en plus dépassées.

1. Il ne faut voir aucune signification dans le fait que les percées de l'approche japonaise se présentent légèrement à gauche des percées occidentales. Cela a été probablement voulu pour distinguer les lignes verticales.
2. S. M. Tatsuno, *Created in Japan*, Harper Business, New York, 1990 ; J. Womack, D. Jones et D. Roos, *The Machine that Changed the World*, Harper Collins, New York, 1991 ; traduction française : *Le Système qui va changer le monde*, Dunod, 1992.

5
L'amélioration corrective

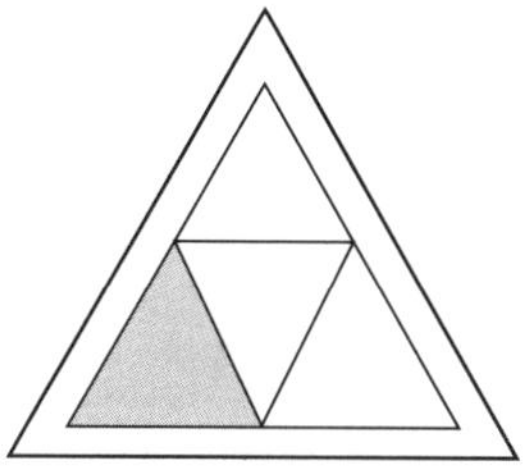

Au chapitre 3, nous avons examiné deux facteurs majeurs de l'initiation au TQM : le concept *market-in* et l'amélioration. Au chapitre 4, nous avons précisé que l'amélioration comporte elle-même deux éléments : l'amélioration corrective et l'amélioration anticipatrice. L'amélioration anticipatrice est celle dont nous avons besoin pour concevoir de nouveaux produits, choisir de nouvelles orientations pour nos entreprises, et concevoir de nouveaux systèmes. Le chapitre 7 contient l'examen détaillé de cette approche.

L'amélioration corrective (sujet de ce chapitre) traite de la correction ou de l'amélioration de processus existants – réaction à des imperfections, telles que les défauts, les retards, le gaspillage. Le modèle en WV (présenté au chapitre 4) montre les liaisons entre amélioration anticipatrice et corrective et maîtrise de processus (voir figure 5.1).

La maîtrise des processus est représentée dans la partie droite de la figure 5.1, illustrant le domaine de la maîtrise statistique de processus. Supposons un processus normalisé, par exemple, dans une usine ou une activité administrative. Considérons un processus normalisé que nous souhaitons améliorer, définissons une solution et appliquons-la. Puis, recueillons des données numériques pour nous assurer que le processus se déroule comme prévu, évaluons les données, et si nécessaire, corrigeons le processus de telle façon qu'il se déroule à nouveau conformément à la norme.

L'approche corrective consiste à normaliser le processus de résolution de problèmes, en utilisant, par exemple, les 7 étapes et les 7 outils

Figure 5.1. Amélioration anticipatrice, amélioration corrective et maîtrise de processus

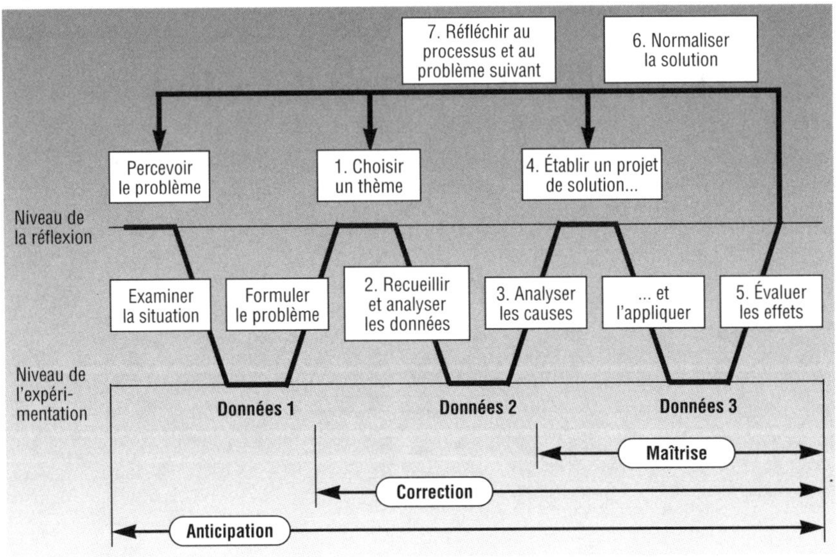

de la maîtrise de la qualité[1]. L'idée d'un processus de résolution de problèmes est connue depuis les Grecs, mais n'a été généralement pratiquée que par quelques grands esprits. À l'époque moderne, l'inventeur Thomas Edison, bien connu pour son génie créatif, utilisa un processus explicite de résolution de problèmes et exigea de ses collaborateurs qu'ils en fassent de même[2]. En cette ère de rapide évolution, tout le monde doit être capable d'utiliser une méthode rigoureuse de résolution corrective de problèmes. La figure 5.2 montre un modèle des étapes de la résolution de problèmes.

Nous allons décrire ces étapes une à une jusqu'à la fin de ce chapitre et au chapitre suivant.

L'amélioration corrective, en tant que pratique normalisée, est devenue dans les années 1970 au Japon le processus couramment utilisé par les cercles de qualité. Dans les années 1980, l'utilisation de l'amélioration s'est

1. On trouve une description complète des 7 outils de la Maîtrise de la Qualité dans de nombreux ouvrages, par exemple : K. Ishikawa, *Guide to Quality Control*, Tokyo, Asian Productivity Organization, 1982 et *How to Operate QC Circle Activities*, Tokyo, QC Circle Headquarters, 1985 ; H. Kume, *Statistical Methods for Quality Improvement*, Tokyo, AOTS press, 1985 ; et T. Asaku et K. Ozeki, *Hanbdbook of Quality Tools : The Japanese Approach*, Cambridge, MA, Productivity Press, 1990.
2. Déclaration de Peter Drucker citée par Spencer Hutchens, Jr. « *Strategic Design : Key to Profit in the 21st Century* », dans *The Quality and Productivity Equation* de Ross Robson, Cambridge, MA, Productivity Press, 1990, 293.

répandue dans toute la hiérarchie des entreprises. Nous examinerons au chapitre 15 son utilisation par l'encadrement moyen et supérieur.

Figure 5.2. Le modèle des étapes de la résolution corrective de problèmes

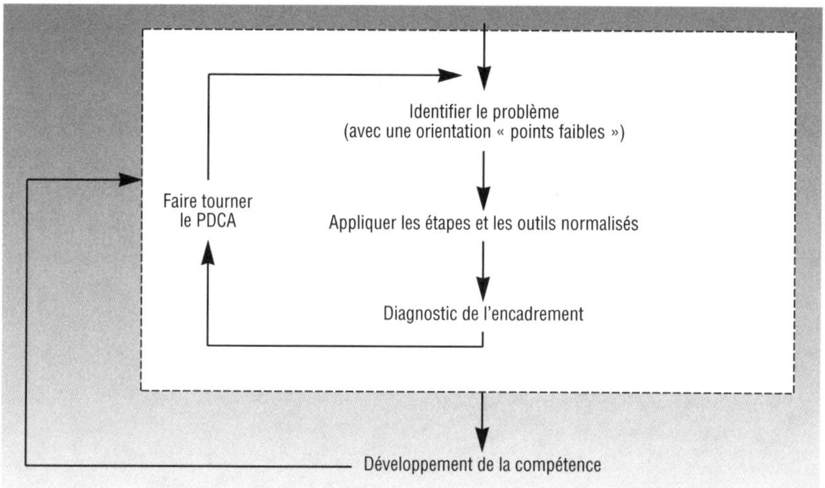

IDENTIFIER LE PROBLÈME

Comment identifier le champ d'un problème pour le résoudre de manière corrective ? Les sept étapes n'incluent pas explicitement la partie du modèle en WV située à gauche, concernant la perception du problème, l'examen de la situation, et l'énoncé du problème à résoudre. Mais ces étapes sont très importantes. Il incombe donc aux cadres de guider l'équipe Qualité dans le choix judicieux d'un problème à traiter. Autrement, celle-ci peut passer beaucoup de temps sans réussir à résoudre le problème, ou à en résoudre un de peu d'intérêt. La plus grande partie des échecs essuyés par les cercles de qualité sont dus au fait que les cadres ne savent pas guider le processus, en particulier sa première étape : l'identification du problème.

Celle-ci constitue l'aspect le plus important de la résolution corrective de problèmes. Le processus d'identification peut être divisé en quatre parties :

– l'orientation vers les points faibles,
– l'examen du problème,
– le choix du thème effectué avec soin,
– un clair énoncé du thème.

Orientation vers les points faibles

Dans la résolution corrective de problèmes, l'identification des problèmes commence par la recherche des points faibles (voir figure 5.3).

Figure 5.3. Identification des points faibles

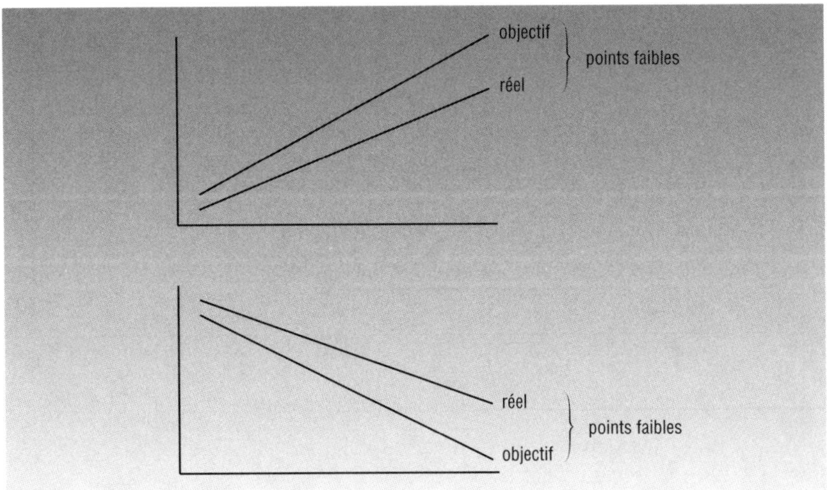

Dans la perspective du TQM, le point faible peut être défini comme l'écart entre la situation observée et l'objectif. Par exemple, sur la figure 5.3, l'objectif se déplace avec le temps lorsque l'on va de la gauche vers la droite, et la performance réelle, faible au départ, s'écarte de plus en plus de l'objectif avec le temps. Le but est d'éliminer les points faibles pour pouvoir passer du niveau actuel de performance à celui visé. L'orientation points faibles tend à combler l'écart entre le niveau actuel et le niveau visé, ce qui revient à faire de l'élimination des points faibles la base de l'amélioration. « Ramener le taux de retard dans les délais de livraison de 25 à 15% » est une orientation points faibles. Pourquoi faut-il la préférer à une orientation points forts ? Si l'on optait pour cette dernière, l'objectif serait « de faire passer de 75 à 85% le taux de livraison en temps voulu ».

L'orientation points faibles présente plusieurs avantages, plus difficiles à obtenir avec l'orientation points forts.

- Elle se concentre sur les faits : elle fonde l'action sur des faits, non sur une opinion.
- Elle met l'accent sur le processus, non sur les résultats : les résultats sont la variable résultante et l'on doit se concentrer sur la variable causale.

- Elle met l'accent sur les causes premières, non sur les solutions : elle incite à effectuer une analyse objective des causes (« ce qui a provoqué les retards »), non à se précipiter d'abord sur les solutions (« que peut-on *faire* pour améliorer ? »).

L'orientation points faibles est la composante la plus importante de l'identification du problème en vue d'une amélioration. Pour qu'elle soit efficace, il importe, toutefois, que l'encadrement (les cadres moyens) apporte son soutien. Supposons que des opérateurs veuillent mettre en évidence des points faibles pour améliorer la qualité. Cela peut les porter à dire : « parlons du problème de la semaine dernière ». Les cadres, en revanche, peuvent dire : « notre usine est parfaite, pourquoi ne pas choisir un autre problème », ou bien : « nous n'avons que de petits problèmes que nous pouvons facilement résoudre ». En outre, les dirigeants voient la réalité à travers les cadres moyens. Ainsi, si un cadre moyen n'encourage ni ne soutient les ouvriers désireux de mettre en évidence les points faibles, ceux-ci resteront inconnus des dirigeants. Les dirigeants eux-mêmes doivent encourager l'orientation points faibles. Si un cadre supérieur reproche au cadre moyen d'avoir mis à jour un problème (« Pourquoi a-t-on permis que ce problème se produise ? » « Pourquoi n'a-t-il pas été corrigé plus tôt ? »), le cadre moyen ne révèlera plus jamais d'autre problème.

L'important est que les ouvriers soient encouragés par tous les niveaux hiérarchiques à mettre à jour les problèmes. Le directeur général doit être patient et s'abstenir de reprocher aux gens l'existence de problèmes. Il doit encourager la mise à nu des points faibles. S'il ne le fait pas, tout le monde dissimulera les problèmes.

Si beaucoup d'entreprises ne parviennent pas à appliquer le TQM, c'est qu'elles n'encouragent pas la mise à jour des points faibles. Par exemple, si le directeur général se met en colère lors de la présentation faite par une équipe d'amélioration de la qualité, la fois suivante, celle-ci pourra sans difficulté inventer une histoire et des données de toutes pièces, pour faire plaisir au directeur général. Ce serait alors l'échec de l'amélioration et du TQM.

Au Japon, lorsqu'on découvre un point faible, on s'efforce de dire : « c'est très bien ». On le dit et on le répète. On encourage constamment l'orientation points faibles. Pour obtenir en permanence de bons résultats, on doit définir le problème en termes de points faibles au moment de choisir un thème.

Examen du problème

La seconde étape de l'identification du problème consiste à l'examiner à fond. Il existe un grand nombre de problèmes à la solution desquels on peut travailler. La question est de savoir comment choisir parmi ce grand nombre de problèmes celui auquel on va se consacrer. La réponse est de suivre la chaîne allant de la cause au résultat (voir figure 5.4).

Figure 5.4. Une chaîne de cause et résultats

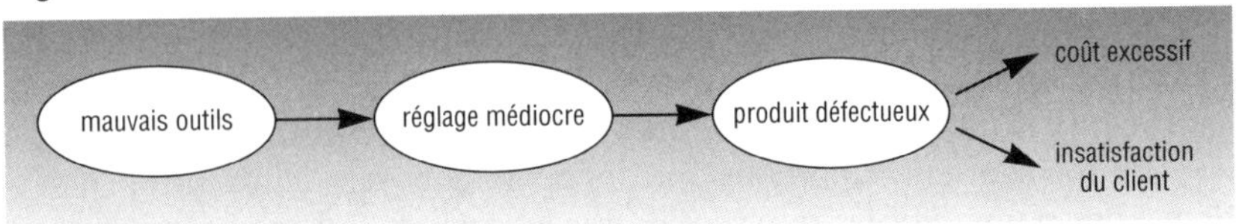

Supposons, par exemple, que vous découvriez une situation dans laquelle le déroulement d'un processus ou le fonctionnement d'une machine laisse à désirer. Vous pourriez travailler à résoudre ce problème ; au lieu de le faire, tracez la chaîne allant de la cause au résultat jusqu'à atteindre la cause immédiate de l'insatisfaction du client ou du coût excessif – par exemple, un produit défectueux. Choisissez pour thème cette cause immédiate. Le thème choisi doit être directement lié au client ou au processus aval. Si vous ne le faites pas, vous risquez de travailler sur des problèmes non essentiels, dont la solution n'améliorerait pas la capacité de l'entreprise à satisfaire les clients, ou à réduire ses coûts. Vous ne pouvez vous offrir le luxe de passer du temps sur ce genre de problèmes.

Les cinq maux – défauts, erreurs, retards, gaspillage, accidents/blessures – sont un moyen de fixer l'attention sur un thème directement lié à la satisfaction de base du client ou du processus aval, de la fixer sur une approche *market-in*. Défauts, erreurs, retards, gaspillage, et accidents/blessures sont toujours une cause d'insatisfaction du client ou de coûts excessifs.

Ainsi, si vous partez d'un thème initial, tel qu'un mauvais réglage, il vous faut le relier à l'un des cinq maux ; dans ce cas, c'est le produit défectueux qui est cause de surcoût et d'insatisfaction du client. Vous pouvez alors utiliser le reste du processus de résolution de problèmes à remonter la chaîne des résultats et des causes, afin de découvrir la cause première effectivement liée aux clients et aux coûts – dans cet exemple, on est remonté du réglage médiocre à la cause première des mauvais outils. Vous devez vous assurer que l'on s'attaque bien à ces cinq maux, et non à d'autres problèmes, pour obtenir un bon résultat de l'action d'amélioration de la qualité.

Les cinq maux sont des moyens simples à l'appui de la démarche collective d'amélioration du TQM. Ils constituent une bonne approche initiale de l'amélioration corrective. Les personnes ayant une plus grande expérience de l'amélioration corrective peuvent utiliser parfois la méthode KJ au même titre que les cinq maux pour découvrir les problèmes qui compromettent la satisfaction du client ou entraînent des surcoûts (voir chapitre 8).

Choisir avec soin le thème

L'étape d'examen du problème conduira probablement à plusieurs thèmes d'étude possibles. La troisième étape de la phase d'identification du problème consiste à choisir avec soin le thème précis qui permettra de définir l'effort d'amélioration retenu.

Pour l'amélioration continue, il est nécessaire de répéter le processus de résolution de problèmes. Aussi, vous ne devez pas choisir en premier le problème le plus important, le plus difficile. Retenez et traitez un thème après l'autre. Vous allez ainsi acquérir une compétence en matière de résolution de problèmes et devenir capable de résoudre des problèmes importants et difficiles.

Pour vous initier à la résolution de problèmes, vous devez choisir un problème que vous puissiez résoudre avec les moyens dont vous disposez et qu'il est important de résoudre. Souvent, il faut en changer pour un autre. En choisissant le thème, examinez les points suivants :
- le résultat que l'on veut obtenir,
- la difficulté de la situation,
- l'urgence/effet,
- la rapidité des solutions possibles.

Observez tout d'abord la difficulté de la situation, comme indiqué sur le tableau 5.1.

Tableau 5.1. Évaluation de la difficulté à résoudre un problème

		Aire du problème		
		Équipement	*Méthodes*	*Comportement humain*
Recueil des données ou application d'une solution possible	Vous-même	1	1	3
	Vous-même et les autres	2	2	4
	Les autres	3	3	4

Ce tableau est à double entrée. Pouvez-vous recueillir les données et appliquer vous-même les solutions possibles, ou d'autres personnes doivent-elles le faire ? S'agit-il d'un problème d'équipement, de méthodes ou de comportement humain ? Les domaines marqués 1 sont les plus faciles pour le débutant. On voit aussi les domaines arrivant au second et au troisième rang dans l'ordre croissant de la difficulté. Ce qui est très difficile, c'est d'étudier le comportement d'autrui. Vous pouvez utiliser le tableau 5.1 pour évaluer la difficulté de la situation à la fois en termes de données à recueillir et de solution possible.

Puis, après avoir évalué la difficulté de la situation, vous pouvez construire une matrice de sélection de thème, en classant par ordre de priorité les problèmes à résoudre suivant la difficulté de la situation (recueil des données et application possible), l'urgence ou l'impact, et la rapidité de la solution (voir tableau 5.2). Pour ce qui concerne la rapidité de la solution, trois ou quatre mois, c'est bien ; un an ou deux, c'est trop long.

Tableau 5.2. Détermination des priorités dans la résolution d'un problème

Classement de 1 à 3	*Facilité de recueil des données*	*Facilité d'application potentielle*	*Urgence/ Impact*	*Rapidité de la solution*	*Priorité* (la plus haute = total le plus faible)
Problème 1					
Problème 2					
Problème 3					
Problème 4					

Remplissez la matrice du tableau 5.2 pour chacun des problèmes à examiner. Attribuez-leur une note : 1 = haute, 2 = moyenne, 3 = basse et faites-la figurer dans la case correspondante. Additionnez les rangées et inscrivez le total dans la colonne priorité. Le premier problème sur lequel travailler sera celui dont la note totale est la plus basse.

Énonciation claire du thème

La quatrième étape de l'identification du problème est d'énoncer clairement le thème. Les exemples suivants fournissent plusieurs illustrations du processus de clarification des thèmes.

Exemple 1

« Augmenter les livraisons dans les délais prescrits » est un premier essai d'énonciation du thème. « Diminuer le nombre de livraisons tardives » est préférable. Le point clé est qu'en raison de l'orientation points faibles, le second énoncé oriente mieux l'équipe vers les faits et les causes du problème.

Exemple 2

« Comprendre l'exigence du client en matière de livraison, de qualité et de prix. »

Convertissez d'abord la solution partielle ci-dessus en l'énoncé d'un point faible. Par exemple : « nous ne satisfaisons pas les exigences du client en matière de livraison, de qualité et de prix. »

Mais le prix, la qualité et la livraison sont trop de choses auxquelles s'attaquer à la fois. Aussi, allons-nous nous concentrer sur la livraison : « nous ne satisfaisons pas les exigences du client en matière de livraison.»

Exemple 3 (pour un groupe de ventes)

Commençons par examiner le problème. La première version du thème est la suivante : « définir la méthode permettant d'identifier les clients qui représentent une opportunité à long terme. »

On a déjà imposé la solution. Quel est le point faible ? « Nous ne connaissons pas le client représentant une opportunité à long terme. »

Supposez qu'il existe déjà dans votre entreprise, un accord sur les définitions suivantes : long terme = trois à cinq ans ; opportunité = accroissement des ventes ; client = client à fort volume. Réécrivez donc le thème de la façon suivante : « nous ne disposons pas d'une bonne prévision à trois à cinq ans des ventes pour les clients à fort volume. »

Cependant, ceci n'est pas un thème, mais un problème. Pour convertir ce problème en orientation points faibles, écrivez : « réduire les mauvaises prévisions à trois et cinq ans pour les clients à fort volume ».

Le passé ne permet pas nécessairement de prévoir l'avenir, mais si ce sont toutes les données dont vous disposez, vous devez les utiliser.

Exemple 4

« Optimiser le temps consacré aux ventes directes à l'utilisateur.» Ce n'est pas une orientation points faibles. L'énoncé anticipe une solution. Supposons que l'expérience nous apprenne qu'on passe 90 % du temps avec l'acheteur et seulement 10 % avec l'utilisateur du produit. Que signifie « optimiser le temps consacré aux ventes directes à l'utilisateur » – qui voulez-vous rencontrer personnellement ? Supposons que vous jugiez important de modifier les proportions ci-dessus de façon à passer plus de temps avec l'utilisateur. Un meilleur thème serait alors : « réduire le temps passé avec tout autre personne que l'utilisateur final. »

C'est une amélioration, mais voyons si nous pouvons faire mieux. Dans quel but veut-on réduire le temps passé avec tout autre personne que l'utilisateur final ?« Pour vendre plus. »

Le temps passé rapporte une commande, laquelle rapporte de l'argent. Réduire le temps passé avec tout autre personne que l'utilisateur final est l'un des moyens d'obtenir la commande. Ceci nous conduit à penser à ce qu'est le problème réel. Le problème réel est d'obtenir une commande. Aussi le thème devrait-il être (en mettant l'accent sur l'orientation points faibles) : « réduire les commandes perdues. »

Il faut choisir un thème directement lié au client ou à l'argent. Passer du temps avec quelqu'un d'autre que l'utilisateur final et ne pas obtenir de commande est un exemple de l'un des cinq maux : le gaspillage.

Exemple 5

« Réduire le délai compris entre la date d'expédition promise et la date réelle. » Cet énoncé du thème initial est de type *product-out*. Le « délai » n'est pas défini. Avant de suggérer une meilleure énonciation du thème, le cadre doit encourager l'équipe qualité : « Très bien, votre thème est exprimé en termes de point faible. Mais il y a un moyen de l'améliorer. Vous êtes-vous demandé s'il est exprimé du point de vue du marché ? »

Ceci conduit à : « réduire l'écart entre la date d'expédition demandée par le client et la date réelle. »

Les exemples ci-dessus ne se limitent pas à illustrer le perfectionnement d'un thème. Ils suggèrent aussi certaines caractéristiques que doit posséder un thème pour être efficace :

– il doit être orienté points faibles ;
– il doit être orienté *market-in ;*
– il doit être énoncé comme un problème, non comme une solution ;
– il doit être énoncé en termes de résultat, non de solution ;
– il doit être énoncé comme un problème unique, non comme plusieurs à la fois ;
– chaque terme doit être bien défini.

Certains cadres craignent qu'une orientation points faibles ne sape le moral. Une orientation points faibles, correctement mise en œuvre, peut coexister avec un moral élevé, car les points faibles dont on parle sont inhérents au système, et ne dépendent pas des personnes travaillant en son sein. Le point faible est un moyen au service d'une fin positive et gratifiante : l'amélioration continue.

Le cadre a besoin de guider l'équipe ou de lui apporter les moyens ou la formation lui permettant de choisir un thème efficace. Le choix judicieux et la claire énonciation d'un thème sont essentiels à une application réussie des 7 étapes. Celle-ci est la clé permettant de déléguer aux équipes le pouvoir de résoudre les problèmes elles-mêmes, sans exiger une surveillance constante et l'intervention de l'encadrement.

NORMALISER LES ÉTAPES ET LES OUTILS

Le TQM est un mouvement qui implique tout le personnel. Aussi, le processus de résolution corrective d'un problème doit-il être :

– facile à comprendre et à enseigner,

– facile à utiliser,
– facile à piloter.

Des étapes bien précises doivent être respectées pour la résolution corrective des problèmes. Le TQM nous les fournit. On les appelle les 7 étapes de la maîtrise de la qualité, ou 7 étapes. Leur liste en a été donnée précédemment dans la description du modèle en WV. Toutefois, chaque étape et sous-étape exige des méthodes bien précises, par exemple, pour le recueil des faits. Ceci nous conduit à l'utilisation d'outils, il en existe un grand nombre, même seulement pour le recueil des données et l'analyse des faits. En conséquence, le TQM a mis l'accent sur les outils les plus efficaces et les plus fréquemment utilisés, basés sur l'expérience de la résolution de problèmes réels dans des entreprises réelles. Les 7 outils de la maîtrise de la qualité énumérés ci-après sont décrits plus en détail à la fin de ce chapitre.

– La feuille de recueil de données/stratification.
– Le diagramme de Pareto.
– Le diagramme cause-effet (appelé aussi diagramme d'Ishikawa ou en arête de poisson).
– Les graphes.
– Les cartes de contrôle.
– Les histogrammes.
– Le diagramme de dispersion.

La partie précédente a décrit la façon d'identifier un problème et de choisir un thème efficace. La fonction essentielle des 7 étapes et des 7 outils consiste à *normaliser l'amélioration corrective.*

Le chiffre 7 des 7 étapes et des 7 outils est arbitraire. Il correspond à une stratégie de sensibilisation de la masse des gens impliqués. Il devient aisément familier, il est facile à apprendre, à utiliser, à suivre. La seule chose importante est que le chiffre 7 n'est pas trop élevé pour mesurer le nombre d'étapes et d'outils. En fait, certaines entreprises ont six ou huit étapes dans leur processus normalisé de résolution corrective de problèmes, et il y a même des variantes dans les 7 outils normalisés eux-mêmes. Parfois, la stratification est comptée comme l'un des outils, à la place de la feuille de recueil de données. L'organigramme de processus remplace aussi parfois cette même feuille. Au sein de chaque entreprise, chaque outil est bien normalisé, à la fois dans le processus d'application et le processus d'enseignement consacré à l'outil et à son utilisation.

Au Japon, la plupart des entreprises appliquant le TQM ou les cercles de qualité choisissent une série cohérente d'étapes et d'outils normalisés pour les utiliser dans leur processus d'amélioration corrective. Même les entreprises utilisant une série normalisée d'outils sont moins performantes si elles ne les utilisent pas dans le cadre d'étapes standard.

Le tableau 5.3 indique la façon dont les 7 étapes et les 7 outils sont généralement associés. Les 7 étapes définissent et explicitent le processus de résolution de problèmes. Les 7 outils fournissent les méthodes permettant d'effectuer les étapes.

Tableau 5.3. Comment fonctionnent ensemble les 7 étapes et les 7 outils des CQ ?

Les 7 étapes des CQ	*Les 7 outils des CQ*
1. Choisir un thème. 2. Recueillir et analyser les données. 3. Analyser la cause.	Feuille de recueil de données, diagramme de Pareto, histogrammes, diagramme de dispersion, diagramme cause-effet
4. Préparer et appliquer la solution.	
5. Évaluer les effets.	Feuille de recueil de données, diagramme de Pareto, histogrammes, diagramme de dispersion, diagramme cause-effet, carte de contrôle
6. Normaliser la solution.	
7. Réfléchir au processus (et au problème suivant).	

La plupart des problèmes peuvent être résolus en n'utilisant qu'un petit nombre d'outils. Par exemple, les graphes, les diagrammes de Pareto, et les diagrammes cause-effet représentent 60 à 70 % des utilisations d'outils par les cercles de qualité japonais. Au début, une entreprise peut se limiter à l'enseignement et l'utilisation de ces outils. Il n'est pas utile d'enseigner la série complète d'outils aux débutants – ils ne sont pas en mesure de faire un usage efficace d'une telle formation avant d'avoir appris à travailler sur des problèmes réels. Il faut enseigner les 7 étapes normalisées et ces trois outils, et apprendre aux équipes à les appliquer à leurs propres problèmes et aux choix des thèmes. L'étude de cas qui va suivre fournit une brève description des 7 étapes.

Les 7 étapes : une étude de cas

L'étude de cas de l'équipe d'amélioration de la qualité « Pellicule Déchirée » d'Analog Devices illustre l'utilisation de plusieurs normes du TQM : les 7 étapes, les trois outils les plus couramment utilisés parmi les 7, et un format de présentation normalisé appelé récit d'amélioration de la qualité ou cas QI[1]. On trouvera ci-dessous le texte qui accompagnait la présentation faite par l'équipe en question. Il s'agit d'un cas réel traité par une équipe réelle avec l'ensemble de ses points forts et de ses points faibles.

1. Le cas a été préparé par Ira Moskowitz, directrice de Production, Wilmington Wafer-fab, Analog Devices, Wilmington, Massachusets.

« Bonjour, je voudrais vous présenter les travaux de notre équipe d'amélioration de la qualité, que nous appelons l'équipe de la Pellicule Déchirée. En voici les membres (voir illustration 5.1). Les membres des équipes d'amélioration de la qualité d'Analog Devices appartiennent habituellement aux diverses fonctions de l'entreprise et sont choisis en fonction de la nature du problème à résoudre. Peuvent être invités à participer, mais sans obligation, tous ceux qui connaissent bien le problème. Les membres font partie de l'équipe pendant tout le cycle de résolution du problème. Ce sont deux opérateurs, un agent de maîtrise et un formateur appartenant à la production, un ingénieur, un technicien, et un faciliteur[1].

Étape 1 : Choix du Thème

La première étape du processus de résolution de problèmes en 7 étapes est le choix du thème. Chaque équipe d'amélioration d'Analog a un thème écrit. Il s'agit d'un objectif précis, mesurable. Le thème choisi par notre équipe est le suivant : « réduire de 50 % le nombre de pellicules déchirées ou rayées dans la fabrication des galettes de silicium, d'ici la fin du deuxième trimestre 1991». Je vais maintenant expliquer de quoi il s'agit.

Illustration 5.1

ANALOG DEVICES

Équipe d'amélioration de la qualité
« Pellicule Déchirée »

Marge Hendriks
David Kneedler
Cheryl McGee
Paula Nowell
Doug Smith
Anne Spagnolo
Julie Vinnacombe

Certains d'entre vous ne sont peut-être pas familiarisés avec les galettes de silicium ou les étapes de fabrication de notre produit, un circuit intégré ou « puce ». Cette illustration montre les principales étapes de la fabrication d'une puce (voir illustration 5.2). Dans cette fabrication, on utilise une plaque plate ou « galette » de silicium, d'un diamètre de quelques pouces. Au cours d'une séquence complexe de centaines d'étapes de processus chimiques et photolithographiques effectuées dans une chambre propre, des circuits intégrés individuels sont gravés ou imprimés sur la galette de

1. Personne aidant à la mise en place et au fonctionnement des cercles de qualité.

Illustration 5.2

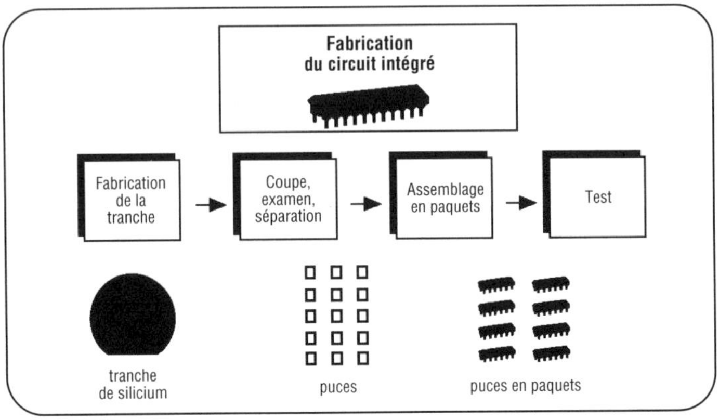

silicium. Il s'agit d'un processus cyclique, grâce auquel un circuit à plusieurs niveaux est réalisé au sein du silicium. Après fabrication de la galette, certains paramètres des circuits sont testés pour s'assurer de leur bon fonctionnement. Les bonnes puces sont prélevées à l'étape de « séparation » assemblées par paquets et soumises à un test final.

Le thème de l'équipe portait sur la zone « photo » de la fabrication (voir illustration 5.3). Cette chambre imprime une image des circuits sur chaque galette suivant un processus similaire à celui de la prise et du développement d'un cliché photographique. Dans la zone photographique, des galettes provenant d'autres pièces sont

Illustration 5.3

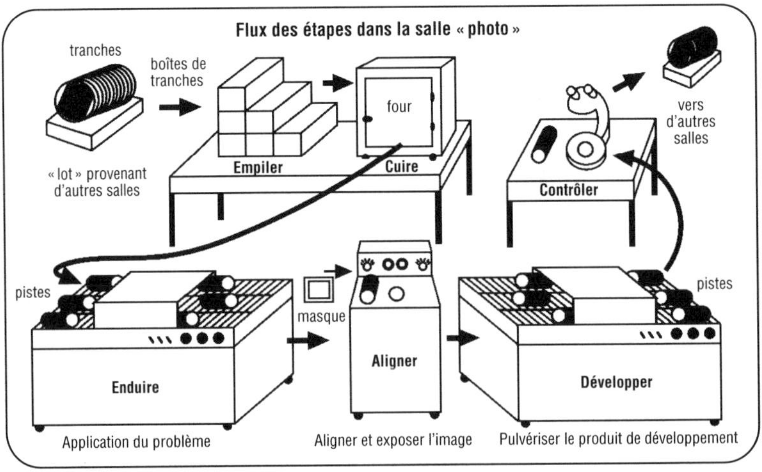

disposées sur une table. Certaines d'entre elles sont cuites dans un four avant un nouveau traitement. Toutes les galettes sont ensuite envoyées au poste d'« enrobage » où leur est appliqué un polymère photosensible. Elles sont ensuite expédiées au poste « alignement », où les niveaux du processus précédents sont alignés avec un masque modèle, contenant le niveau en cours ; l'image de ce modèle est projetée sur le film de polymère recouvrant les galettes. L'image est développée, contrôlée et envoyée à l'étape suivante dans une autre pièce.

L'explication du thème se poursuit avec la représentation d'un « masque » photolithographique (voir illustration 5.4). Un masque est une plaque de verre transparent, dans un support de plastique, et comporte une image du circuit à projeter. La pellicule est un mince film de plastique tendu sur la plaque de verre pour la protéger de la poussière et des éraflures. Comme on le voit sur le dessin, l'image sur le masque de verre est au centre du support du masque, dans la grande zone circulaire. L'opérateur glisse le support de masque dans une rainure du bras de chargement dépassant de la machine d'alignement. Le support de masque est maintenu sur le bras par la rainure « doigt » inférieur du bras et la fente située sur le côté du support. Le bras de chargement est alors rétracté dans la machine et fait tomber le masque dans la position voulue.

Illustration 5.4

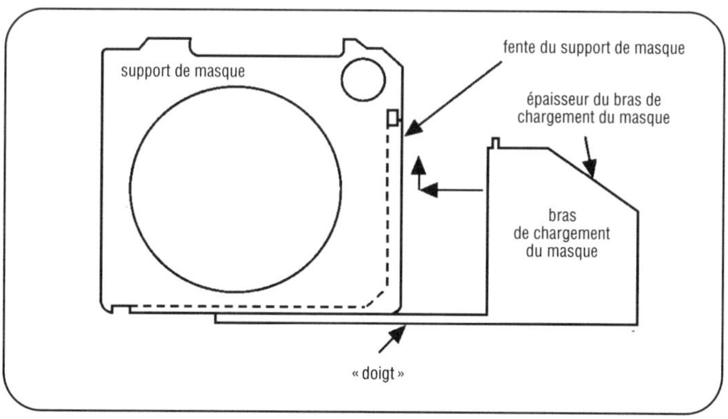

On demande toujours aux équipes d'essayer de vérifier pourquoi le thème choisi est important, afin qu'elles en comprennent mieux la signification et en saisissent l'importance pour l'entreprise. Cette vérification par l'équipe est effectuée sur la base de deux des cinq maux : le gaspillage (coût des réparations) et le retard (augmentation du temps de cycle) (voir illustration 5.5).

Illustration 5.5

Pourquoi ce thème est-il important ?

Un nouveau fournisseur remplacera le fabricant de masque ASD :

- Le coût de remplacement de la pellicule sera de 400 dollars par masque, soit 50 à 100 000 dollars par an
- Le délai sera de 4 jours par masque, soit 500 à 1 000 jours de plus de temps de cycle par an

Illustration 5.6

Pellicule déchirée et rayée
Feuille de vérification des données collectées

Date : ____________

Opérateur ID# ____________

Machine # ____________

Temps SL/PA notifié ____________ SL/PA initial ____________

Série # ____________

Inputs de l'opérateur : ____________

____

Cercle un : rayée brisée

Cercle un : machine manutention

Temps accordé au tech. ____________ Tech. initial ____________

Input du tech. ____________

____

____

Emplacement de la rayure ____________

Action corrective ____________

____

Condition du support ____________

Type de support (cercle) : noir blanc

À renvoyer au Contrôle des Matériaux une fois rempli

Étape 2 : Recueil et analyse des données

L'étape 2 du processus de résolution de problèmes en sept étapes consiste à recueillir et analyser les données. Les équipes d'Analog sont incitées à examiner soigneusement les systèmes de recueil des données existantes. Il est préférable de concevoir un nouveau système adapté à la résolution du problème choisi, plutôt que de s'encombrer des défauts et hypothèses figurant dans un autre système.
Notre équipe a commencé par examiner l'ancien système de données (le « relevé des réparations du masque ») utilisé quand on trouvait une pellicule déchirée, et a constaté que l'information sur les causes de déchirure et les types de supports était insuffisante, et que nos techniciens n'étaient pas en mesure de fournir plus d'information et de proposer des feuilles de collecte de données et des diagrammes de Pareto plus commodes.
Le nouveau système de recueil de données conçu par notre équipe répond aux questions : Qui ? Où ? Comment ? (Voir illustration 5.6).

- Un membre de l'équipe remplit la feuille d'enregistrement avec l'opérateur de la machine d'alignement.
- Un technicien ajoute une entrée.
- Le contrôle matière classe la feuille d'enregistrement.
- L'équipe analyse les données et les reporte sur un graphique.

Après avoir recueilli des données pendant deux mois, nous les avons reportées sur un diagramme de Pareto. Elles y sont classées par nature de cause : machine, manipulation (humaine) et autres (inconnue, trouvée, déchirée) (voir illustration 5.7). Notre conclusion fut

Illustration 5.7

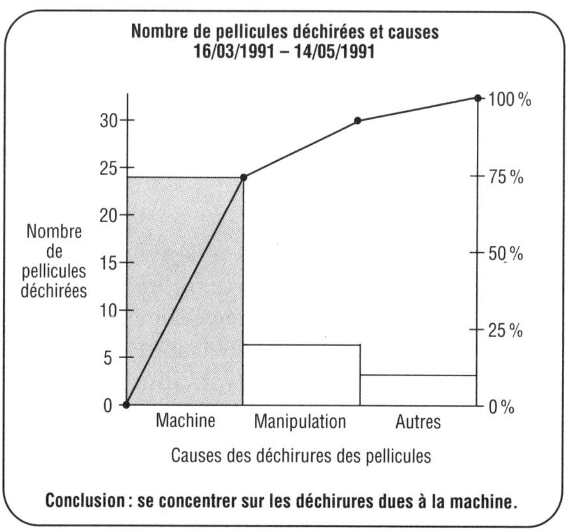

que plus de 70 % des pellicules déchirées avaient pour cause la machine d'alignement ; nous nous sommes donc concentrés sur les causes « machine ».
En étudiant ces causes, nous en avons trouvé trois catégories (voir illustration 5.8). La plus importante comprenait des cas où la pellicule s'était déchirée alors que la machine d'alignement déchargeait le masque de la machine (plus de 70 %). La catégorie suivante correspondait à des cas de chargement du masque dans la machine (20 %), et le restant des causes n'a pu être déterminé exactement. Aussi, notre conclusion fut-elle d'étudier la raison pour laquelle les pellicules se déchiraient durant le déchargement.

Illustration 5.8

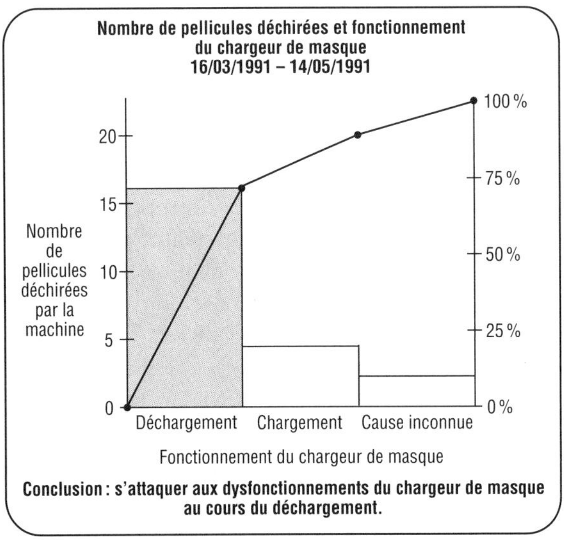

Étape 3 : Analyse des causes

Nous estimions maintenant que nous avions suffisamment de données pour passer à la phase 3. Cette figure montre notre diagramme d'Ishikawa, ou de cause-effet, répondant à la question « pourquoi le bras de déchargement du masque déchire-t-il ou raye-t-il les pellicules lors du déchargement ?» (voir illustration 5.9). Nous avons imputé les causes à la machine, aux matériaux, et à l'opérateur. Nous avons retenu deux types de causes premières. Le doigt du bras de chargement n'était pas aligné avec le support de masque et la tolérance de la rainure du support de masque ne garantissait pas un

Illustration 5.9

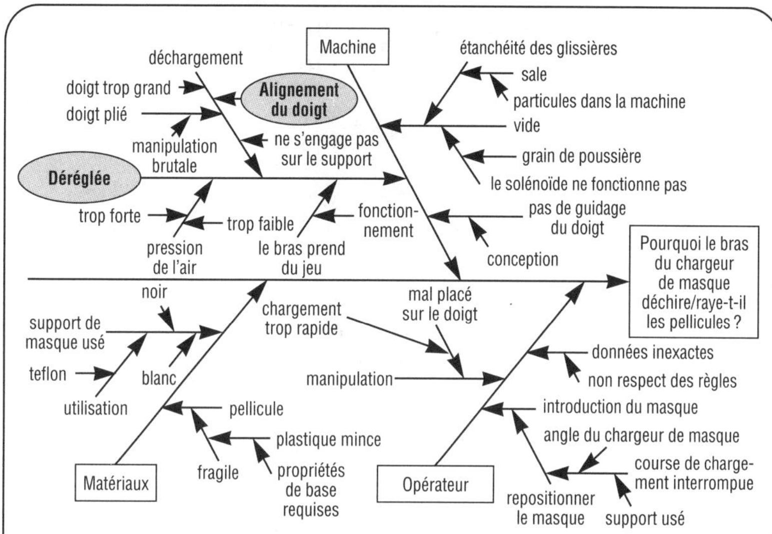

Conclusion : alignement défectueux du doigt ou tolérance trop faible de l'alignement du support de masque au bras de chargement.

emboîtement précis sur le bras de chargement. Ainsi, quand le masque était retiré de la machine, il pouvait vibrer ou osciller, et la pellicule pouvait se déchirer ou se rayer.

Chez Analog Device on demande aux équipes de vérifier les causes premières à l'aide du diagramme d'Ishikawa. Cette équipe vérifia ses conclusions en observant le fonctionnement de la machine, et en examinant le mouvement du bras chaque fois qu'un masque était déchargé. Elle s'aperçut que les six fois de suite après une déchirure de pellicule, le doigt n'était pas en alignement. Puis, la déchirure fut répétée dans des conditions contrôlées afin de vérifier le problème de l'alignement et celui de la tolérance. Ainsi, l'équipe a acquis l'assurance d'avoir découvert les causes premières.

L'équipe a classé également les données relatives aux détériorations en cours de chargement suivant les différents types de supports de masque. Nous utilisions deux types différents (correspondant à des fournisseurs différents), un support « blanc » et un support « noir ». La figure montre que les supports blancs étaient impliqués dans plus de 80 % des ruptures (voir illustration 5.10). L'équipe a mesuré les rainures sur les deux supports et s'aperçut que la tolérance des supports blancs était légèrement plus faible que celle des noirs.

Illustration 5.10

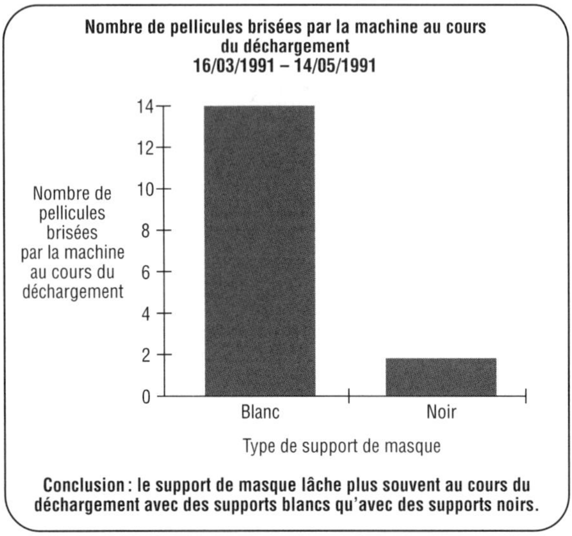

Étape 4 : Projet de solution et mise en œuvre

L'équipe a utilisé une matrice de solution pour apprécier l'efficacité des différentes options retenues (voir illustration 5.11). La solution la plus efficace consistait à concevoir et installer un guide sur les bras de chargement de chaque machine d'alignement et de convertir tous les supports de masque en type noir. Les autres facteurs rendant cette solution intéressante étaient que le guide pouvait être installé par nos propres techniciens. Cette équipe décida de concevoir, installer et tester les guides sur les machines sur lesquelles les détériorations intervenaient le plus souvent. De plus, tous les supports de masques seraient convertis en type noir, étant donné que les données étaient tout à fait concluantes sur ce point.

Les figures ci-dessous montrent l'action du guide, vissé sur le bras de chargement de masque et qui encadre le support de masque quand il est inséré dans le bras chargeur (voir illustrations 5.12 et 5.13). Le guide maintient fermement le support de masque aligné avec le bras, la tolérance est améliorée, et le masque ne bouge plus au déchargement.

Illustration 5.11

Matrice de solution

Solutions	*Alignement du doigt*	*Tolérance d'alignement du support de masque*	*Autres facteurs*
1. Concevoir et installer un guide.	3	3	À fabriquer à l'usine par nos techniciens. Coût minimal. Équipement en panne pour un poste. Besoin de ressources extérieures à l'équipe mais au sein du département.
2. S'assurer que le bras de chargement est bien en place.	2	1	Exige une attention de l'opérateur à 100 %.
3. Arrêter la machine si l'extraction du masque débute mal.	1	1	Exige de l'opérateur qu'il soit toujours là. Après coup, il faut réparer.
4. Apparier les supports de masque avec les bras de chargement.	2	2	Exige des changements de bras de chargement et accroît les manipulations.
5. Remplacer tous les supports du type à bouton poussoir noir.	1	3	Limiter les fournisseurs ? Peut augmenter le prix.

Système de classement :
3 Très efficace
2 Assez efficace
1 Faible efficacité

Illustration 5.12

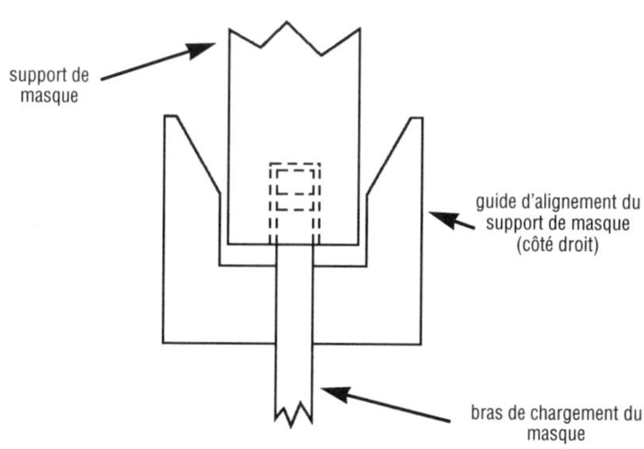

Guide d'alignement du support de masque monté sur un bras de chargement du masque (vue d'en haut)

Illustration 5.13

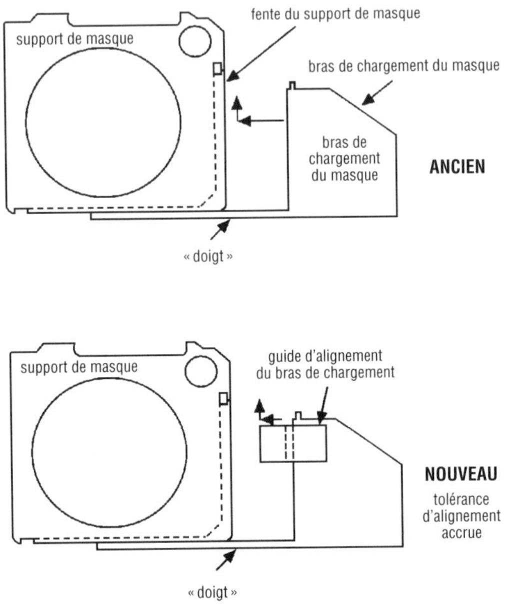

Guide d'alignement du support de masque monté sur le bras de chargement du masque (vue de côté)

L'étape 4 du processus de résolution de problèmes en 7 étapes se poursuit avec l'application de la solution (voir illustration 5.14). L'équipe a utilisé une matrice pour indiquer ce qui devait être fait, qui le ferait, à quel moment, et comment l'action serait exécutée.

Étape 5 : Évaluation des résultats

Pour évaluer les résultats de la solution appliquée, l'équipe a graphiqué les valeurs relevées en cours d'application (voir illustration 5.15). Cela a marché ! Les ruptures de pellicule provoquées par les machines furent ramenées de 24 cas à 2. En outre, les ruptures dues aux manipulations furent éliminées, du fait d'une meilleure attention des opérateurs.

L'équipe a estimé aussi les économies entraînées par la réduction des gaspillages et des retards, et a convaincu l'encadrement de la réduction significative des coûts et du temps de cycle obtenus, à savoir :

Illustration 5.14

Application de la solution

Qui	*Quoi*	*Quand*	*Comment*
Dave Kneedler	Faire fabriquer le premier guide.	22 mai 91	Obtenir l'engagement de Sonny et de George.
Doug Smith	Installer le premier guide comme pilote sur PE #5.	29 mai 91	Doug et George installeront. Anne obtiendra une priorité sur le système.
Anne Spagnolo Doug Smith	Informer tous les postes du programme pilote.	29 mai 91	Anne informera les autres agents de maîtrise et adressera un message PROMIS à la messagerie photo. Doug informera tous les techniciens de la Photo.
Anne Spagnolo	Déterminer une charge de travail semblable sur PE #5 durant le recueil des données.	29 mai 91	Par des comptes rendus quotidiens.
Anne Spagnolo	Assurer une charge de travail semblable sur PE #5 après installation.	29 mai 91	Par des comptes rendus quotidiens.
Anne Spagnolo Julie Vinnacombe	Affecter tous les supports noirs aux PE #5 et PE #8.	29 mai 91	Julie informera tous les postes et apposera une marque sur les PE.

Illustration 5.15

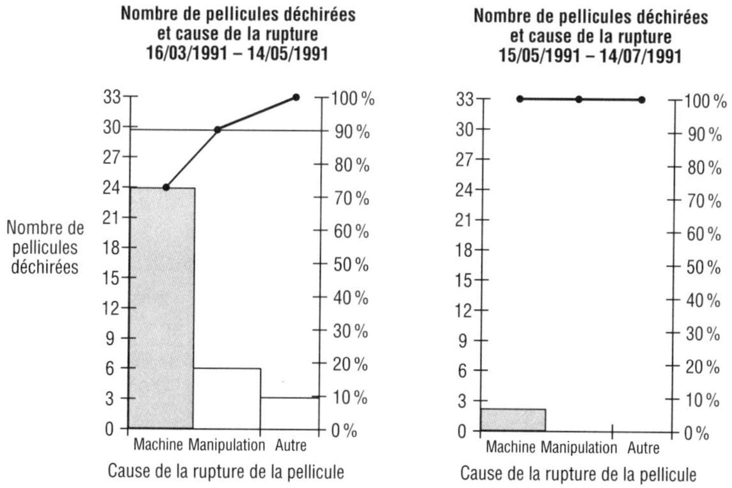

Conclusion : la solution marche !

- Coût investi :
  - guides d'alignement du support de masque 380 dollars
  - supports de masque noirs 31 620 dollars
  - investissement total 32 000 dollars
- Coût total annuel de remplacement des pellicules
  - avant 52 800 dollars
  - après 3 200 dollars
  - économies 49 600 dollars
- Estimation du temps de cycle perdu par an
  - avant 528 jours
  - après 32 jours
  - économies 496 jours

Étape 6 : Normalisation de la solution

L'équipe a encore utilisé une matrice pour définir ce qu'il fallait faire pour normaliser la solution, qui s'en chargerait, quand, et comment cela serait fait (voir illustration 5.16). Elle a décidé de revoir ses spécifications pour les supports de masque afin qu'à l'avenir, ils puissent être tous du type noir, et d'installer des guides sur toutes les machines d'alignement.

Étape 7 : Réflexion sur le processus (et sur le problème suivant)

Le cycle PDCA des efforts accomplis par cette équipe ne serait pas complet sans la septième étape, la réflexion sur le processus et

Illustration 5.16

Installation des supports noirs et des guides sur toutes les machines

Qui	*Quoi*	*Quand*	*Comment*
C. McGee	Spécifier les supports noirs.	30 juin 91	Documentation.
C. McGee	Adapter les glissières supérieures aux supports noirs.	30 juin 91	Commander et installer.
C. McGee	Remplacer le restant des supports.	31 août 91	Commander et installer.
A. Spagnolo	Continuer à suivre les éléments mal maîtrisés.	perm.	Utiliser le même système de données.
D. Kneedler/ D. Smith/ T. Clark	Commander et installer les guides restants.	31 août 91	Sous-traiter.

le choix du problème suivant. Pour ce qui concerne la réflexion, nous avons estimé que nous avions gaspillé les quelques premières semaines du processus de résolution de notre problème à essayer d'utiliser l'ancien système de données. Nous aurions dû reconnaître immédiatement ses insuffisances et en concevoir un nouveau. Nous recommandons aux équipes de toujours envisager dès le début la conception de leur propre système de données. En second lieu, notre coordination avec les deux autres équipes n'a pas été suffisante.
Troisièmement, une personne bien informée de la fabrication des masques aurait dû être recrutée pour nous aider dès le début. Pour notre prochain problème, nous envisageons de travailler sur les ruptures observées au chargement du masque. Le chargement défectueux est maintenant la cause la plus importante de rupture de pellicule. Avant de nous attaquer à ce problème, nous examinerons toutefois d'autres problèmes liés à la fabrication des galettes, pour voir s'il existe un thème plus important pouvant intéresser notre équipe.

LES 7 OUTILS DE LA MAÎTRISE DE LA QUALITÉ

Dans cette partie, nous ne dirons que quelques mots des 7 outils de la maîtrise de la qualité, afin d'éclairer la façon dont chacun est utilisé. En plus de ces outils, d'autres outils statistiques, tels que l'analyse multivariables et les plans d'expérience, sont parfois enseignés dans le cadre de la résolution corrective de problèmes.

Feuille de recueil de données

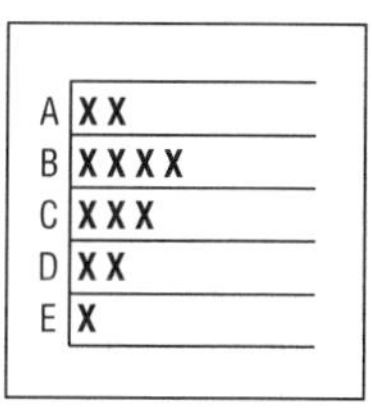

Pour analyser des problèmes, on doit recueillir des données représentatives des faits. Les formulaires utilisés pour un recueil aisé des données sont appelés *feuilles de recueil*. On doit les utiliser systématiquement pour la saisie de données concernant la fréquence de divers effets. Cela ressemble beaucoup à une série de marques de pointage au dos d'une enveloppe. Toutefois, on utilise habituellement des formulaires préparés à l'avance, en fonction des effets attendus. Ils sont également quadrillés, de telle sorte qu'en saisissant les données, on obtienne la représentation graphique de la fréquence des effets. Les points du relevé dessinent un histogramme.

Stratification

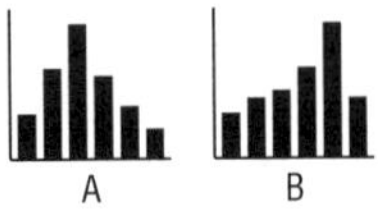

L'une des principales façons de déterminer la cause précise d'un phénomène est la *stratification*. Par exemple, quand le diamètre de l'arbre d'un rotor présente une trop grande dispersion, et qu'il est fabriqué par deux machines, on doit stratifier ou séparer les données correspondant à chaque machine. Ainsi, on peut découvrir la différence entre les machines A et B et définir facilement les réglages à effectuer.

Diagramme de Pareto

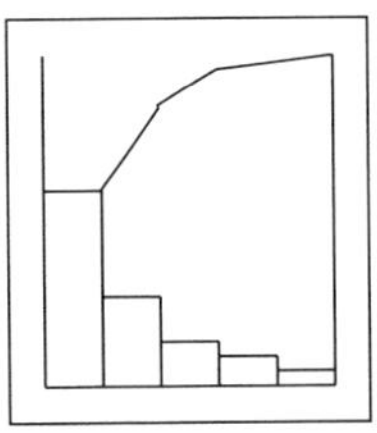

À un moment donné, on se trouve en face de nombreux problèmes. Il n'est pas réaliste de s'attaquer à tous en même temps. On doit donc les disposer par ordre d'importance et s'attaquer d'abord aux plus importants. Le graphe à barres représentant à partir de la gauche les problèmes par ordre d'importance est appelé diagramme de Pareto. Les *diagrammes de Pareto* aident à se concentrer sur les effets ou les causes d'importance fondamentale. Le total absolu des effets est toujours indiqué sur le côté gauche, et les pourcentages cumulés sur le côté droit.

Diagramme cause-effet

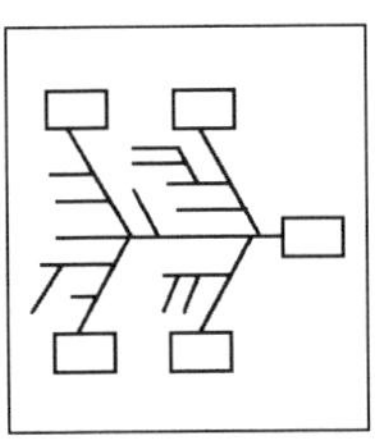

Pour résoudre un problème, il est important d'en connaître les causes réelles et leurs interrelations. On peut alors identifier les causes principales pour résoudre le problème. On utilise un *diagramme cause-effet* pour guider le recueil des données et l'analyse afin de découvrir la cause première du problème. Un diagramme cause-effet représente à droite un effet, et de part et d'autre de l'axe horizontal, les principales causes de cet effet. Ces causes principales sont à leur tour des effets possèdant des sous-causes, et ainsi de suite, sur de nombreux niveaux. Il ne s'agit pas fondamentalement d'un outil statistique. Il énumère la variété des causes et non la fréquence des événements. Cependant, c'est un instrument utile pour noter la fréquence des événements, quand on dispose des données.

Graphes

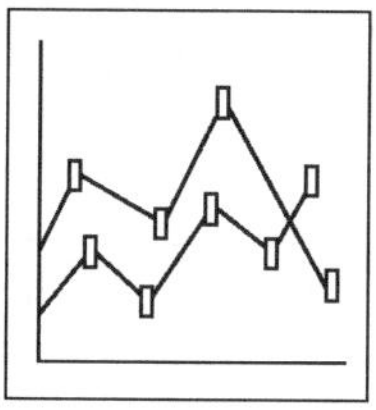

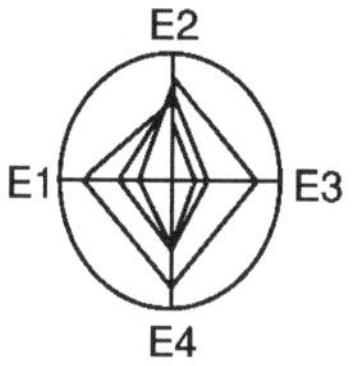

Les *graphes* fournissent une représentation des données. Il existe de nombreuses sortes de graphes : graphes à barres, graphes à lignes, graphes circulaires et graphes radiaux en sont quelques-uns. La plupart des gens sont familiarisés avec les trois premiers types de graphes. Un graphe *radial* compare plusieurs éléments en fonction de caractéristiques multiples. Supposons que pour trois produits en concurrence, *e1* soit la performance, *e2* le coût, *e3* la fiabilité, et *e4* la livraison – la valeur des quatre caractéristiques croît à partir du centre. L'exemple montre que l'un des produits est inférieur aux autres pour toutes les caractéristiques. Des deux autres produits, l'un gagne légèrement en performance et en livraison, l'autre légèrement en coût et en fiabilité.

Carte de contrôle

Une *carte de contrôle* est un graphe où des lignes horizontales indiquent les limites supérieure et inférieure d'une production de qualité. Elle est très utile pour mettre en évidence des situations anormales dans des processus de fabrication classiques. Les cartes de contrôle sont utilisées pour enregistrer des relevés de mesure successifs (de la gauche vers la droite) concernant la production ou l'état du processus autour de la moyenne et entre les limites de contrôle haute et basse. Sur la figure, le point entouré d'un cercle se situe en dehors des limites de contrôle.

Histogramme

On fabrique une grande quantité de produits avec un grande quantité de pièces et de matières premières. Ces produits et ces pièces ne peuvent avoir la même qualité, mais présentent toujours une certaine dispersion. Un *histogramme* est un graphe indiquant la dispersion des données. À partir de ce graphe, on peut analyser les caractéristiques des données et la cause de la dispersion. Généralement, un histogramme est un graphe à barres indiquant la distribution statistique suivant des intervalles égaux d'une mesure donnée de qualité, telle que le nombre des défauts. On utilise les histogrammes dans l'analyse d'une stratification pour bâtir des hypothèses sur les causes de l'apparition des défauts.

Diagramme de dispersion

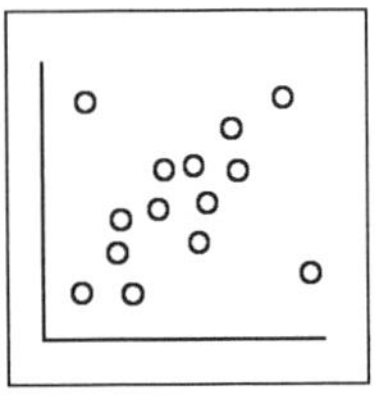

La relation entre cause et effet (par exemple, entre le niveau de l'éclairage et les erreurs de contrôle) peut être tracée sur un graphe appelé *graphe de dispersion*. Un tel graphe regroupe de nombreux relevés de valeurs, généralement avec sur l'un des axes, une mesure de la qualité, et sur l'autre, une variable dont on fait l'hypothèse qu'elle influence la qualité. Utilisé dans l'analyse pour tester des hypothèses sur les relations cause-effet, un diagramme de dispersion est la représentation visuelle d'une corrélation en deux dimensions. Un diagramme tel que celui-ci est souvent très utile, car il permet de mettre en évidence des tendances que l'on ne saurait observer autrement.

6
Le diagnostic par l'encadrement des 7 étapes de l'amélioration corrective

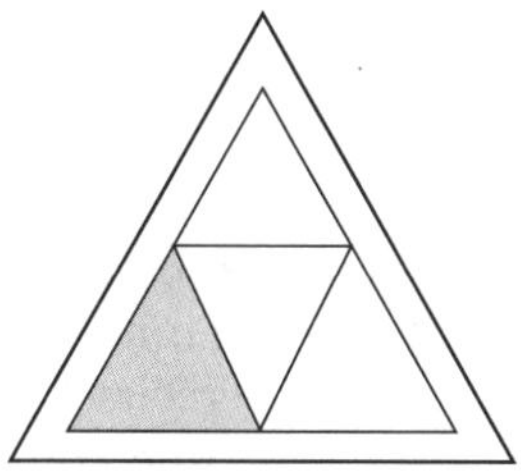

Les récits d'amélioration de la qualité forment la présentation classique des activités d'amélioration corrective en 7 étapes. Ils sont présentés à l'encadrement, et pour y répondre, les cadres disposent d'un moyen normalisé, appelé les 7 étapes du diagnostic de l'encadrement. Il y a plusieurs raisons à cette présentation et à ce diagnostic. Par exemple, un tel processus :

– diffuse par l'exemple dans toute l'entreprise les bonnes pratiques d'amélioration,
– reconnaît les réalisations des équipes,
– accroît le savoir-faire des équipes grâce au passage en revue et au commentaire de l'encadrement (« diagnostic »),
– permet à l'encadrement d'« acheter » la solution en vue de sa normalisation,
– assure la légitimité des conclusions.

C'est de propos délibéré que figure en fin de liste l'assurance de la légitimité des conclusions. Tous ceux qui se conformeront à un processus similaire obtiendront des résultats acceptables. À ses niveaux les plus élémentaires, l'amélioration corrective de la qualité n'est pas considérée comme difficile. Il s'agit d'un « mouvement de masse ». Tout le monde peut utiliser les 7 étapes pour créer un mouvement d'amélioration continue.

Ce diagnostic est un moyen important d'aide au personnel lui permettant d'accroître avec le temps sa compétence en matière de résolution de problèmes et d'amélioration. Bien que, dans l'idéal, un tel soutien doive être permanent, il s'impose de façon formelle lorsqu'une équipe présente ses résultats à l'encadrement sous forme d'un récit d'amélioration de la qualité.

RÈGLES GÉNÉRALES À SUIVRE PAR L'ENCADREMENT LORS DE L'AUDIT D'UN RÉCIT D'AMÉLIORATION DE LA QUALITÉ

Les dirigeants assistent à la présentation

La présentation de ces récits n'est pas réservée aux supérieurs immédiats des membres de l'équipe. Elle est également destinée aux dirigeants du niveau le plus élevé. Dans l'usine de semi-conducteurs de Digital à Hudson, et sur la centrale de Port Everglade de Florida Power & Light, nous avons vu les dirigeants, directeur compris, assister à ces présentations. Chez Florida Power & Light, où nous avons eu l'occasion de nous entretenir avec les cadres, les récits d'amélioration de la qualité nous ont paru donner au directeur une connaissance étonnamment intime de ce qui se passait dans son établissement.

Des commentaires soulignent les enseignements et les domaines de nouvelles améliorations

Il est plus important de mettre en lumière les principaux enseignements que d'identifier et d'éliminer les points faibles. Le récit de bons exemples nous en apprend davantage que ce qu'on nous demande de ne pas faire. Aussi, au cours de la présentation, 70 % des commentaires de l'encadrement doivent-ils porter sur les aspects positifs du travail, et 30 % sur les domaines les plus importants justiciables de futures améliorations. Le développement atteint par l'équipe doit aussi tempérer le diagnostic. Une équipe d'amélioration de la qualité peut n'en être qu'au début de l'utilisation des 7 étapes et des outils qui leur sont associés. Les cadres se doivent de complimenter l'équipe pour l'emploi qu'elle a fait des outils et non critiquer la façon dont elle les a utilisés.

Qui plus est, les cadres doivent restreindre à quelques observations essentielles leurs commentaires positifs ou négatifs sur des récits d'amélioration. Un tir de barrage de commentaires obligeants ou critiques ne force pas l'attention. Les commentaires doivent être précis. Au lieu de dire par exemple, « c'est un bon thème », mieux vaut souligner ce qu'il y a de concrètement intéressant dans le thème choisi. Encore une fois, le but est de forcer l'attention.

Pour mettre en lumière les enseignements qui conviennent, le dirigeant qui effectue l'audit d'un récit d'amélioration peut préparer une matrice semblable à celle du tableau 6.1, énumérant les principaux points forts du récit auquel il va assister et les améliorations qu'il faudra faire la fois suivante. Une partie des observations peut être indiquée à l'équipe après la présentation, et d'autres le seront ultérieurement au faciliteur de l'équipe.

Tableau 6.1. Matrice d'audit du récit d'une amélioration

Étape n°	*Intitulé de l'étape et commentaire*	*Points forts*	*Améliorations suggérées*
1	Choix du thème		
2	Recueil et analyse des données		
3	Analyse des causes		
4	Préparation et application de la solution		
5	Évaluation des effets		
6	Normalisation de la solution		
7	Réflexion sur le processus (et sur le problème suivant)		

L'encadrement montre son intérêt par des signes non verbaux

La présentation de récits d'amélioration ayant en grande partie pour fonction la diffusion de leçons positives, les cadres supérieurs qui y assistent doivent indiquer par des signes qu'ils jugent le travail important. La simple présence n'est pas aussi efficace qu'une écoute visiblement attentive. Poursuivre une conversation à voix basse, lire des documents n'ayant rien à voir avec le sujet, déambuler dans la pièce ou regarder autour de soi, sont autant de messages témoignant de la faible importance et de l'absence d'intérêt accordées par le cadre à la présentation. En revanche, regarder le présentateur bien en face, prendre des notes, poser des questions à la fin de la présentation, sont autant de messages pour dire que le travail est jugé significatif et intéressant. L'évidence de l'enthousiasme et du soutien est nécessaire si l'on veut stimuler de nouvelles améliorations.

Voici quelques exemples spécifiques de moyens d'expression non verbaux pour montrer de l'intérêt, caractéristiques de la pratique japonaise.

- On attend des dirigeants qu'ils assistent aux présentations de ces récits d'amélioration et à celles des cercles de qualité.
- Les cadres sont assis au premier rang, le directeur général au centre, l'auditoire derrière lui. Les dirigeants doivent manifester un intérêt constant par un comportement non verbal.
- Durant la présentation, le dirigeant doit être présent sans interruption.
- Les dirigeants sont assis sur le rebord de leur siège, le corps penché vers l'avant, façon d'exprimer leur intérêt par leur attitude et non par des mots.
- Ils réagissent aux bons endroits par un signe de la tête ou une courte exclamation (« très bien » !).
- On doit les voir prendre des notes. Ils ne doivent pas interrompre les présentateurs.
- Ils doivent manifester leur attention en posant des questions à la fin de la présentation.

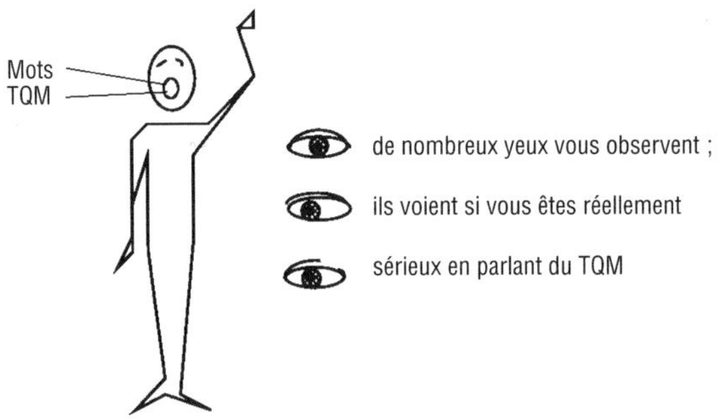

Les employés ne savent pas ce que pensent les cadres, mais seulement ce qu'ils les voient faire. 60 % de la communication est non verbale, 40 % l'est. Durant la présentation d'un récit d'amélioration de la qualité, les dirigeants doivent être des acteurs, en ce sens qu'ils doivent, par leur attitude, faire comprendre l'intérêt qu'ils portent à la présentation.

Ne pas suggérer de retour en arrière

Les diagnostics doivent être orientés vers l'incitation à mieux faire lors du prochain tour du cycle PDCA. Bien qu'il soit tentant de demander de refaire le recueil des données, l'analyse, etc., il est important pour le moral de l'équipe qu'on aille de l'avant. S'il est important de refaire quelque chose, le processus normal du choix du thème amènera l'équipe à le faire lors d'un cycle suivant.

Le processus à suivre dans la présentation des récits d'amélioration de la qualité est plus important que les résultats. On doit enseigner ce processus à tout le monde. Si l'on demande aux gens de suivre le processus en 7 étapes, ils obtiendront de bons résultats.

Le processus doit respecter un canevas de présentation normalisé

Pour que la compétence en matière d'amélioration se répande dans l'entreprise, il faut un langage commun. Les récits d'amélioration étant le véhicule de cette diffusion dans l'entreprise, ils doivent en particulier respecter un canevas de présentation normalisé.

Le numéro et le nom de chaque étape doivent figurer sur la première diapositive de l'étape. La première diapositive doit porter le nom de l'équipe et de ses membres, pour permettre d'identifier tous ceux qui ont participé à l'amélioration ;

On entend dire dans chaque service : « Nous sommes différents des autres et nous avons besoin de notre propre version du Pareto. » Il est nécessaire, néanmoins, qu'il y ait un langage commun. Le TQM est un mouvement de masse exigeant une discipline.

ÉTAPE 1 DU DIAGNOSTIC : LE CHOIX DU THÈME

Les conseils de l'encadrement

Les 7 étapes débutent après l'examen du problème (partie gauche du modèle en WV). Les équipes qui y ont recours ont donc besoin d'être conseillées par les cadres dans le choix du problème. Il est utile pour la présentation d'indiquer la façon dont l'équipe s'y est prise pour impliquer sa hiérarchie dans ce choix.

L'orientation points faibles

Le thème doit être orienté vers les points faibles. Se concentre-t-il sur les cinq maux (défauts, erreurs, retards, gaspillages, accidents) ? On doit prendre garde aux solutions que l'on fait passer pour des problèmes, comme « réduire les manquements au respect des règles par les opérateurs ». Éviter aussi des expressions telles qu'« améliorer », « moderniser », « créer un meilleur... », qui sont l'indication d'une orientation points forts.

Le travail sur un processus permanent

Il est préférable d'appliquer les 7 étapes et les 7 outils à un processus permanent – l'un de ceux au sein duquel le problème se répète. Si le problème ne se répète pas, il est peu avantageux d'entreprendre un processus d'amélioration. Si le processus ne s'est pas répété dans le passé, il est difficile d'utiliser les 7 outils pour recueillir les données adéquates ; de plus, il sera difficile de vérifier si la solution est efficace.

Si le problème ne se répète pas, il peut être plus indiqué de faire appel à d'autres processus et à d'autres outils que les 7 étapes et les 7 outils, par exemple, l'amélioration anticipatrice, les 7 outils de management et de planification, ou les outils de l'analyse statistique comme le plan d'expérience et l'analyse multivariée[1].

Un problème énoncé en termes de performance future risque de se traduire en un thème orienté points forts, concentrant trop rapidement l'attention sur les solutions, sans s'attacher d'abord à l'analyse des données et aux relations de causes à effets.

Il est difficile de prévoir l'effet d'une solution. Son application procure un utile retour d'information. C'est possible avec un processus permanent.

Le *market-in* et les résultats, pas les causes

Le thème est-il du type *market-in* (porte-t-il sur les clients et sur le processus suivant) ?

Le problème doit être énoncé en termes de résultats, non de causes : clients insatisfaits, processus suivant altéré, argent perdu, etc. Une énonciation en termes de causes a pour effet de court-circuiter le processus de recueil de données et d'identification des causes.

L'énoncé d'un thème *market-in* doit comporter des faits. Ceux-ci peuvent prendre la forme d'une comparaison des pourcentages d'erreurs de l'entreprise avec ceux d'une entreprise concurrente, d'une courbe montrant l'aggravation dans le temps d'une variable importante d'un point de vue concurrentiel, ou d'une enquête auprès des clients montrant que le problème est au centre d'une série significative de réclamations. Plus factuels sont les liens à des questions concernant un client, plus fort est le thème.

---

1. Voir, par exemple, G.E.P. Box, J.S. Hunter et W.G. Hunter, *Statistics for Experimenters*, New York, John Wiley & Sons, 1978 ; R. Gnadad Esikan, *Methods for Statistical Analysis of Multivariate Observations*, New York, John Wiley & Sons, 1977.

Dire « mon patron m'a dit de le faire » ne signifie pas qu'on ait conscience des objectifs de l'entreprise ou des exigences de la satisfaction du client. L'explication du thème est un bon moyen pour les employés de réfléchir à la raison pour laquelle ils font ce qu'ils font et de se demander qui sont leurs clients.

La philosophie de la double fonction du travail exige que le thème serve à la fois à réaliser des améliorations et à respecter des processus normalisés. Améliorer simplement parce qu'on nous a dit de le faire n'est qu'une autre façon de se plier à un processus normalisé ; ce n'est pas un réel travail d'amélioration.

L'explication du thème à l'auditoire

Un récit d'amélioration est une occasion d'enseigner l'orientation *market-in* de deux façons différentes. La première est l'orientation client dont on a déjà parlé. La seconde part de l'idée que les présentations sont des produits et les auditeurs, des clients. Une orientation *product-out* amène l'auteur à ne tenir aucun compte de la composition de l'auditoire ni de sa connaissance des termes techniques employés, des processus concernés, des personnes et des responsabilités impliquées, etc. En revanche, une présentation *market-in* part des termes connus de l'auditoire et l'initie au cadre nécessaire à la compréhension du thème. Elle fait l'économie de détails étrangers au sujet principal. Une telle présentation exige une grande force personnelle.

De bonnes explications sont essentielles : les auditeurs doivent comprendre de quoi il s'agit et apprendre quelque chose de nouveau. Quant aux équipes d'amélioration, elles doivent comprendre la signification des thèmes et connaître les raisons réelles de l'amélioration, et pas seulement ce qu'on leur a demandé de faire. La présentation est un processus d'apprentissage pour les équipes d'amélioration de la qualité.

La présentation ne doit pas comporter d'explications non essentielles sur ce que l'équipe a accompli. Transparents ou polycopiés doivent se suffire à eux-mêmes et véhiculer leur message sans l'absolue nécessité d'un présentateur. Aussi, les relations entre données et conclusion doivent-elles être clairement mises en évidence. Il faut s'abstenir de montrer des détails ne se rapportant pas au thème, par exemple sur une expérience ou une erreur. Ce serait l'indication d'une orientation de type *product-out*. Le client (l'auditoire, pour ce qui concerne le récit d'amélioration) n'a pas à dépenser un temps précieux ni à disperser son attention sur des questions non essentielles. Si des détails sont nécessaires, on doit les réserver pour l'étape 7.

De bonnes explications offrent des avantages qui vont au-delà de l'équipe impliquée. Elles contribuent à promouvoir de bonnes pratiques d'amélioration dans toute l'entreprise. Si les membres d'autres équipes ne peuvent comprendre le problème, ils ne sauront pas appliquer les étapes et les outils à leurs propres thèmes. Comme dit le professeur Shiba : « Le récit d'un succès a plus d'effet que 100 lectures. »

Enfin, l'explication du contexte est importante pour la reconnaissance. Comment les membres de l'équipe peuvent-ils être reconnus si la présentation ne dit pas qui ils sont ?

Définir de justes limites au champ d'amélioration

Si le thème est formulé de façon trop large, cela peut conduire une équipe à s'égarer. S'il l'est de façon trop étroite, il présuppose pratiquement les causes, et par conséquent, les solutions. « Réduire les pertes de fabrication » est un thème trop vaste. Il ne fixe guère de limites au champ du recueil des données et de l'analyse. Les pertes de fabrication incorporent-elles celles dont les causes premières tiennent à la conception du produit ? L'équipe doit-elle s'intéresser aux pertes dans toutes les installations, toutes les lignes de production, tous les processus ? « Réduire les rebuts et les retouches sur la ligne B » est un thème qui restreint le problème au point de contenir l'analyse et la solution dans les limites de capacité d'une équipe bien formée.

Une formulation très étroite du thème retire fondamentalement toute responsabilité à l'équipe pour la transférer aux cadres. « Réduire la production de rebuts de tubes au point 3 de la ligne B » présuppose (à tort ou à raison) que quelqu'un a recueilli des données et procédé à l'analyse des causes pour déterminer que les rebuts de tubes du point 3 sont l'un des « quelques problèmes fondamentaux » et non l'un des « nombreux problèmes insignifiants ». Mais si l'équipe ne fait rien pour le déterminer, elle n'apprendra pas à le faire. De tels thèmes ramènent à la division du travail, ce type de structure organisationnelle où une catégorie de gens pense tandis qu'une autre exécute. Un thème doit concerner un champ d'action délimité de façon raisonnable. Il ne doit être formulé ni de façon trop large, au point de devenir diffus ou inutilisable, ni de façon trop étroite, au point de n'impliquer ni créativité ni développement du savoir-faire.

Le planning

Il y a lieu d'inclure dans la présentation un graphique de Gantt montrant le planning, en laissant l'espace nécessaire pour comparer le planning prévu et le planning réel.

ÉTAPE 2 DU DIAGNOSTIC : LE RECUEIL ET L'ANALYSE DES DONNÉES

La description du processus de recueil de données

L'amélioration de la qualité utilise l'approche scientifique ; celle-ci exige que le travail soit reproductible et susceptible de faire l'objet d'une révision, et en particulier, que les modalités de recueil des données soient indiquées. Où et quand les données ont-elles été recueillies ? Quelle a été la fréquence de l'échantillonnage ? Quelles sont les modalités de chiffrage ? Etc. Sans une telle description, les données ne valent guère mieux qu'une opinion.

Le recueil et la stratification des données

Pour comprendre la cause du problème, il faut recueillir et analyser les données. Il existe à cette fin trois techniques importantes : la stratification, les graphes, et la concentration sur les écarts ou les variations. Par exemple, il y a plusieurs façons de tracer des graphiques de données : en fonction du temps, du type de produit, de l'emplacement dans le processus, etc. On stratifie les données suivant les quatre Q (Qui, Quand, en Quel lieu, Quoi ?). En chaque point, on se concentre sur les écarts ou les variations. Par exemple, supposons qu'un produit donné coûte en moyenne trop cher à produire. On trace le graphe de la distribution des coûts de fabrication de ce produit (voir figure 6.1). On peut alors observer plus facilement la distribution.

Figure 6.1. Graphe

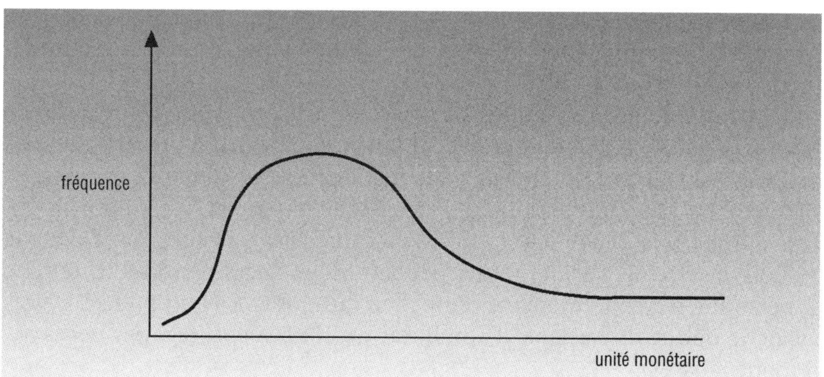

Ensuite, on stratifie les données et on les représente graphiquement de différentes façons (par exemple, par usine fabriquant le produit ou par mois de fabrication), en continuant à se concentrer sur les écarts (voir figure 6.2).

Figure 6.2. Graphes de données stratifiées

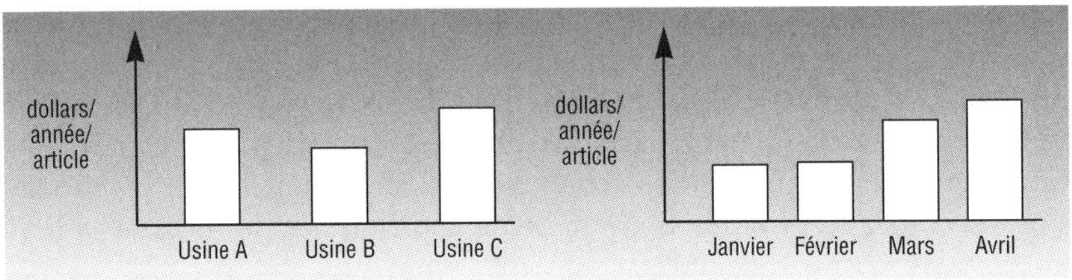

Sur ces deux figures, les graphes montrent que le coût moyen au cours de l'année varie de façon significative non pas tant d'une usine à l'autre, mais vers la moitié de l'année, peut-être en raison d'un changement intervenu à ce moment-là dans les matières ou le processus. Des histogrammes, des diagrammes de Pareto, des diagrammes de dispersion, et des graphes sont utiles pour mettre en évidence les variations. Un diagramme cause-effet peut être utile pour l'examen des diverses possibilités. Un diagramme de Pareto résumant l'importance significative du problème suivant les catégories fait presque toujours partie de l'étape 2 des 7 étapes.

Les données pertinentes

Les données ont-elles bien été recueillies pour que des facteurs inhabituels ne conduisent pas à des conclusions fallacieuses ? Un nombre adéquat d'échantillons a-t-il été prélevé ? Les prélèvements ont-ils été suffisamment espacés dans le temps pour représenter des échantillons indépendants (au sens statistique) ? Au moment où les données ont été recueillies, quelque chose d'inhabituel était-il intervenu (par exemple, sortait-on d'un incendie) ?

Le caractère approprié des données est un problème d'importance pour une activité d'amélioration. Il faut être attentif à l'utilisation des données recueillies à des fins de maîtrise de processus (données 3), car elles peuvent ne pas convenir pour l'amélioration corrective (données 2). Des définitions peuvent être biaisées, et des erreurs commises dans le recueil des données se perpétuer pendant de longues périodes de temps, si personne n'a concrètement tenté d'en faire usage. Des données saisies avant le début de l'action d'amélioration sont suspectes (pas nécessairement fausses).

Raisonnement et cohérence logique

L'analyse doit toujours comporter une conclusion. Un logigramme du raisonnement menant à la conclusion est utile. En particulier, il importe de rendre claire la façon dont la conclusion découle des faits. Lorsque, par exemple, le recueil des données est effectué en plusieurs phases, le récit de l'amélioration devra visualiser la logique de progression d'une phase à l'autre, la façon dont l'équipe a conduit ses recherches.

Des outils normalisés

Pour une large diffusion des 7 étapes d'amélioration de la qualité, les outils doivent être utilisés dans leur présentation normalisée. Voici quelques exemples de présentation normalisée à rechercher.

- Diagramme de Pareto : absence d'espace entre les barres, courbe montrant les totaux cumulés, échelles figurées à droite et à gauche, unités indiquées de façon lisible, conclusion écrite au-dessous.
- Diagramme d'Ishikawa (cause-effet) : dans un cadre à droite, l'effet, qui est une question *pourquoi* ; le diagramme se lit de la gauche vers la droite ; les grandes catégories de causes figurent dans des cadres au-dessus et au-dessous de l'axe horizontal ; il recense en principe cinq niveaux de pourquoi.

ÉTAPE 3 DU DIAGNOSTIC : L'ANALYSE DES CAUSES

Après s'être concentrée sur la cause du problème (étape 2), l'équipe doit l'analyser en détail. Pour les cadres, il est plus important de faire porter leur diagnostic sur le processus de résolution que sur la solution du thème. Les dirigeants ne doivent pas trop demander à une équipe débutante. Celle-ci s'améliorera en utilisant les 7 étapes de façon répétée.

Le diagramme cause-effet (Ishikawa) dérivé du Pareto

Pour faire de l'analyse des causes un processus qu'on puisse enseigner et diffuser, il doit exister un processus explicite permettant d'envisager les causes possibles d'un problème. Ce processus est centré sur l'établissement d'un diagramme cause-effet (ou peut-être un diagramme de relations). Sans un tel diagramme, il n'est pas de moyen de savoir si une équipe a bien ou mal envisagé les causes possibles d'un problème. L'effet du diagramme cause-effet doit correspondre à une barre importante du diagramme de Pareto de l'étape 2 (voir figure 6.3).

Figure 6.3. Du diagramme de Pareto au diagramme cause-effet

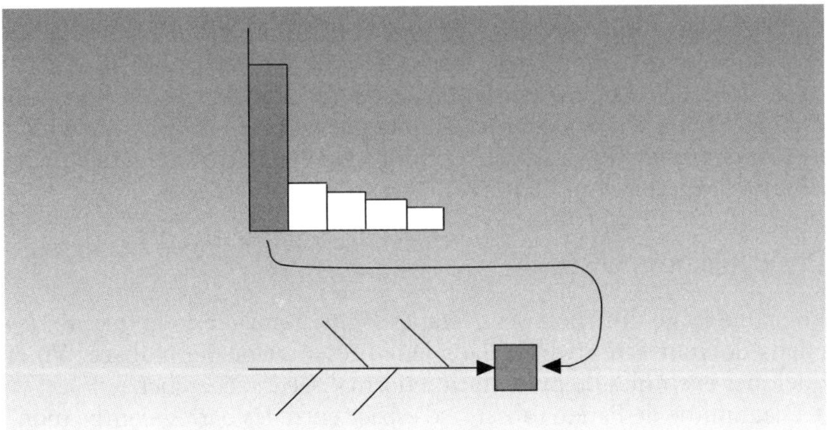

La tête du diagramme cause-effet (à droite) doit être un résultat (effet), non une solution (cause). Ce résultat prend habituellement la forme d'un *pourquoi* (voir figure 6.4).

Figure 6.4. Le diagramme cause-effet

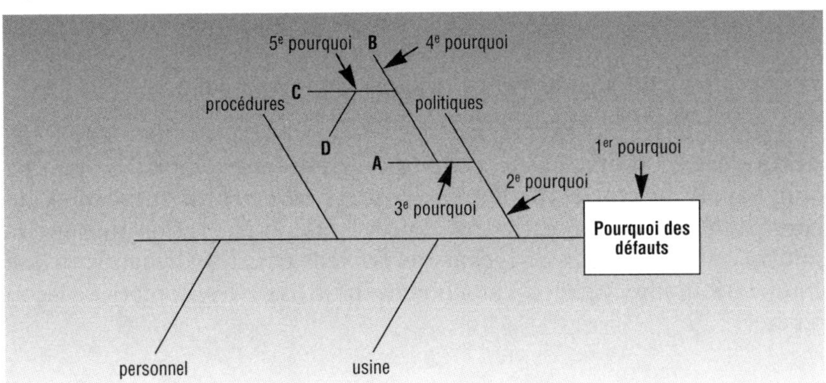

L'étude approfondie des causes

La situation doit être examinée à fond. On fait apparaître les quatre M (*Man, Machine, Method, Material* = Homme, Machine, Méthode, Matière), les quatre P (*People, Plant, Policies, Procedures* = Personnel, Installations, Politiques, Procédures), ou d'autres catégories appropriées (voir figure 6.4).

Le diagramme cause-effet reflète la minutie avec laquelle l'équipe a examiné les causes premières possibles du problème. Un examen superficiel aboutit habituellement à un diagramme comportant seulement un ou deux niveaux de branches, alors que celui auquel aboutit un examen minutieux remonte aux causes premières potentielles en répondant sur cinq niveaux à la question « pourquoi ce résultat ?» (voir tableau 6.2).

Tableau 6.2. Les « 5 pourquoi » pour découvrir les causes premières

Pourquoi	*Réponse*
Pourquoi des défauts ?	Politiques
Pourquoi des politiques ?	A
Pourquoi A ?	B
Pourquoi B ?	C
Pourquoi C ?	D

Les cadres peuvent diagnostiquer la minutie en observant simplement le nombre de niveaux de branches que possède le diagramme cause-effet. Ayant dressé la liste d'un grand nombre de causes possibles, on découvre les causes premières. On y parvient en éliminant les causes improbables et en se concentrant sur les causes dont les données montrent le caractère essentiel. Des causes potentielles peuvent être éliminées, soit qu'elles s'avèrent inappropriées, soit qu'elles apparaissent en contradiction avec des connaissances antérieures ou des données nouvellement recueillies. Les causes probables qui subsistent sont des hypothèses qui doivent être confrontées aux données afin de découvrir la cause première dominante.

Des conclusions compréhensibles

Il importe de rendre claire la façon dont les conclusions ont été atteintes et vérifiées. Ceci signifie que les graphes ne doivent illustrer qu'un seul concept à la fois. On doit utiliser des graphes séparés pour illustrer des concepts distincts, chacun d'eux comportant sa conclusion au bas. Au cours de l'étude des données, l'équipe peut être amenée à construire des graphes très compliqués. Mais l'auditoire a besoin d'un raisonnement logique pour passer des faits à une conclusion.

ÉTAPE 4 DU DIAGNOSTIC : LA PRÉPARATION ET L'APPLICATION DE LA SOLUTION

La solution qui annule la cause première

Les étapes 1, 2 et 3 sont conçues pour parvenir simplement à un projet de solution. Si la cause première a été trouvée, la solution devrait être claire : faire disparaître cette cause.

Il est tentant de résoudre un problème en reconcevant le système tout entier. Cette approche est dangereuse, toutefois, car l'équipe peut ne pas savoir pourquoi le reste du processus a été conçu comme il l'a été. En reconcevant le processus, on risque donc d'introduire de nouveaux problèmes. Il est plus sûr de concevoir des solutions très locales, nettement pointées sur l'élimination de la cause première, tout en laissant la plus grande partie du système intacte.

Cependant, il peut y avoir plusieurs façons de faire disparaître la cause première. L'équipe doit examiner différentes méthodes et opter pour la solution qui supprime rapidement la cause première au moindre coût.

Des solutions cohérentes avec l'analyse des causes

On observe souvent avec surprise que des équipes identifient une zone de problème importante, découvrent la cause première, puis appliquent des solutions sans incidence sur celle-ci, peut-être en raison d'idées préconçues quant aux solutions.

Il arrive dans certains cas qu'une équipe juge trop difficile le remède à la cause première la plus importante, ou que l'application de la solution ne soit pas de son ressort. Dans de tels cas, il est raisonnable de choisir la cause première qui suit en importance, et de lui trouver une solution. Encore faut-il rendre compte, au niveau approprié de l'organisation, de l'existence d'une cause première plus importante et de sa solution possible.

Ne pas essayer de remédier à tout immédiatement

L'analyse causale peut révéler de nombreux points faibles du processus. C'est une bonne chose de ne porter remède qu'au plus important de ceux reportés sur le diagramme de Pareto. Le cycle à parcourir est le suivant :

- Apporter rapidement une amélioration à l'organisation.
- Obtenir rapidement une réalisation et une reconnaissance pour l'équipe.
- Analyser l'action pour mieux préparer le prochain cycle PDCA.

Il s'agit d'améliorer de façon continue, non seulement le fonctionnement, mais, plus important encore, le savoir-faire en matière d'amélioration.

Expliquer à l'auditoire l'application de la solution

Si d'autres équipes doivent tirer profit d'un exemple d'amélioration de la qualité et appliquer les connaissances acquises à leur propre situation, elles doivent être capables de comprendre comment le problème a été résolu. Diagrammes et graphiques ont ici leur utilité.

La présentation des modalités d'application

Comme pour le recueil des données, une conclusion énoncée ainsi « nous avons appliqué notre solution » ne vaut guère mieux qu'une opinion, si elle n'est pas accompagnée de faits vérifiables. La forme normalisée de présentation des faits relatifs à l'application est une matrice, semblable à celle représentée dans le tableau 6.3.

Tableau 6.3. Une matrice des faits d'application

	Tâche	*Qui*	*Quand*	*Où*	*Quoi*	*Comment*
1						
2						
3						
4						
5						
6						

Avant d'appliquer une solution, on vérifie les points importants suivants :

- Les personnes qui auront à mettre en œuvre la solution ont-elles été impliquées dans sa préparation ?
- Y a-t-il eu un test pilote de la solution ?
- A-t-on obtenu rapidement une information en retour ?
- Existe-t-il des effets secondaires indésirables contrebalançant les avantages de la solution proposée ?

L'acceptation de la solution par l'encadrement

Lorsqu'une solution a été proposée par une équipe et que sa hiérarchie l'a acceptée, son application devient la responsabilité des cadres comme des membres de l'équipe. Si, une fois acceptée, elle n'a pas été appliquée, les dirigeants doivent reprendre la question avec les agents de maîtrise ou les cadres de l'équipe.

ÉTAPE 5 DU DIAGNOSTIC : L'ÉVALUATION DES EFFETS

Résister à la tentation de passer au sujet suivant

Le terme de *solution* suggère un point final, il crée la tentation de passer à un autre sujet. Mais une observation plus attentive des faits suggère autre chose. Sait-on si le problème est résolu ? Qu'a-t-on fait pour s'assurer qu'il le restera ? A-t-on tiré le maximum du travail effectué jusqu'ici, en termes d'apprentissage et de bénéfices de l'amélioration ? Les étapes suivantes doivent être franchies après la « solution ».

Confirmer l'amélioration

Une fois la solution proposée et acceptée (étape 4), il faut s'assurer ensuite qu'elle a bien résolu le problème. Un graphe de la diminution des défauts dans le temps indique qu'il y a bien eu une amélioration. Des diagrammes de Pareto avant et après confirment la disparition réelle de la cause première (voir figure 6.5) : une amélioration a bien été apportée au problème A.

Figure 6.5. Diagrammes de Pareto avant et après

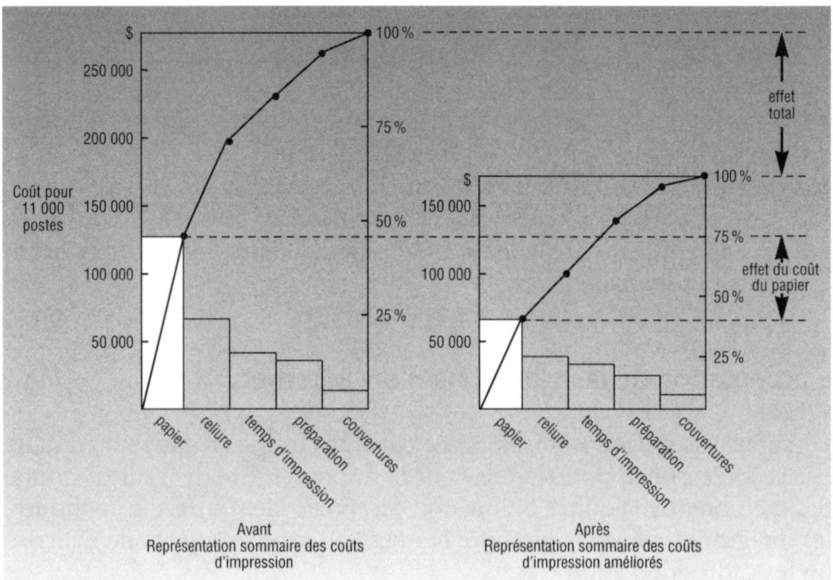

Évaluer les effets induits

On ne doit pas évaluer seulement les effets directs de la solution. Il est encore plus important d'en évaluer les effets induits (plus grande satisfaction des clients, moral de l'équipe plus élevé). Le processus de choix d'un thème d'amélioration est basé sur la conviction que la résolution du problème entraîne des effets induits importants. L'équipe serait frustrée si ces effets n'étaient pas notés.

Mettre l'accent sur le processus d'amélioration, non sur les résultats

Le travail d'amélioration ressemble davantage à un investissement qu'à une dépense. Son rendement à terme est plus grand que son rapport immédiat, grâce à l'augmentation du savoir-faire en matière de résolution de problèmes dans toute l'entreprise. Par conséquent, le diagnostic doit porter sur le respect d'une bonne pratique plus que sur l'obtention de résultats significatifs. Les équipes qui se précipitent vers la solution, sans avoir défini le problème ou recueilli et analysé des données, n'améliorent pas leurs capacités à résoudre les problèmes, car il n'existe pas alors de processus répétitif qu'elles puissent identifier et réutiliser. Même si la solution est excellente, sans un processus convenable, il est difficile de tirer profit de l'exemple en termes d'apprentissage. Pour les bonnes solutions, on s'en remet entièrement au génie et à l'inspiration, au lieu de les rendre accessibles à tous.

ÉTAPE 6 DU DIAGNOSTIC : LA NORMALISATION DE LA SOLUTION

Les faits de la normalisation

La normalisation va bien au-delà de l'obtention d'un accord unanime pour faire les choses d'une certaine façon. Pour rendre clair à l'auditoire que la solution a été normalisée, la présentation doit fournir des faits concernant l'établissement et le suivi de la nouvelle façon de faire. Concrètement, elle doit répondre aux questions suivantes.

- Quels sont les manuels ou documents décrivant la nouvelle procédure ?
- Qui forme le personnel ?
- À quelle fréquence se réunit-on pour revoir la situation ?
- Qu'advient-il des comptes rendus des réunions de révision ?
- Qui est chargé de programmer les réunions ?

- Quel rapport d'activité normalisé pour les nouvelles procédures ? à qui est-il destiné ? et pour quel usage ?

Épreuve décisive : si les gens s'en vont, les procédures demeureront-elles?

Une amélioration doit survivre à ses auteurs. Une bonne méthode pour vérifier si une chose est normalisée est d'imaginer ce qui se passerait si une personne clé tombait malade ou était promue. Les nouvelles procédures continueraient-elles à être suivies ? Pour la formation d'une nouvelle recrue, la documentation existante est-elle suffisante ? Et si deux ou trois personnes tombaient malades ou s'en allaient, le système survivrait-il ?

Un processus pour la détection des problèmes à venir

Le processus amélioré comprend-t-il des étapes d'action et de vérification, pour qu'une action corrective puisse être initiée s'il se dérègle ou ne fonctionne pas aussi bien qu'on l'espérait ?

ÉTAPE 7 DU DIAGNOSTIC : LA RÉFLEXION SUR LE PROCESSUS

Mettre l'accent sur les plus importantes leçons apprises

L'étape de réflexion permet à l'équipe d'effectuer son propre diagnostic avec exactement les mêmes critères dont les dirigeants se sont servis pour le diagnostic. Le dirigeant évalue cette étape de réflexion en vérifiant les points suivants.

- Quelles difficultés a-t-on rencontré durant le processus, les étapes et l'utilisation des outils ? L'équipe comprend-elle clairement les difficultés ou non ?
- Les membres de l'équipe comprennent-ils clairement ce qu'ils ont appris et quel en a été l'avantage ?
- L'équipe comprend-elle quelle est la partie du processus qui va faire l'objet de sa prochaine amélioration ?
- Le responsable de l'équipe veille-t-il à entretenir la motivation des membres ?
- Le faciliteur enseigne-t-il les 7 étapes et le 7 outils ?

Même si l'équipe n'a pas spécialement brillé de l'étape 1 à l'étape 6, elle peut en apprendre suffisamment à l'étape 7 pour faire un meilleur travail la fois suivante.

Une étude de cas pour le diagnostic des 7 étapes

On lira ci-après une étude de cas pour la pratique du diagnostic dont le processus vient d'être décrit[1]. On construit une matrice de diagnostic comme celle du tableau 6.1, puis on lit l'étude de cas, en notant étape par étape ses points forts et faibles. On souligne les principaux points forts et faibles (se rappeler la règle 70/30). Une matrice remplie se trouve à la fin de l'étude de cas (voir tableau 6.4). Les membres des équipes d'amélioration d'Analog Devices appartiennent habituellement à des services différents et sont choisis suivant la nature du problème à résoudre. Toute personne ayant une connaissance du problème peut être invitée, en toute liberté, à y participer. Ils demeurent dans l'équipe pendant tout le cycle de résolution. Les équipes se choisissent souvent une appellation amusante (dans ce cas précis, les « traqueurs d'erreurs », étant donné qu'ils « traquent » les erreurs de fabrication des galettes) (voir illustration 6.1). Les équipes portent souvent des badges, des T-shirts et autres articles imprimés avec le « logo » de l'équipe.

Illustration 6.1

ANALOG
DEVICES

Équipe d'amélioration de la qualité
« Les traqueurs d'erreurs »

Jean Dell'Isola
Jeanne Bernier
Pam Mayernik
Nicole Rose
Josephine Hughes
Howard Kane
Jim Johnson
Archie Bryanos
Steve MacKay
Bob Spieth
Al Perry
Ira Moskowitz
Sandy Johnson

Étape 1 : Le choix du thème

Toutes les équipes d'amélioration d'Analog Devices ont un thème écrit, comportant un objectif précis, mesurable, et les délais dans lesquels elles se proposent de l'atteindre. Dans ce thème-ci, l'objectif est de « réduire de moitié la fréquence des galettes incorrectement traitées dans la zone photo » ; la mesure est exprimée en « galettes défectueuses par millions de galettes traitées » ; le délai est de neuf

1. Nous devons cette étude de cas à Ira Moskowitz, directrice de Production, Wilmington Wafer-fab, Analog Devices, Wilmington, Massachusetts.

mois (voir illustration 6.2). Notons que l'équipe a évité de parler d'*erreurs*, le mot suggérant l'idée qu'une erreur humaine était la cause du problème. Elle lui préféra l'expression de « galettes défectueuses ». On demande souvent aux équipes de tenter de vérifier la raison pour laquelle leur thème est important, afin qu'elles le comprennent mieux et aient le sentiment de son importance pour l'entreprise. Cette équipe a montré à l'aide d'un diagramme de Pareto que de tous les secteurs de fabrication des galettes, c'était la salle de photo qui produisait le plus de galettes défectueuses (voir illustration 6.3). Ceci affectant le rendement et le coût, l'équipe a démontré que la salle de photo était le bon thème à étudier.

Illustration 6.2

Étape 1 : Choix du thème

Thème : réduire de moitié en 9 mois les galettes de silicium défectueuses dans la zone photo

Indicateur : galettes défectueuses par million de galettes traitées (parties par million = ppm)

ANALOG DEVICES

Illustration 6.3

Pourquoi ce thème est-il important : ppm défectueuses par zone.

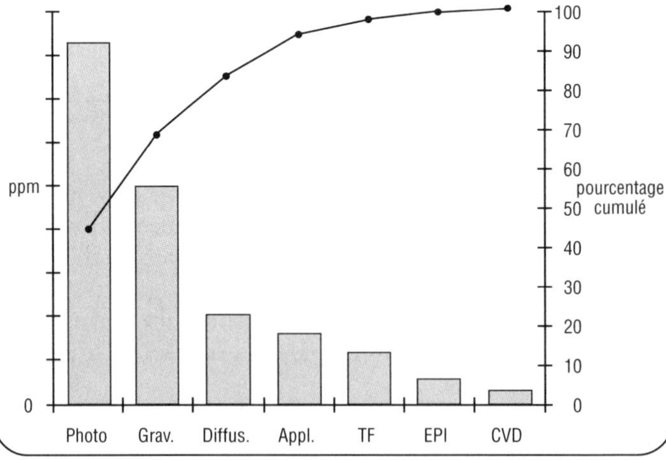

Étape 2 : Le recueil et l'analyse des données

Quand l'équipe commença à recueillir les données, elle s'aperçut que les imprimés existants pour enregistrer les erreurs relevées dans la fabrication des galettes ne convenaient pas. En outre, les opérateurs rechignaient à fournir des informations par crainte que les données ne soient utilisées contre eux. Les imprimés étaient traditionnellement remplis par leur responsable immédiat. L'imprimé réel représenté par l'illustration 6.4, apparaissait à l'opérateur comme « injuste et angoissant ». La suggestion de l'ingénieur fut seulement de « se conformer à la spécification ».

Illustration 6.4

Date : 12 décembre 1988

Produit Type : C841, C846
A848, A568 (de CB)

Numéro des lots : 5685, 5994
6031, 5683

Processus : Étape : M/NCONT

Quantité affectée : 10, 10, 10, 10

Maîtrise : J.R.

Initiateur : J.R.

Opérateur : 9352

Date du traitement défectueux : 12 septembre 1988

Poste : 3^{e}

Décision : Dérogation/acceptation ______ Retouche ✓ Mise au rebut ______

Nature et résultats du traitement défectueux :
Ces lots ont subi le contrôle pré-gravure sans modèle du fait d'un problème du développeur

Action corrective de l'agent de maîtrise pour éviter le retour du défaut :
L'opérateur sera contacté

Commentaires de l'opérateur :
Désormais, je ferai vérifier les lots CB par l'ingénieur. Je ne veux pas signer cet imprimé, parce que les lots pouvaient être retouchés. S'ils ont été mis au rebut, c'est différent. Devrait-on tenir compte de l'erreur humaine pour décider de ce qui peut être retouché. Je ne pense pas que ce soit correct. C'est très angoissant.

Recommandation des Études :
Se conformer aux spécifications... s'il vous plaît !

Signatures

Agent de maîtrise de zone : ______

Opérateur : ______

Ingénieur de zone : J.R.

Directeur de Production : ______

Directeur des Études : P.M.

L'équipe a décidé de recueillir ses propres données et de rendre l'imprimé plus utile et plus convivial (voir illustration 6.5). Elle obtint, en outre, de l'encadrement l'engagement de ne pas imputer les erreurs aux opérateurs, à moins que leur pourcentage ne fût excessif.

Illustration 6.5

ERREURS

SOS des traqueurs d'erreurs

Produit Type : 537 — Numéro des lots : 9840

Étape du processus : Masque 1 pré-inspect. — Quantité affectée : 21

Opérateur(s) : 11643 — Initiateur : J.H.

Poste/Zone : 2/photo — Date de l'erreur : 9 décembre 1988

Décision : Dérogation/acceptation ____ Retouche ✓ Mise au rebut ____

Ce qui s'est passé :

Utilisation d'un mauvais masque lot #F537-1-9843 et puis lot #537-1-9840.

Les numéros d'identification sont voisins.

Analyse de l'opérateur/membre du QIP :

Ai pensé que c'était le même type de masque que pour le précédent.

N'ai pas regardé d'assez près.

Recommandation de l'opérateur/membre du QIP :

Nous devrions avoir une « marque » sur les masques quand les types d'instrument sont presque les mêmes. « F537-1 » « 537-1 »

Cette retouche aurait pu être évitée.

Pour remplir le nouveau formulaire, un opérateur de l'équipe d'amélioration se joignit aux autres opérateurs impliqués dans l'incident, discuta du problème avec eux, et rédigea ses commentaires avec leur accord. Le formulaire fut adressé directement et confidentiellement au directeur de production (en court-circuitant le responsable direct), afin que les opérateurs n'aient pas à craindre de récriminations pour leurs commentaires.

En utilisant les données des nouveaux formulaires, l'équipe put mette en évidence les principaux types de problèmes. Un extrait des données (illustration 6.6) montre ce que l'équipe découvrit : les galettes ayant suivi le mauvais circuit à l'enduisage et celles mal

Illustration 6.6

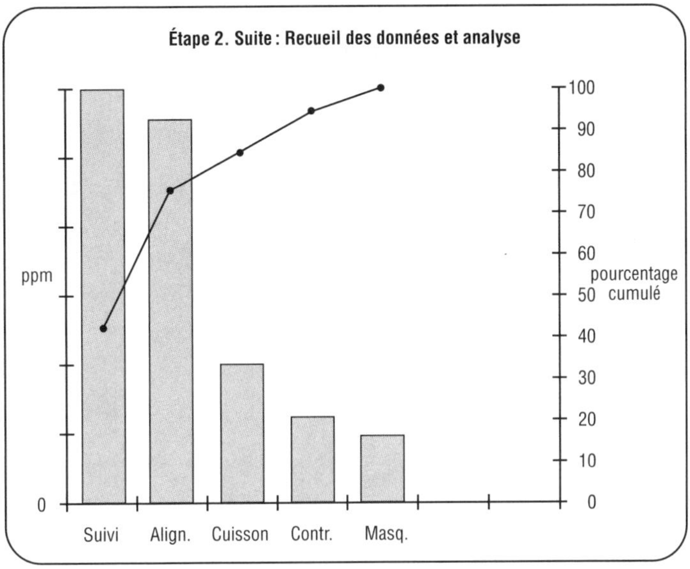

alignées à l'alignement, étaient les causes principales du mauvais traitement subi dans la salle de photo. L'équipe passa à l'étape 3.

Étape 3 : L'analyse des causes

L'illustration 6.7 montre l'un des premiers diagrammes d'Ishikawa, ou cause-effet, créés par l'équipe pour déterminer la cause première des défauts de traitement des galettes à l'enduisage et à l'alignement. Les diagrammes suivants portèrent sur le personnel, pour connaître les raisons du nombre excessif de conduites en même temps, et sur l'« environnement », pour connaître les raisons du manque de place.

Après discussions et recueil de données nouvelles, l'équipe se mit d'accord sur les causes indiquées sur l'illustration 6.8. Elles se rapportaient toutes à la mauvaise disposition des lieux et aux insuffisances de l'organisation ou de l'affectation des tâches. L'équipe vérifia ces conclusions en observant l'ensemble des opérateurs de la salle.

Étape 4 : La préparation et l'application de la solution

L'équipe est passée à l'étape 4, préparation et application de la solution (voir illustration 6.9). Dans sa solution, elle a emprunté des concepts au *juste-à-temps* (JAT), en insistant sur l'utilisation de *kanbans* pour remonter aux causes découvertes à l'étape 3. Elle

Illustration 6.7

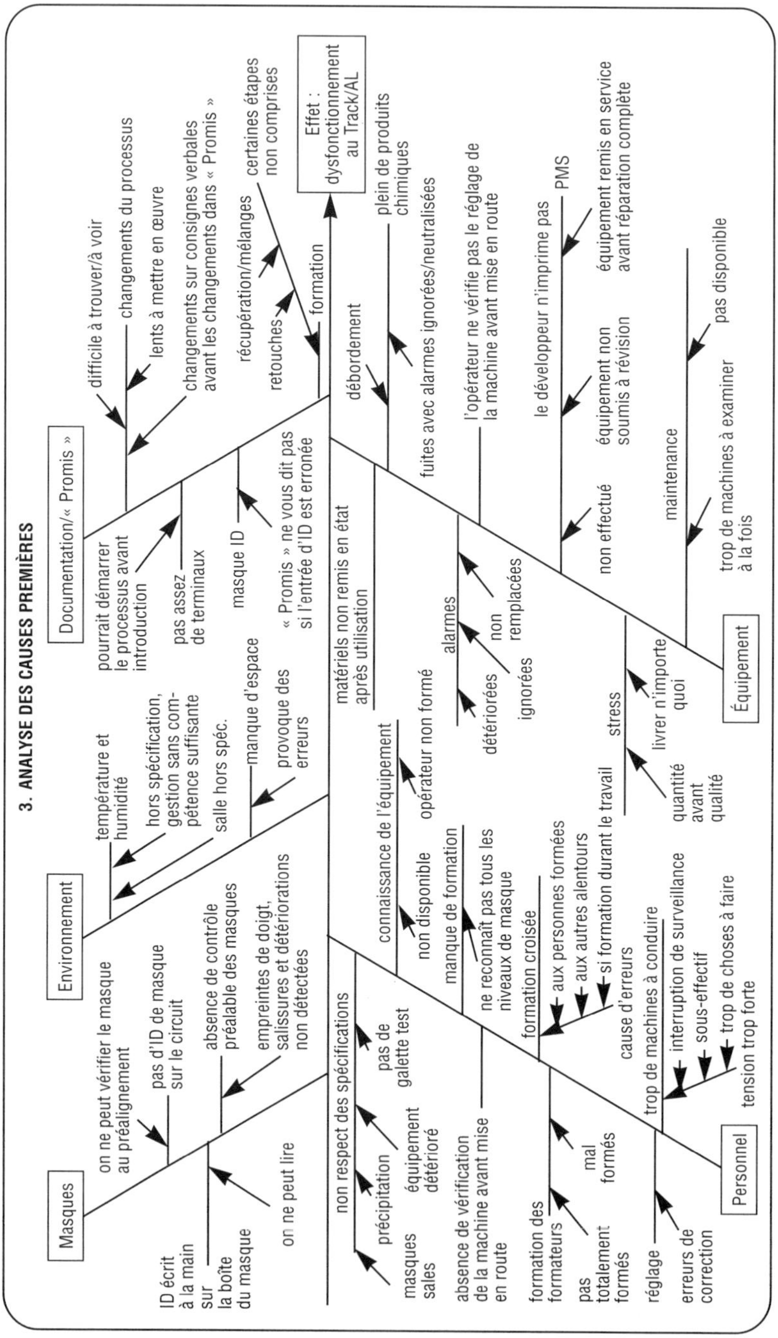

Illustration 6.8

3. CAUSES PREMIÈRES

Espace de travail trop étroit	Partage du suivi, du chargement, etc.
Trop de tâches pour la personne chargée d'enduire	Précipitation
Le travail s'accumule	Masques/travail s'accumulent
Absence de responsabilité claire	

Illustration 6.9

4. PRÉPARATION ET APPLICATION DE LA SOLUTION
Kanbans

- Kanban (signal)
  - carrés avec des étiquettes (cuire, enduire, développer) – OU –
  - casiers numérotés (contrôle)
- Chaîne d'étapes (cuire, enduire, aligner, développer, contrôler) analysées pour déterminer les capacités, les débits, les goulets d'étranglement
- Quantités de kanbans choisies pour chaque station
- Paniers de pièces à traiter ; la personne chargée de l'enrobage régule les entrées à l'aide de kanbans
- Enrobage, impression des circuits :
  - kanbans d'entrée : caisses pleines de pièces en attente de traitement
  - kanbans de sortie : caisses vides en attente de galettes
- kanbans « boîte sèche » pour aligner (lots enduits)
- **Un espace est assigné à chaque chose dans la pièce :**
  - zones repérées pour les pièces à livrer
  - zones repérées pour les outillages
  - zones repérées pour les caisses vides en attente de galettes

a aussi défini des responsabilités pour chaque aspect de la mise en œuvre et des délais de réalisation (non représentés).

Étape 5 : Évaluation des effets

L'illustration 6.10 montre l'évaluation des effets par l'équipe. Constituée en mars 1989, l'équipe a appliqué sa solution en août. Il y eut deux cas de galettes défectueuses, sans relation aucune avec les causes premières identifiées, comme le montrent les pointes de juillet et décembre 1989 et février 1990. Toutefois, l'équipe a continué à appliquer et à améliorer sa solution, réduisant le pourcentage de galettes défectueuses jusqu'à ce que le problème ait pratiquement disparu en mars 1990.

Illustration 6.10

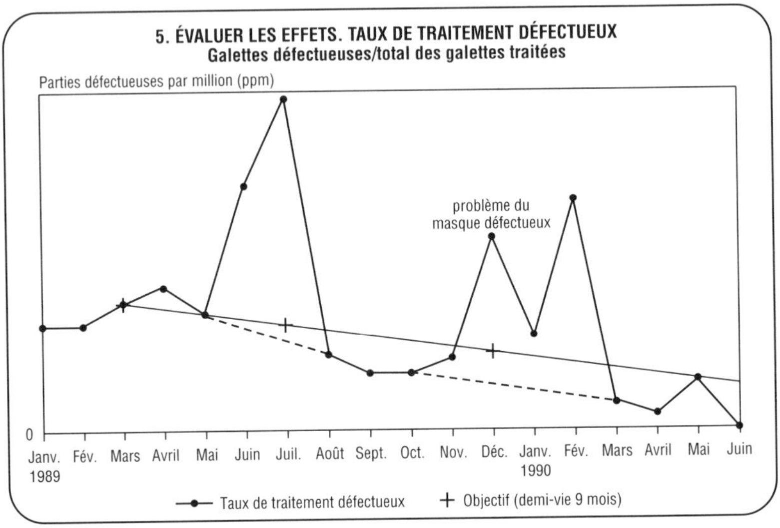

Comme le montre l'illustration 6.11, la salle a tiré des avantages des méthodes du juste-à-temps, sous forme de réduction des temps d'attente.

Illustration 6.11

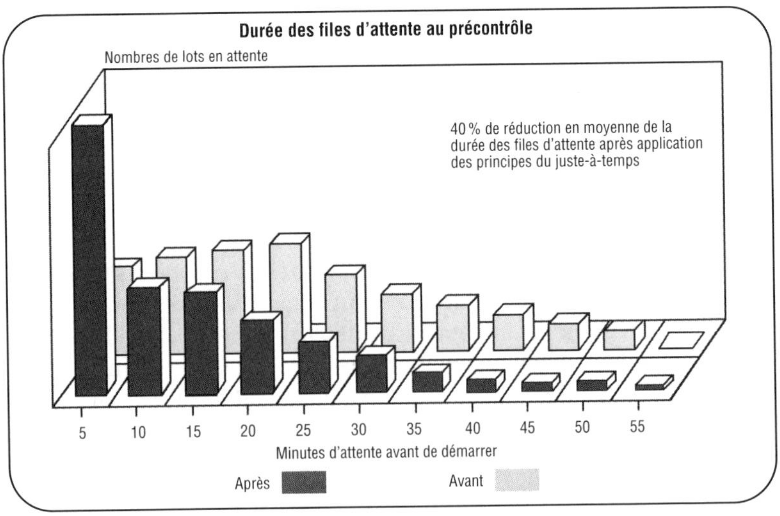

Étape 6 : La normalisation de la solution

L'équipe a reconnu que l'application des principes du juste-à-temps pouvait se dégrader avec le temps, à moins de réaliser l'étape 6, la normalisation.

L'équipe réunit chaque poste pour discuter des problèmes ou des améliorations du système, avec publication quotidienne des comptes rendus de ces réunions (voir illustration 6.12). Elle passa le relais du système aux agents de maîtrise et opérateurs de la salle, et décida de ne plus se réunir qu'une fois par mois en tant que « traqueurs d'erreurs », pour suivre les progrès et s'assurer que les gains étaient bien maintenus.

Illustration 6.12

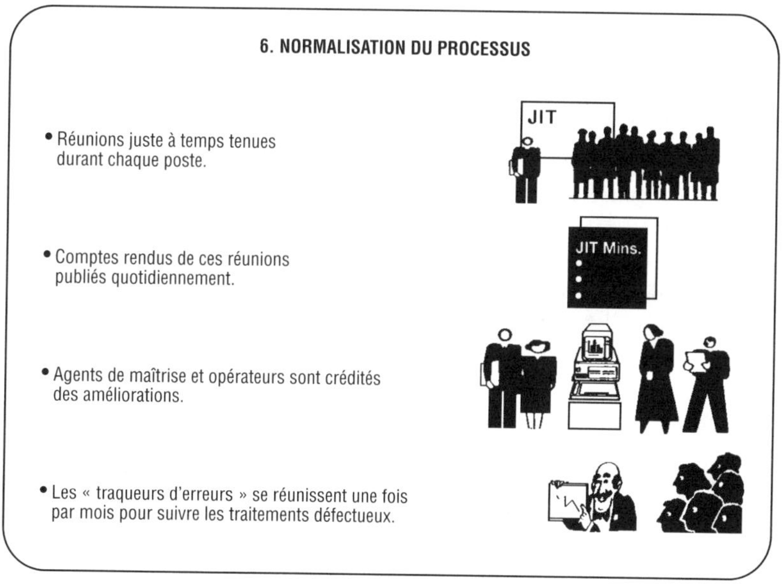

Étape 7 : La réflexion sur le processus (et sur le problème suivant)

À l'étape 7, réflexion sur le processus et préparation du futur chantier, l'équipe admit d'un commun accord que la principale chose faite de manière incorrecte avait été de s'attaquer à un trop grand nombre de paramètres du diagramme de Pareto au cours de l'étape 2, et donc, à un trop grand nombre de causes à l'étape 3 (voir illustration 6.13). Si elle avait été plus attentive lors du recueil des données, elle aurait résolu les causes premières une par une. Elle aurait ainsi été plus rapide, au lieu de disperser ses efforts. L'équipe

Illustration 6.13

7. PASSER EN REVUE LE PROCESSUS ET PRÉPARER LE TRAVAIL FUTUR

- **Revue de processus :**

Équipe occupée au même moment par un trop grand nombre d'éléments du Pareto durant l'étape 2. Si elle avait traité un problème à la fois, la solution de chacun aurait été plus rapide.

- **Travail futur :**

S'attaquer à la seconde barre la plus longue du Pareto des cas de lots défectueux (chambre de gravure).

décida aussi de s'attaquer à la barre suivante par ordre de hauteur, du diagramme de Pareto établi au cours de l'étape 1, et de travailler ainsi sur les galettes défectueuses dans la salle de gravure.

Un échantillon du diagnostic du récit des « traqueurs d'erreurs »

On trouve dans la matrice du tableau 6.4 un exemple des notes qu'un cadre aurait pu prendre en observant la présentation du récit d'amélioration en 7 étapes. Le cadre a noté étape par étape les points forts et faibles de la présentation. Les « quelques problèmes fondamentaux » ont été soulignés. Ces notes lui permettront de bien préparer l'énoncé du diagnostic à la fin de la présentation, et il pourra ainsi noter les points forts et aussi les points faibles.

De nombreux groupes demandent la raison pour laquelle ils doivent suivre rigoureusement les 7 étapes. La matrice de diagnostic suggère une réponse à cette question. On suppose que l'équipe diagnostiquée dans ce cas, comme dans la plupart des cas, est animée de bonnes intentions et sérieuse dans la recherche de l'amélioration. On suppose aussi que l'équipe a suivi les 7 étapes de maîtrise de la qualité telles que ses membres les ont comprises. Examinons de ce point de vue les commentaires de la matrice.

- L'équipe ne connaissant pas ou n'ayant pas complètement suivi les 7 étapes n'a pas obtenu une amélioration aussi bonne, tangible et normalisée qu'elle aurait pu être. Le savoir-faire en matière d'amélioration n'est pas automatique. Il doit être développé par la pratique et l'imitation des méthodes déjà appliquées avec succès. Même une équipe sérieuse et animée de bonnes intentions n'a guère de probabilités d'obtenir d'excellents résultats sans recours à des méthodes adaptées.
- L'utilisation même partielle des 7 étapes a produit des résultats intéressants. Quelque nouvelle que soit une équipe vis-à-vis du

Tableau 6.4. Matrice de diagnostic du récit d'amélioration des « traqueurs d'er-

Étapes	*Points forts*	*Points faibles*
0.		Toutes les étapes ne portent pas le numéro des 7 étapes.
1. Choix du thème	• Un thème point faible est retenu. • Les étapes du processus sont présentées. • On voit l'importance qu'il y a à travailler sur un thème dans la zone de la photo.	Il aurait été préférable d'utiliser des chiffres précis par exemple, passer de 2 500 ppm à 1 250 ppm.
2. Recueil et analyse des données	• La décision de cette équipe de recueillir ses propres données est le meilleur point de ce récit. • Utilisation d'un diagramme de Pareto.	• Les premières illustrations de l'étape 2 ne sont pas numérotées. • Le diagramme de Pareto de l'illustration 6.6 comporte des espaces entre les barres et la courbe de distribution cumulée n'est pas à la même échelle que les barres.
3. Analyse causale	• Utilisation d'un diagramme d'Ishikawa. • La tête du diagramme d'Ishikawa est déduite des barres du diagramme de Pareto de l'étape 2. • Il y a 5 niveaux de « pourquoi » en plusieurs points du diagramme d'Ishikawa.	• Un seul diagramme d'Ishikawa est utilisé pour deux caractéristiques (alignement et pistage). Il aurait dû y avoir un diagramme pour chacune. • Les causes premières importantes ne sont pas entourées sur le diagramme d'Ishikawa. • On ne s'est pas concentré sur une seule cause première.
4. Préparation et application de la solution	L'équipe a manifesté sa connaissance du système kanban.	• Trop de solutions ont été tentées simultanément. • On n'a pas indiqué la façon dont les solutions étaient logiquement liées aux causes premières.
5. Évaluation des effets	Un organigramme montrant l'amélioration est inclus.	• L'organigramme n'est pas convaincant. • Les diagrammes de Pareto « avant » et « après » ne sont pas présentés. • Un test pilote semble ne pas avoir été effectué.
6. Normalisation de la solution	• L'équipe a beaucoup travaillé pour normaliser l'amélioration. • Elle a utilisé les graphiques appropriés pour présenter les différentes parties d'une solution.	• Les solutions sont basées sur un changement des comportements humains et seront difficiles à maintenir.
7. Réflexion sur le processus (et sur le problème suivant)	• L'équipe a compris qu'elle avait pris en considération un champ trop vaste.	

processus, sa mise en œuvre lui permettra d'en apprécier la valeur et d'obtenir de bons résultats.
- En diagnostiquant un récit d'amélioration en 7 étapes, l'encadrement doit veiller à dispenser l'encouragement nécessaire eu égard à la compétence de l'équipe en la matière, et minimiser la critique.

METTRE EN ŒUVRE LE PDCA ET DÉVELOPPER LE SAVOIR-FAIRE

Il arrive parfois qu'en entreprenant une amélioration, on n'obtienne qu'un résultat médiocre ou incomplet. Dans un tel cas, on doit simplement essayer à nouveau. Le concept du PDCA se prête à cette répétition.

Le PDCA invite à redémarrer à partir de l'étape 1 plutôt qu'à revenir en arrière pour recommencer les dernières étapes du cycle précédent. Il faut construire sur ce que l'on a fait et appris durant la précédente itération des 7 étapes. Si au cours de celle-ci, le thème n'a pas été complètement traité, les faits de la situation conduiront au même thème (à partir d'une nouvelle perspective) pour l'itération suivante.

Si le thème a été complètement traité, les faits conduiront au second thème le plus important à résoudre.

En tout cas, l'itération des 7 étapes du cycle PDCA permettra l'acquisition d'un savoir-faire important : compréhension du problème, savoir-faire en matière d'emploi de la méthode d'amélioration en 7 étapes, de travail en équipe, de diagnostic du processus en 7 étapes.

Le tableau 6.5 ajoute une colonne au tableau 5.3, montrant la relation du PDCA avec les 7 étapes et 7 outils.

Tableau 6.5. Relations entre le PDCA, les 7 étapes et les 7 outils

7 étapes	*7 outils*	*PDCA*
1. Choisir le thème 2. Recueillir et analyser les données 3. Analyser les causes	Feuille de vérification, graphe, diagramme de Pareto, histogramme, diagramme de dispersion, diagramme cause-effet	Préparer *(Plan)*
4. Préparer et appliquer la solution		Faire *(Do)*
5. Évaluer les effets	Feuille de vérification, graphe, diagramme de Pareto, histogramme, diagramme de dispersion, diagramme cause-effet	Vérifier *(Check)*
6. Normaliser la solution 7. Réfléchir au processus (et au problème suivant)		Agir *(Act)*

7
L'amélioration anticipatrice

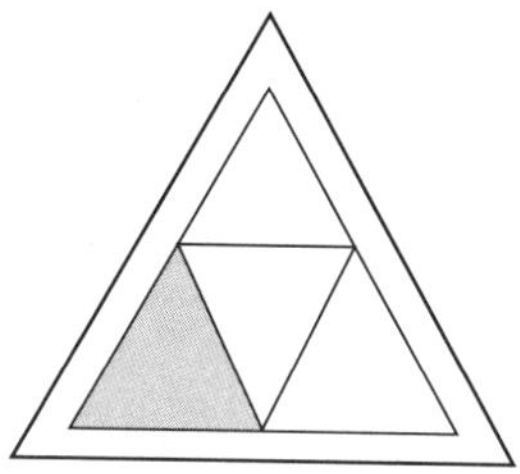

INTRODUCTION À L'AMÉLIORATION ANTICIPATRICE

L'amélioration anticipatrice s'applique aux situations où des entreprises, après avoir choisi une orientation, se trouvent confrontées à plusieurs orientations possibles, sans savoir laquelle choisir. On l'utilise pour découvrir les critères amont sur lesquels baser l'amélioration.

La méthodologie de l'approche anticipatrice n'est pas aussi bien établie que celles des 7 étapes et des 7 outils de l'amélioration corrective, ou de la normalisation et des méthodes statistiques de la maîtrise de processus. Il n'existe pas de processus normalisé (comme celui des 7 étapes) pour l'amélioration anticipatrice. Le processus prévisionnel le plus totalement développé à ce jour est celui du Déploiement de la Fonction Qualité (QFD = *Quality Function Deployment*)[1].

Il n'est guère probable que les dirigeants utilisent eux-mêmes le QFD pour concevoir les produits. Néanmoins, ils ont besoin de se familiariser avec le QFD pour la conception des produits, de manière à comprendre et diagnostiquer les processus utilisés par l'équipe de conception. Ils utiliseront beaucoup l'amélioration anticipatrice et les outils de planification, tant pour la planification stratégique que pour celle de l'activité, tels qu'on les utilise dans le QFD pour le développement des produits.

---

1. Voir, par exemple, Yoji Akao, *Quality Function Deployment*, Cambridge, MA, Productivity Press, 1990 ; J. R. Hauser, D. Clausing, « The House of Quality », *Harvard Business Review* 66, n° 3, mai-juin 1988 ; et Bob King, *Better Designs in Half the Time*, Methuen, MA, Goal/QPC, 1989.

Le *Market-in* et le modèle en WV

Réexaminons le modèle *market-in*. Quand le travail est effectué conformément à une norme ou à un manuel, l'orientation est du type *product-out*.

Le concept *product-out*

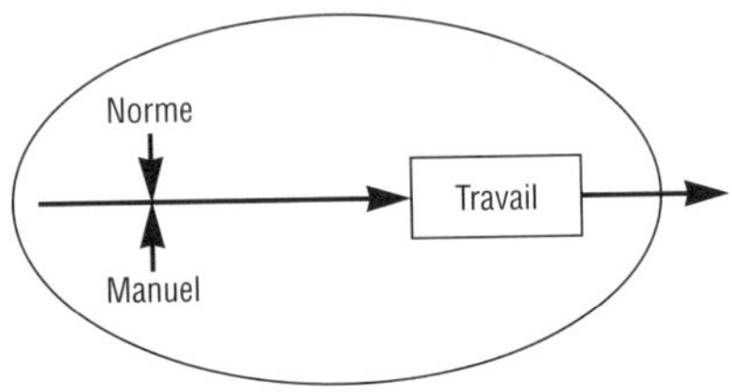

L'objectif réel du travail est, toutefois, de satisfaire les clients, qu'ils soient externes ou internes.

Le concept *market-in*

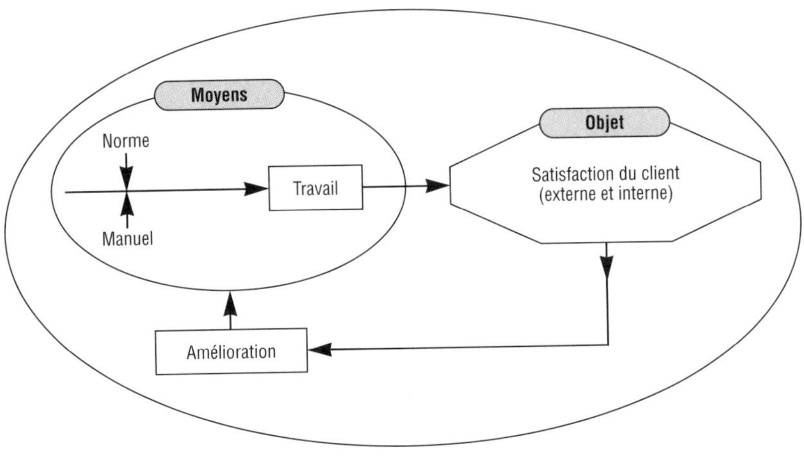

On garde à l'esprit le modèle *market-in* tout en poursuivant l'amélioration anticipatrice, de façon à orienter les énergies vers la satisfaction des exigences explicites et latentes des clients.

Si le modèle *market-in* oblige à bien faire les choses, le modèle en WV l'impose également. La large exploration des points essentiels et l'alternance entre la pensée et la pratique définissent les points clés, à un niveau de détail toujours plus fin.

Le modèle en WV présente la résolution du problème sous forme d'un processus passant du niveau de la réflexion à celui de l'expérimentation (voir figure 7.1). On perçoit un problème, on l'examine de

Figure 7.1. Le modèle en WV

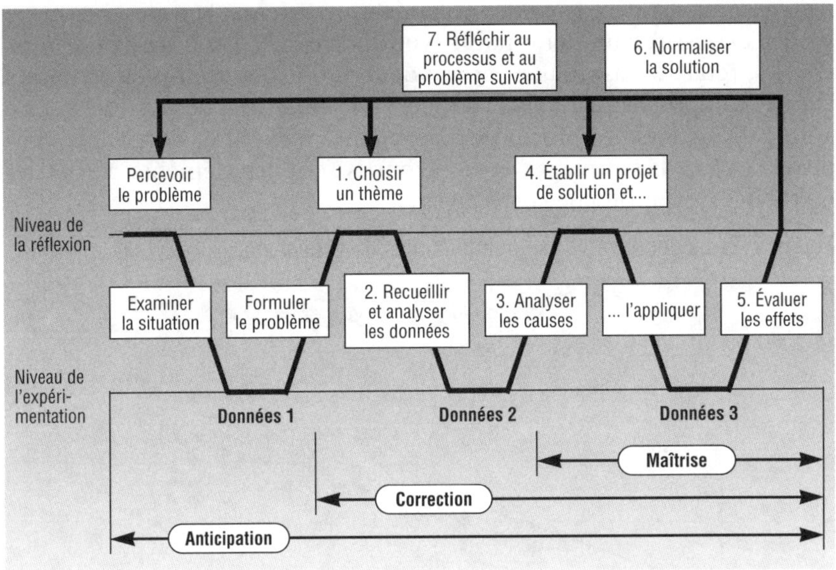

façon globale, on en formule l'énoncé, on définit un thème d'amélioration à apporter, on recueille des données et on analyse la situation, on recherche les causes premières, on prépare et on applique une solution, on en évalue les effets, on normalise le processus pour y appliquer la nouvelle solution si elle est bonne, et l'on passe au problème suivant.

Parfois, un défaut survient durant la maîtrise du processus (le V du modèle en WV). Il faut l'éliminer, en suivant les indications du manuel, pour ramener le processus dans les limites de spécification. Des procédures de fonctionnement normalisées sont utilisées pour ce faire. Elles sont décrites au chapitre 4.

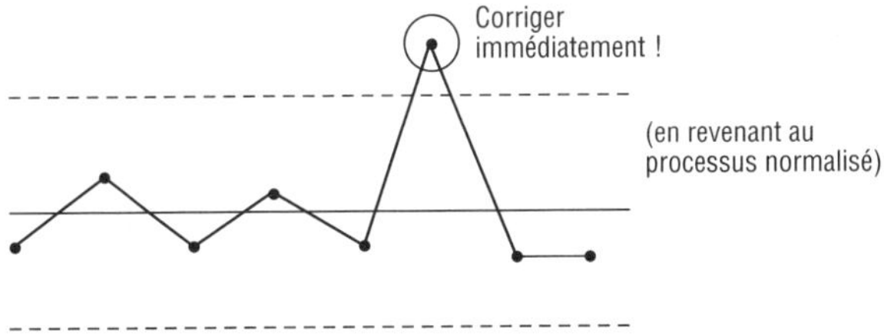

Les principales méthodes de maîtrise de processus sont la normalisation, la maîtrise statistique de processus, et le contrôle.

En se déplaçant vers la gauche sur le modèle en WV, si le processus ne permet pas de satisfaire le client, il faut améliorer les règles et le manuel, en faisant appel à l'amélioration corrective. Dans l'amélioration corrective, on considère le projet et le résultat obtenu ; la différence entre les deux constitue un point faible (voir figure 7.2). Les 5 maux (défauts, erreurs, retards, gaspillages, et accidents) sont des exemples de points faibles. L'approche corrective consiste à éliminer les points faibles grâce à un processus de résolution de problèmes structuré, décrit aux chapitres 5 et 6. Les 7 étapes et les 7 outils sont les éléments clés et les méthodes de l'approche corrective.

Figure 7.2. La découverte des points faibles du processus

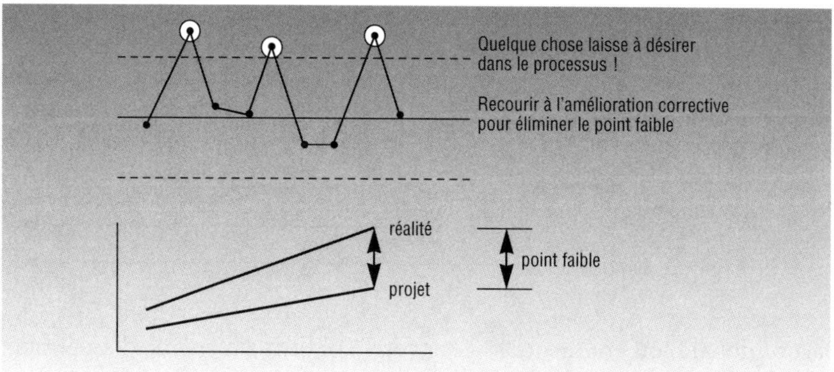

Toutefois, suivant quels critères va-t-on améliorer ? Comment identifier ce que les clients perçoivent comme des points faibles ? Un important objectif des méthodes anticipatrices consiste à identifier les désirs du client et les changements que l'entreprise doit opérer pour les satisfaire.

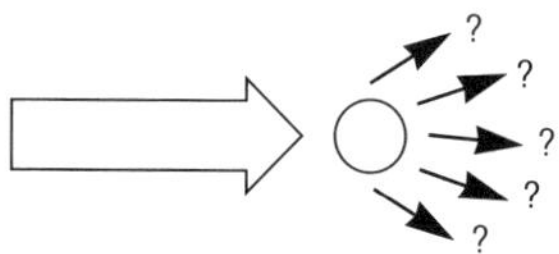

Le recueil des données pour l'amélioration anticipatrice

Bien que le contexte du concept *market-in* et le diagramme en WV décrivent aussi bien l'amélioration anticipatrice que l'amélioration corrective, les détails diffèrent substantiellement des pratiques décrites au chapitre 5. Les méthodes anticipatrices sont aussi plus nouvelles et probablement moins familières à la plupart des gens que les méthodes correctives. Aussi, commencerons-nous par une introduction un peu théorique, afin d'orienter le lecteur, à la fois vers le langage et les méthodes de l'amélioration anticipatrice et la relation entre améliorations corrective et anticipatrice. Des études de cas suivront l'introduction, à la fin de ce chapitre et tout au long du suivant.

La résolution anticipatrice d'un problème débute dans la partie gauche du modèle en WV.

Comme nous l'avons expliqué au chapitre 4, le modèle en WV se réfère à trois sortes de données (voir figure 7.3) :

- Les données 1 sont des données qualitatives utilisées pour concevoir un produit ou choisir de nouvelles activités. Les données 1 sont généralement exprimées par des mots ou des images.
- Les données 3 sont des données quantitatives utilisées pour les processus de maîtrise. Pour maîtriser quelque chose, les données 3 doivent avoir la forme de nombres et de chiffres.
- Les données 2 sont utilisées pour l'amélioration corrective. Elles s'intercalent entre les données 1 et les données 3 ; elles utilisent à la fois des nombres et des mots. On vise à s'orienter vers des données ne consistant qu'en nombres, mais parfois ce n'est pas possible – quand, par exemple, on utilise un diagramme d'Ishikawa (cause-effet).

Figure 7.3. Le modèle en WV et les 3 sortes de données

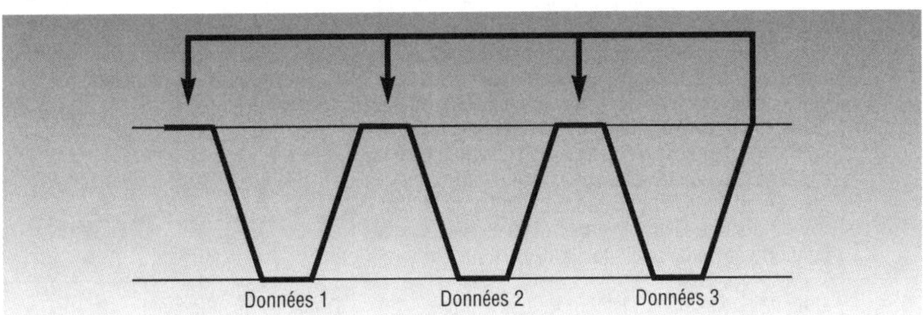

Au premier stade du recueil des données, on fait appel à l'intuition qualitative. Au fur et à mesure qu'on se déplace le long du modèle en WV, on recherche de plus en plus de données quantitatives, pour se concentrer entièrement sur des données quantitatives en fin de stade. Beaucoup de théories et un grand nombre d'expériences et d'outils existent pour recueillir les données numériques du type 3. Une approche différente est nécessaire pour collecter les données qualitatives du type 1[1]. Jiro Kawakita, l'inventeur de la méthode KJ, a élaboré cinq principes pour le recueil des données du type 1[2]. Elles sont résumées dans la

1. Les chercheurs américains B. G. Glazer et A. L. Strauss ont souligné le besoin de méthodes pour découvrir de nouvelles théories en plus des méthodes orthodoxes servant à leur confirmation, dans *The Discovery of Grounded Theory : Strategies for Qualitative Research*, New York, Aldine de Gruyter.
2. J. Kawakita, *A Scientific Exploration of Intellect (« Chi » no Tangengaku)*, Tokyo Kodansha, 1977, 49-70.

colonne de gauche du tableau 7.1 et décrites ci-après. La colonne de droite du tableau oppose à ces cinq principes les approches plus structurées de l'étude de marché traditionnelle.

Tableau 7.1. Comparaison des principes de Kawakita et de la méthode traditionnelle d'étude de marché

	Principes du recueil de données 1	*Méthode traditionnelle d'étude de marché*
1	*Vue à 360 degrés :* pas d'hypothèse ; faire le tour de la réalité ; vouloir trouver quelque chose de nouveau ; écarter toute idée préconçue.	Point de mire : avoir une hypothèse ; observer la réalité en testant l'hypothèse.
2	*Pierres-de-gué :* garder un planning flexible ; être à même de passer d'une personne ou d'un lieu à l'autre, au gré des occasions.	Planning rigide : horaires programmés pour des groupes cibles de clients.
3	*Par hasard :* utiliser les occasions (mais on peut les susciter) ; si l'on est sensible à un problème, on peut voir ce qu'on ne pouvait voir avant ; augmenter et amplifier la sensibilité ; se concentrer sur le problème.	Projet de recherche structuré prédéterminé qui doit être suivi.
4	*Capacité intuitive :* le raisonnement peut donner à penser que certaines données sont sans importance, mais si l'intuition conclut autrement, c'est qu'elles sont importantes ; l'intuition humaine a une forte capacité à découvrir quelque chose de nouveau : par exemple, une chose que le client fait peut n'avoir aucune raison logique, mais en réalité, elle peut être la clé de quelque chose de nouveau.	Des processus objectifs, par exemple, des relevés statistiques.
5	*Données qualitatives :* les nombres n'ont pas tellement d'importance, ce qui est important, ce sont les cas, l'expérience personnelle ; par exemple, les différents types de défauts sont plus importants que leur nombre.	Données quantitatives.

1. La vision à 360 degrés

Shoji Shiba rappelle : « J'ai un ami journaliste pour lequel il y a deux sortes de journalistes. Les premiers font plusieurs fois le tour du problème en l'observant de différents points de vue. Les autres ont une opinion bien arrêtée sur la question et écrivent en fonction de leur point de vue. Cette seconde approche convient aux données de type 3, mais pas à celles de type 1. »

Pour créer un nouveau produit, on ne peut se fier à ses propres idées au point de devenir aveugle aux besoins des clients. On ne peut simplement se contenter de vérifier une hypothèse. Si l'on part d'une hypothèse prédéterminée, cela empêche de saisir le point de vue des clients.

Comme la première sorte de journalistes, on doit observer la situation à 360 degrés.

2. *L'approche en « pierres-de-gué »*

Lorsqu'on traverse un cours d'eau en s'aidant de pierres-de-gué, on saute sur une première pierre, puis l'on décide de celle sur laquelle on va sauter (voir figure 7.4).

Figure 7.4. Les pierres de gué

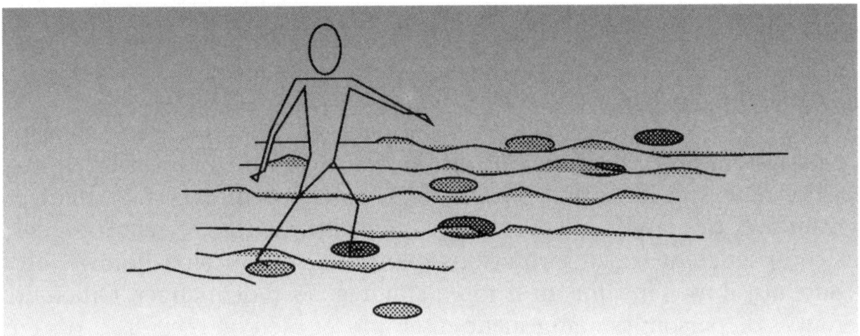

La visite d'un client exige souvent la même approche. Une personne que l'on rencontre peut dire : « Je ne sais pas comment répondre à votre question. Pourquoi ne pas vous adresser à M. A ? ». Quand on recueille des données de type 1, on ne peut suivre un plan d'action ou un planning rigides.

Il faut rester flexible pour saisir des opportunités non prévues – quand vous n'avez pas d'hypothèse prédéterminée, vous n'avez aucun moyen de savoir à l'avance quelles sont toutes les personnes à voir et les choses à faire.

Il ne faut donc pas faire de planning rigide, mais aller de point en point, d'une personne à une autre, pour obtenir des données au fur et à mesure que les gens sont disponibles. Il faut être suffisamment flexible pour aller recueillir des données n'importe quand et n'importe où.

3. *« La chance »*

Quand le professeur Shiba était conseil d'une entreprise de semi-conducteurs, on lui demanda quelles entreprises visiter. Il mit plusieurs jours à essayer de comprendre la question. Durant cette période, il fut invité à dîner par Eric von Hipple, professeur au MIT, qui l'entretint de sa conception de l'« utilisateur pilote ». Le professeur von Hippel étudie l'aptitude de l'utilisateur à l'innovation, pour des catégories allant de l'innovateur actif à l'adepte tardif. Cette conversation permit au professeur Shiba de conseiller l'entreprise de semi-conducteurs sur les personnes à visiter. Ce n'était pas totalement le fait du hasard. En concentrant son attention et sa sensibilité, le professeur Shiba avait compris qu'il y avait une opportunité à saisir en répondant à l'invitation.

Si l'on concentre son intérêt, on trouve l'information dont on a besoin. C'est le principe de la chance. La sensibilité à un problème, le résultat de la concentration sur les questions environnantes, permettent d'observer et de capitaliser des opportunités vagues mais précieuses. Louis Pasteur disait : « Dans le champ de l'observation, la chance ne favorise que les esprits préparés »[1]. Il existe aussi un vieux proverbe disant : « Je crois à la chance – plus dur je travaille, plus j'en ai ».

4. Se fier à son intuition

Le professeur Shiba raconte l'histoire suivante : « J'ai eu l'occasion de travailler dans une dizaine de pays (de 1 mois à 6 mois), travaillant et vivant avec des ouvriers. Les données que j'ai recueillies étaient logiques, et comprenaient des informations comme la production horaire, etc. Toutefois, il me vint une intuition quant à la façon de manger. Différents groupes de personnes mangeaient ensemble, et bien que ceci n'ait pas été prévu au départ, je recueillis cette donnée. Celle-ci s'avéra très utile. En Inde, la hiérarchie décide expressément des personnes qui prennent ensemble leur repas. Au Japon, elles sont mélangées. »

L'expérience apporte une foule de connaissances, dont une grande partie inconsciemment ; quand l'alarme de l'intuition retentit, il faut lui prêter attention. Poincaré disait : « On démontre par le raisonnement, mais l'on découvre par l'intuition ». Avant même que le raisonnement ait démontré quelque chose, l'intuition peut en avoir compris une part. On ne doit donc pas seulement recueillir les données que le raisonnement déclare « nécessaires » au problème. Il est aussi important de recueillir les informations signalées par l'intuition.

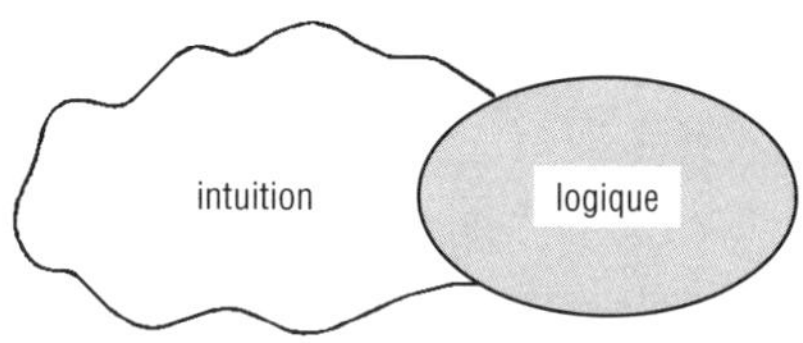

1. Conférence inaugurale comme professeur et doyen de la faculté des sciences, université de Lille, Douai, France, le 7 décembre 1854, dans l'ouvrage de Houston Peterson, *A Treasury of the World' Great Speeches*, New York, Simon & Schuster, 1954, 473.

5. Le recueil des données qualitatives

Recueillez des données qualitatives, non des données quantitatives, recensez des cas réels et des expériences personnelles. Le client peut tenter de généraliser, mais il vous faut l'interroger sur son expérience personnelle spécifique et sur son passé. Les données 1 définissent les *dimensions* d'un problème. Ultérieurement, les données 2 se mesureront *le long de* ces dimensions. Pour les données de type 1, la diversité ou le spectre des données sont beaucoup plus importants que la quantité de données concernant un point particulier. Le nombre de points relevés pour chaque donnée n'est pas important non plus.

La concentration sur les « quelques points essentiels »

Comme on l'a vu dans ce chapitre, l'amélioration anticipatrice débute par un large examen de la situation – par exemple, par des conversations avec une série de clients différents, des questions ouvertes, et d'autres moyens permettant d'examiner la situation sous tous ses angles. Puis, on utilise les outils de l'amélioration anticipatrice pour structurer et orienter les données vers des projets précis. Enfin, on vérifie que les points essentiels ont été saisis. Tout au long des phases de l'amélioration anticipatrice, il faut travailler de façon répétée pour détecter ce qui est essentiel et se concentrer là-dessus.

Se concentrer sur les quelques points essentiels est un principe clé du TQM. Cette concentration sur les points essentiels n'est jamais aussi nécessaire que dans la résolution prévisionnelle d'un problème, imposant de choisir entre des directions presque illimitées. Il n'est pas suffisant de se concentrer seulement sur *quelques ;* les deux mots *quelques* et *essentiels* sont les deux éléments clés de la phrase. L'amélioration anticipatrice fournit des outils pour l'identification des *essentiels* et la sélection des *quelques*.

VERS DES ÉTAPES NORMALISÉES POUR L'AMÉLIORATION ANTICIPATRICE

Pour l'amélioration corrective, nous avons décrit au chapitre 5 un processus normalisé (les 7 étapes). Pour l'amélioration anticipatrice, il n'existe pas à ce jour de consensus sur un modèle correspondant. La version normalisée du modèle en WV montre le processus prévisionnel menant à l'amélioration corrective (voir figure 7.5).

Dans cette version du modèle en WV, les méthodes anticipatrices sont utilisées pour explorer à fond la zone à problème et se concentrer

Figure 7.5. Amélioration anticipatrice et amélioration corrective

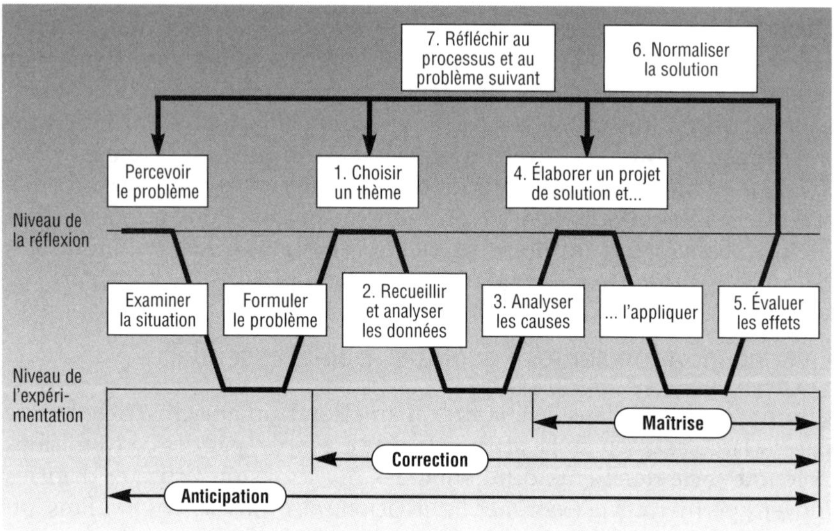

sur un problème particulier (« formuler un problème ») auquel les 7 étapes sont appliquées. Le modèle en WV peut être redessiné sous une forme étendue comme sur la figure 7.6, pour montrer clairement le rôle des activités anticipatrice, corrective et de maîtrise de processus.

La séquence allant de l'amélioration anticipatrice à l'amélioration corrective décrite au chapitre 5 est représentée sur le modèle en WV étendu. Elle débute en A par une investigation anticipatrice du problème. Une fois le problème formulé, ce qui s'achève en E, les 7 étapes sont exécutées à partir de B. (Le *benchmarking* a souvent de telles étapes : découvrir de façon anticipatrice un point faible et le corriger de manière corrective.) Quand une nouvelle norme est disponible, en C, le cycle SDCA peut être exécuté à partir de D. À partir de là, les cycles SDCA et des 7 étapes sont imbriqués, comme on le voit dans les deux espaces du haut du modèle en WV étendu.

Toutefois, dans une planification typique ou une situation où l'on développe un produit, le premier stade de l'amélioration anticipatrice allant de A à E ne conduit pas habituellement aux 7 étapes et à l'amélioration corrective. Un produit ou un système doivent être développés avant d'être améliorés. Dans ce cas, le flux va de A à E puis à F, en suivant le restant de la ligne du haut dans le modèle étendu.

Plusieurs processus d'amélioration corrective ont des étapes normalisées. Le chapitre 8 explique les étapes en définissant de façon opérationnelle la voix du client dans les termes du diagramme en WV. Le déploiement de la fonction qualité, qui est la réponse fréquente à la

Figure 7.6. Le modèle en WV étendu

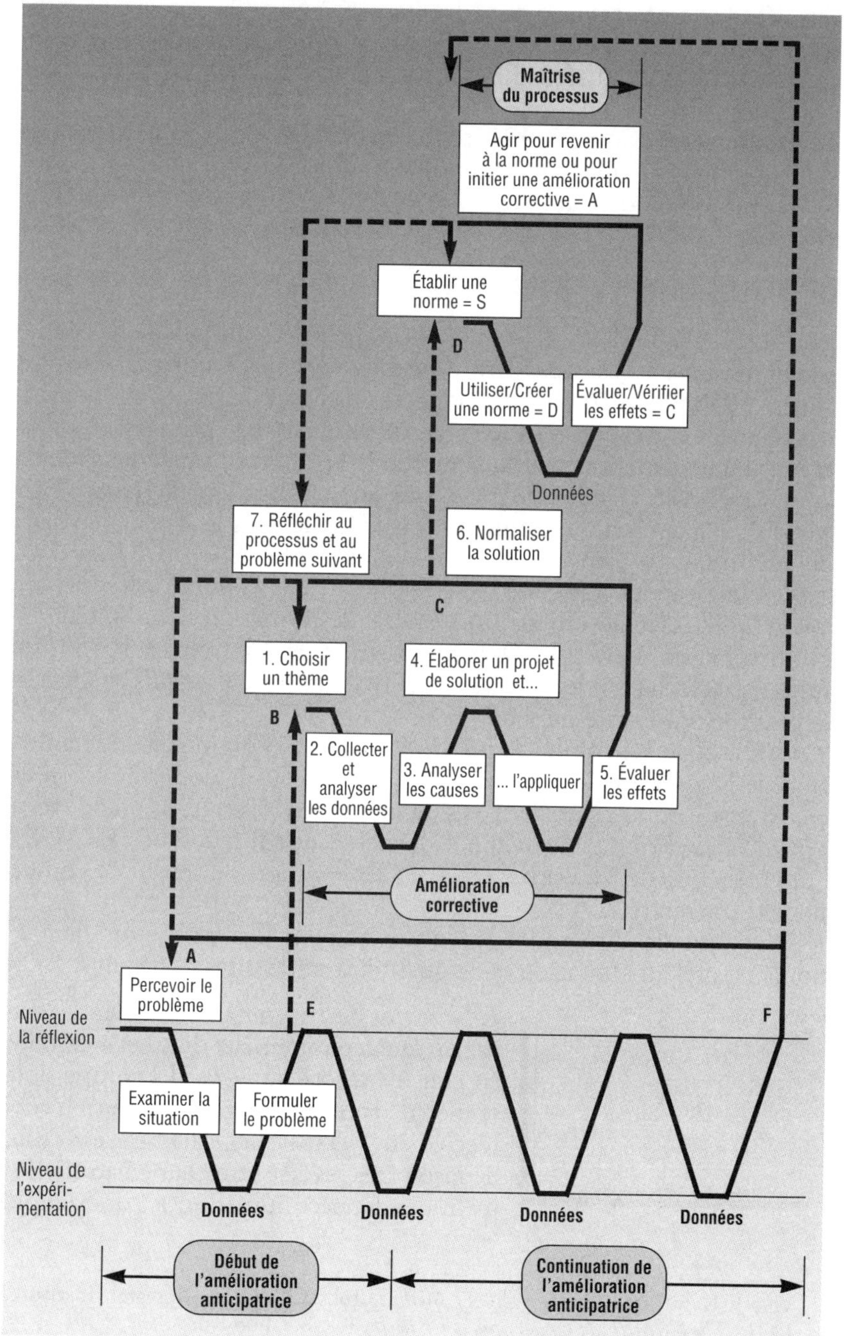

voix du client, a également normalisé les étapes. Les pratiques orientées vers l'étude du processus, comme les étapes 6 à 60 de Motorola ou le processus d'amélioration de la qualité de Xerox, sont de même des méthodes anticipatrices normalisées. (Elles incorporent aussi, de plus en plus, des pratiques correctives.)

Bien que le TQM ne comporte pas encore d'étapes normalisées pour l'amélioration anticipatrice, des outils très utiles n'en existent pas moins. Certains, utilisés dans les exemples de ce livre, sont décrits ci-après.

Aperçu de la méthode KJ

L'origine de la méthode KJ remonte aux premiers travaux de recherche sur le terrain effectués par Jiro Kawakita avec des étudiants, dans les années 1950. Les méthodes développées alors pour le recueil et l'analyse des données ont évolué vers le mode de résolution de problèmes connu aujourd'hui sous ses initiales, la méthode KJ. Cette première forme de la méthode a été décrite en 1964 dans une publication, *Partyship* (*Pati gaku*). Elle a obtenu une notoriété considérable dans le monde japonais des affaires aussi bien que dans le secteur public. En 1967, Kawakita exposa les grandes lignes de cette méthode dans la publication *Abduction* (*Hassoho*), et développa un système de formation détaillé dans la publication de *Abduction : Deuxième partie* (*Zoku Hassoho*) en 1970. Des milliers d'étudiants de tous les secteurs de la société japonaise ont été depuis formés à cette méthode[1].

La méthode KJ comporte quatre éléments : 1) un modèle de résolution de problèmes (le modèle en W) ; 2) des outils de formulation et d'analyse de données qualitatives (la méthode KJ, etc.) ; 3) un nouveau type de conception et de méthode de recherche sur le terrain (MPM, les cinq principes de Kawakita, etc.) ; 4) des concepts de travail en équipe pour la créativité.

Les étapes de la méthode KJ, adaptées pour leur utilisation dans le domaine de l'amélioration de la qualité, sont décrites ci-dessous.

1. Se mettre d'accord sur un sujet. On débute par un examen minutieux du sujet à prendre en considération, sur lequel l'équipe doit se mettre d'accord. Pour l'amélioration corrective en 7 étapes, le « thème » est ciblé de façon très précise et réclame habituellement des données numériques, par exemple

1. Voir J. Kawakita, *The Original KJ Method*, Tokyo Kawakita Research Institute, 1991 ; *The KJ Method : Chaos Speaks for Itself*, Tokyo, Chuo Koron-sha, 1991.

« réduire de 30 % en quatre mois le pourcentage d'articles livrés après la date promise ». Le thème servant à formuler un problème faisant appel à la méthode KJ est passablement large et recourt à des données exprimées de façon subjective (et non numérique), par exemple, « qu'est-ce que notre client n'apprécie pas dans notre service ?». Dans de nombreux autres types de débats ou d'argumentations, une réunion entière peut être tenue sans un accord précis sur le sujet considéré.

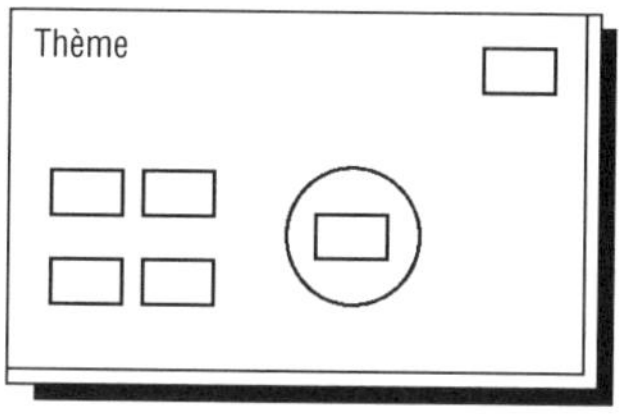

2. Rédiger et comprendre les données. Puis, les membres de l'équipe mettent par écrit les faits dont ils ont connaissance concernant le thème (il peut aussi s'agir d'idées). Chaque fait est mentionné sur une étiquette différente. Mettre les faits par écrit les rend explicites et propres à être examinés par tous les membres de l'équipe. Puis, successivement, chaque fait (ou idée) est précisé (par écrit) sur son étiquette, à l'aide des règles de la sémantique (brièvement débattues) jusqu'à ce que tous les membres de l'équipe comprennent la signification de chaque fait ou idée exprimé.

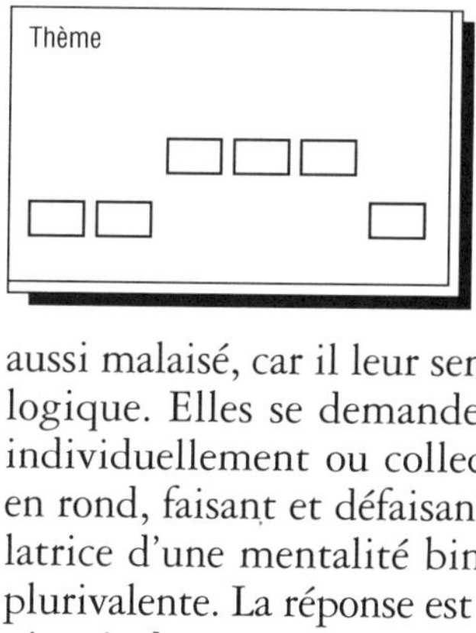

3. Grouper les données similaires. L'équipe s'applique ensuite à regrouper les faits dont elle sent intuitivement qu'ils sont similaires. Il est difficile de consigner parfaitement des faits, bien que les personnes n'ayant pas encore l'habitude de l'outil n'en aient pas conscience. Le regroupement des faits est aussi malaisé, car il leur semble plus facile de les grouper d'une manière logique. Elles se demandent si : « le regroupement doit être effectué individuellement ou collectivement, et ce qu'il advient si l'on tourne en rond, faisant et défaisant les mêmes groupes ». La question est révélatrice d'une mentalité binaire ayant besoin d'évoluer vers une pensée plurivalente. La réponse est que, dans le groupe d'étiquettes, chacune est séparée des autres par des intervalles différents. Le langage est logique. Les utilisateurs expérimentés s'efforcent de créer une image dans leur tête. L'intuition est une image. Ils passent d'un groupement à un autre et déplaçent physiquement les étiquettes en avant et en arrière.

Il est étonnant que le besoin soit faible d'un échange verbal, qui de toute façon serait plus logique qu'intuitif. Shoji Shiba dit : « Une déclaration verbale comme *"je n'aime pas que cette étiquette fasse partie de ce groupe"* va à l'encontre du but recherché. On ne doit pas penser avec sa tête, mais avec ses mains, écouter les faits : la "voix du client". Il n'existe pas de méthode pour écouter les faits. Seules la pratique et l'expérience élèvent la compétence. »

Il n'y a pas de bonne réponse, il n'y a que de meilleures façons. Il suffit de penser à la façon dont la télévision montre les choses – le travail serait expliqué par des vues montrant une personne balayant le parquet, une autre se tenant près de la ligne d'assemblage, la troisième assise à son bureau.

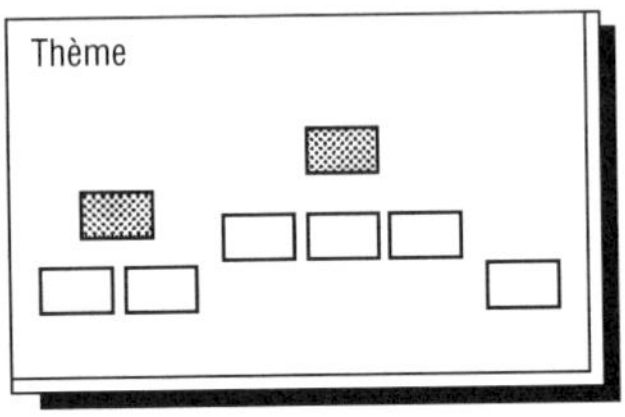

4. *Intituler les groupes.* On attribue ensuite à chaque groupe de faits similaires un titre exprimant une même signification ou une même image du groupe de faits, mais au niveau immédiatement supérieur d'abstraction. Pour affiner les titres, on utilise encore les principes de la sémantique. On poursuit le regroupement et le titrage jusqu'à ce qu'il ne reste plus que cinq groupes.

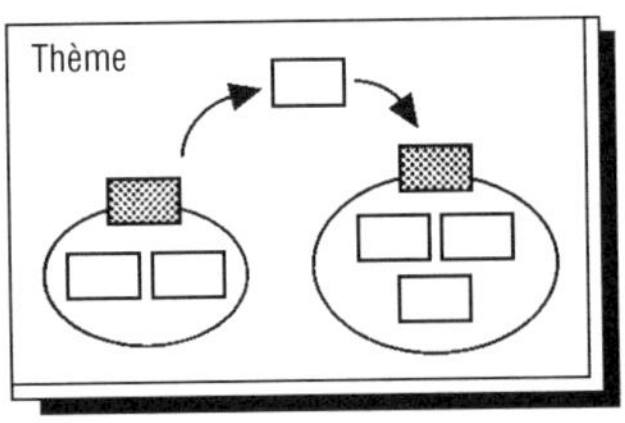

5. *Disposer les groupes et montrer la relation entre les groupes.* On dispose alors les groupes sur la page en les hiérarchisant, afin de montrer clairement la structure interne des groupes et la relation existant entre eux.

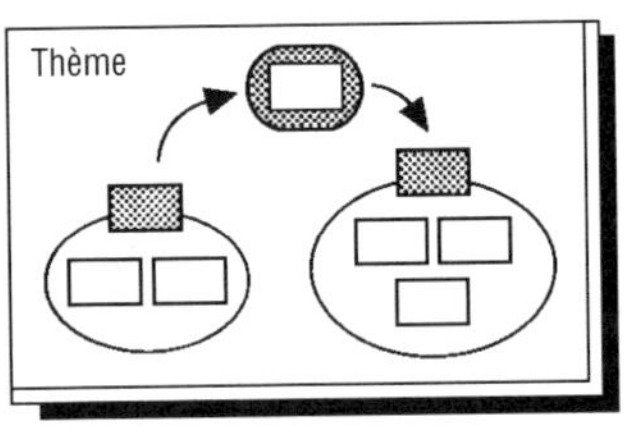

6. *Se prononcer par un vote sur les plus importantes questions de bas niveau et tirer les conclusions.* Une fois que l'équipe est parvenue à une même compréhension des faits individuels, de leur regroupement et de leur hiérarchie, ainsi que de la relation entre les groupes, elle se prononce par un vote sur les faits de bas niveau les plus importants (on doit penser à l'action en termes concrets, non abstraits). Une conclusion est alors tirée de ces faits. L'équipe décide enfin des prochaines étapes à franchir, en fonction des résultats du KJ.

Parallèle à l'analyse des données numériques

Le tableau 7.2 dresse un parallèle entre l'analyse de données numériques (effectuée à l'aide d'outils statistiques) et l'analyse de données verbales (effectuée à l'aide de la méthode KJ).

S'agissant de données numériques, on doit d'abord les « nettoyer » en éliminant celles dont la forme est incorrecte. Puis on stratifie les données en groupes logiques et on calcule la moyenne et l'écart-type des données de chaque groupe. Enfin, on utilise diverses méthodes analytiques, comme la régression et les plans d'expérience.

Tableau 7.2. Parallèle entre l'analyse de données numériques et l'analyse de données verbales

Étapes	*Données numériques*	*Données verbales*
Convertir l'information en données	Recueillir les nombres originaux Éliminer les erreurs de données	Recueillir les faits originaux Donner à l'information une qualité uniforme
Découvrir le message commun sous-jacent	Stratifier les données 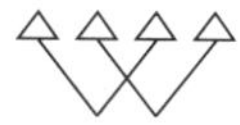 Moyenne et écart-type	Former des groupes de données  Donner des titres aux groupes
Identifier la structure	Utiliser des méthodes analytiques, par exemple la régression	Faire un diagramme
Évaluer l'importance Préparer des actions appropriées		Se prononcer par un vote sur quelques problèmes, puis utiliser des méthodes analytiques, par exemple le diagramme en arbre KJ, le diagramme en flèche, etc.

Avec des données verbales, on dispose des mêmes possibilités. On convertit d'abord en données les informations écrites sur les étiquettes, en passant par la phase de « l'affinage d'étiquette », permettant de s'assurer que chacune est rédigée de façon à être comprise de tout le monde. Puis, on recherche le message commun sous-jacent des données en regroupant intuitivement les étiquettes. Dans un regroupement, on doit pour créer quelque chose de nouveau, faire appel à l'intuition – rappelons-nous la phrase de Poincaré : « C'est par le raisonnement qu'on démontre, et par l'intuition qu'on découvre ». Puis, on attribue des titres aux groupes du niveau d'abstraction supérieur. Ceci correspond au calcul de la moyenne ou de l'écart-type des données numériques. Il s'agit d'un processus de récapitulation des données originales. Le tracé du diagramme est analogue aux méthodes analytiques en statistiques, comme la régression, la corrélation et ainsi de suite.

Les 7 outils de management et de planification

Les 7 outils de management et de planification développés par le comité de recherche de la JUSE (présidé par Yoshinobu Nayatani)[1] sont parmi

1. S. Mizuno, ed. *Management for Quality Improvement : The Seven New QC Tools*, Cambridge, MA, Productivity Press, 1988 ; voir aussi le Comité de Recherche sur les 7 outils de Management et de Planification, *Introduction to Seven Management and Planning Tools (Yasahi-shin QC7 Dougu)*, Tokyo, JUSE, 1984 ; et M. Brassard, *The Memory Jogger Plus + : Featuring the Seven Management and Planning Tools*, Methuen, MA ; GOAL/QPC, 1989.

les méthodes anticipatrices du TQM les plus populaires. Ils fournissent les moyens de comprendre des situations complexes et d'élaborer les plans appropriés. Six de ces outils exigent de comprendre les concepts de la sémantique (brièvement examinés) et du recueil de données de type 1 (voir figure 7.7). Le tableau 7.3 montre comment les 7 outils de l'amélioration anticipatrice, ou les outils de management et de planification, cadrent souvent avec le PDCA, les 7 étapes de la maîtrise de la qualité et les 7 outils.

Tableau 7.3. Les 7 outils de management et de planification en relation avec le PDCA, les 7 étapes et les 7 outils

(A) *PDCA*	(B) *Les 7 étapes de la maîtrise de la qualité*	(C) *Les 7 outils de la maîtrise de la qualité*	(D) *Les 7 outils de management et de planification*
Préparer *Plan*	1. Choix du thème 2. Recueil et analyse des données 3. Analyse des causes	Feuille de recueil de données, graphe, diagramme de Pareto, diagramme de flux de processus, histogramme, diagramme de dispersion, diagramme cause-effet	Méthode KJ Diagrammes des relations Diagramme matriciel
Faire *Do*	4. Préparation et application de la solution		Diagramme en arbre Diagramme matriciel Diagramme en flèche Diagramme PDPC
Vérifier *Check*	5. Évaluation des effets	Feuille de recueil de données, graphe, diagramme de Pareto, histogramme, diagramme de dispersion, diagramme cause-effet, carte de contrôle	
Agir *Act*	6. Normalisation de la solution 7. Réflexion sur le processus (et sur le problème suivant)		Diagramme en flèche, diagramme PDPC Méthode KJ
(un cycle à répéter)	(des étapes à parcourir)	(des outils)	(des outils)

Le tableau 7.3 montre comment les 7 outils de l'amélioration anticipatrice, ou outils de management et de planification, cadrent souvent avec le PDCA, les 7 étapes de la maîtrise de la qualité et les 7 outils.

Comme le suggère très bien le tableau, il existe une continuité entre les méthodes anticipatrices et correctives. Même s'il est probablement déconseillé d'enseigner dès le départ les outils de management et de

Figure 7.7

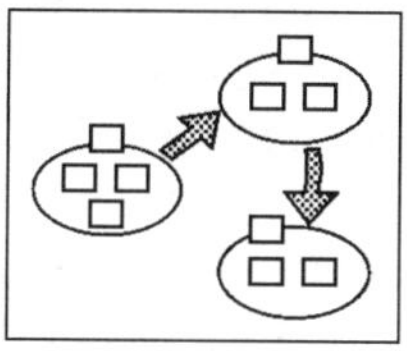

Diagramme d'affinité (méthode KJ). Un outil qui structure des données détaillées pour en tirer des conclusions plus générales. Utilisé pour fournir une structure initiale à l'exploration d'un problème. Structure souvent des réponses aux questions « quoi ? », par exemple, « que se passe-t-il dans une situation complexe ? ».

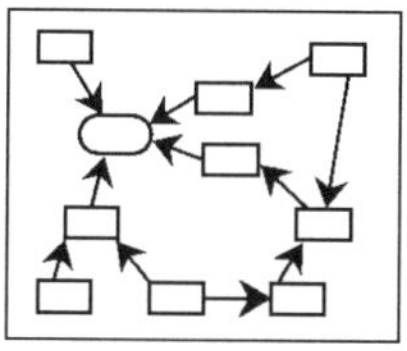

Diagramme des relations. Un réseau de relations de cause-effet. Souvent utilisé pour trouver des réponses aux questions « pourquoi ? », par exemple « pourquoi cela se passe-t-il ? ». On utilise un diagramme des relations quand la situation est trop complexe pour utiliser un diagramme d'Ishikawa.

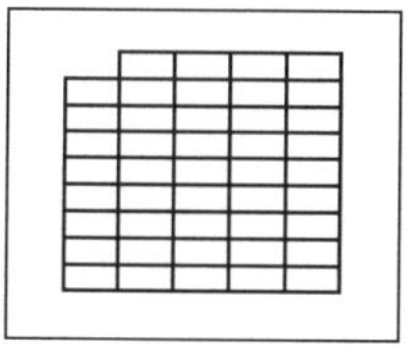

Diagramme matriciel. Pour relier des alternatives multiples aux multiples conséquences de chacune d'elles. Souvent utilisé pour répondre aux questions « pourquoi ? », par exemple « pourquoi les choses que nous avons à faire satisfont les exigences des clients ? ».

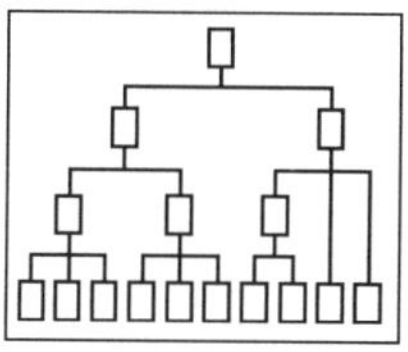

Diagramme en arbre. Outil souvent utilisé pour relier les moyens aux fins, lesquelles sont à leur tour les moyens de fins plus générales. Souvent utilisé pour structurer les réponses aux questions : « comment ? », par exemple « comment faisons-nous les choses que nous avons choisi de faire ? ».

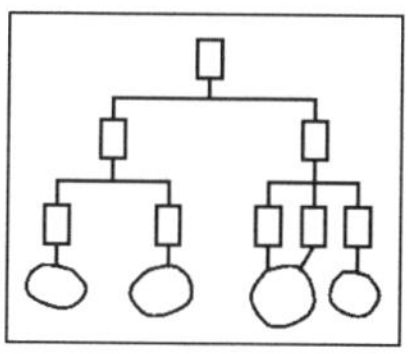

Diagramme PDPC (process decision programm chart = diagramme de programme de décision du processus). Diagramme du flux des possibilités alternatives et des mesures à prendre dans chaque cas. Souvent utilisé pour concevoir les réponses à de possibles contretemps. Réponses aux questions « que se passerait-il si... ? ».

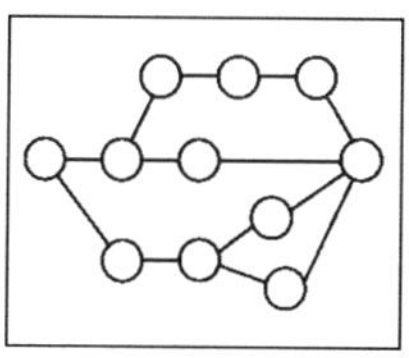

Diagramme en flèche. Graphe PERT simplifié, utilisé pour planifier des événements et identifier des goulets d'étranglement (« chemins critiques »). Répond aux questions « quand ? », par exemple, « quand devons-nous faire les choses que nous avons choisi de faire ? ».

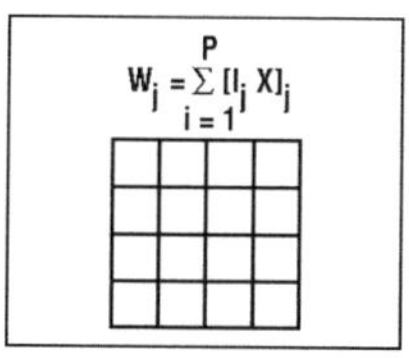

Analyse matricielle de données. Analyse mathématique de données numériques disposées sous forme de matrices, par exemple « où dans les données trouvons-nous différents modèles ? ». Il existe plusieurs méthodes, souvent appelées analyses à variables multiples, comprenant les nuages de points, les régressions multiples, et l'analyse du principe constituant.

planification dans le cadre d'une formation « de masse » à l'amélioration corrective, ils sont utiles dans le cadre de l'amélioration corrective. Des diagrammes matriciels pour le choix du thème, la sélection de la solution, et la préparation de l'action peuvent être le quatrième outil le plus utile, après les diagrammes de Pareto et de cause-effet, et les graphes. Le choix d'un thème à 7 étapes passe par des entretiens non structurés avec les clients, la méthode KJ pour créer les questions et une enquête pour identifier ce qui préoccupe le plus les clients. Les solutions exigeant une coordination entre plusieurs groupes (s'il s'agit, par exemple, de refaire un processus administratif) sont des applications naturelles de l'utilisation des diagrammes en flèches et PDPC.

Les exemples précédents suggèrent que certaines activités d'amélioration corrective (correction existante, défauts non ambigus) peuvent dans certaines étapes dégager un parfum « anticipateur » (utilisation de données verbales disponibles pour orienter vers des activités encore inexplorées). Mécaniquement, ceci est démontré par l'exemple de certaines étapes parmi les 7 (les étapes 2, 3 et 5), faisant normalement appel aux 7 outils, tandis que les autres (étapes 1, 4, 6 et 7) ne disposent pas des outils de la maîtrise de la qualité et recourent à certains outils de management et de planification.

La méthode MPM

L'information sous forme de données verbales émane souvent de plusieurs sources : réponses du client aux enquêtes, notes transcrites d'une visite TQM ou d'inspection chez le client, ou résultats synthétisés provenant de multiples digrammes KJ. Tout ceci peut se traduire par des douzaines ou des centaines de formulations. La méthode *« multiprise »* (MPM = *multipickup*) est une méthodologie pour démêler ces formulations et les réduire à un nombre gérable[1]. Elle a été créée par Jiro Kawakita, en même temps que la méthode KJ de base. Comme la méthode KJ, la méthode MPM utilise des faits ou des idées.

Il existe deux principes pour réduire le nombre des données : mettre l'accent sur les points forts, et éliminer les points faibles. MPM se conforme au premier de ces principes : concentration sur l'importance ou la force des données en relation avec le thème. L'idée de la méthode MPM présente une certaine similitude avec la théorie Y de McGregor.

Le tableau 7.4 souligne le processus de MPM. La première phase, *la préparation*, inclut une mise en train, une discussion du thème, et la sélection des animateurs.

1. Kawakita, *A Scientific Exploration of Intellect*, 153-162.

Tableau 7.4. Le processus de la méthode MPM

Stade	*Étapes*
Préparation	Échauffement Discussion du thème
Choix sans contraintes	Choix des étiquettes Dénombrement des étiquettes choisies
Choix focalisé	Choix des étiquettes à tour de rôle

Lors de la deuxième phase, celle du *choix sans contrainte*, les membres de l'équipe marquent les formulations qu'ils jugent susceptibles d'être retenues. À chaque tour, ils marquent l'ensemble des possibilités qu'ils jugent importantes. À la fin de chaque tour, les formulations non sélectionnées sont retirées de l'examen. La collecte sans contrainte s'effectue sur plusieurs tours, en réduisant progressivement le nombre de choix. En répétant à chaque tour la liste des formulations et en les marquant, les membres de l'équipent finissent par se mettre d'accord sur les questions les plus importantes, sans perdre de temps en discussions.

La troisième phase, *celle du choix focalisé*, représente la concentration finale. Près de 20 à 30 % des formulations choisies dans la première phase seront éliminées de la sélection finale. On donne à chaque membre de l'équipe un nombre limité de choix pour désigner les formulations qui resteront en lice. À ce moment-là, chaque membre a examiné plusieurs fois les formulations restantes, de telle sorte qu'il est prêt à se concentrer sur la plus importante.

La méthode MPM n'est pas seulement un vote. À tour de rôle, chaque membre fait une déclaration. S'il y a six membres, chacun opère un choix à son tour de telle sorte qu'il y a six formulations choisies. Ceci peut être répété et douze formulations seront sélectionnées.

Après l'exercice, les étiquettes sont utilisées aux fins préalablement définies quelles qu'elles soient. Par exemple, un diagramme KJ peut résumer les résultats en vue d'une présentation à un groupe de cadres, ou bien un diagramme en arbre peut structurer les résultats si les étiquettes ont été sélectionnées comme, par exemple, des exigences du client.

LA SÉMANTIQUE

Le TQM pour les dirigeants met l'accent sur la fixation d'objectif et les méthodes anticipatrices, lesquelles utilisent à leur tour des données verbales. Par exemple, la plupart des données utilisées dans l'entreprise, y compris celles liées à l'amélioration anticipatrice, sont des données « images » (« j'aime la sensation de vitesse ») ou au mieux des données qualitatives (« je voudrais une voiture rapide et peu coûteuse »). Utilisateurs et clients spécifient rarement en termes quantitatifs ce que les entreprises doivent faire pour satisfaire leurs besoins (on entend rarement dire, par exemple, « je voudrais un moteur de 3 litres de cylindrée et un couple de 30 m.kgf »).

De même que les méthodes statistiques font émerger les faits sous-jacents aux données numériques pour l'amélioration corrective et la maîtrise de processus, de même les méthodes sémantiques sont à la base de la découverte des faits sous-jacents aux données verbales[1]. La sémantique est l'étude scientifique des relations entre le langage et la réalité. Elle fournit une série d'outils qui aident à clarifier les données verbales. Les concepts de la sémantique sont utilisés de plusieurs façons ; ils clarifient même les données numériques.

La sémantique rapproche les deux fonctions du langage

La sémantique distingue entre deux sortes de langage : le langage affectif et le langage rationnel. Le langage affectif est utilisé pour véhiculer l'information émotionnelle (« nous venons de commencer à nous battre ! »). Le langage rationnel est utilisé pour véhiculer une information qui peut être validée (« nous avons expédié cinq ordinateurs aujourd'hui avant midi »). Ces deux fonctions du langage sont importantes.

Dans l'entreprise, le langage affectif est important pour véhiculer l'enthousiasme et encourager le personnel (« le leadership par la qualité ») ; pour s'entendre entre collègues (« votre idée est très bonne, mais j'ai une autre suggestion ») ; pour vendre (« oh ! qu'est-ce que vous faites pour moi ! »), et pour rendre heureux (« je serais heureux de vous consacrer plus de temps ! »). Toutefois, pour comprendre ce qui se passe dans une entreprise complexe ou une situation opérationnelle donnée, on a besoin d'informations logiques, non émotionnelles. C'est le langage rationnel.

Si l'on veut éviter le phénomène « qualité d'entrée égale qualité de sortie », il faut comprendre qu'une grande partie de l'information disponible se situe au départ dans le langage affectif (« j'ai horreur de travailler sur cette machine »). De façon similaire, le langage affectif est souvent utilisé pour exprimer des exigences latentes (« j'ai horreur d'oublier mes clés de voiture »). On doit convertir le langage affectif en langage rationnel pour comprendre la situation au point de pouvoir l'améliorer (« le levier de commande est à droite et je suis gaucher »). Le tableau 7.5 compare plusieurs exemples de langages affectif et rationnel.

1. Voir S. I. Hayakawa, A. R. Hayakawa, *Language in Thought and Action*, 5e éd., New York, Harcourt Brace & Company, 1990.

Tableau 7.5. Comparaison du langage affectif et du langage rationnel

Langage affectif et question principale à traduire	*Langage rationnel*
Les comptables ne s'intéressent pas aux aspects importants de notre activité. (Qu'est-ce qui fait que l'on pense ainsi ?)	Les comptables ne nous ont pas communiqué les règles comptables auxquelles l'État exige que nous nous conformions.
Les vendeurs mentent aux clients pour obtenir des commandes. (Quelle preuve en avons-nous ?)	Un vendeur a promis une livraison sans confirmer si le produit pouvait être livré à temps.
Les ingénieurs vivent dans une tour d'ivoire. (Qu'est-ce qui fait que l'on pense ainsi ?)	Le concepteur du produit a omis quatre fois des caractéristiques exigées par les clients.

La traduction figurant dans la colonne de droite du tableau 7.5 peut encore être améliorée (comme nous le verrons brièvement), mais la première grande étape a été franchie : traduire le langage affectif chargé d'émotion dans le langage rationnel plus objectif. Effectuer une traduction fidèle exige la collaboration de la personne qui a fait la déclaration. Une traduction mécanique ne suffira pas ; un processus d'apprentissage mutuel a lieu quand une personne traduit les paroles d'une autre. Spécialement quand le langage affectif doit être abandonné, l'affinement des données verbales ressemble au jeu consistant à « découvrir le fait caché ». Une mine d'expériences apparaît, même dans le domaine restreint de la déclaration d'une personne. Le processus d'apprentissage mutuel implique de découvrir la façon d'exprimer des éléments de cette expérience d'une façon simple et purement informative.

Par exemple, avant de concevoir un produit destiné à satisfaire un client, on doit obtenir de la personne la description verbale de l'image qu'elle se fait du produit. Cette expression verbale est probablement en langage émotionnel ou affectif (« j'aime les voitures rouges et rapides »). Puis, ce langage verbal doit être converti en paramètres mesurables, utilisables dans la conception et la construction d'un produit tangible. Ceci veut dire que les données verbales du client doivent être converties en spécifications détaillées des composants désirés par le client. Ces spécifications sont écrites en langage rationnel.

De même, si l'opérateur d'une machine observe que « cette machine est difficile à faire fonctionner », ou si un cadre déclare « je ne me sens pas à l'aise devant la partie d'analyse de la concurrence du document traitant de la stratégie de cette année », il faut recourir aux concepts de la sémantique pour convertir ce langage émotionnel en langage rationnel. C'est seulement alors qu'on peut améliorer la conception de la machine ou le processus opératoire. Il faut utiliser les concepts de la sémantique pour convertir les données affectives en données représentant précisément la réalité, et décrire la réalité dans le langage rationnel.

Les concepts de la sémantique peuvent aussi jeter un pont entre le langage rationnel et les images claires du langage affectif. Si le langage rationnel dit « pour rattraper notre concurrent, nous devons réduire les défauts de 68 % par an entre 1988 et 1992 », on peut le dire au personnel dans un langage affectif « les Six Sigma d'ici 1993»[1]. Si le projet détaillé d'une nouvelle voiture est exprimé en langage rationnel, il peut être converti en langage affectif ou en image utilisable pour la commercialisation (une voiture zébrée de rouge étincelant, la capote abaissée, traversant la plaine sous un ciel clair avec un couple magnifique installé à l'avant, cheveux blonds dans le vent).

Les clés d'une expression claire

Opinion contre fait

Des rapports diffèrent entre eux suivant la façon dont ils sont vérifiables. Certaines déclarations sont exprimées en termes de « qui, quoi, quand, où et comment »[2]. Elles peuvent être en principe (ou auraient pu être) corroborées par un observateur ; ce sont des rapports vérifiables. Certaines déclarations représentent des assertions portant sur des faits non directement observés, mais déduits de faits semblables observés ; ce sont des *déductions*. Enfin, certaines déclarations représentent une opinion, une approbation ou une désapprobation, vaguement basées sur un fait observé ; ce sont des *jugements*.

L'affinement des données verbales remplace les jugements par des déductions et les déductions par des descriptions. Il se traduit par l'élimination du jugement (approbation/désapprobation) et l'évolution vers le fait (« ce n'est pas un bon opérateur » peut signifier en réalité « il n'a pas fait fonctionner cette machine conformément au manuel »). Les jugements recourent souvent à des mots appréciatifs comme *médiocre, seulement, bon, mauvais, ou acceptable*, impliquant une comparaison avec les normes implicites de celui qui s'exprime. Des jugements plus subtils sont véhiculés par des mots comparatifs, tels *trop peu* ou *beaucoup trop*.

1. « Six Sigma d'ici 1993 », fut un slogan de Motorola, traduisant son intention de réduire les défauts dans toutes les fonctions de l'entreprise.
2. Nous excluons de cette liste le « pourquoi », de façon à mettre en lumière le cas fréquent dans lequel la relation de cause à effet, est matière à spéculation ou à déduction. Bien entendu, la relation de cause à effet est parfois directement observable, et peut par conséquent être décrite elle-même dans les termes du « qui, quoi, quand, où et comment ».

Le seul test à toute épreuve pour la déduction consiste à demander si ce qui est dit a été littéralement observé. Si tel n'a pas été le cas, il peut s'agir d'une déduction. Des déclarations exprimant un état d'esprit (« il était mélancolique ») ou une possibilité (« il n'a pas été capable de comprendre le projet ») sont souvent des déductions. Une déclaration concernant l'avenir ne peut consister en une observation vérifiable ; c'est donc probablement une déduction (« la voiture ne démarrera pas quand nous essayerons encore de la faire démarrer demain »). Des déclarations concernant des conditions hypothétiques (« si j'avais dit oui, il aurait piqué une crise ») sont souvent des déductions.

Dans un cadre approprié, jugements et déductions sont utiles, mais au départ, le plus important, ce sont les faits. La déduction doit être convertie en faits. « Il ne sait pas faire fonctionner correctement cette machine » peut vouloir dire en réalité « il a tourné la vanne vers la gauche alors que les instructions lui disaient de la tourner vers la droite ».

De même que la relativisation du langage affectif, celle du jugement et de la déduction exige la participation de la personne qui a fait la déclaration d'origine. Remarquons qu'un seul jugement ou une seule déduction peuvent traduire plusieurs faits rapportés. Mais il est important de se concentrer sur les quelques faits essentiels, importants ou symboliques.

L'échelle d'abstraction

La compréhension est en grande partie un processus consistant à évoluer de faits de bas niveau d'abstraction vers des concepts de niveau d'abstraction plus élevé ; des concepts bien compris peuvent être expliqués en termes de niveau d'abstraction de plus en plus bas. Si l'on s'exprime à de hauts niveaux d'abstraction sans avoir raisonné à partir de niveaux moins élevés, il est alors improbable que ce que l'on dit soit réellement fondé, ou compris par les autres.

Un concept sémantique appelé « échelle d'abstraction » peut nous aider à trouver le niveau d'abstraction approprié. L'échelle d'abstraction joue un rôle capital pour clarifier la pensée. Hayakawa et Hayakawa présentent un exemple de l'échelle d'abstraction à propos d'une vache (on part du bas)[1] :

Santé : Très abstrait, passe pratiquement sous silence les caractéristiques de Bessie.

1. Adapté de Hayakawa & Hayakawa, *Language in Thought and Action*, 85.

Actif :	Les caractéristiques de Bessie sont encore plus laissées de côté.
Actifs de la ferme :	Ce que Bessie a en commun avec les autres éléments vendables de la ferme.
Bétail :	Les caractéristiques que Bessie a en commun avec d'autres animaux de la ferme.
Vache :	Les caractéristiques qui représentent ce que nous reconnaissons par « vache ».
Bessie :	Le nom que nous avons donné à cet objet particulier.
La vache que nous percevons :	Ce que nos sens retiennent quand nous voyons une vache.
La vache vue par la science :	Atomes, électrons, etc. = le processus physique qui constitue une vache.

Il faut travailler au niveau d'abstraction approprié. Il n'est pas utile de s'exprimer à un niveau d'abstraction trop bas, et dire, par exemple, « je suis assis sur un arrangement géométrique de lattes, faites d'un certain composé chimique », lorsqu'on veut dire « je suis assis sur une chaise ». Il n'est pas utile non plus de s'exprimer à un niveau d'abstraction trop élevé ; dire par exemple « je suis assis sur un bien du ménage » est ambigu et manque de clarté.

La maîtrise du niveau d'abstraction exige les aptitudes les plus difficiles à acquérir pour utiliser efficacement les 7 outils de management et de l'élaboration de projets. Sans un processus de clarification explicite, une déclaration comme « nous avons délégué des pouvoirs à nos employés » crée souvent l'illusion que les dirigeants ont en partage une commune interprétation. Mais un cadre peut dire « 90 % des suggestions émanant de mon personnel sont appliquées », tandis qu'un autre peut dire « j'ai déclaré officiellement à mon personnel que j'attends des suggestions de sa part, et cela devrait suffire ». En termes d'implication pour l'action, ces deux interprétations sont très différentes. En l'absence de faits à un niveau d'abstraction suffisamment bas, on ne peut comprendre grand-chose sur des sujets importants, qu'il s'agisse des besoins des clients ou de ce que fait la concurrence.

Dans l'enregistrement du fait initial, il faut partir bas dans l'échelle d'abstraction ; ce n'est que dans des étapes ultérieures, lorsque les faits du niveau le plus bas sont compris, que l'on doit échafauder des déclarations plus abstraites. Ainsi, la clarification initiale, ou « nettoyage », est le processus qui pousse habituellement les faits vers le bas de l'échelle d'abstraction. On en voit un exemple sur la figure 7.8. Les KJ au chapitre 8 donnent de nombreux autres exemples de déclarations à différents niveaux d'abstraction.

Figure 7.8. L'échelle d'abstraction

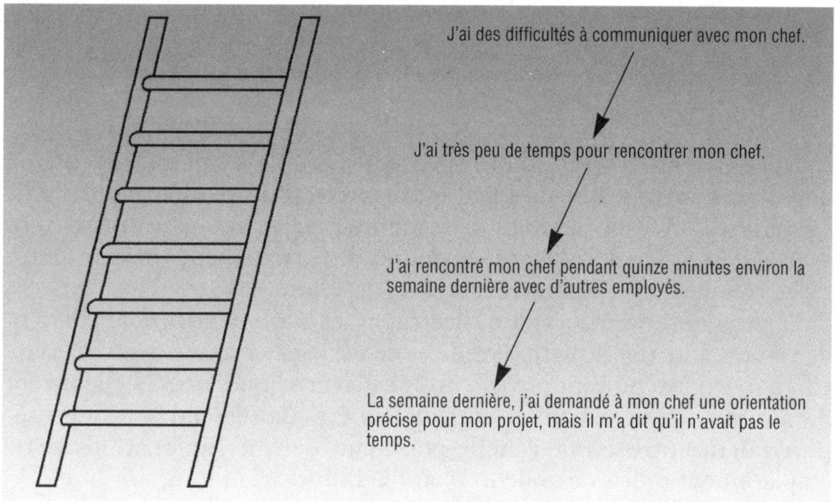

Les 5 Q et le C. La pratique du TQM inclut le concept des 5 Q et du C : Qui, Quoi, en Quel lieu, Quand, pourQuoi, et Comment (en anglais, les 5 *W* et le *H* = *Who, what, where, when, why* et *How*)[1]. On utilise quatre de ces Q (Qui, Quoi, en Quel lieu, Quand) et le Comment, pour extraire un détail, dépasser l'émotion, disséquer déduction et jugement, pour atteindre les faits sous-jacents et guider les déclarations vers le bas de l'échelle d'abstraction[2]. Les exemples suivants sont tirés d'Imai[3] :
Qui : qui le fait, qui devrait le faire, qui d'autre peut le faire ?
Quoi : que faire, qu'est-ce qui est fait, qu'est-ce qui peut être fait ?
En Quel lieu (où) : où le faire, où est-il fait, où devrait-il être fait ?
Quand : quand le faire, quand est-il fait, à quel autre moment peut-il être fait ?

En posant cinq fois la question *Pourquoi*, on peut souvent obtenir les faits réels d'un problème.

Pensée plurivalente ou pensée bivalente

Les gens ont une forte tendance à utiliser le mode de pensée bivalent (0 ou 1) (« il fait chaud aujourd'hui », « le port de Boston est pollué »).

1. Bien qu'ils soient présentés ici, les cinq Q et le C ne font pas strictement partie de la sémantique ; ils sont utilisés tout au long du TQM pour l'obtention des faits et l'exploration des possibilités.
2. Le *Pourquoi* est utilisé principalement pour l'analyse cause-effet, qui peut ou non déplacer les déclarations vers le bas de l'échelle d'abstraction.
3. Masaaki Imai, *Kaizen*, traduction de René Piétri. Éd. Eyrolles, 3e édition, 1992.

L'échelle bivalente est très grossière, et la frontière entre les deux valeurs n'est pas évidente, comme le montre la figure suivante :

échelle chaud/froid

chaud	froid

La pensée ou l'expression bivalente utilisée de façon imprudente ou perverse, pourrait être un outil d'exagération ou de démagogie. Elle simplifie la situation au point de la rendre irréelle, et on l'utilise souvent avec le dessein de dominer les autres ou de les tromper (« notre produit est le meilleur et n'a pas besoin d'être amélioré »).

La pensée et le discours plurivalents sont les outils de ceux qui s'efforcent de comprendre une situation réelle et de déclencher une action corrective efficace (« notre produit possède trois caractéristiques que les clients ont dit aimer, deux ne pas aimer, et deux leur être indifférentes »). La pensée plurivalente utilise une échelle possédant de fines graduations et un emplacement précis des valeurs, comme l'illustre la figure suivante :

degrés Fahrenheit

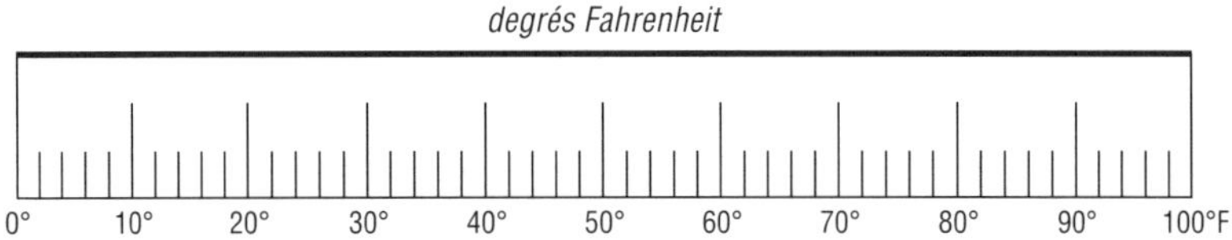

La conversion de déclarations bivalentes en déclarations plurivalentes est spécialement utile, car les premières contiennent souvent en germe des faits observables. Examinons par exemple le tableau 7.6.

Tableau 7.6. Conversion de déclarations bivalentes en déclarations plurivalentes

Déclarations bivalentes	*Déclarations plurivalentes, affinées*
Il fait chaud aujourd'hui.	À midi, il faisait 25,5°.
La qualité n'est pas acceptable.	3 % des unités ont été renvoyées l'an dernier sous garantie.
Nous ne suivons pas notre procédure de développement normalisé.	75 % des projets atteignant l'étape 3 n'ont pas obtenu le visa de fin d'étape 2 du vice-président du service R & D, comme l'exige notre procédure.

UN EXEMPLE D'AMÉLIORATION ANTICIPATRICE : LA VISITE AU CLIENT

L'une des applications les plus utiles de l'amélioration anticipatrice et de l'écoute de la voix du client a été décrite par George Fisher, directeur général de Motorola. Il nous a livré cinq principes de la « visite au client »[1], forme d'entretien ouvert.

Les cinq principes de la visite au client de George Fisher

1. *Commencer par le directeur général.* C'est le directeur général qui inaugure le programme de visite chez le client. C'est une manifestation visible de considération envers lui. C'est aussi un excellent signal pour le personnel.

2. *Ne pas vendre.* On n'effectue pas cette visite pour vendre, mais pour rencontrer le client et l'écouter.

3. *Poser des questions clés.* Qu'est-ce que le client apprécie dans ses rapports avec l'entreprise ? Qu'est-ce qu'il n'apprécie pas ?

4. *Rencontrer le client le plus dur.* Au Japon, Motorola rencontre un client spécialement exigeant. S'il peut le rendre heureux, c'est qu'il peut satisfaire n'importe quel client.

5. *Rencontrer les clients que l'on veut comprendre.* Si l'on veut voir l'utilisation du produit qu'on vend, on doit rencontrer l'utilisateur final. Si l'on veut comprendre les canaux de distribution, on doit rendre visite à un négociant. Si l'on veut comprendre le processus d'achat, on doit s'entretenir avec ceux qui participent à la décision d'achat.

Étude de cas d'un programme de visite au client chez BBN

Fin septembre 1990, BBN décida d'entreprendre un programme de visites chez les clients[2]. Un certain nombre de dirigeants de BBN assistèrent à la présentation de George Fisher consacrée aux visites aux clients par un cadre de Motorola. Ses idées sur ce sujet étaient irrésistibles. BBN commençait alors à réfléchir aux travaux préparatoires à l'application du TQM, et les visites aux clients semblaient constituer une partie importante de ce programme, de même qu'un excellent moyen de se faire une idée sur ce qui s'ensuivrait. BBN a toujours été à un degré très élevé, une entreprise de pointe au plan technique ou de *product-out*. Le programme de visites aux clients est l'une des nombreuses dispositions importantes à prendre pour faire pencher la balance vers le *market-in*.

1. Extrait d'une présentation de George Fisher au CQM, Bedford, MA, 10 juillet 1990.
2. Cette étude de cas a été préparée par Steven Levy et Michael La Vigna, respectivement présidents de Bolt Beranek et de Newman Inc. Cambridge, Massachusetts.

Préparer ***(plan)***

Les neuf principaux dirigeants de BBN, conduits par le président Steven Levy et guidés par Shoji Shiba, passèrent près des trois-quarts d'une journée à élaborer le projet de visite chez les clients, en utilisant une variété de techniques et d'outils. Au cours de la séance préparatoire, ils commencèrent par utiliser les méthodes KJ pour comprendre l'objet de ces visites. Ils conclurent que le programme de visites aux clients avait trois objectifs :

- Obtenir une meilleure compréhension des clients et établir avec eux des relations à long terme.
- Démontrer l'importance du client au personnel de BBN.
- Découvrir comment BBN se comparait à ses concurrents.

La question suivante fut de déterminer ce que serait l'aboutissement du programme de visite chez les clients. Après de nombreuses discussions, les cadres conclurent qu'il fallait organiser une « journée du client » : plusieurs clients et 175 cadres de BBN y seraient invités et les points clés du programme de visite aux clients leur seraient présentés. Le jour choisi fut le 27 novembre 1990. Rétrospectivement, les neuf dirigeants estimèrent que le choix de cette date, un peu moins de deux mois à l'avance, avait été l'un des points les plus importants de l'exécution du programme. En l'annonçant aux 175 autres cadres, les dirigeants s'engagèrent publiquement en faveur du programme de visite aux clients et simultanément, réduisirent l'étendue du programme à ce qui pouvait être fait en deux mois.

Poursuivant leur préparation, les dirigeants écrivirent ce qu'ils désiraient obtenir au minimum du programme, le résultat précis, l'identité des clients à visiter et les raisons du choix, et le nom du dirigeant qui visiterait chacun des clients. Les catégories de clients envisagés pour la visite étaient les suivantes :

- les clients perdus,
- les clients dont le siège ou le centre d'intérêt étaient situés à l'étranger,
- les clients constitués par l'administration,
- les clients déterminants pour l'avenir de BBN,
- les entreprises ciblées comme futurs clients,
- les clients insatisfaits,
- les clients pratiquant le TQM,
- les bons clients actuels,
- les clients achetant de multiples produits ou à plusieurs divisions de BBN,
- les distributeurs.

Conformément aux cinq principes de Fisher gouvernant la visite aux clients, l'objectif en choisissant neuf clients à visiter (un par dirigeant) était la diversité – avec une représentation aussi large que l'indiquent les catégories du tableau 7.7.

Tableau 7.7. Diversité de représentation des clients

Entreprise	*Clé/Cible*	*Perdu/ Insatisfait/ Bon*	*Secteurs publics/ privé*	*International*	*Multidivision*	*TQM*	*Distributeur*
A	Clé	Bon	Privé			Oui	
B	Clé	Bon	Public		Oui	Oui	
C	Clé		Public			Oui	
D	Clé	Bon	Privé	Oui			
E	Clé	Bon	Public		Oui	Non	
F	Clé	Perdu	Public		Oui	Oui	
G	Clé		Public				
H		Perdu	Privé	Oui			
I		Perdu	Privé	Oui			

Chaque dirigeant fut chargé de visiter l'une des entreprises sélectionnées, et une liste fut établie des unités de BBN possédant des informations sur le client (voir tableau 7.8).

Tableau 7.8. Affectation des visites et informations sur les antécédents

Entreprise	*Visites affectées à*	*Division Technique et des Systèmes*	*Division Communications*	*Division des produits logiciels*	*Informatique avancée*
A	Levy		X		X
B	Walden		X	X	
C	Glabe		X	X	
D	Rampe			X	
E	Ide	X	X		X
F	Rankin		X		
G	LaVigna		X		
H	Barker	X	X	X	X
I	Goldwasser	X	X	X	X

Pour se préparer aux visites, chacun des dirigeants, avec l'aide des personnes de BBN ayant normalement affaire au client à visiter, collecta l'ensemble des informations disponibles sur le client (rapports de visite, comptes rendus des difficultés non résolues, rapport annuel, etc. – toutes choses contenues dans le dossier du client). Une série de cinq questions et sous-questions fut établie. Les cinq questions principales furent conçues de façon ouverte afin de susciter des réponses variées. Les sous-questions furent préparées de façon à relancer facilement le dialogue dans le cas où les réponses aux questions principales ne fourniraient pas toute l'information désirée.

La liste des questions fut la suivante :

1. Quel serait pour BBN le moyen le plus efficace d'améliorer sa visibilité envers votre entreprise ?
   - Quelle est la caractéristique dominante de la culture de BBN ?
2. Quels seront vos besoins dans les trois à cinq années à venir, et que devons-nous faire pour être un fournisseur stratégique ?
   - Quelle est votre vision de l'entreprise ?
   - Quelle influence extérieure affectera votre avenir ?
   - À quel plus grand défi êtes-vous confronté aujourd'hui ?
   - Quel est le marché sur lequel vous comptez ?
   - Qui est votre principal concurrent ?
3. À qui devrions-nous nous comparer pour une opération de *benchmarking* de nos produits et quels critères devrions-nous utiliser ?
   - À qui achetez-vous/avez-vous acheté en dehors de nous, et pourquoi ?
   - Pourquoi avez-vous acheté chez nous à l'origine ?
   - Quelle est la principale raison pour laquelle vous décideriez d'acheter chez nous ?
   - Qui croyez-vous que soient nos concurrents pour votre activité ?
   - Qu'est-ce qui vous plaît dans les produits et services de nos concurrents ?
   - Qu'est-ce que nos concurrents disent de nous ?
4. En quoi les points faibles de nos produits et nos autres points faibles vous affectent-ils ?
   - Quels sont les points faibles de nos produits, de nos services, de notre administration ?
   - Comment utilisez-vous nos produits ?
   - La qualité de nos produits et de nos services est-elle la meilleure au monde ?
5. Quels problèmes pouvons-nous vous aider à résoudre ?
   - Que ne faisons-nous pas que vous aimeriez que nous fassions ?

Dans certains cas, les personnes connaissant le mieux le client construisirent un diagramme KJ des réponses attendues à la liste des questions. Ceci fut fait dans le but de préparer la visite du dirigeant auquel, le plus souvent, la situation du client n'était pas des plus familières[1].

Les dernières mesures préparatoires furent : le développement d'un diagramme en flèche (tel qu'un PERT) pour préparer la suite des opérations conduisant au 27 novembre, Journée du Client ; deux heures d'instructions de Shoji Shiba aux dirigeants sur la façon de prendre des notes et de comprendre la communication non verbale (décrite) ; et le choix des personnes qui accompagneraient les dirigeants lors de la visite, pour prendre des notes et assurer la suite des relations avec les clients.

Faire *(do)*

Sur les neuf dirigeants, sept purent programmer et effectuer leurs visites chez les clients dans le délai imparti. Dans tous les cas, ces derniers furent très réceptifs aux visiteurs de BBN. Les gens de BBN eurent l'impression d'avoir eu un aperçu des sentiments des clients sur BBN, qu'ils n'auraient probablement pas obtenu dans le cours normal de leur communication avec eux.

Dans chacun des cas, le dirigeant de BBN et les assistants chargés de prendre des notes effectuèrent leur visite au client sans limitation de durée (en accord avec le principe des « pierres-de-gué » pour la collecte des données de type 1). Les questions ouvertes furent posées et l'écoute active pratiquée. Tous les propos du client furent consignés par écrit le plus textuellement possible.

Vérifier *(check)*

De retour chez BBN après la visite, les notes furent transcrites sur des étiquettes KJ, une pensée par étiquette. Généralement, ceci se traduisit par 50 à 200 étiquettes. Puis un groupe de personnes connaissant bien le client (en général, l'équipe interfonctionnelle d'appui au client) recourut à la méthode *multipickup* (MPM) pour choisir les « voix des clients » les plus importantes parmi le grand nombre des voix collectées, et les organiser en un diagramme KJ. Ce procédé consistant à choisir les voix les plus importantes et à les structurer en diagrammes KJ, est représenté à gauche sur la figure 7.9.

1. Ceci est en accord avec le principe (dont nous parlerons dans la partie suivante) consistant à se pénétrer le plus complètement possible de la situation du client avant de lui rendre visite, à la fois en signe de considération pour l'interlocuteur et pour mieux comprendre ses propos. Ce faisant, il faut veiller à conserver une grande ouverture d'esprit (souvenons-nous de la règle des 360 degrés).

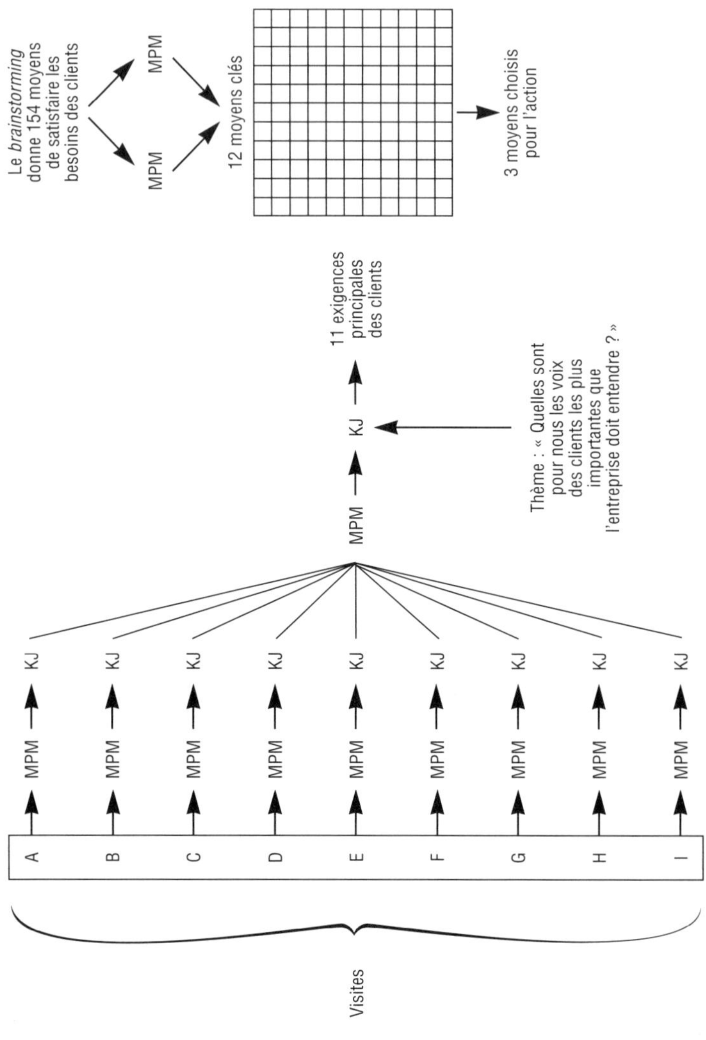

Figure 7.9. Utilisation du MPM et de la méthode KJ pour comprendre les exigences clés du client et les moyens clés de les satisfaire

Deux séries d'analyses parallèles furent menées à partir de là : traitement des questions particulières soulevées par certains clients dans la division concernée, et mise en évidence des questions communes à tous les clients, à toute l'entreprise. Bien que ceci ne soit pas représenté sur la figure, le traitement des questions particulières à un client dans une division donnée entraîna généralement une nouvelle application du MPM au diagramme KJ pour ce client. Cette disposition permit aux cadres de mettre à jour les problèmes clés, d'imaginer collectivement (*brainstorming*) des suggestions possibles, et d'effectuer une étude de faisabilité et d'impact pour choisir les solutions les plus performantes.

Les questions communes d'une part aux clients, d'autre part à toute l'entreprise, furent analysées au cours d'une réunion de deux journées des neuf dirigeants. Chacun des sept diagrammes KJ établi après les visites aux clients fut présenté à l'ensemble des cadres. Comme nous le voyons sur la figure la technique MPM fut alors utilisée pour sélectionner 24 faits clés recueillis auprès des clients, et ceux-ci furent organisés dans un autre diagramme KJ. Le thème du diagramme était : « quelles sont les voix des clients les plus importantes à écouter, partout dans l'entreprise ? ». Le processus de formulation et d'évaluation du KJ aboutit à 11 exigences clés des clients. La conclusion générale du diagramme KJ fut que BBN souffrait d'une compréhension incomplète des exigences de ses clients, et que les processus mis en œuvre pour satisfaire ces exigences nécessitaient de substantielles améliorations.

Grâce au procédé du *brainstorming*, les cadres proposèrent 154 moyens possibles pour satisfaire les 11 exigences clés, et réduisirent cette liste de 154 à 12 moyens clés, en utilisant deux fois la méthode MPM – une fois pour les moyens à impact élévé et une pour les moyens à faisabilité élevée. Puis ils construisirent une table de la qualité pour faire correspondre les 11 exigences clés aux 12 moyens clés.

Réagir *(Act)*

Une corrélation effectuée à l'aide de la table de la qualité permit de choisir trois actions à court terme qui auraient un effet significatif sur la satisfaction du client :

- L'institutionnalisation des visites chez les clients.
- L'application d'un processus commun de développement des produits avec des équipes centrales, un processus de revue des phases, et un comité de revue des produits.
- La création d'une fiche mensuelle de relevé des défauts à remettre aux clients.

Un compte rendu du programme de visites aux clients, de l'analyse et des décisions ci-dessus fut effectué aux 175 directeurs de BBN le 27 novembre 1990, dans le cadre de la Journée du Client. Le lendemain, la décision fut prise par le comité de direction de désigner des équipes dans toute l'entreprise pour préparer les modalités d'application des décisions ci-dessus. Celles-ci rendirent compte de leurs plans d'application le 1er mai 1991, jour choisi comme seconde Journée du Client.

Les sept points clés de la visite chez le client

Sept points clés de la visite au client émergèrent du programme de BBN.

1. Définir clairement l'objet de la visite

Le diagramme KJ construit durant la phase de préparation permit de définir clairement l'objet de la visite chez le client et les raisons de sa nécessité pour BBN. Trois dimensions de l'objet sont présentées sur la figure 7.10.

Figure 7.10. L'objet de la visite au client

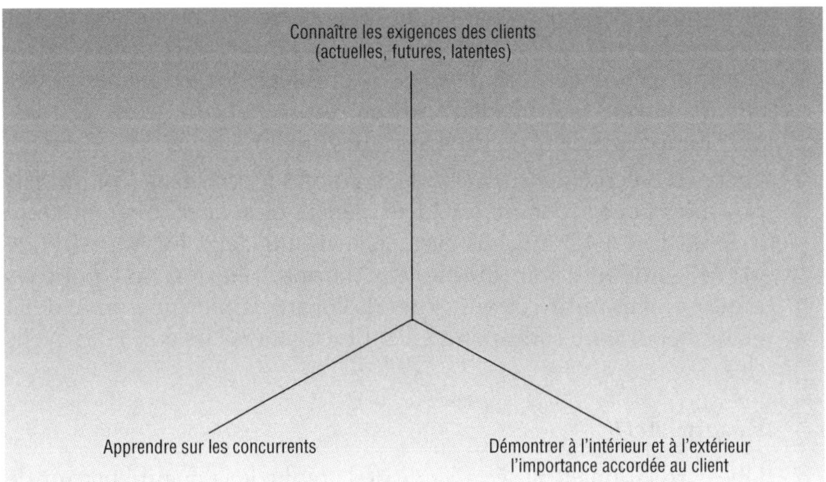

2. S'assigner un but concret

Il faut toujours se doter d'une date limite et d'un plan d'action allant du futur au présent, et non du présent au futur. Ceci limite le champ d'action et le nombre de clients à visiter, et fournit une stratégie de mobilisation.

3. Préparer les visites

Il est nécessaire de former les personnes qui rendront visite aux clients. Les cadres de BBN ont été instruits sur la façon de poser des questions et de prendre des notes. Un exercice utile consiste à visiter d'abord un client interne.

Il n'y a pas à se munir d'un questionnaire structuré ; les questionnaires sont utiles pour tester des hypothèses et contrôler la qualité des processus existants. Par exemple, la recherche marketing traditionnelle possède une échelle pour les réponses ; c'est une méthodologie structurée. On doit ici faire appel à des questions ouvertes, brièvement résumées à l'usage de l'enquêteur, mais qui ne sont pas destinées à être lues par le client.

Il n'est pas bon de demander des faits, des faits et encore des faits. Les gens veulent exprimer des généralités, non des faits particuliers. Souvent, les clients n'ont pas connaissance des faits. Ils n'ont que des opinions. Si on les presse de questions à la façon d'un inquisiteur, cela peut les irriter.

Les anthropologues et spécialistes en sciences sociales ont conçu d'utiles méthodes pour obtenir des informations. La technique utilisée consiste à développer l'aptitude à la « triangulation ». Celle-ci sert à mesurer la hauteur d'une montagne, en l'observant de divers points de vue. De la même façon, les questions doivent être posées de différentes manières et sous différents points de vue, afin de confirmer les faits. Par exemple, on doit rechercher les moyens de poser les questions quand, quoi, où (sans prendre le ton d'un inquisiteur).

Lorsqu'on désire poser ces questions, on doit conserver à l'esprit les 5 Q et le C (Qui, Quoi, Quand, en Quel lieu et Comment), sans les formuler directement. L'objectif est d'obtenir des données permettant de passer du langage affectif du client au langage rationnel, au niveau approprié de l'échelle d'abstraction, et de convertir la pensée bivalente en pensée plurivalente. Le principe de triangulation permet d'obtenir ces données et garantit qu'elles sont correctement interprétées.

Le professeur Shiba ne conseille pas l'utilisation d'un magnétophone-enregistreur pour visiter les clients. Cela les indispose parfois. En outre, des problèmes mécaniques peuvent survenir ; la transcription des enregistrements prend un temps considérable ; et l'utilisation de ce type de matériel n'augmente pas l'aptitude à prendre des notes quand aucun enregistrement n'est possible.

La solution préférable est celle de la prise de notes la plus complète possible. Deux personnes se rendent ensemble chez le client. La première pose les questions, se concentre sur la triangulation, sans prendre de notes. La seconde prend des notes sans discontinuer, mettant par écrit tout ce qui se dit, exactement à la façon dont c'est dit, sans rien résumer. Ceci peut sembler difficile. Une bonne image pour commencer est de penser que ce qu'on voit et entend passe directement des yeux et des oreilles à la main qui écrit, en court-circuitant entièrement le cerveau. Essayer d'écouter, d'interpréter, de résumer et d'écrire tout à la fois (de l'œil au cerveau et à la main) est plus difficile et incite à une interprétation hâtive.

Quand on prend des notes, on écrit ce que la personne interviewée dit, ce que l'on voit, et ce que l'on pense. Le professeur Shiba prend des notes en japonais. Il écrit les paroles exactes du client, en ajoutant des commentaires sur ce qu'intuitivement il juge intéressant.

La formation à la sémantique aide celui qui pose les questions à conduire son enquête. Les premières déclarations d'un client sur un sujet donné peuvent être des jugements (« c'est bon »), d'un haut niveau d'abstraction, bivalents, ou affectifs. Une aptitude à faire préciser adroitement ce que l'interlocuteur veut dire est nécessaire à l'obtention de données factuelles au niveau d'abstraction auquel il est possible d'agir.

4. Témoigner de la considération au client

Marquer de la considération pour le client n'est pas seulement essentiel au recueil d'informations ; c'est un objet essentiel de la visite en tant que tel. La considération pour le client débute par l'étude sérieuse de celui-ci. L'information sur les antécédents d'un client donné est habituellement abondante. Elle est alimentée par des rapports annuels, des notes, des rapports de visite... Au Japon, il existe un formulaire spécifique pour le recueil d'informations sur les dirigeants et les directeurs généraux – leur style de management, leur carrière, leur situation actuelle, leur avenir dans l'entreprise, et leur rôle dans les prises de décisions. L'étude de l'organisation du client et de ses preneurs de décisions permet de poser des questions perspicaces et mieux comprendre les réponses. Mais en plus, la connaissance des faits témoigne de l'intérêt que l'on porte à ce client.

Les visiteurs manifestent aussi la considération qu'ils portent au client en allant au devant de ses questions : comment se déroulera la visite ? comment les résultats seront-ils utilisés ? quel suivi sera nécessaire avec la personne interrogée ?

L'aspect suivant de la considération est le comportement non verbal durant la visite. L'entraînement au comportement non verbal et sa pratique deviennent spécialement importants quand on visite un pays différent. Ce n'est pas un problème logique. Il existe de nombreux et excellents ouvrages consacrés au comportement non verbal[1]. Arriver chez une personne pour prendre des notes est l'indication de l'importance de la visite et traduit de la considération pour les propos tenus. En revanche, s'affaler sur son siège est la marque d'une absence d'intérêt. Le comportement non verbal le plus important est la prise de notes constante. Elle indique que l'entreprise accorde la plus grande attention à la voix du client.

Un dernier signe essentiel qui témoigne de la considération portée au client, et le plus difficile, est d'accepter ce qu'il dit. Souvent, les clients affirment des choses absolument fausses à propos d'un produit. La première obligation pour le visiteur est de ne pas tenter de corriger ces erreurs de perception ou de les contredire, mais de les recevoir, de les

1. Citons de Desmond Morris, *Manwatching : A Field Guide to Human Behavior*, New York, Harry Abrams, 1977.

admettre, et de « trianguler » sur la façon dont ces perceptions se sont formées et sur leur signification. BBN s'est aperçu qu'il n'était pas suffisant de « mettre sa langue dans sa poche » – les gens ont besoin de pratiquer une écoute empreinte de considération. Dans certains cas, les idées fausses du client doivent être corrigées, mais ceci pourra être fait ultérieurement, après que le client a pris conscience que le visiteur l'a bien écouté. Il doit être clair que l'objet de la visite est d'entendre le client, et qu'on ne doit pas le compromettre en froissant l'intéressé à la dernière minute.

L'un des corollaires à l'acceptation des déclarations du client est qu'il faut garder trace de ces visites informelles, indépendamment de celles ayant directement la vente pour objet.

Même les employés chargés habituellement de vendre au client lors d'autres visites doivent éviter de contester les affirmations du client. Une tentative de leur part pour convaincre un client à partir de leur propre point de vue tend à empêcher l'intéressé de donner son opinion véritable.

L'une des façons de témoigner de la considération au client est de faire quelque chose d'inhabituel. Un épisode fameux (bien qu'il n'ait pas eu pour cadre une visite chez le client) concerne le directeur général d'Asahi Brewery. Asahi est la seconde brasserie du Japon (Kiri est la première). Le directeur général assistait à une réunion de TQM dans une station de montagne. Mettant à profit une pause au cours de la réunion précédant le dîner, des directeurs généraux buvaient bières et cocktails, tout en déambulant autour du jardin. Le directeur général d'Asahi se rendit au village voisin sans s'être fait annoncer, pour visiter les petits magasins de détail qui vendaient sa bière. Il s'adressa aux commerçants en ces termes : « Je suis le directeur général de la bière Asahi. Je vous remercie de vendre mes produits. Avez-vous des problèmes ? ». Cette démarche du directeur général d'Asahi était inattendue et est restée dans les mémoires. Un tel intérêt porté à la voix du client fut très vite largement connu.

5. *Apprendre le PDCA*

Il n'existe pas de méthode pour entreprendre un programme de visites parfaites aux clients. Cela varie énormément suivant les cultures d'entreprise, celles des clients, et le savoir-faire des visiteurs. Ces éléments ne seront que partiellement compris a priori. La seule façon efficace de procéder est de recourir au PDCA. Préparer la première visite aussi bien que possible. Effectuer la visite (peut-être auprès d'un client très sûr) et identifier après coup les points faibles de la visite lors du compte rendu, peut-être même en prenant l'avis du client. Agir sur les points faibles à partir d'une analyse de leurs causes premières. Puis adopter des mesures correctives, qui deviennent une partie de la phase préparatoire du cycle PDCA de la visite suivante. Renouveler le PDCA à chaque visite, et bientôt, celles-ci deviendront efficaces et agréables.

Les dirigeants peuvent utiliser des méthodes TQM explicites pour effectuer le PDCA de la visite au client, telle la méthode KJ (« quels étaient les points faibles de la première visite au client ? »). S'il est effectué de façon visible, le PDCA offre aux dirigeants une occasion rapide et précoce de conduire le TQM de l'entreprise grâce à une pratique personnelle évidente pour tous.

Les entreprises aussi ont besoin d'un cycle PDCA plus long. Une fois la préparation effectuée, et franchies les étapes du programme de visite chez le client, il faut vérifier les résultats. Ceux-ci se sont-ils traduits par des actes, et les clients estiment-ils qu'il y a eu amélioration ? On peut agir sur les résultats de deux façons. La première est d'analyser les causes premières des points faibles pour en tenir compte dans la préparation de l'année suivante. La seconde est de faire des valeurs d'un élément validées par le client, une norme de qualité pour l'ensemble de l'entreprise. S'il existe un cycle entier dans lequel les clients identifient un point faible, dès lors que l'entreprise l'améliore et que les clients déclarent qu'ils sont mieux satisfaits, l'étape suivante est d'en institutionnaliser la mesure et la solution de telle sorte que le problème ne se reproduise plus. Ceci revient à créer le cycle SDCA à partir du PDCA.

6. *Il n'est pas nécessaire de rencontrer de nombreux clients*

Les données 3 (données numériques) sont entièrement différentes des données 1 (données verbales pour définir des orientations). Avec les données 3, un plus grand nombre de données donne de meilleurs résultats. Les recherches du MIT montrent qu'avec les données 1, après une vingtaine de visites, on atteint un point de rendement décroissant, où pratiquement tous les concepts ont été identifiés. Les recherches du MIT ont montré qu'une dizaine de visites permettaient d'obtenir 70 % des données disponibles (voir figure 7.11)[1].

7. *Appliquer le principe du bocal à poisson*

L'étude de marché traditionnelle part d'une hypothèse, testée grâce à la collecte des données. Shoji Shiba dit que cette approche revient à se

1. A. Griffin et J. Hauser, *The Voice of the Customer*, MIT Marketing Center Working Paper n° 91-2, Cambridge, janvier 1991. Jiro Kawakita a souligné aussi ce fait dans ses livres.

Figure 7.11. Rendement décroissant des visites chez le client

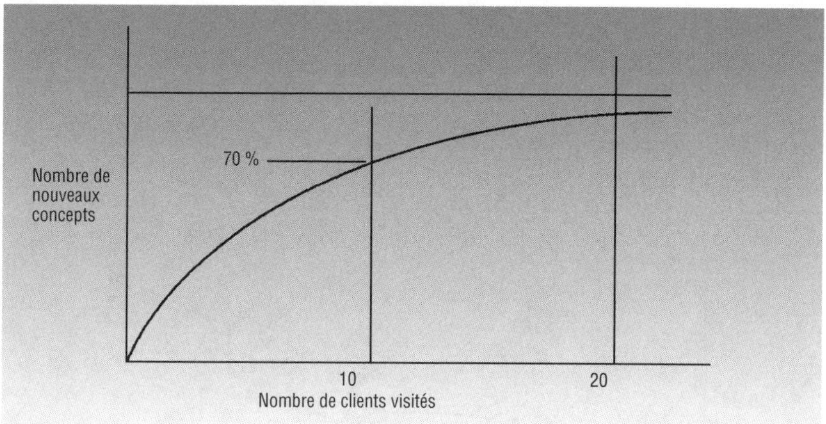

tenir en dehors d'un bocal à poisson et de cette position avantageuse, à mesurer le comportement à l'intérieur du bocal (voir figure 7.12)[1].

La visite chez le client, l'enquête de contexte, et autres pratiques du TQM sont toutes des méthodes consistant à sauter dans le bocal à poisson (le marché), à y nager de long en large pour voir ce qui s'y passe réellement, puis à sortir du bocal pour réfléchir à ce que l'on y a vu et entendu (voir figure 7.13). Ces pratiques du TQM définissent des processus systématiques pour l'exploration précédant l'élaboration d'une hypothèse.

Figure 7.12. Regard de l'extérieur du bocal à poisson

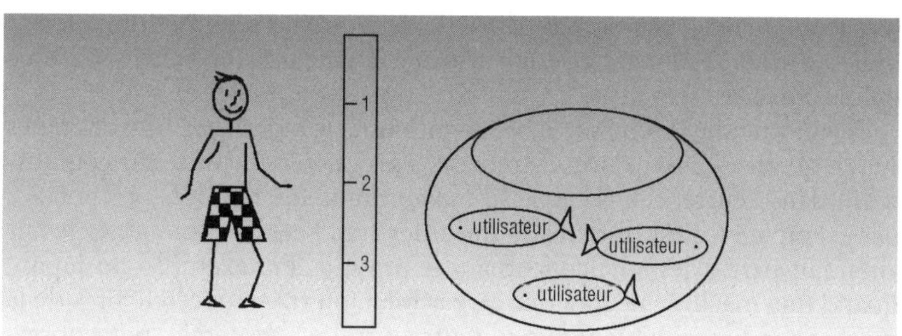

1. Le principe du bocal à poisson de Shiba est décrit dans l'article principal de *MIT Management*, automne 1991, p. 6-9.

Figure 7.13. Le plongeon dans le bocal à poisson

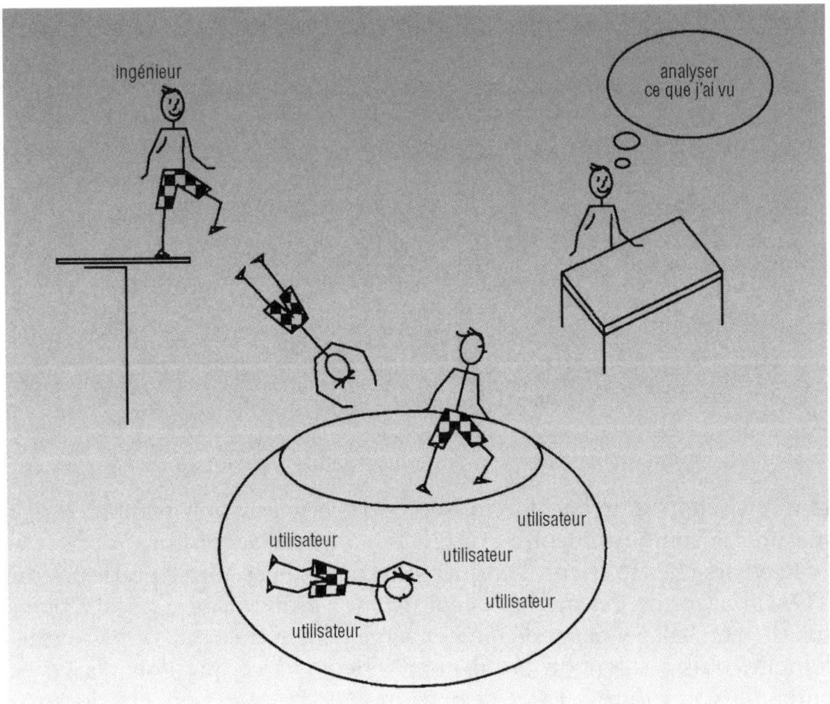

La meilleure méthode pour utiliser l'approche du bocal à poisson est l'observation : elle montre le produit dans son contexte et augmente notre sensibilité aux exigences des clients. Si on rend visite à un client, on lui demande à voir le produit en cours d'utilisation, là où le client s'en sert réellement. Il est souvent difficile de croire les réponses des clients, mais on doit reconnaître leur validité. Il faut voir et comprendre ce qui se passe réellement.

Il faut prendre des mesures ne faisant obstacle à rien ; prendre des notes sur ce qu'on a vu dans une entreprise ; enregistrer ce qui se dit couramment dans l'entreprise (la sagesse conventionnelle, les idées préconçues, par exemple : « il est difficile de travailler avec l'entreprise A »). Cela fait aussi fait partie des faits concernant le produit. Par exemple, au Japon, quand une machine ne fonctionne pas bien, on trace un cercle près de la machine et le technicien doit se tenir au milieu du cercle, pour observer une demi-journée durant l'utilisation de la machine. C'est une autre application du principe du bocal à poisson.

8
L'application de l'amélioration anticipatrice au développement de nouveaux produits

L'une des utilisations les plus courantes de l'amélioration anticipatrice a trait au développement des produits. L'amélioration anticipatrice permet d'expliciter les exigences imprécises du client ou de préciser les moyens de les satisfaire. Les clients n'ont souvent qu'une représentation imagée de leurs besoins et de leurs exigences. L'approche anticipatrice convertit les besoins confus ou latents en spécifications physiques qui caractériseront les nouveaux produits. Il est possible aussi que le client ait des exigences claires, mais que la voie à emprunter pour les convertir en un produit physique ne le soit pas ; on peut alors ne pas savoir comment résoudre le problème. Par exemple, le client veut un prix bas, mais on ne dispose pas de la technologie permettant de l'obtenir. Ainsi, l'amélioration anticipatrice permet de clarifier l'image confuse que se fait le client ou de découvrir une voie claire pour parvenir au produit physique désiré (voir figure 8.1).

Entre les besoins latents du client et le nouveau produit physique, bien des choses sont à faire.

Il existe des techniques courantes pour tous les stades de développement d'un produit (développement du produit lui-même, développement du processus de fabrication et production)[1]. Les premières phases, que nos collègues du Centre pour le Management de la Qualité appellent

1. Voir Mizuno, *Management for Quality Improvement*.

« définition opérationnelle de la voix du client », « génération du concept », et « sélection du concept », constituent dans un grand nombre d'entreprises la partie la plus faible du processus de développement, particulièrement pour rendre visibles et explicites les exigences mal définies du client[1]. Nous allons donc, dans ce chapitre, nous concentrer sur la « définition opérationnelle de la voix du client » – l'objectif étant de comprendre en termes non ambigus ce qui satisfera le client.

Figure 8.1. L'objet de l'amélioration anticipatrice

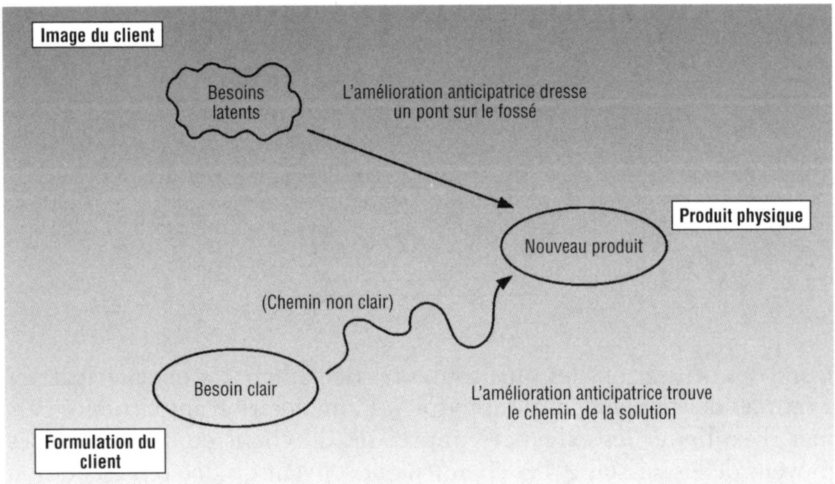

On peut concevoir la définition des exigences du client en trois stades (représentés sur la figure 8.2), qui, à leur tour, peuvent se diviser en neuf étapes[2]. Ces étapes démontrent le principe d'alternance entre réflexion et expérimentation (visant à confronter la théorie et la réalité), dans le modèle WV étendu (voir chapitre 7).

1. Pour les développements de ce chapitre, nous sommes reconnaissants à Yoji Akao, *QFD Manual 1 : Hinshitsu Tenkai Niumon (Introduction to Quality Deployment)*, Tokyo, JUSE, 1990, et T. Ofuji, M. Ono, Y. Akao, *QFD Manual 2 : Hinshitsu Tenkai-Ho (1) {Quality Deployment Method (1)}*, Tokyo, JUSE, 1990.
2. La description de ces stades est basée sur les recherches de notre collègue, Gary Burchill, en particulier sur la « traduction opérationnelle de la voix du client ». D'autres chercheurs et praticiens du CQM ont travaillé avec Gary pour tester et faire évoluer ces techniques. Voir Gary Burchill et al., *Concept Engineering*, CQM doc., Cambridge, MA, 1992. Ce manuel décrit aussi la génération et la sélection du concept, dont nous ne parlons pas ici.

Figure 8.2. Les premières phases du développement du produit

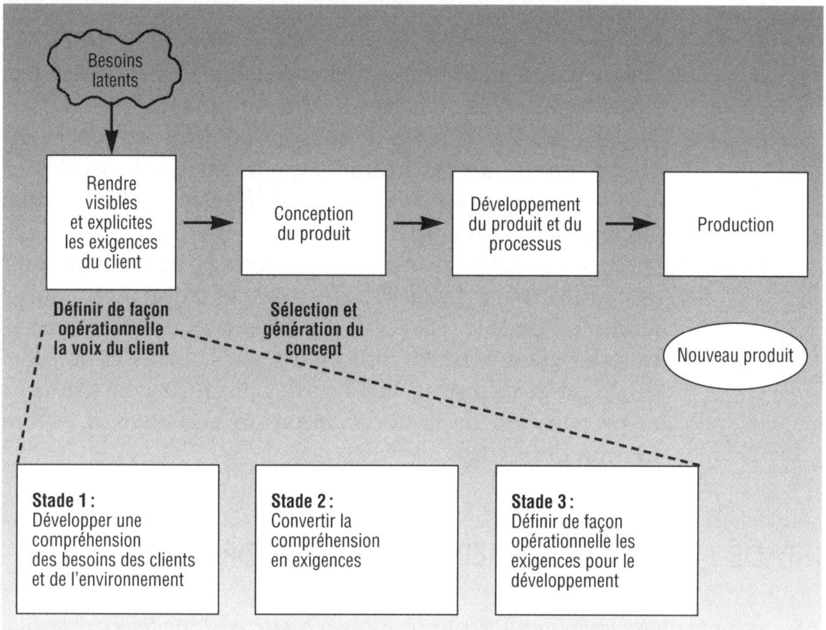

Stade 1 : Développement et compréhension des besoins et de l'environnement du client.

- Étape 1 : Se préparer à l'exploration (décider de la façon d'explorer largement ce dont les clients peuvent avoir besoin).
- Étape 2 : Recueillir la voix et le contexte du client (aller écouter les clients potentiels exprimer leurs besoins et voir ce qu'ils font).
- Étape 3 : Développer une image de l'environnement du client (intégrer et rendre explicite ce que font les clients).

Stade 2 : Convertir la compréhension en exigences.

- Étape 4 : Transformer en exigences la voix du client (sur la base de notre compréhension de ce qu'il fait, convertir ses déclarations en une formulation non ambiguë de ses exigences).
- Étape 5 : Choisir les exigences les plus significatives du client (choisir les exigences qui semblent les plus importantes parmi celles de l'ensemble des clients étudiés).
- Étape 6 : S'efforcer d'identifier les relations entre les exigences (organiser les exigences les plus importantes de manière à pouvoir observer les relations éventuelles entre elles).

Stade 3 : Définir les exigences de façon opérationnelle pour les phases aval du développement du produit.

- Étape 7 : Rechercher les caractéristiques des exigences du client (lui demander de nous aider à organiser et à classer par priorité les exigences les plus importantes).
- Étape 8 : Définir des indicateurs de mesure pour les exigences du client (envisager les mesures quantitatives possibles et les projets de mesure permettant de vérifier si le produit satisfait les exigences du client).
- Étape 9 : Intégrer la compréhension des exigences du client (choix des indicateurs de mesure qui permettront de s'assurer au mieux de la satisfaction des exigences du client ; fixation de valeur pour ces indicateurs, sur la base des données du client et d'informations sur les produits concurrents ; et préparation de la documentation nécessaire à la formation des utilisateurs en aval).

[STADE 1] ÉTAPE 1 : SE PRÉPARER À L'EXPLORATION

Au moment de se préparer à explorer globalement ce dont les clients ont besoin, on doit se poser plusieurs questions :

À qui rendre visite. La première question est de savoir à qui rendre visite. Il y a au moins trois dimensions à considérer (voir figure 8.3).

Figure 8.3. Les dimensions pour le choix des clients à visiter

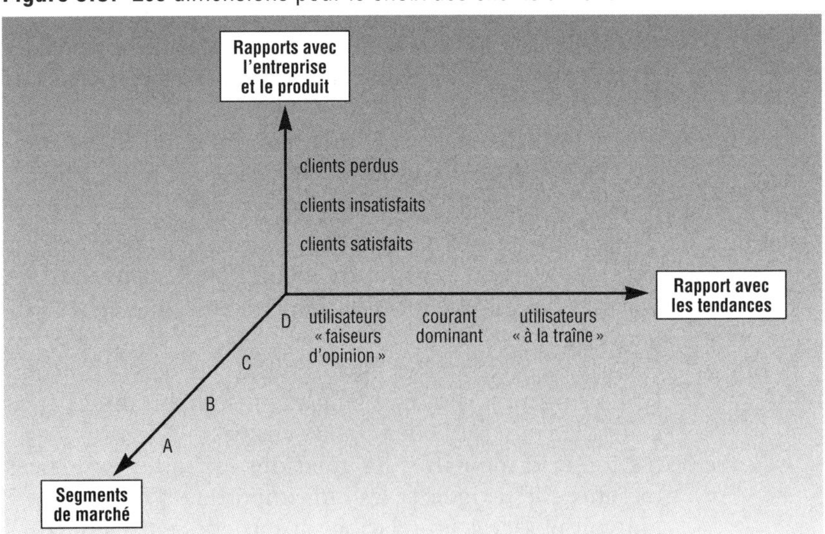

Il ne faut négliger aucun segment de clientèle, comprendre la raison du passage de la satisfaction à l'insatisfaction, et la façon de positionner les offres actuelles et de prévoir les besoins futurs. L'étude de cas de la visite chez le client de BBN, présentée au chapitre 7, a fourni un exemple d'écoute de clients appartenant à des segments de marché variés et correspondant à des niveaux de satisfaction divers. L'étude de cas du dévidoir présentée plus loin donne un exemple de la prévision de futurs besoins par l'écoute des « utilisateurs faiseurs d'opinion ».

Eric von Hippel, du MIT, observe : « Les utilisateurs choisis pour alimenter en données l'étude de marché industrielle ou de consommation ont un gros inconvénient. Leurs idées sur un nouveau produit – processus et service – et sur les solutions possibles sont limitées à leur expérience du monde réel. Les utilisateurs dans le présent n'ont guère de chances d'émettre des idées de produits innovants capables de surclasser les produits familiers »[1].

Il suggère de rechercher une classe spéciale d'utilisateurs, qu'il appelle des « utilisateurs faiseurs d'opinion » (*lead users*), dont on peut attendre une meilleure perception des besoins futurs. Selon lui, ces utilisateurs faiseurs d'opinion ont deux caractéristiques : (1) « ils ressentent des besoins qui s'étendront à l'ensemble du marché, mais ils les ressentent des mois ou des années avant le reste du marché », et (2) « ils sont en situation de retirer des avantages significatifs d'une réponse à ces besoins[2] ». Von Hippel poursuit en disant que, contrairement aux utilisateurs « immergés dans le présent », les utilisateurs faiseurs d'opinion ont souvent la capacité de percevoir ou d'exprimer leurs besoins futurs à partir de leur expérience. Les recherches de von Hippel montrent que dans un nombre surprenant de cas, des idées de produits innovants émanent de ces utilisateurs faiseurs d'opinion, plutôt que de l'entreprise fabriquant le produit.

La notion d'utilisateurs faiseurs d'opinion est puissante. Si l'on essaye de développer aujourd'hui des produits destinés à satisfaire les exigences du marché de demain, il est raisonnable d'interroger les utilisateurs les plus innovateurs qui se servent actuellement de nos produits ou de ceux d'un concurrent. Ces innovateurs représentent un faible pourcentage du marché dans son ensemble, mais constituent des utilisateurs d'avant-garde. Leurs demandes d'aujourd'hui seront probablement les demandes de l'ensemble du marché de demain. Différents chercheurs, parmi lesquels von Hippel, travaillent sur la façon de les identifier.

---

1. E. von Hippel, *The Sources of Innovation*, Oxford, England, Oxford University Press, 1988 ; voir en particulier le chapitre 8. Voir aussi von Hippel, « Lead Users Analyses for the Development of New Industrial Products », *Management Science* 34, mai 1988, p. 569-582.
2. Eric von Hippel, *The Sources of Innovation*, 107.

Qui doit recueillir les données. Von Hippel apporte un autre éclairage sur l'importante question de savoir quel type de salarié doit rendre visite au client et recueillir les données auprès de lui. La tendance naturelle est de confier ces missions aux personnes chargées des études de marché, et von Hippel confirme qu'elles doivent y participer car elles savent écouter ce que les clients ont à dire. Toutefois, les résultats de ses recherches indiquent que dans la majorité des cas, les utilisateurs faiseurs d'opinion ont déjà à leur actif une réalisation qui devrait éclairer sur les exigences du marché futur. Von Hippel croit donc que des gens des services de conception doivent aussi participer aux visites et au recueil des données, car ils sont les mieux placés pour apprécier ce que les clients ont déjà fait pour satisfaire leurs besoins.

Comment visiter. Au chapitre 7, les sept principes de la visite au client nous ont servi de guide élémentaire pour l'écoute des clients. Dans ce qui suit, nous allons explorer ce thème plus largement.

La voix du client est difficile à entendre. Il ne dispose pas des données quantitatives précises nécessaires à la conception d'un produit ou à son amélioration. Au contraire, il utilise un langage vague ou affectif (voir le chapitre 7). Dans le cas de futurs clients, même leur identité est imprécise. Néanmoins, l'entreprise se doit d'écouter la voix réelle de ses clients, si elle veut développer des produits ou réaliser des améliorations qui les satisfassent. Pour entendre cette voix, il lui faut employer toutes les méthodes dont elle dispose.

Deux des cinq principes de Kawakita (dont nous avons parlé au chapitre 7) se rapportent à « la chance » et « à l'intuition ». Pour en tirer profit, on doit passer du temps avec le client. Pour découvrir par exemple quelque chose de nouveau, il faut avoir une vue à 360 degrés sur l'environnement réel dans lequel le produit ou le service sont utilisés. Il existe trois façon d'explorer le marché :

- l'enquête ouverte,
- l'observation du processus,
- l'observation de l'utilisateur.

Pour chacune des méthodes ci-dessus, la figure 8.4 montre le degré d'intervention auprès de l'utilisateur et la distance où l'on doit se situer par rapport à son environnement réel.

L'enquête ouverte consiste à s'entretenir avec le client ou l'utilisateur. Au cours des entretiens, on pose des questions ouvertes. Il ne s'agit pas d'une réunion destinée à tester une hypothèse sur un produit précis. L'enquête ouverte comporte une forte interaction avec l'utilisateur et peut être menée dans l'environnement de l'utilisateur ou hors de cet environnement.

L'observation du processus consiste à observer l'utilisateur dans son environnement réel et à lui poser de temps à autre des questions pour mieux comprendre.

Figure 8.4. Degré d'intervention et proximité de l'environnement de l'utilisateur

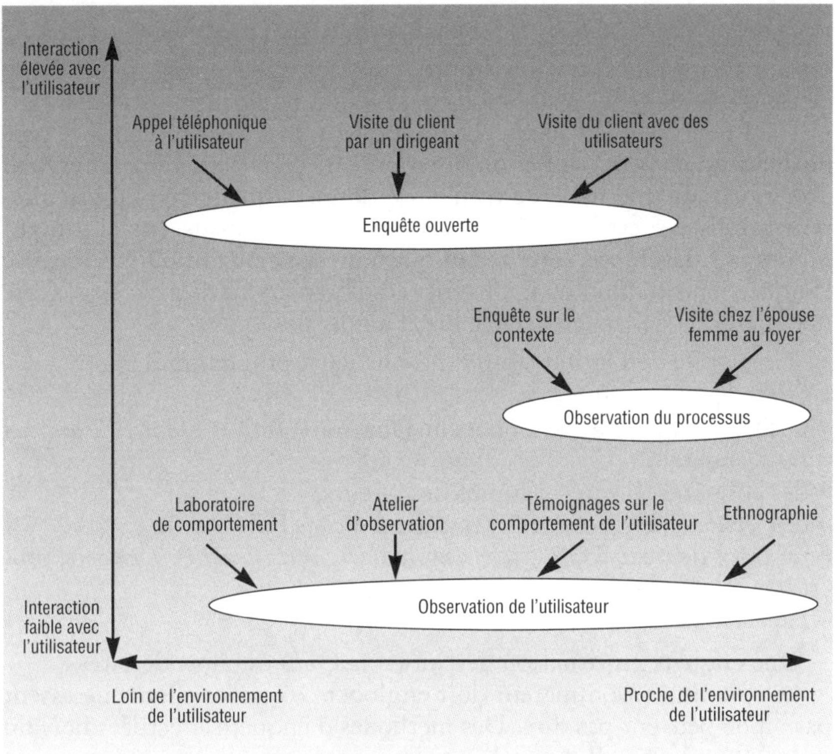

L'observation de l'utilisateur consiste en une intervention très peu explicite auprès de l'utilisateur. Elle peut avoir lieu dans un « laboratoire de comportement », où le produit est réel mais son environnement ne l'est pas, dans une « boutique-antenne » (magasin dans lequel des « interviewers » servent les clients pour observer comment ils prennent leurs décisions d'achat). Elle peut aussi consister à observer le comportement des utilisateurs dans leur propre environnement.

[STADE 1] ÉTAPE 2 : ENREGISTRER LA VOIX ET LE CONTEXTE DU CLIENT

L'étude de cas de la visite chez le client de BBN présentée au chapitre 7 a servi d'illustration à l'enquête « ouverte ». L'étude de cas du dévidoir présentée dans ce chapitre en est un autre exemple.

L'enquête en situation (*contextual inquiry*) chez Digital

La méthode d'écoute de la voix du client appelée « enquête en situation » est une forme d'observation du processus. On trouvera ci-après l'étude de cas d'une enquête en situation chez Digital Equipement Corporation[1].

Habituellement la voix du client est qualitative. Pour recueillir ce type de données, on peut utiliser un questionnaire ou effectuer une interview. Toutefois, une méthode de recueil de données qualitatives particulièrement efficace est celle de l'observation de processus. Les anthropologues ont développé cette technique à un haut niveau. Digital utilise l'enquête en situation pour effectuer ces observations de processus. C'est une méthode de « nage dans le bocal à poissons ».

L'initiative de Digital comprend plusieurs programmes :
- une enquête en situation,
- le Déploiement de la Fonction Qualité (QFD = *Quality Function Deployment*),
- des enquêtes (limitées) auprès des clients,
- des « événements clients » (comme *le monde DEC*),
- un tracé de carte TOP (*Technology and Organizational Performance*, processus de « navigation dans l'entreprise »),
- l'analyse des exigences de l'utilisateur.

Une enquête en situation destinée à la QFD est ainsi décrite.

La voix du consommateur doit englober ce que les clients ne disent pas ou ne peuvent pas dire. Des méthodes d'enquête effectuées hors du cadre de travail, telles que l'enquête simple, les groupes témoins, et les laboratoires de comportement humain, peuvent ne pas déceler des sentiments cachés, ou altérer le sens de la voix originale. Par exemple :

1. Dans une enquête simple, le client est interrogé sur son travail et ses résultats, mais
- il tend à exprimer une opinion,
- il ne se souvient probablement pas de grand-chose : pour une expérience de six mois, on obtient un compte rendu de trois lignes.

2. Les groupes témoins donnent aux entreprises l'occasion de passer du temps avec les clients et de parler de leur travail et de ses résultats, mais :
- les informations qu'ils permettent d'obtenir diffèrent de celles fournies par les enquêtes,
- on ne recueille encore une fois auprès d'eux que ce dont ils se souviennent, et on ne les observe pas dans leur environnement de travail réel.

1. Cette étude de cas a été présentée en 1990 dans un cours donné au CQM par Yogesh Parikh, Digital Equipement Corporation, Maynard, Massachusetts.

3. Le travail en « laboratoire de comportement humain » (où l'on observe, par exemple, à travers une glace sans tain, des utilisateurs se servant d'un produit) pourrait sembler une méthode logique permettant d'observer le travail de l'utilisateur et ses résultats, puis d'en parler, mais dans ce type de laboratoires, le travail :
– n'est souvent pas le travail réel de l'utilisateur, et
– n'est pas effectué dans son environnement réel.

La figure 8.5 indique des caractéristiques du travail réel et *in situ* (interruptions, objectif, etc.) qui font habituellement défaut en laboratoire. En l'absence de ces caractéristiques, il n'y a guère de chances pour qu'une entreprise comprenne de façon complète les besoins du client, spécialement ses besoins implicites ou latents.

Figure 8.5. Questions absentes du laboratoire

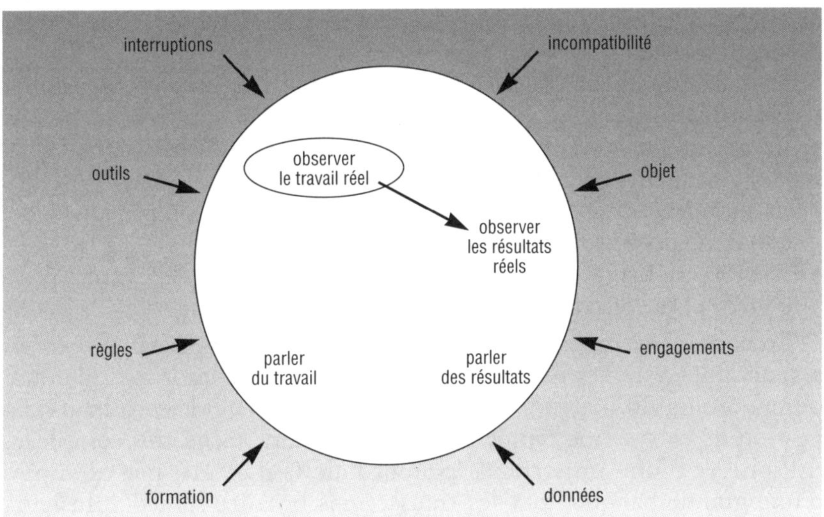

L'enquête en situation apporte ce qui manque dans la figure. Elle est effectuée dans l'environnement de travail réel de l'utilisateur. Les ingénieurs accompagnent les utilisateurs dans leur travail. Ceci leur permet à la fois d'observer le travail et ses résultats, et d'en discuter. L'enquête en situation présente aussi d'autres avantages.

- Elle fournit l'occasion d'intervenir quand le client a un problème. Par exemple, un ingénieur en train d'observer un utilisateur exécutant un programme sur un terminal pourrait lui demander : « pourquoi avez-vous utilisé une commande compliquée au lieu d'une autre plus simple ? » ou bien « pourquoi avez-vous sauvegardé le fichier avant cette commande ? ».

- Elle place l'observateur dans le contexte de travail réel du client, lui révélant ainsi les distractions inévitables pouvant affecter de façon significative les modalités d'utilisation d'un produit et ce que le produit doit faire pour répondre aux besoins des clients. Disons, par exemple, que l'utilisateur reçoit un appel téléphonique l'informant d'un problème d'ordre familial à son domicile, qu'une personne sortant du bureau voisin lui demande ce qu'il fait, que son chef s'arrête pour lui dire que son rapport doit être terminé pour 16 heures.
- Elle permet à l'ingénieur d'imaginer et d'inventer des réponses possibles aux exigences implicites de l'utilisateur.

L'enquête en situation consiste à vivre dans l'environnement du client et à se mettre à sa place pour comprendre la situation réelle qui est la sienne. Elle demande du temps et exige de se rendre sur le lieu de travail du client. Elle ne devrait donc s'appliquer qu'à un petit nombre de clients. Quantité d'informations peuvent être obtenues à partir d'un petit nombre de visites.

- Pour chaque client visité, l'ingénieur enregistre un vaste ensemble d'informations.
- À partir des observations enregistrées auprès de plusieurs clients, on peut commencer à déduire leurs besoins potentiels.
- En faisant appel à l'étude de marché traditionnelle, on peut mesurer le marché potentiel lié à ces besoins en puissance.
- Une fois confirmés, les besoins du client deviennent des entrées pour le QFD et la conception du produit.

Prenons un exemple de recours à l'enquête en situation. Supposons un responsable-systèmes en charge d'un grand centre informatique doté de nombreux ordinateurs et d'une grande quantité de terminaux. La gestion de ce système représentent pour lui une tâche très complexe, difficile et d'une importance primordiale (s'il s'agit, par exemple, d'une grande banque dont les transactions horaires sont de plusieurs milliards de dollars, une immobilisation coûte au centre des centaines de milliers de dollars par minute). Le responsable a besoin de logiciels pour gérer un tel système.

Pour concevoir les outils ou les produits possédant les caractéristiques et la fonctionnalité dont les utilisateurs ont besoin, les concepteurs sont tenus de comprendre les exigences des utilisateurs dans leur environnement réel. De simples enquêtes et des groupes témoins ne peuvent faire comprendre aux concepteurs de produits l'entière complexité de l'environnement et des besoins des utilisateurs. Quant aux laboratoires de comportement, ils ne leur sont d'aucune utilité.

Pour apprendre à effectuer une enquête en situation, le groupe de conception de Digital a assisté à un séminaire, afin d'en connaître les concepts et les méthodes. Les ingénieurs ont ensuite expérimenté la méthode, d'abord en terrain familier, avec un client interne de Digital. Puis, un groupe d'entre eux s'est rendu chez quelques clients sélectionnés dans ce but pour effectuer une série d'interviews. Sur place, ils ont expliqué l'objectif et le contexte de leurs visites, puis se sont mis à observer des utilisateurs au travail. Ils leur ont proposé de poursuivre leur travail normal, tandis qu'ils observaient tout ce qui se passait en prenant des notes. Ils ont noté aussi les objets constituant l'environnement de travail, observant par exemple, les notes collées au mur près du terminal de l'utilisateur. Quand cela leur était nécessaire pour comprendre ce qui se passait, ils intervenaient en temps réel pour demander à l'utilisateur un éclaircissement sur un point particulier, par exemple « pourquoi venez-vous de faire cela ?».

Avec leur permission, les ingénieurs ont enregistré leur conversation avec les utilisateurs. Voici un exemple d'enregistrement : « Qu'allez-vous faire maintenant ?» « Je vais exécuter le programme de paye. » [La suite de commandes que l'utilisateur exécute sous ses yeux ne serait pas observée par un groupe-témoin.] [L'utilisateur va vers une autre console.] « Pourquoi vous êtes-vous déplacé à cette console ?» « J'ai lancé un autre programme pour vérifier la configuration.» [L'enquêteur garde trace de l'environnement physique, des interruptions de l'utilisateur, et observe attentivement ce qui faciliterait le processus de travail.]

Après la séance, les ingénieurs transcrivent eux-mêmes les enregistrements obtenus, utilisant les paroles littérales de l'utilisateur, auxquelles ils ajoutent des annotations qu'ils sont les seuls à pouvoir rédiger en tant qu'observateurs. Puis, avec l'aide d'un faciliteur, ils transfèrent ce qu'ils ont appris de l'enquête en situation sur des étiquettes qu'ils apposent au mur. Ces étiquettes provenant de l'enquête en situation constituent les entrées du QFD, procédé relationnel permettant de traduire la voix du client en définition d'un produit.

À ce stade, alors qu'ils sont en train de traduire la voix du client, les ingénieurs sont parvenus à une profonde compréhension des besoins implicites et explicites de l'utilisateur. Ils sont mieux préparés à développer des produits qui satisfassent pleinement les clients et procurent à l'entreprise un avantage sur ses concurrents.

Étude de cas d'un dévidoir – Interviews du client

L'étude du dévidoir, exemple d'enquête ouverte, a été préparée par le capitaine de corvette Gary Burchill, du Corps des fournitures de la marine américaine, à partir d'un projet auquel il avait travaillé au MIT.

Un dévidoir est un équipement utilisé par les pêcheurs pour la pêche en mer, et qui leur sert à plier leur ligne avant de la lancer. Il s'agit généralement d'une boîte en plastique que l'on peut acheter ou fabriquer soi-même ; elle comporte quatre côtés et un fond. Une courroie permet au pêcheur de la porter en bandoulière ou à la ceinture. Quand il récupère sa ligne, le pêcheur la plie dans la boîte de façon qu'elle file facilement lors du lancer suivant. On appelle pliage le processus de rangement de la ligne.
Le but que s'étaient assigné Gary Burchill et ses collègues du MIT était de concevoir un meilleur équipement. Ils se rendirent dans une grande chaîne de magasin d'articles de sport, pour y chercher les noms d'utilisateurs « faiseurs d'opinion » de la société de pêche au lancer, dans le but de les interviewer.
Ofuji, Ono et Akao suggèrent quatre questions ouvertes et l'utilisation d'images comme moyens très efficaces d'obtenir des informations importantes lors d'une enquête ouverte auprès de ce genre d'utilisateurs « faiseurs d'opinion »[1].

Quatre questions ouvertes

1. « Quelles images vous viennent-elles à l'esprit quand vous visualisez ce produit ou ce service ?» Cette question prépare les participants pour la suite de l'interview et fournit à l'enquêteur les entrées nécessaires à l'« image KJ ». À partir de là les exigences du client peuvent être développées en relation avec l'utilisation réelle du produit.
2. « En fonction de votre expérience, quelles réclamations, quel problème ou point faible aimeriez-vous mentionner concernant le produit ou le service ?» Cette question sert à identifier les éléments représentatifs des attentes actuelles au regard du produit ou du service.
3. « À quelles caractéristiques pensez-vous quand vous choisissez le produit ou le service ?» Cette question sert à déterminer les éléments représentatifs des perceptions actuelles.
4. « Vers quelles caractéristiques se porteraient vos futurs besoins ?» Cette question sert à identifier les facteurs pouvant conduire à une meilleure satisfaction du client[2].

1. T. Ofuji, M. Ono, et Y. Akao, QFD *Manual 2 : Hinshitsu Tenkai-Ho (1) {Quality Deployment Method (1)}*, Tokyo, JUSE, 1990.
2. Cette question peut être posée sous d'autres formes qui se sont avérées utiles. « Quels besoins pourriez-vous avoir dans l'avenir ?» ou « Quels changements êtes-vous prêts à expérimenter ?».

On trouvera ci-après un shéma d'entretien. Notons que si les questions paraissent posées de façon directe, Burchill et ses collègues ont explicitement revu le « principe de triangulation » (voir le point 3 des 7 points-clés de la visite chez le client décrits au chapitre 7). Ils se sont donc efforcés d'aborder les questions avec précaution et sous des angles différents afin de ne pas paraître trop agressifs et de convertir fidèlement le langage affectif des personnes interrogées en langage rationnel.

Schéma d'interview

Bonjour, je m'appelle ...., et je fais partie du bureau d'étude du MIT qui travaille avec les magasins Orvis de Boston à une nouvelle conception de leurs dévidoirs. Pip Winslow m'a donné votre nom et votre numéro de téléphone. S'est-il mis en rapport avec vous à ce sujet ? Nous voudrions quinze minutes de votre temps pour nous assurer que nos critères de conception sont les bons. Est-ce le bon moment pour en parler ? (si non, souligner que nous aimerions disposer d'un prototype avant mai)...

... Nous vous proposons d'examiner quatre thèmes :

1er thème : « Quelles images vous viennent à l'esprit quand vous utilisez un dévidoir ? »

2e thème : « En faisant appel à votre expérience, quelles critiques, quels problèmes ou points faibles souhaiteriez-vous mentionner à propos des dévidoirs ? »

3e thème : « À quelles caractéristiques pensez-vous quand vous en choisissez un ? »

4e thème : « Quelles caractéristiques nouvelles pourraient répondre à vos besoins futurs ? »

Très bien, commençons. Le premier domaine concerne les scènes ou les images qui vous viennent à l'esprit quand vous utilisez un dévidoir.

[...]

Le second domaine comprend les critiques, les problèmes ou les points faibles rencontrés avec les dévidoirs (par exemple, les problèmes posés lorsque le niveau de l'eau dépasse le fond du dévidoir).

[...]

Le troisième domaine concerne les caractéristiques auxquelles vous pensez en choisissant un dévidoir (par exemple, sa résistance à l'eau de mer). Quelles caractéristiques recherchez-vous ?

[...]

Le dernier domaine concerne les caractéristiques vers lesquelles se porteraient vos futurs besoins (par exemple, la possibilité de le replier après usage). Qu'aimeriez-vous voir dans l'avenir ?

M. ...., les informations que vous m'avez données sont extrêmement intéressantes et contribueront certainement à enrichir nos critères de conception.

Avez-vous des commentaires ou des observations complémentaires dont vous aimeriez nous faire part ?

Enfin vous nous obligeriez en acceptant de remplir dans quelques jours un questionnaire très simple et concis. Son objet est de distinguer les critères les plus importants parmi le grand nombre de ceux que nous recueillerons au cours de nos interviews. Si possible, nous aimerions vous adresser ce document par télécopie.

Burchill et ses collègues interrogèrent 12 utilisateurs « faiseurs d'opinion », tous pêcheurs confirmés. Au total, ils recueillirent auprès de ces 12 utilisateurs près de 200 appréciations ou suggestions (« les voix du client »).

En voici quelques exemples :

- Une courroie ajustable est importante : je porte tantôt un pull-over et un imperméable, tantôt un T-shirt.
- Un dévidoir dont on puisse se débarrasser rapidement pour ne pas être gêné quand on tourne autour du bateau à la poursuite du poisson.
- Une corde élastique serrée de telle façon que le panier tienne en position horizontale, évitant à la ligne de former des nœuds et de s'emmêler.
- Le pêcheur n'aime pas les couleurs vives. Le vert ou le brun iraient très bien.
- Il doit être inusable comme un bon chapeau.
- La courroie doit maintenir le panier devant soi.
- La profondeur doit être comprise entre 10 et 15 centimètres pour que les boucles ne s'en échappent pas.
- Une façon d'évacuer l'eau, un drainage.
- Entièrement en plastique léger, sans risque de rouiller.
- Ne pas le sentir sur la hanche.
- La toile ne dure pas.
- Facile à porter quand on ne s'en sert pas.

Pour interpréter ces voix des clients, Burchill et ses collègues ont suivi le processus décrit dans la sous-section suivante.

Figure 8.6. Dévidoir : image KJ du client

Quelles scènes ou images vous viennent-elles à l'esprit quand vous visualisez la pêche en mer ?

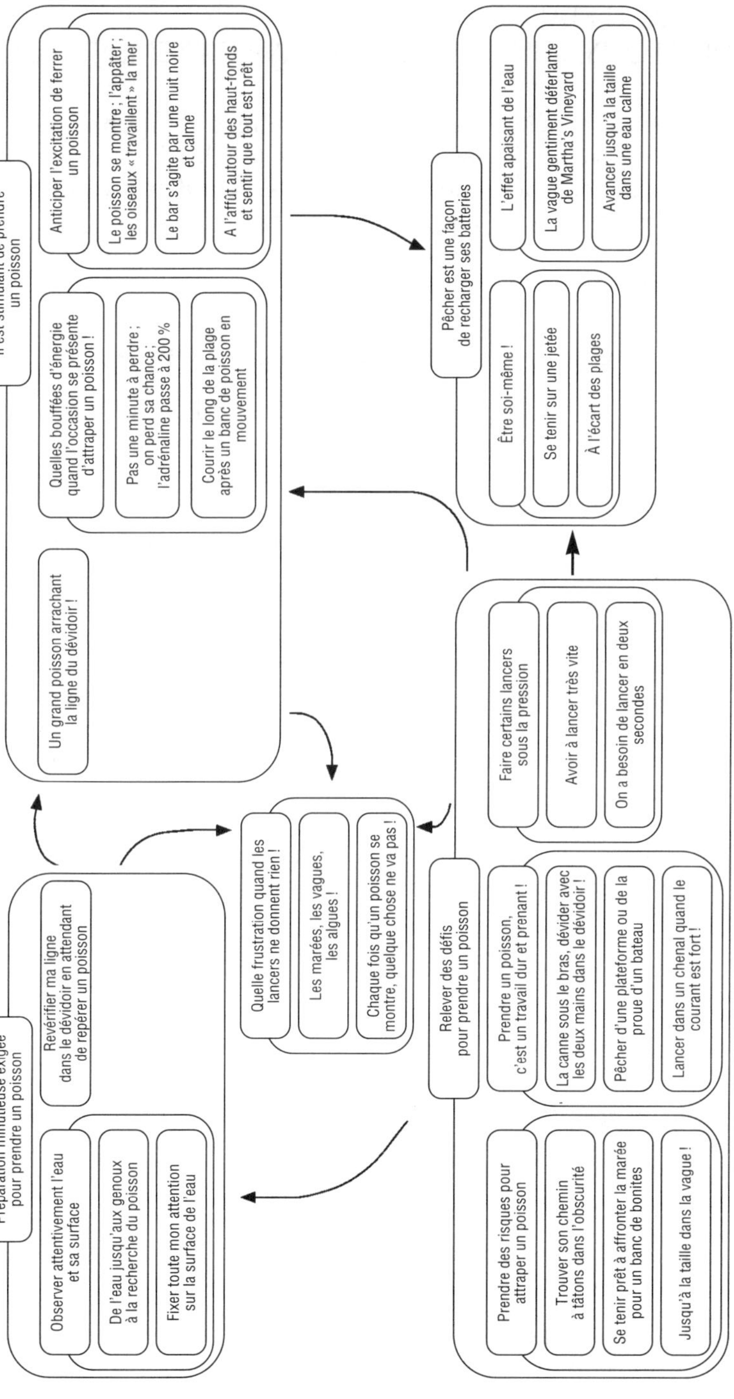

[STADE 1] ÉTAPE 3 : DÉVELOPPER UNE IMAGE DE L'ENVIRONNEMENT DU CLIENT

Si la voix du client est difficile à entendre, son interprétation est également malaisée. Cependant, elle est essentielle à la découverte des bons critères de conception pour le développement de nouveaux produits et d'améliorations qui augmenteront la satisfaction des clients. Il est donc important de disposer d'une image claire de ce que fait le client et de la façon dont il utilise le produit.

Étude de cas du dévidoir – Image KJ du client

La principale raison du développement d'une image KJ du client est de lier la voix du client au contexte du produit ou du service dans son utilisation réelle. Les étiquettes nécessaires à l'image KJ sont obtenues à partir des réponses à la première des quatre questions et des observations de l'environnement du client. Si des efforts explicites ne sont pas faits pour conserver une image de l'opération réelle, les idées préconçues de l'entreprise sur l'utilisation du produit pourront recouvrir la voix du client.

La construction d'une image KJ permet à l'ensemble des participants de disposer d'une même compréhension ou d'un même modèle mental de l'utilisation du produit et de son environnement, au moment où ils recueillent la voix du client et découvrent ses besoins précis. L'interprétation des besoins précis doit être liée au contexte d'utilisation si l'on veut qu'elle ait un effet de levier sur l'amélioration de la satisfaction du client. L'image KJ du client pour l'étude de cas du dévidoir est illustrée par la figure 8.6[1].

[STADE 2] ÉTAPE 4 : TRANSFORMER LA VOIX DU CLIENT EN EXIGENCES

Les exigences du client, EC (en anglais *customer requirements* = CR) sont exprimées par une formulation détaillée, sans ambiguïté, qualitative de ses besoins. L'expression « brute » de la voix du client peut être tout

1. Dans ce cas, le KJ a été préparé après que les enquêteurs aient traduit littéralement les voix du client en exigences de qualité. Toutefois, durant la traduction et le déroulement du processus KJ, ils eurent de nombreuses discussions portant sur le contexte, et le choix de chaque exigence de qualité a été lié à l'image partagée par tous de l'utilisation et de l'environnement du produit.

Figure 8.7. Transformation de la voix du client en exigences

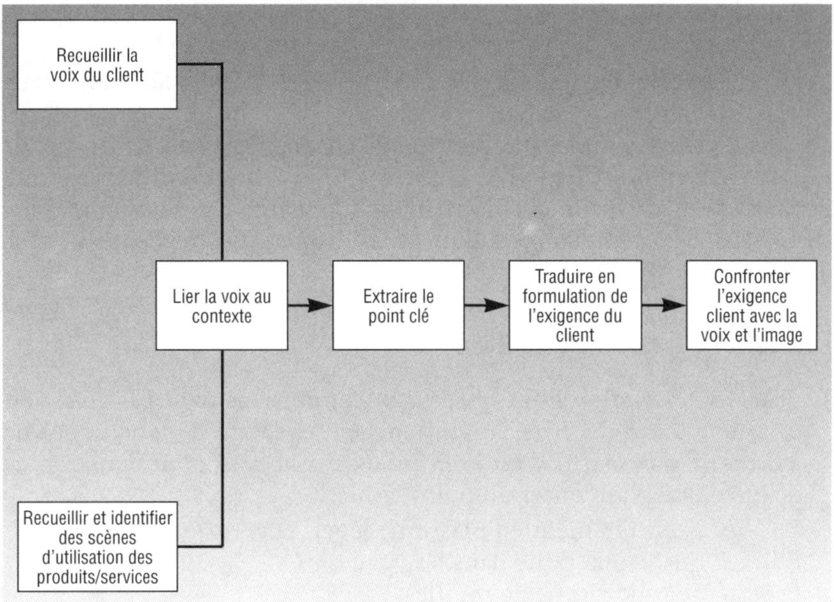

sauf précise. Des méthodes sont donc nécessaires pour traduire avec précision cette voix « brute » en EC.

La méthode utilisée pour transformer chaque voix en exigence a été développée par Ofuji, Ono et Akao[1]. Le processus est représenté sur la figure 8.7.

Durant la visite, on recueille à la fois la voix du client et des images d'utilisation, par exemple, en posant les quatre questions. On lie la voix au contexte en se référant à l'image KJ tandis qu'on interprète la voix. En conservant l'image à l'esprit, on identifie un ou deux points clés pour chaque voix du client ; en partant de ces points clés et en utilisant les sept règles de traduction données ci-après, on construit les exigences du client. Puis on revient en arrière et l'on confronte l'EC à l'image KJ et à la voix originale.

Voici un exemple :

La Voix : « suffisamment grand pour que, si l'on ne pense pas à mettre la ligne dans le dévidoir, on le fasse inconsciemment. »

L'Image : une pression pour lancer très rapidement.

Point clé : le dévidoir n'affecte pas le style de pêche, tant pour lancer que pour dévider la ligne.

1. T. Ofuji, M. Ono et Y. Akao, *QFD Manual 2*.

Les exigences du client :
– le dévidoir est positionné en fin de mouvement de dévidage,
– l'opération du lancer est la même avec ou sans dévidoir.

Le professeur Shiba résume en sept règles de traduction les suggestions d'Ofuji, d'Ono et d'Akao pour convertir les voix « brutes » en exigences du client[1]. Des exemples d'utilisation de chaque règle sont fournis pour le cas du dévidoir. Chaque exemple est plus destiné à illustrer l'une des règles qu'à exprimer parfaitement une exigence du client. Dans chaque cas, des exemples de traduction médiocre (–) et meilleure (+) sont donnés.

Les sept règles de traduction

1. *Éviter les formulations sous forme négative* comme « ne casse pas quand on la laisse tomber ». Écrire, au contraire, en se plaçant d'un point de vue affirmatif, ou positif. Il est préférable de concevoir pour donner plus de force que pour éviter un point faible.
   La Voix : « entièrement en plastique léger, sans risque de rouille. »
   L'Image : jusqu'à la taille dans les vagues.
   Point clé : pas de risque de rouille.
   Traduction :
   (–) Le dévidoir ne doit pas rouiller.
   (+) Le dévidoir est inoxydable.

2. *Éviter les concepts bivalents (0-1) et l'usage d'attributs plurivalents.* Utiliser le mot « non » est le signal d'une pensée bivalente – il faut l'éviter. Le monde n'est pas noir et blanc, mais gris dans la majorité des cas. Les exigences traduites en choix binaires inhibent la flexibilité en abordant les besoins des clients en termes de concessions ou de conflits.
   La Voix : « comment évacuer l'eau. »
   L'Image : jusqu'à la taille dans les vagues.
   Point clé : le drainage.
   Traduction :
   (–) L'eau ne doit pas s'accumuler dans le panier.
   (+) Un écoulement rapide de l'eau hors du dévidoir.

3. *Éviter des mots abstraits* tels que « fiable », « durable », et « adapté à l'environnement ». Se servir de mots spécifiques au produit et à son usage. Les exigences de conception doivent être claires. Les mots ci-dessus prêtent à confusion.

1. Burchill a récemment ramené à trois les principes des sept lignes directrices : *Concept Engineering*, Cambridge, MA, CQM, 1992.

La Voix : « durable – un article en osier ne dure pas ; en plastique, il me survivra. »
L'Image : chaque fois qu'un poisson se présente, quelque chose ne va pas.
Point clé : le dévidoir doit être durable.
Traduction :
(–) Le dévidoir est durable.
(+) Le dévidoir résiste à l'eau de mer.
(+) Le dévidoir résiste à l'exposition au soleil.

4. *Éviter de formuler des « solutions »* définissant la réalisation ou la construction du produit (exemple : « le cadre est en acier »). Si l'exigence est la robustesse, décrire une situation indiquant les caractéristiques de robustesse désirées (exemple : « le cadre supporte un homme de grande taille »). Les exigences du client exprimées sous forme de solutions peuvent limiter prématurément les choix.
La Voix : « un dévidoir dont on puisse se débarrasser rapidement pour ne pas être gêné quand on tourne autour du bateau à la poursuite du poisson. »
L'Image : la pêche s'effectue d'une plate-forme située à l'avant du bateau.
Point clé : pouvoir se débarrasser rapidement du dévidoir.
Traduction :
(–) Le dévidoir a des attaches Velcro.
(+) L'attache du dévidoir peut être libérée d'une seule main.

5. *Éviter des détails prématurés* comme « 7,5 cm par 12,5 cm », avant d'avoir achevé l'analyse des exigences du client. Celles-ci ne sont pas abstraites ; elles ne sont pas non plus très précises (exemple : « le cordon d'alimentation doit aller de l'appareil à la prise de courant la plus proche »). Un détail en trop peut limiter prématurément les choix.
La Voix : « il doit être conçu en tronc de cône, le rapport entre la hauteur et le diamètre doit être compris entre le tiers et la moitié, pour que les boucles de la ligne s'empilent en direction du bord du dévidoir ; ce devrait être un bol parabolique ».
L'Image : je vérifie ma ligne à deux fois quand j'attends de repérer un poisson.
Point clé : de grandes boucles de ligne sont préférables.
Traduction :
(–) Le dévidoir est un récipient parabolique dont la hauteur et la largeur ont un rapport de moitié.
(+) Les boucles s'empilent sur les bords du dévidoir.

6. *Éviter le verbe auxiliaire* devrait *ou* doit, qui exprime un jugement. Utiliser à la place les formes au temps présent du verbe être, comme :

suis, est, sommes, sont. Une formulation impliquant un jugement tire des conclusions prématurées quant à la nécessité des exigences. Il est important de conserver un esprit ouvert jusqu'à ce que l'on ait intégré toutes les voix du client. Dans une étape ultérieure, on distinguera entre exigences impératives ou non.

La Voix : « le dévidoir doit être léger ; on peut avoir à marcher des kilomètres le long de la plage. »

L'Image : courir le long de la plage pour poursuivre un banc de poissons en mouvement.

Point clé : le dévidoir doit être assez léger pour être porté facilement.

Traduction :

(–) Le dévidoir doit être facile à porter quand on est dans l'eau.

(+) Le dévidoir est facile à porter.

7. *Éviter les concepts abstraits.* Utiliser des termes plus concrets.

La Voix : « confort : le porter pendant des heures et oublier qu'on le porte ; comme un bon chapeau. »

L'Image : c'est un travail dur et éprouvant d'attraper des poissons.

Point clé :

– le dévidoir ne doit pas provoquer de fatigue,

– il ne doit pas gêner le pêcheur.

Traduction :

(–) Le dévidoir est confortable.

(+) Le bord intérieur s'adapte au corps.

Étude de cas du dévidoir :
Traduction des voix du client en exigences

En utilisant les techniques que nous venons de voir, Burchill et ses collègues ont traduit les voix du client en exigences. Le tableau 8.1 présente un choix de ces traductions.

Questions courantes

Durant la conversion des voix du client en exigences, plusieurs questions se posent couramment.

• *Perfectionnements successifs.* Le point clé de la voix du client est souvent difficile à comprendre au premier abord. Il peut être utile de mettre par écrit ce qui semble être le point clé et l'exigence du client, puis de comparer cette dernière à la voix et à l'image. On peut alors améliorer le point clé et l'exigence du client par itération (voir figure 8.8).

Figure 8.8. Affinement du point clé de la voix du client

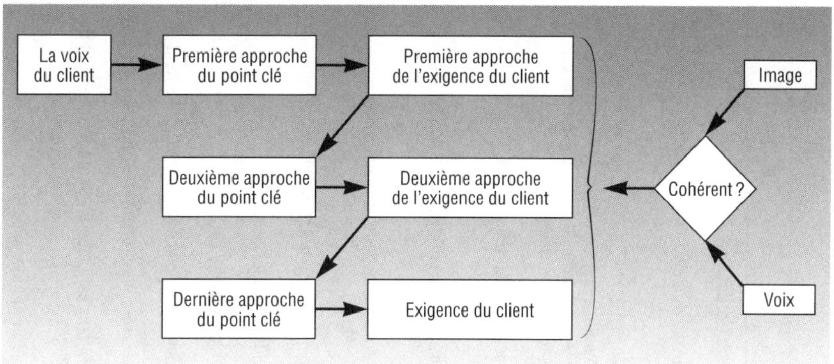

• *La partie émergée de l'iceberg.* Souvent les clients pensent exprimer complètement leurs attentes, alors qu'ils ne décrivent que la partie apparente d'un iceberg (voir figure 8.9). Ils pensent et disent par exemple, qu'il leur faut un meilleur manuel pour leur appareil ménager, quand ils veulent en réalité un appareil suffisamment simple pour pouvoir l'utiliser sans manuel.

Figure 8.9. La partie émergée de l'iceberg

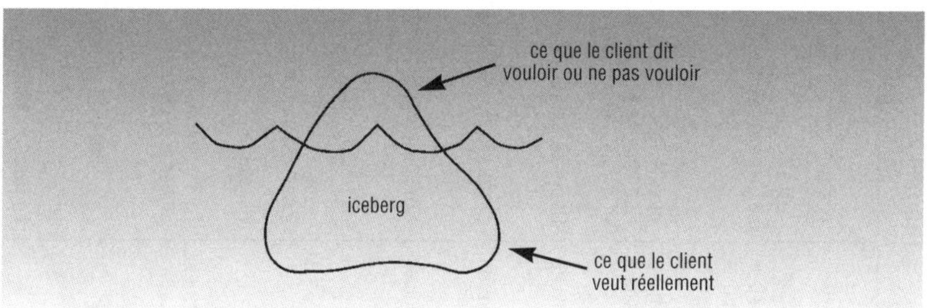

Un exemple caractéristique de ce phénomène est donné dans l'une des voix du client à propos du dévidoir : « un système fait d'une tige ou d'une cheville empêchant la ligne de glisser ». La formulation suggère que le client s'interroge de façon concrète sur un tel système.

Cependant, l'analyse révéla que le point clé était d'« empêcher la ligne de glisser », ce qui recouvre deux exigences du client : « la ligne reste bien en place dans le dévidoir », et « la ligne ne s'emmêle pas ». Le « système composé d'une tige ou d'une cheville » n'était que la partie émergée de l'iceberg. En réalité, le client souhaite que la ligne reste en place dans le dévidoir pour qu'elle ne s'emmêle pas et ne s'embrouille pas au moment du lancement (voir figure 8.10).

Tableau 8.1. Traduction de la Voix du Client

Voix du client	*Point clé*	*Exigence-Qualité*
La plupart des dévidoirs sont bricolés.	Il n'y a pas de bons produits commerciaux.	Impossible à déterminer.
Mon dévidoir Orvis est équipé d'une sangle élastique. Une courroie réglable est importante ; je porte tantôt un pull et un imperméable ; tantôt un T-shirt.	Le dispositif de fixation est réglable.	La courroie du dévidoir est réglable.
La sangle élastique est serrée, ce qui permet de maintenir le dévidoir en position horizontale, empêchant la ligne de se délover et de s'emmêler.	• Le dévidoir ne doit pas pencher. • La ligne ne doit pas se délover. • La ligne ne doit pas s'emmêler.	• Le dévidoir reste perpendiculaire au corps. • La ligne est répartie de façon régulière dans le dévidoir. • La ligne ne s'emmêle pas.
Un pêcheur n'aime pas les couleurs vives, le kaki ou le brun sont parfaits.	Couleurs naturelles, pas lumineuses.	La couleur est naturelle/neutre.
La courroie doit maintenir le dévidoir au devant du corps.	La courroie doit fixer solidement le dévidoir.	Une fois attaché, le dévidoir ne bouge pas.
Une profondeur de 10 à 15 cm pour que les boucles de la ligne ne débordent pas.	Une fois dans le dévidoir, la ligne doit y rester.	La ligne demeure dans le dévidoir jusqu'à son lancement.
Un moyen d'évacuer l'eau, un drainage.	L'eau ne s'accumule pas dans le dévidoir.	L'eau peut s'évacuer librement.
Tout en plastique léger, pas de risque de rouille.	Pas de risque de rouille.	Le dévidoir est inoxydable.
Ne pas même le sentir sur la hanche.	Le dévidoir est confortable.	Le dévidoir épouse le corps.
Assez grand pour ne pas avoir à penser à y mettre la ligne ; le faire inconsciemment.	Le dévidoir n'influe pas sur le style de pêche pour le lancer et le dévidage.	• Le dévidoir est placé en fin de mouvement de dévidage. • Le lancer est-il le même avec ou sans dévidoir ?
Je veux qu'il soit à 20 cm de ma jambe/hanche.	La position du dévidoir est importante.	• Le dévidoir est placé en fin de mouvement de dévidage.
Assez confortable à la taille ; pas encombrant.	Le dévidoir est confortable.	Le dévidoir épouse le corps.

Ne pas s'écarter de ce qui fait l'essentiel du produit : la fonctionnalité est le point clé.	D'abord, les fonctions de base.	• La ligne ne s'emmêle pas. • La ligne est lancée sans entrave.
La toile ne dure pas.	Le matériau doit être durable.	Le dévidoir peut durer plusieurs saisons.
Si le dévidoir s'écarte du ventre ne serait-ce que d'une douzaine de centimètres, cela complique le pliage de la ligne à l'intérieur.	Le dévidoir ne doit pas influencer le style de pêche.	La ligne dévidée est repliée dans le panier après chaque lancer.
Quelles nouvelles caractéristiques répondraient à vos futurs besoins?		
Un système fait d'une tige ou d'une cheville empêchant la ligne de se déplacer.	Empêcher la ligne de se déplacer.	• La ligne ne bouge pas dans le dévidoir. • La ligne est libre.
Facile à porter quand on ne s'en sert pas.	Facile à transporter.	Le dévidoir est facile à porter quand on se déplace dans l'eau.
Facile à empaqueter.	Facile à ranger.	Le dévidoir doit prendre peu de place quand on ne s'en sert pas.
Possibilité d'un double usage.	Le dispositif devrait faire davantage que tenir la ligne.	Le dévidoir satisfait d'autres fonctions liées à la pêche.
Sur la base de votre expérience, quelles critiques, quels problèmes, quels points faibles voudriez-vous mentionner concernant le produit/service?		
C'est la construction du type « sac » qui provoque les déplacements de la ligne.	Glissements de la ligne.	Le dévidoir ne doit pas permettre à la ligne de s'emmêler.
Adaptabilité à diverses conditions et positions.	La position du dévidoir est modifiée pour satisfaire aux conditions.	Le dévidoir peut être porté dans différentes positions.
Système de fixation.	Fixation.	• Le dévidoir est facile à fixer.
Liaison courroie/bord.	Trop imprécise pour travailler.	• Le dévidoir est facile à détacher. • La position du dévidoir ne change pas après sa fixation.

Figure 8.10. Modèle de l'iceberg pour les points clés du dévidoir

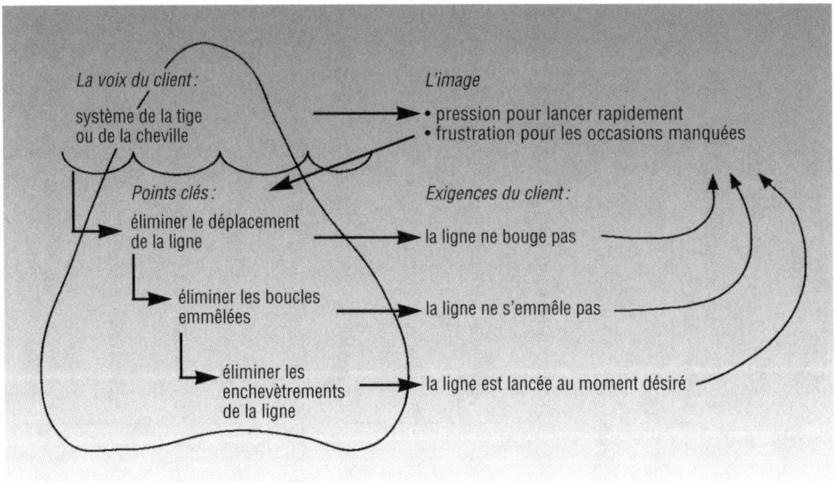

Ce processus consistant à aller chercher au-dessous de la ligne de flottaison de l'iceberg des exigences formulées par le client implique nécessairement beaucoup d'interprétation. Pour s'assurer que les interprétations identifient les vrais besoins du client, on doit en permanence revenir à l'image KJ.

• *Idées multiples.* Une autre situation se rencontre couramment, quand les voix du client englobent plus d'une pensée à la fois. Prenons par exemple, la déclaration suivante du client : « il n'est pas nécessaire que le dévidoir soit profond. Seulement de 7,5 à 10 cm. Une profondeur plus grande le rendrait encombrant. Il suffirait qu'il puisse contenir une ligne de 90 à 120 mètres et soit suffisamment profond pour qu'elle ne s'en échappe pas.» Bien qu'en apparence, le client s'inquiète de la profondeur du dévidoir, il faut entendre en réalité deux points clés : (1) une fois dans le dévidoir, la ligne ne doit pas s'en échapper accidentellement ; et (2) moins profond, le panier est moins encombrant. Ces deux points clés conduisent à deux exigences du client : (1) une fois dans le dévidoir, la ligne y reste ; et (2) la profondeur est inférieure à 10 cm.

• *Interprétations multiples par voix.* Des formulations énoncées dans un contexte donné peuvent avoir des significations entièrement différentes quand elles le sont dans un autre. Lors du développement des exigences du client, on doit déterminer si la voix peut correspondre à plus d'une image. Si c'est le cas, il faut créer des exigences pour chaque image.

[STADE 2] ÉTAPE 5 : CHOISIR LES EXIGENCES LES PLUS SIGNIFICATIVES DU CLIENT

Habituellement, les exigences du client sont trop nombreuses pour qu'on puisse les traiter. Dans ce cas, on doit isoler les quelques exigences essentielles du grand nombre des exigences mineures. La méthode « multi-prises » (MPM = *multipick-up method*) est un outil fort utile à cet effet[1]. La figure 8.11 montre la façon dont la MPM peut être utilisée pour cela.

Figure 8.11. Choix des quelques exigences-client essentielles

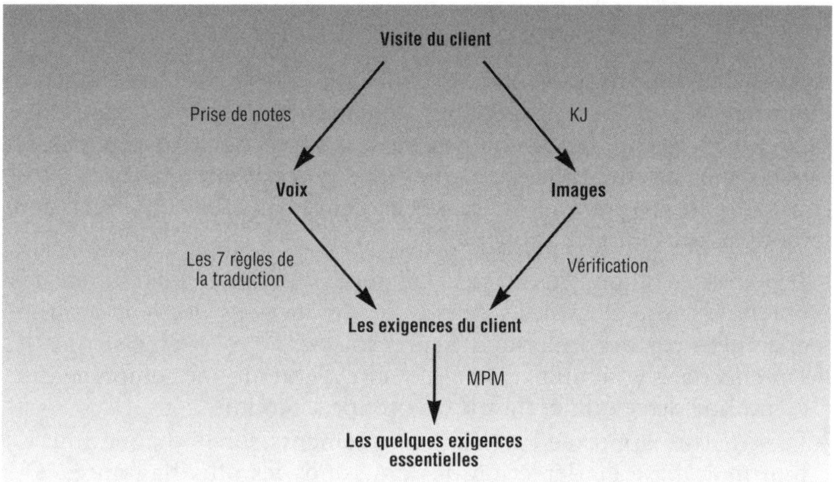

Sur la figure, on note qu'on peut se servir de MPM après avoir converti la voix du client en exigences. Mais on pourrait aussi y recourir avant cette conversion. La première méthode est préférable, car elle suppose une compréhension de l'ensemble des voix du client avant d'en écarter certaines.

La compréhension du point clé de la voix du client dépend du contexte de la déclaration ; des voix apparemment similaires émanant de clients différents peuvent en réalité signifier des choses différentes. C'est la raison pour laquelle on utilise l'image KJ au cours du processus de traduction pour la conversion des voix en exigences du client, avant toute élimination des voix apparemment de peu d'intérêt.

La seconde méthode, l'application du MPM aux voix « brutes », peut être nécessaire si celles-ci sont à ce point abondantes que leur interprétation n'est pas aisée. Il n'est pas nécessaire, toutefois, de rencontrer un

1. La méthode MPM est brièvement décrite au chapitre 7.

grand nombre de clients, comme nous l'avons expliqué dans la discussion de l'étude du cas BBN (voir chapitre 7). Après avoir exploré ce que nous avons appris des premières visites effectuées chez un petit nombre de clients, on recherche des informations complémentaires auprès d'autres clients. En procédant ainsi à plusieurs reprises, on doit pouvoir réunir suffisamment d'informations sans avoir à visiter un trop grand nombre de clients ou à recueillir trop d'informations en double.

[STADE 2] ÉTAPE 6 : COMPRENDRE LES RELATIONS ENTRE LES EXIGENCES

Après avoir compris les voix du client et choisi les « quelques exigences essentielles » qui s'en dégagent, on a maintenant besoin d'organiser les EC (exigences du client) choisies et de caractériser leur rôle dans la satisfaction du client. La première étape de cette organisation est de construire un diagramme KJ de ces exigences du client (EC KJ), dont les usages peuvent être multiples.

- Il facilite la compréhension par l'ensemble du groupe des résultats déjà obtenus. Jusqu'alors, les visites et les traductions peuvent avoir été effectuées par des individus ou des sous-groupes. Même si tous les ont effectuées ensemble, il est nécessaire d'obtenir une compréhension commune de ce que le travail du groupe a produit.
- La structure apportée par les regroupements sur le diagramme KJ fournit la base de détection des omissions les plus flagrantes. Des omissions peuvent se produire facilement, soit que le nombre des données à traiter soit si important que quelque chose ait été négligé, soit qu'aucun client n'ait formulé de réel besoin.
- La synthèse des EC représentées sur le diagramme peut faire naître une idée. Par exemple, les étiquettes placées plus haut permettent d'exprimer l'attrait de caractéristiques du produit dans le langage du client.
- Le diagramme peut être utilisé comme outil de vérification des conclusions : on le montre aux clients pour s'assurer qu'ils ont été bien entendus, on leur permet de voter sur l'importance des EC reportées sur le diagramme KJ, ou on fait appel aux votes KJ pour vérifier les dernières étapes.
- La structure et le groupement au sein du diagramme KJ peuvent servir de base à la réduction du nombre d'EC à évaluer dans les dernières étapes.
- La connaissance de la structure des EC est utile pour trier les incohérences apparentes dans les moyens d'aborder les EC.

Figure 8.12. Diagramme KJ des exigences du client (cas du dévidoir)

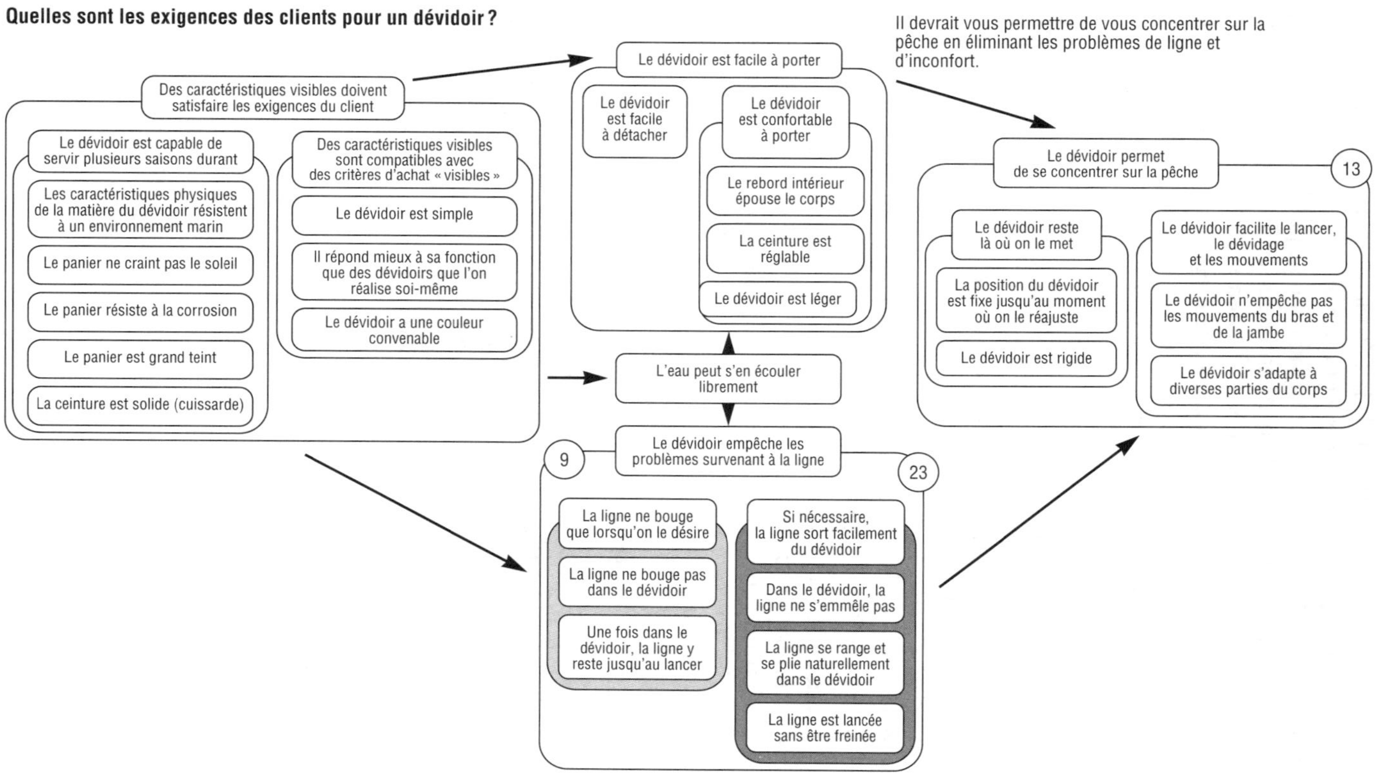

La figure 8.12 est le EC KJ de l'étude de cas du dévidoir. Les huit pêcheurs interrogés précédemment ont voté sur ce KJ. La remarquable cohérence de leurs votes a confirmé à l'équipe de conception que la voix du client avait été fidèlement entendue et interprétée. Par exemple, avec le vote 3-2-1, « la ligne sort facilement du dévidoir » a obtenu 23 voix sur les 24 possibles pour la première place ; « facilite le lancer, le dévidage et le mouvement », 13 voix sur les 16 possibles en seconde place ; et « la ligne ne bouge que lorsqu'on le désire », 9 voix en troisième place.

Le diagramme KJ de la figure 8.12 montre la hiérarchie des exigences du client. L'évaluation du diagramme KJ par les utilisateurs faiseurs d'opinion a permis de désigner comme les plus importants les trois groupes suivants d'exigences du client : la ligne sort facilement du dévidoir quand
– c'est nécessaire,
– le dévidoir s'adapte au lancer, au dévidage et au mouvement,
– la ligne ne bouge que si on le désire.

La disposition du diagramme KJ facilite la compréhension mais est peu commode pour une utilisation ultérieure des données KJ. Toutefois, ce diagramme étant une hiérarchie, il est facile d'en convertir des parties en une structure en arbre moins difficile, en utilisant celles qu'on juge les plus importantes (voir figure 8.13).

Figure 8.13. Table des exigences du client

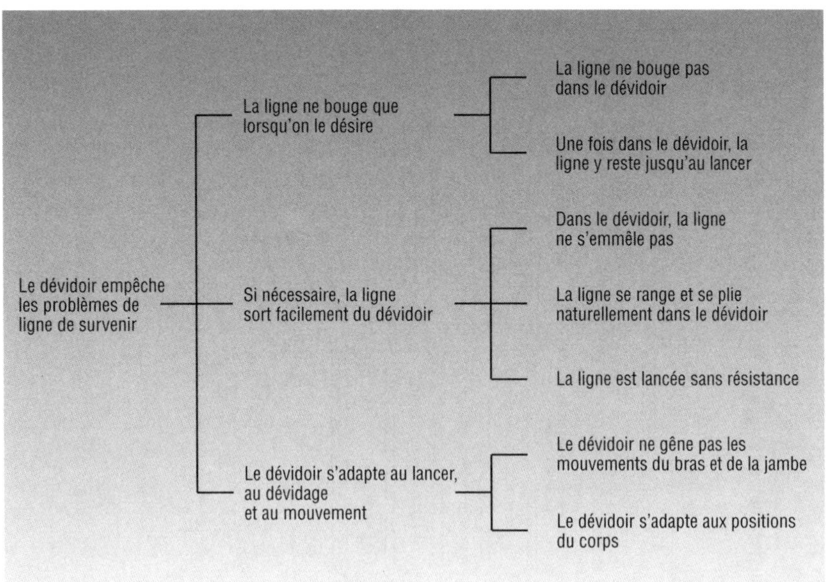

Cette structure en arbre d'une portion du KJ des exigences du client est appelée « table des exigences du client » et apparaîtra sur le côté gauche de la « table de la qualité », que l'on décrira au stade 3, étape 9.

L'étude de cas du dévidoir a débuté avec deux cents voix de clients ; puis on s'est servi des outils MPM et KJ pour extraire de ces voix sept exigences clés du client. Comme nous l'avons mentionné précédemment, le traitement d'un grand nombre d'exigences du client n'est pas réalisable. On doit choisir celles qui importent le plus au client.

[STADE 3] ÉTAPE 7 : ÉTUDIER LES CARACTÉRISTIQUES DES EXIGENCES DU CLIENT

On peut utiliser plusieurs méthodes pour étudier les caractéristiques des exigences du client que l'on a explicitées. L'une d'elles consiste à demander au client de les classer par ordre d'importance. La méthode particulière dont nous parlerons ici est basée sur les travaux du professeur Noriaki Kano, de l'université Rika de Tokyo.

Le professeur Kano et ses collègues ont développé une série d'idées que nous résumons de la manière suivante :[1]

- *On peut rendre visibles des idées invisibles concernant la qualité.* Les idées du client sur la qualité sont souvent confuses et difficiles à saisir clairement, mais on peut les rendre claires. De nombreuses exigences apparaissent alors ; elles se classent en plusieurs groupes. On peut représenter ces groupes par une structure en arbre des exigences-client (voir figure 8.13).
- *Pour certaines exigences, la satisfaction du client est proportionnelle au niveau de réponse du produit à l'exigence.* L'axe des x de la figure 8.14 indique le niveau de réponse du produit, et l'axe des y, le degré de satisfaction du client. On pensait traditionnellement que la satisfaction du client était proportionnelle au niveau de réponse à l'exigence par le produit : moins cette réponse était complète, moins il satisfaisait le client,

1. Présentations faites aux réunions annuelles de l'association japonaise pour la Maîtrise de la Qualité (*Japanese Society for Quality Control*), Noriaki Kano et Fumio Takahashi, « Hinshisu No M-H Sei Ni Tsuite (*Motivator and Hygiene Factor in Quality*), » octobre 1979 ; Noriaki Kano, Shinichi Tsuji, Nobuhiko Seraku, et Fumio Takahashi, « Miryokuteki Hinshitsu To Atarimae Hinshitsu (1), (2) [*Attractive Quality and Must-be Quality* (1), (2)] », octobre 1982 ; ces présentations ont été publiées dans *Quality, JSQC* 14, n° 2, Tokyo, Japanese Society for Quality Control, 1984.

plus elle était complète, plus il le satisfaisait. La ligne à 45 degrés passant par l'origine trace la correspondance entre la satisfaction du client et les performances du produit. Le client est plus satisfait d'un produit pleinement performant, et moins satisfait de celui qui l'est moins. De telles exigences sont dites « unidimensionnelles ». Pour le dévidoir, le taux d'écoulement de l'eau est plus probablement une exigence unidimensionnelle – la satisfaction est probablement proportionnelle au taux d'écoulement.

Figure 8.14. Identification d'exigences unidimensionnelles, de « facteurs de séduction » et de « facteurs d'insatisfaction »

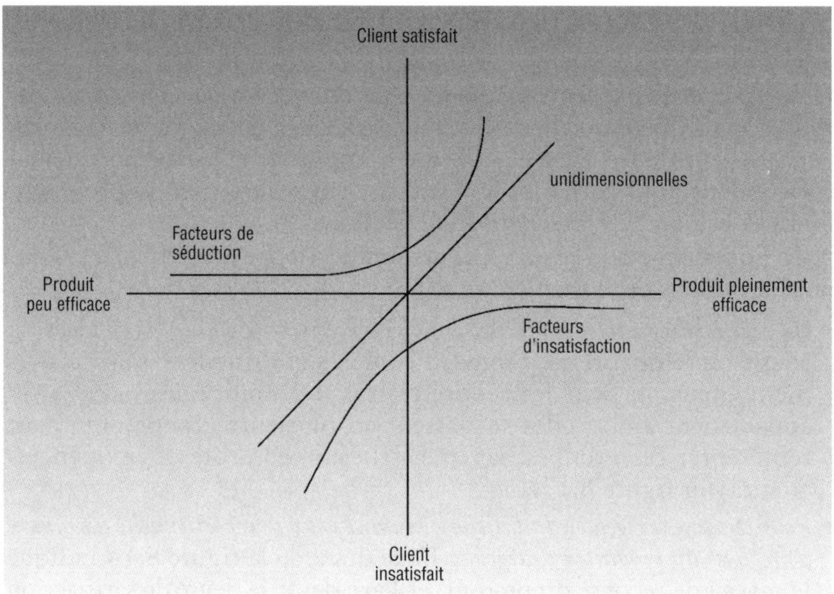

- Certaines exigences du client ne sont pas unidimensionnelles. Celles-ci sont indiquées sur la figure 8.14 par les courbes « facteurs d'insatisfaction » et « facteurs de séduction ». La courbe « facteurs d'insatisfaction » indique des situations dans lesquelles le client est moins satisfait quand le produit est moins efficace, mais n'est pas plus satisfait quand il l'est plus. Par exemple, une courroie peu solide est la cause d'une moindre satisfaction du client ; mais si elle l'est plus, son degré de satisfaction ne s'en trouve pas augmenté.

La courbe « facteurs de séduction » concerne des caractéristiques où le client est plus satisfait quand le produit est plus performant, mais n'est pas moins satisfait quand le produit l'est moins. Par exemple, un client ne ressent pas d'insatisfaction quand le panier ne s'adapte pas à différentes parties de son corps, l'abdomen, la hanche ou la cuisse, mais il est plus satisfait quand il possède cette caractéristique.

Un questionnaire peut permettre de classer les exigences du client. Kano et ses collègues pensent que les exigences « unidimensionnelles », « facteurs d'insatisfaction » et « facteurs de séduction », peuvent être classées à l'aide d'un questionnaire soumis au client. Ce questionnaire comporte deux questions : (1) Comment réagiriez-vous si cette caractéristique était présente dans le produit ? (2) Et si elle en était absente ? Pour chaque question, le client a le choix entre cinq réponses (voir tableau 8.2).

Tableau 8.2. Questionnaire de classification des exigences du client

Comment réagiriez-vous si l'eau s'évacuait rapidement du dévidoir ?	1. Cela me plaît. 2. C'est nécessaire. 3. Cela me laisse indifférent. 4. Je peux vivre avec cela. 5. Je n'aime pas cela du tout.
Comment réagiriez-vous si l'eau s'évacuait lentement du dévidoir ?	1. Cela me plaît. 2. C'est nécessaire. 3. Cela me laisse indifférent. 4. Je peux vivre avec cela. 5. Je n'aime pas cela du tout.

Les cinq choix du tableau sont ceux utilisés dans l'étude de cas du dévidoir. Les formulations suivantes semblent permettre, toutefois, de mieux différencier les réponses :

1. Je m'en réjouis.
2. C'est une nécessité de base, ou bien, j'attends cela du produit.
3. Cela me laisse indifférent.
4. Cela ne me plaît pas, mais je peux vivre avec.
5. Cela ne me plaît pas, et je ne puis l'accepter.

Sur la base des réponses données, la caractéristique du produit (vitesse d'écoulement de l'eau, dans l'exemple ci-dessus) peut être classée dans l'une des six catégories suivantes : S = séduisante, N = nécessaire, U = unidimensionnelle, R = refusée, I = indifférente, et D = discutable. Les trois premières catégories ont été définies plus haut. Ce sont principalement celles que nous cherchons dans l'analyse de

Kano. Les autres catégories correspondent aux situations suivantes : il y a des contradictions dans les réponses du client aux questions posées (D = discutable) ; le client est indifférent à la présence de la caractéristique en question (I = indifférent) ; ou votre jugement *a priori* porté sur le caractère efficace ou peu efficace est en contradiction avec ce que ressent le client (R = refusée).

On peut déterminer des catégories d'exigences du client en comparant les réponses relatives à l'efficacité ou au manque d'efficacité d'éléments du produit (voir tableau 8.3).

Si, par exemple, le client répond « cela me plaît ainsi » pour « l'eau s'évacue rapidement » et « cela ne me plaît pas » pour « l'eau s'évacue lentement », on regarde à l'intersection de la première ligne et de la cinquième colonne et l'on trouve U, ce qui indique que le client considère la vitesse d'évacuation de l'eau comme une exigence unidimensionnelle.

Tableau 8.3. Table d'évaluation de Kano

Exigences du client → ↓		*Peu efficace*				
		1. Aime	2. Nécessaire	3. Indifférent	4. Vit avec	5. N'aime pas
Efficace	1. Aime	D	S	S	S	U
	2. Nécessaire	R	I	S	I	N
	3. Indifférent	R	I	S	I	N
	4. Vit avec	R	I	S	I	N
	5. N'aime pas	R	R	R	R	D

L'exigence du client est :	
S : Séduisante	U : Unidimensionnelle
N : Nécessaire	D : Discutable
R : Refusée	I : Indifférente

Étude de cas du dévidoir – Questionnaire Kano – Matrice et diagramme

Une partie du questionnaire Kano concernant l'étude de cas du dévidoir est reproduite sur le tableau 8.4.

Tableau 8.4. Questionnaire Kano (étude de cas du dévidoir)

8a Si la ligne ne bouge pas dans le dévidoir, comment réagissez-vous ?	1. Me plaît ainsi. 2. Doit être ainsi. 3. Me laisse indifférent. 4. Peux vivre sans cela. 5. N'aime pas cela du tout.
8b Si la ligne bouge dans le dévidoir, comment réagissez-vous ?	1. Me plaît ainsi. 2. Doit être ainsi. 3. Me laisse indifférent. 4. Peux vivre sans cela. 5. N'aime pas cela du tout.
9a Si la ligne placée dans le dévidoir y reste, comment réagissez-vous ?	1. Me plaît ainsi. 2. Doit être ainsi. 3. Me laisse indifférent. 4. Peux vivre sans cela. 5. N'aime pas cela du tout.
9b Si la ligne placée dans le dévidoir en sort, comment réagissez-vous ?	1. Me plaît ainsi. 2. Doit être ainsi. 3. Me laisse indifférent. 4. Peux vivre sans cela. 5. N'aime pas cela du tout.
10a Si la ligne placée dans le dévidoir ne peut s'emmêler, comment réagissez-vous ?	1. Me plaît ainsi. 2. Doit être ainsi. 3. Me laisse indifférent. 4. Peux vivre sans cela. 5. N'aime pas cela du tout.
10b Si la ligne placée dans le dévidoir s'emmêle, comment réagissez-vous ?	1. Me plaît ainsi. 2. Doit être ainsi. 3. Me laisse indifférent. 4. Peux vivre sans cela. 5. N'aime pas cela du tout.
11a Si la ligne se range naturellement au fond du dévidoir, comment réagissez-vous ?	1. Me plaît ainsi. 2. Doit être ainsi. 3. Me laisse indifférent. 4. Peux vivre sans cela. 5. N'aime pas cela du tout.
11b Si la ligne ne se range pas naturellement, comment réagissez-vous ?	1. Me plaît ainsi. 2. Doit être ainsi. 3. Me laisse indifférent. 4. Peux vivre sans cela. 5. N'aime pas cela du tout.
12a Si lors du lancer, le dévidoir freine la ligne, comment réagissez-vous ?	1. Me plaît ainsi. 2. Doit être ainsi. 3. Me laisse indifférent. 4. Peux vivre sans cela. 5. N'aime pas cela du tout.
12b Si lors du lancer, la ligne se déroule, comment réagissez-vous ?	1. Me plaît ainsi. 2. Doit être ainsi. 3. Me laisse indifférent. 4. Peux vivre sans cela. 5. N'aime pas cela du tout.

Tableau 8.4. *(suite)*

19a Si le dévidoir ne gêne pas les mouvements du bras ou de la jambe, comment réagissez-vous ?	1. Me plaît ainsi. 2. Doit être ainsi. 3. Me laisse indifférent. 4. Peux vivre sans cela. 5. N'aime pas cela du tout.
19b Si le dévidoir interfère avec les mouvements du bras ou de la jambe, comment réagissez-vous ?	1. Me plaît ainsi. 2. Doit être ainsi. 3. Me laisse indifférent. 4. Peux vivre sans cela. 5. N'aime pas cela du tout.
20a Si le dévidoir s'adapte à différentes parties du corps, comment réagissez-vous ?	1. Me plaît ainsi. 2. Doit être ainsi. 3. Me laisse indifférent. 4. Peux vivre sans cela. 5. N'aime pas cela du tout.
20b Si le dévidoir ne s'adapte pas facilement à différentes parties du corps, comment réagissez-vous ?	1. Me plaît ainsi. 2. Doit être ainsi. 3. Me laisse indifférent. 4. Peux vivre sans cela. 5. N'aime pas cela du tout.

Les résultats de l'enquête Kano auprès des clients ont été reportés sur la figure 8.15. Le classement de chaque exigence du questionnaire a été ensuite déterminée à l'aide de la table d'évaluation de Kano pour le premier client.

On procède de la même façon pour les questionnaires de chaque client et on reporte les résultats sur un tableau. Le tableau 8.5 montre les résultats de l'étude en question. Pour chaque ligne du tableau – pour chaque exigence du client – le point de vue dominant est indiqué en gras. Si deux exigences ont des notes identiques ou proches, c'est l'indication qu'un supplément d'information est nécessaire : on peut avoir affaire à deux segments de marché, ou avoir à poser des questions plus détaillées concernant les exigences du client.

Le diagramme de Kano a été déduit du classement des réponses des clients à l'enquête de Kano pour l'étude de cas du dévidoir ; il montre des qualités « nécessaires », « unidimensionnelles », « séduisantes » et « indifférentes » pour le panier de récupération (voir figure 8.16).

Toutes les exigences du client ne sont pas égales. L'amélioration d'une exigence « nécessaire » située déjà à un niveau satisfaisant, n'est pas productive comparée à l'amélioration d'une exigence « unidimensionnelle » ou « séduisante ». Une idée des relations entre exigences et dimensions de la qualité peut améliorer

Figure 8.15. Classification des résultats de l'enquête de Kano

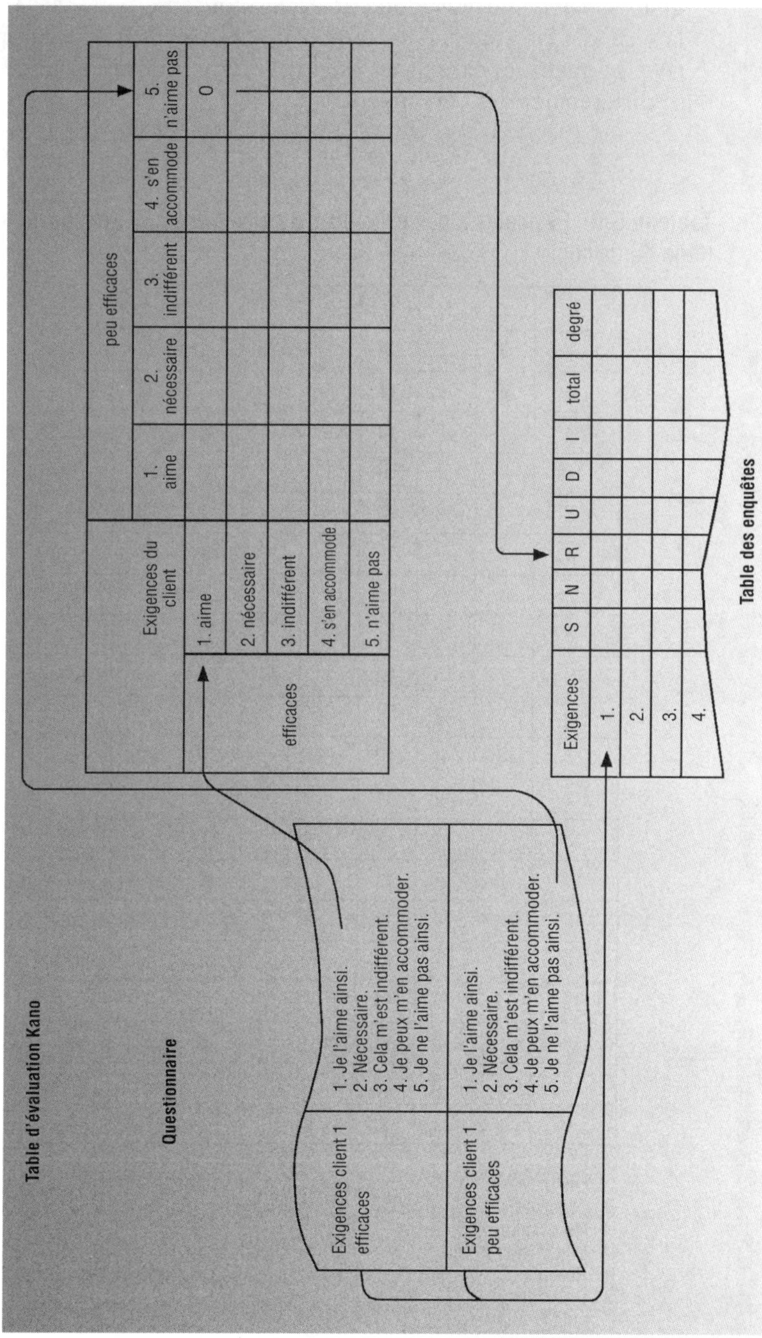

l'attention portée aux problèmes cruciaux. En général, les exigences « nécessaires » doivent être rigoureusement satisfaites, la série des exigences « unidimensionnelles » doit être compétitive, et quelques exigences « séduisantes » sont nécessaires pour se différencier des concurrents.

Tableau 8.5. Évaluations des exigences du client (EC) pour le questionnaire Kano du dévidoir

Ec	S	N	U	R	D	I	Total	Degré
1	3	6	**14**				23	U
2	5	6	**11**			1	23	U
3	2	5	**13**			3	23	U
4	6	1	4	1		**11**	23	I
5	1	**9**	6	1		6	23	D
6	7		2	3	1	**10**	23	I
7	1	2	**16**		1	3	23	U
8	2	8	11	2			23	U
9		10	13				23	U
10		13	10				23	D
11	3	4	**14**			1	22	0
12		12	11				23	D
13	9	1	2			**11**	23	I
14	6	2	**11**			4	23	U
15	6	4	**11**		1		23	U
16	1	7	**13**			2	23	U
17	1	3	**18**				23	U
18		5	**14**	1		3	23	U
19		8	**15**				23	U
20	**9**	1	8			5	23	A

L'exigence du client est :

S : Séduisante
N : Nécessaire
U : Unidimensionnelle
R : Refusée
D : Discutable
I : Indifférente

Figure 8.16. Le diagramme de Kano des exigences du client

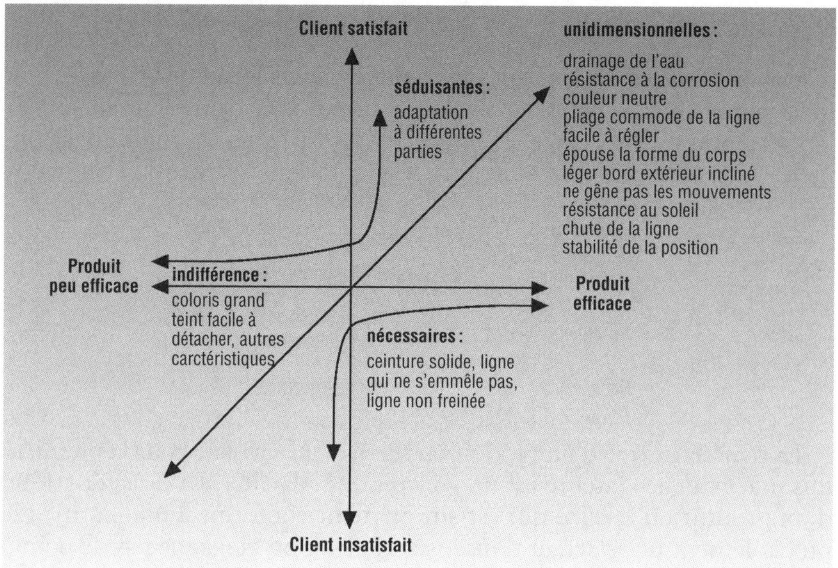

La dégradation de la satisfaction du client

Le diagramme de Kano montrant les relations entre exigences « séduisantes », « unidimensionnelles » et « nécessaires », est utile pour illustrer un autre phénomène.

L'expérience a montré qu'en de nombreuses circonstances, la satisfaction du client par une caractéristique d'un produit donné se dégrade avec le temps. Par exemple, le Walkman® de Sony était à l'origine un équipement séduisant. Les gens n'étaient pas malheureux de ne pas en avoir, mais ils étaient enchantés d'en posséder un. Avec le temps, son usage s'est répandu partout, et le Walkman® a cessé de correspondre à une exigence « séduisante » pour devenir « unidimensionnelle ». Ne pas en avoir rendait les gens malheureux, et en obtenir un les rendait heureux. Plus il possédait de caractéristiques, plus ils étaient satisfaits. On peut soutenir qu'aujourd'hui, le Walkman® a évolué vers la situation d'une exigence « nécessaire ». Les enfants trouvent simplement normal que leurs parents leur en achètent ; sinon ils vont se plaindre d'être privés par rapport à leurs camarades. Pour un grand nombre de gens, le Walkman® est une drogue : ils ne peuvent ni conduire ni faire de jogging sans lui.

Dans l'industrie informatique, la fiabilité de l'ordinateur était traditionnellement unidimensionnelle. Les clients étaient disposés à payer pour une fiabilité élevée et un service après-vente rapide. Aujourd'hui, ils s'attendent de plus en plus à ce que leur ordinateur fonctionne sans panne. La fiabilité de l'ordinateur est une exigence « nécessaire » du client, qu'ils attendent même des distributeurs par correspondance.

Sur une voiture, les freins sont toujours un élément « nécessaire » – le fait d'en avoir ne rend pas le client plus heureux, mais le fait de ne pas les voir fonctionner comme prévu est une cause importante de mécontentement.

Notons la relation entre les exigences « séduisantes », « unidimensionnelles », et « nécessaires » et les quatre adaptations décrites au chapitre 1.

Analyse Kano	Les quatres adaptations
Séduisants	à l'exigence latente
Unidimensionnels	au coût à l'utilisation
Nécessaires	à des normes

La caractéristique d'un produit ou service qui satisfait pour la première fois une exigence latente est un « facteur de plaisir ». La caractéristique d'un produit ou service qui est simplement conforme à une norme est probablement un « facteur d'insatisfaction » – on ne gagne pas de points à se conformer à la norme, mais on en perd si on n'y parvient pas. Suivant le degré de maturité du produit ou service, l'adaptation à l'usage pourrait être « unidimensionnelle » ou « nécessaire », et l'adaptation au coût pourrait être « séduisante », « unidimensionnelle », ou « nécessaire ».

La tendance de la satisfaction du client à se dégrader exige des entreprises un effort constant pour répondre à de nouvelles exigences latentes, diminuer les coûts, améliorer la commodité d'utilisation et, bien entendu, satisfaire les normes – en d'autres termes, rechercher une amélioration continue.

[STADE 3] ÉTAPE 8 : DÉFINIR DES INDICATEURS DE MESURE POUR LES EXIGENCES DU CLIENT

Une fois les EC définies qualitativement et dans le langage du client, il faut les traduire dans le langage quantitatif de l'ingénieur. Par exemple, si l'exigence du client est « la ligne est lancée sans être freinée », les ingénieurs ont besoin d'objectifs physiques mesurables pour leur projet, comme la « force nécessaire pour lancer la ligne et la mouche à une distance donnée ». On appelle Indicateurs-Qualité (IQ) cette traduction des exigences du client en indicateurs de mesure physiques. On doit définir des Indicateurs-Qualité pour la totalité des « quelques » exigences « essentielles ».

On suppose que si les critères de mesure et les objectifs pour chaque client sont clairement identifiés, un bon concepteur ou un bon ingénieur peuvent trouver le moyen d'obtenir les caractéristiques désirées par le client, dans la mesure où c'est réalisable. Ainsi, une définition claire est l'exigence clé pour concevoir un produit satisfaisant.

Il existe plusieurs méthodes pour définir les IQ. Dans l'étude de cas du dévidoir, ce fut en effectuant un brainstorming sur les mesures possibles pour toutes les exigences du client, puis en utilisant la méthode du diagramme en arbre pour les organiser et vérifier qu'elles couvraient l'ensemble des exigences essentielles, que Burchill et ses collègues proposèrent des IQ[1]. Tous les indicateurs proposés pour chaque exigence du client sont évalués en fonction de leur validité vis-à-vis de celle-ci et de leur faisabilité. On donne à la validité la priorité sur la faisabilité, en supposant qu'une nouvelle réflexion révèlera un moyen faisable de mesurer un indicateur-qualité valide. De la série d'IQ proposés, on extrait les plus valides et les plus faisables pour chaque exigence du client, et ce choix est reporté sur un arbre des indicateurs-qualité.

Certains IQ proposés permettront une mesure valide des exigences multiples du client, mais le plus grand nombre d'entre eux ne seront pas particulièrement valides ou faisables.

En pratique, certaines exigences du client peuvent être plus délicates à apprécier que d'autres et requérir ainsi de multiples mesures pour pouvoir être quantifiées. Par exemple, l'exigence portant sur l'évacuation de l'eau du panier est relativement simple, et une seule unité de mesure – le temps nécessaire pour évacuer huit litres d'eau – caractérise la façon de satisfaire l'exigence du client. En revanche, « le panier est confortable à porter » est plus imprécis. Aucune unité de mesure ne saisit la totalité du concept « confortable ». Il faudra par conséquent de multiples indicateurs-qualité pour évaluer le confort – contour du corps, bord interne du panier, poids...

[STADE 3] ÉTAPE 9 : APPRÉHENSION GLOBALE DES EXIGENCES DU CLIENT

Il faut un processus pour repérer et choisir un ensemble efficace d'indicateurs-qualité couvrant complètement et sans redondance toutes les exigences du client. L'élément central de ce processus est une matrice

1. La construction de l'arbre a été réalisée à peu de chose près suivant la méthode des diagrammes en arbre dans les 7 outils de management et de planification décrits au chapitre 7. Le lecteur peut aussi se reporter à *Tree Diagrams*. CQM doc., Cambridge, MA, CQM, 1990.

appelée table de la qualité. Les exigences du client y figurent sur l'axe vertical gauche, et un arbre des indicateurs-qualité, sur l'axe horizontal supérieur (voir figure 8.17).

Figure 8.17. Table de la qualité

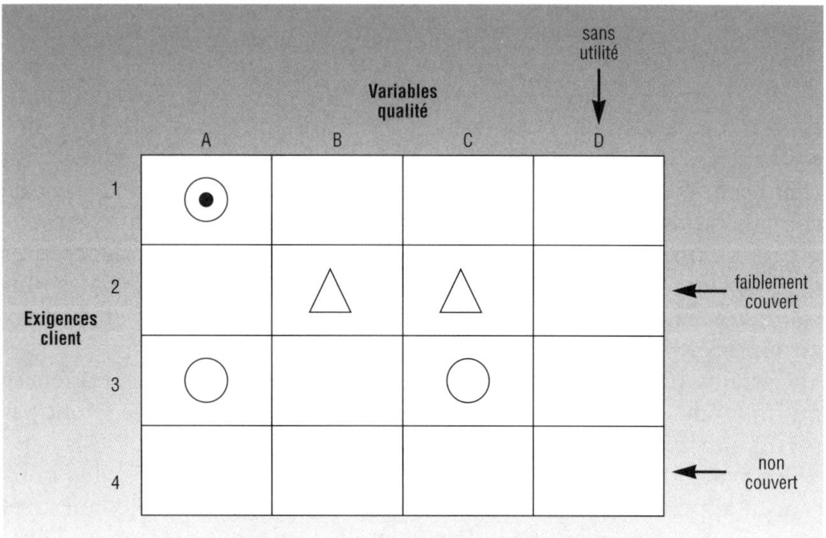

La table de la qualité représentée sur cette figure comprend quatre exigences du client, pour lesquelles quatre indicateurs-qualité ont été proposés. Le cercle comportant un point noir en son centre signifie que l'indicateur-qualité A est une excellente mesure de l'exigence N° 1 du client. Les cercles sans point central indiquent que les indicateurs-qualité A et C sont seulement de bonnes mesures de l'exigence N° 3 du client. Quant aux triangles, ils indiquent que les indicateurs-qualité B et C sont des mesures médiocres de l'exigence N° 2 du client. Là où il n'y a pas de symbole à l'intersection de la ligne des exigences et de la colonne des indicateurs, il n'y a pas de relation de cause à effet entre l'exigence du client et l'indicateur-qualité.

Ainsi, la table de la qualité fournit-elle un outil permettant de s'assurer que chaque exigence du client est mesurée de façon adéquate par un indicateur-qualité, et d'éliminer les indicateurs-qualité redondants.

Dans l'exemple ci-dessus, l'exigence du client 1 est bien mesurée par l'indicateur-qualité A, et la mesure de l'exigence-qualité 3 exige la combinaison des indicateurs-qualité A et C. L'exigence-qualité 2 est mesurée de façon médiocre même par la combinaison des indicateurs-qualité B et C, et l'exigence-qualité 4 n'est pas mesurée du tout par les indicateurs-qualité allant de A à D. De plus, l'indicateur-qualité B n'est pas très utile, et l'indicateur-qualité D ne l'est pas du tout. Dans cet exemple, nous ferions bien de remplacer les indicateurs-qualité B et D par d'autres mesurant effectivement les exigences-qualité 2 et 4.

Revenons maintenant à l'étude de cas du dévidoir pour expliquer étape par étape l'utilisation d'une table de la qualité.

Étude de cas du dévidoir : utilisation de la table de la qualité

Le tableau 8.6 représente la table de la qualité pour l'étude de cas du dévidoir.

À gauche figure un tableau des exigences du client, puis une colonne indiquant des priorités de 1 à 7. Le tableau des exigences du client a été dérivé de l'EQ KJ (voir figure 8.18). Le KJ a été converti en arbre et l'arbre, converti en tableau. Les priorités ont été établies à partir d'une évaluation du KJ par huit des utilisateurs faiseurs d'opinion.

Figure 8.18. Du KJ à l'arbre et à la table de la qualité

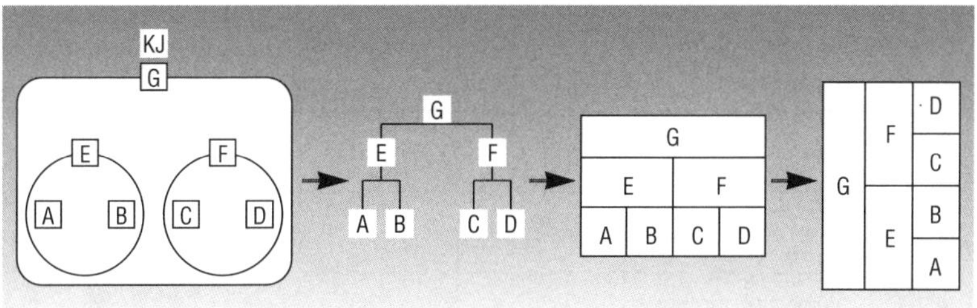

Dans le haut du tableau 8.6, on a reporté des indicateurs-qualité. Dans cette étude de cas, le tableau des indicateurs-qualité a été établi à la suite d'une séance de *brainstorming* ayant fourni les indicateurs possibles pour chaque point du tableau des exigences. Puis un arbre a été construit classant par objet commun les groupes du niveau le plus bas. Ceux-ci ont ensuite été regroupés par objet commun, et ainsi de suite. Enfin, l'arbre a été converti en tableau. Comme décrit dans l'exemple ci-dessus, après avoir établi la table de la qualité, on fait une évaluation des relations entre chaque exigence du client et chaque indicateur-qualité. Dans l'étude de cas du dévidoir, un processus d'évaluation informel a été utilisé pour déterminer la force de la relation à l'aide d'une échelle de quatre niveaux (voir tableau 8.6).

Tableau 8.6. Table de la qualité de l'étude de cas du dévidoir

Exigences du client / Indicateurs qualité			Priorité												
			1er niveau	Mesurer la façon dont on peut régler le dévidoir pour l'adapter au pêcheur					Tester si le dévidoir facilite les mouvements du corps durant la pêche						
			2e niveau	Mesurer l'adaptation du dévidoir au corps		Mesurer la façon dont se règle la fixation du dévidoir			Mesurer l'incidence du dévidoir sur la marche			Tester si le dévidoir s'adapte au mouvement de dévidage			
1er niveau	2e niveau	3e niveau	3e niveau	Mesurer le rayon du bord intérieur	Mesurer la partie du bord intérieur en contact avec le corps en quatre emplacements de port	Dénombrer les paramètres de réglage	Mesurer la longueur maximum de la ceinture	Mesurer la largeur minimum de la ceinture	Mesurer à quelle hauteur on peut lever la jambe sans heurter le dévidoir	Mesurer l'enjambée faisable sans heurter le dévidoir	Mesurer la distance entre le bas du dévidoir et le genou	Mesurer la distance entre le point de départ du mouvement de dévidage et le bord extérieur	Mesurer la distance entre le point de départ du mouvement de dévidage et le sommet du dévidoir	Mesurer la largeur du dévidoir comparée à celle du porteur	Mesurer la distance du haut du dévidoir à l'épaule
Le dévidoir prévient les problèmes de ligne	La ligne ne bouge que quand on le veut	Une fois dans le dévidoir la ligne reste en place jusqu'au lancer	4												
		La ligne ne bouge pas dans le dévidoir	6												
	La ligne s'extrait du dévidoir à la demande	La ligne se dévide sans être freinée	1												
		La ligne se plie naturellement au fond du dévidoir	5												
		Dans le dévidoir, la ligne ne s'emmêle pas	3												
	Facilite le mouvement de lancer et de dévidage	Le dévidoir ne gêne ni le bras ni la jambe	2						⊙	⊙	△	△	△	△	△
		Le dévidoir s'adapte à différentes parties du corps	7	○	△	⊙	⊙	⊙							
Efficacité				○	⊙	⊙	○	○	⊙	⊙	△	○	○	△	△
Faisabilité				⊙	⊙	⊙	⊙	⊙	○	○	⊙	⊙	⊙	⊙	⊙
Plan de mesure															
Évaluation du *benchmarking* technique	Orvis														
	L.L. Bean														
	Surfcaster														
	Autres														
	Valeur cible														

⊙ = élevé ○ = moyen △ = bas [blanc] = rien

Vérifier que le dévidoir évite à la ligne de s'emmêler ou de s'accrocher																				
vérifier que le dévidoir empêche la ligne de s'emmêler				Vérifier que le dévidoir empêche la ligne de bouger au fond du dévidoir				Mesurer la façon dont la ligne se place dans le dévidoir		Vérifier que la ligne se dispose naturellement au fond du dévidoir				Mesurer le freinage durant les lancers			Note du client			
Compter le nombre de rangs, de boucles	Compter le nombre des boucles se chevauchant	Compter le pourcentage de lancers manqués pour des problèmes de ligne	Compter les accrochages au cours des lancers	Compter le nombre de boucles qui dépassent le haut du cône ou de la broche de centrage	Mesurer la hauteur des boucles à partir du fond du dévidoir	Mesurer le nombre de fois où la ligne s'échappe du dévidoir quand on l'y place	Mesurer l'affaissement du bord extérieur dans quatre positions de port	Mesurer la distribution des boucles dans le fond du dévidoir	Compter le nombre de boucles par niveau	Compter les boucles non circulaires	Évaluer la forme géométrique des boucles	Mesurer la dimension des boucles	Mesurer le rayon des boucles	Mesurer l'effort nécessaire au lancement à une distance donnée	Mesurer la longueur de ligne qui file après impact	Mesurer le temps de filage de la ligne après impact	Orvis	L.L. Bean	Surfcaster	Ours
			△		⊙	○														
△				⊙	○	⊙	○	△	△											
△	⊙													⊙	○	⊙				
○		△	△		△		△	○	△	⊙	⊙	⊙	⊙							
⊙	⊙	⊙	⊙											○	△					
△	⊙	⊙	⊙	⊙	△	⊙	○	⊙	⊙	○	⊙	△	△	⊙	○	⊙				
○	△	⊙	⊙	○	⊙	○	⊙	○	⊙	△	△	○	△	△	⊙	⊙				

À ce stade, la table de la qualité identifie un ensemble global d'indicateurs-qualité correspondant aux caractéristiques importantes des exigences-client. La ligne intitulée « faisabilité » indique la possibilité effective de mesurer chacune des variables-qualité. Mais la traduction peut encore être ambiguë, car des personnes différentes peuvent comprendre différemment la façon dont les indicateurs-qualité ont été mesurés. On a besoin d'indicateurs donnant toujours les mêmes mesures, quelles que soient les personnes qui les relèvent. Ainsi, chaque indicateur-qualité exige-t-il un plan de mesure bien défini. Le plan de mesure établit ce qui sera fait, quand et par qui, et ce qui sera observé dans le processus. Les plans de mesure des indicateurs sont indiqués sur la ligne intitulée « plan de mesure » de la table de la qualité. On dit d'un indicateur-qualité assorti d'un plan de mesure qu'il est défini de manière opérationnelle.

Notons que de façon générale on utilise un diagramme en arbre pour définir par brainstorming des indicateurs de mesure puis une matrice pour choisir un jeu d'indicateurs qui fourniront une mesure adéquate d'objectifs multiples. Le même processus peut être utilisé pour définir des indicateurs de mesure d'éléments non financiers au niveau d'un département ou d'une division, les capacités exigées d'un processus à reconcevoir, ou des objectifs internes assurant la satisfaction des besoins de clients externes (comme dans l'étude de cas de la visite chez BBN décrite au Chapitre 7). L'utilisation d'un processus visible pour définir, affiner et choisir des indicateurs paraît être un bon moyen de réduire les conflits et l'irritation qu'engendre souvent le sujet des indicateurs.

Une table de la qualité documentée de cette façon fournit un moyen sans équivoque de communiquer dans toute l'entreprise les exigences-client les plus importantes et la façon dont elles seront mesurées. La table de la qualité est une série complète de définitions opérationnelles pour le processus de conception et de développement. Elle spécifie la façon de dire en quoi un produit est bon. L'étape suivante est de déterminer ce qu'un produit doit être pour satisfaire le client et être concurrentiel.

Étude de cas du dévidoir – Analyse concurrentielle (*Benchmarking*)

Les données d'analyse concurrentielle du client, sur le côté droit de la table de la qualité (voir tableau 8.6) sont utilisées pour évaluer la satisfaction relative du client comparée à celle que lui procure chaque concurrent pour chaque exigence mentionnée sur la partie gauche de la table.

Le tableau 8.7 montre les données d'appréciation comparative par le client pour l'étude de cas du dévidoir.

Tableau 8.7. Données d'appréciation du client (étude de cas du dévidoir)

⊙ Mieux ○ Égal △ Pire

Exigences du client (Analyse concurrentielle)		Appréciation comparative: *Produit A*	*Produit B*	*Produit C*	*Produit D*	*Produit Burchill*
Nécessaire	Ceinture large	○	○	△	△	○
	Ligne ne s'emmêlant pas	○	△	△	△	⊙
	Lancers sans freinage	○	○	○	○	⊙
Séduisant	Plusieurs possibilités de fixation	○	⊙	△	△	⊙
Unidimensionnel	Évacuation de l'eau	○	⊙	⊙	⊙	⊙
	Résistance à la corrosion	○	△	○	△	○
	Maintien en place de la ligne	○	△	△	△	○
	Tailles des boucles	○	△	△	△	○
	Facilité de réglage	○	⊙	△	△	○
	Affaissement du bord externe	○	△	△	△	⊙
	Interférence des mouvements	○	○	△	○	○
	Maintien en position	○	○	△	△	○
	Adaptation au corps	○	⊙	○	○	⊙
	Légèreté	○	⊙	△	⊙	⊙
	Chute de la ligne hors du dévidoir	○	△	⊙	△	○

Les objectifs de conception pour égaler ou battre la concurrence sont alors établis sur la base des données techniques de l'analyse de la concurrence exprimées en termes d'indicateurs-qualité définis de façon opérationnelle (voir bas du tableau 8.6).

RÉSUMÉ DU STADE 3 : EXIGENCES DU CLIENT DÉFINIES DE FAÇON OPÉRATIONNELLE

À cet instant précis, nous disposons des spécifications techniques non équivoques d'un produit qui permettra de satisfaire le client et d'égaler ou battre la concurrence. Nous avons défini de façon opérationnelle la voix du client dans le langage de l'ingénieur – chaque exigence dérivée de la voix du client est représentée par au moins un indicateur-qualité, et pour chaque indicateur-qualité sont définis des unités de mesure, un plan des mesures, et un objectif. La figure 8.19 résume le processus.

Figure 8.19. Traduction de la voix du client

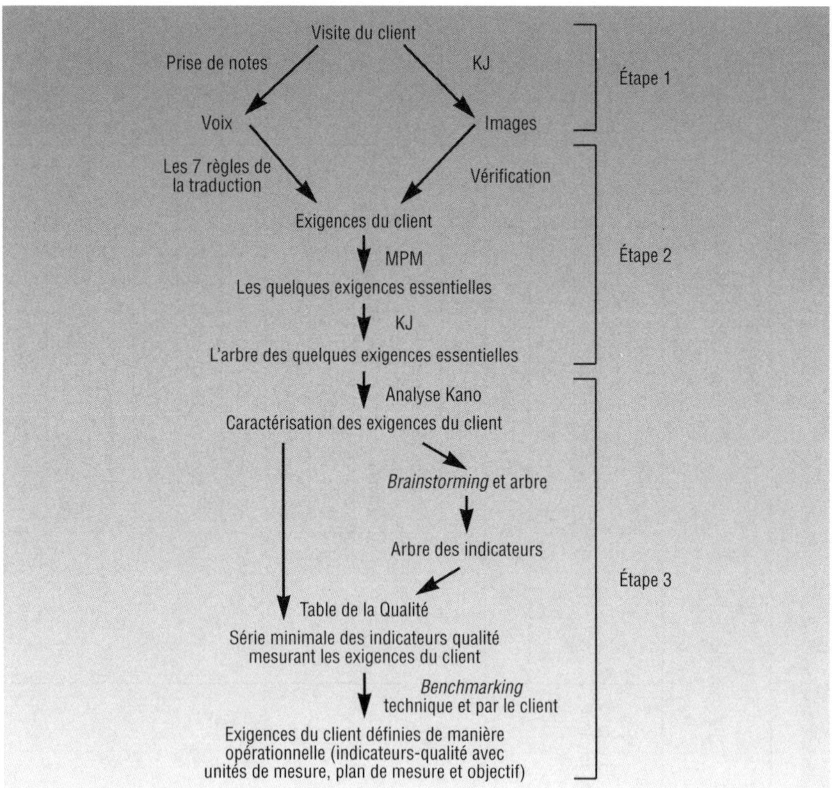

PASSAGE DE LA DÉFINITION OPÉRATIONNELLE DES EXIGENCES DU CLIENT AU PRODUIT

Une fois les exigences du client comprises et rendues opérationnelles (dans la forme d'indicateurs-qualité, d'objectifs, et de programmes de mesures), on est en mesure de déployer ces exigences du client opérationnelles à travers la conception, le développement et le processus de production. Le QFD (Déploiement de la Fonction Qualité) peut être l'outil adéquat d'un déploiement précis à travers le processus de développement. Le QFD a été importé du Japon aux États-Unis vers 1984, et un certain nombre d'entreprises américaines l'ont jugé très efficace pour traduire la voix du client en produits de haute qualité. Le processus d'écoute de la voix du client, de compréhension de ses propos, d'identification de ses exigences clés, et de définition de ces exigences de façon opérationnelle, processus que nous avons décrit ici, est un excellent préalable à la partie initiale du QFD.

Le but de l'entier processus de génération du produit est de passer du sentiment vague ou imprécis du client à un produit physique ou un service tangible répondant à un réel besoin du client. Les trois stades des exigences du client définies de façon opérationnelle convertissent le

Figure 8.20. Des besoins qualitatifs du client au processus d'ingénierie quantita-

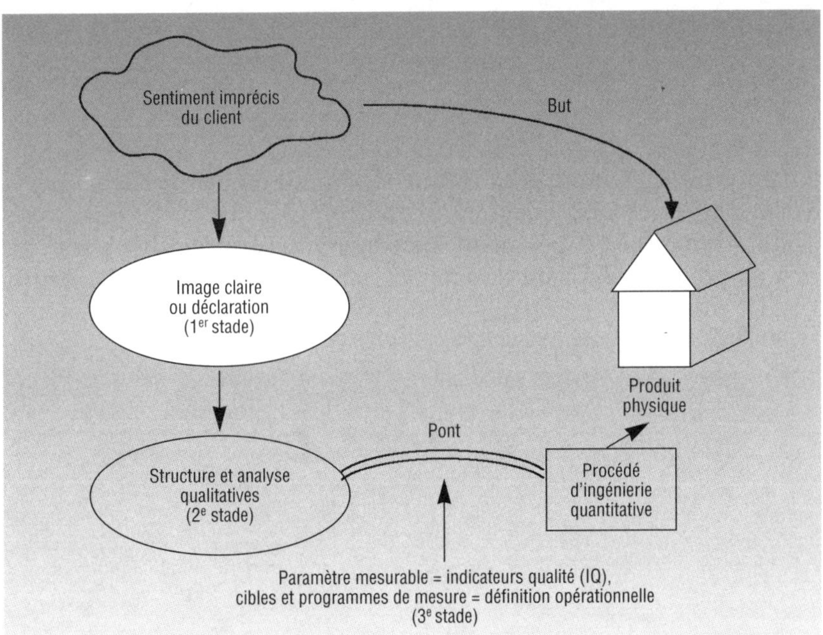

sentiment vague ou imprécis en formulations claires. Ces exigences, à leur tour, sont structurées en paramètres mesurables, indispensables à la poursuite du processus de conception. Les définitions opérationnelles des exigences du client jettent un pont entre les besoins qualitatifs du client et le processus de conception nécessairement quantitatif qui aboutit au produit physique (voir figure 8.20).

Rattachement au modèle en WV du processus anticipateur de développement du produit

Au chapitre 7, nous avons illustré la façon dont la portion anticipatrice du modèle en WV s'applique à l'ensemble des processus d'élaboration de projet et de conception. Regardons encore une fois le modèle en WV.

Autrefois, il était possible de concevoir un produit, de le développer, et puis de le vendre. De fait de l'alternance entre idée et expérimentation, cette approche *product-out* ne confrontait la théorie à la réalité que lorsque l'entreprise tentait de vendre son produit (voir figure 8.21).

Figure 8.21. L'approche *product-out*

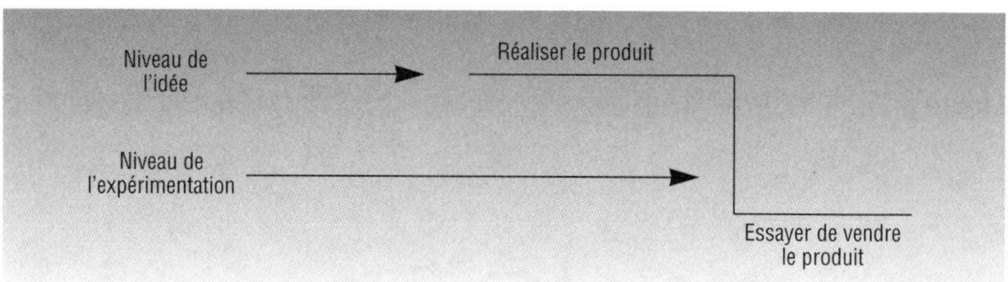

La figure 8.22 montre qu'au fur et à mesure que les clients devenaient plus exigeants, les entreprises ont appris à utiliser les techniques d'étude de marché pour écouter le marché avant d'avoir finalisé la conception du produit, de l'avoir développé, et d'avoir commencé à le vendre.

Figure 8.22. L'approche traditionnelle d'étude du marché

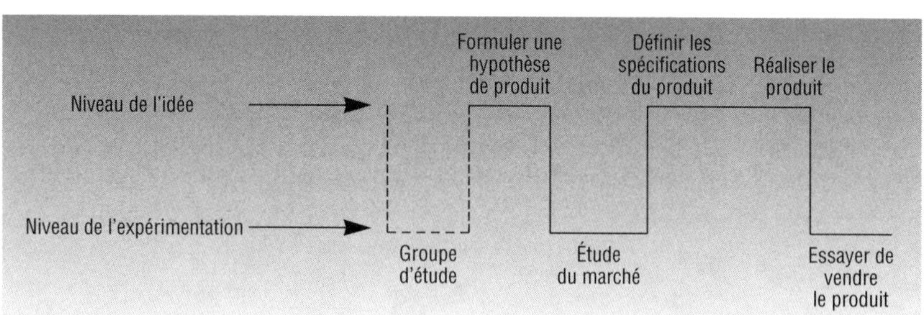

Les méthodes anticipatrices décrites dans ce chapitre accroissent le nombre de confrontations entre l'idée et la réalité du marché avant que la conception du produit ne soit définitive et que le produit ne soit développé (voir figure 8.23). En confrontant à maintes reprises l'idée et la réalité, l'entreprise réduit le volume de travail stérile à partir d'hypothèses erronées, et maximise ses chances de mettre sur le marché un produit que les clients achèteront.

Un grand nombre de ces confrontations à la réalité sont une affaire de jours ou de semaines. Au moment où ces lignes sont écrites, Burchill teste dans des environnements réels de développement de produit, l'hypothèse suivant laquelle une compréhension précoce et complète des besoins des clients réduit le nombre et l'importance des modifications ultérieures qui retardent le développement.

Figure 8.23. L'approche anticipatrice

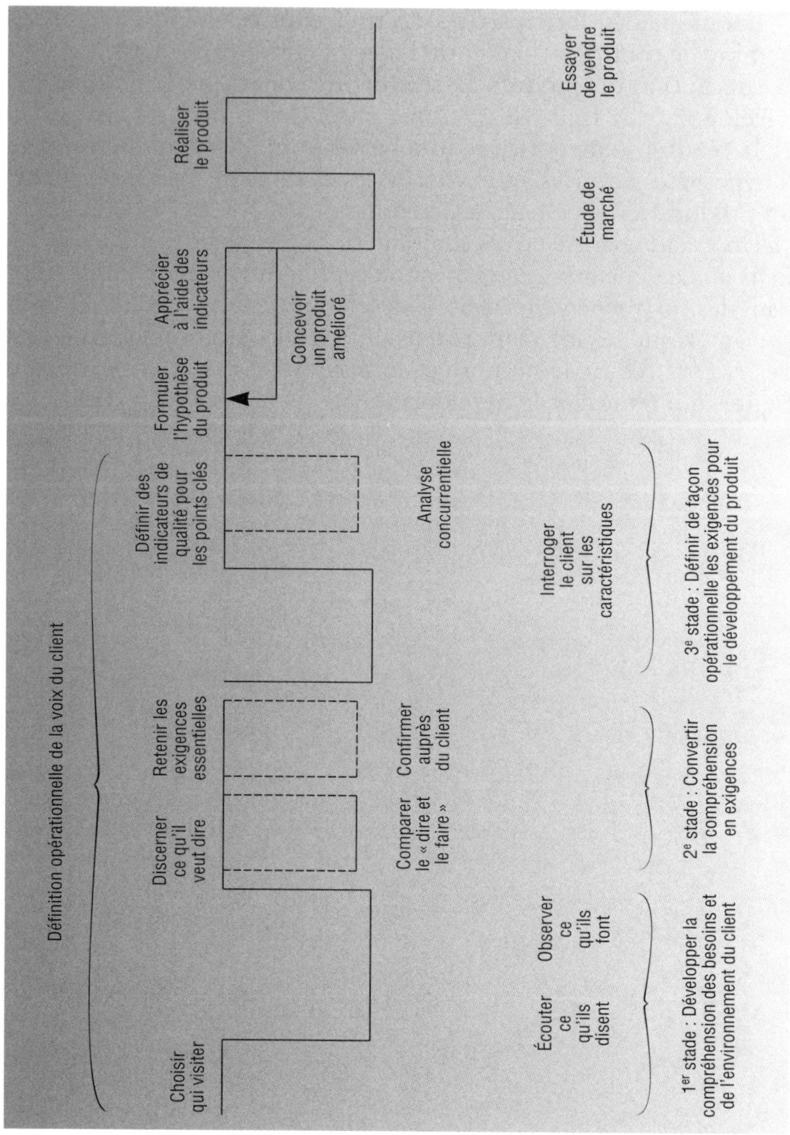

TROISIÈME RÉVOLUTION

PARTICIPATION TOTALE

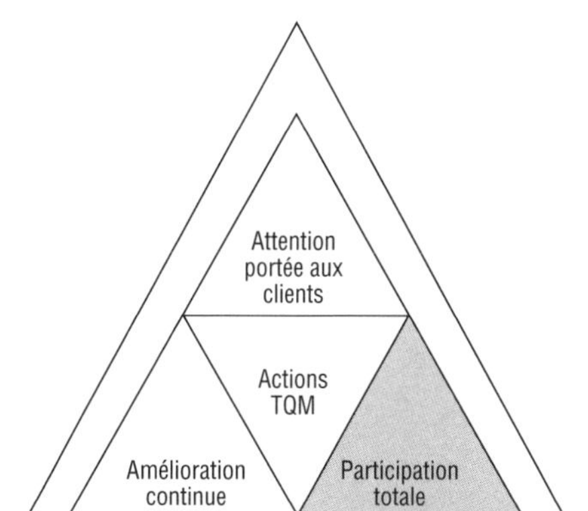

9
Savoir travailler en équipe

Dans l'entreprise, tout le monde doit être impliqué de manière efficace dans ce qui concourt à la satisfaction du client et à l'amélioration continue. Le TQM est un mouvement de masse. Dans le monde d'aujourd'hui, on ne peut plus se reposer seulement sur les quelques génies et autres personnes très efficaces d'une entreprise. Tout le monde doit être mobilisé pour améliorer sa façon de travailler et satisfaire les clients. Pour entraîner chacun à atteindre ces objectifs, les entreprises doivent changer leur façon de concevoir et d'organiser le travail.

LA DOUBLE FONCTION DU TRAVAIL

Toute organisation a deux fonctions : celle afférente au quotidien (le travail de chaque jour), et celle consistant à œuvrer pour l'amélioration. Comme nous l'avons souligné au chapitre 3, la méthode traditionnelle d'organisation du travail de l'entreprise repose sur la division du travail entre le personnel d'exécution en charge du travail quotidien, et l'encadrement, seul habilité à améliorer les modalités du travail quotidien (voir figure 9.1).

Mais cette organisation traditionnelle ne réagit pas assez vite au rythme de l'évolution du monde contemporain. En outre, elle tue toute créativité humaine. Peu de gens sont satisfaits d'effectuer tous les jours

Figure 9.1. Division du travail traditionnelle

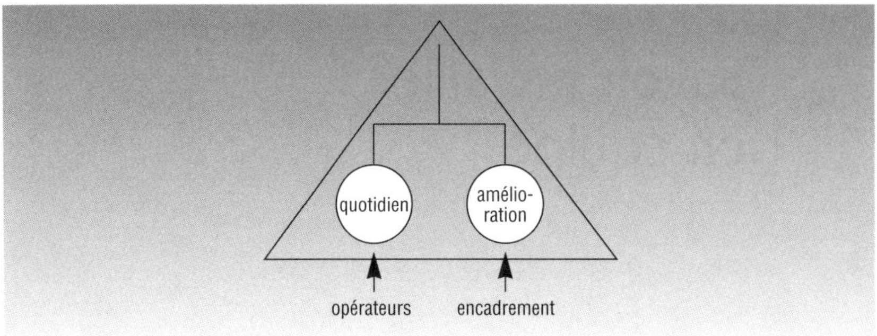

les mêmes tâches en se conformant à des règles. C'est une activité de machine, pas un travail d'être humain. En revanche, le TQM vise à développer les capacités humaines en associant travail quotidien et travail d'amélioration. Cette approche consiste à combiner les fonctions « travail quotidien ou journalier » (Q, sur la figure 9.2) et « travail d'amélioration » (A, sur la figure) à tous les niveaux de l'entreprise et au sein de chaque unité de travail, pour leur permettre de réagir rapidement et correctement au changement.

Figure 9.2. Association du travail quotidien et du travail d'amélioration

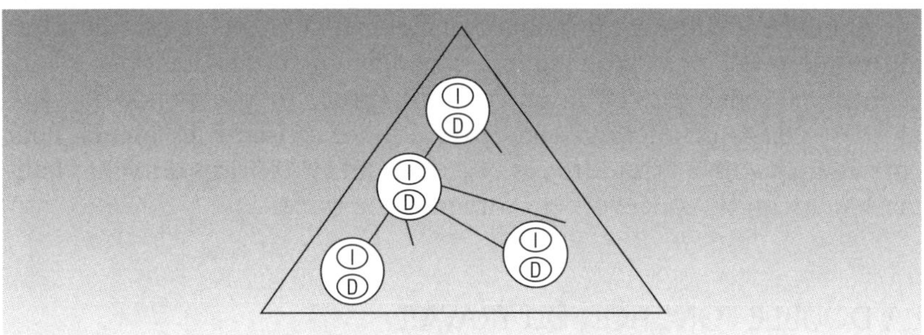

L'association du travail quotidien et du travail d'amélioration dans toute l'entreprise est au cœur de la notion de double fonction du travail (voir chapitre 3 - figure 3.2). Suivant ce principe, toute personne dans l'entreprise accomplit deux tâches, son travail quotidien et un travail d'amélioration, le but étant de satisfaire les clients. Le travail quotidien est toute activité répétitive, quelle que soit la durée de chaque cycle. Faire fonctionner une machine, taper des notes sur un clavier, diriger du personnel, préparer un rapport mensuel, effectuer une prévision trimestrielle, et établir le programme annuel de recrutement sont autant d'exemples de travail quotidien.

Le travail d'amélioration vise à améliorer les processus du travail quotidien. Il conduit presque toujours à découvrir des choses nouvelles. Il peut être effectué plus efficacement s'il fait l'objet d'un processus clair.

En général, tout le monde veut avoir un emploi créatif. Néanmoins, avec la promotion de la double fonction du travail, la plupart des gens ont vu dans le travail d'amélioration une charge supplémentaire pour laquelle ils manquent de temps. Il se peut que la raison sous-jacente en soit la résistance naturelle de l'homme au changement. L'objet du TQM étant de répondre au besoin de changement rapide, il est important de mettre en place des systèmes destinés à faciliter l'amélioration systématique et le changement, et faire disparaître l'attitude consistant à dire « ce n'est pas mon travail » (PMT).

La combinaison des cycles SDCA (*Standard, Do, Check* et *Act* = Normaliser, Faire, Vérifier et Réagir) et PDCA (*Plan, Do, Check* et *Act* = Préparer, Faire, Vérifier et Réagir) décrits au chapitre 4, permet de disposer d'un système facilitant l'amélioration progressive et continue du travail quotidien. Les praticiens du TQM définissent communément le travail quotidien comme l'accomplissement du cycle SDCA : respecter la norme (la connaître), faire (le travail spécifié par la norme), vérifier (le travail effectué par rapport à la norme) et agir (sur les écarts entre les résultats recherchés et obtenus, ou revenir en S et recommencer). Le cycle SDCA est représenté sur la figure 9.3.

Figure 9.3. Le cycle SDCA

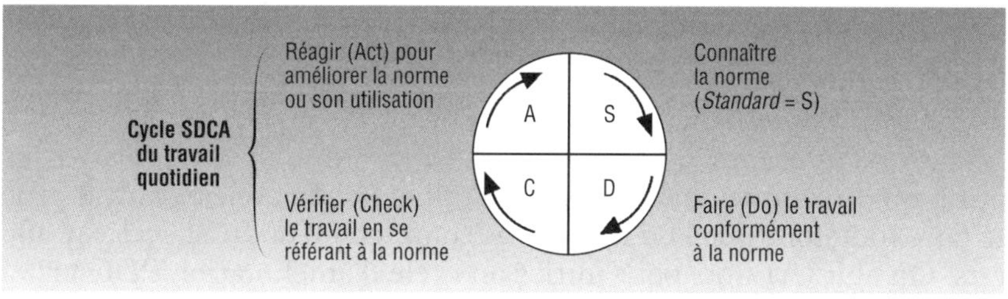

L'amélioration corrective – par des actions d'amélioration de la conformité – s'obtient par l'application du cycle SDCA au travail quotidien. Les occasions d'amélioration sont constituées par la non-conformité aux normes à laquelle on remédie, dans la partie A du cycle SDCA. Quand il est clair que quelque chose ne fonctionne pas comme on le désire, il faut engager une action d'amélioration (voir figure 9.4). Quand l'amélioration est confirmée, les remèdes deviennent de nouvelles normes, qui deviennent alors la nouvelle base du cycle SDCA du travail quotidien.

Figure 9.4. Le cycle d'amélioration SDCA/PDCA

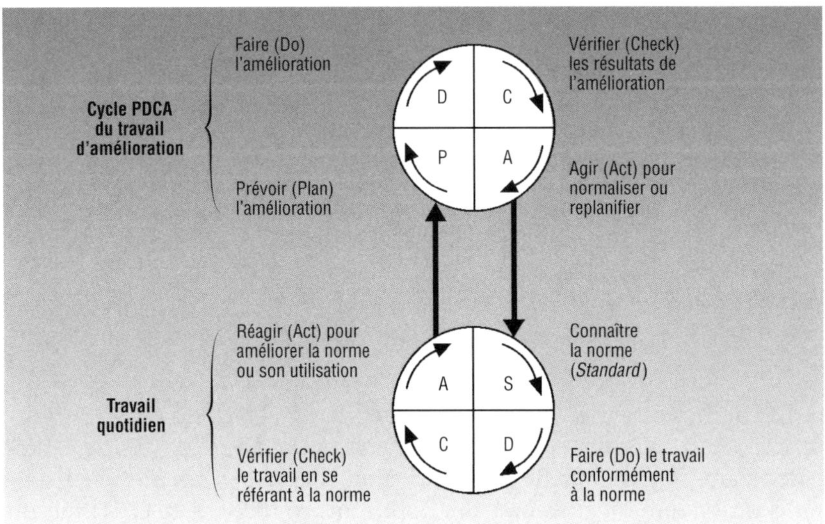

Examinons l'application du modèle SDCA/PDCA à une entreprise qui vient juste de commencer à pratiquer le TQM. Dans le cycle SDCA, la norme N (ou *S* = *standard*) est la procédure en vigueur pour faire quelque chose. Elle peut ne pas être formulée ou être quasiment inexistante, mais elle régit cependant l'exécution du travail quotidien. On exécute (D) le travail suivant cette norme (S_0) non formulée ou presque inexistante. On accepte le résultat et on continue à mettre en œuvre le processus (C et A).

En fin de compte, durant le stade Vérifier (C) du cycle SDCA, il peut se faire toutefois, que l'on ne soit pas complètement satisfait des résultats. On agit (A) alors pour initier un cycle d'amélioration PDCA :

Le cycle d'amélioration PDCA est utilisé pour améliorer le processus SDCA de travail quotidien. Par exemple, la première amélioration (A) pourrait être d'établir une formulation de la norme en vigueur. Ceci a pour résultat une norme améliorée S_1.

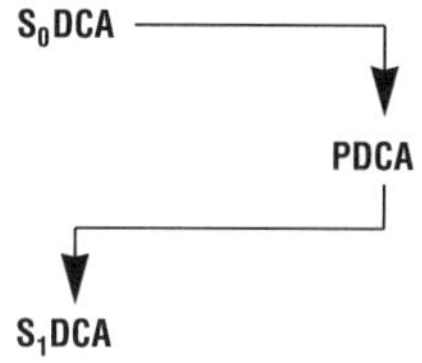

On utilise pendant un certain temps la nouvelle norme dans le cycle SDCA.

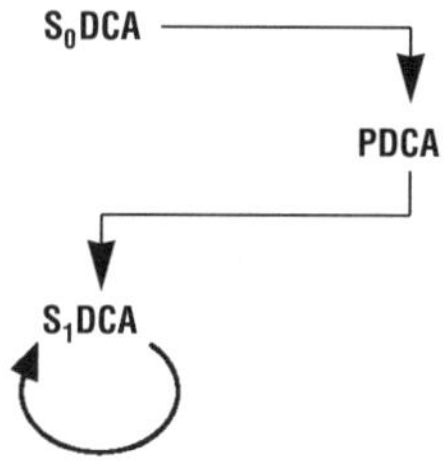

En fin de compte, au stade vérifier (C), on est toujours (ou à nouveau) insatisfait du résultat du processus mis en œuvre (S1), et l'on agit (A) encore pour initier un cycle d'amélioration, qui améliore encore le processus normalisé.

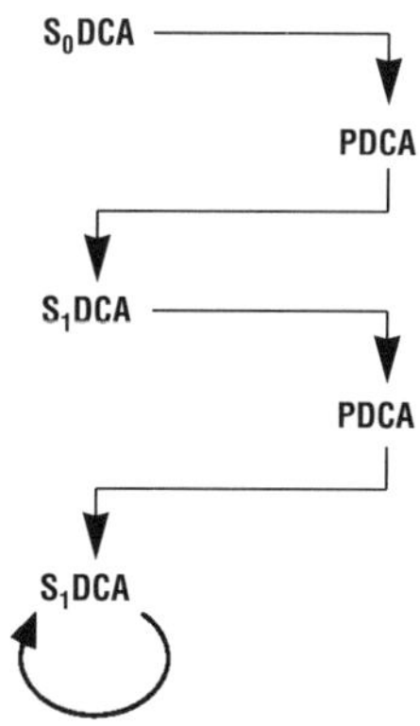

De cette façon, la double fonction du travail du TQM conduit à améliorer étape après étape le processus normalisé.

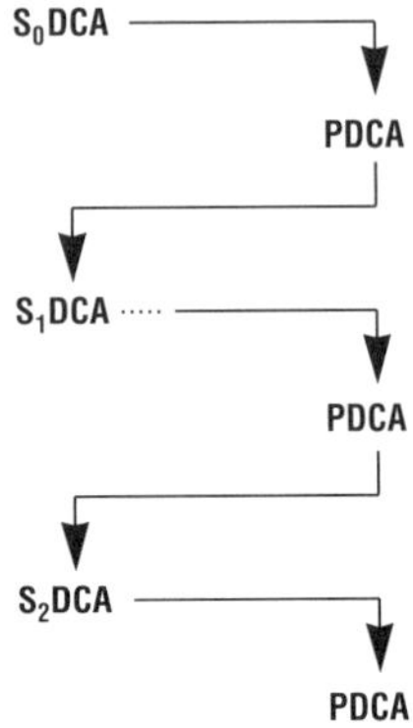

Activités d'amélioration et activités quotidiennes forment des sous-processus d'un processus plus vaste appelé « fonction » dans le TQM. Dans le cadre du TQM, des entreprises se refusent en effet à distinguer entre le travail d'amélioration et le travail quotidien, désireuses qu'elles sont de décourager l'idée qu'il pourrait y avoir deux sortes de travaux assignés à des gens différents et de souligner que l'amélioration est une tâche incombant à tout le monde.

Figure 9.5. Accroissement des activités d'amélioration dans toute l'entreprise

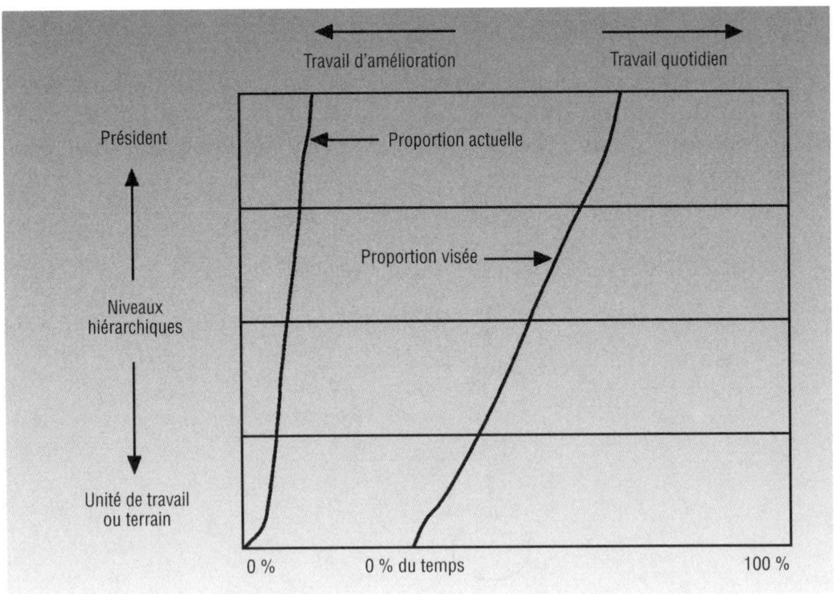

L'équilibre entre travail quotidien et amélioration varie suivant le poste occupé dans la hiérarchie. Les personnes situées à un rang plus élevé parviennent à réaliser plus d'amélioration que celles situées plus bas. L'objet du TQM est d'accroître l'activité d'amélioration de tout le monde (voir figure 9.5).[1]

ÉQUIPES ET TRAVAIL D'ÉQUIPE

Le monde actuel ne se limite pas à conjuguer les deux fonctions du travail. Il exige un changement dans la façon de s'organiser. Équipes et travail d'équipe sont des composants fondamentaux de l'organisation du travail dans le cadre du TQM.

Le travail d'équipe est important pour l'amélioration de la qualité, ceci pour plusieurs raisons.

- La complexité accrue rend nécessaire l'intervention d'équipes transfonctionnelles (ou interservices).
- Cette complexité impose de savoir quelle stratégie d'évolution adopter. Cela exige une forte créativité. L'époque où l'on dépendait du génie individuel est révolue. Nous sommes à celle du génie collectif. Pour rivaliser sur le marché mondial, les entreprises ont besoin du génie collectif de tout leur personnel. Le travail d'équipe est la condition pour en bénéficier.
- Les entreprises doivent éviter la division du travail. Le travail en équipe fournit le moyen de l'éviter.
- L'apprentissage en groupe a un plus grand effet sur l'organisation que l'apprentissage individuel.
- Des personnes apprenant ensemble se motivent les unes les autres en permanence. Une personne travaillant seule trouve plus facile de s'arrêter.
- Quand un groupe de personnes a appris une chose, ce savoir devient le patrimoine du groupe, au même titre que celui de l'individu.

Les équipes et le travail d'équipe faisant partie intégrante du TQM, celui-ci encourage les pratiques permettant aux équipes de fonctionner efficacement. Le symptôme le plus courant des dysfonctionnements dont souffre une équipe est le conflit de personnes. La solution courante pour promouvoir un travail d'équipe efficace consiste à mettre en œuvre des méthodes de résolution des conflits. Le TQM, en revanche, fait appel à des méthodes qui permettent d'éviter les conflits. Ceci s'effectue de trois façons : assigner aux équipes une mission claire, exiger des

1. Cette figure est une adaptation et une extension de celle de Masaaki Imai. *Kaizen* (figures 1.3 et 1.4).

projets basés sur des faits vérifiables, fournir des processus normalisés pour l'analyse des faits et la recherche du consensus. De plus, l'équipe accomplit le cycle PDCA dans la plus parfaite égalité entre les membres. Ce travail en équipe entraîne une plus grande satisfaction du travail accompli. Il est à noter que les méthodes TQM permettant d'entretenir un travail d'équipe efficace ne visent pas à promouvoir la collégialité, bien que celle-ci soit utile aux équipes. En fait, la collégialité est souvent le résultat de la pratique TQM du travail en équipe.

Les types d'équipes

Traditionnellement, il existait deux types de groupes de travail dans les entreprises japonaises : les groupes d'intervention réunis pour la résolution d'un problème (*task forces*) et les groupes informels. Ils figurent en première et troisième position sur le tableau 9.1.

Tableau 9.1. Types de groupes de travail dans les entreprises japonaises

	Constitution	*Membres*	*Problèmes à résoudre*	*Durée de fonctionnement*
Groupe d'intervention *(task force)*	Décision du supérieur	Choisis par l'encadrement	Liés au travail mais assignés	Durée de la mission
Cercle de qualité	Volontariat	Tous les travailleurs d'un même groupe	Liés au travail mais choisis par les membres	Fonctionnement continu tant que le groupe existe
Informel	Volontariat	Volontariat	Non liés au travail et non asignés	Fonctionnement continu tant qu'il y a des membres

Le cercle de qualité, inventé au Japon, occupe une position intermédiaire entre le groupe d'intervention, trop rigide, et le groupe informel traditionnel, trop peu structuré. L'objectif était de créer un groupe travaillant en permanence à des améliorations liées au travail, en réunissant tous les membres d'une même unité sur la base du volontariat (nous reviendrons plus loin sur le « volontariat ») dans une perspective du développement personnel et mutuel.

Notre définition des équipes comporte une mission d'amélioration de l'organisation. Le TQM a développé trois types principaux d'équipes[1].

1. Un quatrième type d'équipe a été introduit récemment à titre d'innovation dans le travail quotidien. C'est le groupe de travail autogéré, dont les membres décident qui anime le groupe et qui fait quoi. Ces équipes relèvent du domaine de l'activité quotidienne, plutôt que de celui des activités d'amélioration. On n'en parlera donc pas ici.

– Le cercle de qualité (appelé parfois cercle de maîtrise de la qualité ou CQ.
– L'équipe d'amélioration de la qualité (EAQ ; en anglais QIT = *Quality Improvement Teams*).
– L'équipe transfonctionnelle.

Chacun de ces types opère à un niveau donné de la hiérarchie de l'entreprise (voir figure 9.6).

Figure 9.6. Positions des équipes dans la hiérarchie de l'entreprise

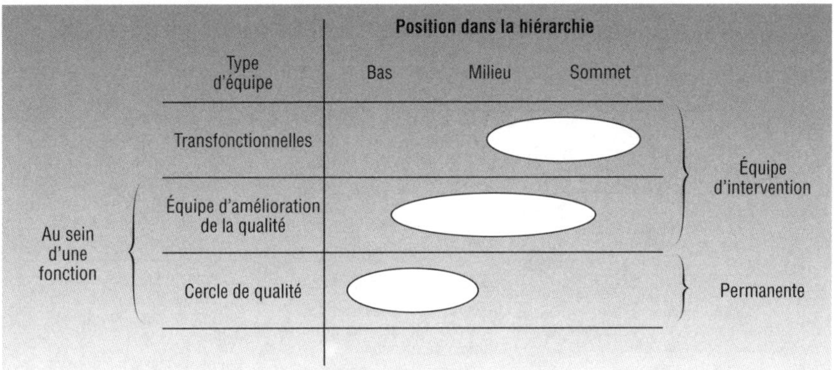

Les cercles de qualité se situent au plus bas niveau ; les équipes transfonctionnelles à un niveau raisonnablement élevé ; et les EAQ à peu près au milieu. Les cercles de qualité et les EAQ fonctionnent au sein d'un même service ; les équipes transfonctionnelles traversent les frontières entre services. Les cercles de qualité sont permanents ; les EAQ et les équipes transfonctionnelles n'existent que pour la durée de leur mission.

Les cercles de qualité sont souvent composés de personnes travaillant la plus grande partie de leur temps suivant des normes ; ce sont, par exemple, les ouvriers d'une ligne de fabrication ou les employés chargés de travaux administratifs normalisés. Le cercle de qualité est une activité continue permettant au groupe de travailler régulièrement à l'amélioration de son travail. Ses activités se rapportent régulièrement à la partie corrective du modèle en WV et occasionnellement à la partie anticipatrice.

Les équipes d'amélioration de la qualité sont créées le plus souvent pour remplir une mission d'amélioration corrective, bien qu'elles s'occupent à l'occasion d'améliorations anticipatrices. Nous avons examiné au chapitre 5 des exemples d'EAQ attelées à la résolution d'un problème correctif. Il peut exister aussi des commissions permanentes d'amélioration de la qualité, établies de façon durable pour envisager des améliorations dans un domaine donné et orienter les EAQ vers des questions concrètes.

Les équipes transfonctionnelles (transversales à l'entreprise) sont généralement constituées pour remplir une mission d'amélioration anticipatrice, bien qu'elles puissent travailler aussi à une tâche corrective.

Les équipes transfonctionnelles permettent à toutes les fonctions de satisfaire des exigences complexes. Dans une organisation, une relation étroite entre les fonctions se traduit par une plus grande efficacité et des temps de cycle plus courts. Ces équipes peuvent coordonner l'ensemble des fonctions pour réaliser les changements imposés par le marché (voir figure 9.7).

Figure 9.7. Quelques façons d'organiser un travail d'équipe transfonctionnel

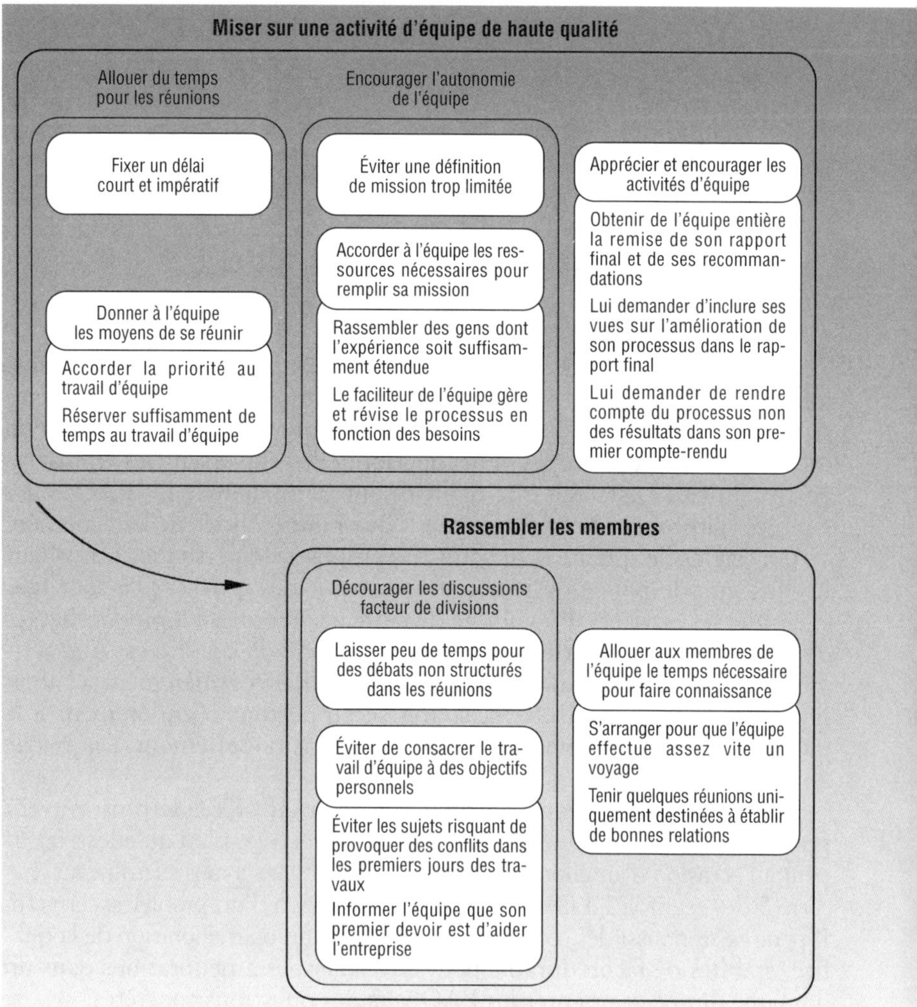

Les principes du travail en équipe sont pratiquement les mêmes quel que soit le type d'équipe. Les équipes associant des personnes appartenant à plusieurs services ont un risque plus grand de conflit que les autres types. Nous parlerons d'abord des difficultés rencontrées par ces équipes et de la façon de les éviter, puis nous traiterons d'une étude de cas concernant une équipe transfonctionnelle efficace. Nous décrirons ensuite les cercles de qualité et nous présenterons une étude de cas les concernant. Les équipes d'amélioration de la qualité ont été décrites avec des études de cas au chapitre 5.

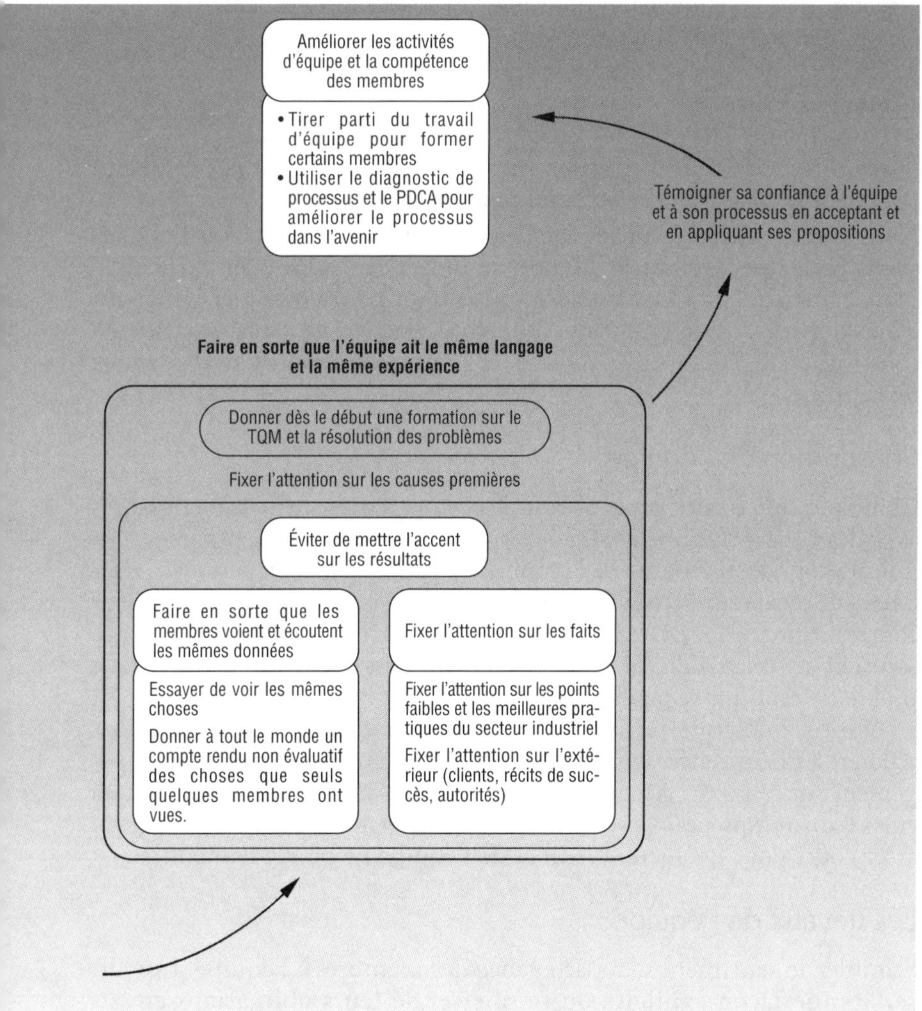

Équipes transfonctionnelles

Il existe au moins trois domaines de difficultés possibles pour les équipes transfonctionnelles :

1. Conflit entre unités fonctionnelles :
– objectifs différents
– désir de chaque unité de conduire ses propres affaires
2. Conflits entre membres de l'équipe :
– tendance à représenter les intérêts de leur unité
– expérience différente
– objectifs personnels
– manque de considération pour les autres membres de l'équipe
– rang hiérarchique différent des membres de l'équipe
3. Conflits entre les activités de l'équipe et celles de l'unité de travail de l'un des membres :
– temps insuffisant pour les actions transfonctionnelles
– les unités auxquelles appartiennent les membres ne font pas confiance à l'équipe pour prendre en compte les problèmes réels de l'entreprise.

Nous avons passé en revue les équipes transfonctionnelles auxquelles nous avons participé, y compris l'étude de projet du CQM (Centre pour le Management de la Qualité) décrit plus loin, pour envisager les façons d'aborder les problèmes. Nous les avons classées en trois groupes : la constitution de l'équipe, les travaux de l'équipe et conclusion des travaux de l'équipe.

Constitution de l'équipe

Choisissez une équipe rassemblant des compétences suffisamment larges avec des gens ayant une expérience suffisante pour développer une solution appropriée. Envisagez de la compléter par une ou deux personnes relativement inexpérimentées, plus pour qu'elles en tirent profit que pour leur contribution réelle. Évitez un document écrit trop limitatif, pour que la solution ne soit pas dictée par ce document. Ainsi, l'équipe découvrira le problème tel qu'il se pose et pourra concevoir une solution efficace.

Assurez-vous que l'équipe prend le temps d'accomplir sa mission. Allouez les heures nécessaires à cet effet et ne démarrez pas sans un engagement sur ce point. Accordez la priorité au travail de l'équipe (il restera encore du temps pour le travail quotidien) et fixez un délai impératif assez court pour qu'aucun membre de l'équipe ne puisse le modifier.

Les travaux de l'équipe

Stimulez le sentiment d'appartenance des membres à l'équipe. Instruisez-les (de façon explicite ou implicite) de leurs obligations envers l'équipe (et non envers leurs unités de travail respectives) pour un travail d'amélioration au service de l'entreprise, pendant toute la durée de son fonctionnement. Faites en sorte que les membres effectuent assez vite un voyage ensemble – c'est un excellent moyen de faire connaissance. Vous pouvez même prévoir des réunions purement conviviales.

Concevez un processus permettant d'éviter les discussions conflictuelles. Écartez-vous des thèmes générateurs de conflit durant les premiers travaux ou pendant le premier cycle du PDCA. Commencez par mettre l'accent sur ce qui est extérieur au groupe (les clients, les cas de réussite, la direction). Portez votre attention sur les points faibles par comparaison avec les meilleures pratiques du secteur industriel, et prenez pour référence la meilleure pratique. De cette façon, vous aborderez les objectifs et autres thèmes générateurs de divisions en vous plaçant du point de vue des faits et non des opinions.

Concevez la façon dont l'équipe traite les faits pour minimiser les conflits sans étouffer les idées. Donnez une formation préliminaire au TQM et à la résolution des problèmes (conduisant l'équipe à la recherche des causes premières et à des conclusions efficaces). Laissez peu de temps dans les réunions pour des discussions non structurées. Attachez-vous à découvrir les faits et à utiliser des outils d'amélioration. Ne laissez pas aux ambitions personnelles et aux instincts de concurrence le temps de se développer. Une telle introduction a pour objet d'obtenir de tous les membres de l'équipe qu'ils parlent le même langage.

Bien entendu, pour que l'équipe parvienne à une conclusion ferme, ses membres ont besoin de partager les mêmes expériences et d'étudier les mêmes faits. Même si des sous-groupes ou des individus mènent leur propre enquête, ils doivent rendre compte de ce qu'ils ont découvert, d'une façon factuelle et sans porter de jugement.

L'attention de l'équipe doit porter sur son processus de travail. Le facilitateur de l'équipe administre ce processus et le revoit si nécessaire (si l'équipe accepte un leadership dans son processus de travail, de grands progrès peuvent être réalisés). Si les cadres qui ont institué l'équipe réclament un compte rendu intermédiaire, rendez compte du déroulement du processus, non des résultats. Le fait de mettre l'accent sur le processus élimine la possibilité pour l'encadrement supérieur d'imposer une solution à mi-parcours de l'étude.

Conclusion des travaux de l'équipe

L'équipe tout entière doit rendre compte du processus suivi et des résultats obtenus. Elle a besoin d'être reconnue et assurée de l'intérêt que porte la hiérarchie à ses efforts.

Témoignez votre confiance à l'équipe et à son processus – acceptez et appliquez ce qu'elle propose. Enfin, faites appel au diagnostic de processus et au PDCA pour améliorer le processus pour la fois suivante, et demandez à l'équipe d'inclure dans son rapport ses recommandations d'amélioration. La démonstration d'une analyse sérieuse des faiblesses possibles donne plus de crédibilité aux recommandations et incite davantage à les appliquer. Ces techniques sont illustrées dans l'étude de cas qui va suivre.

Étude de cas de travail d'équipe : l'équipe de projet du CQM (Centre pour le management de la qualité)

L'étude de projet du CQM a eu lieu en mars et avril 1990 et constitue un exemple de travail d'une équipe transfonctionnelle, transversale à l'entreprise[1].

Le CQM a été fondé par plusieurs entreprises :
- Analog Devices
- Bolt Beranek and Newman
- Digital Equipment Corporation
- Polaroid Corporation
- Teradyne
- Bose
- GE Jet Engine Division

Des personnes appartenant aux cinq premières entreprises ainsi qu'au MIT ont participé à une étude de projet de cinq semaines. Notre conseiller guide fut Shoji Shiba. L'équipe de l'étude de projet du CQM a donc été à la fois transfonctionnelle, interentreprises et internationale. Bien que nous ne l'ayons pas réalisé à l'époque, Shoji Shiba nous a guidé en s'appuyant sur un exemple de PDCA, défini dans le tableau 9.2. Le texte suivant et la figure 9.8 décrivent le déroulement de nos activités.

Tableau 9.2. Activités du processus PDCA

Stade	*Activités*	*Semaines*
Préparer (*Plan*)	Formation de l'équipe Formation de base au TQM Préparation à la recherche des faits	1
Faire (*Do*)	Recherche des faits grâce à des visites sur site d'entreprises au Japon et aux États-Unis	2,3
Vérifier (*Check*)	Confirmer les faits, identifier les exigences (test à l'aide des repères Deming et Baldrige), identifier les moyens, et construire les Tables de la Qualité des exigences au regard des moyens et des points faibles de l'entreprise au regard des exigences.	3,4
Agir (*Act*)	Préparer un plan à cinq ans. En tracer les grandes lignes	5

1. Cette étude de cas a été préparée par David Walden (Bolt Beranek and Newman, Inc. Cambridge, MA), qui a participé à l'étude. L'étude de conception est décrite de façon complète dans *The CQM Design Study* (CQM report).

Figure 9.8. Activités du processus PDCA de l'équipe de projet de CQM

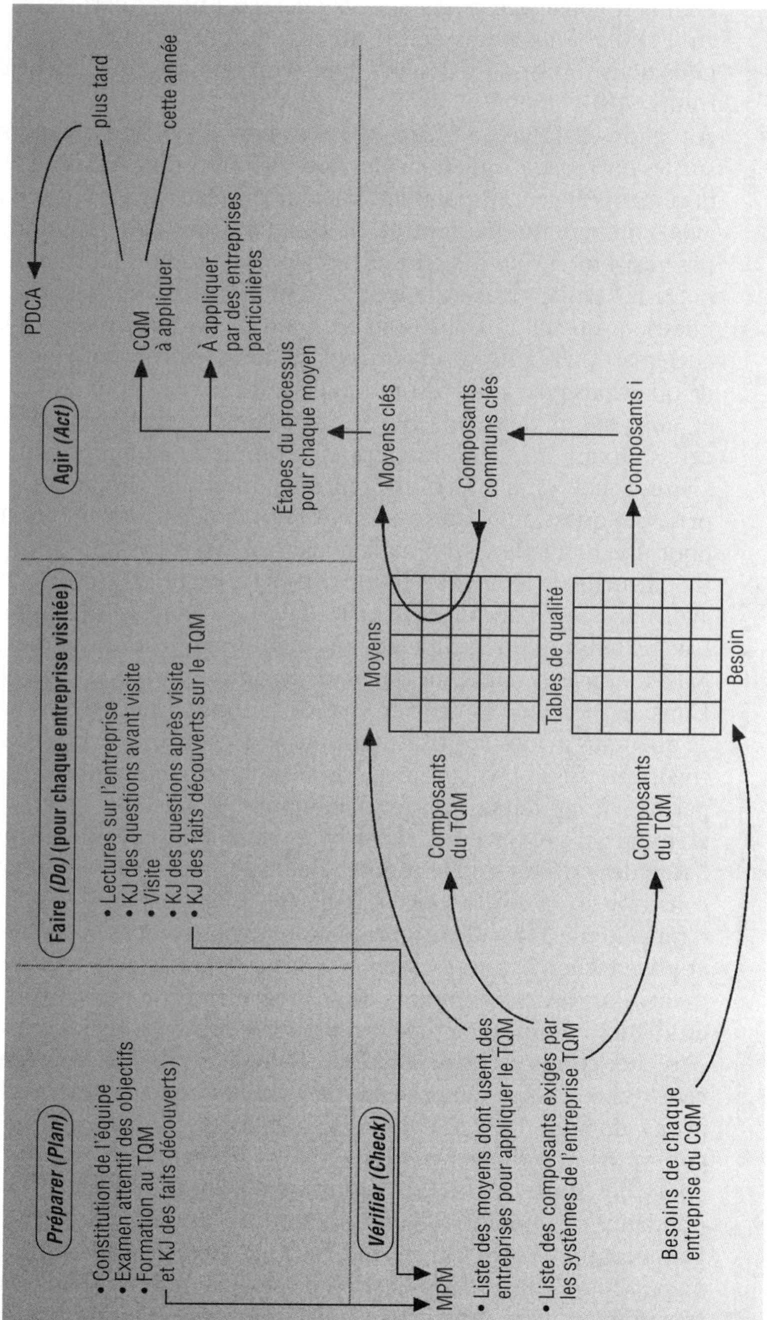

Au cours de la phase de préparation (*Plan*), nous avons constitué l'équipe, considéré nos objectifs, et reçu une formation de base au TQM. Nous avons établi un diagramme KJ à l'aide duquel nous nous sommes initiés au TQM (voir en haut et à gauche de la figure 9.8).

Au stade de la visite (*Faire ou Do*), nous nous sommes informés sur les entreprises que nous devions visiter, toutes les fois que des documents étaient disponibles. Pour chaque entreprise à visiter, nous avons préparé un diagramme KJ des questions que nous voulions poser. À l'intention des entreprises japonaises, Shoji Shiba a traduit notre KJ en japonais et le leur a télécopié pour leur faire part des questions que nous souhaitions leur poser. Puis nous avons visité les entreprises. À la fin de chaque visite, nous avons vérifié notre KJ de questions pour nous assurer qu'il avait bien été répondu à toutes, et nous avons demandé des informations complémentaires sur celles auxquelles il n'avait pas été complètement répondu. Nos visites achevées, nous avons préparé à l'intention de chaque entreprise des questions d'après-visite. Celles-ci nous auraient été utiles pour une nouvelle visite, mais nous n'en avons pas fait. Toutefois, il était utile de les avoir à l'esprit pour l'entreprise suivante. Nous avons aussi préparé un KJ sur les faits que nous avions appris et l'avons réduit à un groupe de faits gérable en utilisant la méthode MPM (voir en haut et au centre de la figure 9.8).

Dans la phase de vérification (bas de la figure), nous avons étudié ce que nous avions appris durant nos visites et lors de la formation théorique au TQM, comme indiqué sur nos diagrammes KJ. En partant de ces faits importants, nous avons construit un arbre des éléments d'un système TQM, que nous avons validé ensuite à l'aide des critères de Deming et Baldrige. Nous avons également construit un arbre des moyens à mettre en œuvre pour l'application d'un système TQM d'entreprise. Nous avons comparé ces éléments et pour rechercher les moyens les plus appropriés pour chaque élément. Puis les représentants de chaque entreprise participante ont étudiè les besoins de leurs entreprises respectives. Ils les ont comparé aux composants du système TQM d'entreprise pour choisir ceux qui correspondaient le mieux à chacun de leurs besoins. Nous avons alors identifié les éléments clés correspondant aux besoins communs des cinq entreprises. Nous les avons utilisés pour le choix des moyens clés par l'intermédiaire du tableau de correspondance composants/moyens (bas de la figure 9.8).

Dans la phase agir (ou normalisation), nous avons esquissé les étapes du processus d'application de chaque moyen clé et les avons réparties en deux catégories : celles que chaque entreprise devait appliquer chez elle et celles que le CQM pouvait appliquer pour toutes les entreprises. Cette seconde catégorie a été divisée en deux groupes : les dispositions à appliquer la première année et celles à réserver pour les années suivantes et les futurs cycles PDCA (en haut et à droite de la figure 9.8).

Tandis que nous effectuions nos études et nos analyses, Shoji Shiba nous enseignait l'utilisation de certains outils des CQ, la méthode KJ, les diagrammes de relations, les diagrammes en arbre, les diagrammes matriciels, et les tables de la qualité. Il nous démontra qu'avec un faciliteur expérimenté, une équipe transfonctionnelle sans expérience préalable pouvait simultanément apprendre de nouvelles techniques de résolution de problèmes et les appliquer utilement à un problème important et urgent. La figure 9.9 résume les principes sur la base desquels nous avons travaillé.

Figure 9.9. Les principes appliqués par l'équipe du CQM

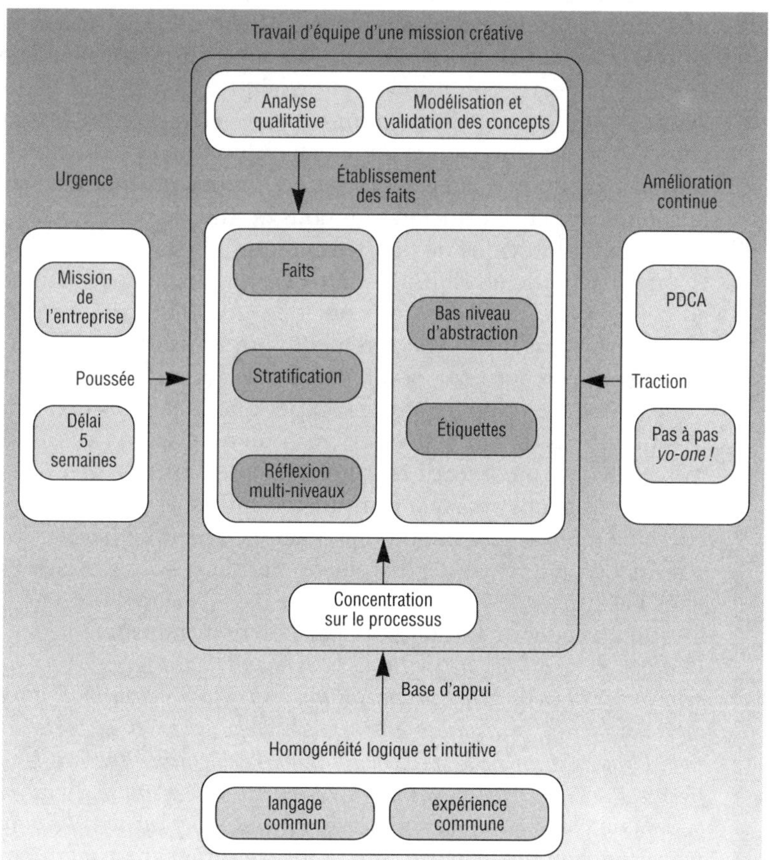

Dans le grand rectangle de la figure 9.9 on trouve les éléments du processus qui nous a permis de travailler de façon approfondie. Nous avons porté notre attention aux faits, à la stratification des données, à une réflexion plurivalente ; nous nous sommes efforcés de rester à un faible niveau d'abstraction, et avons écrit des mots sur des étiquettes – tout cela nous a permis de saisir les faits en détail. Nous avons obtenu nos données brutes en nous concentrant sur le processus et en utilisant des outils d'analyse pour manipuler des données qualitatives (le langage) à partir desquelles nous avons développé des concepts et des modèles que nous pouvions valider. Cela a constitué les règles de travail de notre groupe. Cependant, muni seulement de ces règles, on risque de s'enliser dans les détails.

Autour du grand rectangle, on trouve les éléments conduisant à un travail rapide et de haute qualité. D'abord, nous avions le sentiment d'une grande urgence. Nous avions reçu de nos entreprises une mission très importante à accomplir dans un délai impératif de cinq semaines. L'urgence exigeait que nous éliminions le handicap des différences de point de vue et de langage. En second lieu, nous avons fait de grands efforts pour observer et apprendre les mêmes choses – nous avons acquis un langage commun et fait l'expérience des mêmes choses. Ceci conféra à notre groupe une homogénéité de raisonnement et d'intuition, qui nous permit de bâtir sur nos idées respectives plutôt que de perdre du temps à essayer de comprendre ce que chacun de nous disait. En troisième lieu, nous avons adhéré au concept de l'amélioration continue. Au début de notre étude, nous n'avons pas défini concrètement notre mission. Au lieu de cela, nous avons parcouru de nombreuses fois le cycle PDCA au cours des cinq semaines, franchissant les étapes une à une, les occasions ne manquant pas de retours en arrière et de réflexions. Ceci nous permit de définir un objectif raisonnable et de faire émerger une solution. Nous avons résisté à l'impulsion qui nous poussait à rechercher une réponse parfaite ou une qualité de réponse inaccessible, en considérant qu'il serait possible de réaliser d'autres cycles PDCA dans l'avenir.

L'équipe concluait son rapport par l'observation suivante :

L'équipe a orienté son travail vers l'étude du processus, conformément aux principes du TQM. Elle s'est aperçue que ces pratiques entrainaient un gain considérable d'efficacité des processus de préparation et de prise de décision. L'équipe a utilisé la méthode KJ d'analyse des faits qualitatifs, de préférence à des discussions moins structurées. En se mettant d'accord collectivement sur chacun des processus à suivre avant de s'y engager, l'équipe a pu travailler rapidement et parvenir à un consensus sur la substance et la présentation de ces questions complexes dans le cadre des cinq semaines qui lui avaient été allouées[1].

Activités d'équipe au sein d'une fonction ou d'une unité de travail. – les Cercles de Qualité

La description du travail d'une équipe transfonctionnelle a porté sur les mécanismes permettant d'éviter les conflits. Elle nous a fourni un bon exemple de la façon de constituer rapidement une équipe efficace pour accomplir une mission de durée limitée. Un cercle de qualité rassemble des gens d'une même fonction ou d'une même unité de travail, ce qui réduit les risques de conflits et facilite le développement à long terme des compétences individuelles et de l'équipe[2].

Au Japon, un cercle de qualité est un petit groupe d'environ trois à dix personnes aux activités duquel tous les membres participent. Si sept ouvriers travaillent ensemble sur une même ligne de production (c'est-à-dire forment un même groupe naturel), tous les sept participent aux activités du cercle ; aucun d'eux n'est laissé en dehors. Le cercle a un objectif doublement relié au travail : maîtriser la qualité pour minimiser les variations de la qualité des produits et des services, et améliorer cette qualité. En poursuivant ces objectifs, le groupe recherche le développement de l'opérateur : c'est son but principal.

Deux caractéristiques principales permettent au cercle de qualité d'atteindre son but. Il applique d'abord des méthodes appropriées d'amélioration de processus, que ses membres doivent apprendre et appliquer aux problèmes dont ils se saisissent. En l'absence de cette méthodologie, il serait difficile d'améliorer la qualité d'un produit. En second lieu, les activités du cercle sont soumises au principe du volontariat. Les travailleurs décident s'ils veulent constituer un cercle ou non[3]. S'ils en organisent un, le choix du problème auquel ils vont s'attaquer leur appartient aussi. Ils décident de la manière de recueillir les données, de préparer les mesures correctives, etc. À chaque étape, ce

1. Voir note 1 p. 246.
2. Union des Scientifiques et Ingénieurs Japonais, *How to Operate QC Circle Activities*, Tokyo, JUSE, 1985.
3. Au Japon, un cercle de qualité est officiellement organisé quand il est enregistré au quartier général des Cercles de Qualité (à l'Union des scientifiques et ingénieurs japonais). La direction de l'entreprise n'est pas directement impliquée ; toutefois, comme nous le verrons brièvement, la direction peut favoriser de différentes manières la croissance des cercles de qualité.

sont eux qui décident. Dans un véritable cercle de qualité, aucun ordre ne vient d'en haut (voir figure 9.10).

Figure 9.10. Les cercles de qualité

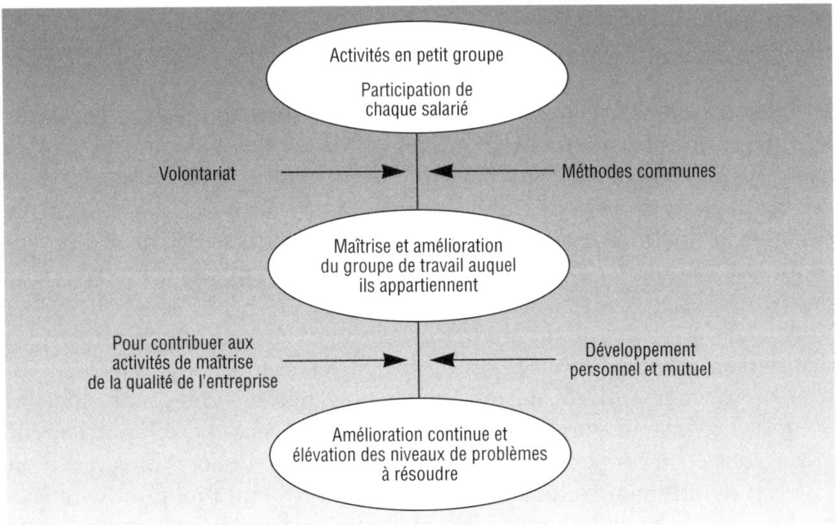

Cependant, un membre de l'encadrement doit conserver la responsabilité des améliorations de l'équipe. Autrement, l'organisation tout entière pourrait finir par perdre la maîtrise de ses activités au détriment de la satisfaction du client.

Un système permettant d'obtenir l'aval de l'encadrement de l'équipe est très important, mais il est délicat d'exercer cette autorité sans déresponsabiliser l'équipe.

Plusieurs entreprises du CQM ont trouvé qu'il était efficace que l'encadrement suggère les domaines du problème initial (mais non le thème lui-même), ou réexamine le thème avec l'équipe. L'encadrement peut aussi avoir besoin de revoir le projet d'application, spécialement s'il concerne d'autres unités. L'astuce est de rester conscient de ce que fait l'équipe, sans la guider de trop près, d'avoir confiance dans le fait qu'un bon processus d'amélioration produira des résultats utiles et puis de vérifier ces résultats. Bien entendu, si l'équipe risque de s'égarer sérieusement, l'encadrement doit intervenir.

Dans le cercle de qualité, la résolution des problèmes est un processus continu. Souvent, un groupe débutera par des problèmes simples – propreté de l'atelier, mauvaise communication entre ouvriers, etc. – avant de passer à des problèmes plus complexes, spécialement ceux touchant à la qualité du produit, à la productivité, ou concernant des groupes multiples. Cette continuité est possible, parce que l'entreprise apporte au groupe son soutien. Elle permet au cercle de mener ses activités pendant les heures de travail et met à sa disposition des salles de réunion. Ce soutien, sans lequel le cercle de qualité ne pourrait fonctionner, apporte au groupe un cadre institutionnel.

Le cercle de qualité offre aussi aux ouvriers et employés l'occasion de se développer. C'est même l'un des aspects les plus importants des cercles. Grâce au processus de résolution de problèmes et aux réunions, ils tirent profit réciproquement de leurs forces respectives. Au cours des conventions qui les rassemblent, les cercles mettent en commun les processus (non les résultats) qu'ils ont trouvés bénéfiques pour leurs unités de travail. Enfin, les cercles de qualité peuvent étendre l'espace d'amélioration, en y incluant des fournisseurs, des cercles multiples, etc.

Du point de vue de l'entreprise, la fonction la plus importante des cercles de qualité est d'institutionnaliser la double fonction du travail pour les participants.

L'invention des cercles de qualité a été celle d'un nouveau type de travail en équipe. Depuis les travaux originels d'Ishikawa sur les cercles de qualité en 1962, il existe aujourd'hui cinq millions de participants au Japon, et des cercles existent dans une soixantaine de pays. Un tiers peut-être des entreprises japonaises comptant plus de 30 salariés possèdent des cercles de qualité. La création et l'utilisation des cercles pour le développement à long terme des compétences individuelles et du groupe ont enrichi le Japon d'une énorme expérience en la matière. Nous allons donc étudier l'exemple fameux au Japon, celui du cercle Ladybug.

Étude de cas de travail d'équipe : évolution d'une équipe japonaise

La description suivante est extraite de la traduction d'un article et d'une présentation de Yoshiko Fujino et Kimiko Kimura[1].

« Kobayashi Kosei est un important fabricant de cosmétiques dont les produits sont utilisés dans tout le Japon. Notre usine de Sayama est située à Sayama City, préfecture de Saitama. Dans cette usine, installée sur un terrain de 11 hectares, en plein dans les senteurs de thé, travaillent 950 personnes, très énergiques. À l'état-major de la

1. Yoshiko Fujino, « QC Circle Activities Which Were Put up by the Iron Will of Part-Time » Oba-Chan (Aged Ladies) et Kimiko Kimura, FQC n° 265, Tokyo, JUSE, 1984. Le cas a été présenté en anglais à la Convention des CQQ d'IC. Tokyo, 1985.

production auquel nous appartenons, 150 cercles sont engagés dans leurs activités qualité dans le cadre de la politique globale de la direction, celle-ci ayant opté pour « la création de groupes étudiant et se battant activement... » Toutes les unités ayant une activité qualité sont définies comme des parties de l'organisation de promotion du TQC. Ces activités sont soutenues par des liens plus larges : ce sont les réunions d'animateurs (pour les animateurs de cercles) et les réunions d'instructeurs (pour les instructeurs apportant le soutien « de l'arrière »).

Dans notre atelier, le travail qui nous est assigné est le remplissage, l'empaquetage, et le processus de finition qui va du remplissage des flacons au conditionnement dans des boites. Le personnel est réparti en équipes spécialisées, l'équipe Crème, l'équipe Lotion au lait, et ainsi de suite, mais suivant le produit, une équipe peut manquer de personnel. La mission particulière de la nôtre est de combler ces manques de personnel, car nous sommes l'équipe de Secours et de Renfort. [...] Chaque jour, après la réunion du matin, nous nous répartissons entre les différentes équipes ; c'est là notre vie et notre travail d'ouvrières remplaçantes.

Notre cercle comprend sept femmes d'un certain âge (la moyenne est de 45 ans), travailleuses à temps partiel[1]. À peine avais-je rejoint l'entreprise en 1979 que ma vie d'ouvrière remplaçante débuta. Comme stagiaire, je pouvais tout juste faire la moitié du volume de travail d'un ouvrier moyen, et des employées, assez jeunes pour être mes enfants, me criaient : « Mémé, ne sois pas si lente, tu gênes plus que tu n'aides ! » S'il y avait des produits défectueux, c'était toujours notre faute, à nous travailleurs âgés à temps partiel : « c'est de ta faute ». J'étais plutôt insatisfaite de ma vie d'ouvrière remplaçante, et je traînais les pieds pour me rendre au travail chaque jour.

Par dessus tout, il y avait l'autre gros fardeau des activités du cercle. Ce dernier avait été formé sur la recommandation de nos supérieurs, mais nous avions le sentiment que comme travailleuses à temps partiel, occupées seulement pendant des tranches horaires limitées, nous ne pouvions avoir de réunions qui nous auraient fait rentrer tard à notre domicile. Notre attitude pouvait se traduire ainsi : « ne l'ayant pas fait, nous ne savons pas faire, et nous ne pouvons le faire ». Aussi, notre cercle n'avait-il ni la moindre motivation ni la moindre énergie.

1. Le personnel « à temps partiel » travaille à plein temps, mais est employé pour des périodes d'un an.

En 1981, l'animateur de l'équipe changea. Notre nouveau chef, une femme, était pleine de motivation et d'énergie envers le travail et le travail d'équipe. Voyant que nous manquions de vitalité et d'entrain, elle nous suggéra d'avoir avec elle des entretiens et de partager des activités amicales, afin de rendre notre atelier plus gai. Après plusieurs entretiens et plusieurs repas pris ensemble, il devint beaucoup plus facile pour nous de parler de nos familles, de discuter de nos problèmes au travail, etc. Ces circonstances furent autant d'occasions de dire ce que nous avions sur le cœur.

Puis vinrent les séances d'étude. Étudier après le travail alors que nous étions épuisées, n'était pas toujours efficace. Notre chef nous gratifia alors de devoirs à la maison que nous ne pouvions assimiler, et comble de tout ! nous fit passer des examens ! Cela en vint au point où nous aurions crié : « Maudite chef ! ». C'est seulement alors qu'elle donna à chacune de nous un carnet, nous disant : « Voici un cadeau. Si quelque chose vous échappe, écrivez-le ! D'accord ?» Lorsque nous avions écrit des choses que nous n'avions pas comprises, elle inscrivait ses commentaires et nous encourageait : « Continuez s'il vous plaît ! Encore un peu !». Son enthousiasme fut communicatif. Ce fut alors à nous de lui montrer ce dont nous étions capables. Nous nous sommes mises à parler des problèmes existant dans les autres équipes auxquelles nous étions affectées, et au fur et à mesure que nous apportions notre contribution, notre travail dans ces équipes (dont nous avions également assez) devint bien plus agréable. Nous qui n'avions aucune motivation pour le travail, nous nous sommes mises à vouloir utiliser ce que nous avions appris.

En 1982, la production à grande échelle de produits de petit format fut décidée et leur fabrication devait intervenir dans une courte période de temps. Les équipes normales n'étant pas en mesure de satisfaire seules les dates de livraison, il fut décidé que des personnes des équipes de remplacement seraient affectées à la production. Tous les membres de notre équipe virent dans l'opération intitulée « Suppression des défauts dans les étapes de fabrication du produit A », une occasion idéale d'appliquer ensemble ce que nous avions appris.

Toutefois, cette période de production n'allait durer qu'un seul mois. Pour pouvoir réaliser des améliorations dans une période aussi courte, nous avons décidé de recueillir des informations sur les défauts ayant pour origine les étapes de fabrication assurées par des équipes normales engagées depuis peu dans la production. Les données que nous avons recueillies firent apparaître que le travail de préparation était très important. Nous avons donc pu mettre cette idée en pratique avec pour mot d'ordre : « huit minutes pour préparer le travail ». Ceci eut pour effet que nous avons dépassé les objectifs que nous nous étions fixés et réalisé des améliorations dans une courte période de temps.

Ce thème fut distingué par un prix d'Excellence à l'assemblée des Cercles de Qualité féminins de l'entreprise. Au cours de la réunion, il fut décidé que nous allions participer au concours de maîtrise de la qualité de toute l'entreprise. Nous étions heureuses d'avoir fait un tel effort. Ce sentiment nous procura une motivation supplémentaire pour de nouveaux progrès...

Ces réunions et nos efforts pour recueillir les données eurent souvent pour conséquence de nous faire rentrer tard chez nous, ce qui ne fut pas sans conséquences pour nos époux et nos enfants. Un certain mécontentement se fit jour.

À peu près à cette époque, le mari d'une de nos membres fut hospitalisé, et sa famille eut des difficultés, ne pouvant effectuer la récolte des cédrats. Nous avons invité les membres de nos familles à se joindre à nous pour l'aider. Ce fut un grand succès, et notre appui fut grandement apprécié. La glace étant ainsi rompue, nous avons entrepris des concours de chant, avec un *karaoke* et d'autres choses encore. Les membres de nos familles comprirent peu à peu les avantages des cercles de qualité.

C'est de cette façon que nous avons préparé le concours de maîtrise de la qualité de l'entreprise, que nous y avons participé et que nous avons remporté la médaille d'or du prix Cattleya. Munis du prix et de l'enregistrement de notre présentation, nous avons regagné nos domiciles respectifs et partagé avec nos familles la joie d'avoir reçu ce prix.»

La présentation se poursuit par l'énoncé des améliorations concrètes réalisées par le Cercle Ladybug, et différentes estimations des succès obtenus par le cercle de 1979 à 1984. Notons l'équilibre des différents facteurs dans l'évaluation globale de l'activité du cercle pendant cette période de cinq ans. Ces facteurs étaient :

– l'étendue des applications,
– l'étude,
– les activités récréatives,
– l'étendue de la coopération familiale,
– la conduite de réunions,
– les thèmes traités,
– le nombre de suggestions d'amélioration.

Deux conclusions au moins peuvent être tirées de ces critères. La première est que l'activité de l'équipe est un facteur évident de promotion des valeurs humaines sur le lieu de travail. Des équipes sacrifiant entièrement leur vie personnelle à la productivité ne gagnent ni récompense ni considération. La seconde est que le processus même de l'activité d'amélioration est davantage apprécié que ses résultats, les améliorations elles-mêmes. L'évaluation des activités des cercles est détaillée dans leur bible, *QC Circle Koryo*, et leur manuel, *How to Operate QC Circle Activities* (*Comment faire fonctionner un cercle de qualité*)[1].

Dynamique d'un petit groupe : évolution de l'enthousiasme et de l'efficacité

Analysons le développement du cercle Ladybug en examinant la figure 9.11, en commençant par le haut. Une équipe est formée. Elle voit dans l'amélioration un travail supplémentaire. Le nouveau chef, enthousiaste agent du changement, commence à encourager l'équipe et favorise une coopération plus étroite. Ceci confère à l'équipe un sentiment d'appartenance.

D'autres encouragements sont prodigués. Le fait de prendre ensemble ses repas constitue au Japon une méthode de base pour stimuler l'esprit d'équipe (les hommes commencent par boire ensemble). Déjeuner ensemble en ayant des conversations en tête à tête constitue une pratique habituelle de management pour aider les travailleurs à se sentir bien dans un cercle. C'est un moyen parfait pour se faire à la vie sociale et en profiter pour avoir des discussions personnelles.

L'étude est encouragée, des carnets sont distribués, permettant la prise de notes, etc. Conseils et encouragements personnels sont prodigués. Au début, seul quelques outils sont enseignés. Ils sont utilisés trois ou quatre fois, puis étudiés et approfondis, avant d'être appliqués à des thèmes. L'expérience faite par Shiba des cercles de qualité européens suggère qu'à ce stade, l'appui de l'encadrement moyen fait défaut. Les cadres disent « ce n'est pas mon rôle d'enseigner » ou « je leur ai tout appris au début ». Il ne s'agit pas là en fait d'enseignement, mais de préliminaires.

Puis se présente une occasion d'application, offrant la possibilité d'une utilisation réelle du savoir-faire en matière d'amélioration dans le travail réel.

L'équipe doit alors obtenir un succès. Si le cercle de qualité ne parvient pas à résoudre un problème, il ne réutilisera pas les outils. Aussi, le choix du bon thème est-il important. La réussite est récompensée par le sentiment d'accomplissement qui naît de la résolution d'un problème et

1. Union des Scientifiques et Ingénieurs Japonais, QC Circle Koryo : *General Principles of the QC Circle*, Tokyo, JUSE, 1980 ; et *How to Operate QC Circle Activities*, Tokyo, JUSE, 1985.

Figure 9.11. Évolution de l'équipe Ladybug

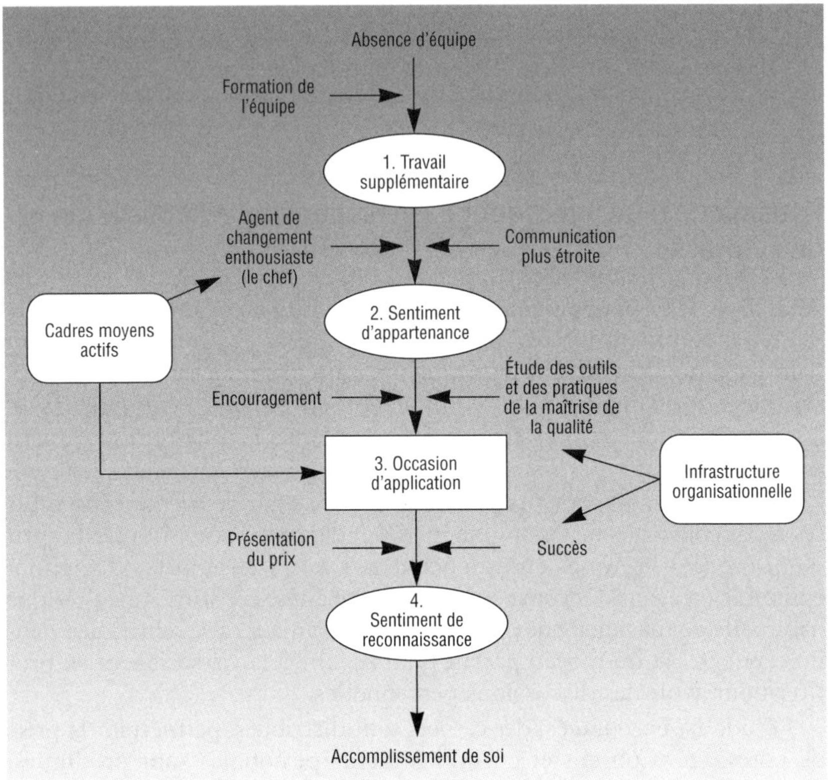

de l'occasion de présenter le témoignage de l'équipe à une réunion de cercles consacrée au récit d'améliorations réussies. L'équipe reçoit alors une récompense tangible ou un prix. Le succès remporté et la récompense obtenue amènent un sentiment de reconnaisance, et en fin de compte, celui d'un épanouissement.

Nous examinerons plus loin l'infrastructure organisationnelle nécessaire à l'application des principes ci-dessus.

Les déclencheurs de l'amélioration

Shoji Shiba, avec le concours d'étudiants en fin de scolarité, a étudié les cercles de qualité dont les succès ont été rapportés dans les comptes rendus de la conférence des Cercles du Japon, ainsi que des résultats d'en-

1. *All Japan QC Circles Conference Proceedings*, Tokyo (une fois par an).

quêtes effectuées auprès d'animateurs et de membres des cercles[1]. La plupart des cercles de ce niveau correspondent au modèle décrit ci-dessus. Le contraste est également saisissant entre les progrès enregistrés dans le travail quotidien et ceux obtenus par les activités d'amélioration. Dans le travail quotidien, l'amélioration des performances aussi bien dans le travail physique que dans l'activité d'étude est étroitement liée à l'expérience professionnelle. Elle est représentée par la ligne droite en pointillé de la figure 9.12.

Figure 9.12. Modèle d'amélioration dans le travail quotidien

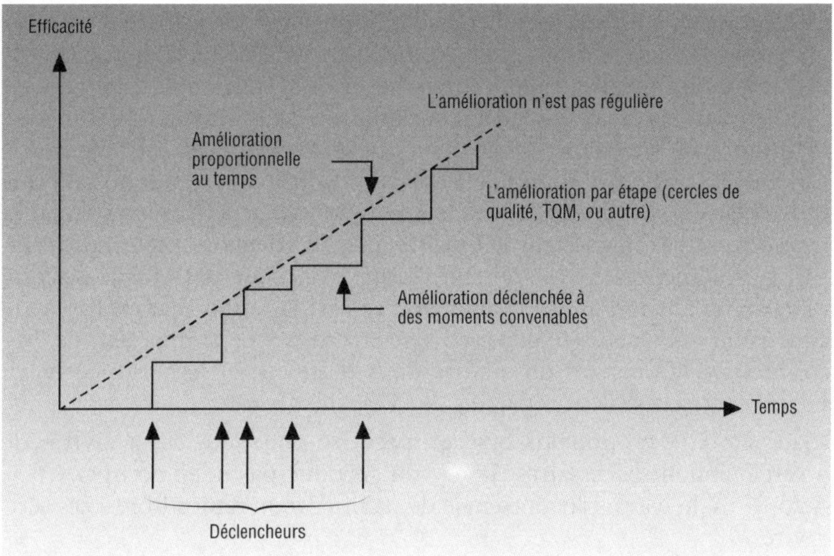

En revanche, pour les activités des cercles, le développement de l'équipe est fonction, non pas du temps, mais des déclencheurs de développement. Les cercles de qualité passent par une série de plateaux, représentés par les marches irrégulières de la figure. Les « déclencheurs » qui portent les cercles à des niveaux élevés de performance sont[1]:
– l'enthousiasme et la communication,
– l'encouragement à l'étude,
– l'occasion d'une application
– le succès et la reconnaissance.

1. I. Nakajima, « Analysis of Development Process of QC Circles », thèse de maîtrise, programme de Science Politique et de Management, université de Tsukuba, Japon, 1983.

On a vu que les cadres évaluent les récits d'amélioration pour déterminer les techniques qu'une équipe doit améliorer pour faire mieux la prochaine fois. Il leur revient aussi d'évaluer les équipes pour déterminer à quel moment elles sont prêtes à passer au stade suivant de développement. C'est leur responsabilité de suivre le niveau de développement des équipes et de vérifier que les déclencheurs ci-dessus sont présents dans chaque équipe au moment opportun. L'un des rôles les plus importants d'un cadre est de former ses subordonnés, en leur prodiguant la formation appropriée au bon moment.

Les déclencheurs sont créés par l'encadrement (l'arrivée d'un nouveau chef, dans le cas de Ladybug), par l'initiation à de nouveaux outils plus évolués, et l'occasion fournie d'appliquer les outils et de remporter un succès. Le cadre doit rester attentif au stade de développement de l'équipe et lui prodiguer les déclencheurs et le soutien nécessaires

Revoyons en détail les recherches du professeur Shiba en liaison avec la figure 9.11, qui reproduit le diagramme de l'évolution de l'équipe de Ladybug[1]. La condition initiale n'est pas propre à une équipe en tant que telle. Dans la première phase, les gens sont d'accord pour s'engager dans des activités de Cercle de Qualité mais ils voient cela comme un travail supplémentaire, quelque chose que l'on n'est pas obligé de faire mais qu'on fait malgré tout quelle qu'en soit la raison. Par exemple, on a interrogé 125 faciliteurs de cercles sur leur réaction au moment de l'introduction des cercles de qualité dans leurs entreprises respectives[2]. Leurs réactions se sont réparties de la façon suivante :

- 44 % : « Je ne pouvais pas comprendre pourquoi ces activités de cercle étaient nécessaires. Je ne voulais donc pas m'en occuper. »
- 25 % : « Je n'avais aucune envie de sacrifier mon temps libre à ces activités. »
- 12 % : « J'ignorais la façon de démarrer un cercle. »
- 8 % : « Nous n'avions pas dans notre groupe un bon matériel d'enseignement. »
- 6 % : « L'animateur n'était pas capable. »
- 3 % : « Nous n'avons pas trouvé de bon problème à résoudre. »

Près de 90 % des réponses étaient « cela ne faisait pas nécessairement partie de mon travail et je ne voulais pas le faire ». Près de 30 %

1. Notons que le modèle d'évolution sur la figure décrit un groupe de travail isolé travaillant volontairement en équipe. L'évolution d'équipes transfonctionnelles réunies par l'encadrement peuvent suivre une évolution différente. Le manuel d'équipe (*Team Handbook*) de Joiner décrit la séquence « former, attaquer, normaliser, exécuter ». P. R. Scholtes, T*eam Handbook*, Madison, WI, Joiner Associates, Inc., 1988, pp. 6-4 à 6-7.
2. Masaaki Inoue, « Effectiveness of Promotionla Activities », thèse de maitrise, programme de Science Politique et de Management. université de Tsukuba, Japon, 1984.

consistaient en prétextes pour ne pas effectuer ce genre d'activités. Bien entendu, le fait de percevoir les activités d'un cercle comme un travail supplémentaire est directement lié à l'idée que les personnes se font de leur « tâche ». Si celle-ci est assimilée seulement au cycle SDCA du travail quotidien, le cycle PDCA des activités d'amélioration s'ajoute en fait à la tâche telle qu'elle est perçue.

Souvenons-nous que ceci était la réponse typique de la plupart des équipes qui ultérieurement, sont devenues les meilleures du Japon. Empiriquement, il n'existe donc pas de magie culturelle permettant à des ouvriers japonais de base de former instantanément des équipes d'amélioration efficaces. Ou bien, si une telle chose existe, elle se situe à des niveaux plus élevés : au sein de l'encadrement moyen, d'une infrastructure organisationnelle, ou d'installations de dimension régionale ou nationale.

Dans la seconde phase, les membres ont le sentiment d'appartenir à une véritable équipe, dont les éléments se sentent particulièrement proches les uns des autres. La troisième phase inclut le travail sur un thème/problème ressenti à la fois comme important et susceptible d'amélioration. Dans la quatrième phase, les ouvriers/employés ont réalisé l'amélioration, ont été reconnus devant leur pairs, et sont satisfaits à l'idée de poursuivre le travail de l'équipe. Suivant les propos de Yoshiko Fujino du cercle Ladydbug : « Même si nous avons débuté comme pigeons voyageurs, avec la coopération des membres du cercle et la considération des autres, nous nous sommes aperçues que même des "dames d'un certain âge" pouvaient faire un bon travail, et que de ce fait, notre confiance en nous s'est accrue. Dans ce processus, nous avons pu avoir aussi la sensation tangible de la nature merveilleuse des cercles de qualité. Cette année, nous nous attaquons avec une énergie encore plus grande à l'élimination des modes opératoires inadaptés et des gaspillages, et nous avons élargi le champ de nos activités. Quant à l'avenir, nous sommes résolues à perfectionner encore davantage nos capacités afin de créer une qualité appréciée, et de surmonter toutes les difficultés et tous les obstacles avec résolution et endurance. De cette façon, nous entendons fermement continuer à faire briller la flamme de notre cercle.»

Dans toute l'entreprise, des équipes se forment, se modifient, se dissolvent constamment. Il s'ensuit que même dans l'environnement d'entreprise le plus favorable, il y aura toujours des équipes à tous les stades d'enthousiasme et d'efficacité. Par exemple, lorsque le syndicat a interrogé les membres des principaux cercles de qualité de l'industrie sidérurgique japonaise, où les cercles ont longtemps réussi, sur l'intérêt qu'ils portaient à leurs activités au sein des cercles, les réponses se sont ainsi réparties :

1. Research Review 130 (Japan Federation of Steelworkers, janvier 1982).

– 19,2 % : très enthousiastes,
– 53,1 % : jusqu'à présent, assez intéressés,
– 23,0% : ne tiennent pas à participer, mais le tolèrent,
– 2,4% : ne sont absolument pas intéressés par ce qu'on y fait,
– 2,3% : autres.

De même, on observe différents niveaux d'efficacité suivant les équipes[1]. Sur le tableau 9-3, l'efficacité est indiquée par la vitesse à laquelle les problèmes sont résolus. (On peut supposer que cette population de lauréats de concours exclut les équipes dont la vitesse d'exécution s'explique par l'insignifiance des problèmes.) Le nombre de réunions mensuelles et l'assiduité sont probablement plus significatifs de l'enthousiasme, ou peut-être de l'efficacité de l'infrastructure organisationnelle et d'un encadrement moyen qui suscite l'enthousiasme, alloue du temps et donne le désir de se réunir.

Tableau 9.3. Stades du développement des équipes et caractéristiques

Stades de développement du cercle	1	2	3	4
Thèmes traités par an	2,5	5,2	7,7	10,2
Nombre de réunions par mois	2,0	4,6	4,6	6,6
Assiduité	59,2	77,5	86,3	+ 100

Les cercles de qualité au Japon et aux États-Unis

Existe-t-il des facteurs culturels pour expliquer les différences de fonctionnement des activités d'amélioration en groupes au Japon et aux États-Unis ? Peut-être y a-t-il une façon plus constructive et plus directe d'aborder ce sujet ? Quand l'équipe de projet du CQM visita différentes entreprises américaines et japonaises, son impression subjective fut que les différences de cultures d'entreprise étaient plus importantes que les différences de cultures nationales. Si l'on examinait les entreprises en fonction de stéréotypes nationaux, on décrirait probablement Hitachi comme une entreprise américaine (l'une des principales valeurs de l'entreprise, dont chacun sait qu'elle a été le facteur moteur, est l'« esprit de pionnier »), et Florida Power & Light comme une entreprise japonaise, pour la structure et la rigueur de ses activités d'amélioration à tous les niveaux.

Pour les cadres occidentaux, l'implication s'exerce dans la préparation de la mise en place des équipes de travail et la publicité à lui donner. La

1. Nakajima, »Development Process of QC Circles ».

compétence initiale et l'adhésion enthousiaste de l'ensemble du personnel ne sont simplement jamais prises en considération. Fonder une mise en œuvre sur une simple prévision constitue une erreur qui peut conduire à l'abandon d'objectifs et à un échec effectif par défaut. Il est important d'anticiper avec réalisme les réactions du personnel, son enthousiasme et le fonctionnement des équipes.

Pour aider à concevoir des mises en pratique, nous allons présenter un cas américain, celui des cercles de qualité de Digital Equipment Corporation dans son usine de semi-conducteurs de Hudson[1].

Étude de Cas : le programme des cercles de salariés de l'usine de semi-conducteurs de Digital

La division *Semiconductor Interconnect Technology* de Digital compte 5 000 salariés répartis en sept endroits à travers le monde. Son établissement de Hudson, Massachusetts, est consacré aux études et à la fabrication. Il emploie 2 130 personnes, dont 800 à la fabrication. Tout le personnel ouvrier et 30 % des employés de cet établissement participent à un cercle de qualité. Les cercles de salariés de l'usine Digital de Hudson ressemblent aux cercles de qualité japonais.

Ces cercles ont travaillé sur les types suivants d'activités d'amélioration :

- simplification des spécifications et création d'un imprimé pratique pour leur rédaction,
- réduction des émanations de vapeurs dans la zone de photographie et de gravure,
- diminution du taux de retouches,
- amélioration des implantations pour une meilleure efficacité.

Digital a tenté de calculer le retour sur investissement des activités des cercles, mais s'est rendu compte qu'un grand nombre de projets n'étaient pas mesurables en termes financiers (ce que l'on aurait attendu au départ de l'activité des cercles). Pour ces projets, des études ont été conduites sur le terrain pour mettre en lumière les avantages des actions d'amélioration. Pour les 20 % d'actions, financièrement quantifiables, le retour sur investissement avait été de quatre, en dollars constants pour la période couvrant les années fiscales 1989 et 1990.

---

1. Ce cas a été préparé par le Dr. Del Thorndike (Digital Equipment Corporation, Maynard, MA). Le Dr. Thorndike a réalisé une présentation et projeté des films vidéo consacrés aux activités des cercles de qualité de l'usine de Digital à Hudson, lors d'un cours donné au CQM en 1990.

Les objectifs des cercles de l'usine de Hudson étaient les suivants :
– améliorer la qualité,
– réduire les erreurs,
– développer un esprit d'équipe,
– développer les aptitudes à résoudre les problèmes,
– améliorer les communications.

Le graphe de la figure 9.13 montre l'évolution du nombre de cercles de l'usine de Hudson.

Figure 9.13. Nombre de cercles à l'usine de Hudson

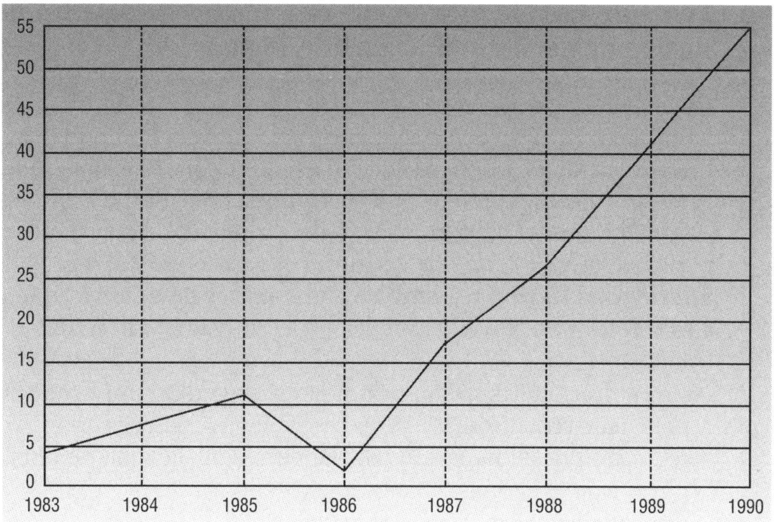

Les responsables du programme attribuent cette croissance à trois facteurs : la participation obligatoire du personnel ouvrier ; le soutien visible des dirigeants ; et une structure de formation et de soutien.

Participation obligatoire du personnel ouvrier

Les activités des cercles ont débuté en 1983, par le personnel ouvrier, sur la base du volontariat. Cinq ans plus tard, la participation fut rendue obligatoire. Chaque ouvrier était tenu à 39 heures de travail quotidien et une heure de participation à la réunion du cercle. Cette réunion se tenait à heure et jour fixés chaque semaine pour un salarié donné. L'objectif de l'usine de Hudson était de parvenir à impliquer la totalité du personnel en cinq ans.

La raison pour laquelle il fallut rendre obligatoire la participation aux cercles, était que le travail des cercles faisait partie intégrante de l'activité. Elle concernait toutes les équipes, et si les activités du cercle avaient été facultatives, le développement des personnes et des groupes aurait été moindre[1].

Soutien visible des dirigeants

Les dirigeants ont fourni un soutien visible en affectant des locaux et du temps pour les réunions des cercles et les activités promotionnelles et de reconnaissance. Les méthodes promotionnelles vont des diplômes d'animateurs, aux certificats de membres, et aux T-Shirts. Les méthodes de reconnaissance de la direction comprennent : (1) une présentation à la direction ; (2) une journée annuelle de reconnaissance des meilleurs cercles et des meilleurs projets dans les catégories « amélioration importante de la qualité de la vie au travail », « économies financières significatives » et « meilleurs processus et procédures » ; et (3) un panneau d'affichage des témoignages de reconnaissance.

Structure de formation et de soutien

Les agents de maîtrise reçoivent chaque année une formation de dix jours. Les faciliteurs des cercles bénéficient de huit semaines de formation. Des modules élémentaires de formation existent pour le *brainstorming*, le recueil des données, la présentation des données et les graphes, l'analyse de Pareto, et les techniques d'exposé. Des modules avancés existent pour les histogrammes, les cartes de contrôle, et les diagrammes de dispersion. Une structure de soutien des cercles est également fournie, comme le montre la figure 9.14.

Figure 9.14. Structure de soutien des cercles de qualité

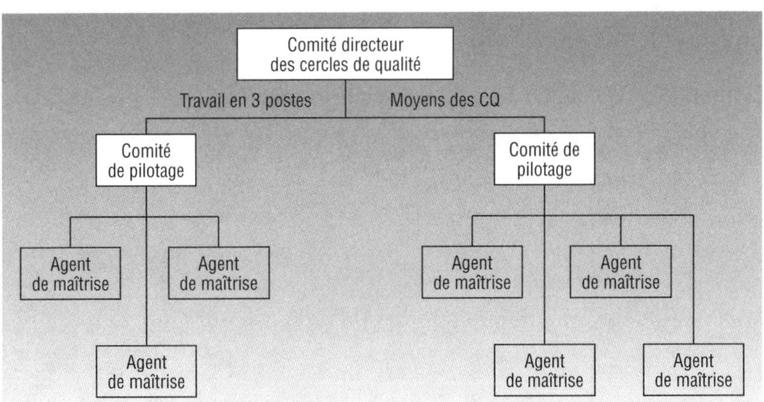

1. Un observateur de DEC note, toutefois, que le caractère obligatoire de la participation est toujours en discussion, étant donné le succès des cercles comme ceux de Milliken constitués sur la base du volontariat mais avec des actions vigoureuses de promotion et de soutien..

L'équipe de soutien comprend quatre personnes à plein-temps. Il existe des cercles de qualité aux États-Unis, en Amérique du Sud, en Europe et en Asie. Des activités équivalentes pour le personnel collaborateur – activités d'amélioration par petits groupes – viennent seulement de débuter aux États-Unis.

Volontariat et motivation

Pour que l'activité des cercles produise des résultats, la direction doit mettre en place le système d'éléments nécessaire. Elle doit fournir l'infrastructure d'encouragement et l'espace, établir les plannings, organiser la formation, constituer les équipes, nommer les faciliteurs, organiser la reconnaissance, etc. À défaut, l'activité des cercles ne durera pas. Un grand nombre d'entreprises américaines ayant adopté des programmes de cercles de qualité, les ont vus disparaître. Pour créer l'infrastructure nécessaire, la direction doit être profondément consciente de la nécessité de son appui et de son expérience. En particulier, elle doit s'occuper de trois importantes questions : la participation, les résultats réels, et le diagnostic.

La participation

L'idéal du TQM est la participation volontaire de tout le personnel. Aux États-Unis et en Europe, la participation est souvent totalement volontaire au départ, ce qui peut conduire à une participation de 20 à 30 % seulement (voir figure 9.15). Partant de là, il est difficile de passer à 100 %, sans une démarche systématique de promotion du TQM, insistant sur la motivation et le soutien, l'implication des dirigeants, et l'infrastructure organisationnelle.

Figure 9.15. Obtention de la participation volontaire

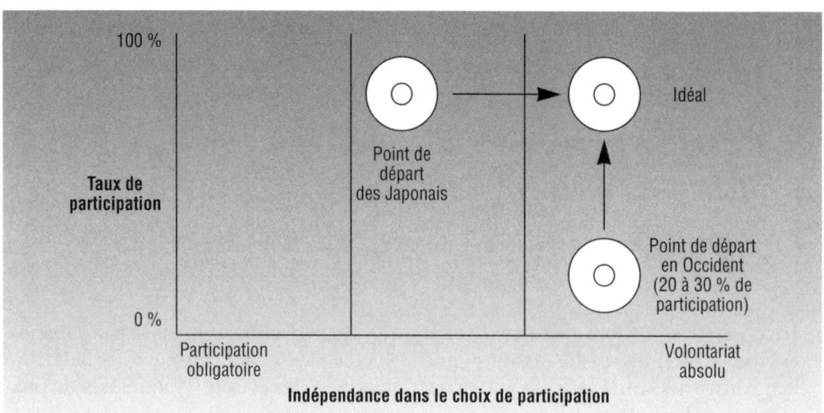

Au Japon et dans un grand nombre d'entreprises américaines pratiquant le TQM, une forte participation initiale est encouragée par des pressions indirectes, l'influence et des incitations. Partant de là, il est relativement aisé d'évoluer vers une participation complètement volontaire. Les pressions indirectes peuvent prendre les formes suivantes : les cadres persuadent leur personnel d'assister à des réunions de cercles dans d'autres entreprises et d'étudier les cercles de qualité ; les cadres sont notés en fonction du pourcentage de participation qu'ils obtiennent ; on ne lance les CQ que si tout le monde y participe.

Pourquoi ne pas se limiter à inviter les gens à former des cercles de qualité ? La réponse est liée à la question du pourquoi de leur utilité. Le travail d'équipe n'est pas seulement nécessaire à l'amélioration, mais aussi au développement des capacités humaines. L'idée est de développer les aptitudes du personnel et de faciliter l'innovation. Toutefois, le développement des aptitudes implique de faire de l'amélioration une partie intégrante du travail quotidien – qui consiste généralement à appliquer des règles et non à créer quelque chose de nouveau. Le travail d'amélioration doit être créatif et motivant. Sans une participation significative des unités de travail aux cercles de qualité, ceux-ci ne fonctionneront pas, et l'entreprise manquera des possibilités majeures d'amélioration.

Les résultats réels

Il appartient à la direction d'assurer le succès des travaux des cercles. Les cercles ont besoin d'éprouver un sentiment de réussite, il leur faut travailler à quelque chose qui crée financièrement une différence pour l'entreprise. Rappelons-nous le diagramme de la double fonction du travail. C'est le rôle des dirigeants d'amener le cercle à concentrer leurs efforts sur les quelques activités essentielles qui augmentent directement la satisfaction du client (voir figure 9.16).

Puis viennent les activités concrètes d'amélioration, les étapes de résolution de problèmes, l'orientation points faibles, et l'utilisation du concept *market-in*.

On peut avoir besoin d'une autre équipe – EAQ (équipe d'amélioration de la qualité) ou équipe transfonctionnelle – pour localiser avec précision les activités vitales à améliorer. L'encadrement doit choisir directement ces activités, soit constituer des équipes pour le faire. En fait, le degré de développement des activités (volontaires) des Cercles de Qualité peut être un indicateur de l'aptitude du cadre à motiver ses subordonnés.

Le diagnostic

En fin de compte la stratégie déterminante est celle de l'évaluation et du diagnostic, nécessaires pour identifier de nouveaux développements et ouvrir la voie à de futurs succès. La création tôt ou tard d'un cercle de qualité, ou le recours à un autre type d'équipe, dépendent de l'histoire et de la culture de l'entreprise. Par exemple, Digital possède depuis longtemps une culture qualité et d'esprit d'équipe. Aussi, ses cercles de qualité survivront-ils.

Figure 9.16. Efforts concentrés sur les points essentiels pour le succès des activités des cercles de qualité

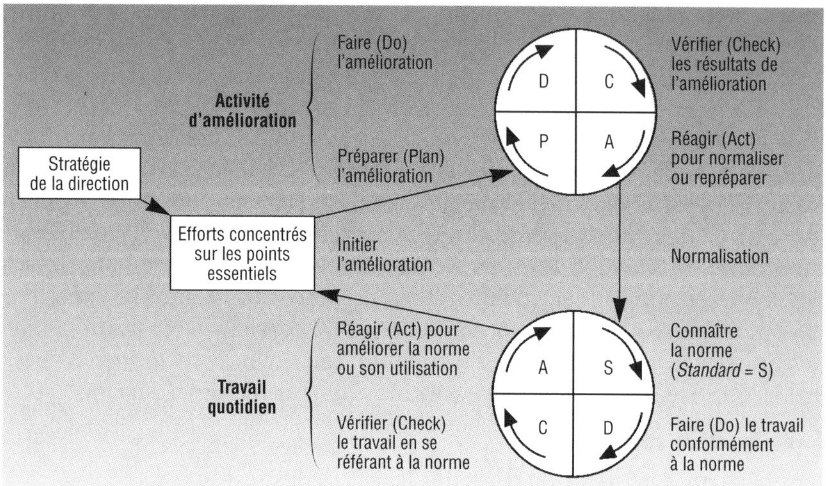

Cependant, suivant Shijo Shiba, commencer le TQM par des cercles de qualité n'est souvent pas une bonne idée pour les entreprises américaines. Les cercles disparaissent fréquemment par absence de résultats, car on ne leur donne pas de réels problèmes à résoudre, ou parce que l'encadrement moyen et les chefs d'équipe ne leur fournissent pas réellement leur appui. Il est très difficile de modifier les attitudes des cadres moyens par une formation de courte durée. En revanche, les opérateurs et les dirigeants sont tout à fait capables de changer de comportement en peu de temps. L'approche des cercles de qualité doit être diagnostiquée entreprise par entreprise. L'un de leurs fondateurs, le professeur Ishikawa, disait que les cercles de qualité ne représentent qu'un tiers à un cinquième des activités de TQC dans une entreprise japonaise[1]. Ne démarrez pas par des cercles de qualité si l'encadrement moyen n'« embarque » pas. Même si les cercles de qualité ne conviennent pas à votre entreprise, vous pouvez néanmoins retirer de l'activité des cercles la connaissance des éléments fondamentaux qui caractérisent les équipes.

1. K. Ishikawa, « The Current Situation in Exporting the Japanese Style of QC.», *Communicators*, vol. 9, n° 16.

PRINCIPES D'ANIMATION DU TRAVAIL EN ÉQUIPE

La figure 9.17 illustre les sept principes d'animation du travail en équipe basés sur l'observation des cercles de qualité japonais par Shijo Shiba.

Figure 9.17. Principes d'animation du travail d'équipe

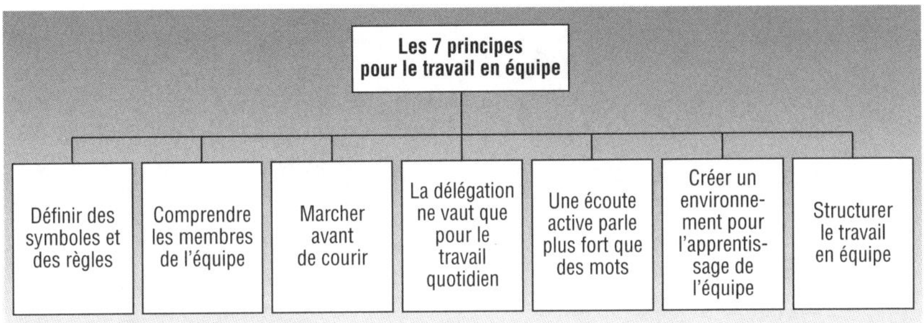

1. Définir des symboles et des règles

Symboles et règles donnent à l'équipe une identité externe et interne. La première étape est de donner un nom à l'équipe ; par exemple, l'équipe d'amélioration de la qualité citée au chapitre 6 s'appelait les « traqueurs d'erreurs ». Drapeaux, bannières et logos constituent d'utiles symboles.

L'animateur de l'équipe peut constituer en lui-même un symbole, comme c'est le cas quand c'est le directeur général lui-même. Des règles de comportement facilitent le travail en équipe. « Parler à partir de faits » est une bonne règle pour l'équipe. Il est utile de développer un langage commun ; c'est ce que fit le CQM quand son équipe transfonctionnelle se réunit une semaine entière au début de son étude de projet, d'une durée de cinq semaines, pour étudier le langage du TQM.

2. Comprendre les membres de l'équipe

Les gens ont besoin que l'animateur leur offre différentes sortes de motivations à des moments différents. Pensez à la hiérarchie des besoins suivant la théorie de la réalisation de soi développée par Abraham Maslow (1908-1990) (voir figure 9.18)[1].

Figure 9.18. Hiérarchie des besoins de Maslow

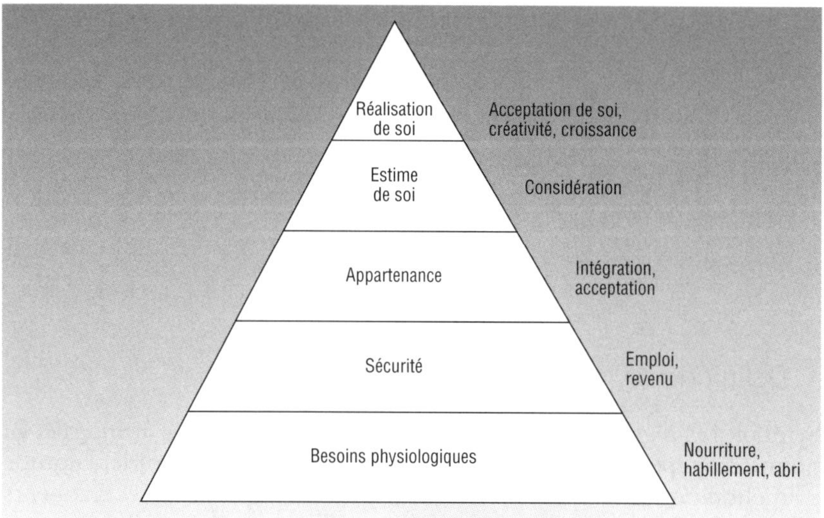

Nous avons tous des besoins physiologiques comme ceux de respirer et de nous alimenter. Puis par ordre d'urgence, nous trouvons des besoins de sécurité – une personne craignant pour son emploi ne peut guère penser à autre chose. Au-delà, nous voulons appartenir à un groupe, gagner son estime, et parvenir enfin à nous réaliser. Le cas de Ladybug illustre le développement d'une équipe au fur et à mesure de son élévation dans la hiérarchie des besoins décrite par Maslow. Les chefs d'équipe doivent être conscients que l'accomplissement des besoins d'appartenance et d'estime des membres renforce leur identité personnelle au sein de l'équipe et de l'organisation, de même que leurs relations avec les autres membres.

Maslow fournit un cadre théorique pour la compréhension des besoins, grâce à sa théorie de l'autoréalisation, qui possède quatre éléments de base.

1. Les motifs sont éminemment complexes – aucun motif n'opère seul à un moment donné.

1. Le Dr. Philip Gulley (Bolt Beranek and Newman, Inc.) a préparé ce texte sur Maslow.

2. Les besoins sont hiérarchisés – en général, les besoins d'un niveau inférieur doivent être satisfaits avant que ceux d'un niveau supérieur ne deviennent des facteurs de motivation.
3. Un besoin satisfait n'est pas facteur de motivation : nous sommes toujours des «êtres désirant».
4. Il y a plus de façons de satisfaire des besoins de niveau supérieur que des besoins de niveau inférieur.

Pour que les animateurs s'attachent à comprendre systématiquement les membres de leurs équipes, on leur conseille de tenir un carnet comportant une page par membre, d'y inscrire l'adresse de chacun et le sentiment qu'ils ont de leurs espoirs et de leurs besoins.

3. Marcher avant de courir

Les équipes ont besoin d'un premier succès. Lancez-les donc sur un problème significatif mais qui puisse être résolu facilement, choisissez un thème allant légèrement au-delà de leurs connaissances et de leurs aptitudes ; fournissez-leur un appui pour l'analyse et la solution ; et si le problème sur lequel chacune d'elles doit s'exercer est important, découpez-le en parties plus petites. Des parcours successifs du cycle PDCA, illustrées sur la figure 9.19, rendent le progrès possible et enseignent aux équipes la façon de réussir. En revanche, une action unique pour traiter un grand problème se traduira probablement par un fardeau impossible à porter (voir figure 9.20).

Figure 9.19. Parcours successifs du cycle PDCA

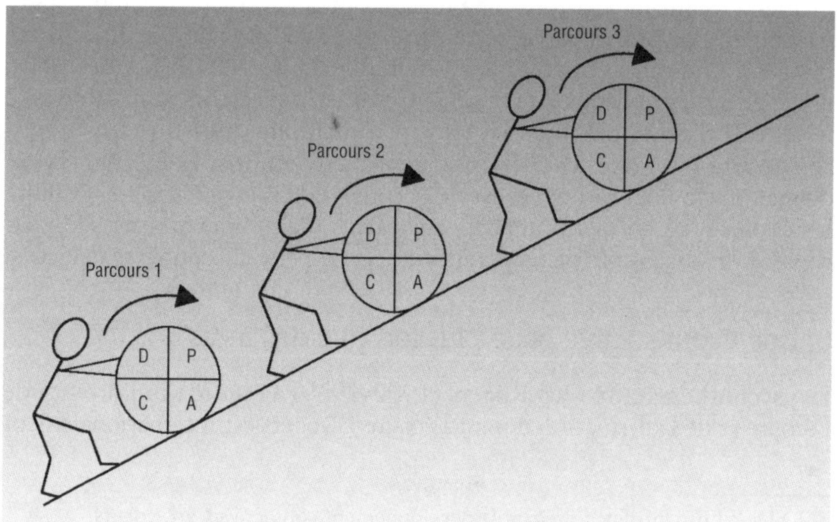

Figure 9.20. Une action unique pour traiter un grand problème

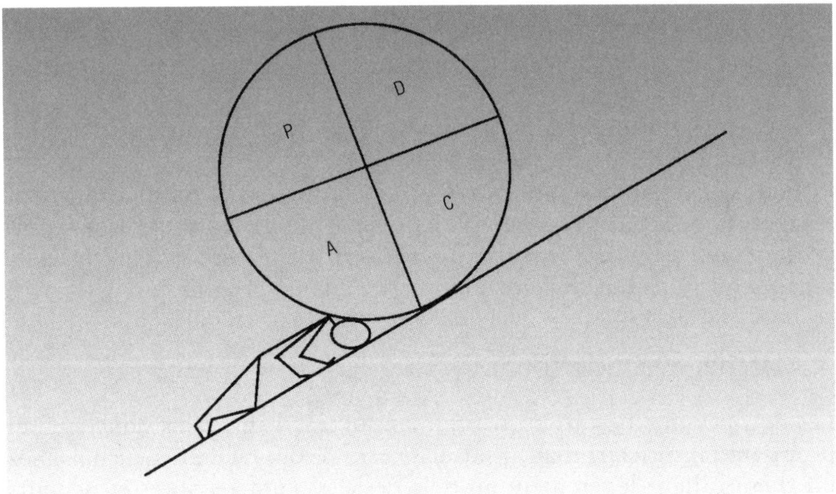

4. La délégation ne vaut que pour le travail quotidien

Ne déléguez pas vers le bas : les membres de l'équipe doivent faire le travail eux-mêmes, ni vers le haut : les membres de l'équipe sont responsables de la recherche de la solution. La mission d'amélioration ne peut pas être déléguée. Le besoin de déléguer est une indication que l'équipe n'est pas constituée des personnes qu'il faut.

Dans une équipe, tout le monde est à égalité. Les membres ont eux-mêmes à réunir les fournitures, à tenir les procès-verbaux des réunions, à participer aux processus de résolution de problèmes de l'équipe. Il est des gens qui protestent en disant » mon rôle est de prendre des décisions, non d'effectuer le détail du travail ». Cette attitude est incompatible avec le travail d'amélioration. Le travail quotidien implique un travail conforme à des règles et par conséquent bien compris. L'objet du travail d'amélioration, en revanche, est de découvrir de nouvelles façons de faire les choses. Les éléments relatifs au travail d'amélioration ne sont par conséquent pas encore bien appréhendés, et ne peuvent donc être délégués.

5. Une écoute active parle plus fort que des mots

Le psychothérapeute Carl Rogers (1902-1989) a étudié l'importance de l'écoute et de l'affirmation durant l'écoute[1]. Rogers est internationalement

1. Le Dr. Philip Gulley a préparé le développement consacré à Carl Rogers.

connu pour ses études et sa pratique de la psychothérapie non directive. Reconnaissant qu'il existe en chaque individu une capacité créative de résolution de problèmes, il a conçu des techniques visant à libérer cette capacité. Celles-ci incorporent une écoute active, une attitude positive inconditionnelle, de l'empathie, et un comportement non verbal adapté.

Rogers conseillait les principes suivants de l'écoute active :
- Écouter avec empathie – comprendre à la fois le sentiment et le contenu.
- Expliciter en formulant à nouveau, en paraphrasant, ou en résumant.
- Questionner et examiner sous tous les aspects.

Une écoute active présente les avantages suivants :
- Elle réduit l'attitude de défense.
- Elle augmente l'estime de soi.
- Elle encourage la coopération.
- Elle aide à identifier les problèmes et les solutions.

L'écoute active englobe aussi la communication non verbale. Par exemple, le fait de se tenir affalé, de regarder ailleurs, etc. signifie qu'on ne se soucie pas de la personne qui parle.

6. Créer un environnement propice à l'apprentissage de l'équipe

La création d'un environnement propice à l'apprentissage de l'équipe implique de prêter attention à trois éléments : l'organisation des réunions, la façon dont les participants sont installés, et le rythme d'évolution psychologique d'une réunion à l'autre.

L'organisation des réunions

Suivant notre expérience, la réunion est vraiment la partie la plus difficile des activités de travail en équipe. Si vous obtenez la présence de tous les membres à toutes les réunions, vous aurez le plus grand succès. La moitié du savoir-faire des cercles de qualité au Japon (et peut-être davantage aux États-Unis) consiste à réunir le groupe. Le diagramme en arbre (voir figure 9.21) souligne un certain nombre de techniques permettant d'obtenir que les cercles se réunissent sérieusement.

- *Préparer*. L'établissement d'un planning est très important. Choisissez le même jour de la semaine ou du mois. Efforcez-vous de tenir les réunions le même jour dans toute l'entreprise. Préparez le planning un semestre ou un an à l'avance. Celui-ci doit être détaillé et réaliste. Sans un plan réaliste défini jour par jour, heure par heure, minute par minute, pour l'exécution de toutes les étapes d'une mission, il sera difficile de s'en acquitter au cours des réunions. Les comptes rendus détaillés des précédentes réunions doivent être disponibles. Des tableaux de papier, des marqueurs, de cartes de données, et autres matériels à utiliser par les équipes au cours de la réunion, doivent être préparés à l'avance.

- *Ne pas remettre à plus tard.* Ce principe est très important ! Il comprend deux éléments : fixer la réunion pour qu'elle ait lieu de préférence plus tôt que plus tard – les équipes ne peuvent réellement progresser si les réunions sont tenues à des moments qui ne conviennent pas de façon optimale pour chacun. Ensuite, une fois la date de la réunion fixée, ne pas la remettre à plus tard. Si on la remet à plus tard, cette date est irrémédiablement perdue, et l'équipe risque de ne pas se réunir à nouveau.

Tenez des procès-verbaux. Ayez avec les absents un entretien en tête-à-tête. Il ne suffit pas de leur adresser les comptes-rendus. L'animateur est responsable du maintien de tous les membres au même rythme.

- *Trouver des substituts aux réunions.* Une façon de résoudre le problème du temps à trouver pour se réunir est d'effectuer une partie du travail en dehors des réunions. Les tableaux d'affichage et les répondeurs téléphoniques (par exemple, la messagerie verbale) sont utiles pour recueillir idées et commentaires des membres de l'équipe. Nous avons enregistré de bons résultats en affichant des diagrammes d'Ishikawa, et en voyant des membres s'arrêter pour réfléchir individuellement et ajouter de nouveaux éléments. La messagerie électronique et les tableaux informatisés permettent aussi aux membres de dialoguer sans se réunir.
- *Terminer de façon efficace.* Commencez et finissez à temps. Vérifiez l'ordre du jour pour vous assurer que tout a été accompli et pour améliorer le déroulement de la réunion suivante. Mettez-vous d'accord sur les responsables de la réunion suivante.
- *Finir toujours par une définition de mission et un moment de détente.* Assurez-vous que tout le monde sache ce qu'il aura à faire pour la prochaine fois. Pensez à organiser la réunion à une heure permettant de ménager un temps pour des discussions informelles avant qu'elle ne débute et des démonstrations amicales à la fin. Au Japon, les réunions se concluent fréquemment par une visite au « pub ». Nous en sommes venus à appeler ceci l'application de la « Méthodologie du manger et du boire ».

Ces pratiques fonctionnent au Japon. Les animateurs doivent en imaginer qui s'adaptent à leur pays, à leur entreprise, à leur équipe. Un diagramme en arbre est un outil permettant d'identifier ces pratiques (voir figure 9.21).

Figure 9.21. Diagramme en arbre pour des pratiques d'équipe efficaces

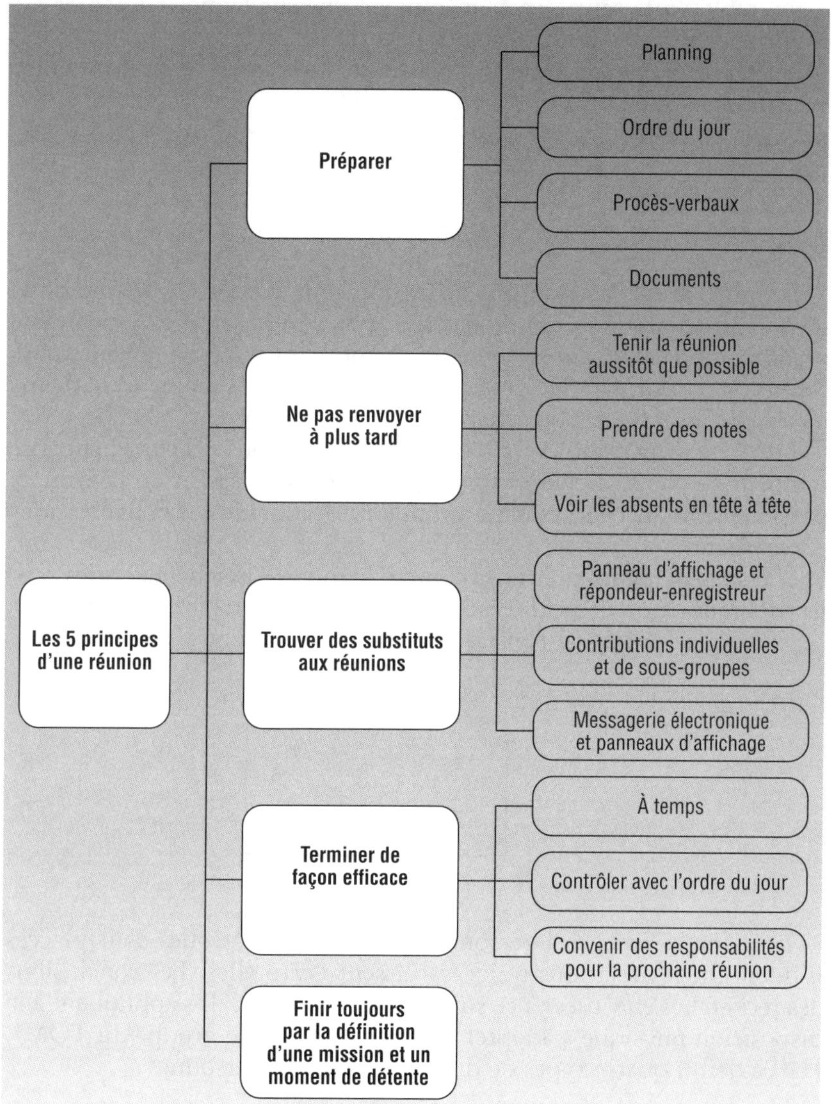

La disposition physique

La disposition physique des participants est un moyen de concentrer leur attention sur ce que l'on fait pendant la réunion. Examinons, par exemple, la disposition physique de membres réunis pour établir un diagramme d'Ishikawa, ou un diagramme en arbre, ou utiliser d'autres outils. Trois choses sont à noter. D'abord, les participants sont assis le long d'une table en faisant face à un mur proche sur lequel du papier est appliqué. Avec une telle disposition, il est difficile de ne pas fixer son attention sur le papier. Il ne faut permettre à personne de s'asseoir entre la table et le mur.

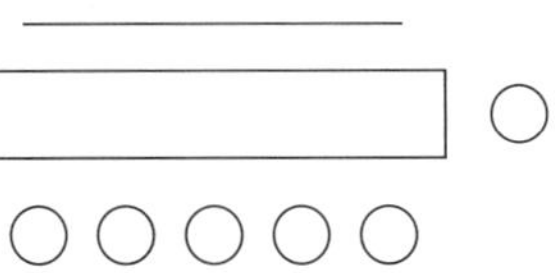

Ensuite, la disposition physique implique d'écrire le thème de la session en lettres de 5 cm de hauteur, pour que tout le groupe puisse prendre connaissance du thème en même temps. Ceci prévient toute confusion et tout manque de concentration. À aucun moment, le thème n'échappe au regard ; il n'échappe donc pas à l'esprit.

Enfin, la dimension de la table est telle que tous les participants se tiennent au coude-à-coude face au papier. Cette disposition favorise la participation au processus de groupe et décourage les conversations particulières.

Si les participants sont assis comme le montre le schéma ci-dessous, ils parleront naturellement entre eux d'un côté de la table à l'autre, à l'exception de celui qui s'est installé de lui-même à l'écart des débats.

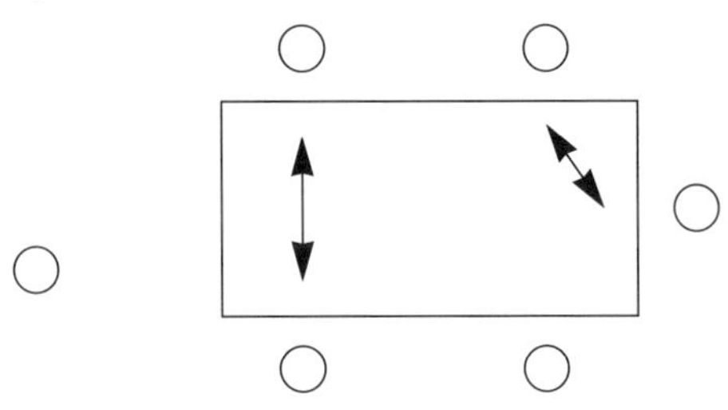

La distance entre les personnes et la façon dont elles sont placées influencent les relations qui s'établissent entre elles. Les conclusions des recherches effectuées à ce sujet par Edward T. Hall s'appliquent à la disposition physique à adopter dans les activités de groupe du TQM[1]. Hall a défini quatre types de distances entre les personnes :

1. Une trentaine de centimètres est la *distance intime* ; c'est celle entre mari et femme, mère et enfant, frères et sœurs. Le travail en groupe du TQM recherche des relations psychologiquement plus proches et plus participatives que la plupart des relations d'affaires normales.

1. Hall E.T. *La dimension cachée*, Seuil, coll. Points, Hall appelle ces quatre distances : intime, personnelle, sociale et publique.

2. Un mètre vingt à un mètre cinquante est la *distance entre collègues de travail et amis*.
3. Trois mètres à trois mètres cinquante, c'est la *distance dans une réunion et des séminaires*. Dans une situation de ce genre, essayez d'abord de disposer l'orateur à quatre mètres cinquante des auditeurs, puis à neuf mètres. En l'éloignant davantage des auditeurs, on modifie notablement ses relations avec l'auditoire. Au cours d'une réunion, l'instructeur devrait se situer entre trois mètres et trois mètres cinquante des participants. Après la séance formelle, l'instructeur peut se rapprocher à un mètre vingt pour s'entretenir de façon informelle avec les participants ou prendre un rafraîchissement en leur compagnie.
4. Sept mètres cinquante à neuf mètres, c'est la *distance dans une cérémonie*, par exemple, quand le directeur général remet un prix à un membre du personnel ou quand le président des États-Unis décerne le prix Baldrige.

Le rythme psychologique

Les êtres humains ont des difficultés à être attentifs très longtemps (c'est une des raisons pour lesquelles les spots publicitaires sont si courts). Aussi, certains des 7 outils de management et de planification ont-ils été décomposés en étapes correspondant le mieux aux capacités d'attention des gens.

Toutefois, même avec la démarche pas à pas, (représenté sur le schéma suivant), l'attention des participants se relâche avec le temps.

Il est donc utile de faire périodiquement quelque chose pour communiquer une nouvelle énergie à l'équipe. Le *yo-one*, avec sa façon de se tenir et ses acclamations (voir préface), est conçu pour donner aux membres cette nouvelle énergie et ramener l'attention à son niveau d'origine (ce qu'indique le grand bond au milieu du schéma).

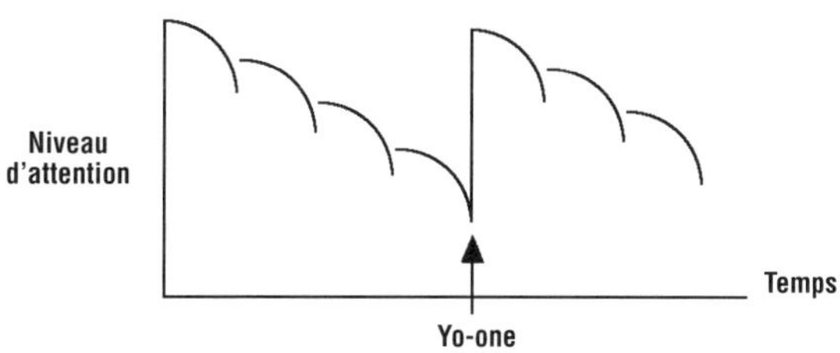

Une partie du rôle de l'animateur ou du faciliteur consiste à prendre en considération les dispositions physiques et le rythme psychologique de façon à les structurer pour rendre les réunions efficaces.

7. Structurer le travail en équipe (travail individuel et de groupe)

Nombreux sont ceux qui comprennent mal ce qu'est le travail en équipe. Celui-ci n'est pas seulement le travail effectué dans un groupe. Le travail en équipe exige deux sortes d'efforts : un travail de groupe et un travail individuel. Dans le travail de groupe, on recherche un consensus sur les objectifs (les tâches à effectuer) et les méthodes d'exécution des tâches, puis on alloue les tâches aux individus ou à des groupes d'individus en vue de leur exécution. Une grande partie du travail de l'équipe s'analyse en réalité comme celui des individus et des groupes d'individus. Le travail d'équipe combine donc le travail du groupe et le travail individuel, (figure 9.22).

Figure 9.22. Éléments individuels et de groupe du travail en équipe

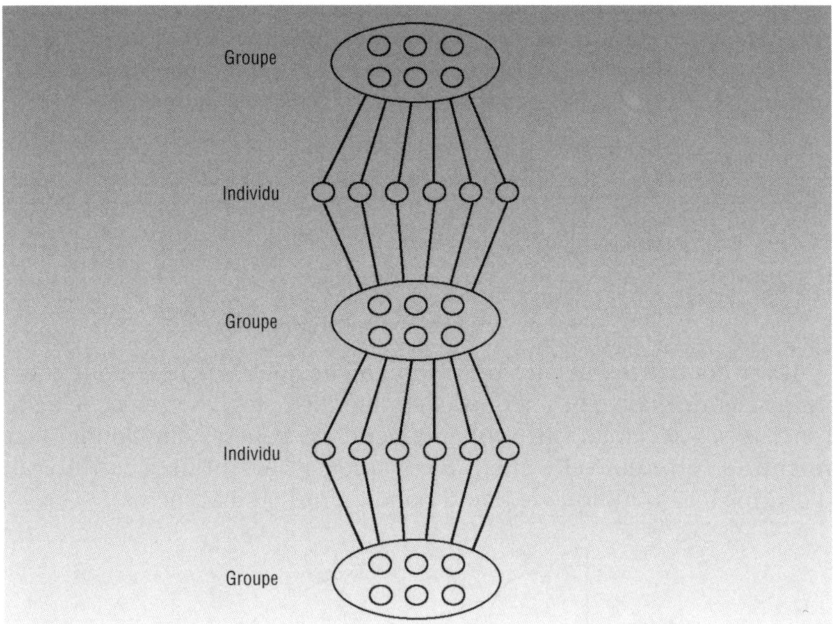

Par exemple, la réalisation d'un diagramme cause-effet ou d'un diagramme KJ peut faire alterner le travail individuel et le travail de groupe. La mise par écrit du thème, la préparation, et la distribution des

étiquettes sont du travail de groupe. La rédaction des étiquettes est un travail individuel. Le « décapage » (l'explicitation des étiquettes pour qu'elles soient comprises de tous) est un travail de groupe. Même au sein des étapes, le travail de groupe et le travail individuel peuvent alterner.

Comme nous l'avons dit, l'objet du travail de groupe est de choisir la cible (l'objet), de décider de la façon de l'atteindre, et d'attribuer les tâches aux individus. Ceux-ci effectuent les tâches qui leur sont assignées, ce qui constitue une grande partie du travail de groupe. Puis le groupe évalue les résultats et se prononce sur de nouvelles cibles, de nouvelles attributions, et ainsi de suite. Un cercle de qualité se conforme à cette alternance. Il se réunit seulement une ou deux heures toutes les deux ou quatre semaines. Si ses membres ne travaillent qu'en groupe, ils ne peuvent pas effectuer le travail, même s'ils se réunissent plus souvent. La coordination du groupe contrarie le travail individuel, faisant ainsi obstacle à la créativité et diminuant l'efficacité de l'équipe. Le système le plus efficace est celui qui équilibre la créativité individuelle et le consensus du groupe. La contribution du travail de groupe à la créativité s'effectue à travers ses activités de sélection des tâches.

LA CRÉATIVITÉ DANS LES PROCESSUS D'ÉQUIPE

Dans la culture occidentale, on accorde une grande importance aux individus héroïques. Nombreux sont ceux qui voient dans les caractéristiques de groupe du TQM un frein à la créativité. Cette préoccupation reflète peut-être une ignorance des différences entre :

– la création d'une idée entièrement originale et celle d'une disposition ou d'une mise en forme originales d'idées existantes,
– la créativité individuelle et celle du groupe.

Une grande partie de la créativité de l'équipe porte sur la création de formes nouvelles d'idées existantes. En fait, rares sont les individus qui créent une idée originale par sa profondeur et son importance. Combien de personnes ont produit des idées révolutionnaires en matière de marketing, de mathématiques, de physique, de musique, ou de bricolage ? Certaines le font, bien entendu, mais même ces penseurs originaux n'ont souvent qu'une seule ou deux idées nouvelles durant toute leur vie.

En revanche, la création de nouvelles combinaisons ou de nouvelles formes d'idées existantes peut être très puissante. L'application d'idées scientifiques, c'est ce que fait pratiquement toute l'industrie. C'est ce que font les services des ressources humaines, de direction, de marketing, et de fabrication. Nous prenons tous les connaissances et les pratiques que nous apprenons des autres et nous les appliquons à notre propre situation. Nous le faisons à l'école, au travail en demandant conseil à des responsables expérimentés, et simplement en voyant les autres apprendre ce qui marche.

On fait trop peu appel à une démarche pourtant efficace qui consiste à combiner deux ou plusieurs idées connues, pour former une idée nouvelle. C'est une forme prédominante (et peut-être la seule) de la créativité humaine. La question est la suivante : êtes-vous apte à exercer cette créativité seul ou dans un groupe ? Si l'on a à l'esprit le fait que le TQM est un mouvement de masse, et que les entreprises n'ont que de rares génies, on comprend qu'elles tirent du travail d'équipe leur meilleur effet de levier.

Le plus important travail accompli est celui d'une équipe. C'est l'une des plus grandes sources d'énergie pour les entreprises. Des groupes de personnes peuvent travailler ensemble pour un avantage mutuel sur des problèmes trop importants ou trop complexes pour une seule d'entre elles. Cet avantage est absent de l'université, où les chaires sont individuelles.

De toute façon, la création par une équipe de nouvelles combinaisons ou de nouvelles formes d'idées existantes n'a rien dont on ait à rougir.

La question importante est de savoir comment tirer parti de la créativité du groupe pour construire sur des idées existantes. La réponse peut en gêner certains, car elle peut battre en brèche la pratique traditionnelle. Les résultats les plus efficients de la créativité de groupe ont souvent pour origine la copie de pratiques existantes dont on sait qu'elles fonctionnent. Cependant, certains se dispensent souvent de le faire sous des prétextes comme « il faut l'adapter à notre culture », ou « notre problème est unique », ou « je ne l'entends pas de cette façon ». Pour tenter de créer quelque chose de nouveau, ils modifient les méthodes dans un sens dont ils ignorent les effets. L'autre façon d'obtenir de bons résultats de la créativité de groupe est de l'organiser de telle façon qu'il travaille de façon harmonieuse, les fantaisies individuelles étant subordonnées au bon fonctionnement régulier du groupe. Mais il est encore des gens pour négliger les procédures qui favorisent l'harmonie du groupe et évitent de gaspiller du temps à satisfaire des manies individuelles, prétextant « ne pouvoir appliquer aveuglément une procédure », ou « avoir le droit de dire ce qu'ils pensent ». Ils perturbent alors le processus de groupe en y introduisant leurs propres préoccupations.

Dans la plupart des cas, dans presque tous les domaines de l'activité économique, de la science, ou de l'art, une personne dotée d'une grande créativité est celle dont les grandes capacités sont le résultat d'une ascèse personnelle (l'étude systématique, l'analyse, la pratique). Les groupes constituent un environnement idéal pour cultiver ce type d'ascèse. La créativité n'est pas seulement une activité surprenante ; elle est l'application inspirée des capacités.

Une équipe offre aussi l'occasion d'effectuer des synthèses. Le rôle de la synthèse est souvent sous-évalué, alors qu'elle est en fait un élément majeur du TQM. Les grands synthétiseurs appliquent leur magie, et en absorbant, réordonnant et traduisant des idées disparates, ils leur donnent un sens. Mais les entreprises ne doivent pas attendre l'apparition d'individus dotés de cette capacité. Les équipes et les processus de groupe leur offrent une source de synthèse toute prête.

La créativité apparaît avec le travail d'équipe, qui englobe le travail de groupe et le travail individuel. Il y a de la place pour la créativité à tous les niveaux. Le travail d'équipe en accroît les possibilités.

10
Les stratégies d'initiation

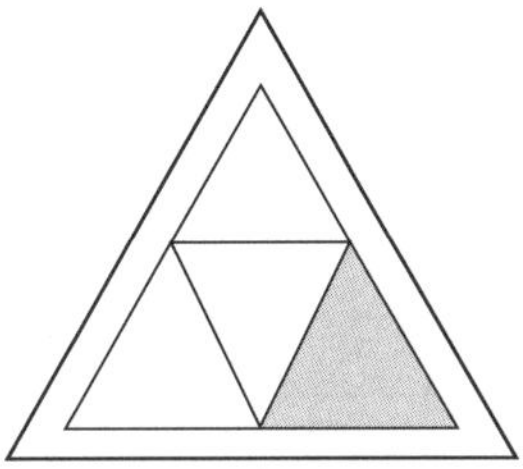

Le TQM est un mouvement de masse, conçu pour atteindre la totalité du personnel de l'entreprise. Mais pour la plupart des entreprises, le TQM est aussi chose nouvelle et il leur est difficile de concevoir une façon de mobiliser tout le monde. Une stratégie de mobilisation est nécessaire. Pour être efficace, elle doit comprendre trois parties : l'engagement du directeur général, des stratégies d'introduction et une infrastructure organisationnelle. Les deux premières parties font l'objet de ce chapitre, la troisième, celui du chapitre 11.

L'ENGAGEMENT DU DIRECTEUR GÉNÉRAL

L'élément le plus important d'une stratégie de mobilisation est l'engagement du directeur général (voir figure 10.1)[1]. Au Japon, en Europe et aux États-Unis, les introductions réussies débutent par un engagement au sommet. On trouvera plus loin une définition plus complète de l'« engagement ».

Le second élément important est l'absence d'une forte opposition de la part du personnel (la résistance syndicale). Mais l'opposition de l'organisation ouvrière peut être lentement réduite si le directeur général s'efforce d'établir la confiance et attribue un rôle au syndicat dans l'application du TQM.

1. S. Shiba, « Comment j'ai observé le Management de la Qualité dans les pays européens », Comptes rendus du 6e séminaire européen sur l'Éducation et la Formation, 1988.

Figure 10.1. L'importance de l'engagement du directeur général dans la mobilisation en faveur du TQM

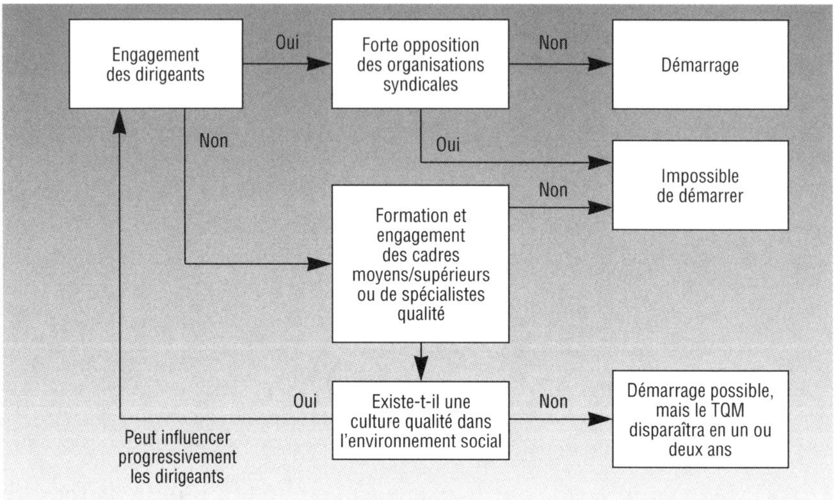

L'encadrement moyen ou supérieur d'une entreprise peut s'essayer à introduire le TQM sans l'engagement du directeur général, mais la réussite à long terme de cette initative dépend d'une forte culture qualité de l'environnement social. En l'absence d'une impulsion du directeur général, une forte imprégnation de l'environnement social par la culture TQM pourrait fournir l'impulsion nécessaire. L'apprentissage par l'environnement social, que nous verrons au chapitre 16, se rapporte à la série d'institutions et de pratiques permettant aux entreprises d'apprendre le TQM des autres entreprises. Cette approche réussit parfois au Japon, mais actuellement, en Europe comme aux États-Unis, l'apprentissage par l'environnement social est faible et, sans une forte implication du directeur général, le TQM n'a guère de chances de réussir.

Il est concevable pour un directeur d'usine ou de division de créer un îlot de TQM, s'il est directeur général de cette unité. Dans ce cas, il lui faut maîtriser l'opération et ne subir des échelons supérieurs aucune interférence pouvant contrecarrer ses efforts au niveau de la division. Toutefois, s'il vient à être muté ou s'en va, de tels îlots tendent à disparaître.

En l'absence d'une forte motivation du directeur général, une entreprise doit donc réfléchir à deux fois avant de se risquer à introduire le TQM. Sans l'engagement du directeur général, la probabilité d'un échec est forte, et il sera plus difficile de réussir à l'entreprise qui a échoué dans sa première tentative. L'échec initial suscitera au sein de l'entreprise l'opinion que le TQM ne marche pas, ce qui rendra toute nouvelle tentative malaisée.

Suivant des informations recueillies au Japon par Shoji Shiba, si le directeur général s'implique dans l'implantation de cercles de qualité, d'autres niveaux de cadres et d'ouvriers pourront s'impliquer à leur tour[1]. Le directeur général peut entraîner les cadres supérieurs et les faciliteurs ; si le directeur général peut communiquer son enthousiasme aux cadres supérieurs et aux faciliteurs, les cadres moyens seront convaincus. En fin de compte, les cadres moyens et les faciliteurs entraîneront les ouvriers de l'atelier ou des collaborateurs isolés. C'est ce qu'on peut appeler la théorie des dominos (voir figure 10.2).

Figure 10.2. Théorie des dominos

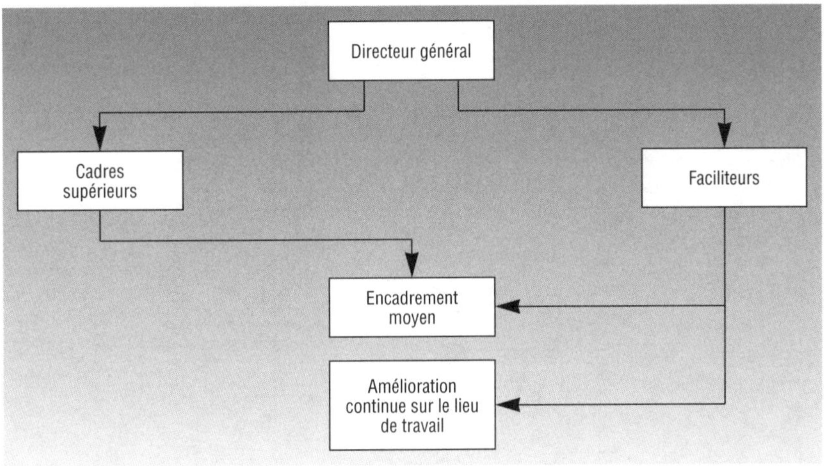

Les données à l'appui de la théorie des dominos sont représentées sur la figure 10.3. Shiba a mesuré différents niveaux de promotion des cercles de qualité dans un grand nombre d'entreprises. Cela lui a permis de classer les entreprises en groupes suivant le degré d'implication du directeur général.

Au Japon, de nombreuses entreprises sont des filiales de sociétés mères, qui font pression sur elles pour qu'elles mettent en place des cercles de qualité. Si le directeur général est très engagé, les faciliteurs peuvent être extrêmement efficaces, et les autres éléments (comme l'implication et la formation des cadres), se mettront parfaitement en place. Si l'engagement du directeur général est insuffisant, les faciliteurs peuvent encore s'efforcer de mettre en place des cercles (courbe du bas),

1. S. Kojima, « Analyse des facteurs qui perturbent la promotion des cercles de qualité », thèse de maîtrise, programme de Science Politique et de Management, université de Tsukuba, Japon, 1989.

mais les activités qualité resteront timides. Empiriquement, le niveau d'engagement du directeur général constitue une limite supérieure pour les autres activités qualité de l'entreprise.

Figure 10.3. Effet domino de l'engagement du directeur général

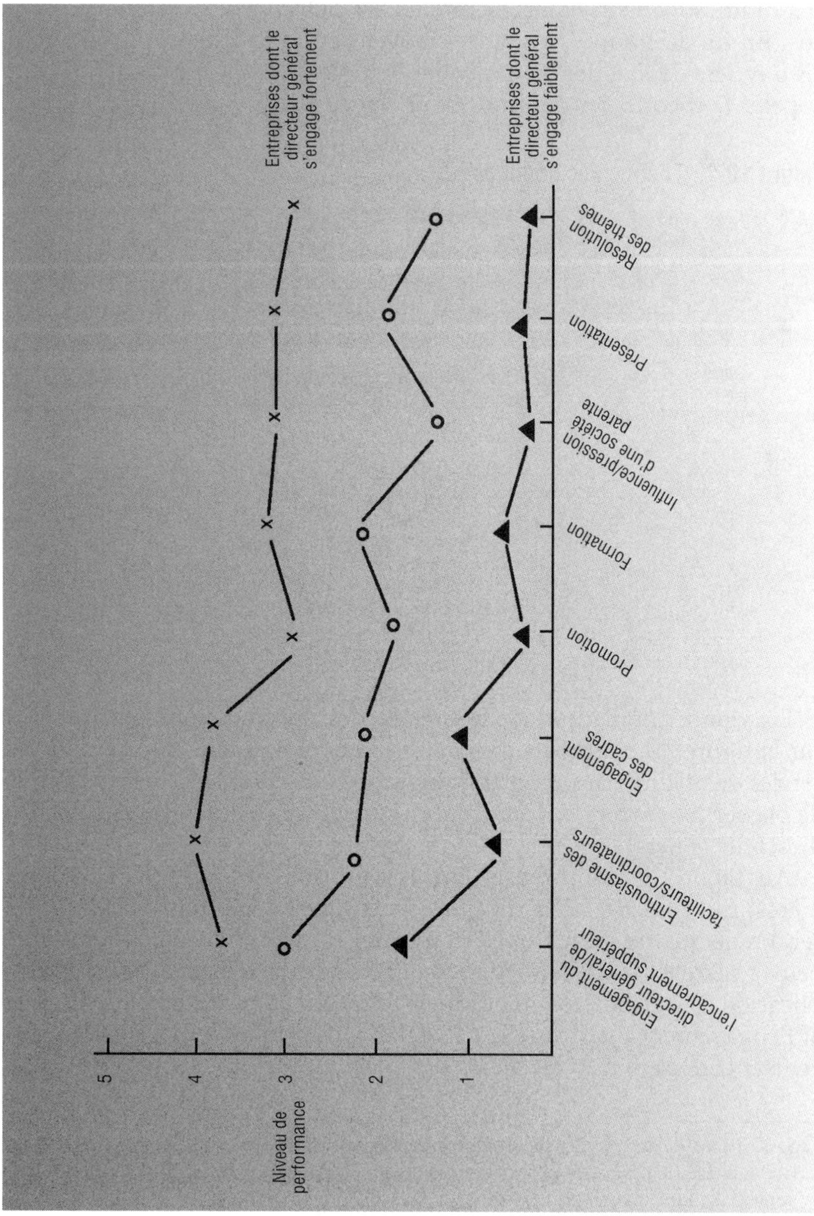

Que signifie l'engagement du directeur général ou de la direction générale ? Dans les entreprises de niveau mondial visitées par les auteurs, cela veut dire une forte participation au TQM (voir tableau 10.1). On y voit également les cas d'insuccès ; notez que la simple approbation et la délégation, qui sont des pratiques de management classiques, n'ont pas eu d'effet[1].

Tableau 10.1. Actions du directeur général dans des cas de succès et d'insuccès

Type d'action	*Action du directeur général dans les cas d'échec*	*Action du directeur général dans les cas de réussite*
Décision d'appliquer le TQM	Approuver la décision	Prendre la décision
Préparer *(Plan)*	Désigner des responsables, c'est-à-dire déléguer à un spécialiste qualité	Établir un projet de mise en œuvre
Faire *(Do)*		Participer aux activités d'amélioration
Vérifier *(Check)*	Évaluer les résultats	Évaluer le processus/les résultats
Agir *(Act)*		Engager la phase suivante

Nous avons apporté la preuve empirique de la nécessité du *leadership* du directeur général. Celui-ci s'appuie aussi sur des bases théoriques. D'abord, comme l'observent les stratèges, il est bien plus difficile, dans les armées comme dans les affaires, de gagner une guerre sur deux fronts que sur un seul. Il est plus difficile de diviser l'attention et les ressources du directeur général que de les concentrer. Il est plus difficile de mener simultanément des croisades en faveur de la réduction des coûts, de l'adhésion de tous à des règles, de délais de conception plus courts, etc., que de n'en conduire qu'une seule en faveur de la qualité, mais qui peut les recouvrir toutes.

Ensuite, le véritable charisme étant rare, la plupart des chefs ont plus besoin d'un style de direction fondé sur une participation visible et l'articulation de stratégies et de valeurs, que de force pure de la personnalité[2]. Le TQM fournit au directeur général de nombreuses occasions

1. Ce tableau provient d'une étude de trois ans de l'application décrite dans l'ouvrage de Shiba : « Comment j'ai observé le Management de la Qualité dans les pays européens ».
2. Par exemple, voir W. Bennis et B. Nanus, *Leaders*, New York, Harper & Row, 1985, pour des stratégies typiques. Une autre étude, de D. A. Nadler et M. L. Tushman, « Beyond the Charismatic Leader : Leadership and Organizational Change ». *California Management Review* 32, n° 2 (hiver 1990) p. 77-97 classe les styles de direction en charismatique, instrumental et institutionnel. On peut voir dans les deux dernières classifications un style de direction le plus impliquée dans le TQM, qui sera examiné dans ce chapitre.

de manifester son engagement et les a systématisées : visites initiales d'entreprises appliquant le TQM, puis participation à la préparation et au pilotage, à la direction du comité qualité de la société, à la fixation des objectifs, au suivi et à l'enseignement des premiers cours, au diagnostic des cas présentés, jusqu'à l'« audit du président ».

La question suivante est alors de savoir ce qui pousse le directeur général à conduire la démarche. Cette motivation s'analyse en deux parties. La première est l'acquisition d'information. La plus grande partie de ce qu'il apprend lui vient de l'extérieur de l'entreprise. Les sources externes sont les séminaires, la pression de la société-mère, les échanges avec d'autres directeurs généraux, et les exemples dont il a été personnellement témoin. L'influence de ce dernier élément est particulièrement forte. Le directeur général de Xerox a vu Fuji Xerox. Marshall MacDonald, de Florida Power & Light, a vu la Kansai Electric Company. En Europe, les enquêtes de Shiba indiquent que 20 % seulement des informations motivant un directeur général envers le TQM proviennent de l'intérieur de son entreprise[1].

Cependant, l'acquisition d'information n'est pas suffisante à elle seule pour entraîner la motivation nécessaire. Elle suscite seulement de l'intérêt pour la réalisation effective du TQM. Un autre « déclencheur » s'impose. Ce deuxième facteur de motivation est la crainte, ou la crise : accroissement des coûts, baisse de motivation du personnel, diminution des ventes ou de la part de marché (pression exercée par le marché en faveur d'un changement), ou encore menace d'une faillite[2].

Ceci n'est pas pour dire que la crise soit en elle-même le facteur déclenchant. Les crises véritables sont claires pour tout le monde. Mais différer l'action jusqu'à maturation de la crise peut signifier agir trop tard. Le rôle du directeur général est d'être attentif aux crises latentes que les autres membres de l'entreprise ne peuvent toujours percevoir. Au Japon, dans près de la moitié des cas, le TQM a démarré du fait d'une crise latente. Le directeur général doit pouvoir discerner les crises latentes et les porter à l'attention de l'entreprise.

L'exemple de Xerox, bien que souvent cité, mérite d'être rappelé : « En 1980, nous fûmes horrifiés d'apprendre que le prix de vente des petites machines japonaises était égal à notre coût de fabrication, dit Kearn (le directeur général). Nous ne suivions pas leur rythme d'amé-

1. Shiba, « Comment j'ai observé le Management de la Qualité dans les pays européens ».
2. On observe empiriquement que n'importe quel changement organisationnel semble toujours précipité par l'évidence d'une crise. Ceci est démontré par des études portant sur le changement organisationnel à caractère général étendu à l'entreprise, et pour les lauréats du prix Deming, par une enquête du professeur Noriaki Kano.

lioration. Nous avons fait l'impossible [...] Quand nous pensions être à leur hauteur ou en être tout près, nous nous retrouvions encore loin du but. » Kearn se mit à accorder une plus grande attention à Fuji Xerox, le partenaire japonais de l'entreprise. C'est alors qu'il fit du TQC l'objectif de son mouvement New Xerox qui devint le modèle de la démarche qualité de Xerox Corporation[1].

Kearns se servit des informations relatives au taux d'amélioration, aux coûts, et à la médiocrité des bénéfices annuels, pour identifier une crise latente et créer une source puissante et durable de changement dans toute l'entreprise[2].

Une étude de cas : l'engagement du directeur général de Teradyne

Alex d'Arbeloff, directeur général de Teradyne, l'une des entreprises du CQM, présente une utile étude de cas de l'engagement d'un directeur général dans l'application du TQM dans l'entreprise.

Teradyne, qui développe et vend des équipements de test électronique, possède six divisions opérationnelles, dotée chacune de 30 cadres. Dans le cadre du coup d'envoi du TQM chez Teradyne, d'Arbeloff rencontra personnellement les 180 cadres des 6 divisions, en 12 groupes de 15 personnes. (On trouvera plus loin dans ce chapitre la description complète de la stratégie d'introduction du TQM chez Teradyne.) En août 1990, avant de s'adresser à chacun de ces groupes, il fit parvenir à chaque cadre une vidéocassette intitulée « Se tenir prêt pour les années 1990 ». Dans ce document, d'Arbeloff exprimait sa réflexion sur la nécessité pour Teradyne d'appliquer le TQM.

La vidéocassette montre d'Arbeloff en manches de chemise, paraissant réaliste et détendu. L'image est celle de l'homme que tous les cadres de l'entreprise connaissent – l'ingénieur, le fondateur de l'entreprise, et le collègue sérieux.

---

1. G. Jacobson, J. Hillkirk, *American Samurai*, New York, Macmillan, 1986, 172.
2. Le modèle suivant lequel des crises visibles ou latentes et la prise en main par le directeur général déclenchent l'application du TQM, s'appuie sur les recherches de Kano et Koura. Noriaki Kano et Kozo Koura, « Development of Quality Control Seen through the Companies Awarded the Deming Prize », *Reports of Statistical Application Research, Union of Japanese Scientists and Engineers* 37, 1990-91, p. 87.

D'Arbeloff commence sa présentation par le récit de la réception d'une commande provenant d'un nouveau client[1]. Voici la version fidèle de la déclaration faite à ses directeurs et reproduite par la vidéo :

« J'ai dit quelques mots au client de ma joie de l'avoir comme nouveau client ; il me répondit que la question n'était pas celle d'un nouveau client, mais d'un nouveau Teradyne – une entreprise désireuse de satisfaire ses clients. Teradyne change, et les clients s'en aperçoivent. Toutefois, pour que le client perçoive ce changement, il lui faut un certain temps, et aussi longtemps qu'il ne l'a pas perçu, celui-ci n'existe pas pour lui.

L'activité de Teradyne a été et sera bonne. Cependant, ces cinq dernières années, sa croissance s'est ralentie. Ce phénomène est dû à la crise, à l'appréciation du dollar, et au gain japonais en part de marché. Teradyne doit faire mieux, et je vais vous expliquer comment je pense que nous allons faire beaucoup mieux.

Je prévois que notre marché augmentera au cours de la prochaine décennie, et que notre activité sera mondiale et hautement concurrentielle. Nous devons trouver le moyen de gagner. Nous avons affaire à de bons concurrents, mais nous perdons aussi des commandes au profit d'entreprises ringardes. Il nous faut davantage d'affaires pour soutenir nos programmes et vos ambitions. Certaines viendront de la croissance de notre industrie, mais nous pouvons aussi prendre des commandes à nos concurrents. Il nous faut trouver un moyen de faire beaucoup mieux dans tout ce que nous faisons, de telle sorte que, dans l'esprit du client, nous soyons sans question aucune, l'entreprise avec laquelle traiter. Nous devons être meilleurs dans tout ce que nous faisons – l'administration, les ventes, le développement, etc.

Il existe une méthode que nous sommes en train d'étudier, et que nous avons déjà un peu utilisée avec des résultats spectaculaires. J'ai consacré beaucoup de temps à cette étude. Il s'agit de la méthode du TQM. Je ne vais pas vous l'enseigner maintenant, mais vous dire seulement ce à quoi nous pensons et les raisons que nous avons de le faire.

---

9. Le professeur Shiba, qui a joué un rôle dans la production de la vidéo, note que ce moyen de communication est particulièrement adapté à une présentation comme celle d'Arbeloff. En revanche, la vidéo ne convient pas à une démonstration logique, ou un exposé de type scolaire. On utilise la vidéo pour véhiculer un langage affectif, pour s'adresser personnellement à des individus, non pour un enseignement de type scolaire. Par exemple, d'Arbeloff a manipulé momentanément deux objets qu'il tenait en main au début de la vidéo, et ceci a laissé une impression familière. Un retour-arrière et des gros plans accroîtraient cette impression.

Le TQM a pour objet la satisfaction de tout le monde. Il représente de la part de tout le monde dans l'entreprise, un effort inflexible, continu, d'amélioration, pour comprendre, atteindre et dépasser les attentes des clients. Le TQM n'est pas simplement un programme de maîtrise de la qualité. C'est un mode différent de management. J'ai visité le Japon, et je croyais leur culture différente de la nôtre, mais je pense aujourd'hui que je m'étais donné simplement une excuse. Les bonnes entreprises japonaises ont découvert un mode de management nouveau et meilleur que le nôtre. Aux États-Unis, nous croyons que « si telle chose n'est pas cassée, nous n'avons pas à la réparer », et au « management par exception ». Les Japonais définissent des processus ; puis ils les améliorent pour les rendre sans cesse meilleurs. Le management de réaction aux événements est partout et fixe nos priorités. En revanche, le TQM est un moyen différent de fixer les priorités pour ce que nous jugeons nécessaire de changer. Nous avons beaucoup de bonnes choses dans la culture de Teradyne :

1. Nos communications sont ouvertes.
2. Nous avons notre intégrité : nous sommes honnêtes avec les clients et envers nous-mêmes. Nous laissons nos actes parler pour nous.
3. Nous avons une grande considération pour les personnes.
4. Nous faisons participer les gens (en pratiquant parfois le consensus).
5. Nous sommes une entreprise peu formaliste. Nous avons la structure minimale pour accomplir notre travail.
6. Nous nous concentrons sur les valeurs réelles : notre contribution à la satisfaction des clients ; des prestations concrètes, plutôt que les conventions ou la mécanique des affaires.

Qu'avons-nous besoin de changer ? Nous avons à introduire quatre éléments dans l'entreprise. Dans chacune d'elles, tout le monde doit être impliqué.

1. Le travail est un processus

Je vous citerai l'exemple d'un directeur commercial et de cinq vendeurs désireux de mieux communiquer, se réunissant le lundi matin à 8 heures. Trois vendeurs seulement se présentent à la première réunion ; aucun d'eux n'est préparé. Ils travaillent dur, et le lundi suivant, tout le monde est là ; mais encore une fois, personne n'est préparé. Une semaine passe, au cours de laquelle ils font tout ce qu'il faut pour que chacun se prépare, mais la réunion n'est pas bien centrée. La semaine suivante, une heure est consacrée à la gestion de la situation générale des ventes et une autre à l'examen de deux comptes. Pour la semaine à venir, le directeur commercial centre davantage la question en dressant la liste des points à débattre pour les deux comptes à examiner d'ici là. Etc. Après six mois d'améliorations progressives, ils tiendront de bien meilleures réunions.

2. Le management par les faits

Nous devons nous procurer les données réelles : la maîtrise statistique de processus l'exige. Le management fondé sur des impressions (« J'ai le sentiment... » ; « je pense... ») est une méthode inefficace. Par exemple, le marché japonais du contrôle des cartes informatiques représente une certaine fraction du marché américain. Pourquoi ? Nous n'avons jamais recherché de faits concernant ce problème. Un autre exemple : entre 1980 et 1985, les appareils de contrôle livrés ont représenté 4 % des semi-conducteurs ; depuis 1985, le pourcentage a été de 2 %. Pourquoi ? Personne ne le sait. Ceci a-t-il pour nous de l'importance ?

3. Le travail d'équipe

En général, nous glorifions les personnes qui redressent des situations, mais nous ne le faisons pas pour les groupes qui font simplement un solide travail et ne décrochent pas. Nous devons adopter un comportement inverse, récompenser et reconnaître les groupes dont le travail est maîtrisé.

4. Davantage de formation

Notre formation est inadaptée. Par rapport à Texas Instruments, Teradyne aurait dû dispenser 15 000 heures de formation par an. Aujourd'hui, il s'en faut de beaucoup.

Je vais résumer mes propos :

- Le contrôle est une bonne activité.
- Nous devons beaucoup nous améliorer dans tout ce que nous faisons.
- Le TQM est une méthode pour faire des années 1990 la décennie la plus passionnante de l'histoire de l'entreprise.

Pour le bien de notre entreprise et celui de l'industrie électronique, nous devons gagner. C'est maintenant le meilleur moment ! »

Études de cas : les croisades du directeur général

Aux États-Unis, la « croisade du directeur général » est une approche typique de son engagement et de son *leadership* vis-à-vis du TQM[1]. Voici ce qu'en dit James Houghton, de Corning : Communiquer

1. Cette étude de cas a fait l'objet d'une recherche de Ron Butler de Teradyne.

l'impératif de la qualité totale [à 28 000 personnes dans 19 pays] signifie que je n'arrête pas de le prêcher. Les membres du comité de direction ne cessent d'en parler, ainsi que tous les directeurs. Votre vision de cette question doit être presque messianique. Vous devez avoir le désir de voyager, d'aller voir les gens et de leur parler. Vous ne pouvez constamment communiquer ou montrer votre engagement par cassette vidéo ou par écrit. Vous devez y croire.[1] »

Des enquêtes sur les croisades du directeur général chez Corning, Federal Express, Florida Power & Light, Globe Metallurgical, Milliken, Motorola, Wallace, et Xerox (entreprises parmi lesquelles on compte six lauréats du prix Baldrige et un lauréat du prix Deming), ont révélé une structure commune (voir figure 10.4) et sept éléments communs, ceux dont nous allons parler maintenant.

Figure 10.4. Structure commune aux croisades de directeurs généraux

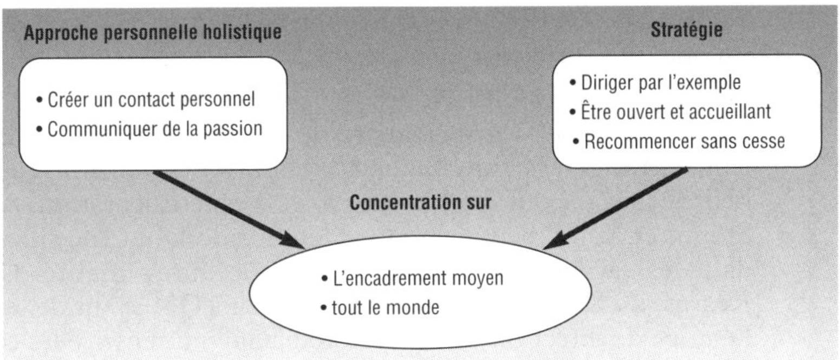

- *Avoir des contacts personnels.* Le président ou le directeur général doivent effectuer les audits de cadres et les visites sur le terrain. Un contact personnel est nécessaire ; il faut passer 10 à 20 % du temps sur le terrain. James Houghton, de Corning, se rend 40 à 50 fois par an dans des établissements de la société : ce sont des visites à plein-temps avec dîner et réunions-débats pour répondre aux questions. En 1990, Houghton a prononcé 35 à 40 discours hors de l'entreprise, dont plus de 50 % se rapportaient à la qualité, et dont tous traitaient de thèmes s'y rattachant. David Luther, vice-président pour la qualité chez Corning, en prononça 37. Chez Milliken, Roger Milliken et Tom Malone assistent à toutes les « réunions de partage d'expérience » de deux jours.

1. Nancy Karabatsos. « The Chairman Doesn't Blink », *Quality Progress*, mars 1987, p. 19.

- *Frapper l'imagination et transmettre la passion par la conviction.* Symbolisme et folklore peuvent être d'importants outils d'animation. Chez Motorola, Bob Galvin a instauré l'habitude dans les réunions mensuelles de dirigeants, de passer en revue les progrès de la qualité avant les résultats financiers. Après la revue de la qualité, il lui arrive de se retirer, pour montrer sa conviction que les résultats financiers découlent des améliorations de la qualité. Chez Corning, James Houghton a approuvé la décision du directeur de l'usine State College de Corning, de mettre au rebut des centaines de milliers de dollars de verre pour tubes cathodiques légèrement en dehors des spécifications, plutôt que de chercher à obtenir du client qu'il renonce à ses spécifications. Lors d'un banquet faisant suite à une assemblée de cadres, Roger Milliken monta sur une chaise et, levant la main droite, demanda à tous les directeurs de s'engager à apprendre, à écouter et à reconnaître que « le » problème, c'est la direction. John et C.S. Wallace, de Wallace Company, ont assisté aux 51 cours de formation de l'entreprise.
- *Diriger par l'exemple.* Pratiquez ce que vous prônez, « allez et parlez », et devenez un spécialiste de la qualité. Chez Milliken, Roger Milliken et Tom Malone disent avoir travaillé jusqu'à dix heures du soir pour étudier un projet d'expérimentation. Arden Simms et Ken Leach, de Globe Metallurgical, ont travaillé pendant les vacances de Noël sur des procédures qualité. David Kearns, de Xerox, s'est d'abord formé au TQM avant de former l'équipe de direction. Chez Motorola, Galvin a envoyé les cadres effectuer des visites chez les clients pendant un mois.
- *Écouter les gens, travailler en équipe, et découvrir.* Des méthodes comme KJ et le travail en équipe transfonctionnelle qu'exige le TQM, aident les cadres à échapper aux traditionnelles relations de pouvoir. Chez Florida Power & Light, on a enseigné aux cadres l'histoire de l'amélioration de la qualité, ce qui leur a appris à écouter. Chez Xerox, David Kearns a fondé l'équipe Xerox. Chez Milliken, Tom Malone a abattu le quatrième mur de son bureau – un « changement structurel ». Houghton, de Corning, dit : « On doit commencer par le haut ; le fait est là. Si au niveau le plus élevé, l'encadrement n'est pas réellement engagé pour la qualité, cela ne peut marcher. J'ai entendu parler d'une foule d'entreprises où l'on discourt, mais sans véritable engagement ; le personnel le voit. Il n'y prête aucune attention. Avec la pression du sommet, le second facteur important est la pression exercée par le bas de l'organisation. S'il existe un engagement au sommet, les gens de la base s'impliquent. Ils disent : "Où étiez-

vous jusqu'à présent, les gars ? Nous savons comment faire le travail. Donnez-nous les outils et laissez-nous faire." [...] Une fois l'engagement obtenu au sommet et à la base, le gros problème est alors d'obtenir l'engagement de la hiérarchie intermédiaire. Ceci exige beaucoup d'efforts. En fin de compte, l'engagement doit être présent dans toute l'entreprise. Mais il progresse de haut en bas, de bas en haut et, en fin de compte, il atteint le milieu. Il ne progresse pas de façon uniforme. »

- *Se répéter et utiliser tous les canaux de communication disponibles.* Chez Corning, James Houghton bombarda de ses messages toutes les voies de communication – notes au personnel, discours, journaux, vidéos pour les nouvelles d'entreprise, et vidéos de formation.
- *Travailler avec l'encadrement moyen.* Le TQM est une rude affaire pour la direction générale, et tout aussi rude pour l'encadrement moyen. Enseignez l'esprit d'équipe. La théorie rencontre la pratique au niveau du personnel de maîtrise. L'ouverture est plus qu'un bon principe – elle est fondamentale pour la réussite du TQM. Chez Milliken, la démolition du quatrième mur de Tom Malone visait les cadres moyens. Voici encore ce que dit Houghton : « Les personnes les plus difficiles à atteindre sont les cadres moyens, et particulièrement, le premier niveau des agents de maîtrise, car cela représente un changement très significatif. Au lieu de dire « Faites ceci, faites cela », on leur demande désormais d'être des entraîneurs, de faire partie d'une équipe, et d'écouter leurs subordonnés sur la façon d'améliorer les choses. Ceci leur retire une partie de leurs prérogatives de commandement, ce qu'ils ont beaucoup de mal à accepter. Il est très difficile pour une personne effectuant le même travail depuis trois ans de s'entendre dire : « vous êtes encore le chef, mais un chef différent. »

Le récit suivant émane de Globe Metallurgical : Lorsqu'on en vint à doter les ouvriers des outils statistiques, la principale pierre d'achoppement fut les agents de maîtrise. Leach a dit « Ils faisaient partie de cet encadrement moyen que le Dr. Deming qualifierait de 85 % du problème. Ils savaient déjà comment travailler le silicium, et n'avaient besoin ni de la maîtrise statistique de processus, ni du Dr. Deming, ni de l'engagement du personnel, ni de quoi que ce soit d'autre ». [...] De plus, les relations entre encadrement et syndicat (représenté à Beverly par le syndicat américain de la sidérurgie), étaient conflictuelles, La dernière chose que les agents de maîtrise voulaient faire était « d'y aller et de donner au personnel horaire le pouvoir de mener la barque dans l'atelier, en s'appuyant sur une carte de contrôle en laquelle ils n'avaient de toute façon aucune confiance.» [...] Rétrospectivement, Leach appellerait la résistance de l'encadrement moyen « le pont le plus difficile à traverser ».[1]

- *Former tout le monde.* La formation développe un langage pour la communication de haut en bas et de bas en haut. Elle permet l'amélioration. Chez Xerox, on a vu dans le système de formation en cascade de Kearn la preuve la plus évidente de son engagement. Motorola dépense 50 millions de dollars par an pour la formation de ses 100 000 salariés. Globe Metallurgical a formé son personnel horaire au contrôle statistique de processus et lui a offert des calculatrices.

EXEMPLES DE STRATÉGIES POUR L'INTRODUCTION DU TQM

Le mot « introduction » est utilisé ici dans un sens étroit : c'est la phase succédant à l'initiation des dirigeants, et qui intervient en même temps que les premiers projets pilotes d'amélioration, la fixation des objectifs, et la mise en place de l'organisation et du système de pilotage (ou juste après). L'introduction se situe avant le déroulement de la formation étendue aux techniques d'amélioration. On trouvera ci-après une étude de cas sur la stratégie d'introduction chez Teradyne[2].

Étude de cas : la stratégie d'introduction chez Teradyne

Jusqu'en 1985, l'industrie des équipements de contrôle automatique dans laquelle Teradyne exerce son activité s'est bien développée et l'entreprise a prospéré. Ses systèmes d'entreprise étaient fondés sur une croissance continue.

Teradyne avait auparavant des programmes qualité. L'entreprise formait près de 2 000 personnes aux méthodes Crosby, son personnel connaissait la maîtrise statistique de processus (SPC) et l'une de ses divisions avait une journée « zéro défaut » chaque trimestre. Ces programmes se sont poursuivis jusqu'en 1989. Ils ont permis de bonnes améliorations.

Toutefois, durant cette période, Alex d'Arbeloff, le directeur général de Teradyne, fut plus un observateur et un appui qu'un participant

1. Mary Walto, *Deming Management at Work*, New York, Putnam, 1990.
2. Cette étude de cas a été préparée par Owen Robbins de Teradyne et présentée en décembre 1990 aux premiers cours de dirigeants du CQM.

actif de ces programmes qualité. Il les a soutenus pendant un certain temps. Le président de Procter & Gamble, Edwin Artzt, praticien de longue date de l'amélioration de la qualité, siégeait au conseil de Teradyne et avait été pour quelque chose dans l'orientation vers le TQM. Et, comme beaucoup de directeurs généraux de l'industrie électronique, d'Arbeloff s'était rendu souvent au Japon, et avait observé de première main les résultats du TQM. Il était aussi proche de Ray Stata, directeur général d'Analog Devices, autre entreprise de la région de Boston à avoir envisagé l'application du TQM.

À partir de 1990, Teradyne fut confrontée à une crise. L'industrie dut faire face à un excès de capacité, et à une concurrence difficile portant sur les prix, les produits et le service. Teradyne elle-même ne se développait plus, avait des difficultés à maintenir sa rentabilité, et devait faire face à une évolution de son marché : près de 50 % de ses clients étaient maintenant en Asie[1].

La stratégie de base d'application du TQM chez Teradyne consista à impliquer successivement de plus en plus de monde. Le directeur général s'est engagé ; il s'est d'abord adressé à son comité de direction de sept membres (voir figure 10.5). L'objectif était de former le comité de direction pour qu'il soit prêt à démarrer l'application du TQM à partir de juillet 1990. Puis, les 42 cadres supérieurs de l'entreprise furent impliqués à leur tour.

Figure 10.5. Engagement progressif de l'encadrement et du personnel

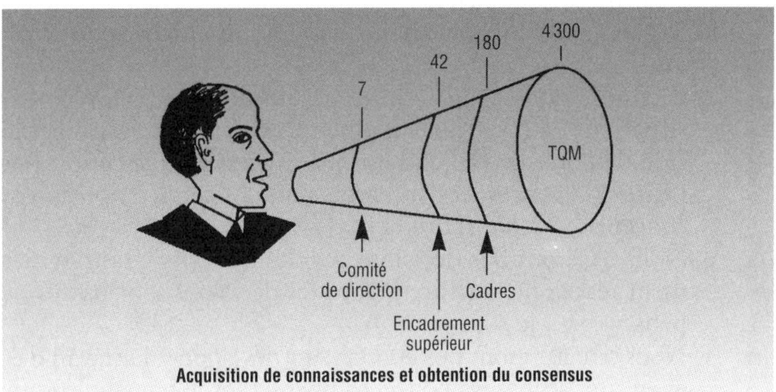

1. Notez que l'étude de cas de Teradyne correspond au modèle suivant lequel la crise plus l'information conduit à l'engagement du directeur général dans le TQM. Chez Teradyne, cela a conduit le directeur général à s'impliquer directement dans les actions qualité de l'entreprise.

L'ensemble des cadres supérieurs lurent et débattirent de six livres, en même temps et dans le même ordre. Ces livres étaient les suivants :

- Scherkenbach, *The Deming Route to Quality*
- Deming, *Out of the Crisis*
- Ishikawa, *What is TQC ? The Japanese Way*
- Mizuno, *Company-wide Total Quality Control*
- Juran, *Juran on Leadership for Total Quality*
- Crosby, *Quality without Tears*

Quand les autres cadres de l'entreprise surent que les cadres supérieurs lisaient ces livres, ils voulurent les lire aussi. Beaucoup en lurent au moins trois.

Les cadres assistèrent aussi à trois séminaires, un de quatre jours avec Deming, un d'une journée chez Texas Instruments, un autre d'une journée encore auprès d'American Supplier Institute, de façon interne.

Les cadres de Teradyne conclurent de leur étude qu'ils adopteraient une nouvelle méthode de management basée sur trois principes :

- maîtriser les processus plutôt que réagir aux événements ;
- l'amélioration continue au lieu de : « Ne pas réparer ce qui n'est pas cassé. » ;
- la satisfaction du client au lieu de considérer que l'on connaît ses besoins.

Teradyne dispose d'un livre, *Les Valeurs de Teradyne*, qui reflète la « culture » de l'entreprise. Les responsables décidèrent qu'avec le TQM, cette culture allait changer sur quatre points principaux.

1. Bien que nous ayons encore besoin de réagir rapidement aux situations de crise, nous évoluerons vers l'organisation et la gestion de notre travail en tant que processus, que ce soit pour les visites de ventes, les interventions du service après-vente, la conception, ou le traitement des commandes.
2. Nous baserons nos décisions sur des faits en évitant le management réactif ou instinctif, dont les décisions sont basées sur « je pense » ou « je sens ».
3. Nous structurerons nos efforts pour développer le travail d'équipe et en tirer avantage ; nous récompenserons le travail d'équipe plutôt que le travail individuel.
4. Nous ferons de la formation un élément plus explicite du fonctionnement de notre entreprise.

Le moment arriva de parler aux 180 cadres du niveau suivant. Entre le 22 août et le 6 septembre, Teradyne mena à bien la croisade de son directeur général. Six sessions furent programmées au cours desquelles d'Arbeloff participait à deux réunions de deux heures avec les 180 cadres.

La croisade fut soigneusement préparée :

1. *Un travail à effectuer chez soi pour préparer la réunion.* Les gens furent invités par lettre, puis oralement à regarder les vidéos, à lire le vieil ouvrage sur les valeurs, à en imaginer de nouvelles ; puis on les prépara à prendre la parole dans les réunions. La participation aux réunions fut exigée.
2. *Le cycle PDCA fut mis en branle après les groupes de réunions.* Les responsables de Teradyne cherchaient à obtenir après les réunions une information en retour sur les points faibles (deux étiquettes par participant, une chose apprise et un point faible ; voir figure 10.6). Par exemple, furent indiquées parmi les points faibles :

– ordre du jour/objectifs : absence de structure
– participation : pas de franc-parler
– absence de projet d'application

Figure 10.6. Renvoi d'information et amélioration après réunion

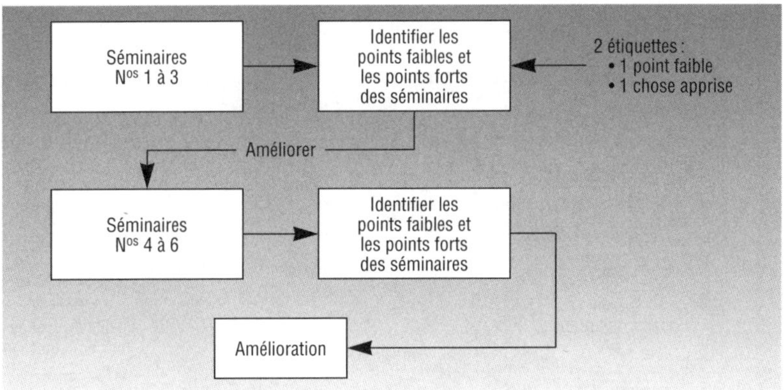

Après la première réunion, les dirigeants prirent des mesures correctives dont voici quelques exemples :

– ouverture des réunions par une explication sur leur objet ;
– émission d'un programme d'actions à mener ;
– entretiens avec les personnes qui ne s'exprimaient pas ;
– suppression de la camera vidéo, qui inhibait les réactions.

Après les réunions, quatre directeurs sur six firent encore des améliorations, portant leur attention sur les derniers points faibles, au fur et à mesure qu'ils corrigeaient les précédents.

3. *La diffusion du TQM fut préparée de façon à être étendue des 180 cadres à l'ensemble du personnel.* On demanda à chaque cadre de réunir ses subordonnés immédiats et d'adresser un compte rendu écrit de cette réunion à Alex d'Arbeloff. L'objet de ces réunions était d'expliquer qu'il fallait changer la culture d'entreprise et qu'on le ferait.

Teradyne décida qu'il lui fallait une structure organisationnelle parallèle pour la qualité. Son conseil qualité d'entreprise est le même que son comité de direction (le groupe de cadres du rang le plus élevé). Tandis que le conseil qualité d'entreprise et le comité de direction ont les mêmes membres, les programmes d'activités des deux entités parallèles sont très différents. Le conseil qualité fixe des priorités qualité et pilote le programme qualité de l'entreprise. Par exemple, il traite des questions d'application du TQM (formation, déploiement, etc.) et des questions d'amélioration. Il existe aussi un petit bureau TQM (deux directeurs et un gestionnaire) pour l'entreprise ou la société. Chaque division possède une structure similaire, avec son propre conseil qualité et son propre bureau TQM (une personne à temps partiel ou à plein-temps, (voir figure 10.7).

Figure 10.7. Organisation qualité de Teradyne

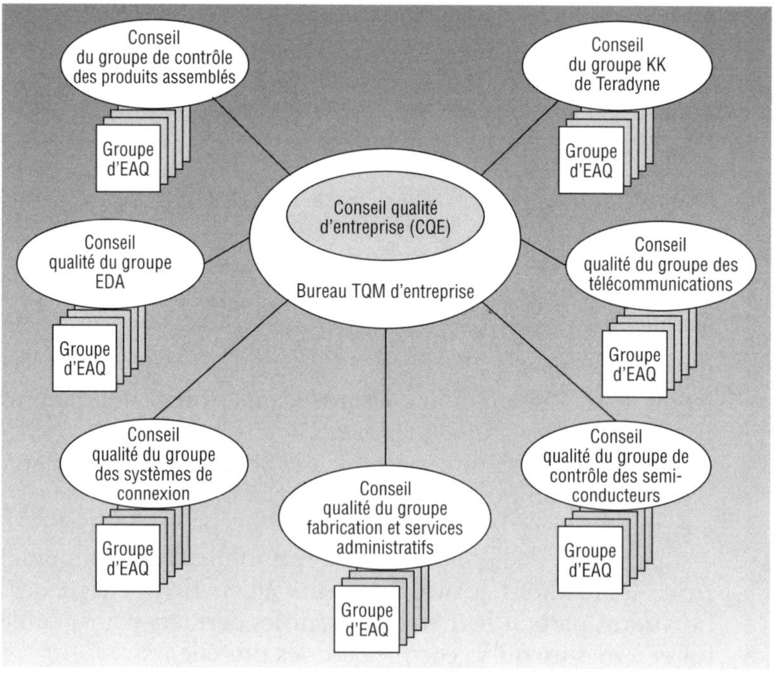

D'Arbeloff décida que pour Teradyne, le TQM, ce serait à la fois les sept étapes et le *market-in*, appliqués par des équipes d'amélioration de la qualité ; celles-ci poursuivraient trois objectifs : accroissement de la part de marché, réduction des coûts, et réduction des temps de cycle (voir figure 10.8). Le programme annuel d'activité de chaque division prévoit des plans d'action pour traiter ces questions[1].

Figure 10.8. Initiatives TQM et objectifs de Teradyne pour 1991

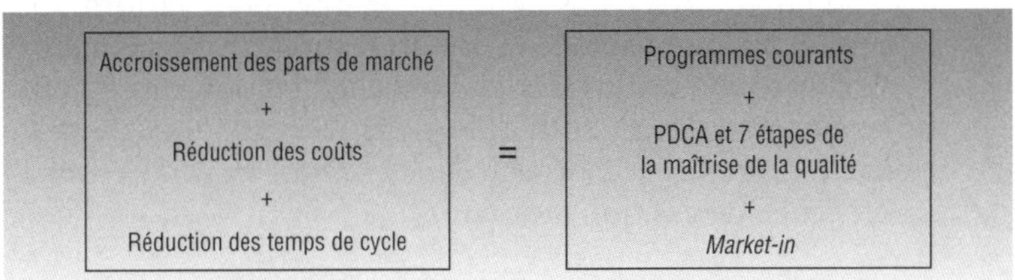

Teradyne a mis au point un programme pour transmettre ce message à ses 4 300 salariés. Il comprend des réunions pour tout le personnel et la conception d'une brochure sur le TQM. D'Arbeloff lui-même a conduit un KJ pour décider du contenu de la brochure, qui comprendra les points suivants :

- Expliquer pourquoi le TQM est la méthode choisie.
- Le contenu du travail changera avec l'application du TQM.
- Les exemples de terrain sont à la base de la promotion du *market-in*.
- Expliquer le *market-in* au personnel.

Au départ, c'est un agent extérieur de Procter & Gamble qui avait suscité l'intérêt de Teradyne pour le TQM. Aujourd'hui, Teradyne a de 200 à 400 équipes d'amélioration de la qualité. D'Arbeloff est maintenant profondément et personnellement engagé dans les activités qualité de Teradyne.

En résumé, la stratégie de Teradyne a comporté trois phases :

1. Un consensus des 42 cadres dirigeants.
2. Une stratégie de croisade du directeur général pour toucher les 180 autres cadres ou agents de maîtrise.
3. Une stratégie pour toucher les 4 300 salariés.

---

1. Les efforts de Teradyne en faveur du TQM et les activités des équipes d'Amélioration de la Qualité se développent à partir de l'étude et l'application antérieures aux méthodes de Crosby dans la société. Teradyne change de vocabulaire avec le temps et laisse les équipes évoluer dans leur façon de travailler plutôt que de les dissoudre.

Pour toucher autant de gens à divers niveaux, une entreprise a besoin d'un système et d'une structure qu'il faut gérer. Si une entreprise n'avait au total que 42 personnes, elle n'aurait besoin que de communication. Avec 4 300 personnes, elle a besoin d'une stratégie. À la croisade initiale de Teradyne succéda dans les mois suivants l'extension en cascade de la formation aux 7 étapes et aux 7 outils de la maîtrise de la Qualité pour les équipes déjà formées et actives. Cette solution fut adoptée, bien que la direction générale ait été formée aux 7 outils de management et de planification et à la visite chez le client. Avec des systèmes établis pour la formation des équipes d'amélioration de la qualité, la mesure de la qualité, et le suivi des réclamations des clients, l'utilisation des 7 étapes des CQ a été concrète et suffisante pour la vague initiale de formation. Cette stratégie contraste dans le détail mais non dans l'esprit avec l'étude de cas qui va suivre.

La stratégie d'introduction du TQM chez BBN

Une autre entreprise du CQM, Bolt Beranek et Newman (BBN), a recouru à une stratégie quelque peu différente de celle de Teradyne. Comme d'Arbeloff, le directeur général de BBN, Steve Levy, était confronté à une crise de l'entreprise et connaissait les pratiques japonaises du TQM[1]. Président de l'association américaine d'électronique, il avait étudié les pratiques concurrentielles du Japon. Plus tard, il avait entendu Shoji Shiba parler du TQM ; il fut convaincu que BBN devrait appliquer le système.

Contrairement à Teradyne, BBN n'avait, en tant qu'entreprise, aucune expérience, positive ou négative, du TQM. Partie d'un noyau de contrats de recherche en matière d'ordinateurs et de communications, BBN avait créé plusieurs divisions pour commercialiser les résultats de ses recherches. Pendant de nombreuses années, le système classique américain de management et sa pratique d'embauche de personnel très qualifié, apporta réussite et croissance, mais en 1989 et 1990, plusieurs facteurs entraînèrent une importante réduction d'activité.

En l'espace de neuf mois, le directeur général de BBN, le directeur des fabrications, et les présidents de division entreprirent l'étude du TQM et commencèrent à utiliser certains de ses outils. Ils prirent part à une formation de six jours pour dirigeants, proposée par le Centre pour le Management de la Qualité. Cette formation les conforta dans leur orientation et leur permit d'acquérir une même compréhension du TQM.

1. Encore une fois, ceci cadre avec le modèle suivant lequel l'information plus une crise conduit à l'engagement du Directeur général dans le TQM.

Parce que l'attention portée au client était le point faible de la culture d'entreprise, BBN commença par adopter ce principe et appliqua le programme de visite des dirigeants chez le client (voir chapitre 7). L'analyse des données provenant du programme de visite chez le client suggéra que des initiatives soient prises pour étendre le TQM à l'ensemble de l'entreprise, pour institutionnaliser les points suivants.

- Visites chez le client et attention portée au client.
- Attention portée aux défauts des produits livrés aux clients et efforts de réduction de ces défauts.
- Méthodologie de développement des produits basée sur : la conception simultanée (par opposition à la pratique traditionnelle d'intervention séquentielle des différents services spécialisés), un comité de revue de produits, et un processus de revue des différentes phases de développement.

BBN désigna des équipes transfonctionelles pour préparer l'institutionnalisation de chacune de ces activités. Comme Teradyne, BBN rendit explicite le souci de la qualité au niveau des dirigeants. Chez BBN, l'équivalent du comité de direction et du conseil de qualité de Teradyne est le Conseil de Politique et de Qualité, composé de 10 personnes. Cette entité traite des questions importantes de politique et de qualité, et un groupe étendu (comprenant cinq autres cadres supérieurs) traite de celles relatives aux opérations. BBN crée aussi un groupe d'employés, appelé Comité Qualité d'Entreprise (comprenant le responsable, et membre unique, du bureau TQM de la société, des représentants de chaque unité d'exploitation de l'entreprise et du Département de Formation et d'Éducation, 10 personnes au total), pour aider les équipes de direction de la société et ceux des divisions à préparer et appliquer le TQM, coordonner les activités et diffuser l'information dans toute l'entreprise. La figure 10.9 représente ces relations.

Supervisé par le Conseil Politique et Qualité et d'autres dirigeants, le Comité Qualité d'Entreprise prépara et rédigea une brochure intitulée le TQM chez BBN, qui fut distribuée à tout le personnel (2 500 personnes). Cette brochure était accompagnée d'une présentation par 50 à 60 membres des équipes de direction de division, formés par le Comité Qualité d'Entreprise pour effectuer les présentations et répondre aux questions les plus souvent posées sur le TQM par le personnel. Trois mois après leur formation, ces dirigeants avaient effectué les présentations à l'ensemble du personnel. Des questions clés avaient été formulées lors des premières présentations ; les réponses furent discutées, puis rédigées par le Conseil Politique et Qualité. À l'aide de ces modèles de réponse les séances de formation pouvaient incorporer des exercices oraux de réponse à des questions clés.

Figure 10.9. Organisation Qualité chez Bolt Beranek and Newman.

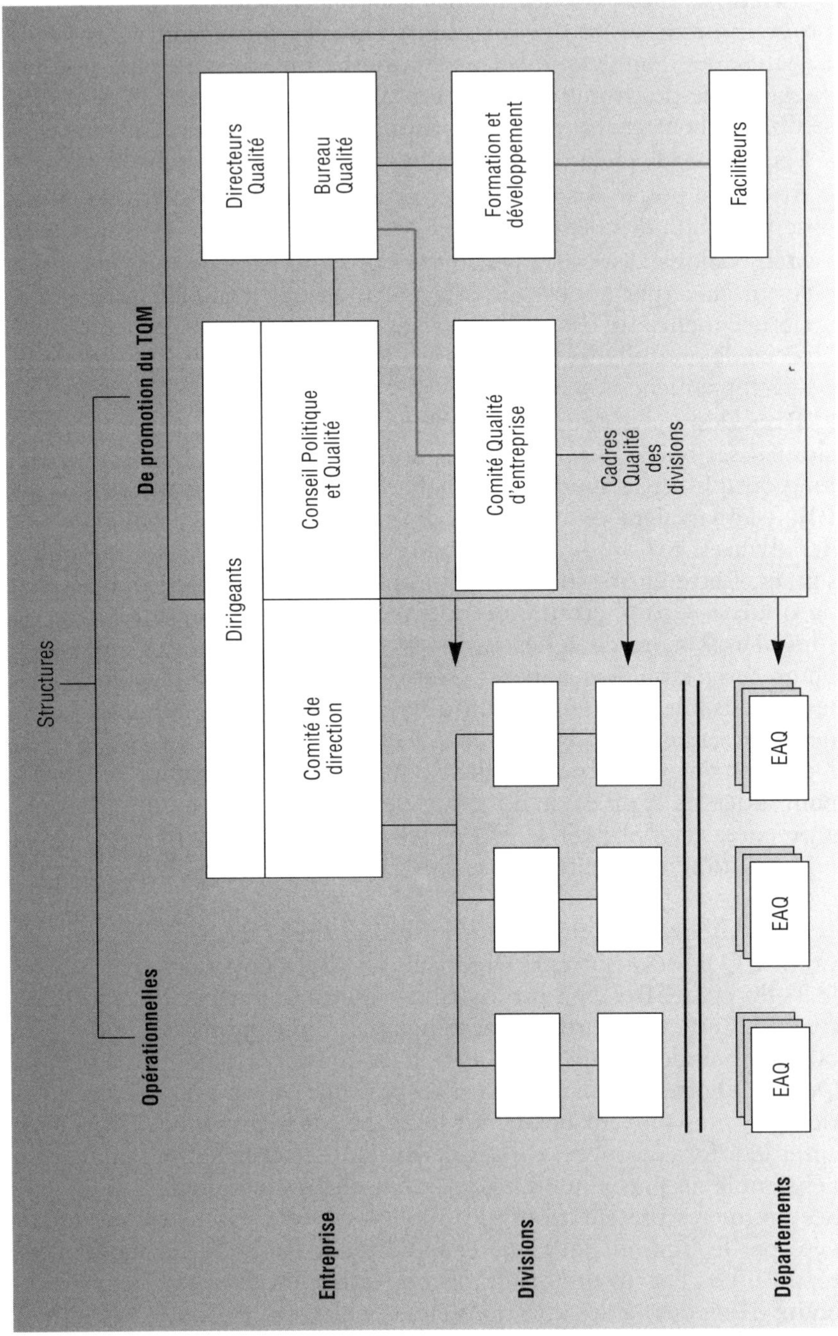

Ainsi, il n'y a pas eu de croisade du directeur général dans la démarche de BBN, bien que celui-ci ait conduit l'introduction. Cette approche a été plutôt celle d'une éducation progressive : d'abord les 9 membres de l'équipe de direction, puis les 50 cadres suivants, et enfin l'ensemble du personnel. De plus, la pratique du TQM chez BBN s'est répandue progressivement dans toute l'entreprise par l'application de diverses méthodes, au fur et à mesure que les gens y étaient formés.

L'ensemble des présidents et vice-présidents de la société (et de la plupart des divisions) bénéficièrent de la formation de six jours du CQM destinée aux dirigeants. Des formations internes complémentaires ont été données pour répondre à des besoins particuliers. Des formations à la visite des clients se répandent au fur et à mesure de l'expérience acquise et, par conséquent, de la capacité accrue d'enseigner. BBN poursuit maintenant cette phase d'éducation progressive avec un programme intensif, pour toute l'entreprise, de formation aux 7 étapes et 7 outils, plus ou moins calquée sur celui de Teradyne[1].

La stratégie d'introduction du TQM chez Digital

Les deux exemples ci-dessus concernent des entreprises employant seulement quelques milliers de personnes. Pour les entreprises plus grandes – occupant plusieurs dizaines ou plus d'une centaine de milliers de personnes – l'introduction du TQM est un problème différent. Les grandes entreprises sont trop diverses et leurs « troupes », trop éloignées de la direction générale, pour adopter de haut en bas à une seule pratique du TQM, complètement uniforme. Au lieu de cela, les grandes entreprises qui réussissent en la matière adoptent un noyau de pratiques normalisées, laissant le reste à la discrétion des divisions. Corning enseigne un modèle unifié de TQM. On apprend à tout le monde quatre principes, six stratégies, et dix actions. Mais le mode d'application est laissé aux divisions[2]. De même, Motorola normalise le déploiement des objectifs (tel qu'il est incorporé dans les cartes «5 up» de tout le monde), mais n'insiste pas sur la normalisation des pratiques de résolution de problèmes. Xerox a normalisé ces pratiques au titre du *benchmarking*, mais (au moins au début) a laissé une souplesse beaucoup plus grande au déploiement des objectifs. Alors que Teradyne et BBN peuvent envisager une transmission de message et une éducation du directeur général à leurs

1. Le déroulement chez BBN est décrit par Cliff Scott dans « l'Application des 7 étapes chez BBN », *The Center for Quality Management Journal* 1, n° 1, Automne 1992, p. 19-27.
2. Ceci est décrit dans le *Corning Total Quality Digest 2* (Director of Quality, Corning, Inc. HP-CB-06-4, Corning, NY 14831)

quelques milliers de salariés, les grandes entreprises sont organisées comme si elles étaient formées de plusieurs entreprises, comprenant chacune plusieurs milliers de personnes. Des entreprises de grande taille ou de taille moyenne comme Digital ont besoin d'une organisation interne similaire à celle du CQM, de façon à mettre en commun expériences et ressources.

Digital est membre du CQM et comptait approximativement 100 000 salariés en 1990. Quatre éléments centraux paraissent en découler pour des actions concernant toute l'entreprise :

- Un modèle de TQM incluant explicitement une grande variété de pratiques.
- Un enseignement plus centralisé et des consultants internes pour les pratiques du TQM.
- Des activités de maillage relativement intenses, avec tableaux d'affichage et messagerie fortement informatisée, réunions d'entreprise régulières de formateurs en qualité (près de 20 personnes), « forums qualité » d'une journée pour la mise en commun des résultats entre fonctions et groupes de produits, et participation à de nombreuses associations inter-entreprises.
- L'insistance dans l'enseignement initial sur un « parcours TQM », basé sur les travaux de Juran, détaillant les étapes de l'application du TQM, indépendamment des pratiques particulières choisies.

Les activités TQM de Digital n'ont pas fait l'objet d'une croisade explicite du directeur général. Sa structure organisationnelle et la tradition d'un management et d'un *leadership* consensuels militaient à l'encontre de ce type de croisade. Dans les termes de la figure 10.1, Digital a choisi la voie moyenne, s'appuyant l'encadrement supérieur et moyen pour développer et étendre des poches de culture qualité. Digital a l'avantage de bénéficier d'une longue tradition d'intérêt porté à la qualité. La politique qualité suivante a été définie il y a de nombreuses années par Ken Olsen, directeur général et fondateur de Digital, et conserve toute sa force aujourd'hui : « La croissance n'est pas notre principal objectif. Notre objectif est d'être une organisation de qualité, et de faire un travail de qualité, ce qui veut dire que nous serons fiers de notre travail pendant les années à venir. Si nous réalisons la qualité, nous aurons la croissance. »

Digital a également fait preuve d'agressivité en se joignant à d'autres entreprises pour participer à une culture qualité plus large. Digital est membre fondateur du CQM, et d'une association qualité avec plusieurs autres entreprises classées parmi *les 500 de Fortune*.

D'importants aspects des initiatives de Digital dans le domaine du TQM, illustrés sur la figure 10.10, ont pour origine les activités TQM de ces autres grandes entreprises (par exemple, le *benchmarking* de Xerox, et les « six sigmas » de Motorola).

Figure 10.10. La stratégie TQM de Digital

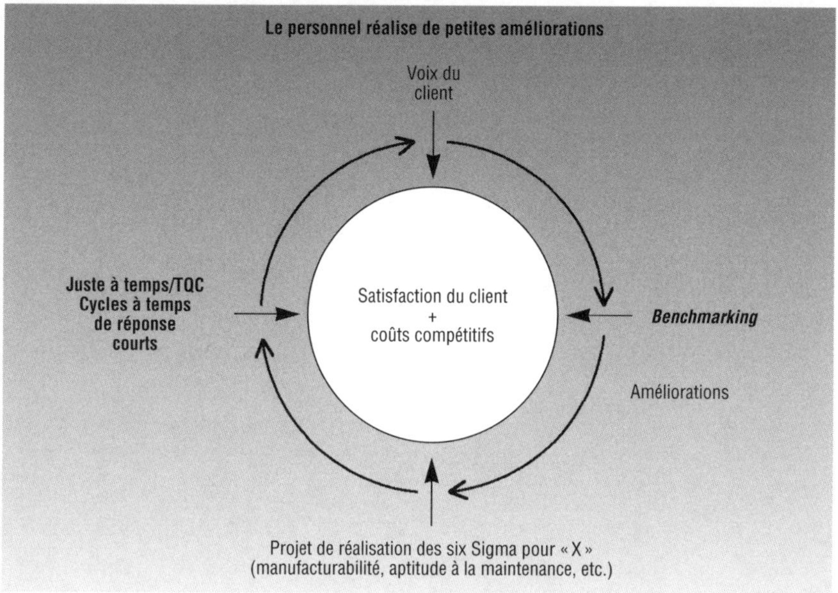

11
Le dispositif de mobilisation

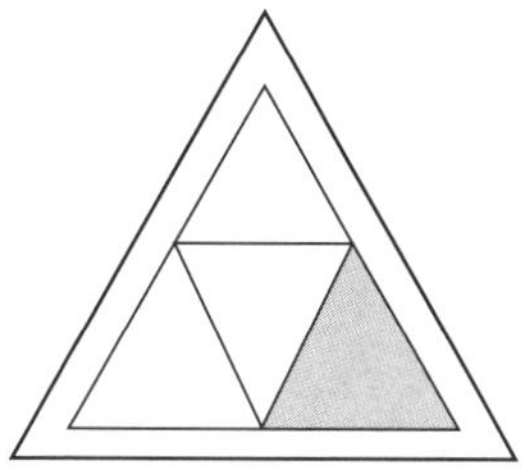

Lorsqu'une entreprise n'a qu'une douzaine d'employés, ceux-ci peuvent se parler, lire les mêmes livres, et, de façon plus générale, échanger entre eux les modalités d'application du TQM. Avec des milliers de personnes, en revanche, une entreprise a besoin d'une stratégie et d'une structure pour s'engager dans le TQM.

La structure organisationnelle pour l'implantation du TQM comprend sept éléments (voir figure 11.1) :

1. Assigner des objectifs à la mise en œuvre du TQM dans l'entreprise ainsi qu'aux activités industrielles et commerciales.
2. Fournir un cadre organisationnel : des personnes de la direction de la société et des divisions d'exploitation pour contribuer à préparer la mise en œuvre du TQM et réunir les gens pour cela.
3. Dispenser une formation et un enseignement.
4. Promouvoir le TQM dans toute l'entreprise.
5. Diffuser dans toute l'entreprise des récits de succès obtenus grâce à l'adoption du TQM.
6. Instituer des prix et des récompenses appropriés pour stimuler le TQM.
7. La mise en application doit être pilotée et évaluée par la direction générale.

Notez que le dispositif décrit ci-dessus convient à de petites structures aussi bien qu'à des ensembles plus vastes. Les responsables des petites structures doivent aider leur personnel à s'engager, en fixant des objectifs clairs et en organisant l'amélioration, en faisant la promotion des activités d'amélioration, en dispensant une formation adaptée, en faisant largement connaître les succès remportés, en reconnaissant les améliorations réalisées, et en soumettant le fonctionnement des activités TQM au PDCA. Pour une petite unité (comme pour une petite entreprise,

Figure 11.11. Dispositif pour l'implantation du TQM

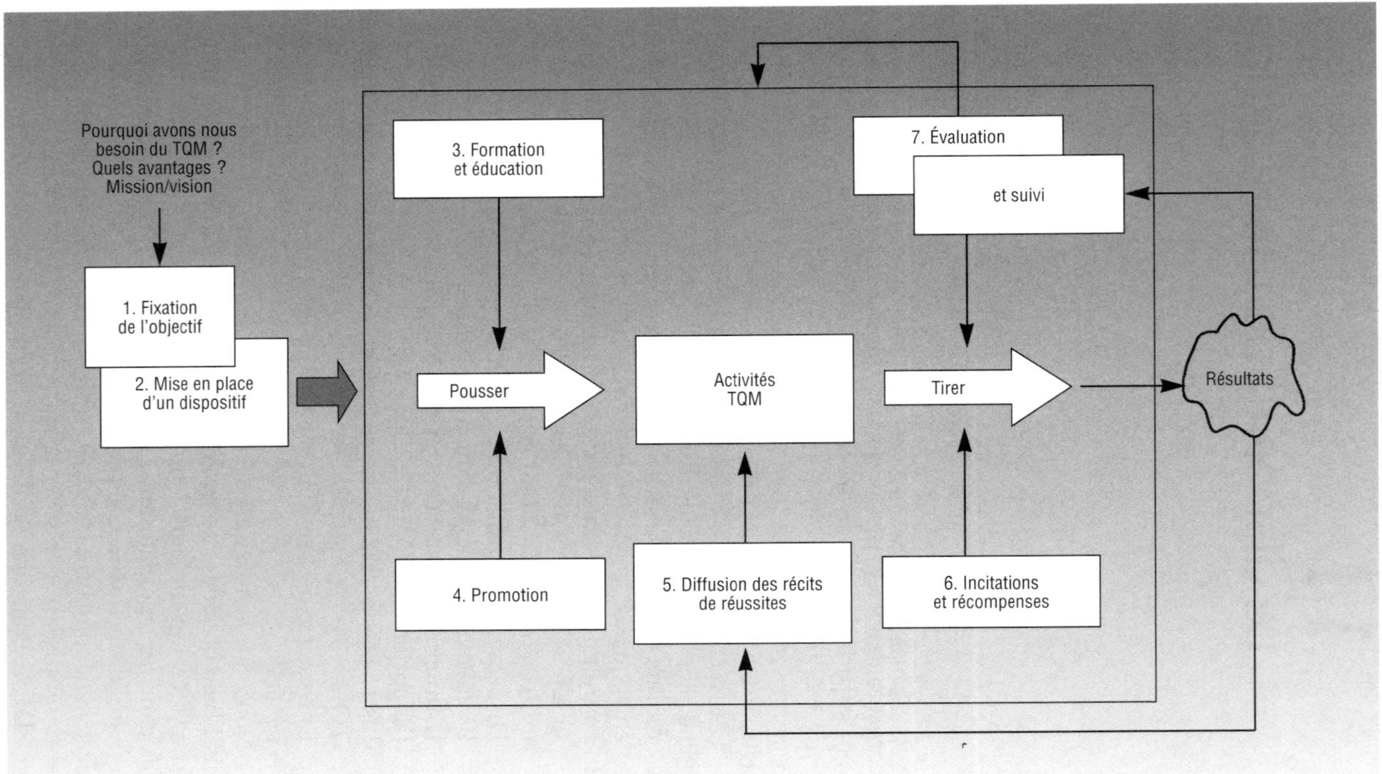

d'ailleurs), ces éléments d'infrastructure seront exécutés de façon moins élaborée, plus personnelle et informelle.

On trouvera dans les paragraphes qui suivent une description détaillée des sept éléments du dispositif à mettre en place.

FIXATION DE L'OBJECTIF (VISION/MISSION)

Il existe trois types d'objectifs : nobles, intermédiaires et annuels.

- Des *objectifs nobles*. Les objectifs nobles sont abstraits et visent l'extérieur de l'entreprise. On y trouve des notions ainsi énoncées : « apporter une contribution à la société » ou « profiter aux clients ». Dans son message vidéo, décrit au chapitre 10, Alex d'Arbeloff, de Teradyne, définissait un objectif noble quand il disait que l'entreprise devait réussir dans l'intérêt de l'industrie électronique. NEC, en tant qu'entreprise d'informatique et de communication, s'est aussi fixé un objectif noble : « faire progresser les sociétés partout dans le monde vers une meilleure compréhension mutuelle et l'épanouissement des facultés humaines ». Les objectifs nobles motivent les hommes. Des objectifs à long terme de profit ou de croissance ne sont pas des objectifs nobles.
- Des *objectifs intermédiaires*. Une entreprise a besoin aussi d'objectifs intermédiaires énoncés dans un langage commun à toute l'entreprise. Si des objectifs nobles motivent les hommes, ils sont trop abstraits pour les guider vers une stratégie de réalisation des objectifs de l'entreprise. Au Japon, on trouve parmi les objectifs intermédiaires le « management par les faits », « la concentration sur les quelques points essentiels », le « PDCA », et ainsi de suite. Ces objectifs stimulent les processus nécessaires à l'accomplissement des objectifs nobles.

  En observant la façon dont des entreprises n'ayant pas adhéré au TQM, définissent des objectifs intermédiaires orientés vers le marché, les auteurs ont l'impression qu'il s'agit principalement d'objectifs quantitatifs à long terme, exprimés en termes de parts de marchés, de ventes, ou de profits. Pour les entreprises ayant adopté le TQM, cela varie. Florida Power & Light et Xerox semblent opter pour un processus à la japonaise et des objectifs centrés sur le client. Motorola déploie des objectifs quantitatifs à long terme, centrés sur les résultats en termes de qualité et de temps de cycle.
- *Une cible et des objectifs annuels.* Une entreprise a aussi besoin de se fixer des objectifs annuels précis, par exemple, une réduction des coûts de 10 % *(CD10 = « Cost Down 10 percent »)* par rapport à l'année précédente. Au Japon, une entreprise peut très bien avoir plusieurs objectifs, mais à des fins de mobilisation, elle ne met l'accent que sur un seul.

NEC Shizuoka fournit de bons exemples de ces trois types d'objectifs[1]. Shizuoka possède un objectif noble commun à toutes les entreprises NEC, comme on l'a vu ci-dessus. Une philosophie du management et un slogan tiennent lieu d'objectifs intermédiaires. La philosophie du management de Shizuoka comprend trois parties :

1. Un management accordant la priorité absolue à la qualité.
2. Le client d'abord.
3. La création d'un espace de travail où les facultés individuelles puissent s'épanouir complètement.

Shizuoka a pour slogan : « un problème de qualité exige une réponse immédiate ». Si la qualité est en jeu, l'entreprise investit toutes ses ressources. En fin de compte, chaque responsable possède des objectifs annuels pour l'assurance qualité, le profit, et le délai de production, choisis sur la base des résultats de l'année précédente. Incidemment, quand nous avons interrogé Michio Ikawa, président de Shizuoka, sur les raisons des bons résultats de l'entreprise, il nous a cité (1) un processus systématique des activités d'amélioration et un processus de l'entreprise ainsi qu'(2) un abaissement des coûts grâce à l'automatisation de l'usine.

Les valeurs et les missions d'entreprises américaines

Les exemples suivants montrent les valeurs ou les missions déclarées par des entreprises américaines qui se situent souvent à mi-chemin entre des définitions d'objectifs nobles et d'objectifs intermédiaires[2].

- *Xerox.* La qualité est le principe de base de l'entreprise. Elle implique de fournir aux clients externes des produits et services innovants, satisfaisant pleinement leurs exigences. L'amélioration de la qualité est la mission de chaque salarié de Xerox.
- *3M.* Amélioration continue de toutes les activités et des services de soutien, à un rythme permettant d'atteindre et de maintenir le leadership global sur les marchés choisis.
- *Florida Power & Light.* Au cours de la prochaine décennie, nous voulons devenir une entreprise en transports excellente et la mieux gérée... des États-Unis, et être reconnue comme telle.
- *Ford Motor Company.* Notre mission est d'améliorer en permanence nos produits et nos services afin de satisfaire les besoins de nos clients, nous permettre de prospérer en tant qu'entreprise et procurer un profit raisonnable à nos actionnaires, propriétaires de notre entreprise.

---

1. Michio Ikawa, « Les activités TQC chez NEC Shizuoka », *Reports Of Statistical Application Research, Union of Japanese Scientists and Engineers*, 37, n° 1-2, 1990-91, p. 67-68.
2. Cette recherche a été effectuée par Joe Junguzza, de Polaroid Corporation.

- *AT&T.* L'excellence en qualité est le fondement du management de notre entreprise, et la clé de voûte de nos objectifs de satisfaction du client. Notre politique consiste donc à fournir régulièrement des produits et services répondant aux attentes de nos clients en matière de qualité... et à rechercher activement une qualité toujours améliorée, grâce à des programmes permettant à chaque opérateur de bien faire son travail du premier coup.
- *N.A. Philips.* Nous... mettons tout en œuvre pour obtenir une qualité excellente de façon durable dans toute l'entreprise. Ceci signifie que chacun de nous se doit de comprendre et de satisfaire les exigences de nos clients et de nos collègues. Nous devons tous faire tout notre possible pour travailler sans erreur et améliorer tout ce que nous faisons... dans chacun de nos emplois... à temps... tout le temps.
- *Shell.* Notre objectif est de fournir des produits, des services et des techniques répondant aux exigences du client à tout moment et sans erreur.
- *Hewlett-Packard.* Notre dessein est de fournir à nos clients des produits et services de la plus haute qualité et de la plus grande valeur possible pour eux, gagner et conserver ainsi leur considération et leur fidélité.

L'énoncé de ces valeurs et missions révèle trois fils directeurs :

1. L'amélioration de la qualité est un principe de base dans l'entreprise et la tâche de chacun.
2. L'objectif est de parvenir au *leadership* mondial en tant qu'entreprise très bien gérée, de gagner la considération et la fidélité des clients et de procurer un gain aux investisseurs.
3. Pour ce faire, les méthodes consistent à :
   – satisfaire pleinement les attentes du client,
   – grâce à des produits et des services innovants,
   – en faisant les choses bien du premier coup.

Comme nous venons de le voir, ces objectifs nobles le sont peut-être un peu moins que dans les entreprises japonaises, mais ce ne sont pas néanmoins des objectifs terre-à-terre ou de simples objectifs intermédiaires. Les entreprises japonaises sont orientées vers les processus, et leurs objectifs intermédiaires le sont aussi : manager en partant des faits, manager par les processus, se concentrer sur les points essentiels, et recourir au cycle PDCA (voir figure 11.2). Au Japon, si les objectifs annuels ne sont pas atteints, une attention redoublée sera portée l'année suivante aux objectifs intermédiaires. Le TQM exige le recours à ces objectifs intermédiaires.

Lorsque, à la différence de ce qui se pratique au Japon, une entreprise est davantage orientée vers les résultats, la plupart de ses objectifs, comme les objectifs annuels, sont à court terme et exprimés en argent. Pourtant, une orientation vers les résultats n'est pas la meilleure façon

Figure 11.2. Les deux approches de fixation des objectifs

Orientation vers les processus (Japon)	*Orientation vers les résultats* (traditionnelle)
Objectif noble	Mission
Objectifs intermédiaires orientés vers les processus	*Benchmarking* Six sigmas Réduction des temps de cycle
Objectifs annuels	Objectifs annuels

de réaliser des améliorations. Des objectifs intermédiaires orientés vers les processus sont nécessaires. Le TQM étant un mouvement de masse, son langage doit être adapté à la culture d'entreprise. Des objectifs intermédiaires orientés vers les processus sont préférables, mais une entreprise doit être réaliste, et rechercher un compromis lui permettant de se concentrer sur les processus, autant qu'il lui est possible de le faire. Aux États-Unis, le *benchmarking* (étalonnage concurrentiel), la « réduction des défauts », et la « réduction des temps de cycle », sont d'utiles compromis, fournissant des objectifs intermédiaires liés au processus dans un environnement orienté vers les résultats.

La réduction des temps de cycle permet de se concentrer de façon simple sur des objectifs d'amélioration numériques (réduire le temps de cycle de *x* %) orientant les entreprises vers l'analyse et une modification des processus. Les « Six sigmas » permettent de se fixer des objectifs d'amélioration chiffrés, mais l'objectif d'une réduction extrême des défauts oblige les entreprises à modifier de façon significative le processus. Le *benchmarking* débute habituellement par l'observation des résultats numériques d'une autre entreprise, mais conduit ensuite à l'étude des processus par lesquels ces résultats sont atteints.

Au Japon, l'imitation est le premier pas de l'apprentissage. Aux États-Unis, en revanche, où l'on n'aime pas imiter, le *benchmarking* est particulièrement utile. C'est le moyen pour les entreprises de stimuler une imitation intelligente sans encourir le mépris souvent attaché à l'imitation. Le *benchmarking* est un concept intermédiaire (voir figure 11.3).

Il se situe entre les objectifs intermédiaires japonais orientés vers les processus et le penchant américain pour des objectifs orientés vers les résultats. En se concentrant sur les résultats et les méthodes d'exécution des meilleures entreprises, le *benchmarking* fournit aux États-Unis les cibles qu'ils aiment à se donner, ainsi que les processus à imiter pour les atteindre.

Figure 11.3. Le *benchmarking*, utilisé pour définir un objectif intermédiaire

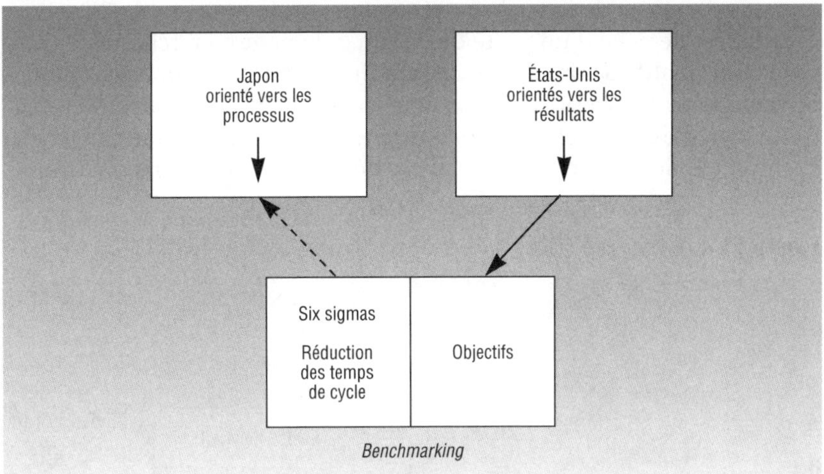

MISE EN PLACE DE L'ORGANISATION

L'organisation TQM comprend deux éléments essentiels : le comité TQM, et le bureau TQM. Le comité TQM est le groupe responsable de la direction, de la diffusion et du management du TQM ; c'est l'équipe de direction de l'entreprise, se réunissant avec pour ordre du jour le TQM. Le service TQM est une petite unité assistant le directeur général et le comité TQM. Ces éléments sont généralement présents aussi bien au niveau de l'entreprise qu'à celui de ses divisions.

Joe Junguzza, de Polaroid, a enquêté sur le cadre organisationnel du TQM chez Hewlett-Packard, Corning, Xerox, Texas Instruments, et Henry Ford Health Care (services médicaux de Ford). Dans chaque cas, l'entreprise possédait une structure organisationnelle qualité à peu près semblable à celle décrite ici.

Le service TQM rend compte au président ou au directeur général (voir figure 11.4). Il aide le directeur général, qui conduira l'implantation du TQM mais n'aura pas le temps de s'occuper de tous les détails du programme. La plupart des personnes qui le composent ne sont pas des spécialistes de la qualité, spécialement pour ce qui concerne le service TQM central. Le service TQM ne doit pas avoir une perception réductrice de la qualité. Il n'est pas nécessaire pour ses membres de connaître le TQM, mais ils doivent posséder une forte motivation pour apprendre ce qui se rapporte à la qualité. Au Japon, il arrive parfois qu'un expert en planification stratégique reconnu prenne la responsabilité du service

TQM, mais c'est plus souvent quelqu'un de la hiérarchie de production, non un spécialiste de la qualité. Généralement, le responsable du service Qualité est détaché d'un poste de commandement hiérarchique, et possède cinq qualifications : c'est quelqu'un qui a une vision stratégique ; reconnu dans l'entreprise ; il est doué pour la communication (en particulier, il sait écouter) ; il a des capacités pratiques (pour traiter par exemple de données réelles) ; et il est doté d'une forte personnalité.

Figure 11.4. Le service TQM

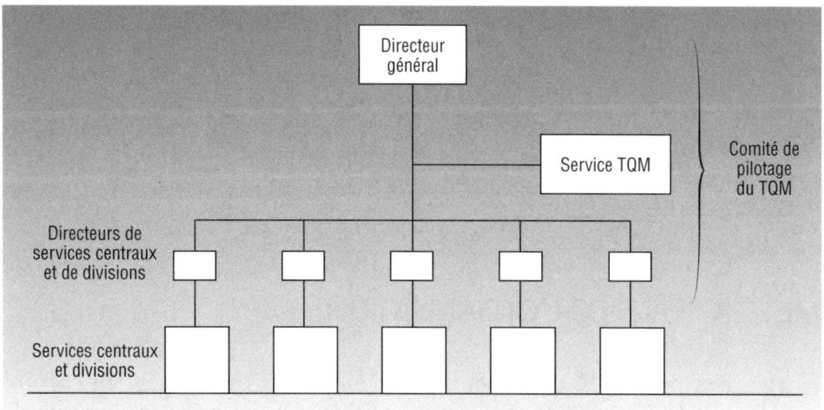

Il n'existe pas de description des tâches pour le service TQM ou service Qualité. Le directeur TQM, comme le président, doit définir lui-même son rôle (voir figure 11.5). La fonction principale du service Qualité varie d'une entreprise à l'autre. Dans certaines entreprises, elle consiste à former et assister les dirigeants, ou même seulement le directeur général. Dans d'autres, le directeur du service TQM est l'« apprenant principal », et le service TQM se consacre essentiellement à la conception et au démarrage des programmes de formation. La fonction peut consister à promouvoir et à organiser des manifestations et des formations. Par analogie, le directeur financier de certaines entreprises pilote les projets financiers mais n'a, dans d'autres, que les réductions de coûts, et dans d'autres encore, les changements organisationnels. De la même façon, les directeurs Qualité (ou plus généralement, le chef du service Qualité) s'occupent de tous les besoins de l'entreprise.

Le responsable du service Qualité n'exerce aucune autorité formelle sur la plus grande partie de l'organisation. Il fait appel à la persuasion, à sa capacité d'énoncer les problèmes, et particulièrement, à l'écoute active. Dès le début, le directeur Qualité doit être reconnu par toute l'entreprise. Les futurs présidents en puissance émanent du service Qualité. Comme nous l'avons déjà dit, le service Qualité doit être relativement léger. Cependant, une seule personne a du mal à s'acquitter de toutes les tâches. Aussi, pour une entreprise de quelques milliers de personnes, le service doit-il compter deux ou trois personnes. Dans une telle entreprise, chaque division peut affecter à son service Qualité une personne à plein temps ou à temps partiel ; cela dépend de sa taille. Le personnel à plein temps du service qualité d'une entreprise de 100 000 personnes pourrait être de l'ordre de 10 à 20 personnes. Il faut davantage de personnes dans la phase initiale que lorsque le système TQM mis en place s'est stabilisé.

Figure 11.5. Structure de l'organisation TQM

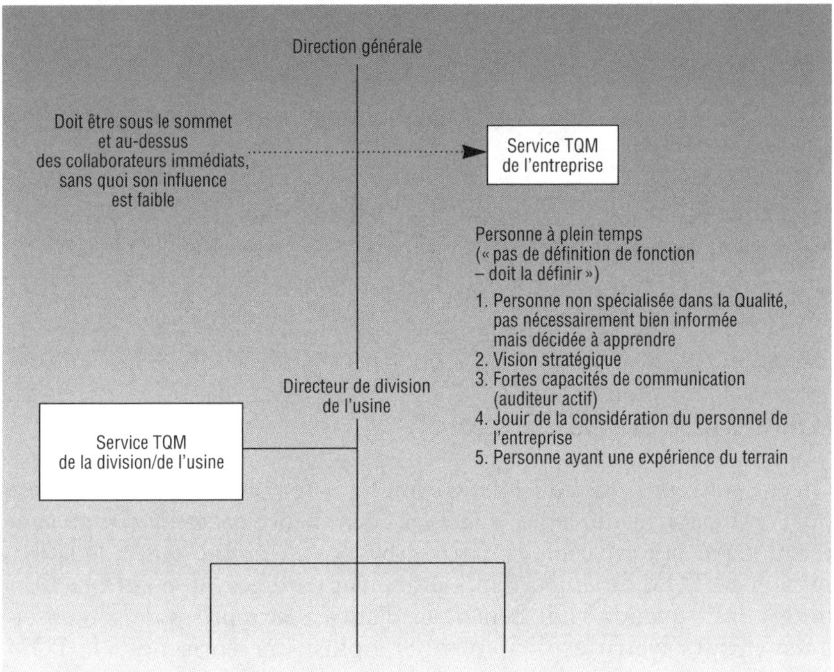

Les comités de pilotage TQM sont composés des personnes qui, dans les divisions, ont la charge de diffuser le TQM. Fondamentalement, ces personnes doivent posséder les mêmes qualités que celle du service Qualité : esprit tourné vers la stratégie, art de communiquer, respect des autres, ouverture d'esprit, et pratique de la qualité sur le terrain. Chez Xerox, tout responsable d'une unité opérationnelle a au moins un cadre qualité, une personne à l'esprit ouvert capable de faire aboutir le TQM.

La forme de la structure organisationnelle qualité d'une entreprise dépend de sa taille. Les entreprises de quelques milliers de personnes peuvent avoir le type d'organisation qualité décrit ci-dessus. Une entreprise de 100 000 personnes a besoin de son propre Centre pour le Management de la Qualité interne, afin de superviser les programmes et les mises en commun entre divisions, de la même façon que le CQM facilite les mises en commun entre les entreprises, par l'organisation de manifestations, la mise en place de réseaux, la promotion, et le développement du TQM (voir figure 11.6).

Figure 11-6. Organisations de réseau interne et interentreprises

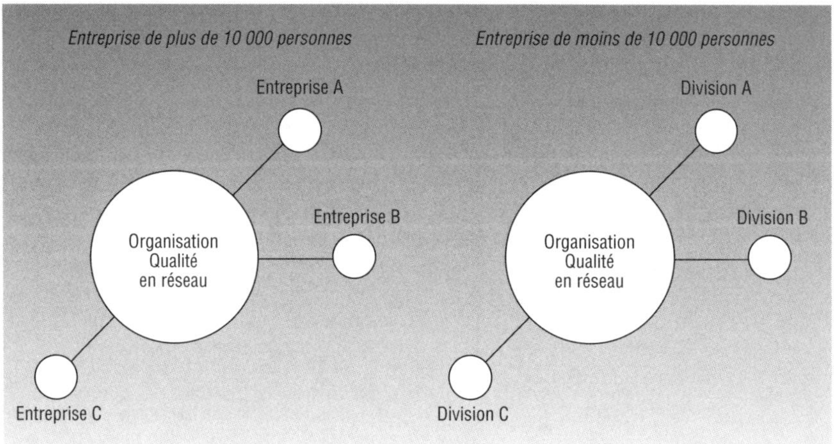

FORMATION ET ENSEIGNEMENT

On cite souvent le mot d'Ishikawa, qui fut à de nombreux égards le père du TQM japonais moderne : « le TQM commence par la formation et se termine par la formation »[1]. Cette croyance en l'importance de la formation au TQM est aujourd'hui largement partagée, au point que Corning Glass, quand il fait bénéficier d'autres entreprises de son enseignement, les avertit explicitement et à plusieurs reprises que le TQM n'est pas seulement une formation.

On n'a généralement pas conscience des différences entre une formation au TQM de niveau international et les méthodes scolaires traditionnelles. Ces différences peuvent être illustrées à l'aide d'un modèle simple de formation et d'enseignement du TQM comportant sept observations sur le TQM de niveau international (voir figure 11.7)[2].

1. Ishikawa, *What is Total Quality Control ? The Japanese Way*, traduction D. J. Lu, Englewood Cliffs, NJ, Prentice-Hall, 1985, p. 37-39.
2. Créé par Shiba et Graham sur la base de l'étude de conception du CQM de huit praticiens TQM de niveau international, visites de Shiba à des entreprises japonaises et européennes, et celles de Florida Power & Light et Corning Glass au CQM.

Figure 11.7. Un modèle d'enseignement et de formation au TQM

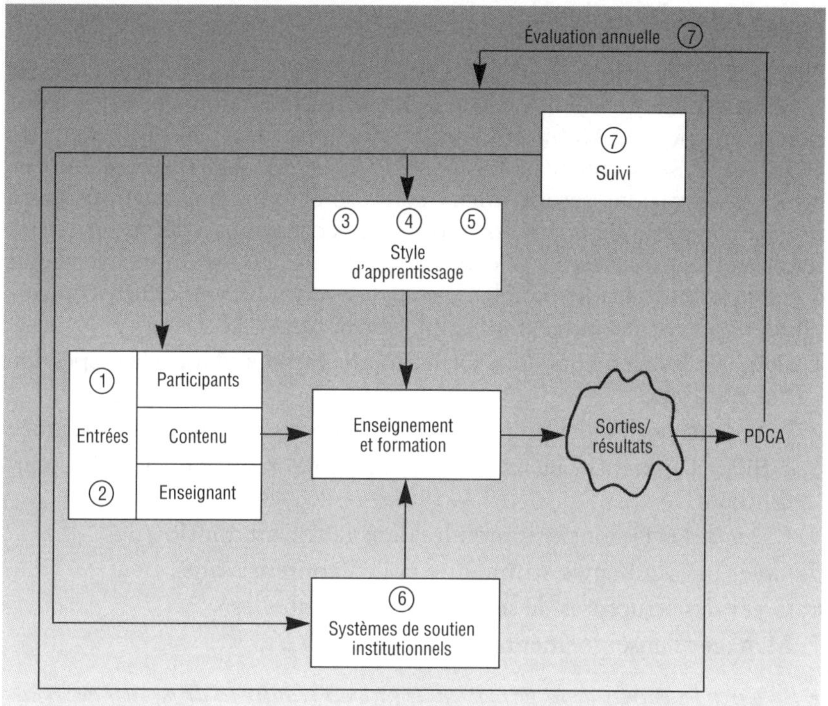

À la gauche du modèle figurent les « entrées » de la formation et de l'enseignement : participants, contenu et enseignants. Au centre en haut et en bas du modèle, on trouve les questions relatives au milieu affectant la formation et l'enseignement : style d'apprentissage, et systèmes de soutien institutionnels. Le style d'apprentissage se réfère au milieu au sein duquel l'enseignement est dispensé : en classe, sur le tas, par l'intermédiaire de groupes d'étude, ou dans des situations particulières, telles que revues, visites d'autres divisions ou d'autres entreprises, etc.

Le système de soutien institutionnel consiste dans les politiques de l'entreprise, et la structure administrative pour l'enseignement et la formation. Vers le haut et la droite du modèle, on trouve le suivi normal de l'efficacité, qui s'étend au système de formation et d'enseignement. Ceci rétroagit de façon à modifier les entrées et la situation du milieu. Enfin, à l'extrême droite du modèle, on trouve l'évaluation annuelle effectuée par les dirigeants (dont la fonction est de mettre en place le système de formation et d'enseignement et de l'évaluer, mais non de s'occuper du contenu des cours). Les éléments du modèle sont examinés plus à fond ci-après.

Sept observations sur l'enseignement du TQM de niveau international

Nos sept observations n'ont pas d'autre objet que d'aider à concevoir un système d'enseignement adapté à une entreprise donnée. Elles n'ont rien de magique[1]. Au fur et à mesure que progresse l'enseignement du TQM (et l'enseignement professionnel en général), nous espérons que certaines observations seront mieux connues et que nous n'aurons pas à insister. De plus, il y a sans doute des points communs à découvrir[2]. Toutefois, celles présentées ici devraient être utiles pour rompre avec l'état d'esprit scolaire traditionnel. Ce sont les suivantes (les chiffres correspondent à ceux entourés d'un cercle sur la figure 11.7) :

1. Préparer les éléments de la formation de façon à réduire la dispersion des résultats.
2. Ne pas recourir à des professionnels de l'enseignement pour enseigner.
3. Utiliser l'apprentissage mutuel, non les rôles traditionnels professeur-étudiant.
4. Créer des occasions d'apprendre dans le travail quotidien.
5. Créer une ambiance stimulante pour l'apprentissage.
6. Créer des structures de soutien institutionnelles.
7. Manager l'enseignement avec le cycle PDCA.

• *Préparer les entrées de la formation de façon à réduire la dispersion des résultats*. Pour réduire la dispersion des résultats d'un cours, on doit réduire les écarts au niveau des entrées. Ceci est à la base de la maîtrise de la qualité. Les entrées sont les participants, le contenu de l'enseignement et le professeur.

---

1. Pour vous faire une idée de telles codifications, reportez-vous à l'histoire des « quatre absolus de la qualité » de Philip Crosby, qu'il raconte dans son livre *Let's Talk Quality (Parlons de Qualité)*, New York, McGraw-Hill, 1989, p. 51-52 : « Les Absolus, tels qu'ils sont aujourd'hui, étaient conçus comme une aide à l'enseignement pour les premiers cours du Collège de la Qualité... À l'origine, il y avait cinq Absolus. La liste figurait dans *Quality is Free*. J'en éliminai deux que je remplaçai par un seul. Les deux étaient conçus pour des professionnels de la qualité. Ils ne signifiaient donc pas grand chose pour des managers. Ils sont encore vrais, mais nous les enseignons de façon différente. »
2. Autres généralités : (1) les dirigeants ont des cours de TQM plus longs que les jeunes ; (2) le premier cours est une sensibilisation au TQM – son importance, son vocabulaire – et le second est consacré aux méthodes de base de résolution de problèmes (Les 7 étapes des CQ ou équivalentes). Ayez à l'esprit que celles-ci sont toutes les observations faites dans des entreprises passées depuis relativement peu de temps (entre trois et cinq ans) au TQM. Les entreprises pratiquant le TQM depuis le début, telles que Toyota, peuvent avoir des caractéristiques différentes.

Stratifier les participants suivant leurs antécédents et leurs besoins. Cela implique d'organiser des cours adaptés à des fonctions précises, des niveaux d'encadrement, ou tenant compte de formations antérieures. La stratification peut englober la prévision de sessions distinctes « à admission libre » pour des personnes intéressées, par opposition à la formation d'équipes entières décidée par l'encadrement. La stratification signifie aussi former des élèves consciencieux, et écarter ceux qui manquent les cours. Elle permet d'adapter l'enseignement (rythme, nature du travail de groupe, types d'exemples et de cas, et insistance relative accordée aux sujets) pour dispenser des connaissances homogènes.

Stratifier suivant les besoins signifie souvent organiser les cours autrement que par sujet particulier. La figure 11.8 montre un exemple de programme de formation pour une entreprise japonaise de taille moyenne. Les formations communes à toute l'entreprise y sont dispensées pour des *rôles* particuliers (exemple, maîtrise de la qualité pour le personnel technique), tandis que la formation de spécialistes est la seule à porter sur des *sujets* particuliers (par exemple, conception des expérimentations).

Une appréhension commune des concepts du TQM exige l'emploi des mêmes matériels d'enseignement. Il faut apprendre aux professeurs ce qu'ils peuvent changer (par exemple, l'accent mis sur certains éléments, les devoirs à la maison), et ce qu'ils ne peuvent changer (étapes et schémas de résolution des problèmes et d'utilisation des outils, vocabulaire, concepts de base comme celui des *quatre révolutions*).

Dans ce livre, nous faisons délibérément appel à une variété de termes pour encourager la traduction entre des programmes TQM d'entreprises différentes. Mais dans une entreprise donnée, on doit normaliser un noyau de pratiques et de concepts TQM, afin de faciliter les communications entre spécialistes et cadres, supérieurs et subordonnés, une fonction et une autre. Une entreprise peut imposer des règles naturellement en fournissant des matériels conformes à ces règles (transparents, exemples, cas) et en imposant leur usage.

Une appréhension commune requiert une qualité homogène des professeurs, ce qui implique un processus efficace pour leur recrutement, leur formation, leur préparation et leur évaluation. Pour les cadres que l'on fait passer à tour de rôle dans les services Qualité comme faciliteurs, consultants, ou professeurs, les cours de formation de formateur sont courants. Par exemple, voyez les « cours de base » intensifs pour la formation des spécialistes sur la figure 11.8.

Même dans des situations où un travail préparatoire moins structuré est possible, la préparation des entrées et des processus peut encore produire des résultats régulièrement bons. Par exemple, au CQM, des directeurs généraux dispensent la plus grande partie de la formation de six jours. Les directeurs généraux invités à enseigner ont déjà suivi la

Figure 11.8. Exemple de programme de formation pour une entreprise de taille moyenne

	Objet			*Nom du cours*	*Heures*	*Instructeur*
Formation obligatoire	Directeurs		Tous	Cours pour dirigeants (au sein de l'entreprise)	1 jour et demi 11 h	Instructeur externe
	Chefs de département et de section		Tous	Cours pour chefs de département et de section	4 jours 38 h	Instructeur spécialisé
			Cadres ayant plus de 5 ans d'expérience	Remise à niveau des connaissances	2 jours 19 h	
	Personnel	Technique	Tous	Cours de maîtrise de la qualité (personnel)	4 jours 32 h	Un instructeur par usine, division et bureau
		Administratif	Tous	Cours de maîtrise de la qualité (personnel)	3 jours 24 h	
	Hiérarchique	Agent de maîtrise	Tous	Cours d'agent de maîtrise	3 jours 24 h	
		Animateurs de groupes et de cercles	Tous	Cours de chef de groupe	3 jours 32 h	
		Ouvrier	Tous	Cours de maîtrise de la qualité (ouvrier)	1 jour 8 h	
	Nouveaux embauchés		Tous	Cours nouvel embauché	1 jour 8 h	
	Personnel temporaire		Tous	Cours pour personnel temporaire	1 jour 8 h	
Formation de spécialiste	Personnel		Personnel sélectionné	1. Cours de base (A)	4 mois 5 jours/mois 192 h	Instructeur spécialisé
				2. Cours de base (B)	3 mois 4 jours/mois 114 h	
				3. Fiabilité	4 jours 39 h	
				4. Conception des expériences	4 jours 36 h	
				5. Analyse multidimensionnelle	4 jours 36 h	
				6. Autres		

formation et ont une expérience personnelle dans le domaine général enseigné. La conception du cours insiste sur les cas réels et le travail en groupe. Un tiers environ de l'enseignement consiste en exposés, consacrés en majeure partie à des exemples.

Les directeurs généraux sont invités à faire partager leur expérience personnelle, non à enseigner la théorie.

On fournit aux animateurs de chaque journée (on n'appelle pas les directeurs généraux des « professeurs ») des cassettes vidéos, un matériel pédagogique complet, et des analyses/diagnostics de sessions précédentes pour les aider dans leur préparation. La structure du cours exige de préparer des transparents, garantissant un certain degré de préparation. Ces transparents sont contrôlés pour prévenir d'éventuelles omissions ou ruptures de rythme. Un assistant administratif et un membre du comité de cours (connaissant bien le TQM et le cours), assistent toujours à chaque séance, en plus des personnes invitées par l'animateur pour faciliter le déroulement, présenter les cas, et fournir des informations supplémentaires. Le processus assure un enseignement efficace sans imposer au directeur général des modalités de préparation.

Toutes ces stratégies sont conçues pour garantir que tous les participants au cours ont réellement appris ce qu'ils doivent savoir du TQM. Ceci contraste avec le « modèle darwinien », typique de l'enseignement public, où les étudiants qui en font peu n'obtiennent que peu de résultats.

• *Ne pas recourir à des professionnels de l'enseignement pour enseigner.* Mis à part les sujets très particuliers d'entreprises de niveau international, tout ce qui se rapporte au TQM est enseigné par des cadres. L'équipe de projet du CQM n'a *jamais* vu de formation effectuée par des personnes formées ou ayant fait carrière dans l'enseignement.

Xerox, en développant son premier cours de sensibilisation à la qualité, avait obtenu de chaque responsable qu'il formât ses subordonnés, dans le cadre de son cycle LUTI (*Learn :* Apprendre ; *Use :* Utiliser ; *Teach :* Enseigner ; *Inspect :* Contrôler). Dans les usines de Florida Power & Light, la personne qui passe en revue le travail d'une équipe et si nécessaire enseigne les méthodes, est simplement un cadre bien formé aux méthodes et devenu formateur à temps partiel. Chez Motorola et IBM, les enseignants du TQM sont des cadres occupant à tour de rôle des fonctions d'enseignement pendant deux ans au plus.

Il existe un malentendu sur l'exigence d'une qualification professionnelle d'enseignant pour les professeurs. Il contribue à perpétuer l'ancienne division entre maître et élève, enseignant professionnel et consultant, entre celui qui enseigne et celui qui agit, division qui s'est avérée inefficace. Tous doivent enseigner et apprendre. Comme disent les Japonais, « tout le monde enseigne ». Il y a de nombreux avantages à concevoir un système de management obligeant tout le monde à enseigner, spécialement les responsables hiérarchiques les plus actifs. Les cadres apprennent mieux en enseignant. Les subordonnés apprennent mieux si celui qui enseigne possède l'autorité attachée à son rang et la pratique personnelle de ce qu'il enseigne. Enfin, avoir des cadres qui enseignent permet une meilleure confrontation du programme à la réalité. Est-ce nécessaire ? Est-ce suffisant ?

Examinez la stratégie inverse consistant à choisir des enseignants en dehors de l'encadrement. Imaginez le coût du recrutement et de la formation d'instructeurs professionnels concevant et délivrant un programme adapté à des exemples pris dans tous les coins et recoins de la société. Imaginez la difficulté d'obtenir des instructeurs capables de comprendre suffisamment bien les questions soulevées pour chaque fonction particulière, d'enseigner avec autorité et de concevoir des exemples compréhensibles. La stratégie consistant simplement à s'offrir les services d'instructeurs pour délivrer un cours « préfabriqué » est évidemment inefficace. La seule question réelle est donc de savoir quelle formation donner et s'il faut qu'elle soit donnée par les dirigeants ou les cadres à leurs subordonnés immédiats plutôt que par des cadres détachés à cet effet à plein temps ou à temps partiel.

Enseigner est la meilleure façon d'apprendre. Par exemple, les membres du comité opérationnel du CQM ont aidé à donner un cours de six jours sur le TQM aux dirigeants des entreprises adhérentes. Les membres du comité opérationnel comme les dirigeants en ont fait leur profit. Aujourd'hui, les directeurs généraux et les vice-présidents enseignent pendant la plus grande partie de ce cours de six jours, et disent uniformément que cette expérience leur a beaucoup appris. « Je ne savais pas tout ce que j'avais encore à apprendre jusqu'au moment où j'ai enseigné » est un commentaire que l'on entend fréquemment.

Du point de vue d'un éducateur professionnel, la stratégie du « tout le monde enseigne » représente un changement de rôle majeur. Les éducateurs professionnels ont besoin de créer, d'adapter et peut-être d'acquérir les matériels du programme[1]. De façon plus subtile, ils ont besoin de collaborer avec le bureau TQM à la conception et à la mise en œuvre d'un système de traduction de la stratégie d'entreprise en stratégie pédagogique, puis en processus d'élaboration des programmes, de formation des formateurs, de suivi, de diagnostic et de PDCA.

1. Le matériel pédagogique acquis ou sous licence rend difficiles le PDCA et la diffusion. Généralement, les titulaires de licences ne peuvent modifier le matériel, ce qui rend difficile l'amélioration continue et par conséquent moins efficace et plus coûteux l'enseignement. De même, les entreprises ne peuvent mettre en commun le matériel sous licence avec d'autres entreprises. Sans la possibilité de partager les pratiques réussies, l'évolution de la pratique du TQM régionalement ou nationalement s'en ressent.

• *Utiliser l'apprentissage mutuel, non les rôles traditionnels professeur-étudiant.* L'image traditionnelle de l'enseignant est celle d'un « maître » transmettant par sa parole sa sagesse aux étudiants. Cette image sous-estime la valeur du type d'apprentissage en honneur dans les entreprises modernes. Nulle part, il n'est de professeur omniscient. Tous les étudiants sont des adultes. Un modèle d'apprentissage prenant cette réalité en compte peut être appelé *apprentissage mutuel*. C'est le cas pour une communauté ou un groupe de personnes partageant ce qu'elles ont appris et apprennent des autres.

Un milieu favorable à l'apprentissage mutuel est nécessaire même en classe, et il existe de nombreuses façons d'en créer un. Des devoirs à faire chez soi peuvent être affichés au mur pour que les étudiants, faibles ou forts, puissent y consacrer ensemble leurs efforts. Un autre exemple sera d'utiliser un atelier pour la formation initiale aux 7 étapes des CQ. Les participants « réajusteront » les problèmes qu'ils auront résolus, en se conformant aux 7 étapes et les présenteront dans un atelier. Ils débattront de leurs travaux respectifs et formuleront des lignes directrices pour améliorer la résolution du problème en 7 étapes. Ce format d'apprentissage mutuel élimine le besoin d'un professeur omniscient.

L'apprentissage mutuel s'étend bien au-delà de la classe, si les membres de groupes de travail peuvent être formés ensemble plutôt que séparément. Ce type de formation développe un langage commun et l'esprit d'équipe, et facilite l'application des résultats. N'envoyez pas une personne seule à un cours. Envoyez-en toujours au moins deux. En équipe, les gens s'apprennent les uns les autres les meilleures pratiques. Il n'est pas inhabituel, pour tenir compte de ce fait, de mettre une ou deux personnes dans une équipe principalement pour apprendre, plutôt qu'en raison de leur position ou de leur compétence particulières.

Les réunions de présentation sont l'occasion de diffuser des récits de succès. Des visites d'échange avec d'autres groupes, divisions ou entreprises (même concurrentes) fournissent l'occasion d'un apprentissage mutuel et d'une connaisance du client ou de nouveaux processus. Il n'est pas nécessaire de posséder une autorité de niveau international pour apprendre aux autres. Il suffit d'être le praticien d'un bon mode opératoire. C'est toujours une surprise agréable que de découvrir comment l'on peut enseigner un TQM de niveau international, par la mise en commun de cas individuels entre entreprises membres du CQM, même si la plupart n'ont pas encore atteint un niveau de classe internationale dans la pratique du TQM. C'est la grande force de l'apprentissage mutuel.

• *Créer des occasions d'apprendre dans le travail quotidien.* Ishikawa dit : « L'éducation formelle ne représente que moins d'un tiers de l'effort total d'éducation. L'éducation ne consiste pas seulement à réunir des travailleurs pour recevoir une instruction formelle. Au mieux, cette instruction peut ne représenter qu'une faible portion de leur formation totale. Il est de la responsabilité du chef d'enseigner à ses subordonnés à partir du travail réel[1]. »

« Apprendre d'abord et appliquer plus tard » est une conception à éviter. Celle consistant à « appliquer d'abord et apprendre plus tard » peut en revanche, être soutenue. En essayant d'utiliser une technique avant de l'apprendre, les étudiants comprendront mieux les questions qu'elle pose qu'au moment où ils l'apprendront. On doit écarter l'idée suivant laquelle une nouvelle technique doit être apprise parfaitement avant de pouvoir être appliquée.

Évitez d'apprendre en une seule fois. Au minimum, les étudiants devraient alterner l'étude et la pratique. Par exemple, avant un cours, les participants peuvent choisir un thème pris dans leur métier pour le résoudre durant le cours, et les cours peuvent s'étendre sur plusieurs sessions, avec plusieurs semaines entre les sessions pour l'utilisation sur le tas des connaissances acquises. Après tout, l'objet de la formation est d'obtenir une amélioration sur le tas. Des étudiants peuvent aussi rédiger leurs propres monographies sur ce qu'ils apprennent. Au Japon, il est courant que les participants à un cours prennent des notes détaillées et mettent ensuite par écrit ce qu'ils ont appris.

Évitez de croire que la théorie sera supérieure à la réalité. L'idée suivant laquelle un outil doit être appliqué de la seule façon théoriquement correcte est fausse. En fait, la réalité (le travail quotidien) est supérieure à la théorie. Ce qui est nécessaire pour faire face à une situation réelle est ce qui doit être appris. C'est une erreur que de vouloir traiter un problème en lui imposant d'entrer dans un schéma purement réactif ou volontariste ; au contraire, on doit faire tout ce qui conduit à une amélioration durable et à l'acquisition de nouvelles connaissances. La réalité est un maître. On peut appliquer une méthode, en découvrir un point faible, et améliorer la méthode. En particulier, les clients réels sont les meilleurs professeurs.

Les cadres peuvent créer de nombreuses occasions de faire de l'apprentissage une partie du travail normal extrascolaire. Lier le travail scolaire à l'exercice du métier de la façon décrite ci-dessus est un début. Il en est ainsi de l'apprentissage sur le tas ou de l'observation du travail en cours des équipes d'amélioration. Tous les processus de revue, qu'il s'agisse de revues de personnel ou de contrôle budgétaire, sont des occasions de montrer comment on peut se servir de méthodes d'amélioration.

• *Créer une ambiance stimulante pour l'apprentissage.* L'idée que l'enseignement et la formation doivent se dispenser seulement de haut en bas est fausse. Enseignement et formation peuvent provenir de sources multiples

1. Ishikawa, *What is Total Quality Control ?*, p. 37-39.

(voir figure 11.9). Audits du président, évaluations de récits de cercles de qualité, et visites chez le client sont des moyens qu'un milieu TQM enseigne aux dirigeants.

Figure 11.9. Influences de l'environnement sur l'apprentissage

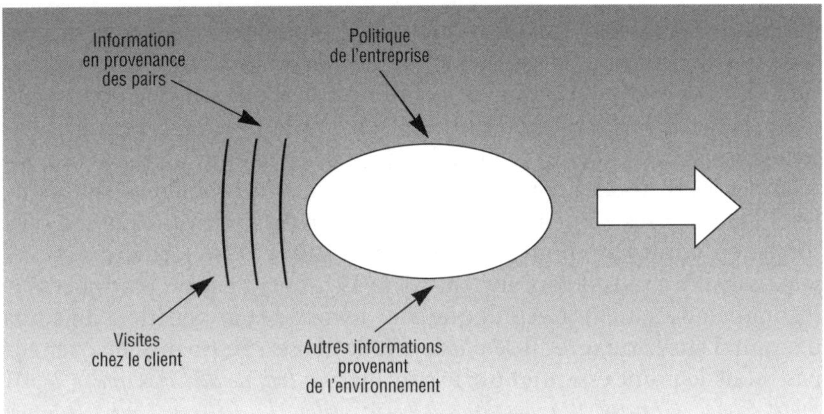

Stimuler indirectement l'apprentissage est une mission de l'enseignement. Des incitations financières et non financières constituent d'autres formes d'influence indirecte. Une incitation de nature financière peut n'être rien de plus que le simple règlement de la note d'un rafraîchissement offert à une équipe à l'issue d'une réunion. Des visites à l'extérieur de l'entreprise peuvent aussi constituer une bonne incitation.

• *Créer des structures de soutien institutionnelles.* De même que la plupart des entreprises ont institutionnalisé le processus de planification, d'acquisition, et de suivi de l'utilisation des équipements importants, de même les entreprises TQM ont institutionnalisé l'utilisation de l'enseignement du TQM.

Il s'ensuit que le plan normal d'activité va comporter des objectifs annuels pour la formation et l'enseignement. Le contenu du cours et les participants doivent être définis en relation avec les objectifs annuels de la société, et les cibles doivent être mises en relation avec le choix de la stratégie d'entreprise et des objectifs d'activité. Par exemple, si l'on a pour cible la réduction des coûts, on doit inclure dans le cours la formation à la réduction des coûts, et l'on doit choisir les participants en fonction de leur capacité à appliquer avec succès les techniques appropriées.

Une autre structure de soutien utilisée par Motorola fait appel à un budget obligatoirement affecté à la formation et l'enseignement. Par exemple, si une division ne dépense pas les sommes prévues pour la formation et l'enseignement, elle les perd – et ne peut donc les dépenser pour un autre objet.

Des règles doivent être établies et les modalités de fonctionnement doivent être suivies et mesurées au regard de ces règles. Pour traduire dans l'enseignement du TQM les points faibles et les problèmes éventuels en indicateurs appropriés, on peut se servir du processus décrit au chapitre 8 pour la traduction de la « voix du client ».

• *Manager l'enseignement avec le cycle PDCA.* Comme pour beaucoup de processus de l'entreprise, la réussite à long terme du processus de formation au TQM dépend bien moins de l'endroit d'où l'on part que de la façon dont on l'améliore avec le temps[1]. Par exemple, le premier cours d'enseignement de la qualité étendu à l'entreprise chez Corning Glass ne couvrait pas les méthodes normalisées de résolution de problèmes, telles que les 7 étapes et les 7 outils. À l'époque, l'entreprise croyait que son personnel en savait trop pour avoir besoin de suivre cette formation. (Ceci se passait il y a plus de dix ans, quand le TQM était encore pratiquement inconnu en Occident[2]). Après que tout le monde eut bénéficié du cours inaugural sur la qualité, il se passa peu de choses. La qualité ne changea pas. Mais le point essentiel fut le suivant : *au lieu de déclarer que le TQM avait échoué, Corning diagnostiqua le point faible (la différence entre le projet et la réalité) et élimina la cause première.* C'étaient les phases *Check* et *Act* du PDCA.

Les dirigeants et les cadres Qualité de Corning reconnurent ultérieurement que leur personnel avait en réalité besoin d'une formation rigoureuse à la résolution de problèmes. Ils s'empressèrent alors de rebaptiser le cours initial, qu'ils appelèrent phase 1, et instituèrent une phase 2, dont l'objet était d'enseigner les outils et les pratiques nécessaires[3].

1. Les auteurs sont conscients de la forte distinction souvent effectuée par les professionnels de l'enseignement entre l'enseignement proprement dit (acquisition de connaissances générales et conceptuelles) et la formation (acquisition de compétence ciblée, orientée vers un résultat). Nous estimons que ceci est une façon de penser binaire contestable, et nous déconseillons même de présenter les compétences d'amélioration en termes différents du contexte conceptuel environnant. Ici, les termes sont utilisés de façon interchangeable, afin de renforcer la notion suivant laquelle la formation et l'enseignement sont unis et équilibrés.
2. Cette anecdote nous a été racontée par Don Hopkins, directeur commercial de Corning Quality Systems chez Corning, au cours d'une conversation au Centre pour le Management de la Qualité à Cambridge, le 9 octobre 1990.
3. L'idée qui n'est souvent pas bien vue est que des cadres ou des ingénieurs capables ont besoin d'être formés à la résolution de problèmes et aux techniques d'amélioration en général. Comme nous l'avons observé tout au long de ce livre, l'amélioration ne se distingue pas du travail quotidien. Peut-être ne devons-nous pas nous attendre à une transférabilité immédiate des capacités entre les deux plus qu'entre, par exemple, un pilote d'avion et un ingénieur en aéronautique. Les compétences des deux présentent beaucoup de points communs, mais chacune exige une formation différente pour être réellement opérationnelle.

La phase *Plan* intervient à plusieurs niveaux de l'organisation. Les dirigeants déduisent la conception des cours directement des besoins de l'entreprise. Par exemple, chez BBN, les dirigeants étudient le TQM et estiment qu'il répond à un besoin de l'entreprise (appelons ceci « besoin 1 »). Le programme de visite chez le client par les dirigeants décrit au chapitre 8, les a convaincu que l'entreprise avait besoin d'améliorer sa prise de contact avec les clients (appelons ceci « besoin 2 »), et de s'assurer que les produits étaient toujours utilisés sur le terrain conformément aux spécifications (« besoin 3 »). Nous simplifions les discussions internes et l'apprentissage qui ont conduit aux réponses pédagogiques, mais le point à noter est que les trois cours les plus fortement préconisés et largement diffusés chez BBN portent sur : (1) la sensibilisation au TQM, « TQM chez BBN » (satisfaction du besoin 1) ; (2) la procédure de visite chez le client (satisfaction du besoin 2) ; et (3) les 7 étapes (satisfaction du besoin 3). À l'heure où nous écrivons, un cours est encore en préparation ; il concerne le dernier point des résultats de la visite initiale chez le client, la normalisation du processus de développement du produit (« besoin 4 »), bien que les efforts de normalisation aient déjà bien démarré.

Le programme de déploiement des cours est établi par le service TQM et parfois, par des enseignants professionnels, comme la conception du matériel pédagogique. De même, la phase *Check* du PDCA intervient à plusieurs niveaux et à plusieurs moments. Conformément à la nouvelle pratique de formation normalisée, les participants font part quotidiennement de leurs réactions ; certains aspects des cours peuvent être améliorés du jour au lendemain par les instructeurs. L'utilisation du contenu de l'enseignement dans le travail d'amélioration est suivi trimestriellement ou semestriellement par le service TQM ou le service du personnel de la société, et des mesures correctives sont prises. Par exemple, le service TQM de Teradyne élabora rapidement un cours sur les 7 étapes. Après plusieurs mois, on découvrit que les équipes exécutaient les 7 étapes plus lentement que prévu. On s'aperçut que la cause principale était due au fait que les cadres dont dépendaient les membres de l'équipe (appelés « parrains » dans la terminologie propre à Teradyne) n'avaient pas les idées claires sur la façon de suivre et de stimuler les progrès de l'équipe ou sur les progrès souhaitables. Le service TQM organisa alors une courte session de formation à l'intention des parrains des équipes, et celles-ci résolurent leurs problèmes plus rapidement[1].

1. Cette estimation du déroulement des 7 étapes a fait l'objet formellement d'un exercice sur les 7 étapes, et figure dans «Étude de cas des 7 étapes : comment un processus en 7 étapes a réduit les obstacles rencontrés par les équipes d'Amélioration de la Qualité chez Teradyne » de M. Bradley et J. Petrolini. *Center for Quality Management Journal 2*, n° 1, printemps 1993, p. 7-17.

Enfin, une fois par an, les dirigeants effectuent le diagnostic (*check* et *act on*) des questions stratégiques : détermination de l'évolution des besoins et de l'atteinte des objectifs d'amélioration. Souvent, des changements ou des additions dans les cours ou leur déploiement sont la conséquence de l'audit des dirigeants. Chez Motorola, ceci est devenu un processus régulier, au point qu'une partie de l'objectif des formateurs est de rassembler rapidement une série de cours répondant aux besoins de l'entreprise nouvellement identifiés.

ACTIVITÉS PROMOTIONNELLES

Les activités promotionnelles créent un environnement fertile pour le TQM. La figure 11.10 montre les trois dimensions de sa promotion : le raisonnement, l'événement et l'image.

Figure 11.10. Les trois dimensions de la promotion du TQM

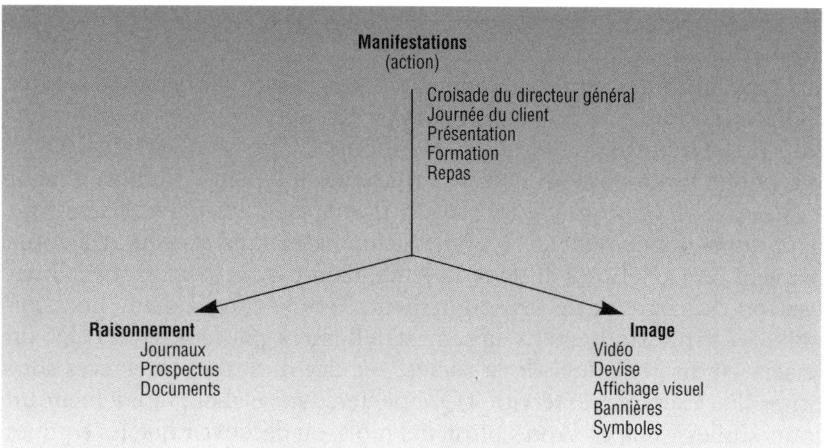

Les activités de raisonnement englobent les journaux, prospectus, et autres documents écrits, mais il est fréquent qu'on ne lise pas ce qui est écrit, ce qui rend les images d'autant plus importantes. Celles-ci englobent les vidéos, les affichages (tels les panneaux réservés aux récits des améliorations de la qualité), les bannières qualité, et les symboles. Le directeur d'une aciérie japonaise salue toujours les animateurs de cercles de qualité d'un signe de la main voulant dire « votre cercle progresse-t-il ? ». À la porte principale de l'usine Hitachi, de grands graphiques indiquent les progrès des différentes activités qualité.

Parmi les événements promotionnels, il faut inclure la croisade du directeur général chez Teradyne, la « journée du client » chez BBN, les cérémonies de présentation (récits des cercles de qualité et récompenses des actions des individus et des d'équipes TQM), les événements éducatifs, les repas et les « pots » destinés à développer l'esprit d'équipe.

Les activités promotionnelles intègrent souvent d'autres activités. Par exemple, chez BBN, les visites initiales chez le client ont culminé avec une journée du client. Les présentations ce jour-là n'ont pas seulement promu le TQM ; elles ont montré comment les objectifs étaient fixés et la façon d'utiliser certains des 7 outils de gestion et de planification, faisant ainsi avancer la fixation des objectifs, la formation, la promotion, et la diffusion.

DIFFUSION DES RÉCITS DE RÉUSSITES

Le TQM n'est pas une théorie. C'est un mouvement de masse. Il y a beaucoup de génie dans les masses – un génie collectif. Si quelqu'un a une bonne idée, on doit l'utiliser, la normaliser, et la diffuser. Pour aider à cette diffusion, le TQM a développé un système de présentations régulières d'améliorations de la qualité réussies. Les récits de réussites sont toujours semblables à ceux décrits aux chapitres 5 et 6 ; ils consistent en une présentation sous une forme normalisée du processus et des outils. Ces récits enseignent par l'exemple le « comment-faire » d'une pratique de l'amélioration et contribuent en même temps à promouvoir les activités d'amélioration.

Le système de présentation de Milliken repose sur des « réunions trimestrielles de mise en commun » où les améliorations sont partagées. Milliken croit que pour réussir, l'entreprise dépend de l'expérience et de l'esprit d'innovation de son personnel (que Milliken appelle « associés »). Milliken se règle sur le mot d'ordre « Savoir partagé, succès partagé ». De nombreux types de présentations sont effectués tous les deux jours, s'adressant au personnel de même niveau et à l'encadrement supérieur. Chaque participant reçoit un petit prix, offert par le président de Milliken, Tom Malone.

Chaque présentation est notée par l'auditoire pour l'utilisation du processus d'amélioration en six étapes de Milliken – les notes portent spécifiquement sur l'identification du problème, l'utilisation des techniques, les modalités d'application de la solution, et la preuve de résultats durables. (Notez que l'apprentissage indirect intervient au fur et à mesure qu'un membre de chaque auditoire étudie la méthode en six étapes de chaque présentation.) Bien que Milliken n'utilise pas le même format pour les présentations, il fait appel à une forme d'évaluation normalisée pour diffuser le processus de résolution de problèmes. Les équipes utilisent des diapositives, des graphiques informatiques, des sketchs, des déguisements – tout ce qu'elles veulent pour atteindre leur but. Ces réunions sont très populaires ; quand des présentations sont effectuées, il y a habituellement de longue files à l'entrée de la salle.

Les entreprises japonaises ont développé un système national permettant de présenter les meilleures réussites de chaque région en matière d'amélioration de la qualité. (Le système de sélection des équipes d'amélioration de la qualité est important et sera décrit plus loin.) Tokyo Electric Power utilise ce système de présentation. Tokyo Electric emploie près de 40 000 personnes et possède 4 000 cercles de qualité. Neuf d'entre eux sont sélectionnés pour le jour de la présentation annuelle de l'entreprise dans la plus grande salle de Tokyo. Les cadres attendant de pénétrer dans la salle pour voir la présentation forment une longue file. Deux mille membres du personnel viennent assister à la présentation des neuf équipes. Des documents sont remis aux assistants.

Ces journées de présentation sont également enregistrées et des cassettes-vidéo, distribuées dans toute l'entreprise. Le directeur général participe à la présentation, assis au premier rang, attentif à chaque détail. Les présentations développent le récit documenté des réussites et détaillent la façon dont les 7 étapes des CQ ont été utilisées. Le modèle en 7 étapes est strictement suivi pour la diffusion de la technique du processus. Les équipes utilisent des graphiques, des bandes dessinées, et recourent à la couleur pour rendre les présentations plus claires. Chaque présentation, d'une durée de quinze minutes, est clairement construite ; elle est suivie d'une séance de discussions de cinq minutes.

Au Japon, des systèmes de présentation distincts existent pour les opérateurs, les techniciens et les cadres. En général, il en est de deux types, suivant qu'elles portent sur les processus d'amélioration ou sur les processus de soutien. Les opérateurs effectuent principalement des présentations consacrées aux processus d'amélioration, tandis que les techniciens et les cadres présentent à la fois des processus d'amélioration et les processus qu'ils mettent en œuvre pour apporter leur concours aux activités d'amélioration des opérateurs. Pour les processus d'amélioration, tous utilisent le format en 7 étapes. Les techniciens et les cadres s'efforcent de respecter ce modèle, mais ils ne s'y limitent pas nécessairement, car il n'existe pas de processus normalisé pour la résolution anticipatrice des problèmes. La présentation distincte permet aussi à chacun d'écouter ses pairs parler un langage qu'il peut comprendre. Les présentations d'opérateurs sont les plus faciles à effectuer, de telle sorte que les entreprises devraient débuter par elles. Ces présentations tendent à traiter d'améliorations réelles, tandis que les présentations des cadres ont trait à la définition d'orientations pour les opérateurs[1].

1. Masao Nemoto fournit des exemples, avec des commentaires précieux, de listes de contrôle pour l'évaluation des récits de cercles de qualité dans le chapitre 5 de son livre, *Total Quality Control for Management*, Englewood Ckiffs, NJ, Prentice-Hall, 1987.

Les sept avantages du système de présentation japonais

Nous avons mentionné le fait que certaines entreprises japonaises avaient un système très élaboré de présentation de récits de cercles de qualité. On trouvera ci-après de plus amples détails sur ce système et ses sept avantages. Les trois premiers – diffusion des récits de succès, mobilisation, effets des dates-limites – profitent à l'entreprise ; le quatrième et le cinquième – réflexion et motivation – profitent aux individus ; et les deux derniers – cas de formation apportée à l'environnement social et d'échanges entre entreprises – à la société.

1. Diffusion des récits de succès

Le récit d'un cercle de qualité effectué avec soin représente pour l'équipe un travail important. Il faut donc que les gens puissent tirer le maximum de bénéfices de ses activités d'amélioration. Présentations et documents diffusent largement ces récits. Ils communiquent non seulement l'idée qu'une amélioration est possible, mais aussi les moyens concrets de la réaliser.

2. Mobilisation

Certaines entreprises japonaises possèdent un grand nombre d'agences ou de divisions. Tokyo Electric Power en est un exemple. En octobre, chaque agence ou division a sa propre journée de présentation, au cours de laquelle chaque cercle de qualité présente son récit. Pour chacune d'elles, une de ces présentations est choisie pour la compétition régionale. Tous les cercles reçoivent une récompense modeste, pour qu'aucun d'eux n'ait le sentiment d'avoir perdu.

Les cercles choisis prennent part à la journée régionale de novembre. L'un d'eux est sélectionné pour une présentation au niveau général de l'entreprise en décembre. Ce système hiérarchisé de présentation est important, car il crée une motivation pour les activités d'amélioration partout dans l'entreprise. En effet, les événements préliminaires dans les divisions sont plus importants que celui qui se déroule au niveau de l'entreprise.

3. Effets des dates-limites

Un an à l'avance, tout le monde connaît les jours de présentation des agences en novembre, de la présentation régionale de novembre, et de la présentation pour l'entreprise tout entière en décembre.

La connaissance des dates exerce une pression sur tous les cercles de qualité pour qu'ils terminent leurs travaux en octobre. Sans ces dates-limites, il y aurait de nombreuses raisons pour ne pas mener les activités à leur terme.

4. Réflexion

L'amélioration de la qualité est un processus par essais et erreurs. Il ne se déroule pas sans à-coups suivant les 7 étapes. Par exemple, la figure 11.11 montre une progression sans obstacle de l'étape 1 à l'étape 4. En ce point, toutefois (peut-être parce que la solution n'a pas marché suffisamment bien), l'équipe a répété les étapes 2, 3 et 4, avant de passer à l'étape 5, stade auquel elle devait revenir à l'étape 3 avant d'achever le processus.

Figure 11.11. Amélioration de la qualité par la méthode des essais et des erreurs

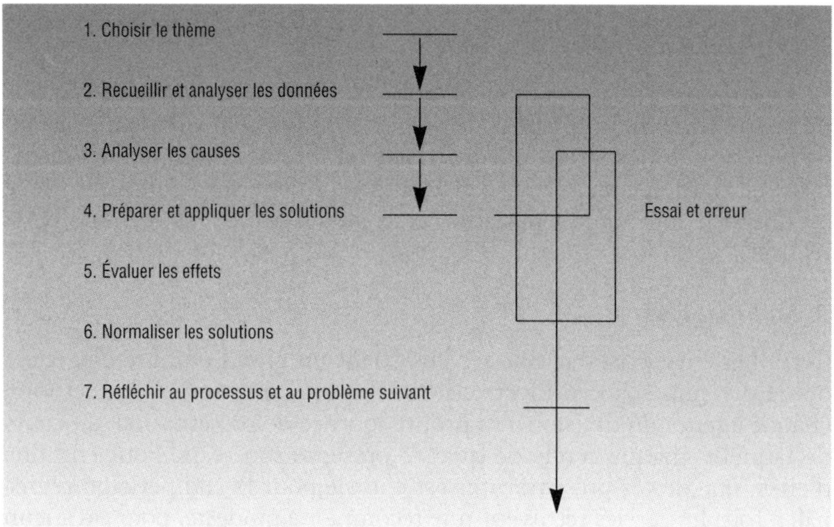

La présentation permet à l'équipe de réfléchir au processus par essais et erreurs, et à la façon de l'améliorer. Les points faibles et les échecs du processus en 7 étapes, sont présentés, de même que les succès. Cependant, la présentation doit montrer les progrès fondamentaux effectués, et ne pas se limiter à faire allusion aux problèmes. L'accent doit être mis sur l'utilisation des 7 étapes et sur l'amélioration qu'elle permet d'obtenir. La présentation offre aussi l'occasion à l'équipe de réfléchir à la façon dont ses membres ont travaillé ensemble. Elle doit montrer le processus réel, et reconnaître les boucles parcourues dans le processus, mais pas au point d'embrouiller l'auditoire.

5. Motivation

Nombreux sont les membres des équipes d'amélioration de la qualité à redouter de parler en public ou simplement à ne pas aimer faire de présentation. Le système de présentation les encourage à surmonter leurs réticences. La présentation donne aux opérateurs un sentiment d'accomplissement et d'épanouissement d'eux-mêmes. Elle révèle leurs capacités secrètes en matière de dessin, d'expression orale, ou de recueil de données, qui pourront être reconnues et utilisées.

6. *Cas réels d'initiation de l'environnement social*

Le partage de cas réels fait progresser l'apprentissage de l'environnement social. Les matériaux utilisés pour la présentation doivent être réunis dans un document distribué aux non-participants. Ces documents s'accumulent, créant un corps de méthodologie normalisée.

7. *Échanges et maillage entre entreprises*

Même lors de manifestations propres à l'entreprise, d'autres entreprises sont invitées à faire part de leurs récits. Nombreuses sont celles qui invitent, par exemple, des personnes appartenant à leurs filiales ou à des entreprises-sœurs. De cette façon, le système de présentation diffuse la connaissance, non seulement par l'intermédiaire de documents (point 6), mais aussi grâce à une présentation vivante et à des contacts personnels.

RÉCOMPENSES ET INCITATIONS

Joe Junguzza, de Polaroid, a étudié les récompenses et incitations d'entreprises américaines. Leurs activités concernent deux domaines : créer un contexte plus favorable à la qualité et valoriser la qualité. Les entreprises figurant sur le tableau 11.1 relèvent du premier groupe.

Tableau 11.1. Activités d'amélioration de l'environnement de la qualité

Management Leadership	Création d'une « vision » ambitieuse à long terme Communication Motivation Comportement
Accent mis sur les clients	Systèmes d'information Visites chez le client Comportement
Management participatif	Implication totale
Enseignement et formation largement diffus Considération pour les personnes	Esprit d'équipe
Usage étendu du *benchmarking* pour définir des objectifs de progrès	Xerox Motorola Corning Henry Ford Health Care 3M

Les entreprises TQM recourent à de nombreuses formes de récompenses et à la reconnaissance pour encourager les comportements souhaités. Ces récompenses peuvent être individuelles ou attribuées à une équipe, de nature financière ou non financière. Les tableaux 11.2 et 11.3 donnent des exemples de récompenses individuelles et d'équipe.

Tableau 11.2. Récompenses individuelles

Xerox	Prix du Président Prix Xerox de la meilleure réalisation
Motorola	Prix Qualité du directeur général
Hewlett-Packard	Utilisation de publications internes pour la reconnaissance de la contribution individuelle
NA Philips	Prix de l'innovation

Tableau 11.3. Récompenses aux équipes

Xerox	Prix d'excellence d'équipe Excellence dans la satisfaction du client
Hewlett-Packard	Prix de groupe Attribution des récompenses de groupe
Motorola	Prix de la division
NA Philips	Déjeuners/dîners
Florida Power & Light	Compétition des équipes d'amélioration de la qualité
Henry Ford Health Care	Reconnaissance de l'équipe

Xerox, Motorola, Hewlett-Packard, Corning et 3M attribuent toutes des récompenses de diverses formes. Corning utilise les suivantes :

1. Prix pour une contribution individuelle d'une qualité exceptionnelle
   – six au total
   – récompense personnelle
   – 3 000 dollars
2. Prix en espèces de la division
   – 10 à 1 000 par division (de 25 à 2 500 dollars)
   – gérés par la division
3. Prix d'équipe de la division
   – 10 à 20 par an
4. Prix à l'Homme ou la Femme Qualité de l'année
   – deux par établissement
   – récompenses non financières
5. Chaque établissement organise tout au long de l'année, des dîners, pique-niques et cérémonies de remise des prix, et y accorde beaucoup d'importance.

Xerox attribue des récompenses pour mettre l'accent sur la reconnaissance des équipes, car sa culture traditionnelle récompensait presque exclusivement les personnes individuellement. Ces récompenses comprennent :

1. Un prix d'excellence Équipe (le principal prix pour le processus « la Qualité grâce au l*eadership* » de Xerox)
   – 8 000 à 12 000 dollars par équipe
   – le processus permet à un grand nombre d'équipes d'être reconnues
2. De nombreux prix décentralisés
   – prix de nature financière
   – prix à caractère de reconnaissance
3. Des prix attribués au personnel de la base (50 % des prix)
4. Une participation aux gains obtenus.

LE SUIVI ET LES AUDITS

Le suivi et les audits consistent à appliquer le PDCA à l'ensemble des activités TQM de l'entreprise. Dans les entreprises parvenues au niveau du prix Deming, le suivi et les audits des activités TQM sont totalement intégrées dans le PDCA de tous les processus de fonctionnement de l'entreprise.

Le suivi des équipes d'amélioration de la qualité (EAQ)

Florida Power & Light (FPL), première entreprise non japonaise lauréate du prix Deming, constitue un bon exemple du suivi du sous-système des équipes d'amélioration de la qualité, de leur formation et de leur encadrement[1].

Quand ces équipes ont été constituées chez FPL, un modèle et un processus normalisés ont été définis (voir figure 11.12).

L'enregistrement de l'équipe est notifié au service central d'information de FPL, base de données de l'entreprise pour les activités d'amélioration de la qualité. Cette notification est également adressée au chef d'équipe (s'il s'agit d'un groupe naturel de travail, que FPL appelle « équipe de travail »), au directeur de l'usine, et au faciliteur. Ce dernier, nous a-t-on dit, est généralement un cadre ou un technicien mieux formé que la moyenne aux méthodes du TQM, et dont la fonction comprend l'assistance à temps partiel aux équipes d'amélioration de la qualité de l'établissement pour l'utilisation de ces méthodes.

---

1. Florida Power & Light, FPL *Quality Improvement Program Team Guidebook* (1984). Voir aussi E. D. Dmytrow et al., « QIP - FPL'S Continuous Improvement Process », *ASQC Quality Congress Transactions*, Toronto, ASQC, 1989, 359.

Figure 11.12. Processus de formation d'une équipe chez FPL

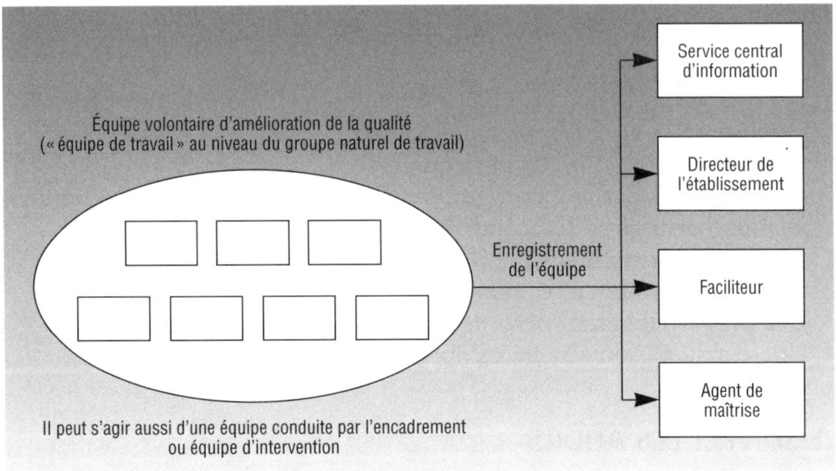

Chaque fois qu'une équipe entreprend d'étudier un nouveau thème, il existe un processus formalisé de notification aux quatre destinataires (voir figure 11.13).

Figure 11.13. Enregistrement des thèmes d'amélioration

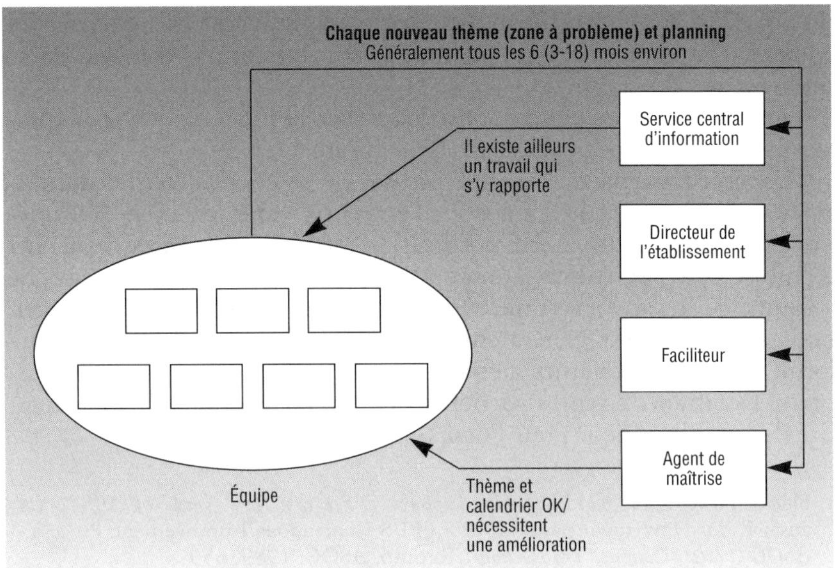

Après chaque réunion, l'équipe d'amélioration rédige des comptes rendus qu'elle distribue (voir figure 11.14). Le mécanisme est clairement en place pour permettre un contrôle hiérarchique des travaux d'amélioration. En première ligne, l'agent de maîtrise a la responsabilité de vérifier que l'équipe progresse et suit un bon processus. Le directeur de l'usine et le faciliteur s'assurent tous deux, grâce aux comptes rendus, que l'agent de maîtrise fait bien son travail. Par exemple, si une équipe laisse passer une occasion d'utiliser un diagramme de dispersion, ou fait un emploi inadapté d'un diagramme d'Ishikawa (en arête de poisson), l'agent de maîtrise et le faciliteur veillent à corriger la situation, soit en attirant simplement l'attention sur l'erreur, soit en fournissant une formation par compagnonnage, soit en recommandant le suivi d'un programme de formation particulier.

Figure 11.14. Distribution des procès-verbaux de réunion

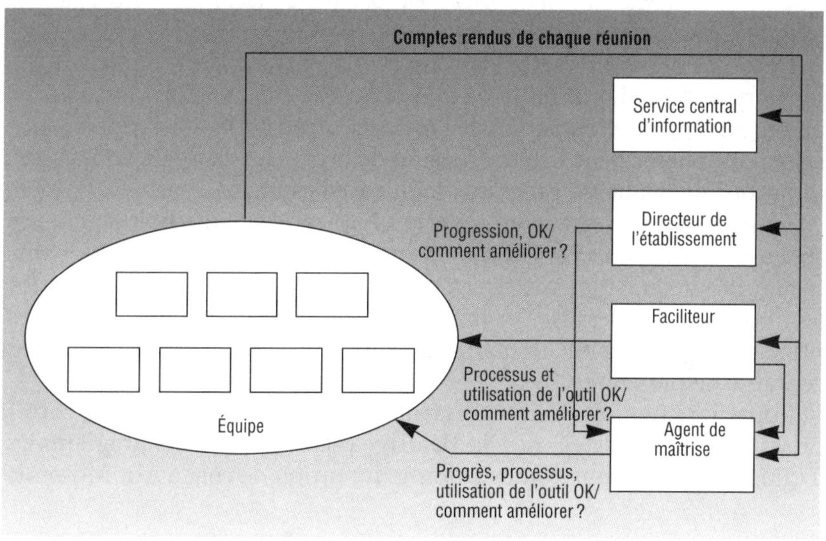

Une partie du travail quotidien du directeur de l'usine et du faciliteur consiste à suivre les activités des équipes d'amélioration et à effectuer les actions correctives nécessaires. Ils connaissent et suivent les règles de l'entreprise pour la formation, la stimulation des activités d'équipes, etc. Ils vérifient que les activités d'amélioration se développent selon les règles, tant en qualité qu'en quantité. Ils interviennent s'ils observent des écarts. Mais si ces écarts persistent, la poursuite du seul SDCA n'est plus suffisante. Si les équipes continuent à s'enliser, une amélioration s'impose, avec pour thème le non-respect par l'équipe de son programme. C'est le

PDCA. Quelles sont les causes premières des difficultés ? Quels changements dans la formation ou l'encadrement peuvent-ils éliminer ces causes ? et ainsi de suite à travers les 7 étapes de la maîtrise de la qualité ou leur équivalent. Notez que notre information a porté principalement sur le suivi ; la description du diagnostic et de la correction des causes a été presque négligée. Néanmoins, le mécanisme du suivi est fermement en place, et le diagnostic, formel ou informel, et l'amélioration devraient être simples.

L'audit par l'évaluation externe

Une autre façon qu'ont les entreprises de suivre et d'auditer leurs activités TQM est d'opérer par évaluation. Au lieu de se référer aux objectifs et aux règles de processus qu'une entreprise a créées de façon interne (comme dans le déploiement de la politique), les évaluations recourent à des grilles d'évaluation applicables (parfois de façon plus libre) à une grande variété d'entreprises.

L'évaluation pour le prix Deming au Japon a été la première à utiliser ce type de grille. Bien que celui-ci ait été conçu à l'origine comme un outil de promotion nationale (voir chapitre 16), les entreprises japonaises concourent pour le Deming, afin de bénéficier des idées et des améliorations émanant du processus même de l'examen[1].

Le prix américain national de la Qualité Malcolm Baldrige a été conçu de la même façon comme un instrument promotionnel et de diffusion. Pour qu'il soit moins ardu et moins sujet au reproche de subjectivité, son processus d'examen a été doté de quelque 7 catégories principales, environ une trentaine de points à examiner, et s'adresse à une centaine de domaines[2].

Toutefois, une nouvelle utilisation du prix est apparue. Les entreprises utilisent les catégories du Baldrige pour évaluer leurs programmes TQM, sans avoir pour autant la ferme intention de concourir. Motorola

1. J. Hudiburg, président de FPL, après avoir recherché et obtenu le prix Deming, décrivit le processus de préparation et d'examen dans son livre *Le Chef d'entreprise et la qualité totale*, Dunod/Institut Renault de la Qualité, 1993.
2. Le document central pour le prix Baldrige est le « Guide d'inscription » (qui comprend des formulaires de demande), disponible gratuitement auprès du Malcolm Baldrige National Quality Award Office, National Institute of Standards and Technology (NIST) (anciennement National Bureau of Standards), Administration Building, Room A 537, Gaithersburg, MD 20899. Un bon résumé de l'utilité du prix et des discussions qui l'ont entouré figure dans deux articles de la *Harvard Business Review* ; D. A. Garvin, « How the Baldrige works », nov.-déc. 1991, p. 80-93 ; et « Does the Baldrige Award Really Work ? », jan.-fév. 1992, p. 126-147, dans lesquels plusieurs commentateurs connus répondent à l'article de Garvin.

a exigé très publiquement de ses fournisseurs de se préparer à concourir pour le prix. IBM est allé plus loin, en exigeant au moins de certains de ses fournisseurs d'avoir un système d'auto-évaluation en place, « comparable au Baldrige »[1].

Une variante de l'évaluation externe est celle de la phase normative ou basée sur la maturité, qui note l'entreprise par rapport à d'autres, de maturité comparable en matière de TQM[2]. Le résultat de ces évaluations est un profil des points faibles par rapport à des entreprises comparables. Bien entendu, l'utilité de ce type de profil dépend de la qualité des entreprises auxquelles on se compare. Une autre catégorie importante de suivi et de diagnostic fait partie intégrante du *Management Hoshin* (décrit au chapitre 14).

1. D'autres évaluations, tels qu'ISO-9000-1, peuvent insister davantage sur la maintenance de la qualité que ne le font le Deming et le Baldrige.
2. Parmi les exemples, citons l'évaluation de la maturité du processus de développement des logiciels, de Watts S. Humphrey dans « Characterising the Software Process : A Maturity Framework », *IEEE Software*, mars 1988, p. 73-79 ; « Detailed Organizational Assessment », de Sematech, *Total Quality Guidebook*, Austin, TX, Sematech, 1990 ; et le Système de Maturité de la Qualité de Hewlett-Packard, de Brad Harrington, « Hewlett-Packard's Quality Maturity System », *Center for Quality Management Journal 2*, n° 1, hiver 1983, p. 44-47.

12
La mise en œuvre progressive

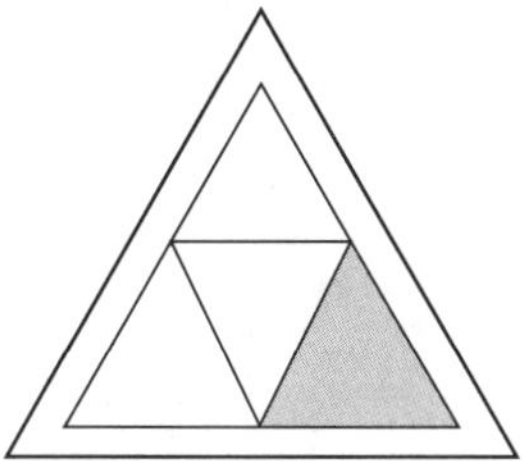

En examinant les stratégies d'initialisation au chapitre 10, nous avons abordé la façon d'engager chaque membre du personnel d'une entreprise dans la pratique du TQM. Au chapitre 11, nous avons effectué un détour apparent par des éléments d'infrastructure, car empiriquement, les entreprises lauréates des prix tendent à appliquer le TQM en insistant tour à tour sur l'un ou l'autre de ces éléments. Ou plus précisément, elles traduisent en éléments d'infrastructure pour refléter les phases successives qu'elles trouvent caractéristiques.

Shoji Shiba et Masanobu Abe ont élaboré une description générale de mise en œuvre progressive du TQM, à partir d'une recherche sur les activités des cercles de qualité japonais et d'un document provenant des présentations lauréates du Deming, comprenant des résumés de rapports d'entreprises ayant remporté ce prix de 1982 à 1988[1]. L'équipe de projet du CQM a trouvé la même séquence dans les entreprises américaines que nous avons visitées, et en fait, la séquence de Shiba est cohérente avec les descriptions empiriques d'application de Juran, Corning Glass, et d'autres entreprises américaines[2]. La figure 12.1 reproduit les

1. S. Shiba et M. Abe, « TQM as a Strategy for Societal, Learning Process », *Quality, JSQC*, 20-1, Tokyo, Japanese Society for Quality Control, 1990.
2. La « Carte routière de la Qualité » de Juran, adaptée par Digital Equipment, possède cinq phases : décider, préparer, démarrer, répandre, intégrer. La séquence d'application de Corning est décrite en gros dans son « Principes, Structure et Stratégies », *Corning Total Quality Digest 2*, 1990, p. 15-17. Une description étonnamment similaire à celle de Shiba a été publiée dans l'article de D. Ciampa, « Le rôle du directeur général dans une concurrence basée sur le temps », dans J. D. Blackburn, ed., *Time-Based Competition : The next battleground in american manufacturing*, Homewood, IL, Business One-Irwin, 1991, p. 280-291. Pour plus de détails, voir de Ciampa, *Manufacturing's New Mandate : The tools for Leadership*, New York, John Wiley, 1988.

Figure 12.1. Les trois phases typiques de mise en œuvre progressive du TQM

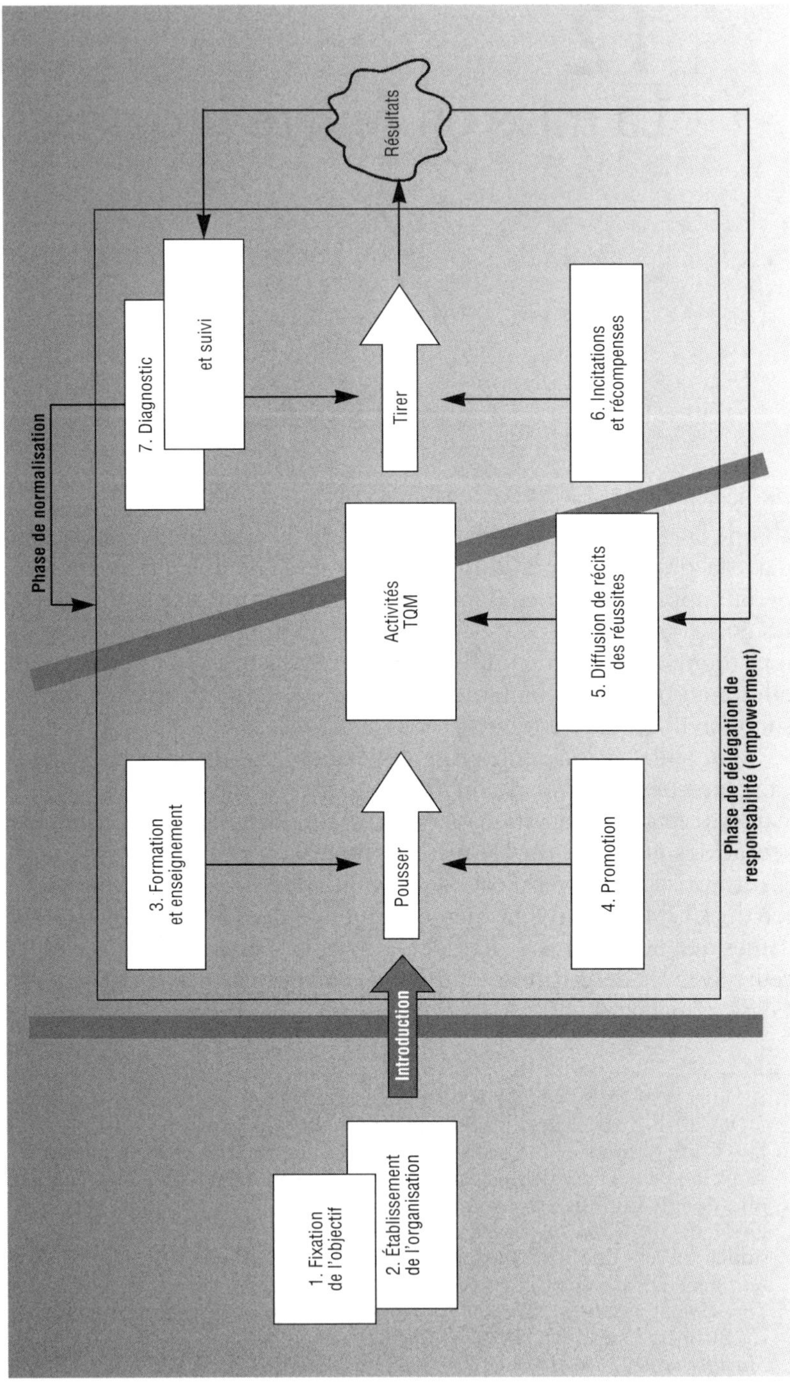

sept éléments d'infrastructure répartis entre les trois phases les plus typiques de l'introduction progressive du TQM. L'idée de « pousser et tirer », introduite dans la figure, est dérivée de celle de Lillrank et Kano[1].

1. *Orientation.* Lorsqu'on introduit le TQM, il est nécessaire de fixer des objectifs et d'établir de nouvelles structures organisationnelles. Dites au personnel de l'entreprise ce qu'est le TQM et pourquoi il doit être appliqué (point 1 de la figure). Puis créez au sein de l'organisation traditionnelle (point 2) une nouvelle organisation pour concevoir un projet de TQM et en faciliter la mise en œuvre.
2. *Appropriation.* Vous devez créer le « pouvoir de pousser » pour l'activité TQM. Il faut donner au personnel les outils nécessaires à sa pratique (point 3), l'encourager à s'en servir et l'impliquer dans l'effort de qualité (point 4). Ceci doit être stimulé par la diffusion de récits de succès obtenus en matière d'amélioration (point 5).
3. *Normalisation.* Une fois que le TQM a démarré, et progresse, vous devez exercer les efforts nécessaires pour « tirer » et orienter l'activité d'amélioration pour normaliser et mettre en cohérence les objectifs du TQM et les objectifs industriels ainsi que les pratiques de l'entreprise (points 6 et 7).

Il est improbable que ces trois phases aient besoin d'être exécutées dans un ordre strict, 1, 2 et 3. Généralement, on commence par l'orientation, puis on passe à la phase d'appropriation. Toutefois, on ne peut attendre habituellement l'appropriation complète dans chacune des fonctions de l'entreprise, pour entreprendre une normalisation transfonctionnelle et hiérarchique. Ainsi, doit-on parcourir ces trois phases dans un sens et dans l'autre, progressant dans chaque phase de la distance nécessaire pour soutenir les activités des autres phases. Ceci peut prendre de quatre à cinq ans.

La mise en œuvre du TQM s'étend toujours sur plusieurs années, suivant plusieurs stades distincts variant d'une entreprise à l'autre. Il est préférable d'éviter le terme binaire trop simpliste d'*application*. Il est trop facile de parler du TQM en disant qu'il est *appliqué* dans une entreprise et *non appliqué* dans une autre. Une expression plus précise est celle de « *mise en œuvre progressive* », comme dans la phrase « dans quelle phase de son parcours vers le TQM l'entreprise en est-elle ? ». On trouvera ci-après la discussion de chacune des phases caractéristiques.

1. P. Lillrank, N. Kano, *Continuous Improvement : Quality Control Circles in Japanese Industry*, Ann Arbor, Center for Japanese Studies, The University of Michigan, 1989.

LA PHASE D'ORIENTATION

La phase d'orientation insiste sur la fixation d'objectifs et la mise en place d'une organisation. Les activités nécessaires à l'accomplissement effectif de ces tâches sont la formation des dirigeants et de premiers essais d'application conduits par l'encadrement moyen. Des objectifs doivent concerner des crises latentes ou réelles, ce qui oblige à leur tour les dirigeants à rassembler des faits convaincants. Motorola et Xerox fixent leurs objectifs après avoir analysé (*benchmarking*) leurs concurrents. Corning fixe les siens pour remédier à de mauvais résultats en qualité et en coût, et à la perte de marchés entiers. Les cadres de Motorola ont entrepris la visite régulière de clients.

Les dirigeants ont besoin d'apprendre le TQM de façon plus complète que leurs collaborateurs, afin de concevoir le programme de l'entreprise et de mener à bien son exécution. Les dirigeants de Motorola suivent tous un enseignement plus long que les cadres moyens. Florida Power & Light a commencé son engagement par de nombreuses visites de ses dirigeants chez Kansai Electric au Japon. (Voir le chapitre 16 pour un plus ample examen de l'apprentissage auprès d'autres entreprises.)

La phase d'orientation englobe l'exploration et l'expérimentation. Bill Smith, vice-président pour la qualité de la plus grande division de Motorola, Communications Products, dit « nous avons tout essayé ; mais ce qui a marché, ce sont les six sigma ». Il est courant que les cadres moyens s'attaquent à des activités d'amélioration de faible ampleur, permettant à l'entreprise d'apprendre ce qui marche et ne marche pas. Les grandes entreprises peuvent engager avec succès une division entière dans la pratique du TQM, comme le fit IBM avec son opération AS/400 de Rochester, Minnesota, lauréate du prix Baldrige.

Le rôle de la formation des dirigeants dans la phase d'orientation a motivé l'ordre de présentation de ce livre. La première étape d'une mise en œuvre réussie est toujours d'apprendre les éléments de base de l'amélioration et des systèmes organisationnels correspondant ; c'est ce qui a été développé dans la première partie de ce livre. On dispose de nombreux choix pour la stratégie de mise en œuvre progressive. Si l'on ignore ces choix et comment les faire cadrer avec la culture, les forces et les besoins d'une organisation déterminée, cela a peu de sens de parler de stratégie de mise en œuvre progressive.

Durant la phase d'orientation, les autres éléments d'infrastructure peuvent demeurer informels, et relèvent principalement des dirigeants et de quelques pionniers parmi leurs subordonnés. Formation et enseignement mêlent le travail scolaire et les nombreuses visites auprès d'homologues d'autres entreprises TQM. La promotion doit probablement être faite de personne à personne, comme la diffusion des réussites. Pour les personnes engagées dans cette phase d'orientation, la satisfaction personnelle et la considération de leurs pairs tiennent lieu d'incitation et de récompense. Le diagnostic et le suivi doivent probablement consister en évaluations informelles des connaissances : en savons-nous suffisamment pour être capables d'élaborer un programme d'entreprise efficace basé sur le PDCA.

LA PHASE D'APPROPRIATION

La phase d'appropriation est marquée par le début de la formation et de la promotion, avec la volonté déterminée d'atteindre tout le monde dans l'entreprise. Cette phase débute souvent quand les dirigeants se mettent à former leurs collaborateurs, quand la formation des formateurs marque le passage à une phase de formation intensive, et quand commence une large diffusion des réussites enregistrées. L'appropriation fonctionne quand la formation entraîne davantage de formation et le succès, d'autres succès. On peut appeler ceci le « modèle boule de neige » de la mise en œuvre progressive (voir figure 12.2). Disposer d'un système de diffusion des cas de réussite – la publication des méthodes détaillées par lesquelles les opérateurs réalisent des améliorations – est la clé de l'obtention d'un effet « boule de neige ».

Figure 12.2. Le modèle boule de neige de la phase de mise en œuvre progressive

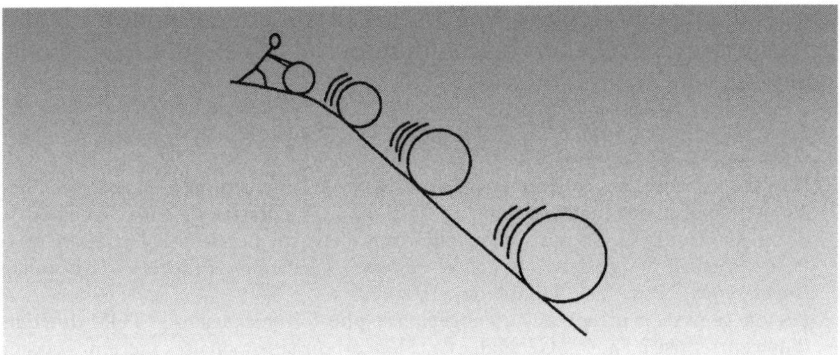

Par contraste, la stratégie d'un groupe limité de personnes dépensant davantage d'argent et d'efforts pour former et impliquer l'entreprise tout entière pourrait être appelée le modèle « Sisyphe » de la mise en œuvre progressive. Dans la mythologie grecque, Sisyphe avait été

condamné à pousser éternellement un gros bloc de rocher vers le haut d'une colline (voir figure 12.3). On en trouve des exemples dans le recrutement de formateurs externes ou dans l'envoi de l'ensemble des cadres à des cours extérieurs. Ces stratégies sont coûteuses et ne mènent pas à la réussite[1].

Figure 12.3. Le modèle de Sisyphe de la phase de mise en œuvre progressive

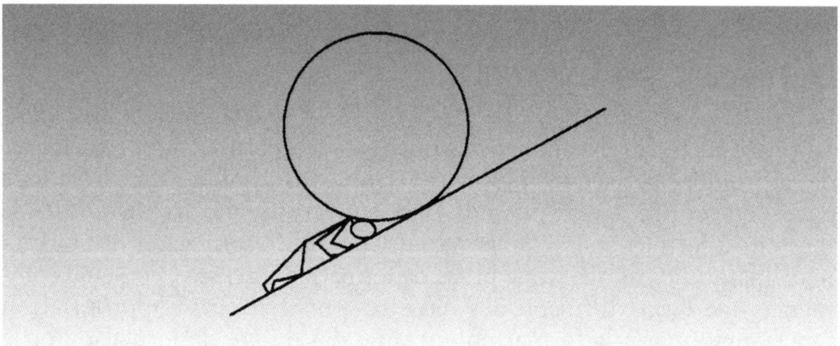

La phase d'appropriation est ainsi la période où les nouveaux concepts et la pratique du TQM se répandent partout dans l'entreprise[2]. Au cours de cette phase, les activités de la phase d'orientation – fixation des objectifs et mise en place de l'organisation – changent de caractère au fur et à mesure de leur pénétration dans l'organisation. Les objectifs sont déployés à mesure que les cadres découvrent la façon dont leurs secteurs d'activité respectifs contribuent aux objectifs globaux de l'entreprise. Les objectifs deviennent l'objet d'efforts promotionnels à la fois grâce aux canaux réguliers de communication et aux questions « pourquoi » posées dans les cours de TQM.

1. Sans aucun doute, nos collègues dans le domaine de la dynamique des systèmes nous auraient expliqué le même phénomène par une augmentation de gain d'une boucle de retour d'information positive se renforçant d'elle-même, comme l'a décrite qualitativement P. Senge dans *The Fifth Discipline : The Art and Practice of the Learning Organization*, New York, Doubleday, 1990.
2. Les fonctions de l'entreprise qui s'engagent le plus fortement dans le TQM diffèrent d'une entreprise à l'autre. Généralement, les entreprises japonaises mettent l'accent sur la fabrication et « se déplacent vers l'amont » durant la phase de délégation de responsabilité pour impliquer dans la démarche la recherche/développement puis le marketing. (Même Integrated-Circuit Microcomputer Systems de NEC, unité purement vouée à la recherche/développement, a commencé « en aval » avec des revues d'étude et a évolué vers l'amont avec des revues de projet.) En revanche, la stratégie de Xerox pour la réduction des coûts s'est autant consacrée, sinon davantage, au processus de développement des produits qu'à la fabrication proprement dite.

Le choix des méthodes enseignées et la façon dont elles le sont incorporent aussi des objectifs dans les programmes de formation. Par exemple, les 7 étapes de la maîtrise de la qualité peuvent être centrées sur des objectifs particuliers de l'entreprise, tels que la « réduction des temps de cycle » ou celle des défauts sur les produits.

L'organisation Qualité se développe aussi davantage au sein de l'entreprise durant la phase de délégation de responsabilités. Divisions et sites créent leur propre service qualité et leur propre comité de pilotage TQM. Une première formation s'adresse aux responsables TQM, aux facilitateurs, ou aux formateurs, qui peuvent être ou ne pas être les mêmes personnes. De même, les activités transfonctionnelles commencent à se produire de façon plus régulière[1].

Durant la phase de délégation de responsabilités, les activités d'incitation et de récompense, de suivi, et de diagnostic se développent à plus grande échelle. Les incitations et récompenses associées à la diffusion des récits d'amélioration réussie constituent une forme de reconnaissance.

LA PHASE D'ALIGNEMENT

Le passage à la phase d'alignement est difficile à définir avec netteté. Toutefois, il existe des thèmes généraux. Une certaine forme d'activité d'amélioration s'est répandue dans presque tous les secteurs de l'organisation. Avec l'adoption un peu partout des méthodes normalisées de résolution de problèmes, il devient possible d'incorporer le PDCA à

1. Ici, les pratiques américaines et japonaises peuvent différer. Contrairement à l'importance accordée par les Japonais à constituer d'abord des équipes d'amélioration au sein des groupes naturels de travail, du genre cercles de qualité, l'équipe de conception du CQM a constaté une tendance générale des Américains à encourager les équipes transfonctionnelles dès le début. Et, contrairement aux entreprises japonaises, qui d'après Shiba, ont formé des commissions transfonctionnelles permanentes dans la phase de délégation de responsabilité (comme les commissions de Toyota sur la qualité, le coût et la livraison), les entreprises américaines visitées n'ont fait aucune mention de ces commissions permanentes ; les fonctions ne se croisent qu'en haut, où elles rencontrent la hiérarchie normale. Même chez Florida Power & Light, qui possède un système TQM très structuré (conforme aux normes japonaises), les problèmes transfonctionnels pourraient être éclairés par la fixation d'objectifs et déployés par des « équipes de tête » de haut niveau (les comités de pilotage TQM). La création d'équipes transfonctionnelles spécifiques a été toutefois laissée aux cadres au sein des fonctions de plus bas niveau. Bill Smith, de Motorola, s'enorgueillit de la capacité de son entreprise à former facilement des équipes qui sont non seulement transversales aux fonctions, mais « traversent » aussi plusieurs niveaux hiérarchiques. Ces équipes, comme le souligne Arthur Schneiderman, d'Analog, peuvent constituer une réponse à la difficulté classique que représente la résistance de l'encadrement moyen.

tous les processus de planification, ce qui revient à pratiquer le management *hoshin* (expliqué aux chapitres 14 et 15). C'est une nouvelle façon d'insister sur l'élément d'infrastructure « suivi et diagnostic ».

Lorsque la plus grande partie des « fruits les plus bas » des premières améliorations a déjà été atteinte, de nouvelles améliorations dépendent plus étroitement de la qualité des efforts des personnes et des équipes, et des méthodes qu'elles utilisent pour les réaliser. Les récompenses, les incitations, et la reconnaissance peuvent donc refléter de manière plus fiable les mérites des individus et des groupes, ce qui permet aux méthodes de se répandre plus largement. C'est une nouvelle façon de souligner l'importance de l'élément d'infrastructure « incitations et récompenses »[1].

Au cours de la phase d'alignement, l'objet du TQM évolue. Dominé dans la phase d'appropriation par l'addition de systèmes et d'activités supplémentaires, il évolue vers l'intégration, la normalisation et la personnalisation. Comme nous le verrons, on peut voir dans le management *hoshin* l'action des cadres intégrant dans toute l'entreprise les activités d'amélioration des individus et des groupes en travaillant à la réalisation d'objectifs cohérents et à la planification des moyens pour en minimiser les incohérences (comme une demande de ressources excessives). La *planification des moyens* et la *maîtrise par la mesure* sont des processus normalisés, utilisés par les responsables pour mener à bien les améliorations. Intégration et normalisation capitalisent sur les synergies entre les différents processus. Par exemple, le management *hoshin* peut rapporter des informations sur les marchés à cibler pour la recherche et le développement des produits. Florida Power & Light a même lié la pratique médicale au TQM ; chaque visite chez l'infirmière ou le médecin de l'usine pour une raison médicale liée au travail entraîne une étude en groupe du problème de sécurité ou de santé concerné en vue de son amélioration. Même dans une entreprise de petite taille, les occasions sont nombreuses de découvrir une synergie entre les processus. Comme nous l'a dit un directeur d'usine de Florida Power & Light : « le TQM n'est plus une activité distincte ; il constitue notre façon de travailler ».

Un dernier thème est celui de la personnalisation. Après plusieurs années d'expérience du TQM, les entreprises améliorent généralement

1. W. Edwards Deming s'est fortement prononcé contre les systèmes de rémunération basés sur les résultats, soutenant que la plus grande partie des écarts de résultats ne dépendent pas de l'individu mais qu'un grand nombre d'entre elles sont simplement aléatoires. Les objections de Deming s'appliquent bien plus qu'on ne le pense aux récompenses accordées pour une amélioration en l'absence de toute possibilité d'identification des causes et des effets. Jusqu'à ce qu'un Pareto à l'étape 5 ait pu démontrer que l'amélioration observée provient bien des changements opérés, récompenser les améliorations revient à tirer à pile ou face. Pour que les récompenses soient motivantes au lieu de devenir une source de contestation, les 7 étapes de la Maîtrise de la Qualité ou leur équivalent devraient déjà avoir été largement utilisées.

leurs méthodes (parfois suivant des modalités qui n'auraient pas été possibles plus tôt). Elles créent leurs propres politiques TQM. Par exemple, les ouvrages d'Akao sur le management *hoshin* et le QFD révèlent de nombreuses variantes de ces pratiques[1]. Les entreprises peuvent laisser de côté certains des 7 outils et en ajouter d'autres (souvent un organigramme de processus, par exemple).

L'ÉVOLUTION DE L'ORGANISATION PARALLÈLE

La forme de l'organisation évolue avec la mise en œuvre progressive du TQM. Les entreprises partent du modèle d'organisation classique (voir figure 12.4).

Figure 12.4. Modèle d'organisation classique

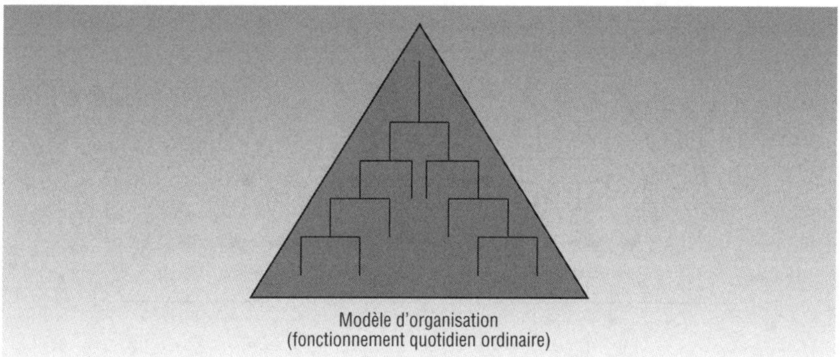

Une entreprise passe en quelques années du point où elle se trouve à celui où elle veut aller en appliquant le cycle d'amélioration PDCA (voir figure 12.5).

Figure 12.5. Utilisation du cycle d'amélioration pour définir de nouvelles règles

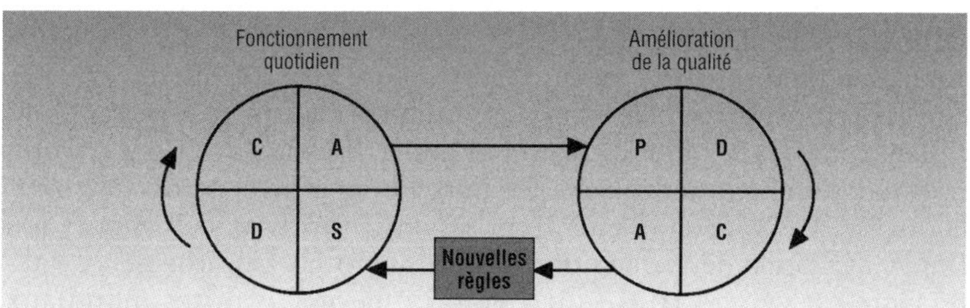

1. Akao, *Hoshin Kanri: Policy Deployment for Successful TQM*, Cambridge, MA; Productivity Press, 1991 et *Quality Function Deployment*.

Le cycle d'amélioration s'applique de deux façons au modèle d'organisation conventionnel. On l'applique d'abord à des groupes d'une même branche fonctionnelle à chaque niveau (voir figure 12.6).

Figure 12.6. Application du cycle d'amélioration par des groupes d'une même branche

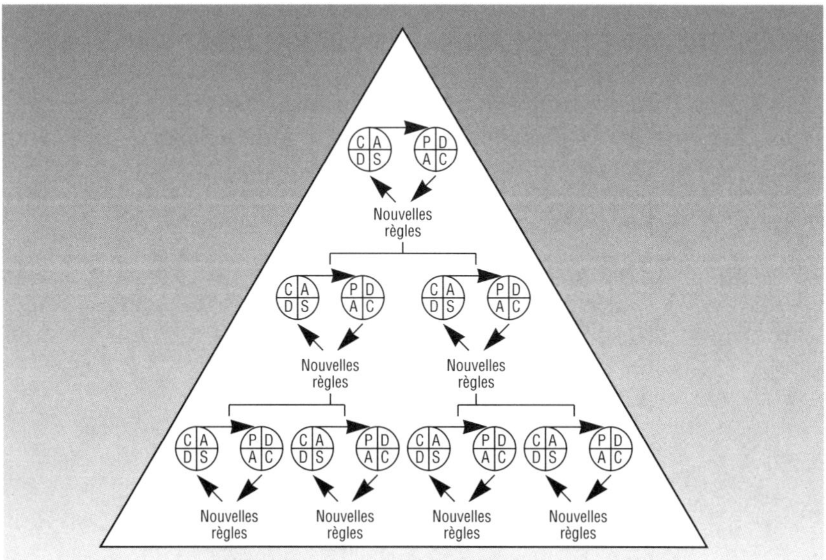

On l'applique ensuite à des activités transfonctionnelles grâce à une organisation d'amélioration parallèle à l'organisation normale (travail quotidien) (voir figure 12.7).

Les modèles d'organisation du travail quotidien varient : structure par divisions pour certaines entreprises, par fonctions pour d'autres, etc. De même, l'organisation parallèle de soutien des activités d'amélioration peut prendre différentes formes. La structure permanente des comités qualité peut être parallèle à l'organisation normale pour le travail quotidien, comme chez Florida Power & Light. Il peut y avoir des comités transfonctionnels orientés vers des buts à long terme comme les coûts, la qualité, la livraison. Des entreprises aussi variées que Toyota et Ion Implant Division de Varian utilisent cette approche. Une expérience intéressante est celle d'IBM, qui a établi quatorze comités mondiaux permanents, un par grand processus d'activité. Dans tous les cas, l'organisation permanente fait naître des initiatives pour les individus et les équipes.

Figure 12.7. Application transfonctionnelle du cycle d'amélioration

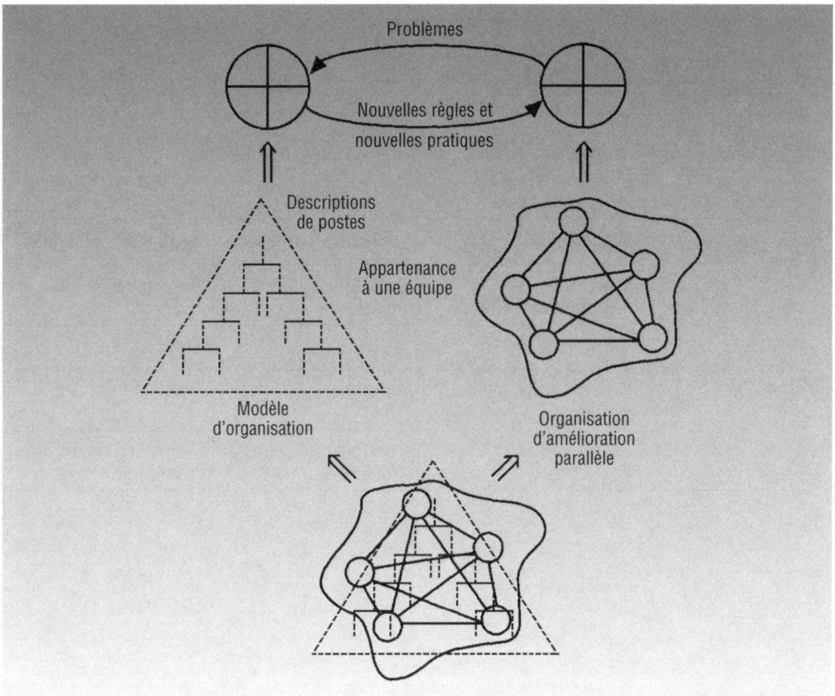

Il est essentiel de disposer d'une organisation parallèle pour les activités d'amélioration[1]. L'organisation du travail quotidien, telle qu'on la voit à gauche de la figure 12.7, conduit en fonction des définitions de postes et des exigences immédiates du travail à réaliser des améliorations ponctuelles au coup par coup. L'organisation du travail quotidien génère des problèmes d'amélioration. L'organisation Qualité parallèle (EAQ, bureau TQM, comité TQM) possède la flexibilité suffisante pour faire ce qui doit être fait pour réaliser des améliorations permanentes. L'organisation Qualité parallèle développe de nouvelles pratiques et de nouvelles règles pour l'organisation hiérarchique du travail quotidien.

Elle développe aussi pour elle-même des règles de conduite et des comportements différents de ceux du travail quotidien, même si ce sont les mêmes personnes qui participent aux deux. Ces idées sont résumées dans le tableau 12.1.

1. La notion d'organisation parallèle émane de Rosabeth Moss Kanter, *The Change Masters*, New York, Simon & Schuster, 1983 ; Lillrank et Kano, ont également développé l'idée d'une « organisation parallèle hybride ».

Tableau 12.1. Comparaison des principes d'organisation

Fonctions	*Éléments d'infrastructure*	*Principes d'organisation*	
		Organisation	*Organisation parallèle*
Orientation	Fixation du but	Règlementation	Philosophie
	Mise en place de l'organisation	Hiérarchie	Maillage en réseau
Délégation de responsabilité	Formation	Discipline	Apprentissage mutuel
	Activités promotionnelles	Exhortation de haut en bas	Imprégnation
	Présentation	Sanctions	Éloge
Alignement	Mobilisation de toute l'entreprise	Autorité	Soutien
	Diagnostic	Contrôle basé sur les résultats	Diagnostic basé sur le processus

13
Les stratégies de mise en œuvre progressive

Les besoins des entreprises en matière de TQM diffèrent de l'une à l'autre, car elles se distinguent par leur histoire, leur culture et leur activité. Chaque entreprise doit découvrir la (ou les) stratégie(s) d'introduction progressive du TQM qui lui conviennent. Par exemple, Alcoa Aluminium a réussi en choisissant la sécurité comme but principal de son programme de TQM. Ce faisant, non seulement cette société visait un but noble, mais proposait une méthode rapide pour remédier à l'inefficacité de processus normalisés ou à l'inadaptation d'outils utilisés pour le travail quotidien[1]. La sécurité est un thème auquel les organisations syndicales peuvent adhérer plus facilement qu'à celui de la réduction des coûts.

Le tableau 13.1 montre un certain nombre de stratégies réussies pour l'introduction progressive du TQM, organisées suivant les trois phases dont nous avons parlé au chapitre précédent.

Tableau 13.1. Phases de mise en œuvre progressive du TQM : stratégies réussies

Phase d'orientation (ce qui doit être fait)	La satisfaction du client Le *benchmarking* (meilleur résultat)
Phase d'appropriation	Le *benchmarking* (meilleure pratique) Les six sigmas La réduction du temps de cycle
Phase d'alignement (obtenir de tout le monde qu'il le fasse)	La satisfaction du client L'évaluation Baldrige

1. T. A. Stewart, « A New Way to Wake up à Giant », *Fortune*, 22 octobre 1990, p. 90-103.

Bien que chacune de ces stratégies soit apparue dans l'un ou l'autre des pays, plusieurs d'entre elles ont été utilisées par des entreprises tant américaines que japonaises.

Au Japon, les concepts utilisés pour orienter l'entreprise vers ce qu'il fallait faire ont été le *market-in*, la résolution de problèmes basée sur les faits, et l'importance accordée aux « quelques points essentiels », en concentrant l'objet du travail de toute l'entreprise sur la satisfaction du client. Les cercles de qualité, les activités d'amélioration, avec le concours des cadres de l'entreprise permettent d'enseigner à chacun la façon d'améliorer les processus, afin d'augmenter la qualité et la satisfaction du client. Le *market-in* permet d'orienter l'ensemble de la chaîne fournisseurs-clients vers la satisfaction du client final. Le management *hoshin* et les activités transfonctionnelles de l'assurance-qualité orientent l'ensemble des cadres de l'entreprise vers un cycle annuel d'améliorations capitales pour l'entreprise. Enfin, le concours en vue de l'obtention du prix Deming est utilisé au Japon pour orienter les efforts de l'entreprise vers les plus hauts niveaux de pratique de la qualité.

Aux États-Unis aussi, des entreprises utilisent la satisfaction du client (chapitre 4) pour orienter l'ensemble de leur organisation vers ce qui doit être fait. Comme au Japon, tout le monde participe à une chaîne de relations client-fournisseur pour la satisfaction du client final. Ces dernières années, l'évaluation exigée pour prétendre au prix Baldrige a été utilisée par des entreprises pour concentrer leurs efforts sur la recherche des niveaux de qualité les plus élevés. Dans ce chapitre, nous décrirons brièvement trois phases supplémentaires de stratégies progressive de mise en œuvre : le *benchmarking*, les six sigmas, et la réduction des temps de cycle, toutes trois d'importantes innovations américaines[1]. Le *benchmarking* (ou étalonnage concurrentiel) formalise l'idée d'un apprentissage auprès des autres entreprises par la mesure du niveau de performance atteint par les meilleures d'entre elles – ce qui oriente l'entreprise vers ce qu'elle doit faire pour être compétitive – et par la compréhension des processus utilisés pour atteindre ces niveaux de compétitivité. Les six sigmas indiquent à l'entreprise la façon d'améliorer ses processus pour éliminer les défauts, et la réduction des temps de cycle comment diminuer le nombre des étapes et la durée des processus.

1. Le *benchmarking* a été développé par Xerox, tandis que les six sigmas et la réduction du temps de cycle l'étaient par Motorola. Les lecteurs peuvent être surpris qu'une activité aussi populaire que le *benchmarking* n'ait pas retenu plus d'attention dans ce livre. Les auteurs croient que ces pratiques sont à considérer plutôt comme des éléments favorables préalables à la conception d'un système TQM. De tels systèmes peuvent convenir à certaines entreprises, non à d'autres. Aussi, ont-ils attendu pour traiter de ce thème le moment où le TQM peut être considéré comme un système conçu pour l'amélioration de toute l'entreprise.

Dans la suite, nous décrirons le *benchmarking*, nous parlerons des synergies qu'il permet d'obtenir (qui vont souvent bien au-delà de la phase associée indiquée dans le tableau 13.1), et nous suivrons une démarche similaire pour les six sigmas et la réduction du temps de cycle.

LE BENCHMARKING

Le point de départ de toute étude du *benchmarking* est le livre de Robert C. Camp, de Xerox Corporation, *Benchmarking : The Search for Industries Best Practices that Lead to Superior Performance*. Camp en donne les deux définitions suivantes : le *benchmarking* est le *processus continu* de *mesure* des *produits, services et pratiques* par comparaison avec ceux des concurrents les plus âpres ou des *entreprises reconnues comme les leader de leur secteur industriel*. Le *benchmarking* est *la recherche des meilleures pratiques* qui conduisent à une performance plus grande[1].

Nous avons mis en italique les aspects importants de ces définitions. Le *benchmarking* (ou « étalonnage concurrentiel ») est un *processus* (l'orientation vers les processus conduit à apprendre et appliquer des méthodes d'une efficacité durable), et il est *continu* (car l'environnement ne cesse de se modifier). Le *benchmarking* inclut la *mesure*, à la fois à l'intérieur et à l'extérieur de l'entreprise (c'est-à-dire qu'il est basé sur des faits objectivement définis, collectés de façon cohérente). Il prend en considération les *produits*, les *services* et les *pratiques* (il ne vise pas simplement l'analyse de la concurrence). Il prend aussi en considération les *entreprises reconnues comme leader de leur secteur industriel*. Il est une *recherche des meilleures pratiques de l'industrie* ; en d'autres termes, l'objet du *benchmarking* est d'apprendre des autres, qu'ils appartiennent ou non au même secteur industriel que celui dans lequel on œuvre. Le livre de Camp décrit le processus appliqué par Xerox pour ses activités de *benchmarking*. Il contient un chapitre consacré à chacune des étapes suivantes, avec de nombreuses suggestions d'application.

- Phase préparatoire
  1. Identifier ce qui doit être comparé.
  2. Identifier les entreprises à comparer.
  3. Déterminer les méthodes de recueil des données et recueillir les données.

1. (Milwaukee : ASQC Quality Press, 1989), 10, 12. Une brève introduction au *benchmarking* est également donnée par Karen Bemowski, « The Benchmarking Bandwagon », *Quality Progress*, janvier 1991, p. 19-24 ; on y trouve le récit des expériences d'Alcoa et d'ATT. Enfin, GOAL/QPC (Methuen, MA) a publié un rapport de recherche résumant le livre de Camp.

- Phase d'analyse
  4. Déterminer l'écart actuel des performances respectives.
  5. Projeter les niveaux de performance futurs.
- Phase d'intégration
  6. Communiquer les résultats obtenus et les faire accepter.
  7. Établir des objectifs par fonction.
- Phase d'action
  8. Développer des plans d'action.
  9. Engager des actions concrètes et en suivre les progrès.
  10. Redéfinir les termes de la comparaison.
- Retourner à l'étape 1

La société Digital applique le *benchmarking*, qu'elle décrit comme une recherche tendant à amener les processus et les procédures à des niveaux de performance plus grands. Suivant Digital, le *benchmarking* n'est pas une analyse concurrentielle de produits, mais plutôt une force motrice d'amélioration permanente pas à pas. L'entreprise donne le conseil suivant :

- Cherchez le meilleur de la classe. Par exemple, pour la distribution, observez L.L. Bean et Hallmark Cards.
- Ne vous fixez pas trop sur les résultats financiers de l'entreprise que vous analysez (ils ne s'appliquent probablement pas à la vôtre). Observez le processus dont elle use, et les chiffres caractéristiques de la marche du processus ou de la fonction que vous analysez.

Digital s'est tournée vers le *benchmarking*, car ses précédents objectifs d'amélioration continue (par exemple, 10 % par an) étaient inférieurs à ceux qu'elle veut atteindre maintenant – l'entreprise est à la recherche de percées. Digital présente son processus en quatre étapes :

1. Que comparer ? Quel sont les facteurs de succès critiques pour la fonction à analyser ?
2. Comment le faisons-nous ? Quel est notre processus ?
3. Qui ou Quoi est le meilleur ? Qui remplit notre fonction à des niveaux internationaux ?
4. Comment font-ils ? Quels sont les facteurs ou moyens qui permettent d'obtenir la performance de niveau international ?[1]

---

1. Le *benchmarking* a évolué séparément de la résolution anticipatrice de problème, de la « voix du client », et du QFD, ce qui explique que le vocabulaire diffère. Des facteurs critiques de succès peuvent être décrits comme la non satisfaction d'exigences qualité importantes de clients internes (ou externes) de la fonction soumise à l'analyse référentielle. On appelle « facteurs » les moyens permettant de satisfaire les exigences qualité à un niveau de classe mondiale. L'analyse directe par le *benchmarking* de la satisfaction du client comme celle des variables qualité définies en termes opérationnels, constitue une partie normalisée du QFD à son stade d'épanouissement, tel qu'il est enseigné, par exemple, par l'American Supplier Institute.

Les étapes 1 et 2 sont orientées vers l'intérieur, tandis que les étapes 2 et 3 le sont vers l'extérieur. Les étapes 2 et 3 se concentrent sur les facteurs ou moyens d'amélioration ; les étapes 1 et 4, sur les facteurs de succès critiques.

Digital avertit qu'il faut être attentif à ne pas comparer des choses à proscrire – on ne veut pas éliminer les gaspillages, mais améliorer. Digital (de même que Xerox) note qu'il est plus facile de recueillir des données chez des non concurrents que chez des concurrents, mais ceci est général, étant donné que les premiers de la classe peuvent ne pas être concurrents.

En tant qu'élément des activités TQM d'une entreprise, le *benchmarking* peut remplir plusieurs fonctions. Nous en parlerons ici non pour en faire l'éloge, non pour en préconiser l'emploi dans chaque situation, mais pour montrer comment un programme TQM peut être conçu de façon simple et efficace en réalisant une synergie.

La fixation de l'objectif

Chez Xerox, vous en vous souvenez, le *benchmarking* avait contribué à établir l'existence d'une crise, et à montrer en conséquence le besoin et la faisabilité des objectifs agressifs que Xerox poursuivait pour sa survie.

Le *benchmarking*, même s'il ne devient pas un point de mire de l'entreprise pour ses activités TQM, peut être important au moment où elle fixe ses objectifs initiaux. Par exemple, il a joué un rôle essentiel au moment où Motorola fixa ses objectifs de six sigmas et de temps de cycle (dont nous parlerons brièvement). Pour rester compétitif, Motorola décida qu'il lui fallait diviser par 100 le nombre des défauts et par 16 les temps de cycle entre 1988 et 1992. À partir de 1988, l'entreprise s'assigna ces objectifs pour les quatre années à venir :

- 68 % par an de réduction des défauts pendant quatre ans (100 × 0,32 × 0,32 × 0,32 × 0,32 = 1, soit une diminution de 100 à 1.
- Une réduction de 50 % par an des temps de cycle pendant quatre ans (100 × 0,5 × 0,5 × 0,5 × 0,5 = 6,25, soit une diminution de 16 à 1.

La planification des moyens

Pour résoudre un problème de faible dimension avec des équipes d'amélioration de la qualité, la planification des moyens nécessaires à l'amélioration est simple : supprimer toute cause importante du défaut qu'on veut éliminer. Pour des problèmes de grande dimension, comme l'automatisation de la production ou l'accélération du développement du produit, les moyens nécessaires aux améliorations sont moins simples.

Pendant de nombreuses années, les États-Unis ont recouru au *benchmarking* des produits et services pour obtenir des cibles basées sur l'analyse de la concurrence sur le marché. Mais ceci n'a pas eu pour effet de doter les entreprises américaines des moyens d'atteindre ces cibles. Le concept étendu de *benchmarking* popularisé par Xerox et par d'autres, incorpore ces moyens : ce sont les facteurs d'amélioration.

L'attention portée au client

Dans une entreprise, il est difficile d'apprendre à tout le monde à agir sur la base d'une philosophie *market-in*. Les entreprises ont besoin de trouver les moyens de fixer l'attention de tous sur le client. La conception du processus de *benchmarking* est l'un de ces moyens : avant de chercher comment obtenir une performance de niveau supérieur, un processus correct de *benchmarking* commence par l'identification de ce que veulent les clients (internes ou externes).

Parfois, l'attention portée au client et même le *benchmarking* peuvent être intégrés dans des pratiques courantes. Par exemple, le processus d'amélioration de Motorola, « des six étapes vers les six sigmas », intègre ces notions dans le mécanisme de l'amélioration :

1. Identifiez le travail que vous faites (le produit).
2. Identifiez la personne pour laquelle vous le faites (le client).
3. Identifiez ce dont vous avez besoin pour faire votre travail et les personnes qui peuvent vous l'obtenir (les fournisseurs).
4. Représentez graphiquement le processus.
5. (a) mettez le processus à l'épreuve des erreurs et (b) éliminez les retards (y compris le temps passé sans valeur ajoutée).
6. Définissez des indicateurs de mesure de la qualité et des temps de cycle ainsi que les objectifs d'amélioration.

Les étapes 1 à 3 constituent le *market-in*. Les étapes 4 et 5(a) correspondent à la réduction des défauts ou au concept des six sigmas. L'étape 6 est celle du *benchmarking*.

La promotion

Par opposition à la simple fixation d'objectifs, le *benchmarking* apporte une solide base factuelle. Il fournit des informations précises sur la façon dont vos concurrents et les meilleures entreprises font mieux que vous. Ces informations ont une valeur considérable pour démontrer l'intérêt du TQM.

La diffusion des récits de réussites et l'apprentissage d'autrui

Au Japon, l'imitation est considérée comme digne d'éloges. Lors d'une récente visite rendue à une grande entreprise japonaise, on nous a présenté l'analogie de l'ascension du Mont Fuji. « Vous pouvez prendre votre voiture ou prendre un car jusqu'à la cinquième station, mais à partir de là, il vous faudra aller à pied. Notre objectif en développant nos produits, est de bâtir sur ce que nous-mêmes ou d'autres avons déjà fait auparavant, et de conserver ainsi des ressources rares pour atteindre le sommet, au lieu de faire toute la route à pied depuis le bas de la montagne.» Dans des pays, comme les États-Unis, où l'imitation n'est pas bien considérée, le *benchmarking* en fournit une modalité acceptable. Il permet aux entreprises d'apprendre les unes des autres, de façon évidente, des pratiques utiles sans perdre la face, et par suite d'éviter de gaspiller leurs efforts en redécouvrant (ou en ne redécouvrant pas) la roue.

Le *benchmarking* peut être considéré comme une variante intéressante des systèmes de partage des récits de réussite. La présentation type d'une amélioration de la qualité met l'accent sur un processus type de résolution de problèmes et sur la façon dont il a permis une amélioration des façons de faire. La présentation des résultats du *benchmarking* met l'accent sur le processus standard d'étalonnage concurrentiel, décrit l'excellence des modes d'activité d'autres entreprises, et montre comment appliquer cette excellence dans sa propre organisation. De plus, le processus de *benchmarking* requiert assez de créativité et d'effort pour qu'il ne soit pas difficile d'obtenir un sentiment de propriété et l'engagement d'en appliquer les résultats. Ainsi, c'est un moyen de désamorcer ou combattre le syndrome du « non inventé ici » (NIH = *Non Invented Here*).

Comparaison des méthodes anticipatrices et correctives

Les chapitres 5 et 6 suggèrent que dans l'entreprise la résolution corrective d'un problème peut être universelle, car elle englobe des activités précises, très concrètes. Les méthodes correctives ont un inconvénient : elles opèrent sur des défauts ou d'autres « maux » préexistants. Les méthodes correctives impliquent généralement un changement pas à pas des systèmes existants. Les méthodes anticipatrices destinées dès le départ à concevoir de meilleurs produits et de meilleurs processus sont plus exigeantes en termes de compétence et d'expérience, et le nombre de personnes pouvant les utiliser efficacement est plus limité. Les outils anticipateurs exigent un savoir-faire développé par une utilisation continue et une connaissance approfondie du produit ou du service conçu ou projeté.

Le *benchmarking* offre une voie moyenne. Il identifie les problèmes (les occasions d'amélioration) avant qu'ils ne se manifestent dans les activités de l'entreprise. Il identifie les occasions de grandes améliorations. Il demande des efforts modérément exigeants d'identification des clients et de leurs besoins. Et de plus, pour un grand nombre de fonctions, il comprend des étapes moins imprécises et moins exigeantes en savoir-faire – les débutants sont moins vulnérables à des erreurs altérant les résultats de façon significative – que des approches purement anticipatrices.

Comparaison de l'orientation-résultats et de l'orientation-processus

Les entreprises diffèrent dans leur compréhension de la distinction résultats/processus et dans leur orientation vers l'une ou l'autre voie. Les entreprises japonaises pratiquant le TQM partent du principe suivant : bien que les résultats aient leur importance, l'accent doit être mis avant tout sur les processus permettant de les obtenir. (Les chapitres 14 et 15 traitent plus en détail de la distinction résultats/ processus). On doit passer par la totalité des sept étapes de la maîtrise de la qualité. Mais cette orientation est étrangère à un grand nombre d'entreprises occidentales. Pour elles, les résultats sont le but suprême, la fin des fins. L'attitude est dictée par l'expression : « La façon dont vous le faites ne m'intéresse pas. Faites-le ! » Avec une méthode orientée vers les résultats, le *benchmarking* introduit dans le management une orientation vers les processus (voir tableau 13.2).

Tableau 13.2. Le *benchmarking*, une méthode d'étude des résultats, pour conduire à une orientation processus

Orientation apparente vers les résultats	Activités orientées vers le processus
Choisir les sujets à analyser Fixer des objectifs ambitieux Clôturer l'étude de *benchmarking*	Voir sa fonction comme un processus d'activité possédant ses clients. Identifier la plupart des moyens pour l'atteinte de ces objectifs Franchir les étapes Les répéter

On peut résumer ceci par le diagramme matriciel de la figure 13.1. Souvenons-nous que, en général, on utilise un diagramme matriciel pour identifier le nombre le plus petit de moyens permettant de satisfaire des exigences[1]. Dans le haut du diagramme figurent les options por-

1. La lecture du chapitre 7 vous a appris que la formulation englobe un nombre considérable de variantes. Parfois, on entend par « moyens » les « moyens de mesurer le degré auquel les exigences doivent êtres satisfaites ». De plus, on peut entendre par exigences, soit l'ensemble des exigences, soit celles classées comme importantes par les estimations de Kano, soit celles qui sont importantes mais actuellement mal satisfaites, etc.

tant sur les moyens de réaliser l'infrastructure et les activités du TQM. Seul le *benchmarking* est indiqué ici ; pour effectuer, à l'aide de cette matrice, le choix d'un programme TQM étendu à l'entreprise, il faudrait inclure les 7 étapes et les 7 outils de la maîtrise de la qualité, l'amélioration anticipatrice et les 7 outils de management et de planification, la visite au client, et les autres éléments du TQM décrits dans ce livre. Sur la partie gauche du diagramme, figurent les exigences de l'entreprise pour la réussite du programme TQM. Les différents points sont ceux indiqués au tableau 13.2. Ils varient d'une entreprise à l'autre.

Figure 13.1. Matrice des moyens pour satisfaire les exigences TQM (exemple du *benchmarking*)

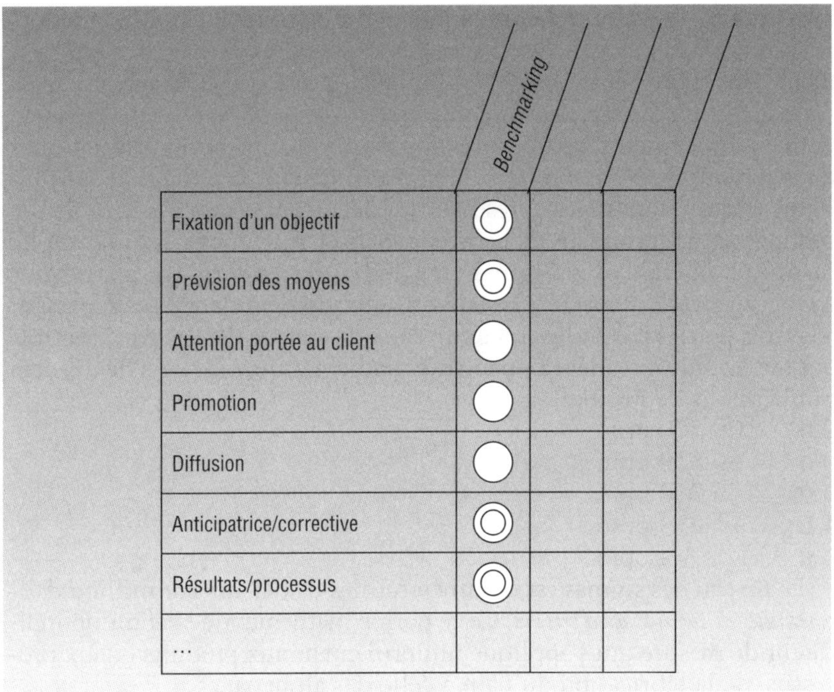

Comme l'indique la figure 13.1, si le profil des exigences était le même partout dans l'entreprise, le *benchmarking* semblerait un point de mire efficace pour le TQM, car il accomplirait à lui seul une multiplicité de fonctions nécessaires.

Il exige, toutefois, des efforts considérables. Comme pour toute pratique du TQM, les entreprises doivent décider si le *benchmarking* est l'expression du souci permanent de toute l'entreprise en faveur du TQM (comme chez Xerox), une chose que la direction générale et les spécialistes de la qualité font pour fixer les objectifs (comme cela s'est produit chez Motorola et Analog Devices), ou bien quelque chose qu'il n'est pas nécessaire de démarrer (comme cela s'est produit chez BBN, où la visite du client et le pointage anticipateur des meilleures méthodes – proche du *benchmarking* – ont procuré aux dirigeants une information et une motivation suffisante pour fixer les objectifs et poursuivre la mise en œuvre du TQM)[1].

LES SIX SIGMAS ET LA RÉDUCTION DES TEMPS DE CYCLE

Les six sigmas (réduction des défauts) et la réduction des temps de cycle constituent chez Motorola un double point de mire du TQM. La réduction des temps de cycle vise à faire les choses plus vite et plus efficacement dans toute l'entreprise. Nous allons en dire quelques mots. Les six sigmas (ou 6 écarts-types) se concentrent sur la réduction des défauts. Telle qu'on l'entend, cette expression implique une notion statistique ; mais il faut y voir aussi un mot d'ordre réclamant la réduction sur plusieurs années, à un niveau très bas, des défauts affectant l'ensemble des produits et des processus de l'entreprise. En fait, le mot d'ordre complet de Motorola était « Six Sigmas en 1992» (c'est-à-dire, en quatre ans). L'objectif précis pour 1992 était un taux de défaillance ne dépassant pas trois parties par million. Les niveaux de sigmas définis par Motorola ont été les suivants (développements mathématiques extraits de diverses publications de Motorola)[2] :

2 σ :	308 700 ppm
3 σ :	66 810 ppm
4 σ :	6 210 ppm
5 σ :	233 ppm
6 σ :	3,4 ppm

Le niveau des sigmas est défini en termes de défauts par million d'*opportunités de défauts ou d'erreurs*. Cette norme mathématique définit un indicateur de mesure qui s'applique uniformément aux produits et aux processus, de la fabrication du pain à celle des alphapages.

1. En raison de l'intense recherche d'informations sur les produits et les processus des concurrents pratiqué dans les entreprises japonaises TQM, le *benchmarking* de style américain n'est pas beaucoup pratiqué dans ce pays.
2. Voir par exemple, M. J. Harry et R. Stewart, « Six Sigmas Mechanical Design Tolerancing », *Publication* n° 60-2-10/66, (Scottsdale, AZ : Motorola Governement Electroncis Group). Ces ratios de défaut sont différents de ceux des divers multiples d'un écart-type, du fait que l'utilisation par Motorola du 6 dans les six sigmas inclut la possibilité d'une modification de la moyenne de la distribution.

Pour la mise au point du concept et du programme des six sigmas, Motorola effectua un *benchmarking* étendu. La découverte la plus intéressante fut peut-être qu'une fois les processus normalisés avec la définition appropriée du niveau de sigmas, la plupart de ces processus enregistraient des erreurs et des défauts aux alentours du niveau de 4 sigmas. La fabrication du produit, le traitement de la paye, la manutention des bagages dans une compagnie aérienne, les prescriptions médicales, le passage des commandes, les récépissés, les transmissions télégraphiques, les notes de restaurant, et les documents d'achat, tout tendait à tourner autour de quatre sigmas pour des processus qui n'étaient pas soumis à d'intenses efforts d'amélioration. Notez que la liste comprend les prescriptions médicales, ce qui indique que le pourcentage d'erreurs ne dépend pas de l'intelligence ou du niveau de formation. Il dépend du processus. Le pourcentage des accidents mortels dans le transport aérien est de 6,4 écart-type (0,43 ppm), ce qui montre qu'avec une formation et des procédures correctes, il est possible d'atteindre le six sigmas. En sens inverse, les avis d'imposition du service des impôts, ont un sigma inférieur à 2, ce qui indique peut-être la difficulté qu'il y a d'atteindre la qualité quand la règle qui la définit est imprécise.

Les meilleurs concurrents de Motorola tendaient à posséder des processus avoisinant les six sigmas. Ainsi, « Six Sigmas en 1992 » devint une nécessité concurrentielle démontrée.

Digital adopte les six sigmas, appelés « Conceptions pour x » (x = fiabilité, aptitude à la fabrication, aptitude à la maintenance, etc.) et possédant les caractéristiques suivantes :

- la pratique rigoureuse d'un *leadership* actif dans la conception, le marketing, la fabrication, la vente, le service, l'approvisionnement, et l'administration,
- des systèmes communs de mesure dans toute l'entreprise,
- un pourcentage de réduction des défauts de 60 % par an,
- une applicabilité étendue à tout le monde (tout le monde crée de la valeur ajoutée, possède des fournisseurs et des clients),
- six étapes, comme le processus en six étapes de Motorola,
- une applicabilité étendue à tous les types de travail : administration, développement, fabrication, engineering, ventes, marketing,
- une insistance commune au sein de toutes les fonctions ; le point de départ est la satisfaction du client, puis l'amélioration et la rationalisation du processus, et l'unité de mesure commune est le total des défauts par unité.

Notez que, chez Digital, l'explication des six sigmas comprend la diffusion du concept que nous avons appelé *market-in*.

L'autre point de mire principal du programme de Motorola, aujourd'hui largement imité, est la réduction des temps de cycle. Digital en donne la définition suivante : « démarche méthodique de remise en question de tous les délais de réalisation par rapport à l'optimum théorique – base de l'élimination de tous les gaspillages de temps ». Dans la définition ci-dessus, cette entreprise fait un usage assez pragmatique du terme « théorique » ; il faut entendre un « optimum calculé », basé sur l'analyse de la situation du moment, comme le montre le processus en quatre étapes de la réduction du temps de cycle :

1. Décrire le processus réel.
2. Identifier le processus théorique.
3. Analyser et éliminer la différence (ou Δ) entre le réel et le théorique.
4. Rechercher le théorique.

L'étape 1 comprend l'organigramme du processus en vigueur, chacun des opérateurs analysant sa propre tâche (et d'autres les observant depuis l'échelon supérieur pour s'assurer qu'ils éliminent les processus inutiles). À l'étape 2, tous réfléchissent aux étapes non nécessaires du processus et au temps que les étapes restantes prendraient si tout allait bien. À l'étape 3, ils modifient leur processus. Avec leur expérience nouvellement acquise, ils recommencent et analysent à nouveau ce que devrait être l'optimum théorique.

Les objectifs doivent être ambitieux pour que tout le monde soit stimulé et se prépare à les atteindre. Un objectif de 10 % d'amélioration peut conduire à une amélioration de 10 % ; pour cela, les gens peuvent se contenter de rationaliser les structures existantes. Mais un objectif ambitieux de 50 % d'amélioration peut aussi conduire à 50 % d'amélioration après avoir obligé à des remises en question plus radicales. Toutefois, les calculs théoriques doivent être effectués à la base et non par des services centraux ; le personnel rejetterait des objectifs déterminés par des services centraux.

Un grand nombre d'entreprises font état d'observations similaires, à savoir des gaspillages dans des proportions de 5 à 50 ou 500, dans de nombreux processus d'entreprise. George Fisher (président de Motorola) a déclaré devant un auditoire de membres du CQM que 25 % peut-être de la valeur des recettes d'une bonne entreprise correspondaient à du gaspillage. Dans un exemple pris chez Digital, le gaspillage réel était de 332 minutes et le gaspillage théorique, de 57 minutes, ce qui fait apparaître un gaspillage potentiel supérieur à 570 %.

La réduction des temps de cycle n'est pas applicable seulement à l'usine, mais ailleurs aussi :

- Shigeo Shingo, le gourou japonais du JIT (*just-in-time* ou juste-à-temps), a réduit les activités de montage d'outils pour changement de fabrication en usine, qui prenaient un trop grand nombre d'heures, les ramenant à quelques minutes seulement, en éliminant les mouvements inutiles[1]. Par exemple, il a supprimé le déplacement du monteur au magasin d'outillage pour obtenir une clé, en soudant la clé à l'écrou.

- À la course des 500 miles d'Indianapolis, les mécaniciens changent les quatre roues et refont le plein de la voiture en 20 secondes. S'ils travaillent aussi vite, c'est qu'ils ont étudié de très près le processus, éliminé les gaspillages et amélioré ce qui devait être conservé ; ils se filment et examinent image après image pour voir ce qu'ils peuvent supprimer.

Les six sigmas et la réduction des temps de cycle chez Motorola font bien plus qu'articuler des mesures et des objectifs. Par exemple, il existe des processus de *benchmarking* pour établir des objectifs pertinents pour chaque secteurs d'activité. Il existe aussi une multitude de cours de formation portant sur l'utilisation des outils d'amélioration, l'encadrement des équipes, la fixation des objectifs, et les méthodes de travail quotidien. Mais pour ce qui se rapporte au sujet, nous voyons dans les six sigmas et la réduction des temps de cycle, l'avantage d'une double attention portée au programme.

Les principaux moteurs de la plupart des objectifs d'activité

Comme le souligne Bill Smith, de Motorola, de grandes améliorations par la réduction des taux de défauts (les six sigmas) et la diminution des temps de cycle se traduira par de grandes améliorations pour chaque objectif d'activité. La figure 13.2 fait appel à un diagramme matriciel pour suggérer la façon dont ceci peut se faire. Motorola l'a déterminé de façon objective pour ses activités. Par exemple, le pourcentage de pannes en service et après installation affectant les pièces de semi-conducteurs est bien corrélé avec le taux de défauts mesuré dans l'usine pour les produits au départ[2].

---

1. Voir *A Revolution in Manufacturing : The SMED System*, Cambridge, MA, Productivity Press, 1985, le travail original de Shingo sur la théorie et les méthodes des temps de montage d'outils.
2. Les étudiants en systèmes de mesure savent qu'à mettre l'accent sur une ou deux mesures seulement conduit souvent à une diminution des performances dans les zones qui ne sont pas mesurées. En pratique, les cadres de Motorola (et des entreprises qui, comme IBM, utilisent le système Motorola) ne sont pas notés sur deux, mais sur cinq critères d'appréciation. Généralement, il existe une mesure de défaillance principale, une mesure du temps de cycle principal, et trois autres mesures concernant la façon dont quelqu'un satisfait les besoins du client.

Figure 13.2. Impact de l'amélioration du taux de défauts et des temps de cycle sur les objectifs d'activité

	Six sigmas	Temps de cycle		
Défauts vus par les clients	◎			
Gaspillages	◎			
Frais généraux	◎	◎		
Coûts de production	◎	◎		
Réaction aux commandes des clients	◎	◎		
Productivité de la R&D		◎		
Caractère innovateur et performance du produit		◎		
				…

L'applicabilité à des fonctions diverses

Les taux de défauts et les temps de cycle ne sont pas seulement des moteurs pour les objectifs d'activité les plus importants. Ces méthodes d'amélioration sont applicables à pratiquement tous les processus. Nous avons entendu parler de réduction des défauts dans la cuisson du pain, et de réduction du temps de cycle dans la clôture et l'audit des livres comptables. Comme les 5 maux, les défauts et le temps de cycle peuvent concerner une large gamme d'activités.

La simplicité du déploiement des objectifs

Le TQM de Motorola implique la fixation d'un objectif large et explicite, à la façon du « déploiement de la politique » (dont nous parlerons aux chapitres 14 et 15). Ceci implique de fixer l'ensemble des objectifs de l'entreprise, puis de passer par un processus de planification pour déployer les objectifs au niveau de chaque cadre et de chaque ouvrier. Si chaque personne et chaque unité atteignent leurs objectifs, l'entreprise atteint les siens. Le nombre de sigmas et les temps de cycle s'avèrent relativement aisés à déployer dans ce schéma. Si l'objectif en matière de défaut pour un appareil assemblé est de six sigmas, il l'est également pour chacun des composants et pour le processus d'assemblage. Dans un processus séquentiel, les temps de cycle s'additionnent, de telle sorte que si le temps de cycle doit être réduit de moitié, le déploiement de l'objectif pour le temps de cycle de chacun des processus doit l'être aussi.

L'équilibre entre l'orientation-processus et de l'orientation-résultats

La manifestation physique la plus visible des six sigmas et de la réduction des temps de cycle est un tableau à cinq entrées résumant les objectifs. Mais pour réaliser ce tableau, il faut avoir défini le processus du service au client, et disposer de données attestant la possibilité d'atteindre ces objectifs. Le processus de planification de Motorola exige la compréhension du processus. Cette compréhension du processus d'activité est spécialement importante pour la réduction du temps de cycle.

Nous avons entendu une autre explication : si les objectifs sont fixés de façon suffisamment ambitieuse, personne n'aurait d'autre choix que de réaliser une amélioration continue du processus ; un effort insuffisant empêcherait d'atteindre les objectifs de l'année suivante. Le monde de l'entreprise fourmille d'exemples d'objectifs ambitieux non atteints. On doit reconnaître que si le système de Motorola est propice au changement, il le doit à son TQM, qui permet à l'entreprise d'atteindre des objectifs fixés de façon offensive.

L'équilibre des améliorations corrective et anticipatrice

Motorola est une entreprise de haute technologie fortement automatisée. Une grande partie de ses efforts d'amélioration mobilise non pas de longues files d'ouvriers de chaînes d'assemblage, mais des équipes de techniciens, ou transfonctions, comprenant à la fois opérateurs et ingénieurs. De cette façon, les connaissances et l'expérience coexistent habituellement dans l'équipe, de telle sorte que le processus considéré peut être substantiellement remodelé. Et il est certain que le rythme d'évolution de l'industrie électronique conduit à privilégier l'amélioration anticipatrice, orientée vers la conception, plutôt que l'amélioration corrective. Le fait est que les six étapes vers les six sigmas sont plus orientées vers la conception, c'est-à-dire la prévention, que vers la « réparation ».

Des six étapes de Motorola, l'étape 5 consiste à mettre le processus à l'abri des erreurs et à éliminer les retards. Cela implique de vérifier si

Figure 13.3. Synergies résultant de l'accent mis à la fois sur les temps de cycle et les six sigmas

	Six sigmas	Temps de cycle		
Moteur principal pour la plupart des objectifs de l'entreprise	◎	◎		
Applicabilité à des fonctions diverses	◎	◎		
Simplicité du déploiement des objectifs	◎	◎		
Équilibre de l'orientation processus et de l'orientation résultats	◎	◎		...
Équilibre entre les méthodes correctives et anticipatrices	◎	◎		

l'amélioration se produit effectivement, et si ce n'est pas le cas, de recourir aux 7 étapes et aux 7 outils de la maîtrise de la qualité – en d'autres termes, à utiliser des méthodes correctives. Xerox incorpore aussi de manière explicite une méthodologie corrective dans un cadre anticipateur. De façon analogue, l'étape 4 des 7 étapes de la maîtrise de la qualité est consacrée à préparer une solution. L'une d'elles englobe la connaissance du processus en vigueur, de ses clients, de leurs besoins, puis la conception d'un processus nouveau (bien que similaire) destiné à satisfaire mieux encore ces besoins – en d'autres termes, il s'agit de l'utilisation de méthodes anticipatrices[1]. La figure 13.3 récapitule les synergies produites du fait de l'accent mis à la fois sur les six sigmas et la réduction des temps de cycle.

1. Un phénomène « yin-yang » similaire se produit entre, par exemple, les six étapes de Motorola et le *benchmarking*. L'accomplissement intelligent de l'étape 6 (la fixation de l'objectif) implique de prendre au moins en considération le *benchmarking*. Par exemple, Analog Devices s'est servie du *benchmarking* pour fixer ses objectifs, mais a déterminé que des méthodes correctives suffiraient pour les atteindre de façon fiable, en sorte que le *benchmarking* n'avait pas besoin d'être une activité permanente et généralisée. (« Setting Quality Goals », « Quality Progress », avril 1988, p. 51-57). Inversement, DEC enseigne que les objectifs tirés du *benchmarking*, appelés facteurs critiques de succès, doivent être finalement cohérents du haut en bas de l'entreprise, ainsi que dans le management *hoshin* et les six sigmas.

14
Le management *hoshin*

Le management *hoshin* oriente l'ensemble des activités du personnel de toute l'entreprise de façon qu'elle atteigne ses objectifs principaux et qu'elle réagisse rapidement aux évolutions de son environnement. Il implique l'ensemble des cadres d'une façon coordonnée dans le cycle annuel de planification de l'entreprise. Il procure ainsi une importante stratégie de participation totale, tout en remplissant sa mission de déploiement de la politique de l'entreprise[1].

QU'EST-CE QUE LE MANAGEMENT *HOSHIN* ?

Certains aspects de ce qui allait devenir le management *hoshin* ont été expérimentés par un certain nombre d'entreprises japonaises dans la seconde moitié des années 1960. Parmi elles, il y avait Toyota, Komatsu, et Bridgestone Tire Company. Vers la fin des années 1960 et le début des années 1970, le management *hoshin* avait pris forme. Il se répandit rapidement et devint l'un des principaux composants du TQM. Les Japonais l'appelèrent *hoshin kanri*. D'autres auteurs, anglophones, l'ont appelé management par la politique ou « déploiement de politique ». Nous nous conformerons à la convention actuelle qui est de l'appeler management *hoshin*[2].

---

1. Dans ce chapitre, nous introduirons une série de concepts nécessaires à l'examen du développement managérial du chapitre 15.
2. À propos du management *hoshin*, nous sommes reconnaissants à la JSQC et à son Comité de recherche sur l'étude de cas du management *hoshin* pour le document intitulé *Hoshin kanri unei-tebiki* (Guide du management *hoshin*), 1989.

Le management *hoshin* pour le déploiement de la politique

Le management *hoshin* a trois objectifs :

- Il vise à orienter *l'ensemble* du personnel de l'entreprise vers les objectifs clés de l'entreprise, de préférence par des mesures indirectes, en le sensibilisant à leur impérieuse nécessité ; ainsi, même le personnel horaire est incité à choisir des activités d'amélioration dont les objectifs sont importants d'un point de vue stratégique.
- Il vise à orienter l'ensemble des fonctions et des tâches, qu'il s'agisse du travail quotidien ou du travail d'amélioration, sur les objectifs clés de l'entreprise, de façon à réaliser des *percées*, en concentrant et coordonnant les efforts et les ressources.
- Il vise à adapter rapidement et efficacement les objectifs et les activités de l'entreprise aux *changements* rapides de la société et de l'environnement.

Les figures suivantes illustrent la puissance des actions d'orientation. Dans la première, les personnes et les tâches sont plus ou moins bien orientées ; le résultat est une force résultante limitée et probablement mal coordonnée avec les objectifs de l'entreprise.

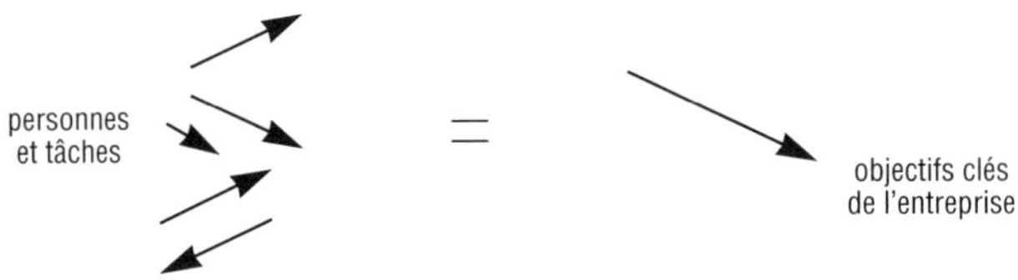

Dans la figure suivante, les personnes et les tâches sont correctement orientées ; le résultat se traduit par une force puissante tendue vers les objectifs de l'entreprise.

La figure suivante montre qu'au fur et à mesure des changements affectant l'environnement, les objectifs de l'entreprise doivent être rapidement modifiés et les personnes et les emplois, réorientés vers ces nouveaux objectifs.

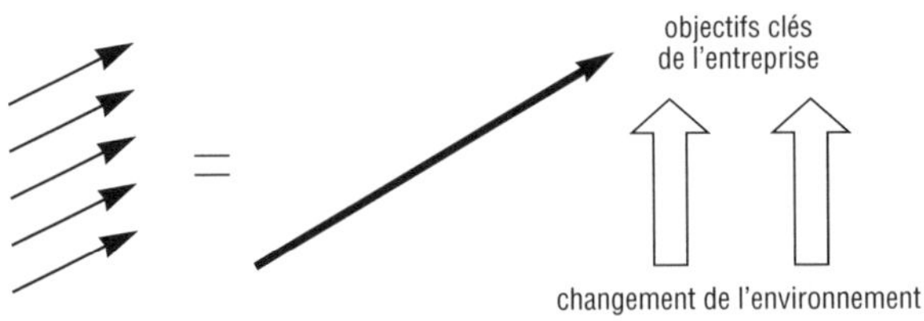

Le management *hoshin* a aussi un autre objet (dont nous parlerons plus en détail au chapitre 15) : obliger les cadres à actionner eux-mêmes le cycle PDCA comme partie de leur travail quotidien, et faire ainsi qu'ils se développent en tant que cadres.

Les composants et les phases du management *hoshin*

Les principaux composants du management *hoshin* sont représentés sur la figure 14.1[1].

Figure 14.1. Le management *hoshin*

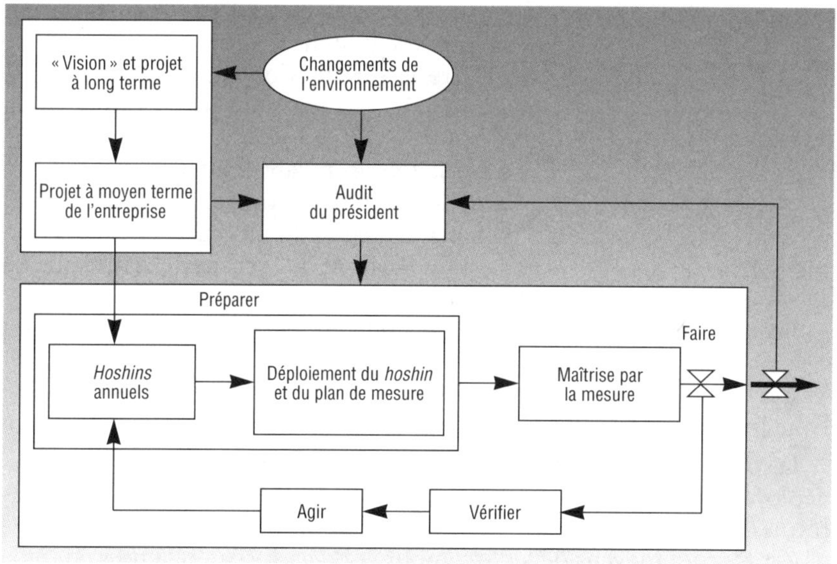

Comme on le voit en haut et à gauche de la figure, la « vision » et les projets à long et moyen terme de l'entreprise doivent être adaptés aux changements de l'environnement. En partant du projet à moyen terme,

1. Il n'existe pas de version orthodoxe du management *hoshin*. Chaque entreprise adapte les principes de base à ses besoins. La version que nous décrivons ici passe pour être représentative. Elle est basée sur des présentations effectuées respectivement en 1991 par le président de NEC Shizuoka (Michio Ikawa), et par Masao Kogure, en 1992 par le président de NEC Kansai, et par Mitsuru Nitta de Tokyo Electric Power Company. Le livre d'Akao, *Hoshin Kanri*, fournit une description détaillée du management *hoshin*.

des *hoshins* annuels sont établis[1, 2]. Ce sont des formulations des résultats visés pour l'année, avec les moyens de les atteindre et d'en mesurer la réalisation. Chaque *hoshin* inclut en principe les cinq éléments suivants[3] :

Hoshin = formulation des résultats visés pour l'année à venir
+ définition de moyens
+ des indicateurs de mesure des progrès
+ une valeur-cible pour chaque indicateur
+ un délai

Voici un exemple de *hoshin* :

Formulation du résultat visé pour l'année à venir = Pratique quotidienne du concept *market-in*.

Définition de moyens = Créer un produit attractif par l'amélioration des études de marché.
Accroître la satisfaction du client par notre produit grâce à l'utilisation des tables de la qualité.
Assurer la livraison dans les délais exigés grâce à l'amélioration des processus.
Améliorer la qualité du processus de production grâce à l'utilisation de la maîtrise statistique de processus.

Indicateur de mesure du progrès = Pourcentage des livraisons dans les délais.

Valeur-cible pour indicateur = 100%.

Date limite = mars 1993.

Les *hoshins* annuels principaux (ou du plus haut niveau) sont alors déployés (ou diffusés en cascade) partout dans l'organisation. En d'autres termes, on développe une hiérarchie comprenant à la fois des sous-objectifs et les moyens de les accomplir et de les mesurer, le tout en ligne avec les *hoshins* du plus haut niveau. À chaque niveau subordonné, les *hoshins* ont la même présentation, mais ils sont plus précis.

On réalise ensuite un *contrôle par plan de mesure*, afin de suivre mois par mois la réalisation des objectifs et sous-objectifs et la mise en œuvre des moyens prévus pour les atteindre, et de décider, le cas échéant, de

1. Certaines entreprises utilisent un cycle de planification semestriel, qui permet une prévision plus précise et par conséquent une planification mieux adaptée et un cycle d'amélioration plus rapide.
2. La traduction de ce que nous appelons ici *hoshin* est « politique ». Nous n'utilisons pas ce terme, parce que le management *hoshin* est quelquefois décrit comme différent des « politiques » au sens habituel du mot.
3. De nombreuses entreprises pratiquent des variantes de cet idéal.

mesures correctives. Une fois les *hoshins* déployés, et le contrôle par plan de mesure mis en place, on exécute ces plans. Quand le moment arrive de se préparer pour l'année à venir, on analyse (*check*) les données sur lesquels les moyens ont été établis et ce qui a été réalisé, afin de rechercher ce qui doit être amélioré pour le cycle suivant, et l'on décide de mesures appropriées (*act*). Cette information alimente la préparation de l'année suivante. Également sur une base annuelle, le président effectue un diagnostic du système de management *hoshin* et suggère des améliorations en fonction de l'efficacité du système, des changements ayant affecté l'environnement, et des plans à moyen et long terme de l'entreprise.

Les phases corrective, anticipatrice et de maîtrise du management *hoshin*

Le management *hoshin* inclut les approches de résolution de problèmes énumérées dans le modèle en WV – anticipatrice, corrective et de maîtrise, comme il est montré ci-après. Dans la phase anticipatrice, la vision et les plans à moyen et long terme sont adaptés aux changements de l'environnement, et le système de management *hoshin* est lui-même géré, évalué et amélioré.

On peut se représenter le mieux la phase corrective comme un long cycle PDCA d'une durée d'un an :

- *Plan* (préparer) : développer les *hoshins* annuels du plus haut niveau, déployer les *hoshins* dans l'organisation, et développer le contrôle par plan de mesure.
- *Do* (faire) : exécuter les *hoshins* au cours de l'année.
- *Check* (vérifier) : analyser les raisons du non-accomplissement des *hoshins* ; les moyens planifiés n'ont-ils pas opéré ou n'ont-ils pas été mis en œuvre ?
- *Act* (agir) : décider des améliorations pour l'année suivante.

La phase de contrôle est appliquée au cours de l'année. L'entreprise utilise le contrôle par plan de mesure pour suivre les résultats et les vérifier en même temps que les moyens, afin que les moyens planifiés soient mis en œuvre pratiquement et qu'une action corrective soit décidée lorsque les moyens et les résultats ne sont pas conformes aux prévisions.

Les phases anticipatrice, corrective et de maîtrise du management *hoshin* se chevauchent (voir figure 14.2). Les deux premières se chevauchent pour les *hoshins* annuels du plus haut niveau. Les phases corrective et de maîtrise se chevauchent là où on utilise le contrôle par plan de mesure pour suivre les événements en cours d'année, et la phase de maîtrise constitue la partie *do* (faire) de la phase corrective.

Figure 14.2. Les phases anticipatrice, corrective et de maîtrise du management *hoshin*

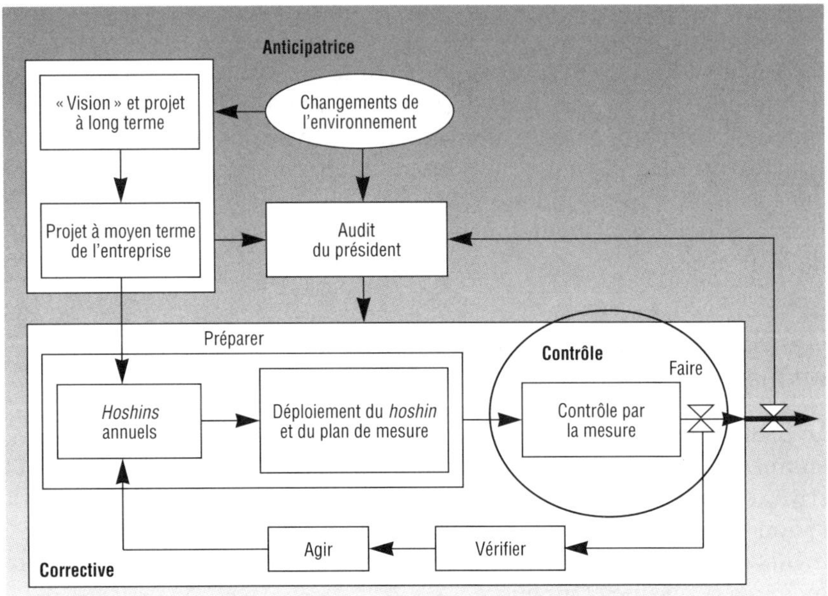

Les cycles PDCA existent donc dans le management *hoshin*. Il y a d'abord un cycle interne dans la partie maîtrise ; puis, un cycle PDCA correctif annuel ; enfin, un cycle PDCA externe, partant du *plan* à moyen et long terme, passant par le déploiement annuel et l'exécution (*do*), et faisant en sorte que le diagnostic vérifie (*check*) et réagisse (*act*) pour améliorer le système. Ces trois cycles PDCA sont cohérents avec l'objectif global de l'entreprise.

Nous allons décrire les phases du management *hoshin* dans les termes de la figure 14.2.

PHASE 1 : LA PLANIFICATION STRATÉGIQUE (ANTICIPATRICE)

Le système de management quotidien d'une entreprise et les modalités habituelles du travail devraient dans l'absolu comporter une exigence permanente d'amélioration, par exemple, de la satisfaction du client (voir à gauche et en haut de la figure 14.3)[1].

1. Ce passage fait appel à l'ouvrage de H. Ueda, Y. Mitsufi, et S. Yamada, « Case Study of Hoshin Management, Daily Management, and Cross-fonctional Management (2) », *Total Quality Control*, 38, n° 11, 1987, p. 79-89.

Figure 14.3. Analyse de l'écart entre l'amélioration exigée et l'amélioration prévue

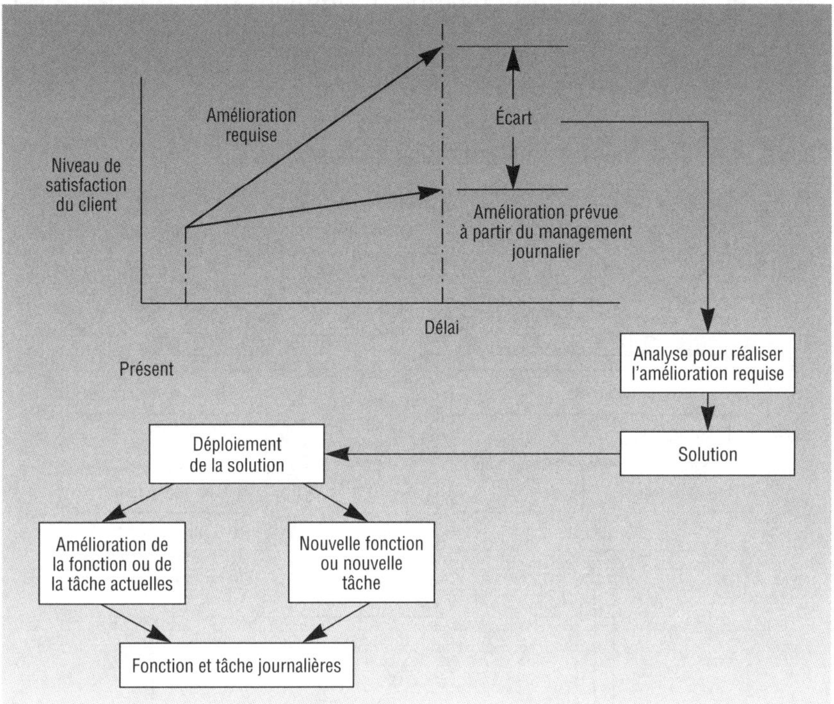

Toutefois, l'analyse des circonstances peut révéler la nécessité d'une amélioration plus importante. Dans de tels cas, les entreprises doivent analyser l'écart entre ce que peut apporter le système de management en vigueur et ce qui serait nécessaire. Elles peuvent alors localiser avec précision les facteurs premiers qui empêchent d'améliorer le système suffisamment vite, et préparer une solution. La recherche des solutions fera appel aux outils normalisés des 7 étapes de la maîtrise de la qualité (ou à des outils analogues), décrits au chapitre 5. Les 7 outils de management et de planification (décrits au chapitre 6) seront également utilisés. Pour le déploiement de la solution, deux cas peuvent se présenter : il peut être nécessaire d'améliorer ce que l'on fait actuellement ou de faire quelque chose de nouveau. Dans l'un et l'autre cas, une redéfinition du système de travail devra permettre l'amélioration nécessaire de la satisfaction du client.

Le management *hoshin* apporte un mécanisme systématique de calcul de l'écart entre ce qu'une entreprise peut faire et ce qu'elle doit faire. Il détermine les améliorations nécessaires, et garantit que les solutions se répercutent en cascade dans toute l'entreprise, de telle sorte que le travail quotidien de chacun se modifie. Examinons sur la figure 14.4 la représentation schématique du processus de planification du *hoshin* annuel.

Figure 14.4. Le processus de planification du *hoshin* annuel

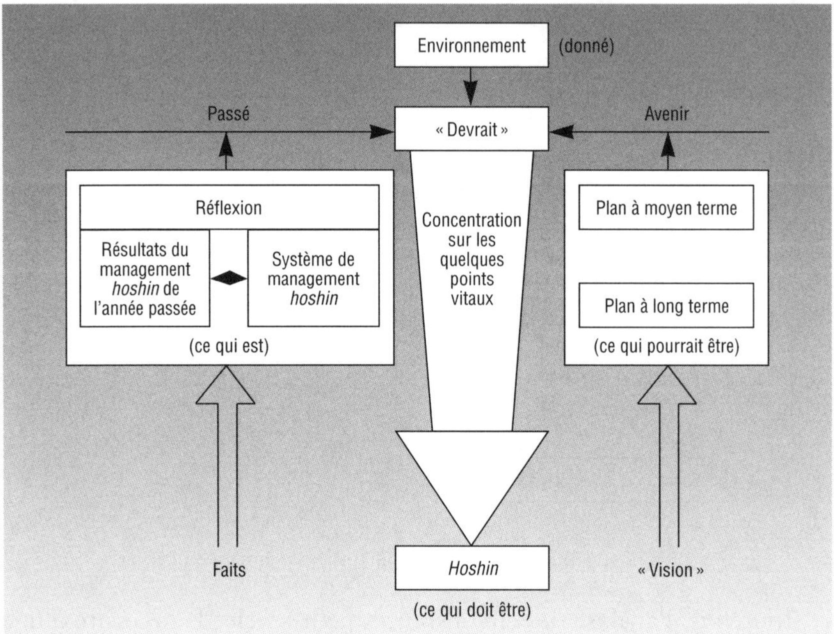

Ce que l'entreprise doit faire est dicté par le passé (ce qui a été fait), l'environnement, et sa vision de l'avenir. Pour le passé, elle dispose des faits (ce qui est), si elle s'impose de les utiliser. C'est ce dont traite la partie corrective, PDCA, du modèle de management *hoshin*. La partie anticipatrice du modèle concerne l'environnement (donnée que l'entreprise a besoin de découvrir et d'examiner) et la vision de l'avenir (situation qu'elle désire). Une fois qu'elle sait ce dont elle a besoin, l'entreprise doit affecter l'ensemble du personnel et des emplois en fonction de leur contribution potentielle à ces besoins. C'est ce que font le plan *hoshin* et son déploiement : donner à chacun les outils dont il a besoin pour changer sa façon de travailler.

La partie du processus de planification *hoshin* traitant du passé sera examinée plus loin dans ce chapitre. La partie suivante traite de l'avenir, phase essentielle de la planification stratégique.

Processus d'élaboration d'un plan à moyen terme

Russell Ackoff a proposé d'intéressantes méthodes de développement d'une vision de l'avenir. Il l'appelle planification à rebours. Les méthodes d'Ackoff sont compatibles avec la plan à moyen terme du management *hoshin*.

La méthode de planification d'Ackoff, exposée dans son livre *Creating the Corporate Future* (*Créer l'avenir de l'entreprise*)[1], comporte cinq étapes, dont trois sont décrites ci-dessous.

Étape 1 : Analyse de la situation. L'analyse de la situation, ou « formulation de la pagaille », comme l'appelle Ackoff, identifie les problèmes et les opportunités. Durant cette étape, tous les aspects actuels de l'entreprise et de son personnel sont analysés, les sources d'obstruction énumérées, et les performances passées et présentes extrapolées en supposant les choses immuables.

Étape 2 : Planification des fins. Planifier les fins signifie concevoir le futur que l'on désire. L'étape inclut la conception de la structure organisationnelle et des systèmes de management. Mais son aspect le plus intéressant est ce qu'Ackoff appelle la *conception idéalisée*.

La conception idéalisée est une méthode puissante de formulation de l'avenir désiré et des moyens pratiques et efficaces de planification de sa réalisation. Elle ne représente pas l'entreprise à un moment quelconque du futur. Elle conçoit l'entreprise que l'on aimerait avoir maintenant.

La conception idéalisée répond aux caractéristiques suivantes :

- On travaille en supposant qu'il n'y a pas de système, mais le même environnement.
- On conçoit un système techniquement faisable (envisager la faisabilité du nouveau système une fois existant, non la faisabilité ou le coût de sa création).
- On s'assure que le nouveau système est viable au plan opérationnel dans l'environnement actuel.
- Le nouveau système résorbe la pagaille.
- Le nouveau système permet un apprentissage et une adaptation rapides.

Pour parvenir à un projet idéalisé, on a besoin d'une formulation de mission énonçant des choses utiles sur l'activité que veut exercer l'entreprise, la façon dont elle veut fonctionner, et ce qu'elle veut accomplir. Il faut aussi spécifier les propriétés désirées du projet, qui peuvent comprendre :

– Les produits et services que l'entreprise devra fournir et leurs caractéristiques distinctives,

1. Russel Ackoff, *Creating the Corporate Future*, New York, John Wiley, 1981.

– la façon dont les produits devront être vendus (où, par qui, à quelles conditions, à quel prix),
– la façon dont le service après-vente sera assuré,
– le lieu et le mode de fabrication des produits,
– les services de soutien qui devront être fournis en interne et en externe,
– la façon dont l'entreprise devra être organisée et gérée,
– les politiques de personnel,
– les méthodes de financement des activités de l'entreprise,
– les responsabilités vis-à-vis de la réglementation et de l'environnement.

L'étape suivante consiste à élaborer un projet ayant les propriétés désirées. Ce projet débute par une page blanche. Les concepteurs supposent que l'ancien système n'existe pas. Ceci les affranchit de l'obligation d'imaginer la façon de se rendre du point où ils se trouvent à celui où ils veulent aller, contrainte qui habituellement fait obstacle au changement.

La principale valeur de la conception idéalisée est que les concepteurs peuvent voir les différences et les similitudes entre le système existant (analysé à l'étape 1) et le système idéal (conçu à l'étape 2). Une fois qu'ils ont compris ces points de comparaison, ils peuvent préparer les moyens d'aller du point où ils sont à celui où ils veulent parvenir.

Étape 3 : Planification des moyens. Celle-ci consiste à définir les moyens de réaliser l'avenir désiré. Possédant l'information sur le profil (et pas seulement en termes de parts de marché, de recettes et de profit) que l'entreprise veut avoir, les planificateurs peuvent tracer de façon approximative la voie à emprunter pour aller de l'ancien au nouvel état. L'une des méthodes suggérées par Ackoff pour découvrir cette voie, consiste à appliquer successivement les obstacles actuels au nouvel état jusqu'à retrouver l'ancien (voir figure 14.5).

Dès lors, les planificateurs disposent d'une carte leur permettant de défaire les contraintes pesant sur le système actuel et l'empêchant d'évoluer vers le nouveau. C'est ce qu'ils appellent la planification des moyens.

Ackoff pense que les activités mises en œuvre aux étapes 1 à 3 aboutiront à un projet beaucoup plus faisable et ciblé que celui obtenu par la stratégie inverse (consistant à partir du présent et à se déplacer vers des objectifs futurs).

Le processus de planification de l'entreprise classique ressemble à peu près à ceci : l'entreprise décide des objectifs qu'elle veut atteindre dans les dix ans à venir et élabore des plans pour les atteindre. Les planificateurs conçoivent un plan destiné à réaliser un dixième de l'objectif par an (ou une formule suivant laquelle la plus grande partie de la progression vers l'objectif s'opèrera les dernières années) ; ils ne fournissent pas de plan détaillé des changements à opérer dans l'entreprise année par année pour atteindre les objectifs ; ils ne comprennent pas ce que l'entreprise devra devenir pour atteindre les objectifs. Aussi, le

Figure 14.5. Planification des moyens par application des contraintes au projet idéalisé

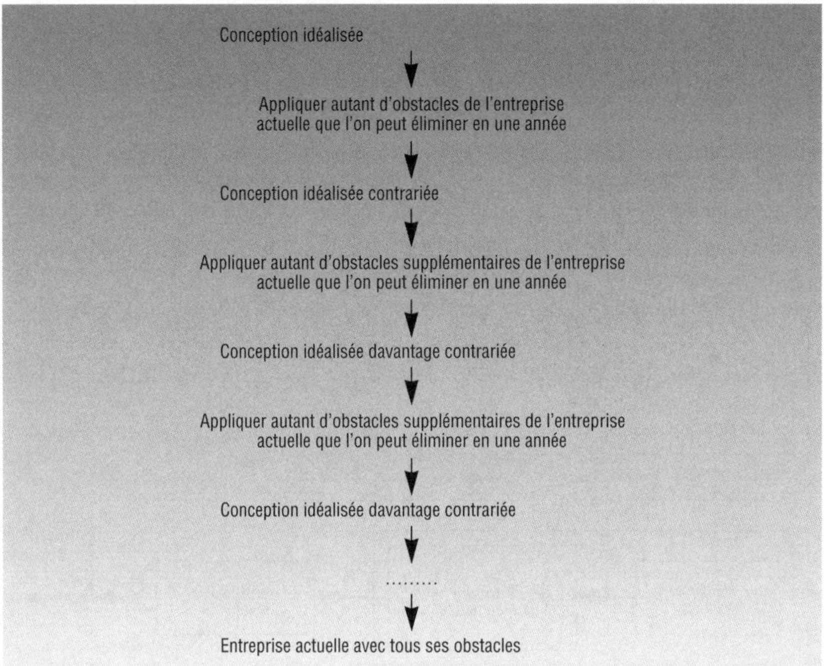

processus de planification de l'entreprise classique suppose-t-il un effort de dix ans pour atteindre les objectifs, sans réelle définition des changements qu'ils impliquent pour l'entreprise, et sans plan pour opérer ces changements[1].

Dans la planification d'Ackoff, les planificateurs analysent la situation pour rendre explicite l'état actuel de l'entreprise, où elle en restera à moins de changements, et ce qui s'oppose au changement. Puis, ils conçoivent un projet idéalisé pour représenter ce à quoi ils voudraient que leur entreprise ressemble *maintenant*, s'ils avaient le pouvoir de créer une entreprise idéale pour affronter la concurrence mondiale d'aujourd'hui. Ils élaborent alors le chemin allant de l'entreprise idéale à l'entreprise actuelle. En inversant simplement ce chemin, ils obtiennent un chemin logique de l'entreprise actuelle à l'entreprise future, et qui prendra probablement moins de dix ans.

Les méthodes d'Ackoff cadrent soigneusement avec celles du management *hoshin* du TQM (voir figure 14.6).

1. Dans la discussion par Watts Humphrey du processus de développement des logiciels, sa définition de l'aliénation mentale était « faire la même chose sans discontinuer et s'attendre à ce que les choses changent ».

Figure 14.6. Planification des moyens d'Ackoff à l'aide du management *hoshin*

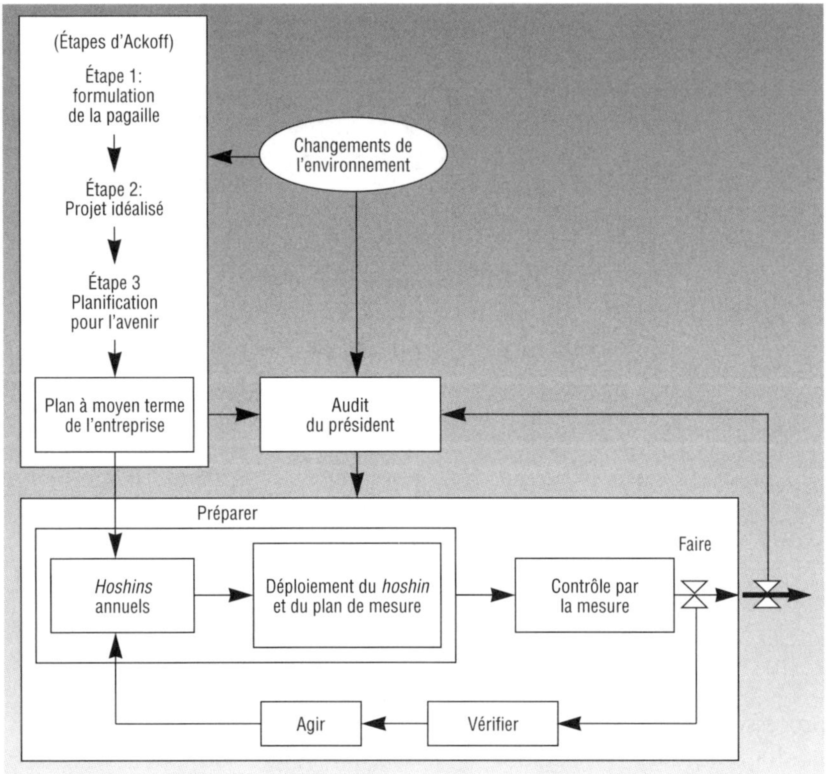

La fixation des objectifs – L'étude de cas de NEC Shizuoka

Nous avons appris les détails de la fixation des objectifs dans le système de management *hoshin* de NEC Shizuoka, lors d'une présentation effectuée par Michio Ikawa, président de cette société[1]. La présentation était frappante par sa description de la hiérarchie de la mission de la société et des objectifs à moyen et long terme de NEC Shizuoka, si différents de ce que nous sommes accoutumés à voir dans les sociétés américaines.

1. M. Ikawa, « TQC Activities at NEC Shizuoka », *Reports of Statistical Application Research Union of Japanese Scientists and Engineers*, 37, n° 1-2, 1990-1991, p. 67-68.

NEC Shizuoka a été constituée en 1969 ; en 1991, l'entreprise comptait 1 350 personnes et faisait un chiffre d'affaires de 4,8 milions de dollars. Ses principaux produits sont des modems, des télécopieurs, des alphapages, des combinés téléphoniques sophistiqués, des micro-ordinateurs, et des terminaux portables.

L'entreprise présente les caractéristiques suivantes :
- une large gamme de types de machines, allant des communications à l'informatique,
- le regroupement de la conception et de la fabrication par lignes de produits,
- la réalisation d'« industrie 2,5 », grâce au fonctionnement de lignes de production totalement automatisées,
- des activités conduites en liaison étroite avec la communauté locale.

L'expression « industrie 2,5 » est adaptée du jargon économique, suivant lequel l'industrie primaire est celle de l'agriculture, la secondaire, celle de la fabrication, et la tertiaire, celle du service. NEC Shizuoka cherche à être une « industrie 2,5 », c'est-à-dire qu'elle veut se situer entre la fabrication et le service.

Les objectifs de NEC Shizuoka sont fortement influencés par ceux de sa société mère. La philosophie d'entreprise de NEC est la suivante : « À travers son mot d'ordre, *Informatique et communications*, NEC s'efforce de faire progresser les sociétés mondiales vers une compréhension mutuelle approfondie et l'« épanouissement des facultés humaines ». Il s'agit d'un but noble, au sens des trois niveaux de buts présentés au chapitre 8. Prolongeant sa philosophie d'entreprise, NEC a également adopté ce qu'elle appelle l'engagement NEC :
- Accorder la priorité à la satisfaction du client par des efforts inlassables destinés à fournir de meilleurs produits et de meilleurs services.
- Créer de la valeur pour la société grâce à l'exploration active de nouvelles frontières en science et en technologie.
- Saisir le caractère unique de chaque salarié et favoriser l'épanouissement de ses facultés.
- Encourager l'esprit d'autonomie de chaque groupe et filiale, comme moyen d'augmenter les forces conjuguées de l'ensemble de l'organisation.
- S'acquitter de ses responsabilités comme entreprise citoyenne.
- Accroître sa rentabilité pour faciliter en interne une croissance dynamique et apporter sa contribution à la société au sens large.

Dans le contexte des objectifs et des engagements d'entreprise, NEC Shizuoka a adopté la philosophie managériale suivante :
- Le management fait de la qualité sa priorité.
- Le client d'abord.
- Faire du lieu de travail un lieu où le potentiel de chaque personne puisse être réalisé au maximum.

NEC Shizuoka a pour slogan : « une réponse immédiate quand la qualité est en jeu ». Ou bien, suivant le président de NEC Shizuoka, « quand la qualité est en jeu, l'entreprise investit toutes ses ressources ».

NEC Shizukoa a entrepris l'application du TQM en 1983, en réponse aux changements du marché : diversification des besoins du client, grandes innovations technologiques et réduction du cycle de vie des produits, intensification de la concurrence par les prix pour accroître les parts de marché. Confrontée à cette évolution du marché, l'entreprise a conclu que : ses systèmes ne permettaient pas suffisamment d'incorporer la qualité dans les processus de conception et de fabrication, et qu'elle avait un comportement passif en raison d'une excessive confiance en NEC.

Les objectifs TQM de NEC Shizukoa traduisent son désir de devenir :

- Une entreprise intégrée verticalement, du développement et de la conception à la livraison, et capable de fournir des produits satisfaisant les besoins des clients.
- Une entreprise incorporant une qualité plus élevée et une réduction des coûts à la fois dans la conception et à chaque étape du processus.
- Une entreprise pouvant s'attaquer activement à des objectifs de management et les atteindre.

À cette fin, NEC Shizuoka a initié les principales activités suivantes :

1. Application du QCD (*quality, cost, delivery* = qualité, coût, livraison) :
   - renforcement et extension des moyens de conception,
   - amélioration de l'assurance-qualité aux étapes de conception et de fabrication,
   - amélioration de la maîtrise d'ensemble de la production pour répondre de manière flexible à l'évolution des commandes.
2. Atteinte des objectifs du management grâce à la promotion et à l'amélioration du management *hoshin*.
3. Développement des ressources humaines.

En résumé, NEC Shizuoka fait partie intégrante de NEC, et toutes les entreprises NEC ont la même identité d'entreprise : « *Informatique et Communication* »[1]. Sur la base de l'identité d'entreprise NEC, NEC Shizukoa a développé sa propre philosophie. Aux termes de celle-ci, NEC Shizukoa a développé sa Vision 2001, ou plan à moyen terme. Vision 2001 est la base du plan annuel. L'ensemble de la fixation des objectifs peut être représenté (voir tableau 14.1) : les objectifs annuels sont dérivés des objectifs à long terme.

1. C.K. Prahalad, G. Hamel, « The Core Competence of the Corporation », *Harvard Business Review*, 68, n° 3, mai-juin 1990, p. 79-91.

Tableau 14.1. Processus de fixation d'objectifs chez NEC Shizuoka

Identité d'entreprise	Informatique et communication
⇩	
Philosophie d'entreprise	1. Qualité d'abord 2. Client d'abord 3. Développement des capacités du personnel
⇩	
Vision 2001 (plan à moyen terme)	1. Total des ventes : 1,4 milliard de dollars • centrer l'entreprise sur l'automatisation du bureau • promouvoir l'attitude « qualité d'abord » chez tout le personnel • accélérer le développement des nouveaux produits et l'automatisation de l'usine 2. etc. 3. etc.
⇩	
Plan annuel (1990)	1. Politique la plus importante • application complète de l'attitude « qualité d'abord » • introduction rapide et adaptation à un système de production de faible volume et de grande variété • etc. 2. Objectif (but) • réduire les coûts : – l'application de l'automatisation en usine exige une pré-analyse – avec un système de production totalement automatisé • etc. 3. Règles de comportement de l'encadrement • son rôle ne concernait que la production • il doit concerner la prévision, la conception et la production

PHASE 2 : LE DÉPLOIEMENT *HOSHIN*

Après l'établissement du *hoshin* annuel à partir de l'analyse du passé et de l'avenir, l'entreprise doit le déployer dans toute l'organisation.

Le déploiement *hoshin* présente trois aspects fondamentaux : parcourir dans les deux sens l'échelle d'abstraction, baser le déploiement sur l'analyse et les faits, et déployer des indicateurs pour mesurer la façon dont les moyens ont été mis en œuvre et les objectifs atteints.

Parcourir dans les deux sens l'échelle d'abstraction

Il existe plusieurs façons pour le management *hoshin* de parcourir l'échelle d'abstraction. Par exemple, on peut passer d'une vision à long terme à un plan annuel, et déployer celui-ci vers le bas de la hiérarchie (voir figure 14.7).

Figure 14.7. Déploiement vers le bas de la hiérarchie

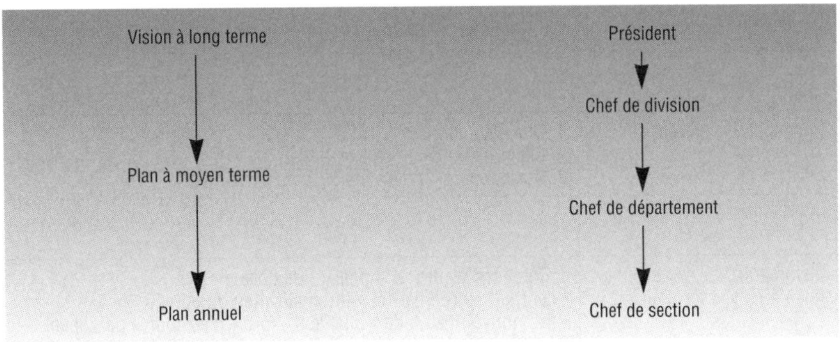

On peut aussi descendre et remonter la hiérarchie des processus, pour comprendre les objectifs et les causes premières d'une réalisation plus médiocre que celle attendue[1]. Par exemple, comme le professeur Kogure nous l'a montré sur la figure 14.8, la machine est un processus de niveau supérieur lui-même mis en œuvre par un processus de niveau inférieur, consistant en opérateurs, matières, machines, et méthodes.

Figure 14.8. Déploiement du processus inférieur vers le processus supérieur

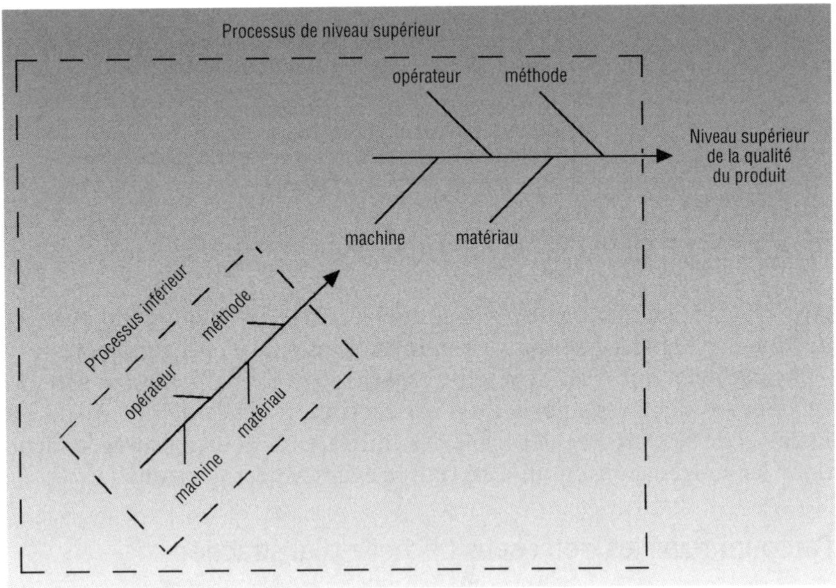

1. M. Kogure, « Some Fundamental Problems on Hoshin Kanri in Japanese TQC », *Translations of the 44th Annual Quality Congress of the American Society for Quality Control*, mai 14-16, 1990, San Francisco.

Baser le déploiement sur des faits et sur l'analyse

Nous allons faire suivre ceci d'un exemple de déploiement de *hoshins*, du président aux structures des diverses fonctions de l'entreprise. Chacun des *hoshins* a la forme normalisée : [Résultat par moyen, indicateur, objectif].

Pour cet exemple, nous ne prendrons pas en compte le délai. Il est classique que les unités des indicateurs changent à chaque niveau de déploiement et diffèrent d'un *hoshin* au *hoshin* suivant de même niveau. Le déploiement descendra un grand nombre de niveaux de l'organisation, éventuellement jusqu'à celui de la section[1].

Supposons que l'analyse du passé et de l'environnement ainsi que sa vision de l'avenir conduisent le président à conclure qu'un *hoshin* annuel devrait « réduire les coûts de 20 % par la diminution de la durée des cycles d'activité ». L'étape suivante consistera à décliner des *hoshins* adaptés à chacune des divisions spécialisées placées sous l'autorité du président (voir figure 14.9).

Figure 14.9. Déploiement des *hoshins* vers les divisions spécialisées

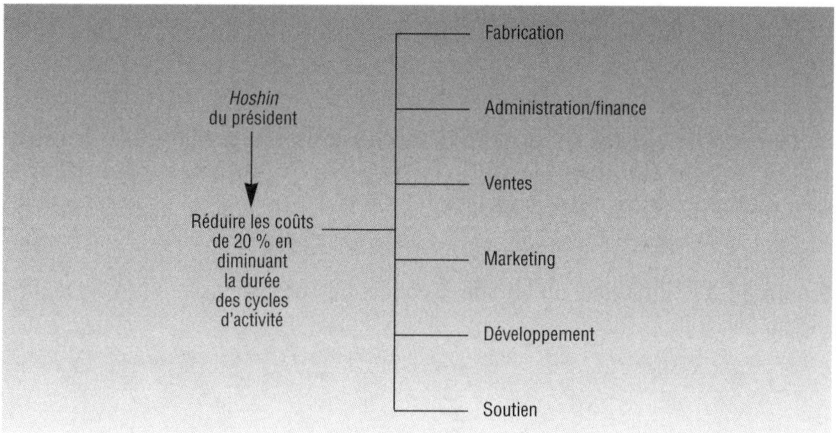

Les faits et l'analyse sont essentiels pour déployer un *hoshin* d'un niveau au niveau suivant. L'analyse des faits concernant les objectifs clés concentre le déploiement *hoshin* sur les « quelques points essentiels ».

Le président et les chefs de division doivent déterminer ce qui empêche l'entreprise d'atteindre ses objectifs clés ; à tous les échelons, leurs collaborateurs doivent en faire autant. En d'autres termes, pour déployer de façon rationnelle les objectifs et les moyens, on doit stratifier le marché, les clients, les produits, les sources de réductions possibles de coûts,

1. Habituellement, cela s'arrête à l'individu.

etc. Par exemple, on analyse les produits ayant les plus grosses ventes, ceux ayant connu la plus forte croissance l'année écoulée, et la proportion suivant laquelle le « temps de cycle » peut être réduit (voir figure 14.10).

Figure 14.10. Analyse des faits concernant les objectifs clés

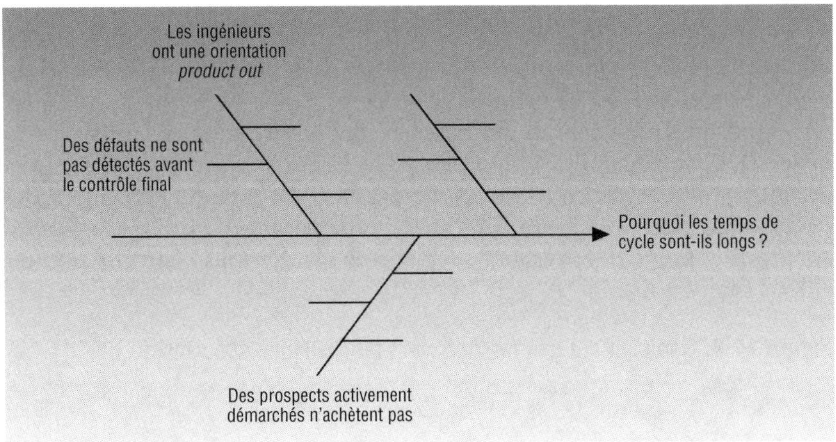

Le président et les chefs de division rassemblent les données, les stratifient, et sélectionnent le plus gros problème au niveau suivant pour le déploiement *hoshin* (voir figure 14.11).

Figure 14.11. Stratification en vue du choix des problèmes pour le *hoshin* du niveau suivant

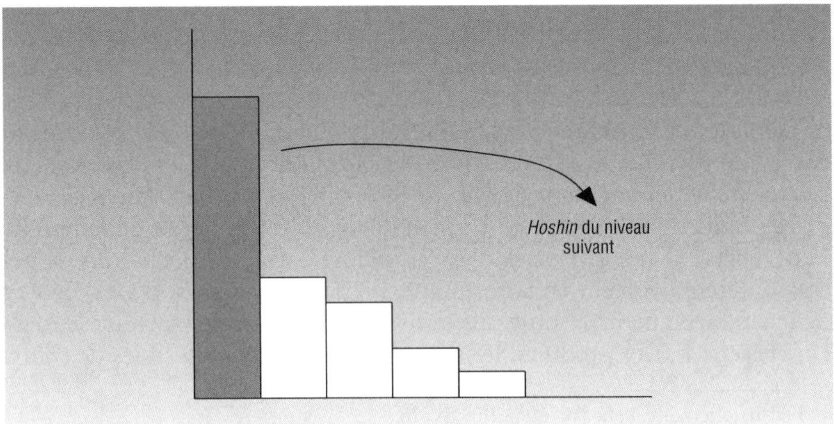

Aux niveaux inférieurs, cette analyse débute par la question « Qu'est-ce qui empêche notre division de réaliser le *hoshin* proposé par notre supérieur ?» Par exemple, dans le cas ci-dessus, le responsable de la division fabrication pourrait se demander « qu'est-ce qui nous empêche de réduire la durée de nos cycles d'activité ?». Une fois encore, on effectue une analyse systématique, basée sur les faits, en faisant appel, par exemple, aux diagrammes de Pareto, aux diagrammes d'Ishikawa, et au processus PDCA en sept étapes. Comme conséquence de cette analyse, le directeur pourrait conclure que la cause première de l'incapacité de la fabrication à réaliser le *hoshin* du président est « un système d'approvisionnement et d'inventaire sans renvoi d'information ». De façon similaire, chaque fonction déterminerait ce qui l'empêche de réaliser le *hoshin* du président.

La figure 14.12 montre la conséquence éventuelle de l'analyse opérée par chaque fonction sur ce qui s'oppose à la réalisation du *hoshin* du président.

Figure 14.12. Analyse au niveau de la fonction des obstacles s'opposant au *hoshin* du président

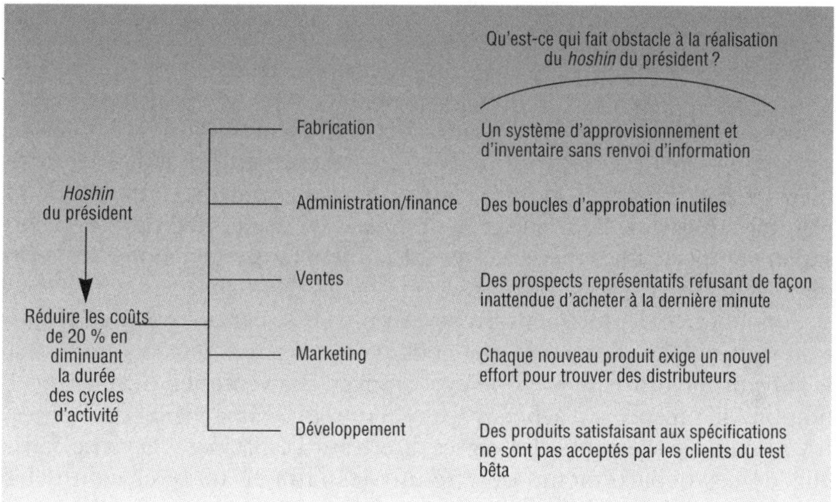

Partant de cette analyse, chaque directeur de division peut établir des *hoshins* adaptés pour déployer le *hoshin* du président dans son domaine propre. Les faits et l'analyse sont aussi utilisés pour développer les *hoshins*, aussi bien que les moyens et les objectifs. Le tableau 14.2 montre des *hoshins* que l'on peut établir sur la base des données fournies dans la figure 14.12.

Tableau 14.2. L'établissement des *hoshins* d'une division

Fonction	*Qu'est-ce qui empêche la réalisation du* hoshin *du président*	Hoshin *de la division*
Fabrication	Système d'approvisionnement et d'inventaire sans renvoi d'information	Réduire de 50 % les temps de cycle de fabrication en appliquant le juste-à-temps (JIT)
Administration/ finance	Boucles d'approbation inutiles	Réduire de 40 % les principaux cycles de l'administration et de la finance en établissant la cartographie des processus et en éliminant le travail sans valeur ajoutée
Ventes	Des prospects refusent à la dernière minute, contre toute attente, d'acheter	Réduire de 30 % le cycle moyen des opérations de vente en diminuant le nombre des prospects qui n'achètent pas
Marketing	Chaque nouveau produit exige un nouvel effort pour dénicher des distributeurs	Réduire de 50 % le délai moyen de livraison d'un nouveau produit en créant des alliances stratégiques
Développement	Des produits qui satisfont les spécifications ne sont pas acceptés par les clients du bêta-test	Réduire de 30 % le délai moyen de livraison du produit en améliorant la compréhension par les ingénieurs du contexte du client

Le système de déploiement *hoshin* décrit ici se concentre sur la recherche du processus permettant d'atteindre le résultat désiré. Dans ce sens, il est très puissant. Toutefois, il présente un point faible en ce qu'il ne parvient pas à rendre clair que chaque moyen contribue à un résultat supérieur. Le management *hoshin* tel qu'il a été développé au Japon comporte un remède à ce point faible. Nous y reviendrons à la fin de ce chapitre.

Amenons ce déploiement un niveau plus bas, par exemple, à la fonction ventes. Dans l'exemple que nous avons pris, le *hoshin* des ventes est le suivant « réduire de 30 % le cycle moyen des ventes en diminuant le nombre de prospects n'achetant pas ». Au sein de la division des ventes, il y a deux départements : les ventes directes et l'assistance à la vente. Chacun de ces départements doit réunir les faits et analyser ce qui les empêche de réaliser le *hoshin* des ventes. Leur analyse pourrait ressembler à la figure 14.13.

On utilise aussi les faits pour orienter le processus de déploiement. À un niveau donné de celui-ci, les *hoshins* du directeur indiquent un résultat désiré et les moyens jugés appropriés pour l'atteindre. Ces *hoshins* sont transmis aux collaborateurs du directeur, qui élaborent des *hoshins* à l'appui de ceux reçus d'en haut. Il peut, toutefois, y avoir des désaccords. D'un niveau à l'autre, les directeurs utilisent les faits pour vérifier la vali-

Figure 14.13. Analyse des barrières à la réalisation du *hoshin* des ventes

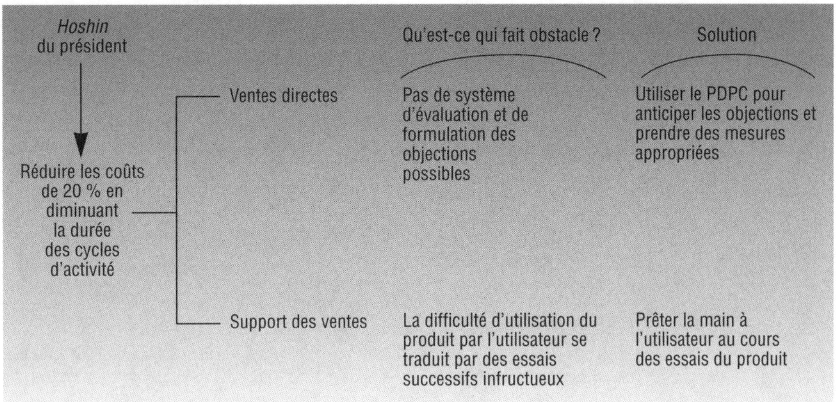

dité et la faisabilité des *hoshins* et les ajuster. Ces faits font la navette sur des feuilles de données normalisées et donnent lieu à des discussions en tête à tête. Ce processus d'orientation des *hoshins* grâce à l'utilisation de l'analyse factuelle est connue au Japon sous l'appellation de *catchball* (jeu de renvoi de balle). Le *catchball* est représenté par le symbole : .

Le *catchball* n'est pas la négociation de désirs conflictuels. Il intervient dans toute la hiérarchie (voir figure 14.14). Une fois l'analyse des faits et le *catchball* réalisés à tous les niveaux, il s'ensuit un déploiement semblable à celui représenté sur la figure 14.15.

Figure 14.14. Orientation des *hoshins* par le *catchball*

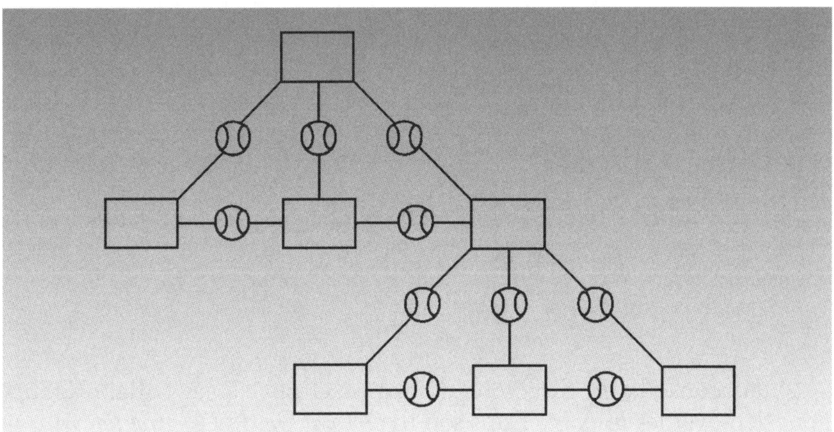

Figure 14.15 Déploiement vers le niveau suivant

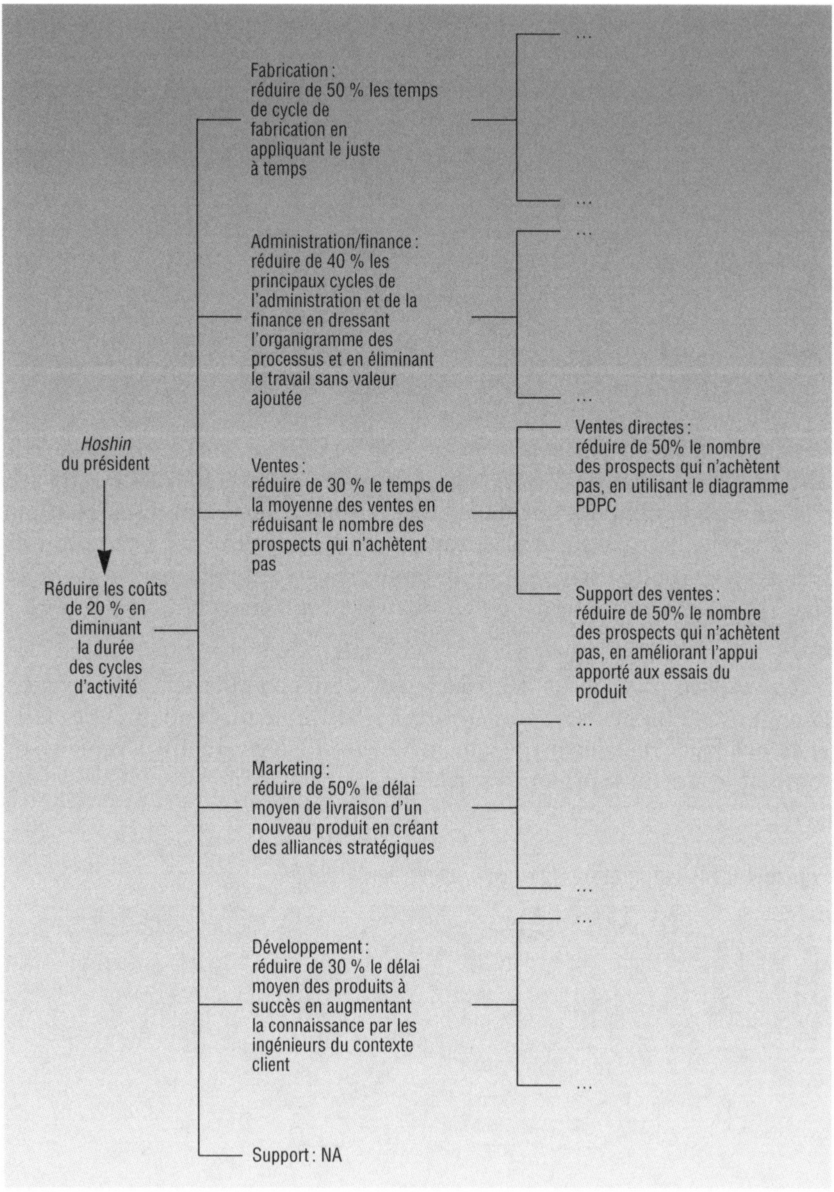

Quels conseils un directeur doit-il prodiguer à ses collaborateurs pour déployer les *hoshins* ? Dans son livre *Total Quality Control for Mana-*

gement (*La Maîtrise de la Qualité Totale au service du Management*)[1], Masao Nemoto donne les lignes de conduite suivantes pour le déploiement des *hoshins* des directeurs :

– Les objectifs doivent être provocateurs mais convaincants.
– Les problèmes locaux ne doivent pas être pris en compte comme des *hoshins*.
– Compter comme *hoshins* le petit nombre des problèmes réclamant une attention spéciale.
– Le supérieur doit fournir des projets d'application (moyens) pour les principaux points difficiles.
– Le supérieur suggère des « points à prendre en considération » pour quelques éléments particuliers.
– Les subordonnés développent eux-mêmes le restant des moyens.

Bien que nous ayons représenté le déploiement ci-dessus sous la forme d'un arbre, celui-ci a généralement la forme d'une matrice d'orientation (voir figure 14.16).

Figure 14.16. Matrice d'orientation des *hoshins*

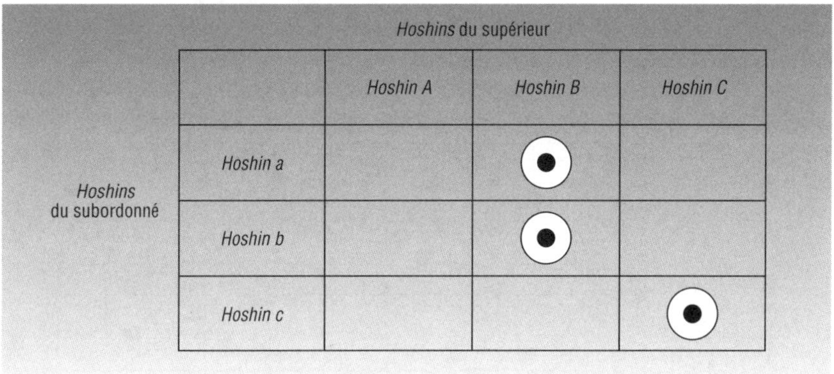

Sur la figure, les cercles comportant un point central indiquent que les *hoshins a* et *b* du subordonné sont alignés sur le *hoshin B* du supérieur, et que le *hoshin c* du subordonné est aligné sur le *hoshin C* du supérieur. Dans ce cas, le subordonné n'a pas de *hoshin* relié au *hoshin A* du supérieur. Le fait de se concentrer sur les quelques points essentiels à chaque niveau peut signifier que les subordonnés ne sont pas concernés par tous les objectifs *hoshin* du supérieur.

Ces diagrammes d'alignement peuvent être facilement étendus au résumé des *hoshins* de tous les collaborateurs d'un directeur (voir figure 14.17). Dans cet exemple, les *hoshins* des trois subordonnés sont

1. Nemoto, *Total Quality Management*.

tous alignés avec le *hoshin* *C* de leur supérieur, et ceux des subordonnés 1 et 2, avec le *hoshin* *B*. Le subordonné 1 n'a aucun *hoshin* relié au *hoshin* *A* du supérieur, mais cela peut ne pas être un problème, car ceux des subordonnés 2 et 3 le sont avec *A*.

Figure 14.17. Matrice d'orientation étendue

		Hoshins du supérieur		
		A	*B*	*C*
Subordonné 1	*a*		◉	
	b		◉	
	c			◉
Subordonné 2	*d*	◉		
	e			◉
	f		◉	
Subordonné 3	*g*	◉		
	h			◉
	i			◉

Le déploiement des indicateurs

Un troisième élément critique de la phase de déploiement (les premier et deuxième étant respectivement la descente et la montée le long de l'échelle d'abstraction, et le recours aux faits et à l'analyse) est le recours à des indicateurs d'exécution du plan et de ses résultats. La nature de ces indicateurs ne peut être éclaircie qu'après un examen de leur utilisation dans la troisième phase (la suivante) du management *hoshin*.

PHASE 3 : LA MAÎTRISE À L'AIDE D'INDICATEURS (PHASE DE MAÎTRISE)

Chacun des *hoshins* déployés comprend un indicateur et un objectif. Les indicateurs sont suivis et comparés à l'objectif. Bien que les indicateurs et les objectifs puissent être également représentés sur des matrices d'alignement, la figure 14.18 les illustre sous la forme de

Figure 14.18. Déploiement des indicateurs

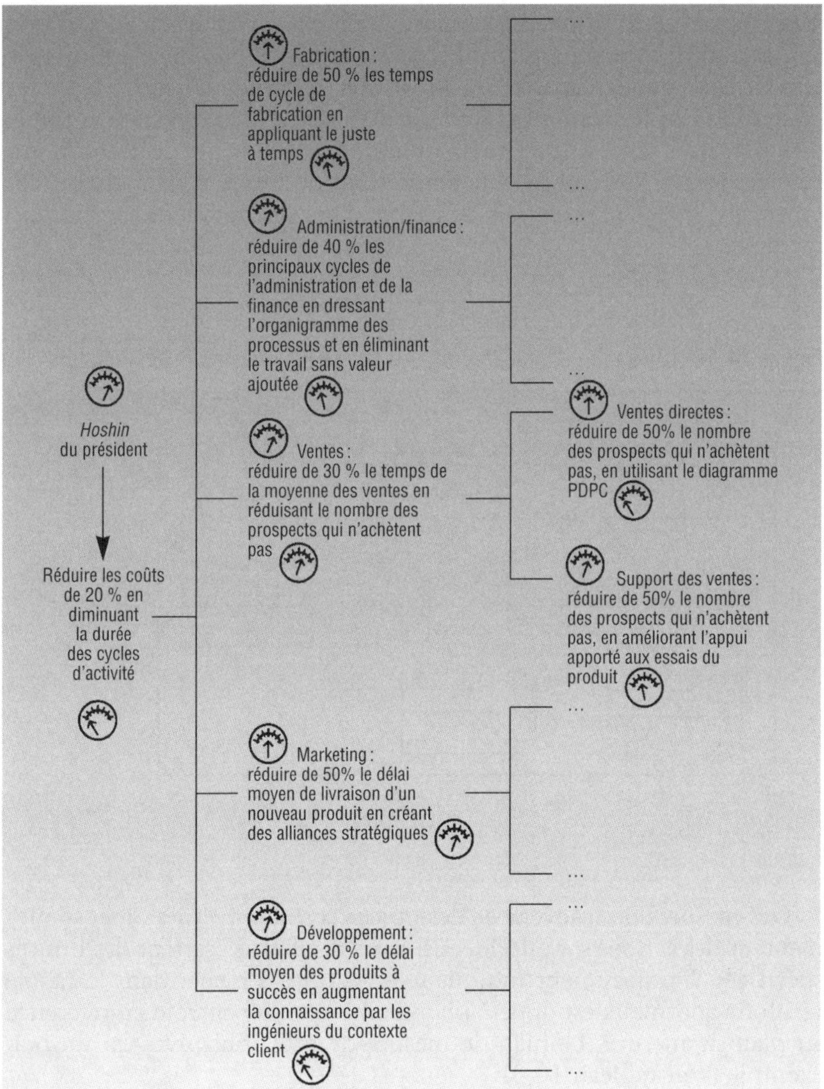

petits compteurs disposés sur l'arbre de déploiement. En plus des compteurs représentant les indicateurs destinés à suivre les résultats, la figure fait apparaître aussi d'autres compteurs (indicateurs et objectifs) sur les modes de contrôle des moyens.

Ces indicateurs et objectifs permettent de suivre tout au long de l'année les moyens et les résultats et de prendre les mesures appropriées (voir figure 14.19). C'est le SDCA où le « *standard* » correspond aux moyens planifiés. Les indicateurs et les objectifs vous disent aussi à la fin de l'année (ou plus tôt), si l'incapacité à obtenir le résultat désiré était due à un mauvais fonctionnement des moyens ou à la non utilisation des moyens planifiés. Si les moyens ont bien été mis en œuvre, c'est que la capacité du processus (les améliorations planifiées pour produire les résultats) était inadéquate et les écarts entre résultats planifiés et résultats réels devraient déclencher le PDCA. En d'autres termes, les indicateurs permettent de suivre et de maîtriser les processus, même le processus de changement des autres processus eux-mêmes.

Figure 14.19. Utilisation d'indicateurs pour suivre les moyens et les résultats

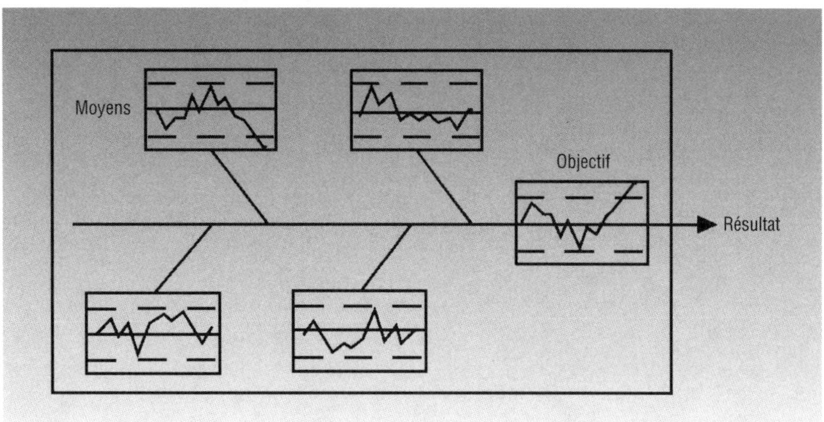

Des mesures des moyens et des objectifs sont effectuées mensuellement, et des actions sont décidées si leurs résultats s'écartent des limites spécifiées. Un document indiquant les actions à mener dans le cas de résultats anormaux est appelé plan de mesure ou contrôle en référence au plan de mesure. Le plan de mesure de NEC Shizuoka est un bon exemple (voir tableau 14.3).

Tableau 14.3. Plan de mesure de NEC Shizuoka

Directeur de division	*Chef de section*	*Mesure* (point z)	*Objectif* (niveau d'alerte)	*Quand?*	*Action d'alerte*	*Documents ou graphes à utiliser*
Réduire les défauts des pièces nouvelles	1. Réduire les principaux défauts des pièces nouvelles	Nombre des défauts principaux	0 (1)	1/mois	Détails des actions	
	1.1 Créer un système en vue du ZD (1)					
	1.1.1 Système d'audit des fournisseurs des principaux défauts	Fournisseurs audités		1/mois		
	1.1.2 Formation à la maîtrise de la qualité du fournisseur	Fournisseurs formés		1/mois		
	1.2 Contrôle direct des deux fournisseurs les moins bons	Nombres de défauts dus au soudage	0 (1)	1/mois		

(1) ZD = Zéro Défaut.

Harmonisation du travail quotidien et du management *hoshin*

L'objet du management *hoshin* est d'aligner toutes les personnes et toutes les activités pour les orienter vers les objectifs clés de l'entreprise. Ceci oblige à vérifier si le travail quotidien du personnel est en ligne avec les *hoshins* de la direction générale, et si tel n'est pas le cas, de le modifier de façon appropriée. Les cadres disposent d'une liberté d'action considérable pour fixer la hiérarchie des activités, et l'équilibre « naturel » de celles-ci peut ne pas contribuer convenablement aux *hoshins*. Un aspect nécessaire et fondamental du management *hoshin* consiste donc à analyser le travail quotidien.

Il est nécessaire de dresser la liste des éléments qui contribuent à la réalisation des objectifs du travail quotidien de chaque individu, et de les organiser. Le résultat peut être résumé par un arbre (voir figure 14.20). Puis, les *hoshins* correspondant à la personne ont besoin d'être reliés aux éléments contribuant aux objectifs de sa fonction, et de nouvelles tâches doivent être ajoutées si nécessaire pour accomplir les *hoshins* (voir figure 14.21).

Figure 14-20. Arbre des composants contribuant à la réalisation des objectifs du travail quotidien

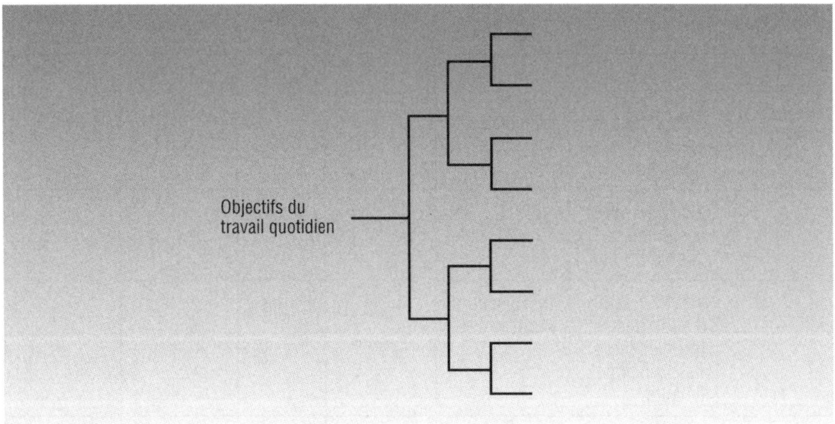

Figure 14.21. Corrélation des *hoshins* et des éléments contribuant à la réalisation des objectifs du travail quotidien

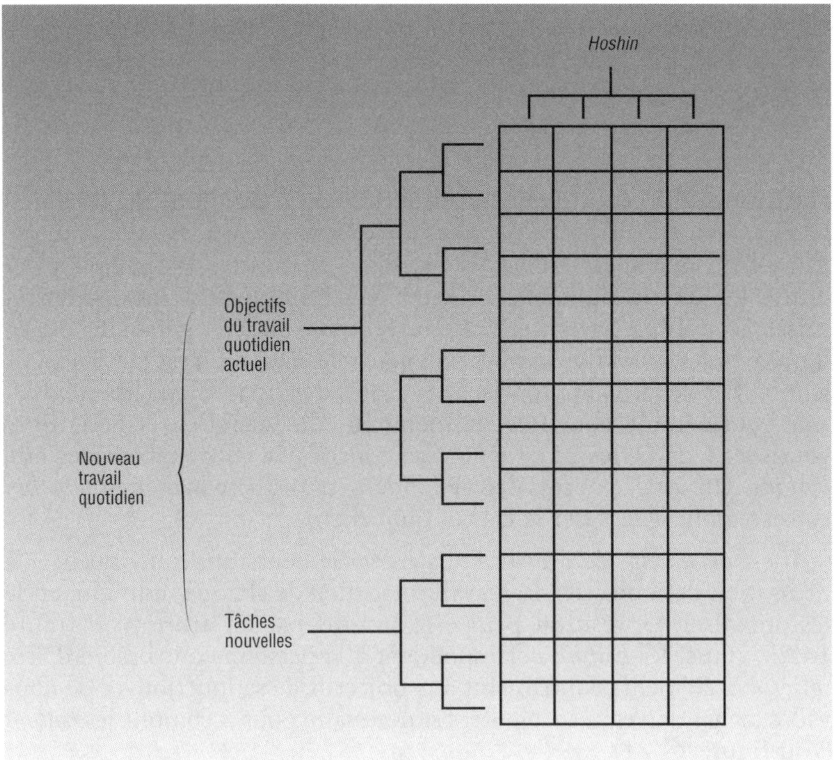

À partir de cette matrice de corrélation, il est possible :
- de comprendre quelles tâches quotidiennes ont une priorité supérieure, parce qu'elles se rapportent aux *hoshins*,
- de comprendre que de nouvelles tâches doivent être ajoutées pour que la personne s'attaque aux *hoshins* auxquels elle ne s'attaquait pas,
- à tout le monde de comprendre ce que l'autre est en train de faire.

On peut ainsi mettre en place des moyens de mesure (indicateurs et objectifs) permettant à chacun de suivre et contrôler ses propres activités. Chacun doit être sûr d'appliquer le processus et d'obtenir les résultats désirés. Ainsi, chaque personne peut faire fonctionner son PDCA personnel.

PHASE 4 : VÉRIFIER ET AGIR (PHASE CORRECTIVE)

Une fois le Plan annuel élaboré et déployé sur l'année ou le semestre (*do*), le moment est venu d'identifier les points faibles du Plan ou de sa mise en œuvre (*check*) et d'en tirer les conséquences pour le plan de l'année suivante ou éventuellement les plans à moyen ou à long terme (*act*) (voir figure 14.22).

Figure 14.22. Vérification et action pour modifier le plan

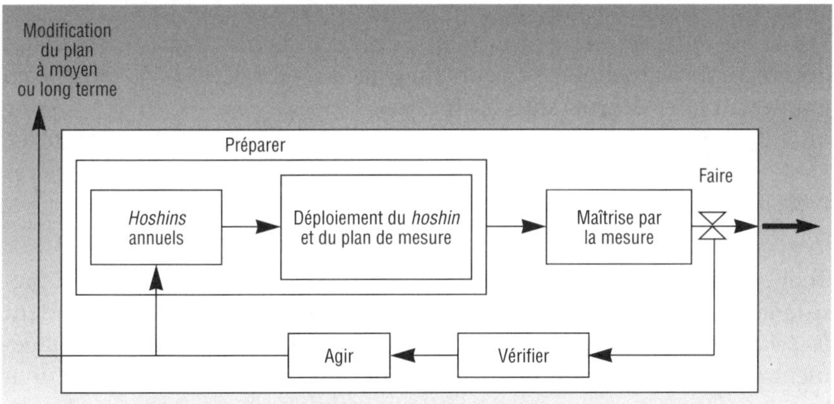

L'étape de vérification amène à découvrir les raisons pour lesquelles le processus planifié n'a pas produit les résultats attendus. En d'autres termes, un processus a été créé qui peut être analysé maintenant en utilisant les méthodes de l'amélioration corrective (on se sert des 7 étapes pour analyser les écarts entre le projet et la réalité, et déterminer les causes principales des écarts). Par exemple, les données recueillies dans le cadre du plan de mesure permettront de découvrir si des parties du plan n'ont pas été appliquées ou si elles l'ont été sans produire le résultat attendu (voir figure 14.23). Ceci fournit un retour d'information pour le cycle de planification suivant.

Figure 14.23. Analyse de l'écart entre le plan et la réalité

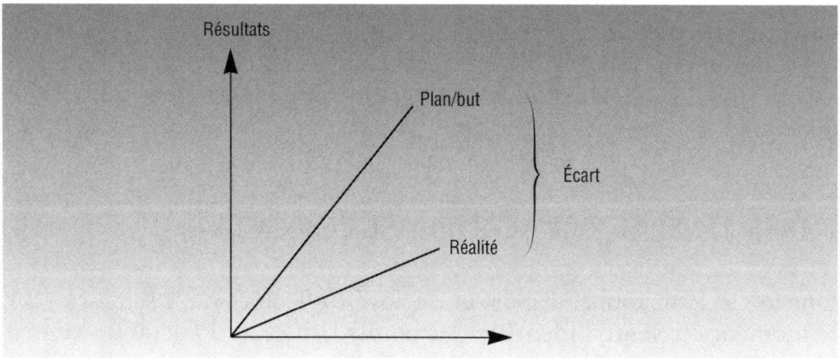

Il est important d'appliquer cette analyse basée sur des faits en utilisant les 7 étapes de la maîtrise de la qualité. Dans ce but, le management *hoshin* prescrit d'utiliser des feuilles de données d'analyse, dont le président ou le responsable de division se servent pour leur diagnostic et s'assurer que c'est fait.

L'étape agir implique ensuite que l'on décide des parties principales du processus à améliorer au cours du cycle suivant. Ceci nous ramène au plan et au faire décrits antérieurement.

L'AUDIT DU PRÉSIDENT

Tout en haut du modèle du management *hoshin*, on trouve l'audit du président. Celui-ci fait partie de la phase anticipatrice du management *hoshin*, la boucle PDCA anticipatrice extérieure du modèle de management *hoshin*. Chaque année, le président évalue la façon dont chaque division ou secteur d'activité s'acquitte des activités de management *hoshin*. Au cours de la première étape, le groupe audité remet au président et à son équipe TQM un document faisant le point de la situation.

Puis le président, un consultant (un « agent de changement » n'appartenant pas à la division), et l'équipe de diagnostic visitent les installations du groupe à auditer. La seconde étape comprend deux parties, une présentation effectuée par le responsable du groupe de travail de l'usine et la visite du groupe de travail dans son environnement propre.

La première partie se déroule suivant un schéma très formalisé ; la seconde est personnelle et informelle.

La troisième étape débute pendant la visite du président au groupe de travail. Toujours de façon personnelle et informelle, le consultant externe accompagnant le président résume les points forts et les points faibles observés, sur lesquels le président insiste oralement de façon appropriée. Au Japon, cette étape consacrée au résumé peut s'achever par une tournée de *sake* et la poursuite de discussions informelles. Elle se conclut un mois plus tard, par une note que l'équipe d'audit adresse au groupe de travail sur les améliorations auxquelles il devrait procéder.

Durant la quatrième étape, le président et l'équipe qui l'assiste préparent la façon d'améliorer le processus d'audit pour le prochain cycle de planification. Les visites sur place durent en général une journée. Dans la même journée, le président et l'équipe qui l'accompagne peuvent visiter plusieurs groupes d'un même site. Ces visites sur place constituent la principale contribution du président au management *hoshin* : il ne peut les déléguer. Dès le début de l'application du management *hoshin*, le président doit visiter tous les sites. Dans l'absolu, il doit visiter régulièrement chacun d'entre eux. Il est certain que les plus importants doivent être visités une fois par an. Dans une grande entreprise japonaise de construction, comportant de nombreuses succursales, le président effectuait une centaine de ces visites par an.

L'audit du président a plusieurs objets. Il a d'abord l'effet d'un délai, et représente par conséquent une application indirecte du cycle PDCA annuel des divisions ou des domaines d'activité. La date en est annoncée un an à l'avance, de telle sorte que les améliorations doivent avoir été opérées pour cette date. En second lieu, l'audit du président guidera de lui-même les divisions sur la façon de renforcer leurs systèmes d'amélioration de la qualité. L'audit n'a pas pour objet de vérifier les résultats, mais leur processus d'analyse (PDCA). En troisième lieu, l'audit annuel donne aussi au président l'occasion de démontrer le rôle moteur qu'il joue personnellement dans le TQM. Enfin, l'audit du président contribue à son propre processus d'apprentissage.

- Le président écoute et voit ce qui se passe réellement (les changements, les problèmes latents, et les contraintes de l'environnement). Ceci est important, car les subordonnées hésitent à parler des problèmes, et certains présidents sont peu enclins à en entendre parler.
- Le président poursuit en permanence sa formation en matière de qualité. L'« agent de changement » qui l'accompagne, spécialiste en matière de qualité, pose des questions qui éclairent le président.
- Le président participe personnellement au cycle PDCA et devient par conséquent de plus en plus compétent dans l'utilisation du PDCA anticipateur.

- Le président peut comparer les divisions entre elles et identifier par conséquent les modèles forts et faibles.

Le président de NEC Shizuoka a retenu les points suivants du système de management *hoshin* de son entreprise :

- La direction générale consacre 20 heures sur les quelque 160 heures du mois à de pures activités de TQM, qui se concluent pour la plupart en management *hoshin*. La fonction du président s'est modifiée, en ce sens qu'il dirige aujourd'hui par *hoshins*.
- Les résultats du TQM et du management *hoshin* n'ont été obtenus qu'après plusieurs années.
- La chose la plus difficile dans l'application du TQM chez Shizuoka a été le management *hoshin*, en raison du temps qu'il a fallu pour (1) comprendre la façon dont il fonctionne et (2) obtenir un équilibre des liens quantitatifs entre le président et l'encadrement.
- Au début, la « paperasserie » du management *hoshin* prenait beaucoup de temps, mais cela devint plus facile par la suite.
- Shizuoka a limité les objectifs de chaque cadre a trois par an. C'étaient leurs objectifs d'activité.
- (1) L'amélioration de la qualité, (2) les bénéfices, et (3) les délais de fabrication étaient les trois objectifs du président. Ils étaient dérivés des résultats de l'année précédente ; plus précisément, ils devaient être inférieurs (1) à x défaillance pour cent au contrôle final, (2) à un pourcentage y, et (3) à z jours entre la commande et la livraison.
- Le président laissait à ses subordonnés le choix des moyens pour atteindre les objectifs, mais il les passait en revue avec eux.

Au cours des cinq années ayant précédé notre visite au président de NEC Shizuoka, années durant lesquelles l'entreprise appliqua le TQM et recourut au management *hoshin*, les ventes de NEC Shizuoka augmentèrent deux fois plus que ses effectifs, et ses profits, cinq fois. Le président attribue ces excellents résultats à la diminution des coûts due à l'automatisation de l'usine et à l'adoption d'un processus de systémisation.

Le président de NEC Kansai (autre filiale de NEC) estime que l'avantage le plus important du diagnostic du président est qu'il lui permet de détecter les problèmes latents et d'ajuster en conséquence le système de management *hoshin*.

MANAGEMENT *HOSHIN* OU DIRECTION PAR OBJECTIFS

Pour les Japonais, les États-Unis n'ont pas ressenti aussi fortement que le Japon, la nécessité du management *hoshin*. Comme on le voit sur la figure 14.24, au Japon, le directeur général passe pour avoir moins d'autorité que son homologue américain sur les vice-présidents et les directeurs de divisions[1].

Figure 14.24. Comparaison des niveaux d'autorité

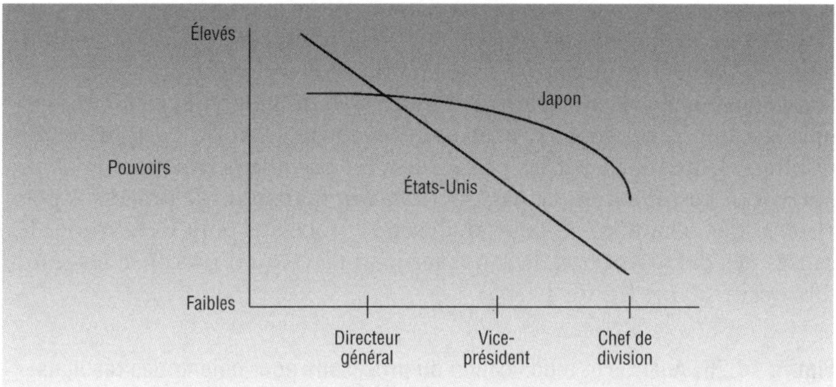

Kogure cite une enquête effectuée en 1980 sur des entreprises américaines et japonaises, suivant lesquelles les premières étaient supérieures au plan de la formalisation, de la concentration des pouvoirs aux échelons supérieurs, et de la structuration des systèmes de planification du management. Les entreprises américaines étaient également fortes dans divers aspects du management transfonctionnel (petites unités) et dans les systèmes de gestion de la production[2]. Aussi, les entreprises japonaises ont-elles senti la nécessité d'instituer un système formel de déploiement de la politique, des niveaux les plus élevés aux niveaux les plus bas de l'entreprise. Elles supposaient que dans le cadre américain, où prévaut le management de haut en bas, les directives de la direction générale pouvaient parvenir plus facilement au bas de la hiérarchie.

Les entreprises japonaises n'ont pas de hiérarchies de pouvoirs très claires, la culture japonaise appréciant la « souplesse » en de telles matières. Elles préfèrent un management orienté de bas en haut à un système orienté de haut en bas, et leurs méthodes de management *hoshin* ont été developpées en conséquence. Par exemple, comme nous l'avons déjà mentionné, le management *hoshin* inclut le système explicite de négociation entre les niveaux appelé *catchball*. Ainsi, le management *hoshin* a évolué de façon à inclure un composant « de bas en haut » significatif, destiné à modifier les politiques initiales de haut en bas.

1. Cette figure est extraite de l'ouvrage de T. Kagano, Y. Nonaka, K. Sakakibara, et A. Okumura, *Ni-chi-Bei Kigyo no Keiei Hikaku (Comparaison des pratiques managériales entre les États-Unis et le Japon)*, Tokyo, Nihon-Keizai-Shinbunsha, 1983.
2. M. Kogure, *Japanese TQC : Its Review and New Evolution*, Tokyo, JUSE, 1988.

Dans son livre, le professeur Kogure souligne la différence entre management *hoshin* et direction par objectifs (DPO). Le premier insiste sur l'obtention de résultats par la maîtrise du processus. La seconde met l'accent sur l'atteinte des objectifs par le gouvernement des hommes.

DPO et management *hoshin* jouent le même rôle pour le déploiement des objectifs de l'entreprise en objectifs individuels et la latitude laissée aux gens de les réaliser. Même si le management *hoshin* japonais se concentre sur le processus, il accorde aussi de l'attention aux résultats. L'insistance sur les processus n'est pas une permission de ne pas obtenir de résultats. Le management *hoshin* maîtrisant le processus pour obtenir des résultats, on peut analyser le processus pour déterminer les causes des défaillances et le modifier jusqu'à ce qu'il produise les résultats désirés (voir figure 14.25).

Figure 14.25. Analyse et modification du processus pour obtenir des résultats

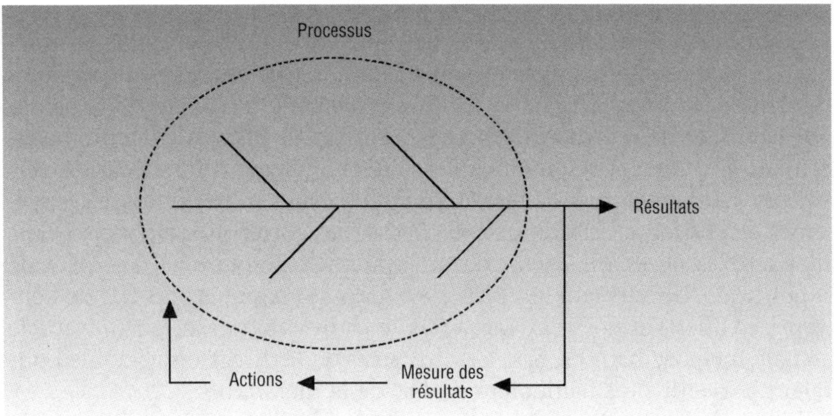

En insistant sur la nécessité de rendre les hommes responsables des résultats, la DPO renonce trop souvent à comprendre le processus utilisé pour atteindre les objectifs. Par exemple, on peut ne pas prendre en compte la capacité du processus d'atteindre les objectifs. Pratiquée ainsi, non seulement la DPO joue sur les individus et leurs processus propres, qui peuvent ne pas être des processus « capables », mais elle n'offre pas le moyen d'apprendre comment améliorer, si la capacité des hommes ou des processus n'est pas suffisante.

Si ce sont seulement les objectifs que l'on déploie et non les moyens, comme cela se produit fréquemment avec la DPO, le déploiement représenté sur figure 14.15 ressemble beaucoup à celui de la figure 14.26. Notons que les unités d'indicateurs sont les mêmes pour tous les niveaux du déploiement. Il s'agit en réalité d'un système de découpage ou de dispersion des objectifs et non de leur déploiement.

Figure 14.26. La direction par objectifs

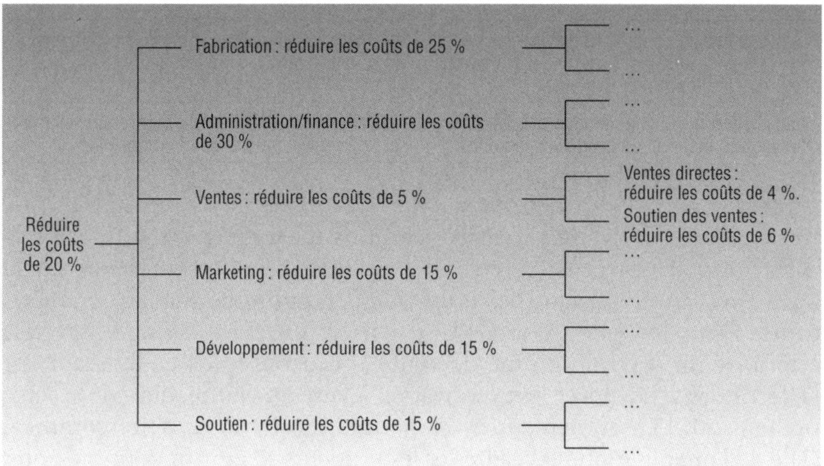

Le tableau 14.4 compare la DPO et le management *hoshin* sur la base de ce que nous avons observé de leur utilisation effective dans les entreprises américaines.

Tableau 14.4. Comparaison de la direction par objectifs et du management *hoshin*

Direction par objectifs (DPO)	*Management* hoshin
Cycle de planification sur douze mois	Cycle de planification sur 6 mois
Déploiement d'une partie de l'objectif de la direction générale à chaque segment de chaque niveau (sans changement des unités de mesure)	Déploiement des objectifs des indicateurs différents pour chaque segment de chaque niveau (changement des unités de mesure)
L'encadrement du niveau inférieur a la responsabilité de la fourniture des moyens	L'encadrement du niveau supérieur suggère des moyens possibles pour les objectifs principaux
Une certaine négociation des objectifs (pression considérable exercée sur l'encadrement du niveau inférieur pour qu'il accepte les objectifs proposés par l'encadrement du niveau supérieur)	*Catchball* (négociation itérative) des objectifs et des moyens sur la base des faits et de l'analyse
Peu de suivi des moyens (si cela marche, tout va bien)	Des objectifs et des indicateurs visent à suivre l'utilisation des moyens
	L'analyse des causes et des défaillances de moyens du dernier cycle de planification est utilisée pour améliorer les méthodes proposées dans le cycle de planification suivant

Tableau 14.4. *(suite)*

Direction par objectifs (DPO)	*Management* hoshin
Reproches du président pour non-respect des objectifs et parfois, remplacement du cadre responsable	Diagnostic du président du cycle PDCA et suggestions sur la façon d'améliorer les choses la fois suivante
Le nouveau cadre impute les problèmes passés au système de son prédécesseur et entreprend de préparer un nouveau système	Le cadre ancien apprend du passé à faire mieux la fois suivante
Tout repose sur la compétence non définie des cadres individuels supposés capables	**Action pour définir la compétence nécessaire et l'institutionnaliser dans l'entreprise**

La gestion des ventes fournit souvent un exemple des limites de la direction par objectifs (voir figure 14.27). Le cycle représenté sur la figure suivante sera familier à un grand nombre de managers américains. Dans le cycle de la DPO illustré figure 14.26, on cherche à atteindre un certain volume de ventes beaucoup plus en agissant sur l'effectif des vendeurs et leur motivation à faire du chiffre, que par la compréhension, l'enseignement et l'amélioration de la capacité commerciale de l'organisation. Les cadres et les vendeurs se liguent pour présenter la vente comme relevant de qualités individuelles dépendant de l'aptitude de l'entreprise à attirer à elle de bons vendeurs. L'entreprise ne fait pas d'effort pour maîtriser directement ses chances en apprenant à vendre ses produits et à former les vendeurs aptes à le faire.

Figure 14.27. Un modèle de direction par objectifs pour la gestion des ventes

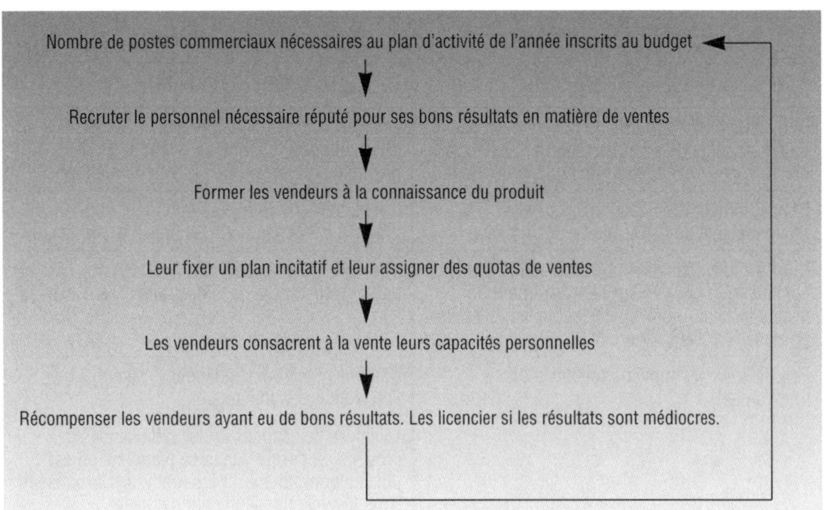

Même si les entreprises américaines perçoivent moins le besoin d'un système de gestion et de déploiement de la politique que ne le font les entreprises japonaises, les finalités du management *hoshin* sont également importantes de part et d'autre. Le système est également utile aux entreprises américaines, comme le démontrent Texas Instruments et Hewlett-Packard.

Sary Singh Soin, de Hewlett-Packard, présente ainsi le management *hoshin* (qu'il appelle planification *hoshin*) : Vous posez la question : « Pourquoi adopter la planification *hoshin*? Après tout, elle est très semblable à la direction par objectifs, et avec celle-ci nous avons bien réussi.» Si la direction par objectifs a de nombreux points forts, elle a aussi beaucoup de points faibles. Par exemple, le lien entre la stratégie et l'application est faible ; il n'y a pas de processus de planification détaillé ; l'approche consensuelle est insuffisante ; une hiérarchie d'objectifs, bien qu'apparente en théorie, peut ne pas exister en réalité ; enfin et c'est le plus important, il n'y a pas de cadre pour une démarche de revue formalisée pour suivre et garantir le succès.

En revanche, la planification *hoshin* possède tous les points forts de la direction par objectifs, et un certain nombre d'autres, mais elle n'a aucune de ses faiblesses. Sa force est qu'elle constitue un processus systématique et très cohérent. Elle exige, toutefois, beaucoup plus d'effort et de consensus que la direction par objectifs, mais elle contribue à donner à l'ensemble de l'équipe managériale un point de mire et une approche commune. Le processus tout entier est conçu pour assurer le succès. En dernière analyse, la planification *hoshin* peut être considérée comme un processus plus mature de direction par objectifs[1].

L'opinion de Soin suivant laquelle le management *hoshin* est une forme plus mature de direction par objectifs est cohérente avec ce que nous en pensons : il est complémentaire du processus conventionnel de planification d'entreprise, comme nous allons le voir dans ce qui suit.

LE MANAGEMENT *HOSHIN* ET LA PLANIFICATION D'ENTREPRISE CONVENTIONNELLE

Le processus conventionnel de la planification d'entreprise est parallèle en de nombreux points au processus de management *hoshin* décrit dans ce chapitre (voir la partie gauche de la figure 14.28). Il est fondamentalement centré sur les résultats. En fait, la DPO, telle qu'elle a souvent été pratiquée, peut être envisagée comme un système de déploie-

1. S. S. Soin, *Total Quality Control Essentials*, New York, McGraw-Hill, Inc. 1992.

Figure 14.28. Comparaison du management *hoshin* et de la planification d'entreprise conventionnelle

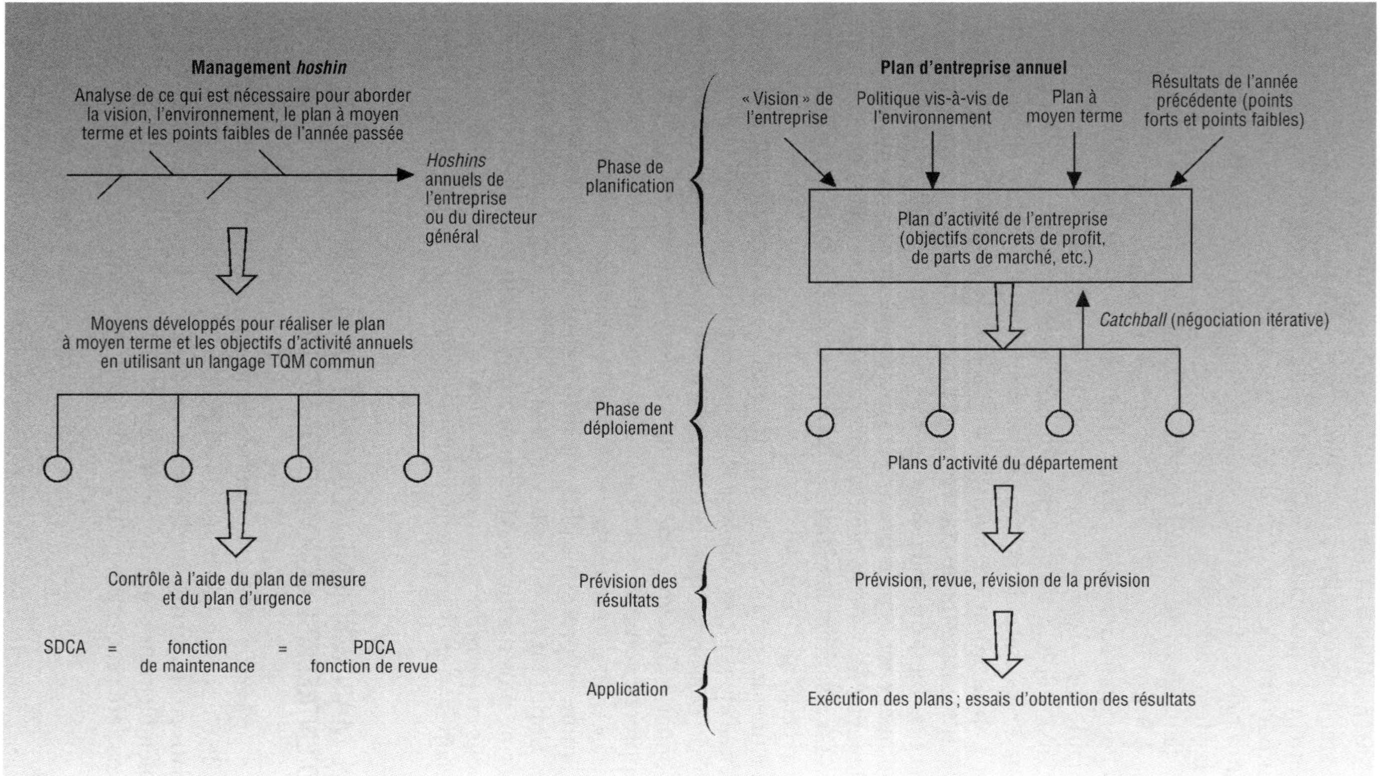

ment des résultats désirés. Toutefois, un processus est nécessaire à l'obtention de résultats, et la fourniture des moyens destinés à produire les résultats relève du management *hoshin*.

Celui-ci exige aussi une « vision »[1] à plus long terme que le plan annuel d'entreprise conventionnel. Le dessein réel de l'entreprise n'est pas d'obtenir des résultats annuels, mais d'accomplir sa « vision » et son plan à moyen terme. Le plan d'entreprise annuel n'est qu'une étape vers le plan à moyen terme et la « vision ». Le management *hoshin* prend en compte le fait qu'une partie des moyens nécessaires à la réalisation du plan à moyen terme et de la « vision » de l'entreprise peuvent exiger plus d'une année. (Il introduit par conséquent dans des plans annuels les moyens nécessaires à l'atteinte des objectifs à long terme.) Par exemple, pour qu'une entreprise américaine vende ses produits au Japon, un objectif de ventes pour la première année ne suffit pas. Il lui faut un effort réparti sur plusieurs années pour comprendre le marché japonais et développer sa capacité à s'attaquer à ce marché. Dans cet exemple, le management *hoshin* visera l'objectif plus élevé (à long terme) de la vente de produits au Japon, tandis que le plan d'entreprise annuel ne spécifiera que les seules ventes attendues la première année dans ce pays.

Le management *hoshin* débute par l'analyse de l'environnement, de la « vision », du plan à moyen terme, et des points faibles de l'année précédente, afin de découvrir les *hoshins* du niveau le plus élevé (entreprise ou directeur général) (voir figure 14.28). Ces *hoshins* s'attaquent aux moyens nécessaires à la réalisation du plan à moyen terme et à l'atteinte des objectifs d'activité annuels. Ils sont déployés vers le bas dans toute l'entreprise en utilisant le langage commun du TQM :

- Les faits : utiliser des données mesurables.
- Le processus : utiliser des diagrammes d'Ishikawa pour comprendre ce qui se passe réellement.
- Le but : utiliser des diagrammes de Pareto pour s'assurer qu'on s'attaque bien aux quelques problèmes essentiels.

Dans le déploiement des *hoshins*, le résultat de chaque niveau constitue l'objectif du niveau inférieur, comme l'illustre la figure ci-dessous :

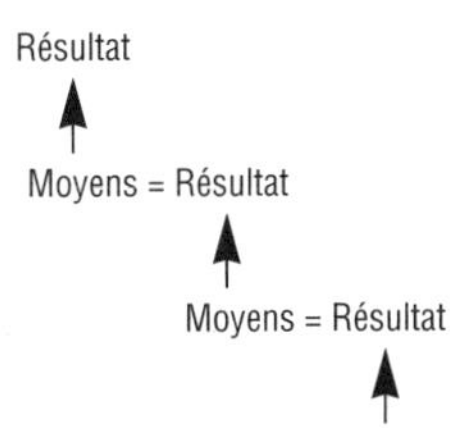

1. Le mot « vision » est employé au sens américain.

Jetons un regard sur l'application des 7 étapes. À l'étape 1, nous énonçons le thème, c'est-à-dire le résultat désiré :

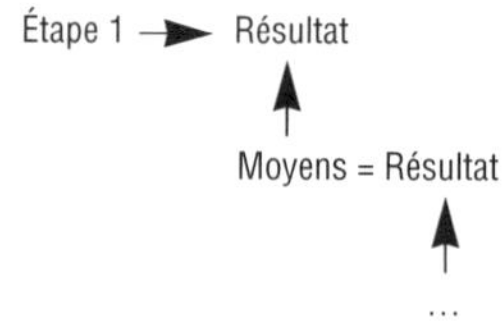

Quel est alors le moyen ? C'est le résultat de l'étape 4 :

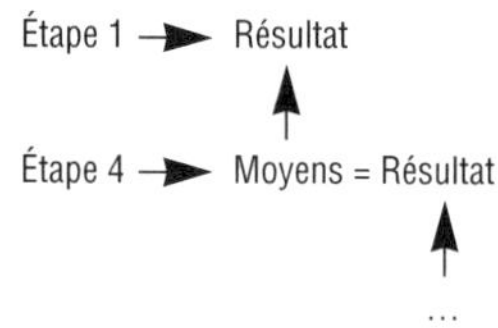

Il ressort clairement de la figure que nous oublions quelque chose, les étapes 2 et 3 correspondant au recueil des données et à l'analyse causale. Ceci révèle que la création des moyens au niveau inférieur suivant du management *hoshin* ne devrait pas être un simple exercice spéculatif. Au contraire, les moyens sont déduits du recueil des données et de l'analyse causale.

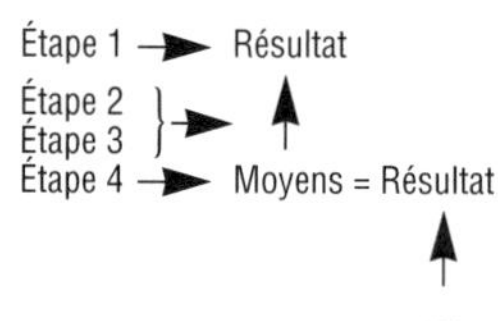

Puis, on utilise le contrôle par la mesure afin de dérouler alternativement des cycles SDCA (maintenance) et PDCA (amélioration pas à pas) par lesquels le plan déployé est mis en œuvre. Comme nous l'avons dit plus haut dans ce chapitre, des indicateurs sont nécessaires pour mesurer à la fois les résultats et les moyens.

Le management *hoshin* est un véhicule destiné à mettre l'organisation entière au service des objectifs de l'entreprise. Kansai Electric a montré que pour mobiliser la totalité de l'organisation, deux types de PDCA étaient nécessaires : le $PDCA_1$ et le $PDCA_2$. Le $PDCA_2$ est le management *hoshin* (voir figure 14.29)[1]. Nous en parlerons plus en détail dans le chapitre suivant.

1. La figure 14.29 est adaptée d'un diagramme de Kenji Kurogane, *Effective Use of Control Items in TQC Activities*, Tokyo, Japanese Standards Association, 1990, 171.

Figure 14.29. Deux types de PDCA pour la mobilisation de l'ensemble de l'organisation

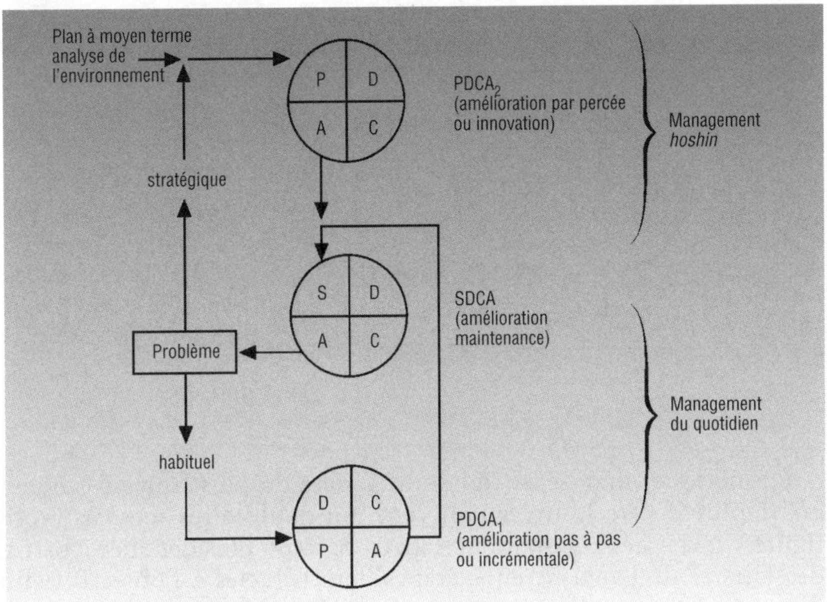

UN AUTRE SYSTÈME DE DÉPLOIEMENT *HOSHIN*

Au début de ce chapitre, nous avons dit que le système de déploiement *hoshin* présentait une faiblesse, en ce sens qu'il ne réussissait pas à rendre claire le lien entre les moyens et leurs effets sur le résultat au plus haut niveau. La direction par objectifs ne présente pas cette faiblesse, car elle définit le degré auquel chaque unité subordonnée contribue au résultat ; toutefois, elle n'indique pas les moyens d'atteindre les objectifs. Akao décrit une méthode permettant de pallier cette faiblesse[1].

Dans cette autre méthode de déploiement, on énonce l'objectif du plus haut niveau et l'on formule des lignes directrices à l'intention des départements subordonnés. Ce premier stade du déploiement pourrait ressembler beaucoup au déploiement de la DPO représenté précédemment (figure 14.30).

1. Akao, *Hoshin Kanri*, 9.

Figure 14.30. Lignes directrices déduites de l'objectif du plus haut niveau

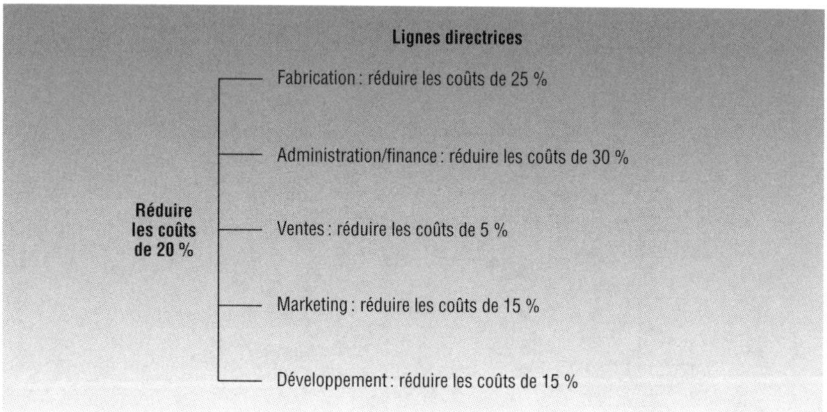

Quand le résultat et les lignes directrices du plus haut niveau ont été déployés vers le niveau suivant, on déploie les moyens (voir figure 14.31). Ceux-ci sont développés de façon plus détaillée à partir des faits et de l'analyse en 7 étapes des obstacles à l'objectif (voir figure 14.32).

Figure 14.31. Moyens pour la réalisation des lignes directrices de second niveau

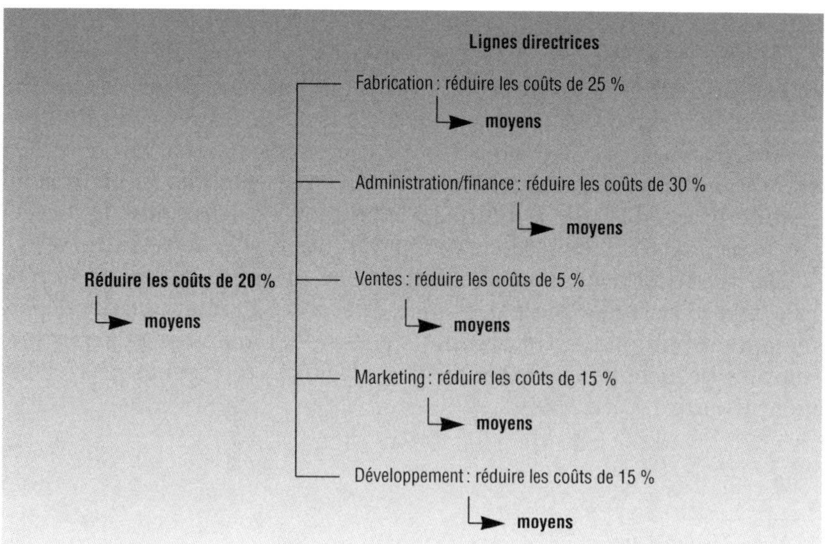

Figure 14.32. Moyens de la direction générale et des fonctions ou divisions

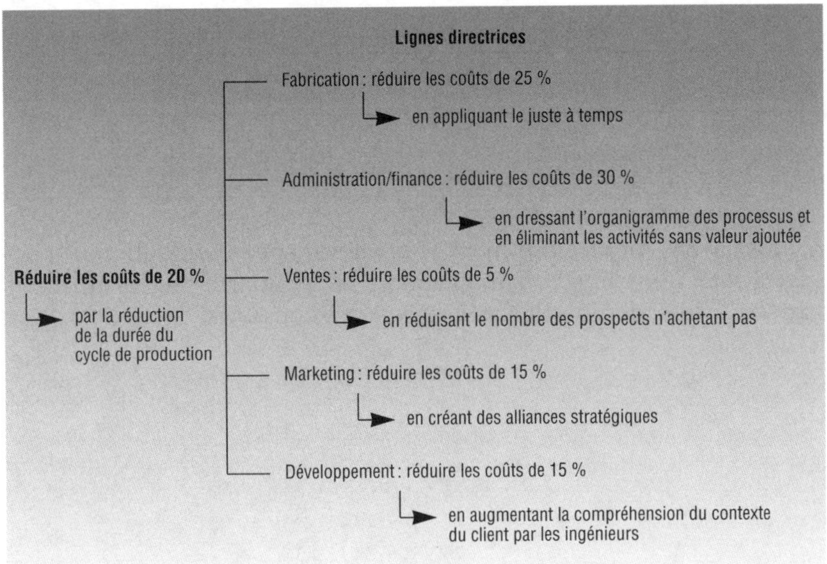

Des systèmes hybrides de déploiement sont également possibles, suivant lesquels on déploie des lignes directrices vers le résultat de plus haut niveau, le système de déploiement de l'objectif et des moyens décrit plus haut dans ce chapitre étant utilisés pour développer les moyens, les indicateurs de processus et les objectifs.

LE MANAGEMENT *HOSHIN*, « SYSTÉMIQUE » DE L'ALIGNEMENT

Le management *hoshin* vise à systématiser l'alignement (au sein de l'entreprise et entre l'entreprise et l'environnement), pour constituer une méthodologie comparable aux méthodologies d'industralisation pour la fabrication. Par conséquent, les mêmes éléments d'infrastructure sont nécessaires au management *hoshin* comme ils le sont pour les études d'industrialisation.

Dans le cas des études d'industrialisation, les éléments du système consistent en éléments physiques, comme le bâtiment ou les montages de fabrication ; toutefois, dans le cas du management *hoshin*, les éléments du système sont invisibles et influencent indirectement l'organisation. Des éléments *soft* et non *hard* doivent jouer les rôles clés.

Le tableau 14.5 montre la correspondance entre les éléments des études d'industrialisation et ceux du management *hoshin*.

Tableau 14.5. Comparaison des études d'industrialisation et du management *hoshin*

	Système	*Processus*	*Outils*	*Opération*
Études d'industrialisation	Bâtiment	Machines	Montages de fabrication	Manuels
Management *hoshin*	Système de management *hoshin*	Flux	Feuilles de données	Manuels

Nous avons montré comment le management *hoshin* « aligne » l'organisation. Dans le prochain chapitre, nous montrerons comment il impose l'utilisation du PDCA à tous les responsables.

15
La formation des cadres

L'une des difficultés pour obtenir la participation de tous est de convaincre les cadres de pratiquer le TQM. Au début, ils ne comprennent pas la nature de leur rôle, qui pour dire les choses simplement, consiste à enseigner et pratiquer le PDCA. Même s'ils comprennent leur rôle, la pratique du TQM leur paraît difficile. La formation des cadres au rôle qui est nécessairement le leur, constitue le sujet de ce chapitre.

L'étude de cas qui va suivre illustre à la fois le management *hoshin* (thème du chapitre précédent) et la formation des cadres (thème du présent chapitre).

L'étude de cas de NIMS

Kiyoshi Uchimaru et ses collègues ont écrit un livre décrivant l'application du TQM par la société NIMS (*NEC Integrated Circuit and Microcomputer Systems*)[1], filiale d'étude de NEC, elle compte un millier de personnes. Après avoir débuté comme bureau d'études sous contrat, sans grande possibilité de se développer, elle décida ultérieurement d'acquérir une très grande autonomie. S'étant orientée vers le TQM, elle remporta le prix Deming en 1987. Cette initiative fut menée à bien par le président d'alors, Kiyoshi Uchimaru,

1. K.Uchimaru et al., *TQM for Technical Groups : Total Quality Principles for Product Development*, Cambridge, MA, Productivity Press, 1993.

qui avait lui-même plusieurs dizaines d'années d'expérience de la gestion.

Il existe trois lectures possibles de ce cas. On peut y voir d'abord le récit d'une mise en œuvre progressive du TQM. Comme nous l'avons expliqué au chapitre 12, la mise en œuvre progressive du TQM procède généralement suivant trois phases : l'orientation (reconnaissance du besoin du TQM et apprentissage de ses principes de base), l'appropriation (apprentissage des méthodes du TQM et développement du savoir-faire dans leur pratique), et l'alignement (harmonisation des pratiques de l'entreprise avec ses objectifs industriels dans le cadre de la démarche TQM).

Chez NIMS, les cadres commencèrent par l'orientation, mais, rapidement passionnés par le management *hoshin*, entendu comme méthode d'alignement des activités de l'entreprise, ils furent tentés de passer directement à la phase d'alignement. S'apercevant, toutefois, que le personnel de NIMS n'avait pas la compétence nécessaire pour travailler à des activités étendues à toute l'entreprise, ils furent forcés de revenir à la phase d'appropriation, afin d'enseigner les bases du TQM. Puis ils essayèrent à nouveau l'alignement, mais ayant peu délégué, ils durent faire machine arrière une nouvelle fois et déléguer davantage. Ils répétèrent ce cycle plusieurs fois jusqu'à atteindre des niveaux véritablement extraordinaires d'appropriation individuelle, après quoi l'alignement fut en fin de compte un succès. Le management *hoshin* est devenu l'outil utilisé par NIMS pour déployer chaque année des idées d'amélioration, et systématiser celles donnant les meilleurs résultats.

La seconde lecture du cas est celle de l'implantation du TQM dans un environnement créatif. Nous avons tous entendu des déclarations comme « le TQM pourrait s'appliquer à la production, mais ne peut l'être à des tâches créatives comme les études ». Chez NIMS, le sentiment n'était pas très différent. Le personnel technique mettait en avant les raisons habituelles pour lesquelles le TQM ne pouvait lui être appliqué. Uchimaru souligne toutefois que l'histoire de la science est elle-même celle du développement de la qualité : développer une théorie et préparer la façon de la tester, réaliser une expérimentation empirique, vérifier le résultat pour voir si l'expérience confirme la théorie, et agir pour publier (normaliser) le résultat. Ce cycle PDCA se poursuit pour chaque nouvelle théorie, construite sur une théorie précédemment vérifiée ou la corrigeant. À la façon dont Uschimaru voit les choses, un ingénieur qui n'est pas convaincu de l'applicabilité du TQM à des activités techniques ne comprend probablement ni le TQM ni son métier d'ingénieur, ni même les deux à la fois. Le TQM est l'application de la méthode scientifique à l'entreprise (choisir un problème important, réunir des faits, les analyser, rechercher la vérité sous-jacente, projeter une méthode d'amélioration basée sur cette vérité, la tester de façon systématique pour vérifier qu'elle fonctionne, normaliser la nouvelle méthode, et reprendre à nouveau le cycle). Uchimaru explique aussi pourquoi la complexité de l'entreprise et de la technologie moderne exige un travail d'équipe, et non plus que « chaque ingénieur exécute sa propre tâche ». Dans le cas de NIMS, Uchimaru a appliqué le TQM à la fois à l'activité de l'entreprise et aux études.

La troisième lecture du cas est celle de la formation des cadres grâce au management *hoshin*. Lorsqu'on enseigne ou explique le TQM, la plupart des cadres posent la même question : « Comment faire pour changer ce que je fais ? ». Le cas de NIMS illustre l'évolution et le développement du rôle des cadres techniques avec le TQM.

Au début, Uchimaru et ses collègues ne virent pas clairement la voie à emprunter pour implanter le TQM dans un groupe technique. Pendant plusieurs années, ils pratiquèrent l'amélioration continue, découvrant graduellement des méthodes efficaces pour améliorer la qualité des projets. Durant la répétition de ces cycles, Uchimaru et ses collègues se fixèrent sur deux questions fondamentales : (1) réaliser un processus de développement toujours plus visible, et (2) incorporer la qualité toujours plus en amont (dès le début du processus de conception et de développement). Elles sont représentées par les axes horizontal et vertical de la figure 15.1.

Dans le management *hoshin*, il est fait plus souvent référence aux cycles CAPD qu'aux cycles PDCA, car les premiers soulignent mieux les aspects « contrôle » et « renvoi d'information » du *hoshin* et insistent sur le rôle principal du cadre, qui est de planifier la phase suivante du processus d'amélioration. Un peu plus loin, nous décrirons plus complètement la distinction entre CAPD et PDCA.

Comme la plupart des entreprises, NIMS a démarré dans le coin en bas et à gauche de la figure 15.1 – processus de développement presque invisible et qualité incorporée relativement loin en aval (ne s'attaquant aux défauts qu'après livraison au client). À l'époque où NIMS remporta le prix Deming, la société s'était engagée dans un processus de développement extrêmement visible, la qualité étant alors incorporée le plus en amont possible (voir figure 15.1 en haut et à droite). Ceci ne s'est pas fait du jour un lendemain. Il fallut de nombreuses années de ce qu'Uchimaru appelle « essais et erreurs », expression par laquelle il vise les itérations du CAPD. Les boucles en pointillé indiquent la répétition du cycle CAPD sur de nombreuses années ; les petites boucles représentant CAP et

Figure 15.1. Les étapes de l'implantation du TQM chez NIMS

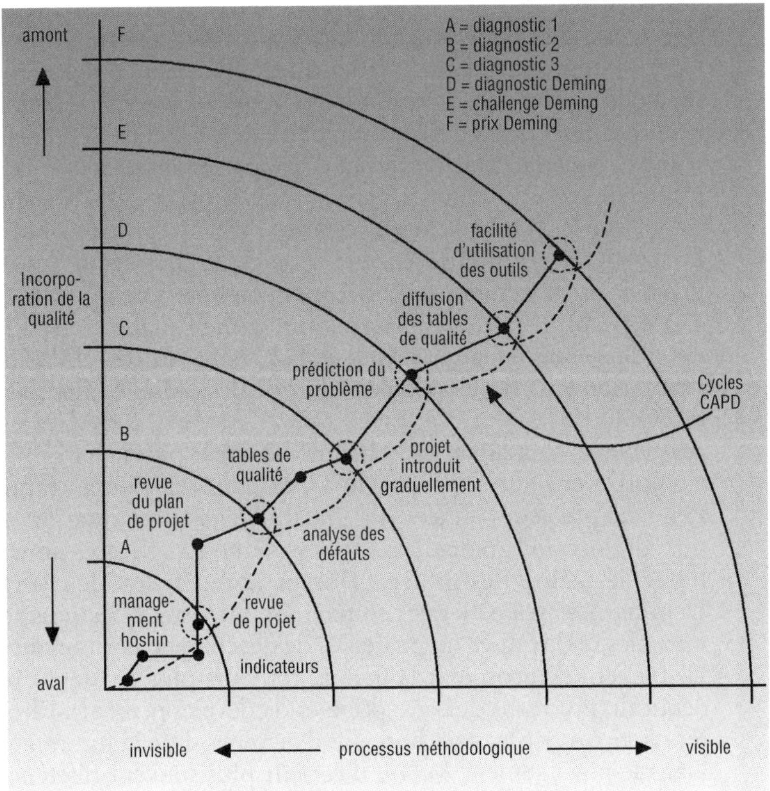

les lignes qui les relient, D. Les points sur les segments de droite indiquent les domaines successifs d'amélioration. Les paragraphes suivants décrivent brièvement ces activités successives d'amélioration.

Le management *hoshin* étant considéré au Japon comme un des piliers du TQM, NIMS tenta immédiatement d'appliquer un tel système (voir le segment de droite incliné proche de l'origine de la figure 15.1)[1]. Toutefois, le management *hoshin* ne produisit pas immédiatement d'aussi bons résultats que NIMS l'espérait. En fait, NIMS s'aperçut qu'elle tentait d'appliquer ce type de management (outil normalement utilisé dans la phase d'alignement) avant que le

1. Cette figure traduit notre interprétation de la documentation fournie par NIMS, et les orientations des segments de lignes sont des estimations qualitatives.

personnel n'ait franchi la phase d'appropriation (où les aptitudes de base à la qualité sont acquises). En d'autres termes, s'apercevant qu'elle tentait de passer directement de la phase d'orientation à la phase d'alignement, NIMS dut revenir à la phase d'appropriation, pour se doter de capacités de base solides pour la qualité.

L'étape suivante fut la mise en place de quelques indicateurs qualité. Il s'agissait ce faisant de rendre le processus de développement plus visible encore. Il fallut de longs mois pour faire accepter au personnel technique une première série d'indicateurs, ou même simplement qu'il y en eût. Une fois cet accord réalisé, il apparut qu'à eux seuls, les indicateurs n'apportaient guère d'amélioration. En d'autres termes, le besoin se fit jour de se concentrer davantage sur les processus que sur les résultats.

Puis on essaya d'améliorer les processus de développement en instaurant des revues de projet. Nous connaissons tous les revues de projet : réunions au cours desquelles des concepteurs expérimentés et talentueux de l'entreprise examinent un projet proposé. C'était une tentative d'incorporation de la qualité le plus en amont possible, afin de détecter les *« bugs »* dès le stade de l'étude, plutôt que de réaliser des projets médiocres. Cette activité fut utile, mais pas autant qu'on l'avait espéré.

NIMS comprit alors que s'il était bon de découvrir les problèmes le plus en amont possible dans le projet, ce serait encore mieux de le faire dès le stade de l'avant-projet. Des revues d'avant-projet furent alors instituées, permettant à des cadres et techniciens expérimentés de secteurs variés d'examiner les plans de développement, en recherchant les problèmes potentiels pouvant être corrigés avant le démarrage du projet. Les revues d'avant-projet s'avérèrent entièrement bénéfiques.

Bien que les revues de projet et d'avant-projet aient été des tentatives anticipatrices pour éliminer les défauts et autres formes de gaspillage, on réalisa bientôt qu'on ne faisait pas un bon usage de toutes les données relatives aux défauts : on ne s'en servait pas pour éliminer les causes premières des défauts, c'est-à-dire pour effectuer des améliorations correctives. La décision fut donc prise de modifier les méthodes de fonctionnement afin qu'en cas de découverte de défauts des enquêtes soient faites pour découvrir le moment où le problème aurait dû être détecté et celui où il était réellement créé.

Ce processus fut appelé analyse des défauts (voir figure 15.2). En effectuant cette analyse et en essayant de raccourcir les deux intervalles de temps indiqués sur la figure, NIMS rendit le processus de développement plus clair et apprit aussi à incorporer la qualité (ou au moins à en détecter l'absence) plus en amont.

Figure 15.2. Analyse des défauts

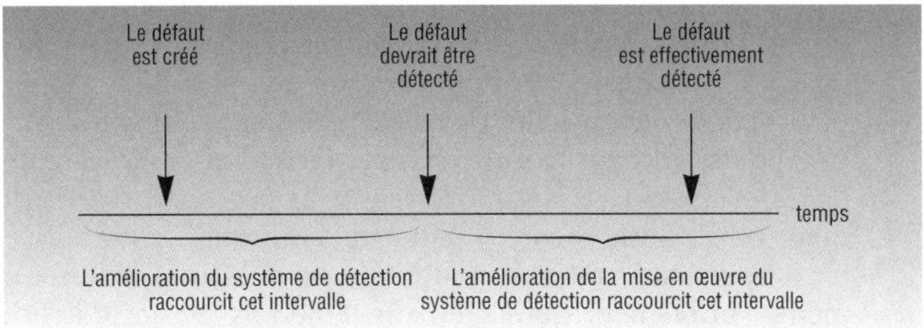

Après avoir centré les premières activités d'amélioration sur la détection de différents types de défauts, NIMS essaya d'utiliser des tables de qualité (QFD) pour mieux saisir la qualité définie par le client. Pour un projet choisi, on déterminait les exigences du produit, puis on construisait une grande table de la qualité pour montrer comment les satisfaire. Mais cette table était si grande et prenait tant de temps qu'elle s'avérait de peu d'utilité. Il fut donc décidé de réexaminer les exigences du client en distinguant celles nécessitant une innovation (pourcentage faible) de celles pouvant être traitées avec les moyens habituels (fort pourcentage). En d'autres termes, on apprit à distinguer deux parties dans une activité de développement, la première exigeant une amélioration du type « percée » (par exemple, l'invention d'une nouvelle technologie), l'autre, une amélioration graduelle (par exemple, un petit changement apporté à un module existant). Les activités exigeant une innovation ou percée étant appelées goulets d'étranglement, l'activité innovatrice nécessaire fut désignée sous l'appellation de « méthodes d'étude du goulet d'étranglement » (*bottleneck engineering*). Puis des tables de la qualité furent utilisées pour planifier l'application de ces méthodes. Ceci s'avéra très efficace.

La chronologie des activités d'amélioration de NIMS décrites jusqu'ici illustre un important aspect du CAPD. NIMS ne s'est pas limitée à réagir aux faiblesses mesurées du cycle précédent. La partie *plan* du CAPD inclut une évaluation souvent qualitative de la prochaine orientation importante. Aussi voyons-nous les objectifs d'amélioration de NIMS passer par plusieurs cycles de détection et d'élimination des défauts, puis changer de direction pour se concentrer sur le déploiement effectif des exigences du client. Les éléments de réussite de chaque effort d'amélioration ont été ajoutés au système de développement global du produit de NIMS.

Une fois les systèmes de détection des défauts et de déploiement des exigences du client rendus explicites, il apparut que le processus de conception ne l'était guère. NIMS se lança alors dans ce qui fut appelé hiérarchisation des phases d'études. Bien entendu, nous connaissons tous des systèmes de revue de phase du développement des produits, où le processus de développement est divisé en cinq ou six phases, chacune d'un nombre de mois plus ou moins important. NIMS divisa ces phases en sous-phases beaucoup plus courtes. Cette division avait deux objets. Elle procura d'abord de nombreux points supplémentaires dans le temps où le processus pourrait être examiné (c'est-à-dire, comportait des interfaces et des procédures de test claires) ; en second lieu, elle permit d'accélérer le retour d'information sur les problèmes. Le fait de rendre ainsi le processus plus visible permit à NIMS de distinguer les méthodes efficaces de celles qui ne l'étaient pas, aida les équipes d'ingénieurs à travailler ensemble de façon efficace, fournit des modèles normalisés pour les étapes successives du processus pour lesquelles des outils normalisés pouvaient être élaborés, et permit une plus grande réutilisation des modules.

Parvenue à ce point, NIMS avait progressé de façon significative, à la fois en rendant le processus visible et en déplaçant vers l'amont l'incorporation de la qualité. Mais elle n'avait pas encore accompli le progrès qu'elle voulait réaliser. En particulier, la source ultime des défauts réside dans les erreurs commises par les ingénieurs, et la façon dont les responsables des études aideraient les ingénieurs à améliorer leur savoir-faire, suivant les propres mots d'Uchimaru « à devenir plus professionnels ». Par « professionnel », Uchimaru ne visait pas une personne recevant un salaire quotidien pour faire quelque chose. Il voulait parler de l'équivalent d'un professionnel du golf : quelqu'un qui lance « au par ».

Uchimaru dit que tout professionnel (au golf, au jeu de go, ou dans un projet de VLSI[1]) présente trois caractéristiques : il doit posséder de solides connaissances théoriques et la capacité d'appliquer la théorie de façon pratique, une solide aptitude à analyser un échec (le professionnel comprend pourquoi il a commis une erreur et en tire un enseignement), et une large série d'outils qu'il sait utiliser dans différentes situations, connaissance acquise par l'expérience (nombreux parcours du cycle PDCA).

La façon d'apprendre traditionnelle des professionnels est de se mettre à l'école d'un maître. Toutefois, dans ce domaine, la méthode utilisée pour la formation des ingénieurs est trop souvent celle de la rude école du terrain. Les entreprises recrutent des diplômés de bonnes écoles et les affectent à des projets sans les aider beaucoup

1. VLSI : *Very Large Scale Integration*: intégration à très grande échelle (informatique).

sur la façon de mener à bien leur étude. En fait, nombreux sont les responsables des études à penser qu'ils ne disposent d'aucun système explicite pour faire de meilleurs ingénieurs, et que leur rôle consiste uniquement à répartir le personnel et les tâches, et à suivre les résultats. Uchimaru fait observer que ces responsables sont souvent persuadés que le travail de l'ingénieur est un art individuel, acquis par l'expérience personnelle, et s'en servent comme prétexte pour expliquer qu'ils ne peuvent guère améliorer la capacité de leurs ingénieurs. Il estime que si les entreprises entendent développer leurs ingénieurs pour obtenir d'eux qu'ils créent un nombre moins grand de défauts, leurs responsables des études doivent se muer en moniteurs et communiquer aux jeunes professionnels un savoir-faire professionnel.

La reconnaissance de cet état de choses a conduit à un système appelé « prédiction du problème ». Les sous-phases hiérarchisées du projet sont divisées en phases encore plus courtes, chacune d'une durée de quelques jours. Le rôle du responsable des études consiste à venir s'asseoir régulièrement avec chaque ingénieur pour lui demander ce qu'il va faire dans les tout prochains jours. Après l'avoir entendu parler de ses projets, il lui demande de prédire l'erreur qui pourrait se produire, puis l'invite à reprendre son travail. Quelques jours plus tard, il vient s'asseoir à nouveau auprès de l'ingénieur et lui demande de lui décrire ce qu'il a fait : quelle erreur a-t-il commise dont il avait identifié le risque, et quelle autre à laquelle il n'avait pas pensé. Il aide alors l'ingénieur à évaluer la qualité du projet, car un ingénieur non professionnel est incapable d'en juger par lui-même. Grâce à cette prédiction du problème et au processus du monitorat, le responsable enseigne aux autres ingénieurs à devenir de vrais professionnels. Uchimaru dit qu'un bon cadre doit connaître suffisamment bien les capacités de ses ingénieurs pour prédire avec précision les domaines dans lesquels ils auront des problèmes ; il peut alors guider subtilement l'ingénieur pour qu'il tire le meilleur enseignement possible du processus de prédiction et de réflexion.

Dans les deux dernières phases de l'histoire de NIMS, les cadres répercutent dans toute l'entreprise les techniques (comme les Tables de la Qualité) et les outils. Chaque cercle concentrique (marqué A, B, etc. sur la figure 15.1) représente approximativement une période d'un an. En s'efforçant de façon itérative d'améliorer et de contrôler son processus de développement, NIMS s'est servie du TQM comme d'un système d'apprentissage. Cela lui a appris en fin de compte à améliorer ce processus de développement au point de remporter le prix Deming et d'obtenir des résultats bien meilleurs que la moyenne de son secteur industriel. Avec chaque cycle CAPD, NIMS a réalisé une autre amélioration de la qualité : passer d'un niveau relativement superficiel à celui de la reconnaissance et de la correction efficace des défauts, et en fin de compte au niveau plus profond de l'amélioration du professionnalisme de ses ingénieurs. Uchimaru appelle ceci « la spirale ascendante de la connaissance du métier ».

LES STRATÉGIES D'ENTREPRISE

Après avoir survolé le management *hoshin* et vu la façon dont NIMS s'en est graduellement servie pour améliorer son processus de développement, nous pouvons en revenir à la question de la formation de l'encadrement dans le cadre du TQM. L'amélioration des capacités des cadres et des processus qu'ils mettent en œuvre est plus complexe que pour le personnel des niveaux inférieurs[1]. Pour les cadres, les stratégies et les systèmes d'amélioration de l'entreprise doivent être généralement portés à un plus haut niveau. Il existe trois facteurs de plus grande complexité des capacités et des processus nécessaires aux cadres : ils exigent des stratégies d'amélioration plus élaborées.

D'abord, les cadres ont la responsabilité de processus plus complexes. Ils ne sont pas seulement responsables des améliorations graduelles de faible coût, mais aussi de la réalisation de « percées créatives » à grande échelle et des décisions à prendre en matière d'allocation des ressources. Si le système d'amélioration de l'entreprise ne portait que sur les équipes d'amélioration de la qualité regroupant des salariés de la base, il est probable que les cadres procéderaient à des améliorations semblables à celles de ces équipes, risquant alors d'écarter de l'amélioration systématique les processus nécessitant ressources et percées. En outre, si la stratégie et les systèmes d'amélioration se concentraient sur les équipes – à quelque niveau que ce soit – les cadres risqueraient de perdre de vue les améliorations qu'ils pourraient réaliser eux-mêmes dans leur propre travail quotidien. De même, les processus à temps de cycle long exigent une variante du PDCA applicable aux processus à temps de cycle court. Nous avons vu ceci dans l'étape du CAPD du cycle de management *hoshin* annuel. Nous reviendrons plus loin sur cette question.

En second lieu, plus que d'autres, les cadres doivent assumer la responsabilité de l'obtention des résultats, quelles que soient les difficultés. S'ils ne le font pas, qui le fera ? Toutefois, un grand nombre de stratégies

1. Ces remarques concernent les cadres des études – « cadres supérieurs » – tout autant que les autres catégories.

d'entreprise ne se concentrent que sur la nécessité d'atteindre des objectifs, et non sur les moyens d'obtenir réellement des résultats. Pour améliorer systématiquement l'aptitude de l'entreprise à obtenir des résultats, les cadres doivent apprendre à améliorer les processus pour lesquels la vérification de l'amélioration et de ses conséquences exige davantage de temps. Ils doivent aussi apprendre à découvrir la partie des processus empêchant d'obtenir les résultats désirés et la façon d'y remédier. Ces questions seront examinées plus loin dans ce chapitre.

En troisième lieu, il doit y avoir un système permettant d'obtenir la participation de l'encadrement à l'activité d'amélioration de l'entreprise. Si celle-ci fait appel à la participation volontaire pour les activités d'amélioration, un cadre peut choisir de ne pas participer, décision qui aurait pour effet de priver ses collaborateurs d'animation et de soutien pour leurs propres activités d'amélioration. Toutefois, l'activité des cadres diffère beaucoup suivant leur niveau dans l'organisation. Des stratégies de mobilisation différentes sont donc nécessaires pour chacun de ces niveaux. Elles seront également examinées plus loin dans ce chapitre.

L'ubiquité de la double fonction du travail

Quand ils commencent à s'initier au TQM, les cadres pensent souvent que tout le travail d'amélioration incombe à des équipes d'amélioration de la qualité, et que celles-ci utiliseront les 7 étapes, les 7 outils, le QFD, etc. Ils pensent que leur propre travail quotidien, en revanche, n'a pas de relation avec les 7 étapes ou le PDCA. En parlant d'étendre la double fonction du travail, nous voulons étendre l'activité d'amélioration explicite au travail quotidien des cadres, et ne pas la cantonner aux équipes d'amélioration.

De nombreux cadres reconnaissent que les méthodes d'amélioration du TQM peuvent permettre l'amélioration graduelle continue de processus. Mais souvent, ils ne voient pas que le TQM comporte aussi des méthodes systématiques de recherche d'améliorations par « percée ».

Amélioration graduelle et amélioration par « percée »

Les figures qui suivent illustrent les trois niveaux d'amélioration auxquel s'applique l'ensemble des méthodes systématiques[1]. On est frappé de voir à quel point celles-ci sont parallèles aux trois types de résolution de

1. Ces figures sont basées sur une illustration de Kozo Koura dans l'ouvrage de Y. Akao, *Hoshin Kanri : Policy Deployment for Successful TQM*, Cambridge, MA, Productivity Press, 1991, et une du livre d'Ishikawa, *Introduction to Quality Control*.

problèmes du modèle en WV : maîtrise de processus, amélioration corrective et amélioration anticipatrice.

Le premier niveau d'amélioration est celui d'un plus grand respect des règles. C'est le SDCA représenté sur la figure 15.3.

Figure 15.3. Le cycle d'amélioration SDCA

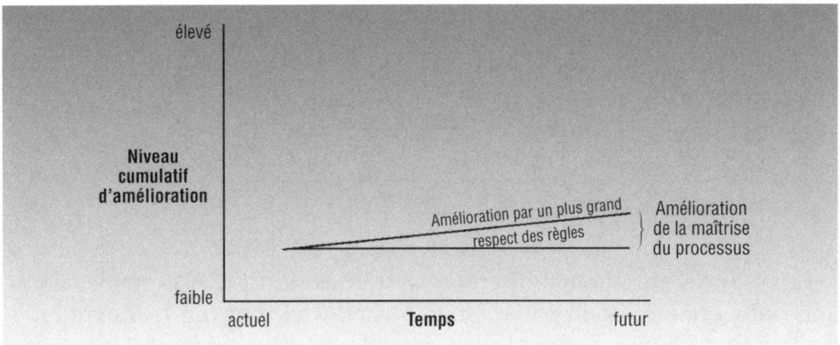

Le second niveau d'amélioration est celui de l'amélioration graduelle par les cercles de qualité et les équipes d'amélioration de la qualité. C'est un type de PDCA que nous appelons $PDCA_1$, représenté sur la figure 15.4.

Figure 15.4. Le cycle d'amélioration $PDCA_1$

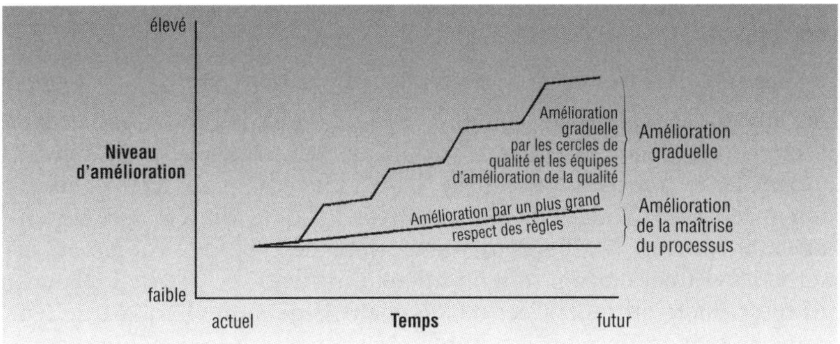

Le troisième niveau d'amélioration est celui de la concentration sur les problèmes les plus importants au sein de l'entreprise et les innovations concernant les processus importants qui « traversent » les grandes fonctions de l'entreprise. Pour ce faire, on a besoin d'informations à jour sur l'environnement et les objectifs de l'entreprise. Ceci constitue un autre type de PDCA, que nous appelerons $PDCA_2$, représenté sur la figure 15.5.

Figure 15.5. Le cycle d'amélioration $PDCA_2$

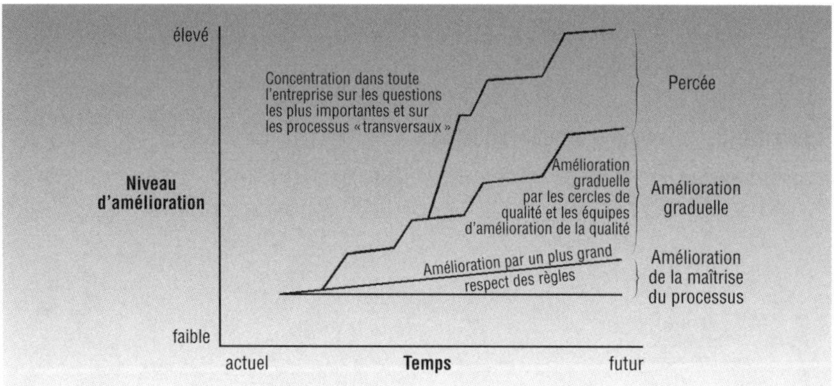

Ces figures suggèrent différents systèmes de PDCA pour des améliorations graduelles ou par « percée ». Celles-ci sont rendues explicites sur la figure 15.6, qui montre comment les entreprises japonaises appliquent les méthodes appropriées du TQM à l'un et l'autre cas[1]. En provenance du cycle SDCA à gauche et en bas de la figure, on trouve deux types de problèmes exigeant une amélioration : (1) des problèmes de routine, des accidents ou des désastres naturels, et (2) des problèmes critiques ou profonds (tel le changement de la culture qualité de l'entreprise). Les problèmes du premier type peuvent être l'objet d'une amélioration continue, tandis que ceux du second type exigent une percée et peuvent être appréhendés par le système de management *hoshin* de l'entreprise.

Le travail quotidien et le travail d'amélioration

Une fois que les cadres ont compris les deux types de PDCA, il leur faut découvrir comment ils peuvent s'appliquer à leur travail quotidien.

Dans les entreprises ignorant le TQM, les cadres consacrent généralement 75 à 95 % de leur temps au travail quotidien et aux dépannages de routine. Malheureusement, pour ce type de problèmes, les méthodes d'amélioration sont au mieux l'intuition et au pire le flair, ce qui n'est guère efficace. Ceci ne laisse aux cadres que le quart de leur temps au maximum pour les problèmes critiques et les améliorations à caractère de percée.

S'il leur faut du temps pour travailler à des améliorations de cette nature, ils doivent réduire celui qu'ils passent à leur travail quotidien et aux améliorations de routine. Ceci signifie qu'ils doivent tirer profit

5. K. Koura, *Total Quality Control*, 42, mars 1991, p. 273.

Figure 15.6. Systèmes PDCA pour l'amélioration continue et les améliorations par « percée »

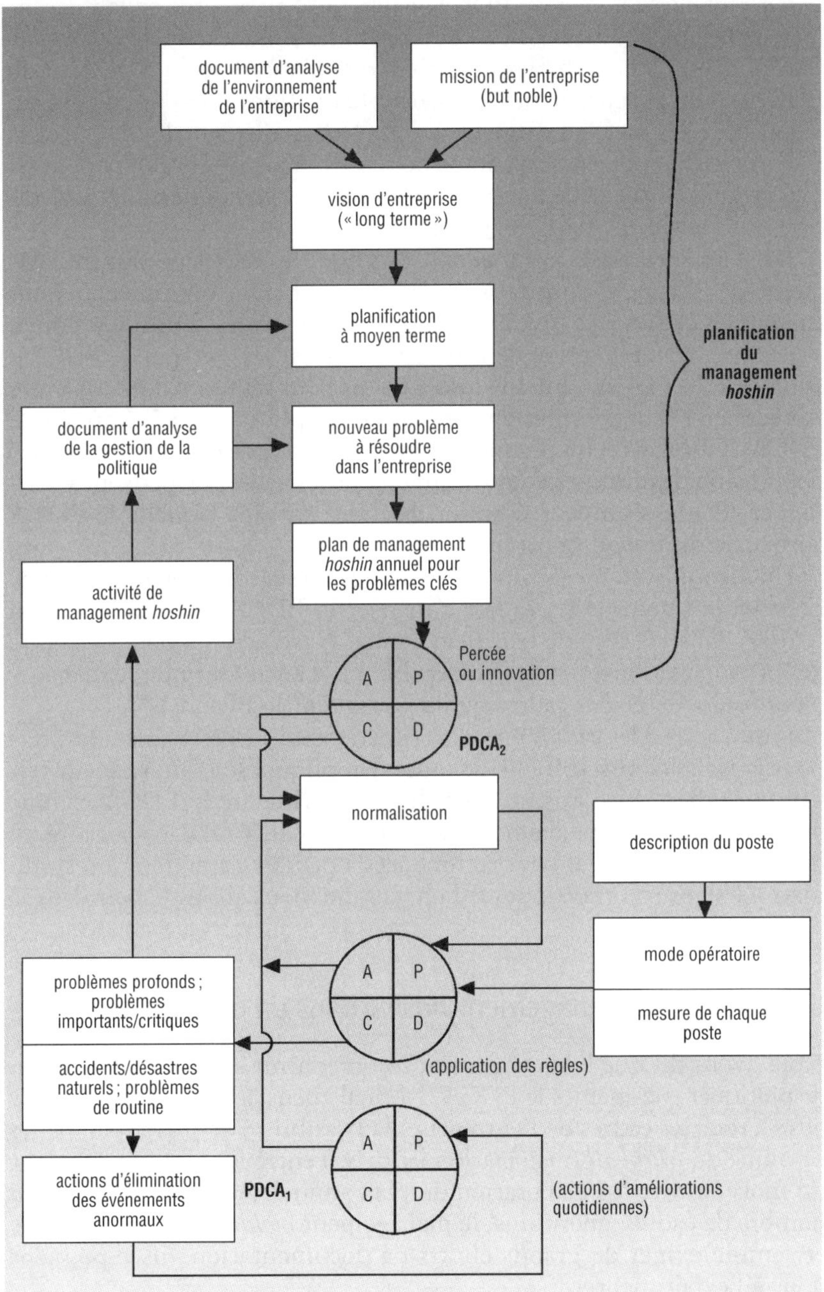

des avantages de la normalisation et faire appel pour les questions répétitives à un processus d'amélioration efficace (les 7 étapes). L'utilisation accrue du SDCA et du $PDCA_1$ explicites leur accorde en fait davantage de temps pour travailler à des améliorations à caractère de percée. Qui plus est, les méthodes explicites d'amélioration du SDCA et du $PDCA_1$ leur procurent des données plus valides, l'expérience et un savoir-faire en matière d'amélioration. Non seulement le SDCA et le $PDCA_1$ leur apportent davantage de temps, mais ils développent aussi l'intuition et l'aptitude à l'innovation. Ils font en effet évoluer l'intuition qui, de simple flair, devient maîtrise.

Dans les entreprises ayant adopté le TQM, les cadres pratiquent eux-mêmes le PDCA, comme faisant partie de leur tâche quotidienne. Pour amener les cadres à ce niveau, il existe trois systèmes. Dans le premier, les équipes d'amélioration de la qualité utilisent les 7 étapes, le $PDCA_1$, et un peu du $PDCA_2$. Elles le font à la fois pour résoudre des problèmes et bénéficier d'une formation sur le tas en appliquant les 7 étapes et le PDCA. Toutefois, cette première approche souffre de deux faiblesses : (1) la diffusion des équipes étant limitée, tous les cadres ne peuvent y participer ; (2) les équipes s'écartent de l'idée suivant laquelle le PDCA fait partie du travail quotidien.

Un second système est donc nécessaire. C'est le management *hoshin*. Celui-ci oblige tous les cadres à utiliser le PDCA (sous la forme du CAPD) dans le cadre de leur plan annuel ou semestriel pour l'atteinte des principaux objectifs de l'entreprise. En d'autres termes, le management *hoshin* exige des cadres qu'ils pratiquent le $PDCA_2$.

Enfin, quand les cadres ont fait l'expérience du $PDCA_2$, ils sont prêts pour la tâche la plus difficile de toutes : appliquer le $PDCA_1$ à leur travail quotidien. Une fois qu'un cadre a expérimenté le PDCA comme membre d'une équipe d'amélioration de la qualité ou dans le cadre du management *hoshin*, il peut commencer à utiliser l'amélioration systématique dans son travail quotidien, comme nous allons le voir dans la partie suivante.

L'utilisation du management *hoshin* dans un département

Nous avons dit que le management *hoshin* fournit aux cadres l'occasion de pratiquer eux-mêmes le PDCA. Normalement, le management *hoshin* offre à tous les cadres de l'entreprise, la possibilité de participer, par la pratique du *catchball* (négociation itérative) entre les niveaux, pendant un mois ou deux à l'élaboration du plan annuel. Aux yeux d'un grand nombre de cadres américains, le management *hoshin* apparaît complexe et semble exiger de grands efforts de documentation ; ils répugnent donc à l'expérimenter.

Ceci appelle de notre part deux observations. D'abord, le résultat concret – l'amélioration étendue à toute l'entreprise – est proportionnelle à l'effort fourni. Ensuite, comme tant d'autres modèles proposés par le TQM, le modèle de management *hoshin* s'applique à un grand nombre de niveaux. La première expérience ne doit pas être effectuée au niveau de l'entreprise tout entière ; le modèle peut être appliqué à un travail de planification par l'équipe d'une division ou d'un département. Examinons encore une fois l'illustration du management *hoshin* (voir figure 15.7).

Figure 15.7. Le management hoshin

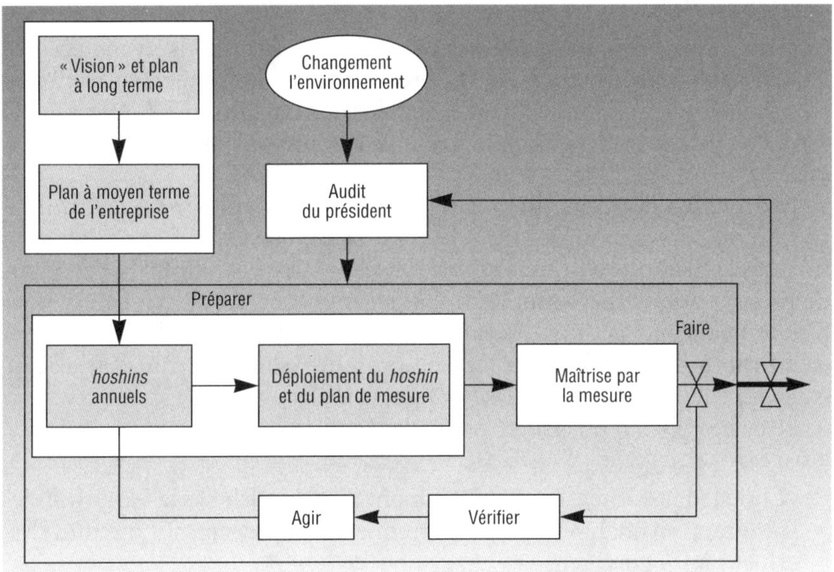

Un département a des objectifs à long terme (par exemple, à un an). Il a donc décidé de réaliser un travail significatif (on entend par là un travail se subdivisant en plusieurs activités indépendantes à accomplir par des individus ou des groupes distincts). Il peut s'agir d'un plan de communication marketing (publicité ou brochures) pour l'année. Au lieu de pratiquer le *catchball* entre divisions ou niveaux, la totalité de l'équipe planification du département pourrait se réunir pour déployer ce travail, soit planifier les activités ou même des parties d'activités, et développer un plan approprié pour les maîtriser (afin de vérifier l'adhésion au plan pour l'accomplissement des activités et le suivi des résultats).

Le déploiement des travaux et de la mesure par le département est parallèle au management *hoshin* décrit dans la précédente section, à ceci près qu'il le fait à une échelle plus restreinte et avec la participation de tous les cadres. Il s'ensuit que le processus devrait être plus court et plus direct, et n'exiger par exemple, que quelques jours de planification, voire un seul. Cette approche de la planification du travail possède les avantages du système de management *hoshin* : un plan étroitement ciblé sur l'accomplissement du travail (au lieu de faire simplement confiance au flair), et un système de saisie des données pour découvrir ce qui s'est réellement passé au niveau de l'application du plan et de ses résultats. On dispose alors de l'information nécessaire pour parcourir le cycle CAPD, de telle sorte que chaque plan annuel pour ce travail bénéficie de l'expérience de l'année précédente.

CAPD ou PDCA

Comme nous l'avons dit au début de ce chapitre, nous avons écrit le PDCA sous la forme du CAPD pour souligner les aspects vérification et retour d'information du PDCA. La distinction entre PDCA et CAPD est subtile, car la différence entre eux est surtout affaire de point de vue[1].

Le PDCA s'applique bien aux processus de fabrication, d'administration ou autres, pour lesquels le passé se répète sans cesse et l'objectif final reste plus ou moins constant. Observons par exemple, le processus de préparation de l'échéancier financier mensuel. L'objectif final est de rendre l'échéancier toujours plus précis, clair, et réalisable rapidement et au moindre coût[2]. Le processus présente au début une variabilité considérable (partie gauche de la figure 15.8).

Le cycle $PDCA_1$ est utilisé pour améliorer le processus et ses résultats, ainsi qu'il suit :

P : Choisir le problème principalement responsable de la variation des résultats, en analyser les causes premières, et préparer les mesures destinées à les corriger.
D : Réaliser l'amélioration.
C : Vérifier que l'amélioration a été efficace.
A : La normaliser comme il convient, et passer à l'amélioration suivante.

1. Chaque entreprise appliquant le TQM doit décider si elle emploie dans son vocabulaire à la fois le PDCA et le CAPD, ou si elle se limite à décrire les variantes du PDCA. Le fait de posséder les deux expressions pourrait provoquer confusion et débat : « faisons-nous aujourd'hui le PDCA ou le CAPD ? » ,« quelle est exactement la différence entre PDCA et CAPD ? » – ce qui ne crée pas nécessairement une valeur ajoutée. En revanche, dans certaines entreprises, les cadres ou autres techniciens répugent à utiliser les mêmes outils en fabrication et dans l'administration, c'est-à-dire le PDCA. Dans ce cas, il peut être utile de souligner les différences entre PDCA et CAPD.
2. Ceci peut s'appliquer de la même façon à la fabrication d'un cylindre d'acier, pour laquelle l'objectif final est de fabriquer un cylindre avec une précision toujours plus grande, rapidement et économiquement.

Figure 15.8. Répétition du PDCA

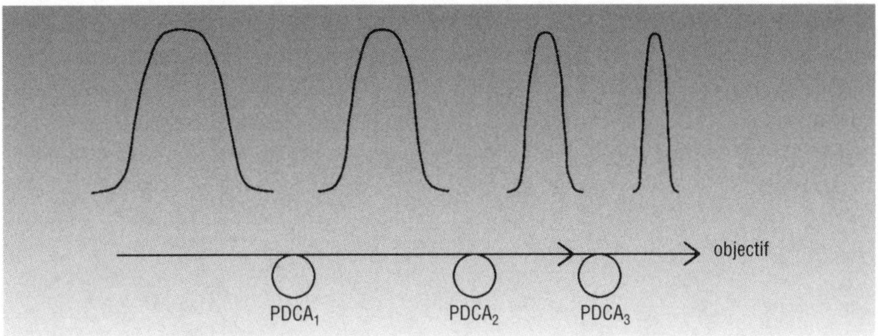

Avec l'amélioration continue, le cycle $PDCA_2$ est alors mis en branle, afin d'éliminer le problème le plus important, et par suite de réduire la variabilité du processus et de ses résultats. Puis le $PDCA_3$ est mis en route, et ainsi de suite. Chaque mois, le processus est répété, et la cible reste identique : une variabilité réduite afin d'obtenir un échéancier financier sans cesse amélioré et de moins en moins coûteux.

Le CAPD s'applique bien à des cas de planification, qui absorbent la plus part du temps des cadres. Dans ces situations, il est improbable que le passé se répète. L'accent doit être mis sur la préparation de l'avenir. Regardons, par exemple, le plan annuel des ventes. Comme avec le PDCA, le processus présente au début une variabilité considérable (voir figure 15.9).

Toutefois l'objectif du cycle suivant de planification (objectif 1), diffère probablement de l'objectif du cycle de planification précédent, car les temps ont changé. Même ainsi, on veut une moins grande variabilité dans l'exécution du plan de l'année suivante et dans les écarts par rapport aux objectifs. On fait donc fonctionner le cycle $CAPD_1$. Les quatre lettres ont la signification suivante :

CA : Découvrir ce qui n'allait pas dans le processus précédent et qui a empêché l'obtention des résultats désirés ; quelles sont les facteurs clés à améliorer pour le cycle suivant ?

P : Déterminer ce que l'on désire pour l'avenir (par exemple, quel est le prochain objectif ?).

D : Appliquer le plan pour l'année.

CA : Vérifier si l'objectif a été atteint, et dans la négative, pour quelle raison il ne l'a pas été (répéter le CAPD).

L'objet du CAPD est d'améliorer le processus face à des objectifs changeants. Aussi, la normalisation dans le CAPD diffère-t-elle de celle du PDCA : vous devez normaliser les améliorations apportées au processus mais dans le même temps, modifier le processus pour qu'il puisse atteindre des objectifs changeants.

Figure 15.9. Répétition du CAPD

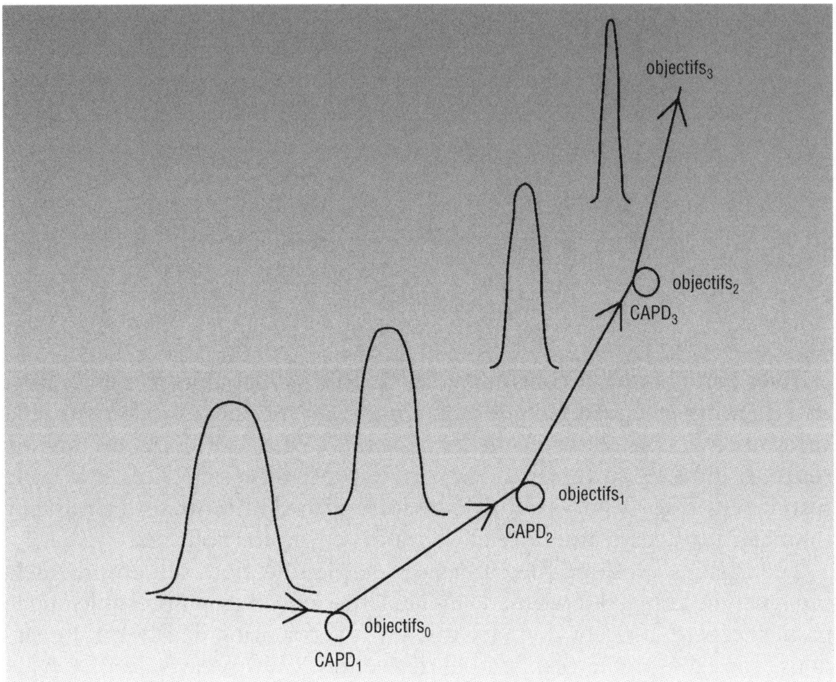

On compare souvent le PDCA à la méthode scientifique : préparer une expérience pour tester une théorie, réaliser l'expérience, en vérifier les résultats, et prendre une mesure appropriée pour publier ou modifier la théorie. En fait, le PDCA est une très bonne description de l'approche scientifique telle qu'elle est appliquée, par exemple, dans une situation d'assurance-qualité industrielle où l'objectif est connu et relativement constant. Le CAPD est plus représentatif de la méthode scientifique, telle qu'elle est appliquée par les scientifiques du monde de la recherche. Ceux-ci ont à décider de la théorie à tester sur la base de résultats précédents et d'événements surgis dans l'environnement technique. Puis ils doivent préparer une expérience, en s'efforçant de contrôler le plus variable possible, de façon à pouvoir interpréter les résultats avec précision, mais en reconnaissant que certaines variables seront incontrôlables. En fin de compte, ils analysent les résultats et en extraient toute l'information possible qui augmentera leur compréhension : ce qui a paru fonctionner ou non, les parties de l'expérience qu'ils n'ont pas été en mesure d'appliquer et pourquoi, etc. Puis, ils agissent pour adopter et appliquer les parties validées de la théorie, et décider des notions clés à approfondir au cycle suivant.

Le CAPD est fondamentalement identique au PDCA, mais il en diffère de trois façons :

1. Dans le CAPD, un plus grand effort est requis pour conduire et maîtriser une expérience, du moins une expérience pour laquelle on voit clairement ce qui ne pourrait être maîtrisé. Dans un processus de fabrication ou un processus administratif classique auquel on appliquerait le PDCA, il est relativement facile de conduire et maîtriser une expérience contrôlée.
2. Les processus auxquels on applique le CAPD sont souvent si complexes et entrelacés avec d'autres processus ou des événements externes que les buts du processus se transforment dans le cours d'un cycle d'amélioration.
3. Dans des processus de fabrication ou administratifs, un nombre suffisant de données peut souvent être recueilli durant la phase préparatoire (plan), de telle sorte qu'il est possible d'identifier les causes premières. Dans les processus évolutifs complexes, auxquels le CAPD est appliqué, on doit souvent parcourir le cycle plusieurs fois si l'on veut comprendre les causes premières potentielles : l'étude de cas de NIMS au début de ce chapitre en est un exemple.

L'utilisation du cycle CAPD dans le travail quotidien

C'est devenu un lieu commun de dire des dirigeants japonais qu'ils ont une vision à long terme des processus, tandis que les dirigeants américains ont une vision à court terme des résultats. La distinction entre long et court terme est dans de nombreux cas une illusion : la véritable distinction est à faire entre la correction de ce qui est superficiel et la correction de ce qui est durable. Les résultats concentrent l'attention sur le superficiel, le processus, sur ce qui crée une amélioration durable.

La maîtrise de processus

Dans une entreprise, la plupart des gens ne comprennent pas que les résultats sont une fonction du processus, qu'ils en proviennent directement. La figure 15.10 illustre le processus de cuisson d'un gâteau ; le résultat vient du processus, lequel a à voir avec les méthodes, les opérateurs, les matières premières, l'équipement, etc. Les résultats du processus de cuisson incluent le goût, la texture, la couleur, etc., en bref, les caractéristiques qualité du gâteau.

Un grand nombre d'entreprises ignorent la relation existant entre le processus et les résultats, et se concentrent sur les seuls objectifs, avec l'espoir qu'en fixant des objectifs audacieux à des personnes capables, celles-ci obtiendront d'une manière ou d'une autre les résultats désirés.

Figure 15.10. Éléments du processus de cuisson d'un gâteau

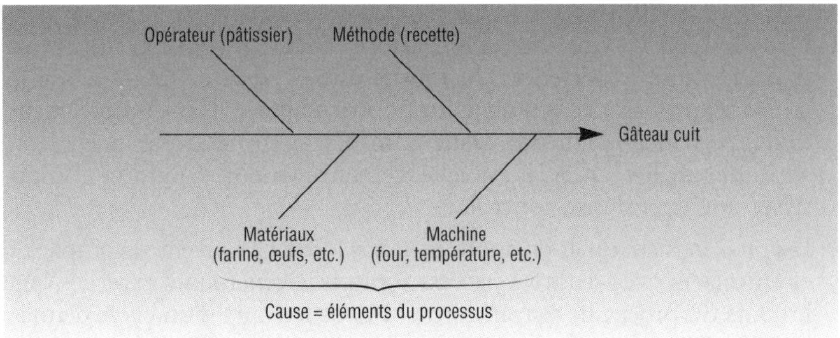

Vous pouvez maîtriser le processus en suivant le déroulement de façon appropriée, et décider des actions à entreprendre pour produire les résultats désirés : par exemple, un gâteau moelleux (voir figure 15.11).

Figure 15.11. Maîtrise du processus de la cuisson d'un gâteau. Suivi du processus et des résultats

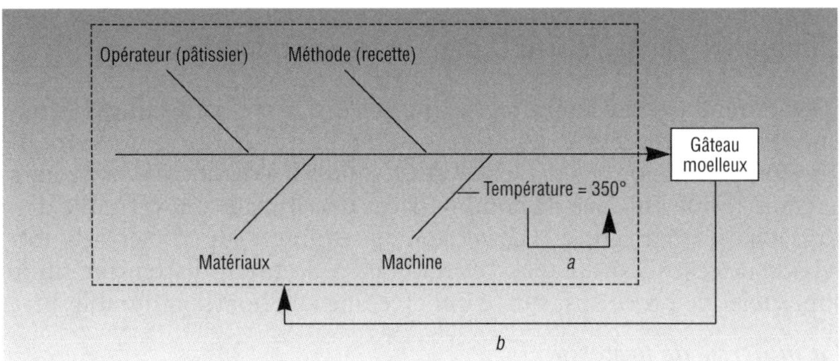

Cette figure montre deux types de suivis. Au point *a* de la figure on surveille un aspect du processus de fabrication d'un gâteau moelleux (dans ce cas, la température du four). Lorsque la température s'écarte de la température-cible (350 °), une action est décidée pour ramener la température à son niveau convenable. Il s'agit d'une maîtrise par la mesure, décrite dans le management *hoshin*. On peut maîtriser le processus en surveillant la déviation du processus par rapport à la norme et le ramener à celle-ci si nécessaire.

Au point *b* de la figure, on suit le résultat du processus (dans ce cas, en ayant à l'esprit une certaine norme de moelleux), et si le résultat n'est pas celui désiré, on analyse le processus pour découvrir le problème et y remédier. Le processus n'a peut-être pas été suivi soigneusement, ou peut-être faudrait-il le modifier pour obtenir un gâteau ayant des qualités de moelleux améliorées. En tout cas, l'attention est fixée sur les résultats réels, l'aspect du processus produisant ces résultats, et la façon d'améliorer ce dernier pour en obtenir de meilleurs. Dans ce cas, on maîtrise le processus en suivant les écarts de résultats par rapport à la norme et en améliorant le processus si nécessaire.

L'exemple ci-dessus montre qu'il y a deux sortes d'indicateurs : les indicateurs de résultats et les indicateurs de processus. Peu nombreux sont les cadres qui comprennent cette distinction. La plupart d'entre eux se concentrent sur les résultats en ignorant le processus (« je veux motiver le personnel », ou « je ne puis améliorer ce que je ne peux mesurer »), mais il est hautement improbable qu'une attention portée aux seuls indicateurs de résultats réussisse. Pour savoir si l'on doit prêter attention à l'un ou l'autre de ces types d'indicateurs, il faut découvrir ce qui provoque ou empêche le succès. Si vous n'observez pas les indicateurs de résultats, vous ne savez pas si le processus fonctionne ou ne fonctionne pas. Si vous n'observez pas les indicateurs de processus, vous n'êtes pas en mesure de découvrir ce qui dans le processus a correctement fonctionné ou non. Les cadres doivent comprendre que le processus est la cause des résultats, et que les indicateurs de processus leur signalent pourquoi les indicateurs de résultats en sont là. L'objet de l'étude de ces deux sortes d'indicateurs est de souligner ce qu'il faut faire pour améliorer le processus et par conséquent, les résultats.

Il existe en fait trois niveaux de maîtrise du processus dans le concept du CAPD. Deux d'entre eux ont déjà été décrits : ce sont la maîtrise par le suivi des écarts du processus et la maîtrise par le suivi des écarts de résultats.

Observons encore l'exemple de la cuisson du gâteau, pour lequel le résultat désiré est un gâteau moelleux.

Le processus de fabrication de gâteaux moelleux exige une température du four de 350 °. La température peut être suivie, et les écarts par rapport aux 350 ° peuvent être utilisés pour ajuster la température du four jusqu'à ce qu'elle atteigne ce niveau. C'est la maîtrise de processus par la mesure des écarts par rapport à la norme : *a* sur la figure 15.12.

Le moelleux du gâteau peut être surveillé, et les écarts par rapport aux résultats désirés, utilisés pour ajuster le processus de façon appropriée. C'est la maîtrise du processus par la mesure des écarts du résultat par rapport à la norme : *b* sur la figure 15.12.

Toutefois, un troisième type de maîtrise est nécessaire pour permettre la prise en compte des changements de l'environnement. En surveillant l'environnement culturel, on peut utiliser les écarts entre les objectifs du processus en vigueur et les nouveaux désirs culturels, afin d'ajuster le processus total et ses objectifs à la nouvelle norme culturelle. C'est la maîtrise du processus par la surveillance de l'évolution des objectifs : *a* sur la figure 15.12.

Figure 15.12. Maîtrise du processus de cuisson d'un gâteau. Suivi de l'environnement

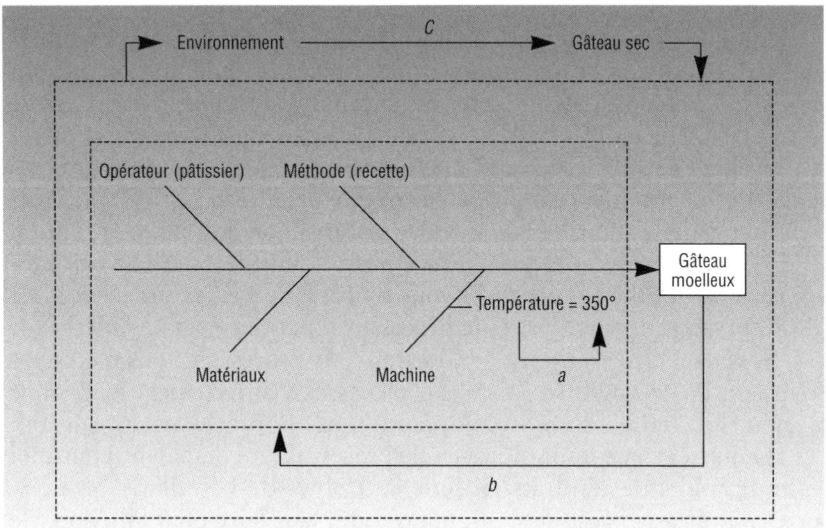

Supposons, par exemple, que l'environnement évolue de telle façon que le gâteau sec suscite plus de désir que le gâteau moelleux : *C* sur la figure 15.12. Une entreprise ne peut dire simplement : « Nous fabriquons des gâteaux moelleux, et ceux qui veulent des gâteaux secs n'ont qu'à s'adresser ailleurs ». À maintes reprises, cette orientation *product-out* a été perdante face à des concurrents *market-in*. L'industrie automobile en fournit de nombreux exemples, depuis sa victoire initiale sur les entreprises de voitures à chevaux, celle remportée par General Motors sur Ford (« n'importe quelle couleur pourvu qu'elle soit noire »), et la déroute des entreprises américaines devant les voitures européennes et asiatiques (« les Américains veulent de grandes voitures gourmandes en carburant »).

La présomption de responsabilité

Le dirigeant très bien formé doit devenir capable de maîtriser le destin de l'entreprise dans un monde incertain. Ceci exige qu'il prenne la responsabilité de développer des processus pour affronter la situation réelle, ce qui implique de sa part l'application du CAPD à des niveaux de plus en plus difficiles, de la façon suivante :

- *Niveau 0 Vous surveillez les résultats mais sans donner beaucoup d'information en retour, si ce n'est d'en imputer la responsabilité aux individus.*

Vous savez quels sont les résultats que vous voulez atteindre. Vous assignez à quelqu'un la mission de les obtenir et le laissez s'occuper du processus correspondant. Quand les résultats ne sont pas ceux que vous espériez, vous soupçonnez que cette personne n'était pas aussi capable que vous le pensiez.

- *Niveau 1 Vous prenez la responsabilité du processus, et vous maîtrisez en suivant les écarts du processus par rapport à la norme.*

Il existe vraisembablement un processus destiné à atteindre les résultats désirés. Vous prenez la responsabilité d'adopter ce processus, et vous en suivez le déroulement pour observer tous les écarts par rapport à la procédure normalisée, et quand c'est nécessaire, en le ramenant à la norme. Si vous ne le faites pas, vous n'êtes pas en mesure d'en maintenir les bons résultats s'il s'en produit ; et, s'il ne s'en produit pas, vous ne pouvez en connaître la raison, c'est-à-dire que vous ne saurez pas si le processus n'a pas produit de bons résultats ou s'il n'a pas été appliqué

- *Niveau 2 Vous prenez la responsabilité des résultats, et vous maîtrisez en suivant les écarts des résultats par rapport à la norme.*

Ayant suivi le processus que vous projetiez d'observer, vous en suivez les résultats pour voir s'ils s'écartent des fins assignées au processus (on suppose qu'elles ont quelque chose à voir avec la satisfaction des clients). Les résultats vous indiquent si le processus est capable de produire les résultats désirés. S'ils ne sont pas ceux que le processus était supposé produire, vous remontez le processus vers l'amont et découvrez ce qui doit être changé pour produire les résultats désirés. Vous ne vous fiez pas à votre opinion ni à votre intuition, mais seulement aux données menant aux causes premières réelles des résultats. Vous prenez la responsabilité d'étudier le processus et vous réalisez alors les changements nécessaires à l'obtention des résultats désirés. Vous n'imputez pas l'échec aux personnes, au processus, aux circonstances.

- *Niveau 3 Vous prenez la responsabilité d'apprendre pour survivre dans un environnement changeant, vous maîtrisez en suivant les écarts par rapport aux objectifs.*

Le monde change. Ce que vous croyez être un bon résultat (de nature à satisfaire les clients) peut ne plus en être un (les satisfaire) après un temps plus ou moins long. Vous prenez la responsabilité de suivre les écarts entre les objectifs et les exigences changeantes du client, et vous modifiez le processus et ses objectifs pour que ces exigences soient satisfaites. Vous prenez la responsabilité d'aider l'entreprise à survivre dans un monde changeant.

L'institutionnalisation du cycle CAPD

Rappelez-vous la théorie des dominos décrite au chapitre 10, suivant laquelle le président ou le directeur général doit mobiliser les dirigeants et le responsable du TQM, avant que les cadres moyens ne puissent l'être à leur tour (voir figure 15.13). Il peut se trouver des dirigeants non convaincus qui aient aussi besoin d'être mobilisés à nouveau.

Entraînez tous les niveaux de l'organisation à utiliser le CAPD. Travaillez du haut vers le bas, du bas vers le haut, et au milieu, en faisant un effort spécial pour obtenir des cadres moyens qu'ils appliquent le CAPD (voir figure 15.14). La nature de la fonction étant différente à chaque niveau, il convient que chaque entreprise recourre à une stratégie de mobilisation différente à chaque niveau.

Figure 15.13. Théorie des dominos de la mobilisation

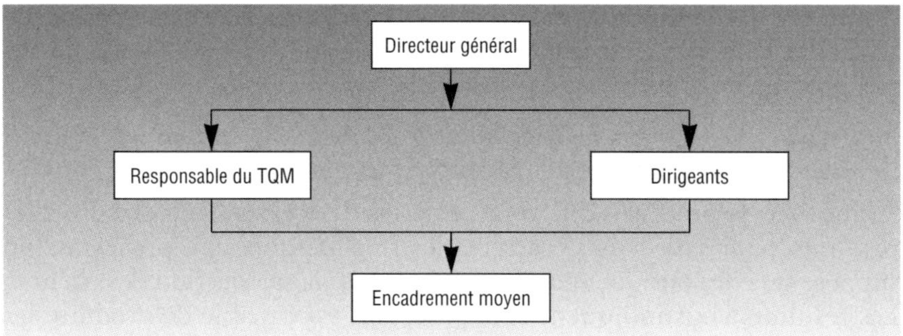

Figure 15.14. Mobilisation de tous les niveaux

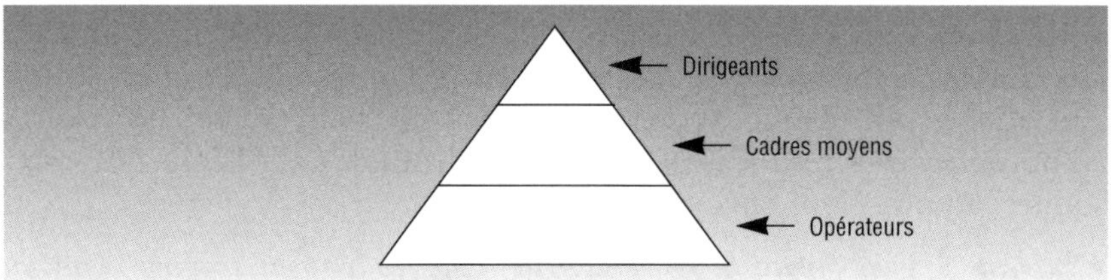

La mobilisation de haut en bas : l'audit du président

L'audit effectué par le président ou le directeur général[1] et par le chef de division est un outil important de mobilisation de l'entreprise en faveur du CAPD. Ces audits ont trois objets :

1. Nous utilisons les termes de président ou de *directeur général* pour parler du plus haut responsable de l'organisation. Dans les entreprises comportant à la fois un président et un directeur général, on considère que les deux effectuent leur audit ensemble.

- Appliquer le cycle CAPD dans l'organisation et communiquer à tout le personnel le concept du TQM et l'utilisation des 7 outils de la maîtrise de la qualité.
- Réaliser les objectifs de l'entreprise, et examiner l'adhésion aux moyens planifiés.
- Permettre au président de comprendre de quel soutien ses subordonnés ont besoin et d'acquérir une connaissance approfondie de l'environnement de travail du tiers inférieur de l'entreprise, particulièrement l'état d'esprit du personnel.

La réalisation de ces objets se traduit par des bénéfices clairs pour l'entreprise. L'audit du président en comporte d'autres :

- Dès lors que l'entreprise effectue une analyse périodique, elle dispose d'une grande quantité de données concernant son TQM et l'ensemble de ses activités ; à partir du moment où elle dispose de ces données, les opportunités d'améliorations sont grandes.
- L'audit contribue à la formation du président au TQM. En considérant que l'enseignement est la première étape de la compréhension du TQM, l'audit en est l'étape suivante, exigeant l'étude des questions à poser et une compétence suffisante pour prescrire des améliorations.

Le tableau 15.1 montre un exemple typique de ce type d'audit du président[1].

Tableau 15.1. Plan pour l'audit du président

1.	Décider de la division et de la personne à auditer.	1 mois avant le jour fixé pour l'audit
2.	Plan de l'audit – principaux problèmes	1 mois avant
3.	Distribution du programme pour le jour fixé	10 jours avant
4.	Soumission au président des transparents de la présentation et des imprimés nécessaires à l'audit	1 semaine avant
5.	Préparations logistiques	1 jour avant
6.	Jour de l'audit	1 jour avant
7.	Réflexion sur les faiblesses et commentaires de l'équipe d'audit	Dans le courant de la semaine suivante
8.	Le président et les cadres établissent un document formel de l'audit	Dans les 15 jours
9.	La division soumet l'analyse des problèmes mis à jour par l'audit et ses solutions	Dans le mois

1. Ce tableau est légèrement adapté de « QC Audits by Top Management » de Kunabura et Matsuzowa, *Quality, JSQC*, 17, avril 1987, p. 163 ; voir aussi Ishikawa, *What is Total Quality Control ?*, p. 161-69.

La mobilisation du milieu : Ochibo-hiroi (le « glanage »)

Dans la précédente partie, nous avons décrit l'audit du président comme une stratégie orientée du haut vers le bas pour l'institutionnalisation de l'usage du CAPD. Dans la suite, nous traiterons d'une stratégie destinée à la partie médiane de l'entreprise.

Depuis 1952, la société Hitachi utilise un système appelé *ochibo-hiroi*. C'est le nom donné par les Japonais au tableau de Jean-François Millet intitulé « Les Glaneuses », représentant trois paysannes en train de ramasser le blé oublié par les moissonneurs. Pour Hitachi, *ochibo-hiroi*, ou glanage, signifie recueillir et utiliser l'expérience ancienne.

Dans le système Hitachi, une fois par an, les cadres moyens réfléchissent aux erreurs et aux réclamations des clients. Chaque section identifie son erreur critique ou la plus sérieuse de l'année écoulée et l'analyse en détail pour voir ce qu'elle peut en apprendre.

Voici les symptômes permettant de savoir qu'il y a quelque chose à glaner de l'expérience de l'année :

- on a médiocrement réagi avec un client ou une autre entreprise ;
- on a reçu une réclamation et on n'y a pas cru ou ne l'a pas acceptée ;
- on a présenté des excuses ou une explication au client, au lieu d'agir pour résoudre le problème posé.

Pour comprendre l'expérience de l'année et en tirer un bénéfice durable, les cadres moyens doivent adopter deux attitudes :

- Adopter le point de vue du client et assumer la responsabilité du problème.
- Se concentrer sur les processus et les causes premières pour découvrir la raison de l'apparition du problème.

La figure 15.15 illustre la façon dont le groupe Hitachi utilise le *ochibo-hiroi* afin d'institutionnaliser le CAPD au sein de l'encadrement moyen. Le personnel de la section effectue l'analyse *ochibo-hiroi* sous la conduite du chef de section. Ainsi, ce dernier doit apprendre le CAPD pour conduire l'analyse et en présenter les résultats. Le chef de section doit donner des explications devant les cadres. Le chef de division effectue alors l'audit de la présentation du chef de section. Ainsi, l'ensemble des cadres apprennent tout ce qui se passe dans la division, de même que le CAPD est centré sur le client.

La mobilisation de bas en haut : les activités 5S

Les activités 5S sont très populaires dans un grand nombre d'entreprises japonaises. On y voit souvent le symbole 5S. Voici ce qu'il signifie :

- *Seiri* (débarras) : ne conserver sur le poste de travail que le matériel dont on a besoin. Retirer immédiatement tout ce qui n'est pas nécessaire.
- *Seiton* (rangement) : stocker les matières de façon ordonnée.

Figure 15.15. Institutionnalisation du CAPD dans l'encadrement moyen

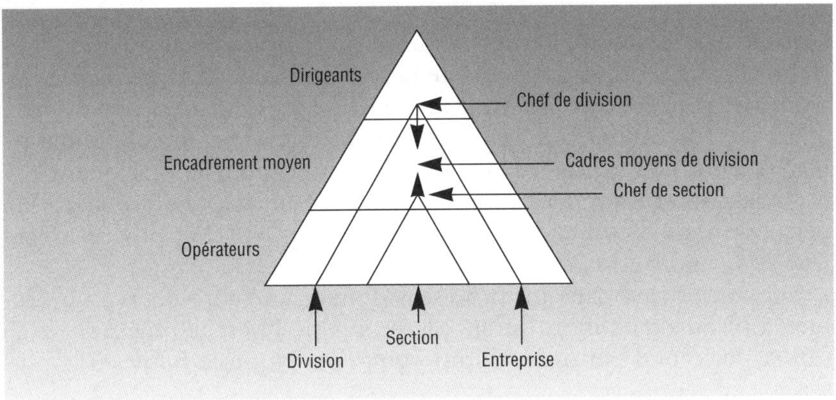

- *Seiketsu* (ordre) : veiller à la propreté du cadre de travail ; dans un environnement net et clair, tout ce qui ne va pas devient plus simple.
- *Seiso* (nettoyage) : nettoyer les outils, l'équipement, et le poste de travail toutes les fois que c'est nécessaire ; un équipement propre fonctionne mieux.
- *Shitsuke* (rigueur) : pratiquer l'autodiscipline[1].

L'utilisation des 5S répond à deux objectifs :

- Mise en œuvre du CAPD en allant des ouvriers à la maîtrise et aux cadres.
- Amener le CAPD au bas de l'organisation, ce qui veut dire entraîner les ouvriers à adhérer aux règles, en leur faisant voir les avantages de la normalisation pour l'amélioration à long terme (et pas seulement immédiate) (voir figure 15.16). Les activités 5S font découvrir les règles implicites et mettent en lumière les écarts.

Figure 15.16. Les 5 S du bas vers le haut

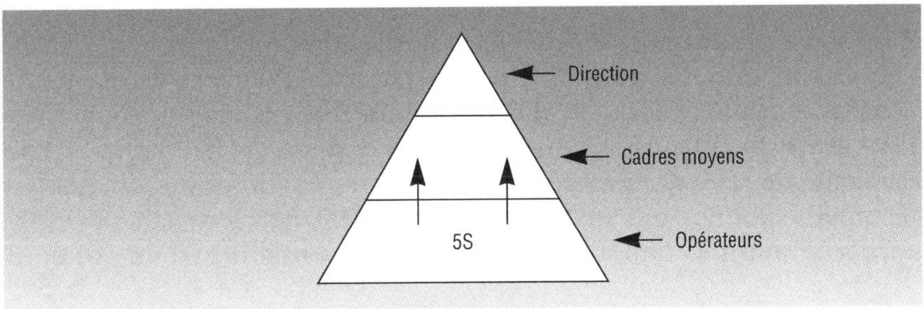

1. J. P. Walker, « A Disciplined Approach To Continuous Improvement », *Packard Electric monograph*, 1988.

LA PRATIQUE INDIVIDUELLE DU CYCLE CAPD PAR LES CADRES

Nous avons donné un certain nombre d'exemples de stratégies d'entreprise pour le développement de la pratique du CAPD par l'encadrement : le management *hoshin*, le diagnostic du président, le *ochibo-hiroi*, et les 5S. Toutes sont conçues directement ou indirectement pour amener les cadres à pratiquer le CAPD. Toutefois, pour le pratiquer de la façon la plus efficace, les cadres doivent prendre aussi la responsabilité personnelle de comprendre toute la portée du CAPD et de développer leur savoir-faire en la matière.

Supposons que dans un processus donné, un cadre oberve un problème N plusieurs mois durant ; le problème N est le plus sérieux en juillet, le second par ordre d'importance en août et à nouveau le plus sérieux en septembre[1].

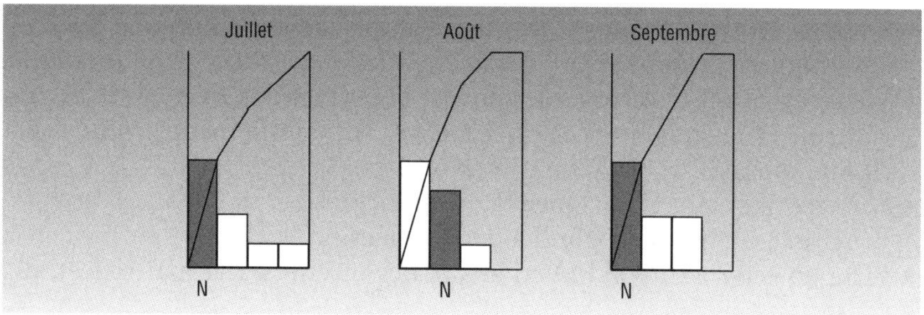

Les étapes de l'action du cadre

Le travail du cadre consiste à agir sur ce problème. Il peut décider une variété d'actions, chacune étant indicative d'une nouvelle étape de développement de la pratique individuelle du CAPD.

Étape 0

À ce stade du développement, le cadre ne comprend pas la notion de double fonction du travail ; il pense que l'amélioration de la qualité n'est pas son affaire et que le rôle d'un cadre est de donner des directives. Il s'ensuit qu'il transfère toutes les tâches à ses subordonnés et leur demande de régler le problème. Dans ce cas, l'action du cadre peut se résumer à donner des instructions. Le TQM ne reconnaît pas cette approche comme étant à la hauteur de la responsabilité d'un cadre.

1. Ce cas a été développé à partir de celui brièvement mentionné dans « *Hoshin Kanri Unei-No Tebiki* » (*Guide du management hoshin*), 1989, p. 172 (publié par la Commission du JSQC sur les études de cas du management *hoshin*).

Étape 1

À ce stade, le cadre montre de la compréhension pour la double fonction du travail. Il pense que l'amélioration est le rôle de tout le monde et une importante responsabilité personnelle, mais il ne comprend pas vraiment le PDCA. Il peut donc réfléchir de façon intuitive à la cause du problème et imaginer une solution, puis en déléguer l'application à un subordonné – en sautant du problème à la solution sans recueil des données ni analyse des causes. Dans ce cas, l'action du cadre peut se résumer en une analyse intuitive, dans le but de satisfaire à l'application par le cadre de la double fonction du travail.

Étape 2

À ce stade, le cadre comprend le PDCA et la valeur de la prévention par opposition à la seule résolution du problème posé. Il entreprend l'analyse formelle des causes du problème et en planifie formellement la solution, après quoi seulement il délègue l'application à un subordonné (peut-être même participe-t-il à l'application). Toutefois, à ce stade, il n'est pas suffisamment expérimenté pour créer un système PDCA pour la solution. Dans ce cas, son action peut se résumer en une analyse des causes, dans le but de prévenir le retour du problème.

Étape 3

À ce stade, le cadre comprend qu'un processus ou un système doit être créé pour pérenniser l'amélioration. Il entreprend des analyses formelles des causes, et planifie la solution, estime l'effet de la solution ou évalue celle-ci de façon expérimentale, et revoit les règles s'il y a lieu ; il crée aussi une série d'indicateurs de mesures pour maîtriser le processus, par exemple, une carte de contrôle. Toutefois, il ne comprend pas la notion d'amélioration transfonctions ou interproduits. Dans ce cas, l'action du cadre peut se résumer en une révision des règles, dans le but de mieux coller au processus.

Étape 4

À ce stade, le cadre comprend le grand avantage d'exemples transfonctions ou interproduits et que des problèmes analogues peuvent être prévus grâce à un transfert de l'amélioration. Il examine d'autres produits et processus pour voir s'ils recèlent le même problème et utilise l'analyse du premier produit pour améliorer les autres. Dans ce cas, l'action du cadre peut se résumer dans l'application de ce qu'il a appris à d'autres situations, dans le but d'éliminer des problèmes latents. C'est le niveau de compétence de la pratique du TQM par le cadre.

Étape 5

À ce stade, le cadre est qualifié dans la double fonction du travail, la prévention de la récurrence, l'adhésion au processus et l'élimination des problèmes latents, activités allant des étapes 1 à 4. En outre, il comprend que de nouvelles améliorations exigent que ces activités soient effectuées de concert. Dans ce cas, l'action du cadre peut se résumer en une intégration des efforts, avec pour objectif la réussite de l'entreprise.

Les moyens associés à chaque étape

Les moyens nécessaires à la réalisation de chacun des objectifs de l'encadrement sont énumérés dans la colonne de droite du tableau 15.2.

Tableau 15.2. Étapes de l'action de l'encadrement

Étapes	*Actions de l'encadrement*	*Buts de l'encadrement*	*Moyens*
0	Instructions données		
1	Analyse intuitive	Double fonction du travail	Effectuer son propre travail d'amélioration
2	Analyse causale	Prévention de la récurrence	Utiliser des informations réelles
3	Révision des règles	Adhésion au processus	Installer un système
4	Application de ce qui a été appris à d'autres situations	Élimination des problèmes latents	Auto-innovation
5	Intégration des efforts	Effet de levier pour la réussite de l'entreprise	Concentration

Les moyens de l'étape 1

Pour appliquer la double fonction du travail, le cadre ne doit pas déléguer tous les problèmes à un subordonné. Il lui faut plutôt accomplir personnellement deux choses : définir une mission et des objectifs clairs, et effectuer le travail d'amélioration.

Pour ce qui concerne la première de ces tâches, le cadre doit rendre clairs deux types d'objectifs : les objectifs nobles et les objectifs pratiques. Habituellement, l'objectif noble bénéficie au client ; le cadre doit parler constamment de sa croyance personnelle en la primauté du client. Les objectifs pratiques sont ceux qui doivent être poursuivis immédiatement par le cadre et ses subordonnés[1].

Cependant, il n'est pas suffisant pour le cadre de rendre clairs la mission et les objectifs. Il doit démontrer sa croyance personnelle dans les méthodes d'amélioration en les mettant en pratique, par exemple, en fai-

1. L'avantage du management *hoshin* est qu'il détaille des objectifs immédiats et les aligne sur ceux de l'entreprise, et fournit un processus basé sur les faits pour décider des objectifs dont les cadres doivent se charger personnellement, et de ceux qui doivent être délégués et à qui.

sant fonctionner le PDCA. La pratique des comportements d'amélioration est chose difficile pour les cadres et leurs subordonnés. Néanmoins, elle est essentielle ; si les cadres ne pratiquent pas personnellement des activités d'amélioration dans leur propre travail quotidien, le personnel ne croira pas aux méthodes et le cadre n'augmentera pas sa compétence. Les cadres doivent pécher par insuffisance de la délégation du travail d'amélioration. D'où le slogan du TQM : « Pas de délégation ! ».

Les moyens de l'étape 2

Il ne suffit pas de régler un problème. Il faut prévenir ses réapparitions. La clé de la prévention réside dans la recherche de ce qui se passe réellement, c'est-à-dire dans l'obtention et l'utilisation de l'information réelle. Les personnes disposant d'informations vraies sont celles qui font leur travail au quotidien. Pour obtenir d'elles les informations vraies, le cadre doit adhérer à deux importantes pratiques : absence de critiques et écoute active.

L'absence de critiques ne signifie pas que la cadre ne doit pas se demander qui est fautif, pour quelle raison le problème n'a pas été découvert plus tôt, ou comment on a pu le laisser survenir. Même quand on leur présente un projet, les cadres doivent encourager leurs subordonnés à s'exprimer ouvertement, par exemple, en les incitant à dire franchement ce qui devrait être fait et par qui. Il est rare qu'en critiquant un projet, on obtienne autant d'informations qu'en encourageant les gens à s'exprimer franchement.

Des questions critiques, l'imputation explicite d'une responsabilité, ou une analyse critique, auront au minimum pour effet d'empêcher les subordonnés de s'exprimer, et ces attitudes pourront les conduire à falsifier les informations qu'ils présentent. Ils apprennent vite ce que les cadres veulent ou ne veulent pas entendre, et modèlent leur discours à partir de ces éléments. Tous les cadres en ont fait l'expérience.

En fait, il ne suffit pas de s'abstenir de toute critique ; la louange s'impose. Le problème doit être divisé en petites étapes dans lesquelles de bons points peuvent être mis en évidence et donner immédiatement matière à un compliment. La louange est plus efficace si elle porte sur des points précis « Je suis satisfait que vous ayez construit un diagramme de Pareto » plutôt que sur des généralités « vous faites un excellent travail ».

Ce point peut être illustré par une anecdote fameuse de Yokio Horie, directeur général de Pentel. L'un des ingénieurs de Pentel avait travaillé sur une centaine de produits potentiels et n'avait remporté qu'un seul succès. L'ingénieur hésitait à rendre compte des résultats. M. Horie lui dit : « Je vous félicite d'avoir créé un bon produit ; il vous faut renouveler le processus que vous avez utilisé et vous en créerez encore d'autres ».

Une écoute active est également nécessaire pour l'obtention d'une information réelle. Si les cadres se contentent de parler et d'exprimer leur propre opinion, leurs subordonnés se tairont. Si les cadres veulent toutes les données réelles, ils doivent écouter et encourager leurs subordonnés à parler jusqu'à ce qu'ils aient dit tout ce qu'ils avaient à dire.

Dans un roman japonais populaire, une jeune fille, créative mais indisciplinée, To To Chan, doit changer plusieurs fois d'école. Lors d'une visite à un nouvel établissement, le maître informe la jeune fille et sa mère que la présence de cette dernière n'est pas nécessaire, puis il approche son siège de celui de la jeune fille et lui demande de lui dire tout ce qu'elle a sur le cœur. Personne ne lui avait donné jusqu'alors la liberté de s'exprimer, et elle parle des heures durant. Le maître l'encourage, l'écoutant de façon active. Quand la jeune fille est épuisée, le maître lui demande si elle a encore quelque chose à dire. Elle se souvient que sa mère n'aime pas la couleur des vêtements qu'elle porte, et le dit. Puis quand elle pense ne plus avoir rien à ajouter, le maître lui dit : « vous faites maintenant partie de notre école ». La jeune fille y réussit très bien.

Les moyens de l'étape 3

Le TQM est un mouvement de masse. Il est nécessaire de disposer d'un système, ou d'un processus, que tout le monde puisse suivre. Mais un tel système ne doit pas être rigide. À Disneyland, il n'y a qu'un seul accès servant pour l'entrée et la sortie. À leur arrivée, les visiteurs passent devant une garde joyeuse, puis rencontrent Mickey, qui les accueille. Ils passent alors par une rue couverte, soigneusement conçue (avec plafonds élevés, etc.) pour suggérer l'ouverture (en dépit d'un panorama dont les deuxième et troisième étages sont peints en trompe-l'œil, respectivement à 80 et 60 % de leur taille réelle). Au moment de sortir du hall, tout le monde a une vue sur le château magique dans le lointain. Toutes ces attractions amènent les gens à se déplacer en leur évitant des embouteillages désagréables. Bien que les visiteurs suivent un processus conçu pour leur garantir une agréable visite, le processus se déroule automatiquement et sans discipline explicite.

Un autre exemple d'un tel processus est celui de la matrice de sélection du thème servant de première étape aux 7 étapes de la maîtrise de la qualité. Cette matrice guide les équipes d'amélioration à travers le processus de sélection des tâches appropriées, sans imposer aux débats une structure rigide.

Les cadres doivent apprendre à créer des systèmes et des processus imposant des règles de travail, sans discipline rigide. Ils doivent rendre ces systèmes faciles et agréables à utiliser.

Les moyens de l'étape 4

La durée de validité des connaissances se raccourcit de plus en plus. Les capacités exigées par le travail et la société évoluent rapidement. Les cadres doivent renouveler constamment leurs connaissances et se renouveler avec elles. Nous appelons cela l'auto-innovation.

L'auto-innovation comporte trois clés :

1. *La curiosité.* Elle est essentielle, car elle procure une motivation naturelle pour la découverte de ce qui doit être changé et de la façon de le changer.

2. *L'ouverture à l'apprentissage auprès des autres.* La curiosité n'est pas suffisante. On n'apprend pas suffisamment vite de ses recherches personnelles. On a besoin de s'ouvrir à la connaissance de ce que savent les autres. Aussi, les cadres doivent-ils écouter avec attention, et non de façon critique. Ils doivent se défaire de l'attitude « Je sais déjà » (IAKI = *I Already Know-It*).

3. *L'approche du bocal à poisson* (se rendre sur place). L'observation des gens dans leur milieu propre est souvent la façon la plus efficace d'apprendre des autres. Le principe du bocal à poisson a été décrit au chapitre 7 : on découvre davantage en observant les choses dans leur environnement réel qu'à partir d'informations préstructurées (telles qu'une enquête ou le rapport des subordonnés). Pour ce qui concerne l'auto-innovation, l'approche du bocal à poisson offre trois avantages :

- Elle apporte une alternative au modèle d'apprentissage question/réponse, qui laisse d'importantes questions non posées.
- Elle permet la triangulation : c'est-à-dire qu'elle permet d'observer les choses sous plusieurs angles pour découvrir ce qui se passe réellement.
- La personne étant la plus informée apprendra le plus d'une visite : le cadre doit donc se rendre personnellement sur place.

Les moyens de l'étape 5

Les entreprises ont de nombreux problèmes, mais elles ne manquent pas non plus de capacités, de compétences et de savoir-faire, qui peuvent être appliqués simultanément à de nombreux problèmes (voir figure 15.17).

Cette approche pourrait traduire ce que l'on attend des cadres à l'étape 4, quand ils ont acquis de nombreuses compétences sans avoir encore appris à les mettre en œuvre de façon cohérente.

Mais cette approche est à la fois consommatrice de temps et décourageante, car elle dilue l'effort nécessaire pour dominer un problème. En parlant de façon pratique, on doit s'efforcer d'unir les efforts. Le fait

Figure 15.17. S'attaquer à de nombreux problèmes en une seule fois

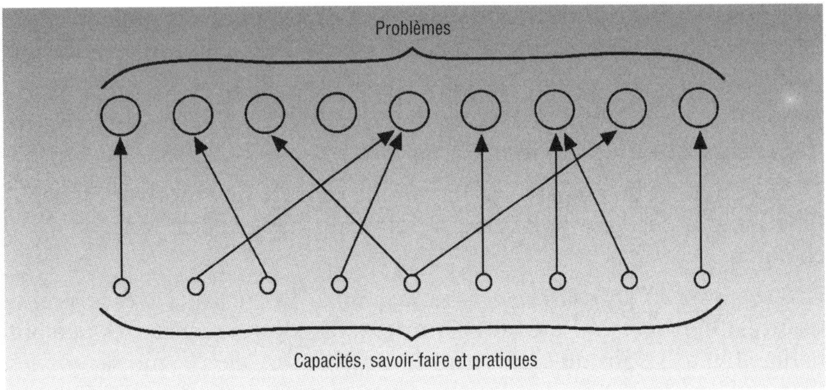

de se concentrer sur un objectif précis rassemble sur un problème donné les capacités suffisantes pour le résoudre ; c'est l'unique moyen pratique d'utiliser simultanément de nombreuses compétences et donc d'améliorer la façon de les conjuguer (voir figure 15.18).

Figure 15.18. Se concentrer sur une cible précise

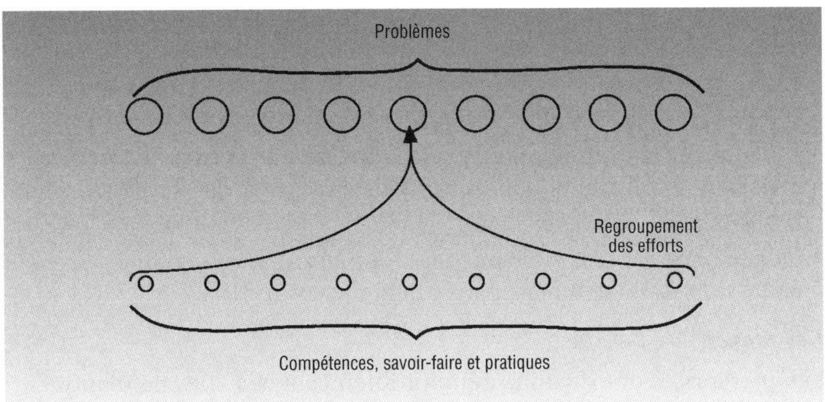

Réussir effectivement à résoudre un problème est l'élément le plus important des succès futurs. Le premier pas et le plus important vers la réussite consiste à regrouper et concentrer les compétences dont on dispose pour résoudre le problème.

Le système Kumon, développé au Japon mais enseigné aujourd'hui dans le monde entier, est l'exemple d'un système intégré de pratiques pédagogiques faisant appel à une étroite concentration sur des problèmes particuliers en vue de garantir un succès global, permettant spécifiquement d'enseigner les mathématiques supérieures à des enfants qui n'en ont pas l'âge[1].

Le procédé mathématique Kumon crée de bonnes habitudes d'étude, répond aux besoins particuliers des étudiants, et n'enseigne que les mathématiques nécessaires à l'apprentissage du calcul. Les leçons du procédé Kumon constituent de petits segments indépendants, mais les étudiants concentrent sur eux toutes leurs capacités. Les sessions d'enseignement Kumon sont organisées comme des cycles PDCA.

Ce système d'enseignement illustre l'avantage de la réussite. Les enfants sont naturellement curieux, enthousiastes et confiants dans leur capacité à résoudre les problèmes. Les premiers succès leur procurent un sentiment d'accomplissement, renforçant leur désir de connaître, et ainsi le cycle se répète. Le plaisir qui naît de succès répétés conduit à de nouveaux succès. Avec le succès et le plaisir, viennent la capacité et la créativité (voir figure 15.19).

Figure 15.19. Capacité d'application et créativité grâce au succès

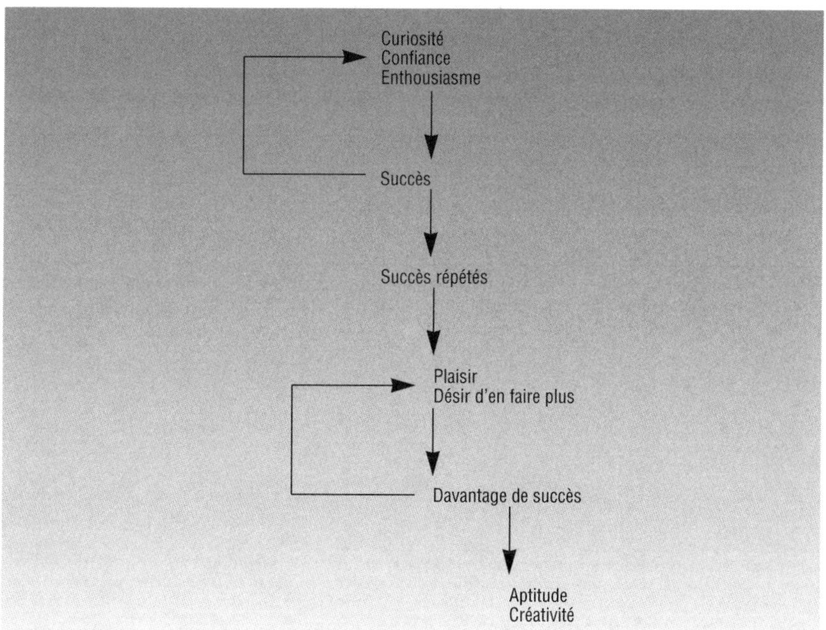

1. S. Shiba, « The Excellent Education System for One and a Half Millions Children », *Journal of Programmed Learning and Educational Technology*, p. 23-24, 1987.

Dans la figure précédente, l'aptitude signifie une série intégrée d'habitudes d'apprentissage, d'attitudes et de compétences pouvant s'appliquer, non seulement aux mathématiques supérieures, mais aussi à bien d'autres sujets. L'aptitude à traiter avec habileté de nombreuses choses nouvelles est pratiquement la définition de la créativité.

Pour résumer les détails des moyens pour les cinq étapes de la formation des cadres, nous ajoutons une colonne supplémentaire au tableau (voir tableau 15.3).

Tableau 15.3. Actions des cadres, objet, moyens et composants

Étapes	*Actions de l'encadrement*	*Buts de l'encadrement*	*Moyens*	*Composants des moyens*
0	Instructions données			
1	Analyse intuitive	Double fonction du travail	Effectuer son propre travail d'amélioration	Mission et objectifs clairs Pratique personnelle de l'amélioration
2	Analyse causale	Prévention de la récurrence	Utiliser des informations réelles	Absence de critique Reconnaissance du personnel Écoute active
3	Révision des règles	Adhésion au processus	Installer un système	Agréable, non rigide
4	Application de ce qui a été appris à d'autres situations	Élimination des problèmes latents	Auto-innovation	Ouverture à l'apprentissage Curiosité « Nage dans le bocal à poisson »
5	Intégration des efforts	Effet de levier pour la réussite de l'entreprise	Concentration	Concentration étroite Usage répété

QUATRIÈME RÉVOLUTION

INSERTION DANS UN RÉSEAU SOCIAL

16
L'insertion dans le réseau social et échanges aux niveaux régional et national

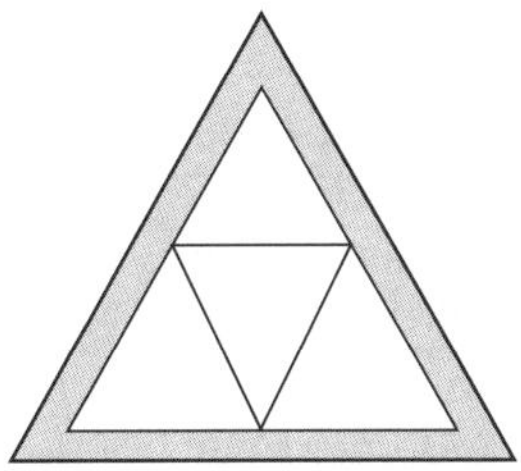

Une caractéristique importante du TQM est l'implication de l'environnement social dans la formation. On peut se le représenter comme un apprentissage en réseau, auprès du réseau des entreprises, clients, fournisseurs, et autres, qui s'efforcent d'améliorer leurs pratiques en matière de qualité. Cet apprentissage est nécessaire, car le TQM n'est pas une théorie, qu'une entreprise peut simplement apprendre et mettre en pratique. Il s'agit plutôt d'une pratique qui se développe à la fois au sein des entreprises et dans leur environnement social. Les pratiques du TQM se sont développées à travers essais et erreurs. On apprend comment faire en essayant de faire, et en apprenant ce que l'on doit faire. Ceci évolue au fur et à mesure de l'apprentissage et de l'évolution du monde. Cependant, une entreprise se limiterait en s'efforçant de découvrir par elle-même les moyens d'organiser le développement d'une pratique du TQM. Réinventer la roue consomme du temps et des ressources, et même l'entreprise la plus grande et la plus habile ne peut consentir à un tel gaspillage. Vouloir réinventer la roue peut aussi conduite à en développer une version dégradée :

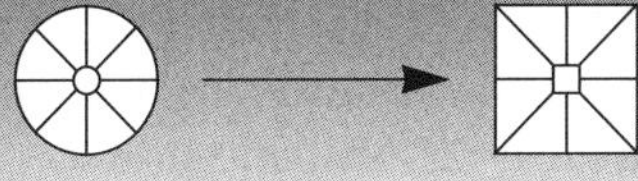

Roue réinventée

Si une entreprise développe une méthode efficace, cette méthode doit être diffusée pour que les autres entreprises puissent aussi l'utiliser. C'est pour cette raison que le Japon est traditionnellement opposé au secret en matière de méthodologie des améliorations de la qualité.

Il existe de nombreux exemples de cette diffusion dans le TQM japonais, comme les modalités de réunion des cercles de qualité et les échanges de visites d'usines. Il ne s'agit pas de théorie mais de pratiques élaborées puis expérimentées avec succès par des cercles de qualité puis diffusées dans tout le Japon. Les « réunions de mise en commun » de Milliken, mentionnées au chapitre 11 comme exemple de la diffusion des récits d'améliorations de la qualité, ont été inventées au États-Unis. Elles sont devenues populaires et ont été diffusées à d'autres entreprises.

Pour l'application du TQM, le problème est que pour certains types d'information et de compétence, il existe un obstacle insurmontable au développement interne des méthodes, de telle sorte que les échanges dans l'environnement social deviennent d'autant plus importants. Par exemple, il est difficile pour un directeur général d'être initié à de nouvelles méthodes de commandement par des personnes situées au-dessous de lui dans la hiérarchie. Il lui faut donc obtenir la plus grande partie de l'information relative au TQM en dehors de la hiérarchie de son entreprise.

À tous les niveaux d'une société, des cas de réussite et la présence de cadres exercés à l'utilisation du TQM rendent sa pratique plus facile. Mais pour une entreprise à peine engagée dans son application, comment trouver des cas d'implantation réussie sur lesquels modéliser ses activités ou des cadres expérimentés dont le comportement puisse servir d'exemple ? Les cadres doivent rechercher en dehors de leur entreprise ou de leur organisation les connaissances, la formation, et des exemples de pratique du TQM. Ce chapitre traite de la structure du TQM au-delà d'une entreprise donnée et des méthodes permettant de diffuser la compréhension et le savoir-faire en la matière, en passant d'une culture qualité plus large aux entreprises particulières.

Les entreprises ont besoin de s'insérer dans le réseau social du TQM pour des raisons dépassant de loin leur simple désir d'en faire une application efficace. Il n'est guère probable qu'une entreprise puisse faire un travail de haute qualité si sa culture qualité est faible. Si elle exerce son activité dans un environnement national ou régional caractérisé par une main-d'œuvre médiocrement formée, des clients qui acceptent des produits de qualité médiocre, et des concurrents faibles, il est peu probable qu'elle puisse trouver la volonté et les moyens de développer des produits de haute qualité. En particulier, sans fournisseurs de qualité, une entreprise ne peut faire seule de la qualité. La qualité des fournisseurs doit être développée, et ceci est davantage possible dans le cadre d'une culture qualité de branche ou de région. La participation à un processus étendu de diffusion doit être envisagée comme un investissement pour la création d'une culture qualité régionale ou nationale, laquelle constitue à son tour un investissement dans la capacité future de l'entreprise à exercer son activité.

En bref, les entreprises participent aux efforts nationaux et régionaux et aux organismes de diffusion du TQM, et ceci pour trois raisons : éviter d'avoir à réinventer en interne quarante années de pratiques de la qualité ; créer un apprentissage et une mise en commun mutuels des découvertes entre les entreprises ; et créer une culture qualité au sein de laquelle elles puissent exercer leur activité. Ce chapitre décrit les éléments d'infrastructure nationale et régionale, en expliquant comment les entreprises participent à chaque niveau.

Si le débat en cette matière est principalement centré sur la situation du Japon, c'est que l'infrastructure japonaise est plus développée et plus organisée qu'aux États-Unis et en Europe, où l'on trouve cependant des exemples.

Le Japon a découvert trois éléments nécessaires à la réussite de la diffusion du TQM dans l'environnement social des entreprises :
- une infrastructure pour le fonctionnement en réseau,
- l'ouverture sur des cas réels,
- des « agents de changement » (ou catalyseurs).

UNE INFRASTRUCTURE POUR LE FONCTIONNEMENT EN RÉSEAU

Les Japonais ont identifié six éléments d'infrastructure du fonctionnement en réseau[1]. Ces éléments sont (voir Figure 16-1) :
1. Une organisation nationale de promotion.
2. Une formation.
3. La diffusion des connaissances.
4. Des activités de promotion en direction de l'environnement social.
5. Une certification nationale des règles ou normes.
6. Le développement de nouvelles méthodes.

Un septième élément, l'« agent de changement » (mentionné sur la figure), est considéré en parallèle avec l'infrastructure à six éléments. Il sera décrit ultérieurement.

1. Des parties de cette section ont été publiées dans «*Quality Knows no Bounds*» de Shiba, *Look Japan*, mai 1989, p. 30-31.

Figure 16.1. Une infrastructure pour le fonctionnement en réseau

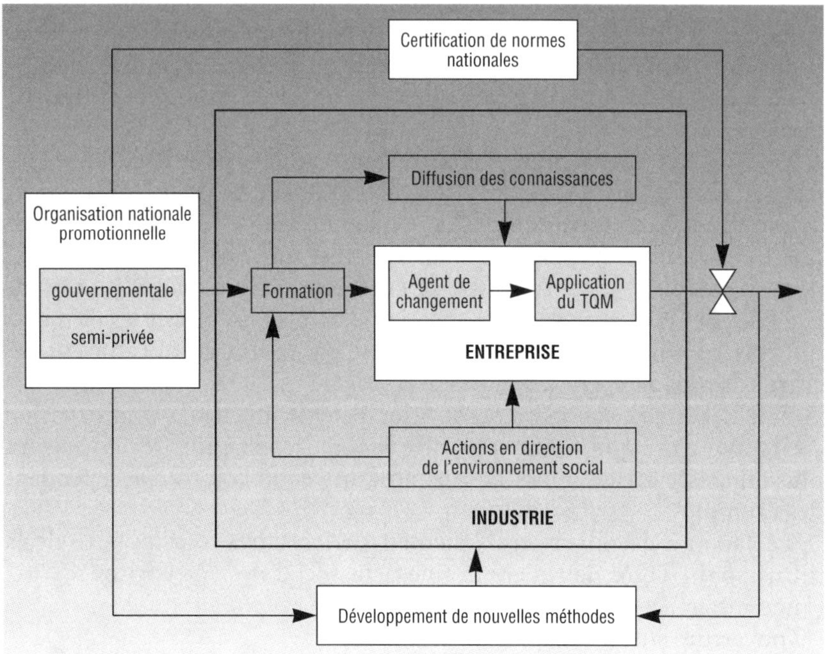

Une organisation nationale de promotion

Pour appuyer l'amélioration de la qualité, deux types d'organisations nationales – gouvernementales et semi-privées – ont été développées au Japon. Chacune a un rôle à jouer.

Un point fondamental du développement du TQM est que l'on part d'une norme. L'organisation nationale gouvernementale, le MITI (ministère du Commerce international et de l'Industrie), est engagée dans la normalisation et parfois la certification de la qualité. Le MITI a joué par exemple un rôle important dans la création des normes nationales et du procédé de certification (JIS = *Japanese Industrial Standards*). La certification, qui traite des normes de qualité des produits et des pratiques des entreprises, est un autre des six éléments de l'infrastructure pour le fonctionnement en réseau.

Prenant appui sur les activités de l'organisation gouvernementale, qui fournit certaines des bases, les organisations semi-privées de promotion nationale effectuent le travail de suivi. Il existe au Japon deux organisations nationales sans but lucratif : l'Union des Scientifiques et Ingénieurs japonais (JUSE = *Japanese Union of Scientists and Engineers*) et l'Association japonaise de Normalisation (JSA = *Japanese Standards Asso-*

ciation). Ces deux organisations sont complémentaires, et servent ensemble les besoins des entreprises japonaises, quelle que soit leur taille. La JSA a des relations étroites avec le MITI, qui s'est efforcé de diffuser la normalisation dans toute l'industrie japonaise. Les rôles principaux de la JUSE et de la JSA sont la formation, la diffusion des connaissances, les activités de promotion dans l'environnement social, et le développement de nouvelles méthodes : les quatre autres éléments de l'infrastructure du maillage.

La JUSE et la JSA sont des organisations extrêmement efficaces. Elles ont, comme il se doit, une perspective à long terme, et n'ont ni la rigidité des organisations gouvernementales, ni la vision à court terme des sociétés de consultants privées.

La JUSE et la JSA réunissent dans une ambiance informelle, une grande variété de personnes intéressées par la qualité. Comme son nom l'indique, la JUSE rassemble des scientifiques et ingénieurs de toutes disciplines, aussi bien que des cadres. Ce n'est pas le cas de l'Association Américaine pour la Qualité (ASQC = *American Society for Quality Control*), qui tend à ne s'orienter que vers une seule discipline, celle des spécialistes de la qualité. La JUSE rassemble aussi des gens venant d'industrie différentes, des universités, et des institutions nationales de recherche (agriculture, commerce, ...). La JUSE et la JSA fournissent à toutes ces personnes le lieu et l'occasion d'échanges, de telle sorte qu'elles retirent les unes des autres connaissances et ressources.

La participation des institutions nationales de recherche et celle des universités sont d'un intérêt particulier pour l'industrie, et ceci pour plusieurs raisons : elles représentent un capital intellectuel, en particulier pour ce qui concerne les statistiques ; ceux qui y travaillent disposent de plus de temps que dans l'industrie ; ils tendent à avoir une perspective à plus long terme ; et les universitaires, en particulier, exercent un autre genre d'activités pour lesquelles ils n'ont pas besoin du TQM.

La JUSE est une organisation particulièrement influente au Japon[1]. Lorsque W. Edwards Deming visita le Japon en 1950 et commença à y enseigner la maîtrise statistique de la qualité, ce fut la JUSE qui profita de son enseignement et le répandit. Ce fut elle qui invita Joseph Juran à enseigner en 1954. La JUSE promut le mouvement des cercles de qualité[2]. En 1951, elle institue le Prix Deming, prix prestigieux attribué aux innovateurs en matière de qualité au Japon et à l'étranger, et elle

1. Les informations concernant la JUSE sont extraites principalement de la brochure « *JUSE : Organisation and Activities* ».
2. R. E. Cole, « The Macropolitics of Organizational Change : A Comparative Analysis of the Spread of Small-Group-Activities », *Administrative Science Quarterly* 30 (décembre 1985), 560-87 ; Cole, *Strategies for Learning*, Berkeley, University of California Press, 1989.

organise un grand nombre de congrès et de manifestations qui conduisent chaque année à l'attribution du prix. Le Prix Deming a joué un rôle central dans la promotion du TQM.

La formation à la maîtrise de la qualité (QC = *Quality Control*) a joué également un rôle central dans la promotion du TQM. En 1949, la JUSE démarra une formation élémentaire de 30 jours à l'intention des ingénieurs. Au cours des dix années suivantes, elle programma des cours destinés à l'encadrement supérieur et moyen et, en 1967, aux chefs d'équipe, de façon à couvrir tous les niveaux de l'entreprise. D'importantes sommes d'argent furent investies dans la formation des jeunes ingénieurs et cadres, mais cela s'est traduit par de grands bénéfices pour le Japon. Dix ou vingt ans après le début de leur formation à la qualité, des personnes aux solides antécédents dans la maîtrise de cette discipline, siègent aux conseils d'administration des grandes sociétés japonaises. Le Dr Koji Kobayashi, ancien président de NEC, est un exemple de cette tendance.

La JUSE elle-même s'occupe surtout d'organiser des activités, plus qu'elle n'est la source de la connaissance dans le domaine de la qualité. Par exemple, en 1989, la JUSE comptait 84 personnes à plein temps, dont 31 employées par la JUSE Press. Par contraste, près de 2 000 personnes en provenance des universités, de sociétés privées et de l'administration collaboraient à l'enseignement de la JUSE et siégaient dans les commissions de conception et d'amélioration. La structure « à effectif réduit et réseau étendu » est une innovation intéressante, car elle garantit pratiquement que la connaissance du TQM est intégrée et préservée au sein des entreprises, et non stockée à la JUSE ou dans d'autres organisations externes, comme les entreprises de consultants et les universités. De plus, les membres de la JUSE sont plutôt des sociétés que des particuliers, au nombre de 1 850 en 1989. Le but de la JUSE est clairement d'accroître les connaissances dans les entreprises, et ses adhérents comme ses politiques de personnel appuient ce but.

La JUSE aborde l'application aux entreprises suivant l'approche dite « du haut vers le bas », de même qu'elle utilise les approches dites « du milieu vers le haut », « du milieu vers le bas », et « du bas vers le haut ». Le conseil d'administration de la JUSE est composé d'industriels de haut niveau. Traditionnellement, le président de la JUSE est le président ou un ex-président du *Keidanren*, l'organisation patronale la plus importante du Japon[1]. Lorsque Deming enseigna la maîtrise statistique de la qualité dans les années 1950, des cours furent prévus à l'intention des présidents de sociétés, et pas seulement des ingénieurs. En 1954, Joseph

1. Cole, *Strategies for Learning*, 272-296 (chap. 13, «*The Building of a National Infrastructure in Japan*».)

Juran s'adressa aux cadres supérieurs et moyens. En 1991, près de 5 000 dirigeants avaient suivi une session de cinq jours conçue à leur intention, et 9 000, une session de cinq jours destinée aux cadres supérieurs. Ces deux séries de cours avaient de longues listes d'attente[1].

Les organismes conseils indépendants ne jouent pas un très grand rôle dans l'amélioration de la qualité au Japon, même si d'autres domaines d'activités sont richement pourvus en entreprises de consultants, à la fois japonaises et étrangères.

Sous de nombreux aspects, le Centre pour le Management de la Qualité a été conçu à la façon de la JUSE. Ses adhérents sont plutôt des sociétés que des particuliers. Ses deux objectifs sont la formation et les dirigeants d'entreprise. Comme la JUSE, le CQM fait appel à des instructeurs provenant des entreprises membres plutôt qu'à son propre personnel. Le CQM a été calqué sur la JUSE, car un grand nombre des caractéristiques de celle-ci se sont révélées correspondre aux principaux besoins de ses membres. Le CQM est décrit en détail dans les sections suivantes.

Par comparaison avec leurs homologues japonaises, les organisations américaines de la qualité sont nombreuses et fragmentées. Le passage en revue de l'ensemble de ces organisations ne nous serait pour le moment d'aucune utilité pour la compréhension du fonctionnement d'une infrastructure nationale ou régionale. Cependant, une brève description nous donnera une idée des adhérents, du fonctionnement et des programmes de formation des organisations de la qualité aux États-Unis.

L'Institut américain du Fournisseur (ASI = *American Supplier Institute*) est né des efforts de Ford Motor pour améliorer la qualité de ses fournisseurs.

GOAL/QPC a été créé par un groupe de disciples de Deming, et a évolué vers un organisme de formation indépendant dont les membres sont à la fois des entreprises et des particuliers. Ses outils et ses pratiques ont été adaptés de ceux et celles du Japon, observés lors de voyages d'étude. Les instructeurs sont aussi bien des salariés que des travailleurs indépendants (*free-lance*).

Il existe un grand nombre de sociétés indépendantes de consultants, dont la plupart sont venues à la qualité par des spécialités plus traditionnelles du conseil. Leur objet varie énormément : il s'étend des fournisseurs de spécialités comme des logiciels statistiques et l'aide à la recherche d'une mission ou d'une vision, à des cabinets généralistes dont les services recoupent plus ou moins le champ du TQM.

Il nous faut mentionner enfin le cas de sociétés de consultants créées par des entreprises engagées dans le TQM. Dans le cas de Corning

1. Observations de M. J. Naguchi dans un exposé informel prononcé au siège de la JUSE, le 12 mars 1990.

Glass et de Florida Power & Light, l'entreprise consultante demeure une unité de l'entreprise fournissant des services à la fois à la société-mère et à des clients extérieurs. Dans d'autres cas, un certain nombre de particuliers abandonnent l'entreprise dont ils sont issus pour former leur propre société.

La formation

Une infrastructure nationale de formation s'étend à une grande variété de techniques et d'étudiants, des directeurs généraux aux ouvriers de la chaîne d'assemblage, des ingénieurs aux administrateurs. La formation constitue l'une des méthodes de l'apprentissage mutuel entre les entreprises, grâce auquel des instructeurs compétents d'une entreprise donnée enseignent au personnel d'une autre entreprise.

L'un des rôles le plus importants des organisations de promotion semi-privées est l'enseignement et la formation. Les cours de la JUSE, par exemple, sont la source de l'enseignement de la qualité pour un grand nombre d'organisations différentes. Cette particularité contribue à la diffusion du TQM. Un grand nombre d'entreprises trouvent moins onéreux de faire appel à la formation de la JUSE, avec ses 2 000 collaborateurs – (commissions formées de personnes appartenant à l'industrie et aux universités concevant les programmes et dispensant l'enseignement) – que de créer leur propre structure de formation.

La JUSE dispense chaque année 270 cours à 33 560 personnes, mais à Tokyo et Osaka seulement, tandis que la JSA en dispense 250 à 15 000 personnes dans 58 villes plus petites. Le tableau 16.1 donne des exemples de cours de la JUSE en 1991. Notez la date de création de chaque cours. Il est important de souligner aussi que certains de ces cours durent de 2 à 4 semaines.

Tableau 16.1. Exemples des cours de la JUSE en 1991

Sujet	*Nombre de propositions*	*Date de création du cours*
Maîtrise de la Qualité	927	1949
Fiabilité	9	1960
Conception des expériences	3	1955
Analyse multidimensionnelle	3	1970
Logiciel de maîtrise de production	2	1980
Recherche opérationnelle	4	1962
Organisation industrielle	2	1963
Marketing	1	1951
Test sensoriel	1	1957
Responsabilité du produit	1	1973
Autres techniques de gestion	6	1972

La diffusion des connaissances

La diffusion des connaissances comprend la publication des cas, le matériel pédagogique et la recherche dans des ouvrages et périodiques pour une grande variété de publics. Elle inclut aussi des congrès et autres manifestations consacrés à la qualité. Dans le cadre d'une culture qualité au sein de laquelle les entreprises mettent en commun les informations sur leurs succès et leurs échecs, ces actions de diffusion sont un important moyen d'apprentissage mutuel.

Spécialement au début, quand les Japonais se lancèrent dans l'amélioration de la qualité (avant qu'elle ne devienne un thème populaire), la JUSE et la JSA ont été une source primordiale de revues, de magazines et de livres concernant la qualité. Par exemple, la JUSE publie trois mensuels, parmi lesquels *QC Circle* (cercle de qualité), dont le tirage mensuel est de 170 000 exemplaires. En outre, entre 1960 et 1985, près de la moitié des livres consacrés à la maîtrise de la qualité ont été publiés par la JUSE et la JSA (voit figure 16.2).

Étant donné qu'au Japon, on enseigne le précepte du TQM suivant lequel la qualité est l'affaire de tous, la demande de livres s'est accrue. La JUSE et la JSA ont contribué à créer une culture qualité procurant

Figure 16.2. Publications de la JUSE et de JSA

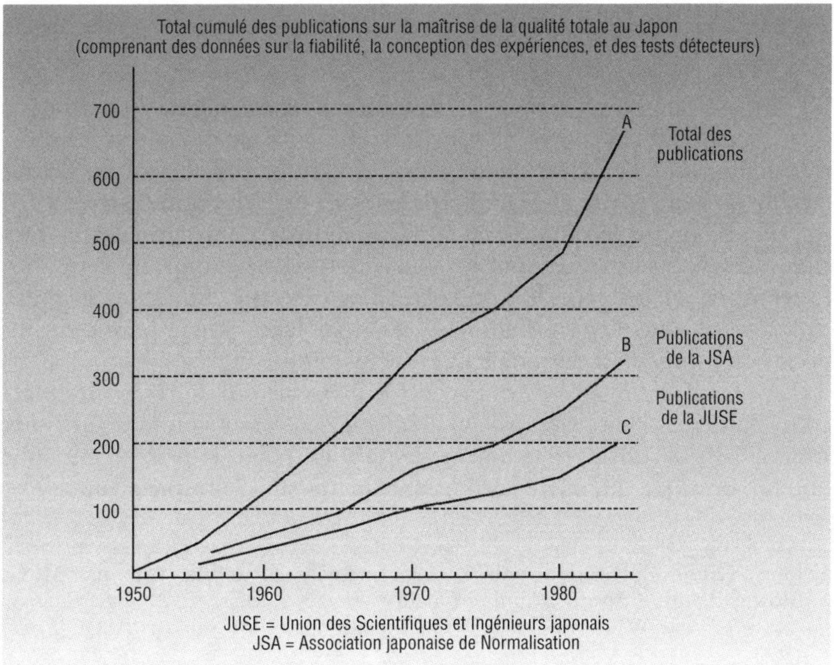

une base économique suivie pour la poursuite de la diffusion de la connaissance dans ce domaine.

Le rôle de la diffusion des connaissances ne doit pas être sous-estimé. Il ne se limite pas à des activités de publication. Il existe neuf districts nationaux pour les cercles de qualité ; chacun comporte une section qui organise des conventions locales, des visites mutuelles, des réunions d'étude, et des discussions. Un jour sur deux, une convention est réunie.

Encore une fois, le TQM n'est pas une théorie ; mais un système de management de l'amélioration basé sur les faits et qui évolue en fonction des applications couronnées de succès. La maîtrise de la qualité a été introduite au Japon par les États-Unis. Elle a évolué en une série de pratiques s'accordant extraordinairement bien à la culture japonaise et aux besoins du Japon. En dehors de la « maîtrise statistique de la qualité », les Japonais ont créé les cercles de qualité, *kaizen*, la « maîtrise de la qualité étendue à toute l'entreprise », et d'autres concepts, pour aboutir au TQM, tel que nous le connaissons aujourd'hui. L'Occident a besoin d'un système plus explicite pour l'expérimentation des méthodes de la qualité dans les entreprises et la diffusion des résultats de ces expérimentations, s'il veut évoluer vers une version du TQM s'accordant à la culture et aux besoins de chaque entreprise s'efforçant de pratiquer le TQM. La diffusion des connaissances est un important élément pour la réussite du TQM.

Activités de promotion dans l'environnement social

Il existe de nombreux types d'activités de promotion dans l'environnement social. Ces activités élèvent la conscience qualité du milieu, et transfèrent les techniques de la qualité aux différents niveaux de la hiérarchie de l'entreprise et aux différents types et styles d'industries (production de masse, production à la pièce, industrie chimique, etc.). Des exemples de ces activités sont les journées qualité, le mois de la qualité (novembre) et les prix de la qualité. Par exemple, l'une des grandes promotions dans l'environnement social au Japon est le prix Deming pour la « promotion nationale et la diffusion du TQC ».

La version américaine de ce prix est le prix national de la Qualité Malcolm Baldrige[2]. Son principal avantage est de promouvoir la qualité aux États-Unis. Les entreprises font de la publicité pour le prix qu'elles ont obtenu, pratique qui attire l'attention à la fois sur l'entreprise lauréate et

1. John Petrolini de Teradyne nous a fourni une note sur ce prix. Voir aussi M. G. Brown, Baldrige Award Winning Quality : *How to Interpret the Malcolm Baldrige Award Criteria* White Plains, NY Quality Resources/Milwaukee : ASQC Press, 1992.

sur ses concurrents dans le domaine de la qualité. Les entreprises demandent à leurs fournisseurs de se préparer à concourir aussi. La grille d'évaluation établie pour le prix est utilisée par les entreprises de façon complète ou partielle pour évaluer leurs propres pratiques en matière de qualité. Des centaines de milliers d'exemplaires de cette grille ont été distribués aux entreprises et aux particuliers en ayant formulé la demande. Les publications universitaires, commerciales et la presse en général contiennent de nombreux articles consacrés au prix. Les États et les régions élaborent leurs propres versions, envisagées dans certains cas comme une étape intermédiaire pour l'obtention du prix Baldrige.

Les discussions ont été nombreuses aux États-Unis pour savoir si le prix Baldrige favorisait les pratiques des entreprises en matière de qualité ou leur portait tort[1]. Ses inconvénients réels ou prétendus paraissent secondaires par rapport à l'avantage qu'il représente[2].

En Europe, l'EFQM (*European Foundation for Quality Management*) décerne un prix européen de la Qualité, dont les critères d'attribution sont cohérents avec ceux du prix Deming et du prix Malcolm Baldrige.

En France, le MFQ (Mouvement français pour la Qualité) attribue chaque année un prix français de la Qualité à une entreprise de moins de 500 personnes ayant déjà concouru avec succès au plan régional[3].

La certification de conformité à des normes nationales

Des certificats de conformité à des normes nationales sont délivrés par le gouvernement : ils certifient qu'un produit donné satisfait à certaines spécifications en matière de qualité. Les JIS (*Japanese Industrial Standards*) sont du ressort du comité JIS. Pour avoir le droit d'apposer la marque JIS sur ses produits, une entreprise doit normaliser ses processus de fabrication et accepter le contrôle et la certification de ses niveaux de qualité[4]. À ce jour, près de 11 000 établissements du Japon ont subi le contrôle du JIS. L'organisation internationale de normalisation (ISO = *International Standards Organization*), paraît remplir un rôle similaire, avec la série ISO 9 000 des normes de qualité et des processus de certification.

1. D. A. Garvin, « Does the Baldrige Award Really Work ? » *Harvard Business Review* jan.-fév. 1992, p. 126-47.
2. Du reste, avec le temps et l'amélioration continue, il devrait être possible d'éliminer une bonne partie des inconvénients que l'on trouve au prix.
3. Informations sur le prix européen de la Qualité et le prix français de la Qualité auprès de l'IQM (Institut Qualité et Management) 5, esplanade Charles-de-Gaulle, 92733 Nanterre Cedex Tél. (1) 47 24 40 31. Fax (1) 47 25 32 21.
4. Pour plus de détails, voir D. A. Garvin, *Managing Quality*, p. 185-186.

Développement de nouvelles méthodes

Au fur et à mesure qu'évoluent les concepts de la qualité, différentes méthodes sont nécessaires. L'infrastructure nationale d'insertion dans le réseau social sert de mécanisme au développement de nouvelles méthodes, et la JUSE et la JSA ont investi massivement dans le développement de nouvelles méthodes qualité. Par exemple, dans les années 1950, la JUSE invita Deming au Japon pour apprendre de lui la maîtrise statistique de la qualité, et investit alors dans le développement des méthodes statistiques. Plus généralement, la JUSE a fondé le groupe de recherche sur la maîtrise de la qualité *(QC Research Group)*, et la JSA, le comité de recherche sur la maîtrise de la qualité (*QC Research Committee*). Les réunions de ces groupes et des occasions moins formelles ont permis des échanges entre ceux qui prenaient la tête du développement de nouvelles méthodes en faveur de la maîtrise de la qualité totale. Un participant rappelle que les réunions duraient habituellement une heure ou deux et se poursuivaient de façon informelle jusqu'à des heures avancées de la nuit. Ces activités ont conduit graduellement à l'élaboration d'un consensus sur la façon d'adapter au Japon les méthodes américaines de maîtrise de la qualité.

La tradition de la recherche du consensus se poursuit aujourd'hui. La JUSE tient chaque année deux symposiums résidentiels de trois jours consacrés à la maîtrise de la qualité. Les participants résident dans le même hôtel et sont ensemble du matin (jusqu)'au soir. Ceci leur permet d'avoir des échanges dans un cadre à la fois formel et informel. Le consensus ne naît pas de la direction énergique de quelques-uns, mais de la communication de personne à personne au groupe tout entier.

La JUSE suit une série d'étapes dans le développement des nouvelles méthodes. D'abord, le groupe de recherche de la JUSE en recherche régulièrement de nouvelles. Puis, un symposium étend la nouvelle méthode à une population plus large. Lorsque la méthode est passée au stade de l'application pratique, et qu'il existe des cas réels à étudier, un séminaire est organisé. Ces étapes ont été suivies, par exemple, quand les 7 outils de management et de planification ont été développés dans les années 1970.

Six de ces méthodes et outils sont destinés au traitement de l'information qualitative ou verbale, la septième, au traitement des données numériques (en particulier, l'analyse multidimensionnelle). Les méthodes et outils du traitement de l'information verbale ont été nécessaires en raison de l'évolution continue du concept de qualité. Celui-ci a dépassé le stade de la maîtrise statistique de processus, et son importance est allée croissant pour la création d'un procédé de formulation pour la résolution de problèmes. De même, les actions en faveur de la qualité se sont étendues à une grande variété d'industries, de fonctions, et de positions hiérarchiques : la qualité ne concerne plus seulement l'usine.

L'histoire du développement des 7 outils de management a connu les étapes suivantes[1] :

- De 1972 à 1977 : développement des outils de la maîtrise de la qualité par un comité de recherche.
- 1977 : les 7 outils de management et de planification sont proposés par le professeur Yoshinobu Nayatani et d'autres.
- 1978 : démarrage d'un atelier consacré à ces outils.
- 1978 : démarrage d'un symposium.
- 1979 : publication du premier ouvrage sur ces outils.
- Depuis 1979, ces outils sont devenus extrêmement populaires au Japon dans les domaines liés à la qualité.

L'OUVERTURE SUR DES CAS RÉELS

Le second des trois éléments nécessaires à la constitution de l'environnement social en réseau et à la diffusion du TQM est la mise en commun de cas réels. Comme nous l'avons dit au début de ce chapitre, le TQM se pratique dans un environnement social. Une fois qu'une méthode a réussi dans une entreprise, elle doit être diffusée. Il s'ensuit que les entreprises doivent s'ouvrir à des cas réels. On désigne par là des processus détaillés des pratiques de la qualité, comme l'amélioration, ou des systèmes d'assurance qualité. Cette politique d'ouverture ne s'applique pas seulement aux documents et présentations, mais aussi à la démonstration de leur utilisation dans la pratique. Par exemple, plusieurs entreprises du Centre de Management de la Qualité s'efforcent d'appliquer un système de diffusion des succès remportés dans l'amélioration de la qualité, (voir chapitre 11). Même avec le modèle japonais et celui de Milliken, il est difficile à une entreprise de concevoir un système de présentation efficient et efficace.

Aussi, dans le cadre du CQM, les représentants d'autres entreprises sont-ils autorisés à assister à leurs journées de présentation, et les méthodes présentées à cette occasion servent-elles de modèles aux autres entreprises.

Au Japon, les entreprises démontrent qu'il n'y a pas de secrets dans le savoir-faire en matière d'amélioration de la qualité et diffusent largement une vaste série d'informations et le récit de leurs succès. Par

1. Extrait de K. Ishikawa, ed., « Special Issue ; Sept Outils de Management », *Reports of Statistical Application Research 33,* n° 2 (juin 1986).

exemple, en 1988, 33 livres ont été publiés par la JUSE. Les deux tiers d'entre eux traitaient d'exemples concrets et d'études de cas et non de travaux purement théoriques.

Un autre mécanisme de diffusion des cas réels et des succès remportés est, au Japon, le mois de la Qualité. Par exemple, le programme des activités du mois de la Qualité en novembre 1988 a été le suivant :

Première semaine : conférence Qualité à l'intention des chefs d'équipe : 92 études de cas, et 15 visites d'usine avec discussions sur place.

Deuxième semaine :

- Conférence Qualité à l'intention des cadres : 92 études de cas, et 9 visites d'usine, avec discussions et réunions-débats.
- Conférence destinée aux dirigeants.
- Cérémonie du prix Deming.

Troisième semaine : conférence sur le TQC dans le secteur des services.

En tout, 250 cas réels d'application ont été présentés durant cette période.

LES AGENTS DE CHANGEMENT

Le troisième facteur clé de la réussite de la diffusion dans l'environnement social et de la constitution de réseaux est le recours à des « agents de changement ». Une révolution est très difficile à réaliser par les gens qui sont dans la place, car elle représente un changement de paradigme pour l'entreprise. De forts agents de changement situés à l'extérieur jouent un rôle nécessaire dans les révolutions de la pensée[1]. S'ils possèdent les connaissances suffisantes, ont suffisamment de personnalité ou de prestige et le sens nécessaire de leur mission, les agents de changement servent de catalyseurs à l'évolution. Les Japonais pensent qu'il est difficile à certains consultants de servir d'agents de changement, car ils manquent du sens nécessaire de leur mission.

Deming et Juran avaient la qualification nécessaire, de telle sorte qu'en 1950 et 1954 ils servirent d'agents nationaux de changement pour la qualité au Japon. Le professeur Kano et d'autres servirent d'agents de changement pour Florida Power & Light, et le professeur Shiba, d'agent de changement en Hongrie, et pour plusieurs entreprises américaines.

1. E. M. Rogers, *Diffusion of Innovations,* New York, Free Press, 1962.

L'étude de cas du CQM

Au début des années 1990, sept entreprises de la région de Boston ont créé le Centre pour le Management de la Qualité, afin de s'entr'aider et d'apprendre les unes des autres dans leur application du TQM. Les entreprises fondatrices présentaient les caractéristiques essentielles (décrites au chapitre 13) d'entreprises décidées à appliquer le TQM. À quelques exceptions près, les sept entreprises en question avaient toutes souffert du ralentissement économique qui avait débuté à la fin des années 1980. Les directeurs généraux de plusieurs d'entre elles avaient également visité le Japon et observé ses pratiques ; au moins l'un d'eux avait vécu au Japon. La plupart de ces entreprises avaient des divisions dans ce pays, et s'y rendaient fréquemment, certains enfin avaient étudié les pratiques japonaises au sein de commissions d'association commerciale sur la compétitivité internationale. En outre, plusieurs des directeurs généraux se tenaient régulièrement en contact par l'intermédiaire d'associations d'entreprises existantes, comme le *High Tech Council* du Massachusetts. C'est ainsi que la crise économique et la conscience du TQM pratiqué au Japon motivèrent ces directeurs généraux à la pratique de ce mode de management.

En novembre 1989, le professeur Shiba anima un séminaire au MIT, suivi par plusieurs directeurs généraux. Le professeur Tom Lee du MIT, qui avait été le collègue de Shiba à l'Institut international pour l'application de l'analyse des systèmes à Vienne, dans les années 1980, prit toutes les dispositions pour l'organisation de ce séminaire. Comme conséquence des problèmes variés qu'ils avaient dans leurs entreprises, de leur connaissance du Japon et du TQM, et de la présentation du TQM par le professeur Shiba, les sept entreprises suivantes de la région de Boston décidèrent de former le Centre pour le Management de la Qualité (CQM) :

- Analog Devices
- Bolt Beranek and Newman, Inc.
- Bose
- Digital Equipment Corporation
- General Electric
- Polaroid Corporation
- Teradyne, Inc.

Le président du conseil d'administration était Ray Stata, d'Analog Devices, le président, le professeur Lee du MIT (à temps partiel), et le conseil était composé des directeurs généraux ou d'autres dirigeants des entreprises fondatrices.

Le CQM a été constitué sur la base du modèle à trois éléments pour la diffusion dans l'environnement social, exprimé dans la déclaration de sa mission :

La mission du Centre pour le Management de la Qualité est d'accélérer la compréhension et l'application des concepts et des méthodes du management par la qualité en créant un réseau d'entreprises animées des mêmes sentiments, afin de partager leurs connaissances et leur expérience. Ceci exigera un langage commun et la mise en commun des connaissances sur les méthodologies de base pour définir les problèmes et concevoir les solutions. Au sens le plus large, l'objectif à long terme du Centre est de promouvoir l'apprentissage organisationnel et social sur la façon d'améliorer le fonctionnement des systèmes humains.

Après avoir pris cette décision, les fondateurs eurent besoin de préparer ce que le CQM ferait spécifiquement, de réfléchir à son mode de fonctionnement, et de définir une conception commune du TQM. À cette fin, ils entreprirent une étude de projet en mars et avril 1990. Cette étude, décrite au chapitre 9, fut conduite par Shoji Shiba. L'ensemble des participants étaient des cadres supérieurs de la hiérarchie ou des membres de l'équipe qualité au niveau le plus élevé, appartenant aux entreprises fondatrices, à l'exception de trois participants du MIT.

Le projet résultant de l'étude du CQM conduisit à une structure en commissions, (voir figure 16.3). L'intention était d'avoir un personnel réduit, et une structure efficace en commissions (comme la JUSE), pour que le savoir-faire aille aux entreprises et non au personnel du CQM.

Figure 16.3. La structure en commissions du CQM

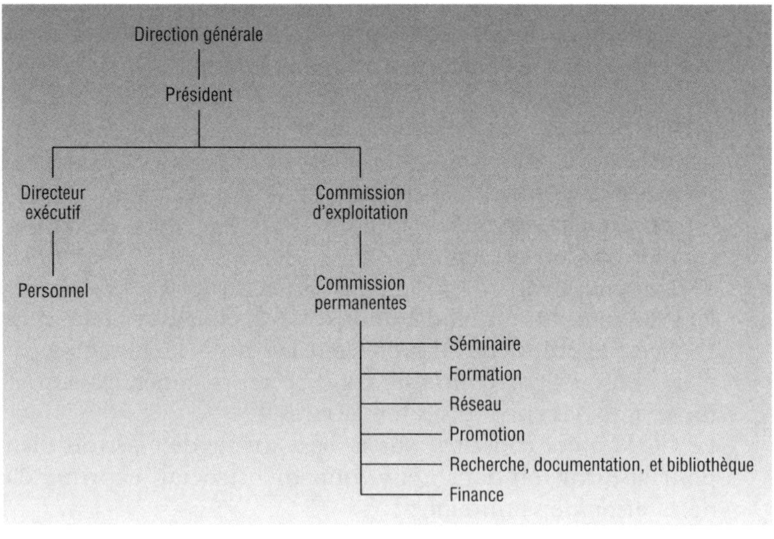

Une fois l'étude de projet achevée, il ne fallut au conseil que quelques semaines de plus pour prendre connaissance du projet et l'approuver. Bien qu'un certain nombre de commissions aient été proposées, toutes n'entrèrent pas en activité en 1990. Les activités suivantes furent engagées dès 1990 :

- La commission « séminaires » organisa des séminaires chez Florida Power & Light, Xerox, Motorola, et Corning.
- La commission « recherche » commanda la traduction du livre *TQM for Technical Groups*[1].
- Shoji Shiba proposa plusieurs sessions d'une journée appelées : présentation du TQM aux directeurs généraux.
- Le premier manuel des outils du CQM fut développé.
- La formation de six jours, « le TQM pour les dirigeants : préparation et application », fut proposée en deux sessions parallèles en octobre, novembre et décembre, à 48 cadres des entreprises du CQM.
- Un plan fut préparé pour 1991, avec pour point de départ le PDCA sur les activités de 1990.

La formation de six jours sur le TQM pour les dirigeants fut une réalisation particulièrement remarquable. L'enseignement avait été conçu par Shoji Shiba avec l'aide de l'équipe de projet du CQM. Il fut dispensé par le professeur Shiba, et plusieurs directeurs généraux y assistèrent ainsi que leurs collaborateurs directs. Il comportait beaucoup de travail en groupe avec les outils du TQM et un certain nombre d'études de cas présentées par les directeurs généraux, les dirigeants, et les membres de l'équipe de projet. Celle-ci prit des notes pendant les six jours et les convertit en transparents et en textes pouvant être réutilisés par d'autres présentateurs et comme base à ce livre. Une notion clé de cet enseignement était qu'« on ne délègue pas l'amélioration », ce qui fut démontré de différentes façons ; par exemple, les directeurs généraux eux-mêmes présentèrent des études de cas.

Les activités de 1991

En 1991, les activités ont été notamment les suivantes :

- Les entreprises adhérentes sont passées de sept à vingt-quatre, et les universités affiliées, d'une à sept.
- Les sessions de formation au TQM en six jours proposées aux dirigeants ont été multipliées par trois et ont concerné plus de

1. Uchimaru et al., *TQM for Technical Groups,* Cambridge, MA, Productivity Press, 1993.

72 directeurs généraux et autres dirigeants. L'enseignement a été dispensé par des directeurs généraux et des dirigeants ayant suivi les cours du professeur Shiba, afin de démontrer la maîtrise de l'encadrement en matière de TQM et d'apprendre davantage. Des entreprises ont également introduit chez elles le matériel pédagogique et l'ont utilisé à leur propre usage.

- Les grandes lignes de ce livre ont été rédigées.
- Des membres du personnel des entreprises adhérentes ont élaboré en coopération cinq manuels supplémentaires consacrés au TQM.
- Des entreprises membres ont enseigné leurs techniques à des auditoires provenant de l'ensemble des entreprises, et ces entreprises ont dispensé à leur tour cet enseignement chez elles.
- Des occasions ont été créées pour étendre considérablement le réseau : voyages au Japon de directeurs généraux et vice-présidents chargés du développement, table ronde de directeurs généraux, journée de la Qualité des vice-présidents.
- Des séminaires ont eu lieu chez Federal Express, Texas Instruments, et Digital Equipment Corporation.
- Un effort de recherche a été entrepris sur les indicateurs de processus pour la Recherche et le Développement.
- Une réunion des participants à la formation en six jours a été organisée pour permettre aux directeurs généraux d'y présenter les actions engagées par leurs entreprises sur la base de ce qu'ils avaient appris.
- De nombreux échanges interentreprises ont eu lieu, permettant la mise en commun d'expériences ou de méthodes et des formations ouvertes au personnel d'autres entreprises.
- Le plan pour 1992 a été élaboré, avec pour point de départ le PDCA sur les activités de 1991.

Les principaux aspects du CQM sont l'implication des dirigeants (en tant que représentants de l'entreprise, non à titre personnel), l'accent mis sur le partage ouvert et l'apprentissage mutuel (langage commun, matériel pédagogique, cas) ainsi que le lien qui a été maintenu avec les praticiens au Japon.

Les principales réalisations du CQM à ce jour ont été le transfert d'éléments de la technologie japonaise du TQM aux entreprises du CQM, et d'avoir fait enseigner le TQM par des gens de l'industrie (y compris les directeurs généraux et autres dirigeants).

La première année, 1990, fut celle de l'organisation. La seconde, 1991, celle de l'orientation – décider de ce qu'il était réellement nécessaire de faire et l'entreprendre. Pour la troisième année, 1992, le défi a été de découvrir la façon d'aborder les exigences de la croissance : comment choisir de nouvelles entreprises membres

disposées à participer activement ; comment apporter des services à des adhérents en nombre croissant, tout en ne disposant encore que d'une structure d'association ; et comment accroître les effectifs sans diminuer le *leadership* intellectuel des entreprises adhérentes
Le CQM a plusieurs aspirations à long terme :

- S'occuper des implantations des entreprises CQM aux États-Unis, ailleurs qu'en Nouvelle-Angleterre (Californie, par exemple) et en Europe, au Japon, etc.
- Participer au développement d'une culture qualité nationale aux États-Unis.
- Développer le modèle du CQM ou aider d'autres entreprises à adopter les méthodes du CQM (en supposant que ce modèle fonctionne bien).
- Développer des méthodes avancées de TQM, améliorées, en allant au-delà de la seule reproduction de celles importées du Japon.

Le dernier point est particulièrement important. Les entreprises du CQM se sont largement inspirées du Japon parce qu'il était efficace de le faire. Bien entendu, elles ont eu à adapter à la culture des entreprises américaines ce qu'elles avaient appris du Japon. En outre, le Japon continue à faire évoluer le TQM, par exemple, pour tenir compte du fait que la planification à long terme n'en a pas été l'un des points forts. Les entreprises du CQM ont l'opportunité et la nécessité d'élaborer des méthodes améliorées et de les intégrer à la pratique existante du TQM.

LA DYNAMIQUE D'UN SYSTÈME DE FORMATION DE L'ENVIRONNEMENT SOCIAL

De fortes pressions du marché en faveur de l'innovation incitent à développer la formation de l'environnement social au TQM. Une infrastructure nationale de promotion de la qualité y contribue. Des agents de changement (particulièrement ceux extérieurs à l'entreprise) possédant les connaissances suffisantes, le prestige voulu et le sens nécessaire de leur mission, servent de catalyseurs à cette formation de l'environnement social. L'ouverture sur des cas concrets l'alimente en données.

Au Japon, les représentants de trois types d'institutions participent au système de formation de l'environnement social. Des agences semi-privées, bénéficiant de subventions publiques, fournissent l'infrastructure. Le commerce et l'industrie procurent l'ouverture sur les cas concrets. Les agents de changement viennent principalement de l'enseignement.

Au Japon, ils émanent des universités et des institutions nationales de recherche, en raison du prestige national dont elles jouissent traditionnellement : on peut citer des universités réputées comme l'université de Tokyo, l'Institut de Technologie de Tokyo et d'autres encore (voir tableau 16.2).

Tableau 16.2. Éléments et institutions de la formation de l'environnement social au Japon et aux États-Unis

Élément d'apprentissage	*Institution au Japon*	*Institution aux Etats-Unis*
L'infrastructure de promotion de la Qualité	L'administration et des agences semi-privées (en concertation)	L'administration et des agences semi-privées (en ordre dispersé)
L'ouverture sur des cas réels	L'industrie (« pas de secrets en matière de qualité »)	L'industrie (fréquentes réticences à mettre en commun des méthodes qualité)
Les « agents de changement »	Les universités et les institutions nationales de recherche (connaissance, prestige, sens de la mission)	Des directeurs généraux à la retraite

Aux États-Unis, le gouvernement et des agences semi-privées fournissent l'infrastructure nécessaire à la diffusion de la qualité, mais agissent de façon plus dispersée qu'au Japon. Par exemple, bien que le département du Commerce apporte son soutien au prix Baldrige, le gros des efforts déployés pour administrer ce prix sont le fait de personnes provenant des entreprises et des sociétés de consultants. Fondamentalement, l'organisation du prix Baldrige est une organisation semi-privée. En outre, comme au Japon, le principal effort fourni pour répondre au besoin d'une infrastructure de promotion de la qualité est le fait de groupements privés. Cependant, alors qu'au Japon, il n'en existe que deux grands (la JUSE et la JSA), on en compte un grand nombre aux États-Unis.

L'industrie américaine devient de plus en plus ouverte sur des cas réels ; mais un grand nombre d'entreprises demeurent réticentes quand il s'agit de mettre en commun des méthodes qualité.

La recherche d'agents de changement extérieurs à l'entreprise est un problème non résolu aux États-Unis. Bien que les professeurs d'université jouissent d'un prestige intellectuel, beaucoup dans l'industrie américaine considèrent que les universitaires ne sont pas au contact des pratiques du monde réel. Les consultants américains ont le même problème que leurs homologues japonais dans leur action comme agents de changement ; leurs intérêts à court terme entrent parfois en conflit avec le sens de leur mission à long terme. Des directeurs généraux à la retraite peuvent être de bons candidats pour cette fonction, car ils ont à la fois du prestige dans l'industrie et les connaissances nécessaires, mais pour cela, il leur faut conserver un sens solide de leur mission.

Le TQM exige un changement de toute l'organisation de l'entreprise. La méthode traditionnelle utilisée pour un changement est celle allant du haut vers le bas, fondée sur le commandement et la contrainte des dirigeants. La plupart des dirigeants peuvent témoigner de la difficulté d'une telle approche. Leurs collaborateurs immédiats soulèvent des objections a tout changement, les cadres moyens en retardent l'application, et une grande partie du personnel proteste que les changements ne peuvent s'opérer dans leur entreprise. Ils tendent à continuer à faire ce qu'ils ont toujours fait. L'autre solution est celle d'une influence extérieure et d'une force extérieure de changement. Un système de formation de l'environnement social procure une solution alternative efficace à un changement orienté du haut vers le bas. Le programme moderne de promotion de la qualité fait appel à une organisation régionale ou nationale ou à une culture qualité pour exercer une influence extérieure en faveur du changement.

Cette influence extérieure commence à voir le jour aux États-Unis. Le Prix Baldrige a suscité de l'intérêt pour la qualité dans des milliers d'entreprises américaines. Certaines d'entre elles exercent une pression sur leurs fournisseurs pour qu'ils se concentrent sur la qualité. Par exemple, Motorola a demandé à ses fournisseurs à quel moment ils seraient prêts à s'inscrire pour le prix Baldrige. Plus concrètement, Globe Metallurgical, qui a obtenu ce prix en 1988, a été motivée en partie par son désir d'obtenir le classement qualité Q-1 de Ford. De même, Wallace Company, qui a obtenu le prix en 1990, cherchait à satisfaire aux exigences de Hœchst Celanese en matière de qualité, lequel cherchait lui-même à satisfaire aux exigences de Ford.

La diffusion des récits d'amélioration constitue un autre exemple d'influence extérieure. Quand des ouvriers d'une entreprise voient leurs homologues d'une autre entreprise utiliser de façon efficace des méthodologies d'amélioration, ils sont incités à les appliquer dans leur propre entreprise. Un cadre sera plus réceptif au TQM si l'ensemble des autres entreprises pour lesquelles il pourrait travailler appliquent aussi le TQM. De jeunes ingénieurs ne seraient pas aussi négatifs envers l'utilisation des méthodes de base de la qualité, si leurs universités exigeaient pour la délivrance des diplômes une maîtrise de ces méthodes.

Il existe de nombreuses façons d'insuffler ces forces externes en faveur de la qualité (voir figure 16.4). Si le TQM doit se répandre partout dans une société, il ne suffit pas que les sociétés-mères imposent et enseignent le TQM à leurs filiales, ou que de grands clients l'imposent et l'enseignent à leurs fournisseurs.

Figure 16.4. Les canaux multiples de diffusion du TQM

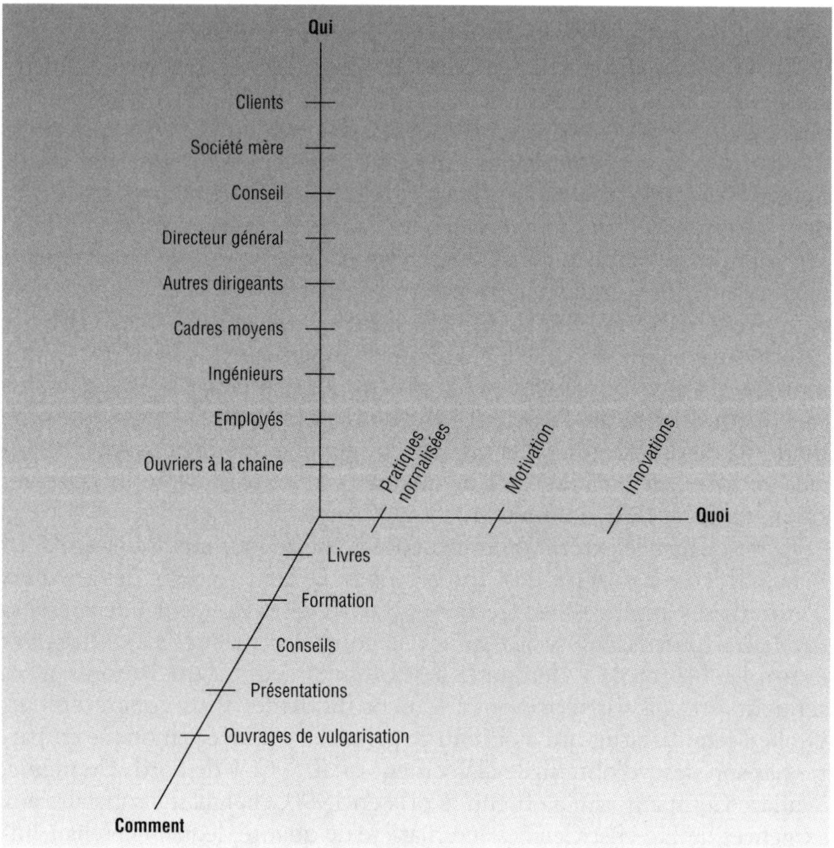

De plus, le TQM est un ensemble complexe de connaissances et de pratiques : aussi, un seul canal de diffusion ne suffit-il pas Une infrastructure régionale et nationale exige plusieurs canaux dans plusieurs dimensions.

La figure 16.4 implique 135 sortes de canaux de diffusion (ce livre destiné aux dirigeants en est un exemple). Dans chaque dimension, tous les éléments sont autant d'occasions pour la diffusion dans l'environnement social, dans une industrie, une région ou une nation.

17
Le TQM, système d'apprentissage

Dans les précédents chapitres, nous avons présenté le TQM comme un modèle hiérarchique d'amélioration des capacités des individus, équipes, organisations ou entreprises, régions ou nations. Suivant ce modèle, à chaque niveau, les activités bénéficient de l'assistance de l'entité immédiatement supérieure.

- La résolution des problèmes au niveau de l'individu est soutenue par des équipes. Une personne s'efforçant d'améliorer isolément ses capacités ne dispose pas de la motivation nécessaire et peut difficilement parvenir à tout comprendre. Le travail en équipe accélèrera habituellement son apprentissage (voir chapitre 9).
- Les activités de l'équipe sont soutenues par l'infrastructure ou l'organisation de l'entreprise. Des équipes dépourvues de soutien organisationnel auront de la peine à acquérir l'autorité et la compétence nécessaire et en fait à survivre. L'infrastructure mobilisatrice de l'organisation accélérera l'apprentissage de l'équipe (voir chapitre 11).
- L'organisation de l'entreprise, spécialement ses dirigeants, est soutenue par la culture qualité et l'infrastructure régionale ou nationale. Il est difficile à une entreprise de réaliser les changements nécessaires pour améliorer ses compétences si aucune autre entreprise n'en fait autant, si ses clients n'escomptent pas d'amélioration, et si ses concurrents ne s'améliorent pas. La constitution de réseaux au niveau régional ou national accélère l'apprentissage d'une organisation ou d'une entreprise (voir chapitre 16).

Ce qu'il y a de commun à ces quatre niveaux de management de la qualité totale, c'est l'existence à chaque niveau d'un système d'apprentissage. La qualité réelle à gérer totalement est celle des capacités humaines. L'amélioration réelle porte sur les capacités et l'aptitude à apprendre. Grâce au TQM, chaque entité, quelle qu'en soit la taille, individu, équipe, entreprise, région ou nation, peuvent tirer parti de l'enseignement. On peut voir dans le TQM un système d'apprentissage d'un nouveau savoir-faire au bénéfice de la société.

C'est l'objet de ce chapitre : le TQM, système d'apprentissage ; le TQM, système de développement du savoir-faire de l'individu, de l'équipe, de l'entreprise et de la nation.

ALLER DE PAIR AVEC LE BESOIN DE COMPÉTENCE

Lester Thurow, doyen de l'École Sloan de Management du MIT déclare : « Dans le siècle à venir, les ressources naturelles, le capital, et les nouvelles techniques de production vont évoluer rapidement à travers le monde. Les hommes évolueront, mais plus lentement que le reste. Les hommes deviennent le seul avantage concurrentiel durable.[1] »

On peut diviser l'apprentissage en trois catégories, suivant qu'il porte sur (1) le savoir-faire spécifique à la tâche exercée (connaissances nécessaires à l'exécution d'une tâche plutôt que d'une autre) ; (2) la compétence (capacité dans un domaine quelconque de l'activité humaine : métier de l'ingénieur, du publicitaire, etc.) ; et (3) la formation de base (lecture, histoire, travail en groupe, etc) (voir figure 17.1). Les compétences sont bâties sur la formation de base, et les capacités à exercer un emploi déterminée le sont sur les compétences.

Dans la plupart des pays, la formation de base est dispensée par les systèmes scolaires publics, tandis que le savoir-faire spécifique à un emploi déterminé est acquis sur le tas et enseigné par l'employeur. Quant aux

Figure 17.1. Les trois catégories d'apprentissage

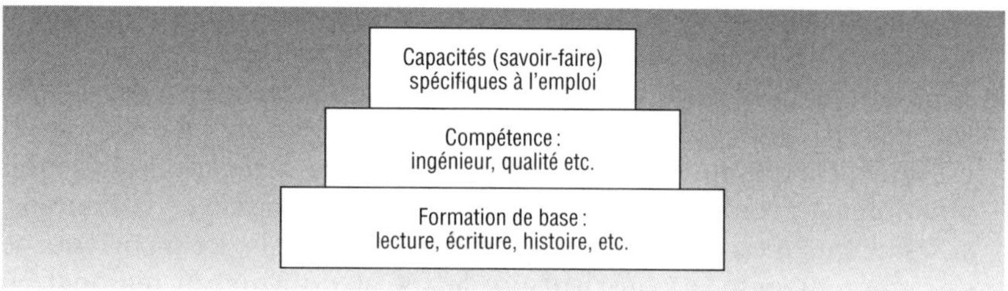

1. L. Thurow, *Head to Head*, New York, Willima Morrow, 1992, p. 51-52.

compétences, il en va différemment. Thurow souligne que dans les entreprises anglaises et américaines, l'acquisition d'une compétence est de la responsabilité de chacun. Les gens investissent leur temps et leur argent pour obtenir un diplôme universitaire. Sans diplôme d'ingénieur, par exemple, il est pratiquement impossible de faire carrière dans les métiers d'ingénieur. Il faut aller aux cours du soir, ou prendre sur son temps pour obtenir un diplôme.

Au Japon, en revanche, la formation à la compétence est effectuée principalement par l'employeur. Chez la filiale de NEC, IC/Microsystems, par exemple, les ingénieurs nouvellement recrutés bénéficient au départ d'une année entière de formation, dont l'objet est de leur faire acquérir les savoir-faire dont la maîtrise est jugée nécessaire par l'entreprise. Cependant, dans le monde en rapide évolution auquel s'adresse le TQM, les entreprises doivent faire évoluer leurs systèmes et leurs équipements pour faire face à une réalité changeante. Ces changements interviennent plus vite et doivent être opérés plus rapidement. Ils rendent rapidement obsolètes les emplois et les savoir-faire spécifiques aux tâches. Une nouvelle expérience et de nouveaux savoir-faire doivent être obtenus.

Le niveau de compétence est d'une extrême importance dans la détermination de la vitesse avec laquelle les hommes peuvent développer de nouveaux savoir-faire spécifiques à l'emploi (le niveau de formation importe aussi, mais moins directement). Ces changements sont représentés sur la figure 17.2.

Figure 17.2. Changements dans les compétences nécessaires

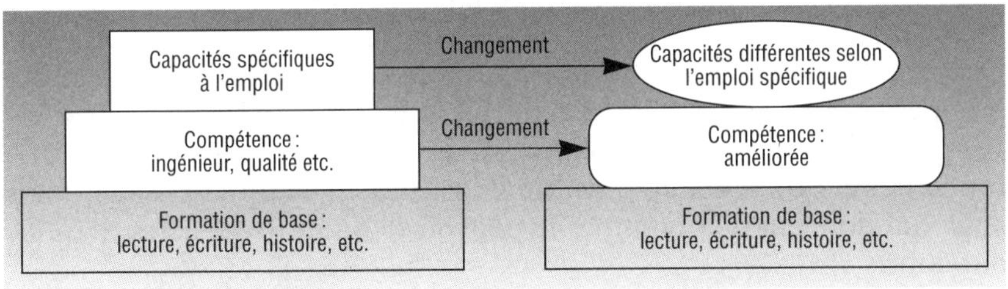

Dans des périodes de rapide évolution, les compétences nécessaires évoluent, de telle sorte que les hommes ne peuvent plus se reposer sur la formation acquise à l'école, de nombreuses années auparavant. Pour demeurer à niveau, un salarié doit mettre à jour ses compétences et ceci fait normalement partie des exigences de son emploi. On ne peut s'en remettre à des individus exceptionnels pour acquérir de nouvelles compétences au prix de sacrifices exceptionnels ; ce serait condamner la plus grande partie des salariés à se trouver de plus en plus dépassés avec les années, et de moins en moins productifs en termes de potentiel.

Comme Thurow l'a souligné, les capacités humaines sont la ressource déterminante que les entreprises doivent développer. Bien que les compétences ne soient pas directement liées à l'emploi occupé, elles représentent un important aspect des capacités humaines. Aussi, les entreprises doivent-elles investir dans leur développement. Shoji Shiba pense qu'une plus grande disposition d'esprit du Japon à investir dans le développement des compétences représente un important avantage concurrentiel.

David Kearns a été président de Xerox durant la période de transition de l'entreprise, passée de l'état de quasi-victime de la concurrence japonaise à celui de compétitrice de classe mondiale, adepte américaine du TQM. Kearns a fait des déclarations similaires sur le besoin de développer les compétences de façon continue. Dans la conclusion du livre où il parle de toutes ces années, il écrit : « La formation interne est un important facteur de succès pour une entreprise. Même celles qui disposent de grandes stratégies, de qualité totale, et d'architectures organisationnelles innovatrices n'y arrivent pas du premier coup. Elles commettent des erreurs. Les meilleurs compétiteurs ont la capacité irremplaçable de réfléchir à ces erreurs et d'en comprendre très vite la signification, puis de transformer cette vision en actes. Ce sont des organisations qui témoignent d'une grande aptitude à apprendre. Elles apprennent de leurs clients, de leurs concurrents et de leurs fournisseurs. Elles apprennent à tirer la leçon de leurs succès comme de leurs échecs. Elles encouragent le principe de l'« erreur productive », ingrédient clé du processus d'aprentissage. Elles reconnaissent que les sources des succès passés sont souvent à l'origine des échecs à venir.

L'efficacité concurrentielle obligera par conséquent les entreprises à investir dans le développement de leur capacité à apprendre. Cela exigera des améliorations significatives de la capacité des individus, des groupes et des organisations à réfléchir et à accroître leur perspicacité. Les principaux ingrédients sont les structures, les processus et les environnements qui rendent possible et stimulent l'apprentissage, mais aussi qui donnent aux hommes le pouvoir de traduire en actes ce qu'ils ont appris.[1] »

Deming a exprimé des pensées similaires, à savoir qu'en faisant simplement de son mieux, on aboutit à une impasse, et que l'amélioration continue est le fruit d'un effort pour apprendre comment modifier nos façons de faire.

---

1. D. T. Kearns, D. A. Nadler, *Prophets in the Dark : How Xerox Reinvented Itself and Beat Back the Japanese,* New York, Harper Collins, 1992. Parler du TQM comme d'un facteur de réussite distinct de la formation en entreprise donnerait l'impression que le TQM n'est pas autre chose que l'accent mis sur le client. L'examen des diagnostics d'entreprise suggère que Kearns et Nadler ont pu ne pas envisager cette « pratique de l'apprentissage par l'entreprise », comme faisant partie intégrante du TQM.

UN MODÈLE DE TQM POUR LE DÉVELOPPEMENT DE LA COMPÉTENCE

Dans les quatre parties suivantes, nous allons décrire un modèle de TQM que toute entité peut développer d'elle-même.

Des parallèles dans les niveaux de formation

À tous les niveaux de la pratique – individu, équipe, organisation, ou région – le TQM engendre la capacité de l'auto-développement, ou celle de changer pour quelque chose de mieux. Les trois phases du processus du TQM – orientation, appropriation, et auto-invention – sont pratiquement identiques à chaque niveau (voir la ligne haute du tableau 17.1). Généralement parlant, nous entendons par « orientation » l'initiation à une nouvelle compétence. Par « appropriation », nous entendons l'apprentissage du « métier » exigé par la nouvelle compétence, généralement auprès d'une personne déjà experte dans le nouveau savoir-faire. Par auto-invention, nous entendons le fait d'avoir acquis sufisamment de « métier » pour adapter de façon efficace à un besoin précis, ce que l'on a appris, ou pour aller au-delà de ce qu'on a appris d'autrui[1].

Tableau 17.1. Niveaux de pratique du TQM et phases d'apprentissage

Niveau ⇓ *Phase* ⇒	*Orientation*	*Appropriation*	*Auto-invention*
Individu	Connaissance	Compréhension	Compétence
Équipe	Appartenance	Réalisation/ Reconnaissance	Réalisation de soi
Organisation	Orientation	Appropriation/ synchronisation	Alignement/ localisation
Région/nation	Crise	Imitation/ *Benchmarking*	Développement systématique

Au sein de chacun des quatre niveaux, examinons les parallèles à ces trois phases d'apprentissage.

Comme nous l'avons écrit dans la préface et résumé sur la seconde ligne du tableau 17.1, les individus démarrent leur apprentissage d'un sujet particulier par la connaissance : les faits concernant la façon dont

1. Dans un monde idéal, la terminologie aux quatre niveaux serait identique. En pratique, les termes ont été développés de façon indépendante, et nous nous sommes servis de ceux de la nouvelle norme dans les chapitres respectifs. Le tableau 17.1 comprend par conséquent cinq séries de termes.

les choses fonctionnent, comme les 7 étapes de la résolution de problèmes corrective, ou ceux se rapportant à leur propre tâche. En se servant de ces faits dans des conversations sur le tas ou en classe, les individus acquièrent la connaissance. Le recours aux connaissances et à la compréhension, dans des situations ou des applications réelles, génère la compétence[1]. Celle-ci procure la capacité nécessaire à un auto-développement efficace.

La troisième ligne du tableau met en lumière les équipes. Au chapitre 9, nous avons décrit la progression de croissance des équipes (Figure 9.3). Cette progression est résumée sur la figure 17.3.

Figure 17.3. Développement progressif des équipes

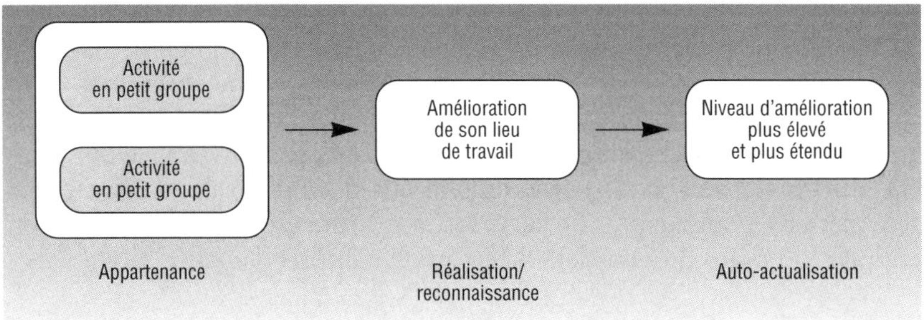

Des équipes formées à partir de groupes de travail débutent par la cohésion sociale – au sens de l'appartenance à un groupe. Les groupes forment souvent des liens sociaux, allant d'équipes de management à des équipes de joueurs de boules. Ceci correspond, pour les équipes, à la phase d'orientation. Toutefois, lorsqu'un groupe de personnes se met à fonctionner de concert et parvient à ses fins, on commencera à voir en lui une équipe et ses membres se mettront à travailler explicitement pour elle, car elle porte en elle une réalisation reconnue. C'est la phase d'« appropriation ». Lorsqu'une équipe devient compétente dans l'exécution de sa tâche, elle commence à acquérir de l'expérience et à évoluer continuellement. L'appartenance à une équipe devient un exercice créatif, une forme de réalisation de soi. C'est la phase de l'auto-invention. Pour les équipes, la séquence de l'autodéveloppement est comparable à certains niveaux de la pyramide des besoins de Maslow, qui va de la satisfaction des besoins d'affiliation, aux besoins de reconnaissance et à celui de la réalisation de soi.

1. Les éducateurs reconnaîtront dans cette séquence l'homologue du modèle de Kirkpatrick d'acquisition de la compétence.

Les organisations connaissent aussi des transitions dans l'apprentissage. La mise en place du TQM par les lauréats des prix Deming et Baldrige décrite au chapitre 12, était caractérisée par trois phases. Une phase d'orientation apparaît quand l'entreprise reconnaît la nécessité du changement (crise ou vision puissante) : cette phase englobe l'exploration et l'expérimentation des moyens du changement. La phase d'appropriation inclut la fixation d'un nouveau cours et la fourniture des moyens de persuasion, de formation et d'organisation nécessaires pour s'y engager. (Quelquefois, cette phase s'analyse en une fluctuation, un déblocage des pratiques existantes, et une synchronisation, ou bien amène l'entreprise à suivre une nouvelle série de pratiques.) Lorsqu'une entreprise devient compétente dans une nouvelle série de pratiques, elle les adapte aux besoins particuliers de son organisation. Par exemple, le passage, dans toute l'entreprise, de la résolution corrective de problèmes en 7 étapes au management *hoshin* formel, est souvent la transition de la phase d'« appropriation » à la phase d'« alignement » décrite au chapitre 12. Le terme marque l'alignement des systèmes et des pratiques du TQM avec l'ensemble des autres systèmes et pratiques de l'entreprise, en plus de l'orientation des individus vers des buts communs. Toutefois, Shoji Shiba a souvent appelé cette phase la « localisation », signifiant par là que l'entreprise a réinventé les pratiques du TQM pour coller à sa situation locale. Ceci est de l'auto-invention au niveau de l'entreprise.

L'apprentissage par les régions et les nations peut sembler moins clair que pour les autres niveaux dont nous avons parlé, peut-être en raison de la rareté relative des exemples. Toutefois, l'apprentissage du TQM au Japon et aux États-Unis semble se conformer au modèle « orientation/appropriation/auto-invention ». Au Japon, la phase d'orientation a caractérisé la crise des exportations de la fin des années 1940 et de la première moitié des années 1950, ainsi que la recherche d'experts étrangers tels Deming et Juran. Une phase d'appropriation lui a succédé, au cours de laquelle les enseignements des années 1950 ont été diffusés grâce à une infrastructure nationale incluant les processus d'obtention du prix Deming et de formation interentreprises de la JUSE et la JSA. L'histoire subséquente du TQM japonais est celle de la recherche systématique d'approches nouvelles (auto-invention), en réponse aux pressions économiques et sociales mondiales. L'histoire depuis les années 1960 évoque la phase de la « localisation » pour l'apprentissage du TQM par les entreprises, et celle de l'autoréalisation pour le développement de l'équipe[1].

1. Il pourrait s'avérer instructif d'examiner d'autres exemples historiques du besoin d'un apprentissage rapide. Par exemple, au début de la révolution industrielle, le gouvernement français travaille de façon méthodique pour acquérir la technologie britannique dans toute une variété d'industries. De même, au 19e siècle, les Européens prirent conscience du besoin d'apprendre « le système américain de production ».

Les États-Unis sont passés par une phase d'orientation à la fin des années 1970 et des années 1980 ; au cours de ces années, on reconnut que les pratiques en matière de qualité dans nombre d'industries, notamment celles de l'automobile et de l'électronique, se situaient sensiblement au-dessous du niveau mondial. Avec les années 1980, un grand nombre d'entreprises sont entrées d'elles-mêmes dans la phase d'appropriation, en adoptant et mettant en pratique les concepts du TQM de Deming et de Juran, tels qu'ils étaient appliqués au Japon. Au même moment, certaines entreprises américaines possédaient la compétence nécessaire pour la recherche systématique de meilleures démarches. Les *six sigma* de Motorola et le *benchmarking* de Xerox en sont des exemples. Bien que l'on compte un grand nombre de réussites d'entreprises particulières, on ne dispose pas encore d'un corps normalisé de pratiques qualité assorti de moyens fiables pour en assurer la diffusion.

Les forces de formation accélérée. Infrastructures et « déclencheurs »

La partie gauche de la figure 17.4 illustre les trois phases de la formation ou de l'autodéveloppement décrites précédemment.

Figure 17.4. Déclencheurs et infrastructures du développement

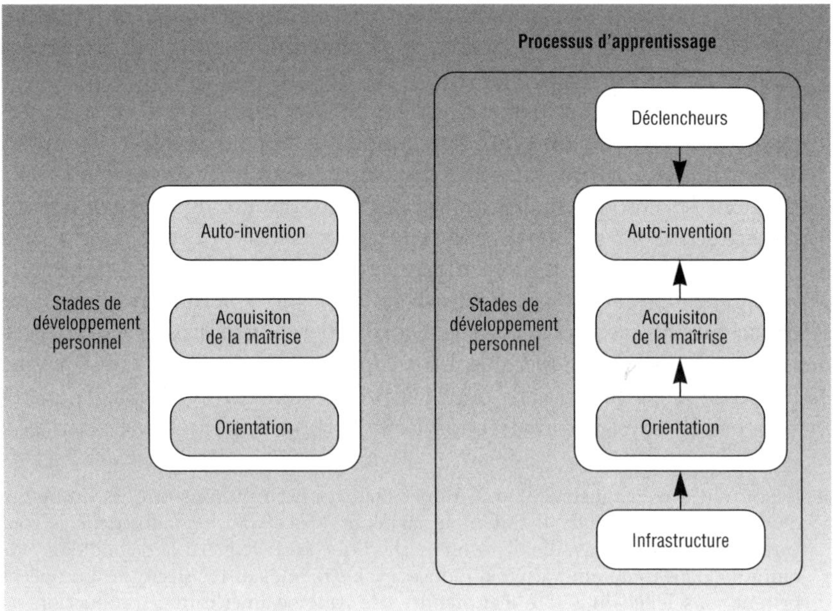

Ces phases de l'auto-développement ne se produisent pas de façon spontanée. L'entité qui s'efforce d'apprendre a besoin de forces extérieures pour catalyser son autodéveloppement. Deux types principaux de forces externes sont les « déclencheurs » et les infrastrucures (partie droite de la figure).

L'apprentissage individuel est stimulé et facilité par l'infrastructure des méthodes normalisées de résolution de problèmes (7 étapes, 7 outils de la maîtrise de la qualité, 7 outils de management et de planification), les équipes (au sein desquelles les hommes s'entr'aident), les cadres (qui guident et conseillent les subordonnés), et les 7 éléments de l'infrastructure organisationnelle (objectifs, organisation, formation, promotion, diffusion des cas de réussite, incitations, et diagnostics de l'encadrement).

Comme les individus, les équipes trouvent un appui pour leur apprentissage dans l'encadrement et l'infrastructure organisationnelle.

L'apprentissage en entreprise est facilité par l'infrastructure interne de suivi et d'audit, et l'infrastructure qualité régionale et nationale externe, grâce à des organisations telles que la JUSE au Japon, l'ASQC et le CQM aux États-Unis. Ces organisations « interentreprises » assurent la publication de cas réels, prodiguent un enseignement, décernent des prix qualité régionaux ou nationaux, organisent des conférences, effectuent la promotion de la qualité, etc.

La formation régionale et nationale est stimulée par le suivi au plan interne, les audits, l'exploration systématique et le développement, de même que par l'exemple des autres régions ou nations.

En d'autres termes, à chaque niveau, l'infrastructure tend à émaner du niveau supérieur.

Niveau	*Infrastructure émanant du niveau supérieur*
Individu	Équipe ou apprentissage en groupe
Équipe	Les sept éléments d'infrastructure organisationnelle
Organisation	Réseau au sein de l'environnement social

Les « déclencheurs » complètent les infrastructures en amorçant un apprentissage rapide. Comme nous l'avons dit au chapitre 9, le processus d'apprentissage ne s'accroît pas régulièrement avec le temps. Il se maintient plutôt à un niveau donné pendant quelque temps, puis il fait un bond. On a normalement besoin de ces déclencheurs pour provoquer ces bonds (voir figure 17.5).

Les équipes fournissent des déclencheurs aux individus (facilitant par exemple, leur apprentissage rapide). Des cadres enthousiastes en fournissent aux équipes (voir chapitre 9). La crise économique, la « voix du client », et les excellentes pratiques d'autres entreprises sont autant

Figure 17.5. Déclencheurs pour un apprentissage rapide

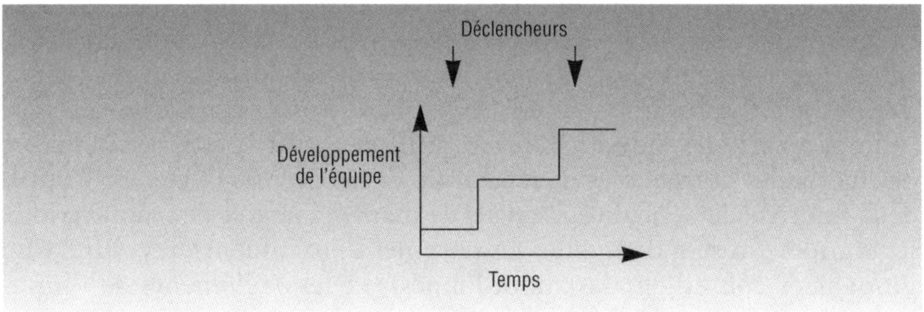

de déclencheurs pour le directeur général et les dirigeants. À leur tour, ces derniers articulent la stratégie nécessaire pour déclencher la phase d'orientation de la mobilisation en faveur du TQM dans l'entreprise. Pendant ce temps, l'incapacité à rivaliser sur les marchés internationaux est un déclencheur puissant pour les nations.

Actions indirectes pour pousser et tirer le processus de formation

En dépit de leur nécessité et de leur efficacité, déclencheurs et infrastructures ne stimulent pas suffisamment le processus d'apprentissage et les activités d'autodéveloppement pour que les entreprises puissent suivre le rythme d'évolution rapide de la société. En revanche, le TQM offre un certain nombre d'activités indirectes qui stimuleront davantage l'apprentissage. Ces activités indirectes ne sont généralement pas exercées dans nos entreprises aux fonctions hiérarchiques cloisonnées. Leur utilisation pour accélérer l'apprentissage est une importante innovation du TQM, une autre révolution de la pensée managériale.

Certaines de ces activités indirectes « poussent » le processus d'apprentissage, tandis que d'autres le « tirent ». Il existe deux types d'actions de poussée indirectes, ou d'incitations – des éléments *non hiérarchiques* et des éléments *extérieurs* – et deux types d'actions d'attractions indirectes – les *objectifs nobles* et les *pratiques nobles* (voir figure 17.6).

Les incitations indirectes. Éléments non hiérarchiques

Le TQM conduit les gens à travailler en dehors du cadre des relations normales basées sur le groupe de travail, la branche fonctionnelle ou la division, le niveau hiérarchique dans l'entreprise. Des structures non hiérarchiques sont donc utilisées pour pousser en avant ou conduire l'apprentissage. Ces structures non hiérarchiques sont disponibles à chacun des quatre niveaux (voir figure 17.7).

Figure 17.6. Incitations et forces d'attraction dans le processus d'apprentissage

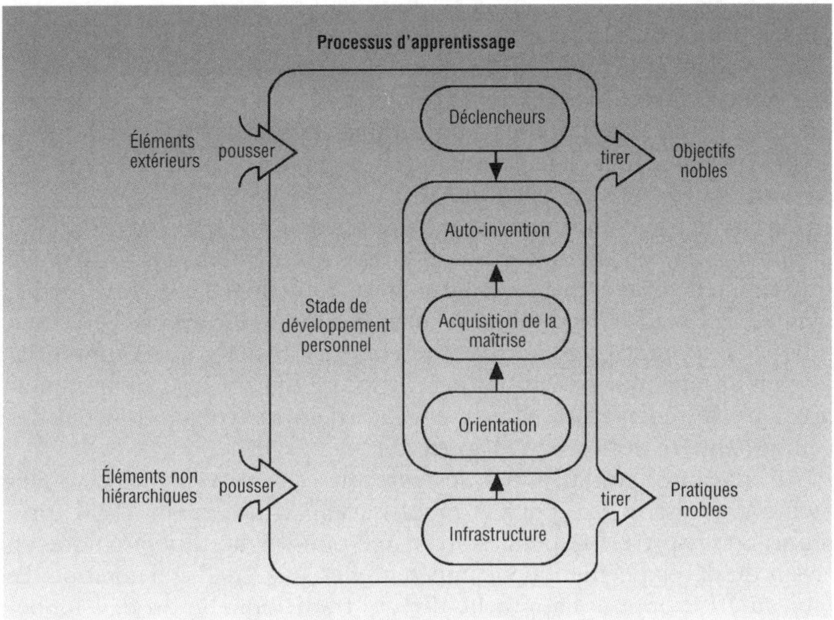

Figure 17.7. Pression indirecte de la part des éléments non-hiérarchiques

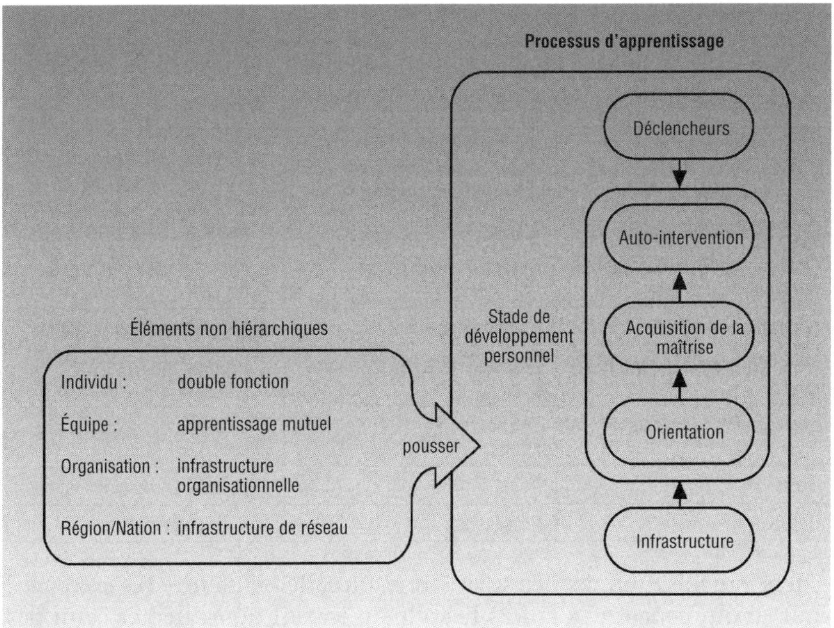

La double fonction du travail a été examinée aux chapitres 3 et 9. Elle procure une incitation non hiérarchique à l'autodéveloppement. Suivant ce principe, la mission de chacun consiste à effectuer à la fois le travail quotidien et le travail d'amélioration. C'est l'abandon de l'approche hiérarchique taylorienne, exigeant des cadres et des spécialistes de la qualité pour le travail d'amélioration, et des ouvriers pour le travail quotidien. Ainsi, les individus se voient-ils donner la liberté de s'améliorer... au lieu d'en recevoir l'ordre.

L'apprentissage mutuel ajoute un aspect non hiérarchique au niveau d'apprentissage de l'équipe, par opposition à la méthode d'apprentissage traditionnelle (hiérarchique) maître-élève. Quiconque a mesuré les difficultés de l'étude en solitaire est conscient des avantages de l'étude en groupe. L'apprentissage en solitaire est plus difficile que l'apprentissage en groupe, qui procure un sentiment de dynamisme, de responsabilité et de motivation. (Les méthodes d'apprentissage mutuel des équipes ont été décrites au chapitre 9.)

Au niveau organisationnel, les entreprises se servent des sept éléments d'infrastructure pour la mobilisation en faveur du TQM (présentés au chapitre 11) pour exercer une poussée non hiérarchique en faveur du développement des compétences en matière d'amélioration. Le tableau 17.2 oppose l'approche directe traditionnelle du développement organisationnel (colonne de gauche) et l'approche indirecte (colonne du milieu) résultant de l'infrastructure de mobilisation en faveur du TQM (colonne de droite).

Tableau 17.2. Comparaison de l'approche indirecte du TQM et de l'approche directe traditionnelle pour le développement organisationnel

Organisation hiérarchique traditionnelle du travail quotidien	*Infrastructure non hiérarchique d'amélioration*	*Élément d'infrastructure correspondante*
Objectifs et réglementations	« Vision »	1. Fixation des objectifs
Chaîne de commandement hiérarchique	Organisation en réseau	2. Mise en place de l'organisation
Application imposée	Apprentissage mutuel	3. Enseignement et formation
Mots d'ordre émis d'un supérieur	Diffusion dans l'organisation	4. Promotion
Correction et pénalisation	Encouragements et compliments	5. Diffusion des récits de réussites
Ordre	Appui	6. Récompenses et incitations
Résultats	Processus	7. Suivi et diagnostic

Une organisation donnée se situera habituellement entre ces extrêmes, pour ce qui concerne à la fois le style du travail quotidien et celui des actions d'amélioration. Comme nous l'avons expliqué au chapitre 16, même au niveau régional ou national, l'apprentissage se répand indirectement d'une organisation à l'autre grâce à la culture et à l'infrastructure qualité. Cette diffusion est le fait d'associations régionales ou de branches d'activité, d'initiatives prises et de groupes formés dans le dessein de créer des réseaux entre industries et pays.

Tout ce dont nous venons de parler permet de diffuser la formation suivant des canaux distinctement non-hiérarchiques.

Incitations indirectes. Éléments extérieurs

Le complément naturel de l'incitation non hiérarchique à acquérir des compétences est une incitation de l'extérieur – autre forme de pression indirecte. Comme pour les méthodes non hiérarchiques, l'incitation extérieure s'applique à l'ensemble des quatre niveaux de la pratique du TQM (à gauche et en haut de la figure 17.8).

Figure 17.8. Incitation indirecte en provenance d'éléments extérieurs

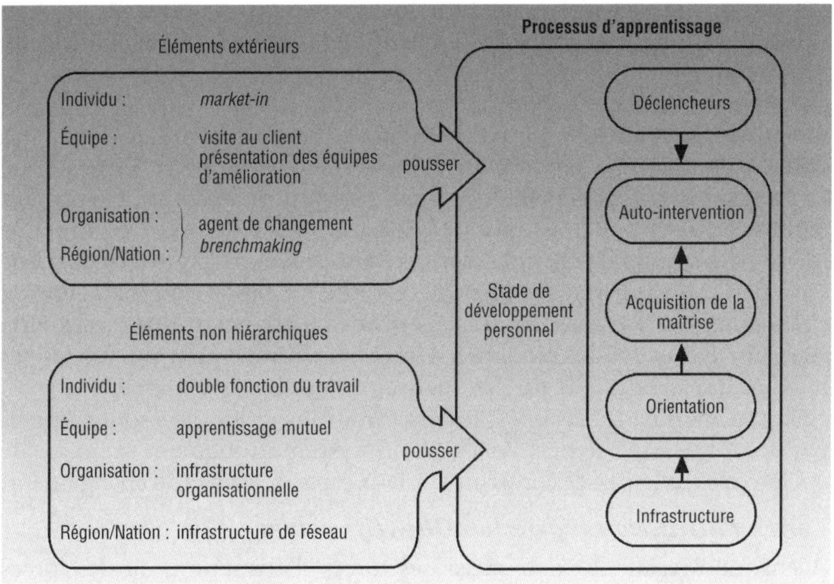

Les individus changent plus volontiers quand ils ont clairement pris connaissance des besoins et des désirs du client. C'est le concept *market-in*, qui insiste sur le fait que l'objet du travail consiste à satisfaire les clients, et non à s'acquitter simplement de sa tâche.

Les équipes évoluent plus rapidement quand un programme systématique de visites chez le client, d'analyse et d'action est en place. Sont également efficaces les présentations de récits d'amélioration de la qualité, montrant clairement aux gens que des employés de leur niveau peuvent accomplir des améliorations significatives. Simultanément, le système de présentation interne diffuse l'information à travers les barrières des divisions et des départements, tandis que les conventions des cercles de qualité la diffusent à travers les barrières des entreprises et des secteurs industriels. Ces mécanismes créent des liens entre des parties qui n'auraient pas sans cela de rapports entre elles, et élèvent leur niveau global d'amélioration.

Les organisations se remettent plus volontiers en question quand les changements nécessaires sont clairement indiqués par l'exemple d'opérations améliorées de façon spectaculaire (*benchmarking* – voir chapitre 13) ou par un observateur expérimenté mais objectif (l'agent de changement – voir chapitre 16). Le *benchmarking* rend clairs à la fois le niveau des performances dont d'autres sont capables et le processus mis en œuvre pour l'atteindre. Les « agents de changement », extérieurs à l'entreprise mais possédant des connaissances suffisantes, un certain prestige et le sens de leur mission, peuvent servir de catalyseurs pour provoquer des changements de paradigme au sein d'une organisation - révolutions dans la façon de penser qu'il serait difficile de provoquer de l'intérieur.

Au niveau national, l'évolution peut être accélérée de la même façon par des pressions extérieures, telles que le *benchmarking* et les agents de changement. Le *benchmarking* intervient au niveau national, par exemple, quand des délégations gouvernementales ou industrielles d'un pays donné se rendent au Japon pour y étudier les méthodes et les résultats. La création du prix Baldrige aux États-Unis est un exemple de transfert dans un autre pays d'une pratique japonaise réussie (le prix Deming). De même, des agents de changement peuvent provenir de l'extérieur d'une entreprise. En son temps, Deming est allé au Japon comme agent de changement. C'est aussi comme agents de changement que des experts japonais se sont rendus aux États-Unis et en Europe pour des initiatives réussies dans le domaine de la qualité.

Les individus, les équipes, les organisations et les pays sont motivés par des forces extérieures. Le TQM tire systématiquement avantage de ces forces extérieures et construit sur leur capacité à créer le changement.

Forces d'attraction indirectes. Objectifs nobles

À chaque niveau, il existe aussi des forces d'attraction, ou des forces qui créent le désir d'apprendre. Les « objectifs nobles » en font partie. Traditionnellement, ils reflètent le dévouement aux intérêts d'une entité de niveau supérieur. En clair, les hommes sont motivés par le désir de servir une équipe, leur entreprise ou leur pays. De la même façon, les équipes sont motivées par le besoin que l'entreprise fasse les choses bien. Ishikawa disait souvent que la qualité doit servir la nation, non l'entreprise. Un tel dévouement aux intérêts d'une entité de niveau supérieur révèle une conscience de solidarité (voir figure 17.9).

Figure 17.9. Servir les intérêts de l'entité de niveau supérieur

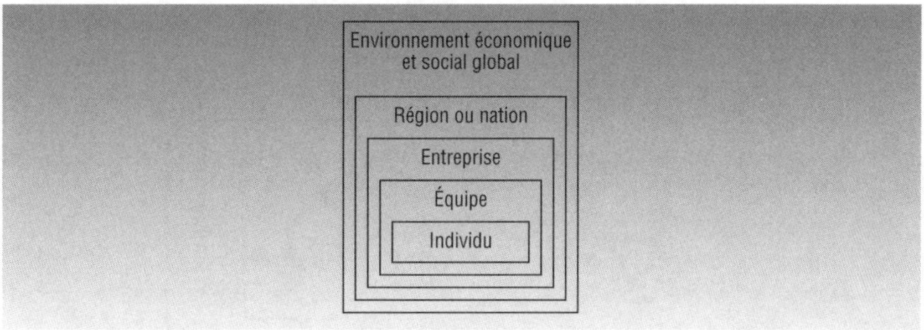

L'attraction exercée par le noble but que constitue le dévouement aux intérêts d'une entité de niveau supérieur est représentée au bas et à droite de la figure 17.10.

Bien qu'il y ait des hommes prêts à sacrifier leur propre intérêt à celui de l'entité de niveau supérieur (tels des salariés sacrifiant leur avancement pour de meilleures performances de leur entreprise ou des combattants sacrifiant leur vie à leur patrie), le dévouement aux intérêts de l'entité de niveau supérieur est généralement tempéré par le dévouement de chacun à ses propres intérêts (pente descendante de la flèche de gauche).

Pour cette raison, le TQM ajoute aux objectifs nobles un autre objectif – l'autodéveloppement. En d'autres termes, le TQM stimule l'apprentissage en suscitant à la fois plus de dévouement et le propre désir de l'individu de se développer lui-même (pente ascendante de la flèche de droite).

Ainsi, le mouvement des cercles de qualité au Japon fait en grande partie appel à l'esprit d'équipe pour favoriser le développement des membres (compétences, satisfaction, capacités, qualité de la vie au travail). L'un des trois objets des cercles de qualité est de réaliser les objectifs de l'entreprise ; les deux autres ont trait au développement de l'individu (voir figure 17.11).

Une des principales raisons du succès rencontré au Japon dans la diffusion des cercles de qualité a été probablement l'accent mis sur le développement du potentiel humain et pas uniquement sur la satisfaction des objectifs de l'entreprise, alors qu'une insistance trop grande accordée à ce second objectif en aurait entravé la diffusion.

Ainsi l'attraction vers des objectifs traditionnels comme le dévouement aux intérêts de l'entreprise s'accroît quand les objectifs de l'homme sont atteints. Les entreprises qui s'attachent au développement de leur personnel en obtiennent un plus grand dévouement et une motivation plus élevée. De même, les pays ayant permis à des immigrants d'élever leur niveau de formation et d'atteindre une certaine prospérité ont obtenu en retour le patriotisme de ces groupes.

Figure 17.10. Forces d'attraction indirectes exercées par des objectifs nobles

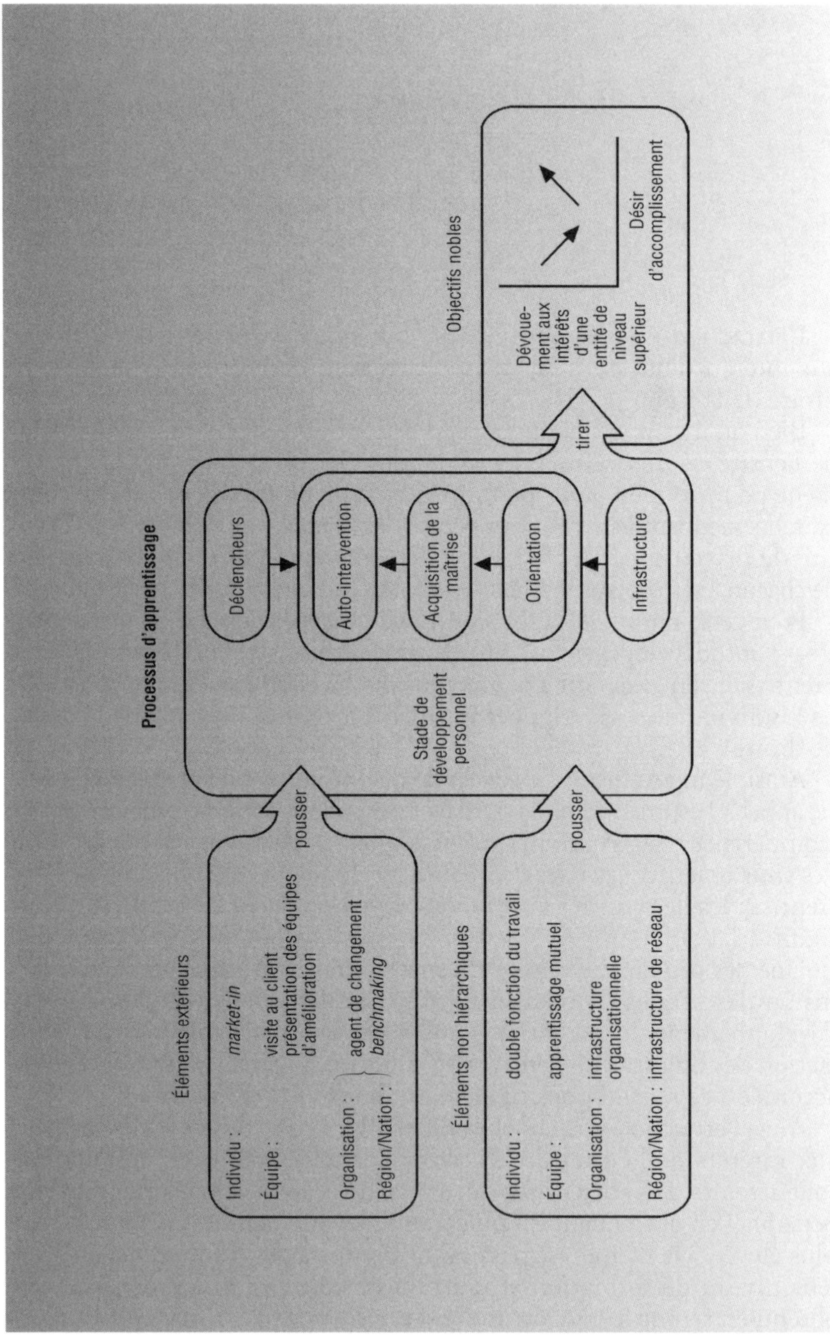

Figure 17.11. Objet des cercles de qualité

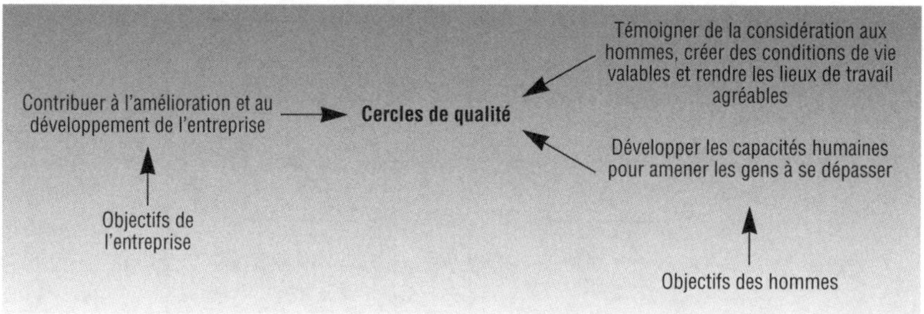

Forces d'attractions indirectes. Pratiques nobles

Un dernier type de force favorable à l'apprentissage vient de ce que nous pourrions appeler des pratiques nobles : l'exercice de processus et de savoir-faire reconnus et appréciés. Traditionnellement, les pratiques efficaces en honneur dans l'entreprise sont les prises de décisions et les actions basées sur l'intuition, le jugement et l'expérience – le management considéré comme un *art* (les Japonais ont réduit ceci à un acronyme, KKD, qui signifie en français connaissance, expérience et cran). À la pratique traditionnelle du management comme un art, le TQM ajoute l'objectif plus élevé du management basé sur les faits (*science*). Comme nous l'avons noté au chapitre 4, le management par les faits (PDCA, modèle en WV) est réellement l'application pratique de la méthode scientifique. Les flèches en haut et à droite de la figure 17.12 montrent une augmentation des pratiques nobles « scientifiques » et une légère diminution des pratiques nobles « artistiques ». L'expérience, l'intuition, et le jugement ne sont pas abandonnés ; ce qui a diminué, c'est la dépendance totale par rapport à eux.

Par exemple, dans le cas de l'application chez NEC/IC, le PDCA (méthode « scientifique ») a été utilisé pour augmenter la sensibilité des ingénieurs et leur capacité à prévenir les problèmes[1]. Cette approche a servi à porter l'intuition – l'« art » de l'ingénieur – à un niveau plus élevé. La même chose s'est produite à de nombreux niveaux. Les connaissances empiriques sur la collaboration de groupe dans ce livre visent à donner aux cadres davantage de capacité de perception – une meilleure intuition – de ce qui se passe dans leurs équipes. Les généralités empiriques sur la campagne du Directeur général et la formation au TQM visent à rehausser ce qui est en fin de compte une capacité intuitive, celle

1. Voir au chapitre 15 l'étude de cas basée sur *TQM for Technical Groups : Total Quality Principles for Product Development* de Kiyoshi Uchimaru et al., Cambridge, MA, Productivity Press, 1993.

Figure 17.12. Forces d'attraction indirectes exercées par des pratiques nobles

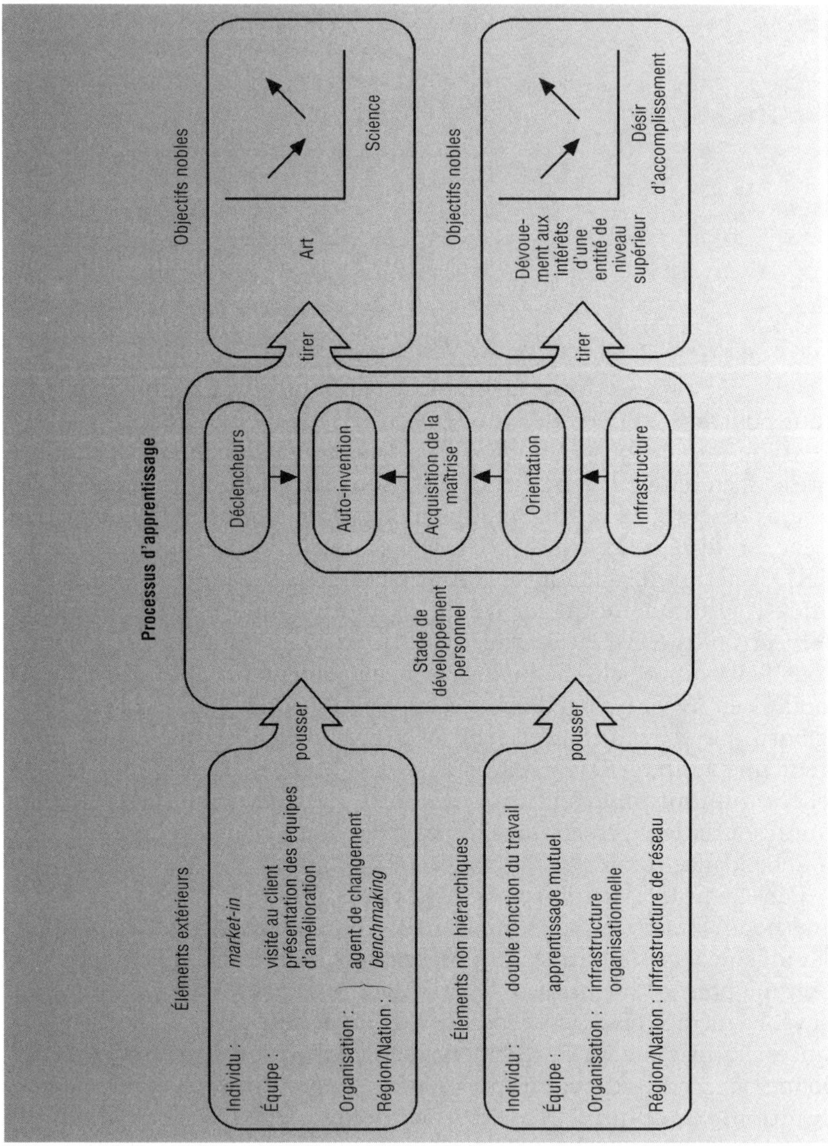

permettant de concevoir et d'auditer un programme TQM. Aussi, la flèche en haut et à droite de la figure 17.12 pointe-t-elle vers le haut, pour indiquer l'amélioration dans le domaine traditionnel de l'intuition et du jugement quand on fait appel à la science.

L'addition de pratiques nobles basées sur les faits accroît la motivation pour l'apprentissage, car elle offre un processus clair et attire un grand nombre de personnes possédant des capacités de plusieurs types.

Des forces indirectes complètent les forces directes favorables à l'apprentissage

Tout en ajoutant les forces indirectes décrites ci-dessus (et dont l'expérience a montré la très grande efficacité), l'apprentissage du TQM n'a pas abandonné les forces directes traditionnelles. L'apprentissage possède des fonctions doubles, à la façon des organigrammes d'amélioration : certaines sont hiérarchiques, d'autres relèvent du réseau. Par exemple, l'apprentissage a lieu directement par l'entremise de la hiérarchie et sous l'effet d'incitations internes, et grâce aussi à des canaux indirects. Le système d'apprentissage du TQM englobe à la fois les modes directs et indirects d'apprentissage ; rien ne peut s'avérer plus efficace à long terme.

Pour chacun des éléments de l'apprentissage indirect soulignés ci-dessus, il existe un élément direct complémentaire qui joue aussi un rôle dans les systèmes d'apprentissage. Ils sont représentés sur la figure 17.13.

Figure 17.13. Éléments complémentaires de l'apprentissage direct et indirect

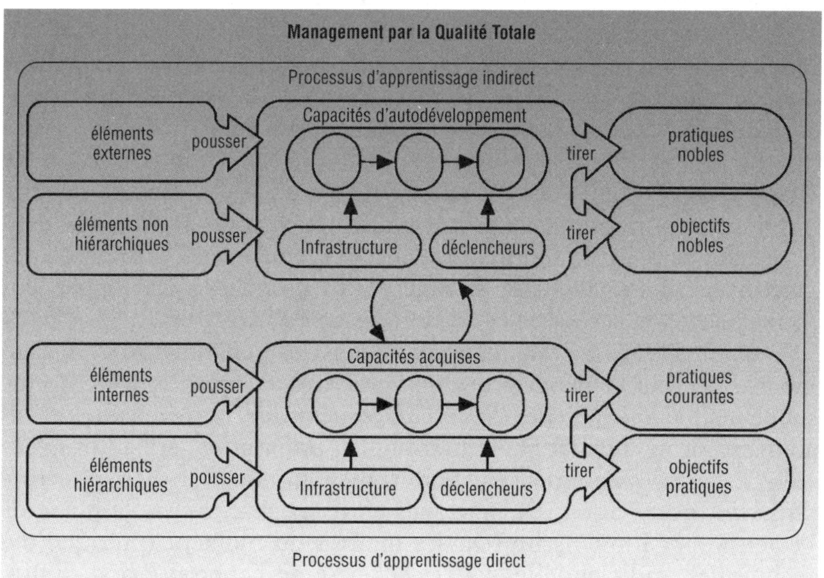

En plus des capacités de développement personnel, il existe aussi des capacités acquises. Ceci est également vrai des déclencheurs et de l'infrastructure. Pour ces capacités, les déclencheurs peuvent être plus banals (l'embauche, l'inscription à un programme de formation), et l'infrastructure, plus familière (le département de formation de l'entreprise). Les compléments aux éléments non hiérarchiques et aux éléments externes sont les éléments hiérarchiques et les éléments internes. Les gens suivent une formation (ou apprennent par essais répétés) parce que leur responsable hiérarchique leur dit de le faire, et la formation est généralement conçue pour les aider à mieux accomplir leur travail. Mais la double fonction du travail exige que de nombreux types de formation (portant à la fois sur les moyens normalisés pour mieux effectuer un travail et sur les méthodes de résolution de problèmes) fassent partie de la formation dispensée par la hiérarchie.

Les compléments aux objectifs nobles sont les objectifs pratiques. Un projet d'entreprise nécessitant de nouvelles compétences exerce certainement une attraction en faveur de la formation. De la même façon, les compléments aux pratiques nobles (relevant de l'art ou de la science) sont les pratiques courantes. Un exemple de pratique courante serait celui de l'examen rétrospectif d'un projet à l'issue de chaque tâche de développement – faisant de ce bout de PDCA un élément normal du travail quotidien.

RÉSUMÉ DU DÉVELOPPEMENT DES COMPÉTENCES

Nous avons ouvert ce chapitre en parlant du besoin de développement des compétences. Le TQM a été décrit comme un système d'apprentissage qui se concentre sur le développement des compétences à chaque niveau. Il améliore les ressources humaines. Nous allons conclure ce chapitre en revenant sur cette question.

On peut soutenir que l'aspect le plus important du TQM réside dans le développement de l'individu, l'encouragement de l'homme à l'apprentissage. En particulier, il exige des dirigeants de développer leur connaissance de la théorie et de la pratique de la qualité.

Dans le TQM, le style d'apprentissage des génies est intégré à un modèle que tout le monde peut utiliser. Ce style d'apprentissage s'effectue souvent suivant les phases de développement des compétences décrites au début de ce chapitre : l'orientation, l'appropriation, et l'auto-invention. Les génies commencent par étudier un nouveau thème (lecture de livres, observation des pratiques en usage, etc.) : c'est la phase de l'orientation. Puis, ils imitent les maîtres du moment (pratique des techniques traditionnelles) : c'est la phase de l'appropriation. Enfin, disposant désormais de la théorie et de la compétence, ils inventent leurs propres méthodes : c'est la phase de l'auto-invention.

L'exemple du peintre Vincent van Gogh illustre l'application de cette méthode en trois phases. Vers 1886, van Gogh commença à étudier sérieusement les estampes japonaises. Il en collectionna quelque 400, et en 1887, il présenta des expositions de ces estampes à Paris, au Café du Tambourin et au Restaurant du Chalet. Ce fut la phase d'orientation de van Gogh vers les estampes japonaises. Il investit du temps et de l'argent pour apprendre quelque chose de nouveau.

Puis, van Gogh se mit à peindre des copies de ces estampes. Par exemple, le Rijksmuseum d'Amsterdam abrite sa *Japonaiserie : l'Arbre* (1887), copie fidèle de *la Maison au Prunier à Kameido* (1857) de Hiroshige (1797-1858). Ce fut sa phase d'appropriation. Durant cette phase, il perfectionna sa capacité à peindre d'une manière conventionnelle. La copie des maîtres, l'imitation, est un outil puissant d'appropriation. Si nous refusons ou sommes incapables d'imiter ceux qui possèdent déjà la compétence, il nous est difficile de nous l'approprier.

Enfin, van Gogh créa ses propres méthodes. Il alla au-delà de l'imitation. Mais des traces subsistent, par exemple, dans la forme des troncs d'arbres et dans celle des fleurs dans *le Semeur*[1] ou *le Poirier en Fleur* (deux œuvres de 1888). Une fois qu'il eut étudié et se fut « approprié », van Gogh passa à l'auto-invention avec sa *Nature Morte aux Iris* (1889).

Comme les individus, les équipes, les entreprises et les nations, nous pouvons utiliser le TQM et adopter le style d'apprentissage des génies. En premier lieu, l'orientation nous est fournie par la crise. Puis, nous passons à l'appropriation en imitant ceux qui réussissent, c'est-à-dire en nous inspirant des meilleures pratiques. Enfin, nous serons en mesure de faire évoluer notre propre système, d'inventer nous-mêmes.

Étant donné que nous sommes en crise, nous devons franchir rapidement ces étapes. Nous ne pouvons nous attarder longtemps dans la phase d'orientation, en débattant du point de savoir si la meilleure pratique peut s'appliquer ou non chez nous. Nous devons rapidement nous faire une idée des implications de la crise, et évoluer rapidement pour acquérir les compétences qui nous manquent. Nous devons adopter les meilleures pratiques des autres, même si nous ne sommes pas tout à fait assurés qu'elles nous conviennent. Tant que nous ne les aurons pas maîtrisées, nous ne serons pas à même de porter un jugement fondé sur leur valeur et leur applicabilité, ni de les adapter à notre situation.

1. Toutes les peintures citées ici (même celle de Hiroshige) figurent dans la collection du Rijksmuseum Vincent van Gogh d'Amsterdam, à l'exception du *Semeur*. Il existe plusieurs œuvres portant ce nom à partir de 1888 ; celle avec les trois arbres est à Zürich, Stiftung Sammlung E.G. Bûhrle.

Nous sommes maintenant revenus à notre point de départ :

- Partis de la préface, dans laquelle nous avons parlé du modèle d'apprentissage en trois parties et de l'acquisition de compétences, permettant à la connaissance de devenir compréhension et à la compréhension, de devenir compétence,
- nous sommes parvenus à ce chapitre, dans lequel nous avons examiné le TQM en tant que système d'apprentissage, faisant passer les individus, les équipes, les entreprises et les nations, de la phase d'orientation à celle de l'invention.

Merci d'avoir bien voulu effectuer ce voyage en notre compagnie.

Postface

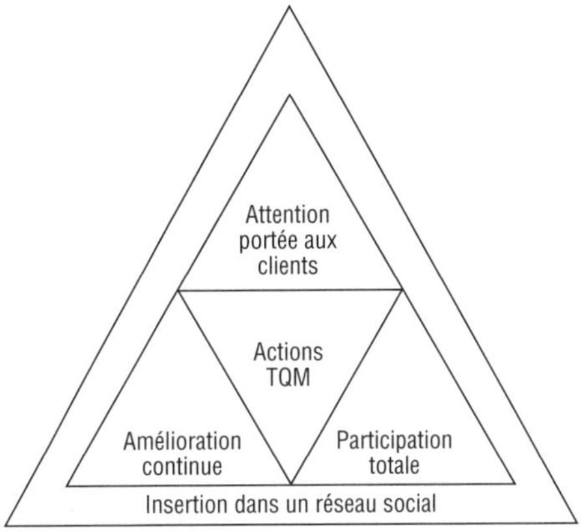

Nous avons commencé ce livre par la description de la nature évolutive de la qualité (chapitres 1 et 2) ; nous avons décrit le TQM comme un système évolutif de concepts et de pratiques permettant de créer des produits et services de haute qualité pour la satisfaction croissante du client dans un monde en changement rapide. Les mots clés de ces descriptions sont « évolutive », et « changement rapide ». Nous avons décrit le TQM, tel que nous le voyons pratiqué efficacement aujourd'hui, mais ce qui marche aujourd'hui sera probablement insuffisant demain.

Le corps principal de cet ouvrage (les chapitres 3 à 16) est organisé suivant quatre concepts – nous les avons appelés les quatre révolutions de la pensée managériale – qui se sont avérés fondamentaux pour la réussite de l'application du TQM à ce jour. Ce sont la priorité donnée au client, l'amélioration continue, la participation totale, et l'insertion dans le réseau social. L'entreprise qui se concentre sur les clients demeure attentive à ceux dont les besoins changeants définissent les critères de sa propre réussite. L'amélioration continue fournit l'idée d'un cycle d'apprentissage. La participation totale reconnaît cette réalité moderne : tout le monde a un intérêt pour l'entreprise, et, pour qu'elle reste compétitive, la participation et les compétences de tout le monde sont nécessaires. L'insertion dans le réseau social fournit une culture de soutien et les moyens d'acquérir une expérience et un perfectionnement rapides dans l'application des méthodes de la qualité.

Le chapitre 17 décrit les quatre révolutions du TQM comme un système d'apprentissage, en insistant sur le développement des capacités. Ces quatre révolutions ne s'appliquent pas seulement à la façon dont une entreprise applique ses méthodes qualité, améliore ses processus de fonctionnement, et développe les capacités humaines de son personnel. Elles s'appliquent aussi à l'évolution du TQM lui-même. Celui-ci doit évoluer dans des directions qui peuvent satisfaire les besoins changeants de ses clients – les entreprises, leurs partenaires (personnel, investisseurs, fournisseurs, villes où les entreprises ont leur siège), les clients, et la société au sens large. Le TQM doit continuellement s'améliorer et évoluer. Une large participation à l'évolution du TQM est nécessaire. Tous les éléments de la société doivent œuvrer de concert pour l'évolution efficace et rapide du TQM.

Qu'elle soit appliquée à l'évolution de la mise en place du TQM dans une entreprise donnée, ou à son évolution en général, l'amélioration continue est peut-être la plus fondamentale des quatre révolutions. L'amélioration continue, c'est le PDCA. Elle signifie qu'on identifie une faiblesse dans un système en vigueur et qu'on découvre ce qu'il faut changer pour la supprimer (*plan*) ; qu'on essaye alors le changement et qu'on découvre qu'il fonctionne réellement (*do* et *check*). L'amélioration continue nous rappelle aussi que, n'étant que des hommes, nous n'utilisons pas régulièrement les méthodes d'amélioration et ne les suivons pas jusqu'au bout, à moins de mettre en place des systèmes nous obligeant à le faire (*act*). Nous avons décrit plusieurs systèmes et plusieurs modèles conçus pour assurer l'action, tels que le modèle en WV, les quatre niveaux de la pratique (individu, équipe, organisation, région/nation), et des systèmes d'équipes.

Enfin, l'amélioration continue signifie qu'on répète le cycle indéfiniment, de manière à porter l'entreprise au niveau des meilleurs pratiques et à réagir à un environnement changeant. En ce sens, on peut voir dans le TQM un système répondant aux exigences changeantes de l'environnement – le TQM est un système d'apprentissage. Le service du client, la participation totale, et l'insertion dans l'environnement social sont les concepts qui soutiennent le système d'apprentissage et se concentrent sur lui.

En appliquant à lui-même ses propres principes, le TQM acquerra ou inventera les concepts et les pratiques de la qualité nécessaires à la satisfaction des exigences changeantes du monde moderne. Nous attendons impatiemment le perfectionnement de la pratique actuelle du TQM, l'évolution des concepts de la qualité au-delà des quatre adaptations, et de nouvelles révolutions de la pensée managériale.

Les auteurs

Shoji Shiba est professeur d'administration de l'entreprise à l'université Tsukuba au Japon et actuellement professeur adjoint au MIT (*Massachusetts Institute of Technology*), où il enseigne un troisième cycle de Management de la Qualité Totale (TQM) à l'École Sloan de Management et un programme destiné aux responsables de production. Le Dr. Shiba a contribué à la fondation du Centre pour le Management de la Qualité (CQM).

Spécialiste international en Management par la Qualité Totale, le Dr. Shiba est responsable de la diffusion des méthodologies et des pratiques du TQM auprès d'industries régionales ou nationales et de gouvernements de plusieurs pays, parmi lesquels la France, l'Irlande, l'Italie, l'ex-URSS (1990 et 1991), et la Suède. En l'honneur de ses travaux en Hongrie, le gouvernement de ce pays a créé le Prix Annuel Shiba IIASA, décerné aux groupements et aux individus pour leurs contributions au TQM.

Alan K. Graham collabore au Centre pour le Management de la Qualité (CQM), il y expose les pratiques du TQM pour le développement de nouveaux produits et la formation à la stratégie d'entreprise. Il est également l'un des directeurs de Product Development Consulting (Cambridge, Massachusetts). Le Dr. Graham est titulaire d'un doctorat du MIT en ingénierie électrique ; il a collaboré à la faculté et à l'équipe de l'École Sloan de Management du MIT, enseignant et étudiant des modèles de simulation de systèmes en stratégie économique et d'entreprise. Il est l'auteur de nombreux articles et d'un ouvrage dans le domaine de la dynamique des systèmes.

David C. Walden a obtenu une licence en mathématiques au collège d'État de San Francisco et a suivi des études d'informatique au MIT. Après le collège, il a travaillé aux laboratoires Lincoln du MIT, chez Norsk Data (Oslo, Norvège), et chez Bolt Beranek and Newman, Inc. (Cambridge, Massachusetts). Tout au long d'une carrière de près de trente ans, il a occupé une série de postes d'ingénieur, de direction technique et de direction générale. M. Walden est un auteur et un conférencier réputé, et responsable d'édition pour différents sujets techniques et de management.

Collaborations et remerciements

Avant tout, notre profonde reconnaissance va au Japon et spécialement à l'administration et à nos collègues de l'université Tsukuba, qui ont rendu possible une collaboration aussi substantielle de Shoji Shiba à l'effort de qualité aux États-Unis à travers le MIT et le CQM. De même, sans l'aide de Robert Mosbacher (ancien secrétaire d'État américain au Commerce), du ministère japonais de l'Éducation, du ministère japonais des Affaires Étrangères, et de nombreux autres, trop nombreux à citer individuellement, ce processus n'aurait pas été possible.

Nous sommes redevables aux entreprises japonaises et américaines qui nous ont accueilli lors de nos visites initiales en 1990 et 1991. Ce sont, par ordre alphabétique : Florida Power & Light Co ; Fuji Xerox Co. Ltd.; Hitachi Ltd., Mito Works ; Motorola ; NEC Corporation ; NEC IC Microcomputer Systems, Ltd.; NEC Shizuoka, Ltd. ; Toto Ltd. ; Xerox Corporation ; et Yaesu Book Center. Les cadres supérieurs et directeurs Akira Kuroiwa et Morio Katsuta de NEC Kansai, Ltd. et Mitsuru Nitta de Tokyo Electric Power Company ont été extrêmement généreux lors de leur visite au MIT et au CQM. La JUSE (Union des Scientifiques et Ingénieurs du Japon), nous a apporté un concours inestimable en nous faisant partager son expérience de création d'un réseau au sein de l'environnement social. Nous apprécions aussi les efforts du comité du prix Deming qui, depuis 1951, désigne les lauréats. Au MIT, nous avons eu la grande opportunité d'apprendre de certains d'entre eux.

Nous sommes également redevables aux praticiens qui nous ont fait directement bénéficier de leur expérience. Ce sont dans l'ordre alphabétique : M. Jim Bakken (vice-président de Ford Motor Company [retraité]), le Dr. Gorge Fisher (président de Motorola), M. Robert Galvin (ancien président de Motorola), le professeur émérite Masao Kogure (qui a été assez aimable pour commenter les premiers jets du chapitre 14 sur le management *hoshin*), le Dr. Yokio Mizuno (vice-président de NEC Corporation), et M. Junji Noguchi (directeur général de la JUSE).

Notre reconnaissance va spécialement au professeur émérite Jiro Kawakita, dont les méthodes et les concepts ingénieux ont catalysé continuellement nos progrès.

Enfin, nous devons reconnaître l'aptitude remarquable de la communauté du MIT à rassembler les hommes et la connaissance. Bien que cette postface retrace par ailleurs l'histoire de ce livre et du Centre pour le Management de la Qualité, nous devons souligner encore quelques points : Tom Lee, professeur au MIT, a pu rencontrer Shoji Shiba, car il n'était pas au MIT, mais à Vienne, comme directeur de l'IIASA, institut international de recherche. Shiba a pu commencer à enseigner une nouvelle matière au MIT parce que le programme « Responsables de production » recherche systématiquement de nouveaux points de vue à enseigner. Cette même ouverture permit plus tard à Shiba de devenir professeur adjoint. Lee a pu étendre le message du TQM aux sociétés grâce à la communauté du MIT, par le truchement d'un grand nombre d'entreprises fondatrices du Centre pour le Management de la Qualité, grâce en particulier à Ray Stata, président d'Analog Devices, Inc. également membre de MIT Corporation ; Stata et Lee poursuivent leur rôle inter-entreprises en tant que présidents du CQM. Il existe au sein du MIT d'autres synergies, trop nombreuses pour que nous les mentionnions ici.

Nous avons bénéficié des idées et de l'enseignement d'un si grand nombre de personnes que nous craignons d'en oublier. Nous avons su tirer profit de la longue expérience des individus dans de nombreux pays. Nous savons aussi que dans certains cas, nous pouvons avoir mal compris ou mal interprété ce qui nous a été enseigné. Nous sommes sûrs que nos nombreux professeurs nous pardonneront nos faux-pas et continueront à nous faire bénéficier de leurs conseils.

Le Centre pour le Management de la Qualité (CQM) a été fondé par sept entreprises : Analog Devices, Inc.; Bolt Beranek and Newman, Inc ; Bose Corproration : Digital Equipement Corporation ; la division de General Electric de Lynn, Massachusetts ; Polaroid Corporation ; et Teradyne, Inc. En mars et avril 1990, les personnes suivantes de ces entreprises et le MIT ont participé pendant cinq semaines à plein temps à un projet destiné à étudier le TQM et à concevoir la façon dont le CQM fonctionnerait et les services qu'il dispenserait : Ron Butler,

Dave Darsney, Ralph Goldwasser, Steve Graves, Joe Junguzza, Tom Lee, John Petrolini, Ken Potashner, Art Schneiderman, Goodloe Suttler, et les trois auteurs de ce livre. Le plan initial du cours sur lequel le livre est basé et de nombreuses études de cas ont été développés par un grand nombre de ces personnes.

De nombreuses personnes ont aidé directement ou indirectement à la préparation du livre. Gary Burchill, Rich Lynch, Ira Moskowitz, Ron Santella, Diane Shen, et John Sheridan ont contribué aux différents manuels d'instruction à utiliser avec ce livre et le cours du CQM. Ron Butler, Charlie Fine, Phil Gulley, Joe Junguzza, Mike LaVigna, Rich Lynch, Ira Moskowitz, Yogesh Parikh, John Petrolini, Owen Robbins, Art Schneiderman, et Del Thorndike ont présenté des études de cas durant les deux premiers cours du CQM. Gary Burchill a contribué à ce livre par une étude de cas importante. Gary Burchill et Tom Heller étaient maîtres-assistants au MIT, et ont aussi enseigné dans le cadre du CQM. Donna McGurk a contribué à l'organisation du cours du CQM. Stella Tarnay a transcrit les notes que nous avons prises sur ces premiers cours. Trish McKinnon a tapé les corrections. Deborah Melone en a préparé la publication. Le personnel du bureau du CQM s'est occupé de la préparation finale du manuscrit en vue de sa publication. Diane Asay et Karen Jones de Productivity Press ont édité le livre et accepté avec patience d'interminables révisions. Gayle Joyce et Karla Tolbert de Productivity Press méritent une mention spéciale pour leur importante contribution en matière de composition et de graphiques.

Tandis que de nombreuses personnes du CQM et des entreprises du CQM ont été d'un grand soutien pour ce livre et pour le cours sur lequel il est basé, nous aimerions marquer spécialement notre reconnaissance à Alex d'Arbeloff, Sherwin Greenblatt, Tom Lee, Steve Levy, et Ray Stata, pour leur appui et leur encouragement.

SHOJI SHIBA
ALAN GRAHAM
DAVID WALDEN

Index

SNEL S.A.
rue Saint-Vincent 12 – B-4020 Liège
tél. 32(0)4 343 76 91 - fax 32(0)4 343 77 50
décembre 1996

Dépôt légal : janvier 1997

Michael Michalko

Erfolgsgeheimnis Kreativität

In Liebe gewidmet meiner Mutter,
Frances Busten Michalko,
der Rose im Garten
meines Lebens